136 PESSOAS DE PESSOA

FERNANDO PESSOA

EDIÇÃO DE
JERÓNIMO PIZARRO
PATRICIO FERRARI

COORDENADOR DA COLEÇÃO
JERÓNIMO PIZARRO

RIO-DE-JANEIRO
TINTA-DA-CHINA
MMXVII

1.ª edição: novembro de 2017

Edição: Tinta-da-china Brasil
Revisão: Tinta-da-china Brasil
Capa: Tinta-da-china (V. Tavares)
Projeto gráfico: Tinta-da-china (P. Serpa)

Rua Ataulfo de Paiva, 245, 4.º andar
Leblon, 22440-033 RJ
Tel. (00351) 21 726 90 28
info@tintadachina.pt
www.tintadachina.pt/brasil

P475p Pessoa, Fernando, 1888-1935
136 pessoas de Pessoa / Fernando Pessoa;
edição de Jerónimo Pizarro e Patricio Ferrari.
— 1.ed. — Rio de Janeiro: Tinta-da-china Brasil, 2017.
736 pp.; 21 cm

ISBN 978-85-65500-33-3

1. Literatura portuguesa I. Título

CDD: 869.3
CDU: 821.134.3-3

EDIÇÃO APOIADA POR
DIREÇÃO-GERAL DO LIVRO E DAS BIBLIOTECAS / MINISTÉRIO DA CULTURA – PORTUGAL

REPÚBLICA PORTUGUESA
CULTURA

DGLB
DIRECÇÃO-GERAL DO LIVRO E DAS BIBLIOTECAS

ÍNDICE

Eu sou uma anthologia.
Screvo tam diversamente
Que, pouca ou muita a valia
Dos poemas, ninguem diria
Que o poëta é um sòmente.

[61A-27r]
(De um poema de 17-12-1932)

APRESENTAÇÃO

JERÓNIMO PIZARRO, PATRICIO FERRARI

"Eu sou uma antologia", escreveu Fernando Pessoa num poema datado de 17 de Dezembro de 1932, convidando-nos, de certa maneira, a descobrir essa antologia. A primeira investigadora que se propôs realizar esse trabalho de forma exaustiva foi Teresa Rita Lopes, que em 1990 elaborou uma lista de 72 *dramatis personae*, guiando-se pelo critério "escrevo, logo existo" (*Pessoa por Conhecer I*, 1990, p. 173), isto é, assumindo como autores pessoanos todos os nomes que foi possível associar a um texto escrito[a]. Passaram-se quase duas décadas e, em 2009, num intuito revisionista, Michaël Stoker propôs uma nova lista de 83 personagens. Pouco depois, em 2011, formando um mosaico maior, José Paulo Cavalcanti Filho compôs um elenco de 127 nomes em *Fernando Pessoa: uma quase-autobiografia*, reiterando em Fevereiro de 2012 algo de extraordinário: "fôssemos contar todos os nomes com que [Pessoa] assinou textos, ou para quem destinou funções, e seriam ainda mais – 202" (2012, p. 11). A impressão de ser árdua

a É importante frisar que Teresa Rita Lopes foi a primeira a propor uma lista exaustiva (a mais exaustiva possível na altura), porque, antes dela, António Pina Coelho (1966, p. 342; 1967, tomo 1, pp. 64 *et seq.*) já tinha feito um primeiro levantamento de 20 desdobramentos pessoanos.

e inexacta a contabilidade do universo fictício pessoano – ou de qualquer espaço imaginário alheio – apenas sai confirmada com afirmações deste tipo.

Entretanto, estava em preparação o livro *Teoria da Heteronímia*, editado por Fernando Cabral Martins e Richard Zenith, em que "106 nomes são apresentados em ordem aproximadamente cronológica" (Pessoa, 2012, p. 45). Até à sua publicação efectiva, sempre imaginámos que se tratasse de uma selecção de textos dedicados ao fenómeno do "heteronimismo" – é esta a palavra mecanografada por Pessoa, que nunca utilizou o termo "heteronímia" (ver Pizarro, 2012a, p. 73). Pelo nosso lado, interessava-nos, em 2010, quando começámos a preparar este livro, não seleccionar textos dispersos e previamente publicados sobre uma temática específica, mas sim retomar o trabalho pioneiro de Teresa Rita Lopes e oferecer ao público uma "Prática do Heteronimismo". Este livro é, portanto, uma tentativa renovada e mais exaustiva de antologizar Pessoa; ou melhor, de revisitar a antologia que a obra pessoana sempre foi. Desde 1990, essa antologia não tem parado de crescer, uma vez que, desde a pioneira lista de Teresa Rita Lopes, se descobriram várias outras personagens, entre as quais Giovanni B. Angioletti, a mais recentemente resgatada e revelada por José Barreto, em 2012[b]. Isto sugere – e convém admiti-lo desde já – que o conjunto aqui proposto de 136 figuras que surgem no espólio de Fernando Pessoa como autoras de textos ou com funções atribuídas poderá, naturalmente, ser ampliado por futuras pesquisas e novas descobertas. Pessoa sempre foi essencialmente múltiplo e nada impede que o seja ainda mais,

b Houve também personagens retiradas da lista: Maria Aliete Galhoz (2007) demonstrou que Coelho Pacheco era um amigo real e não imaginário de Pessoa.

até porque todo o processo de levantamento depende de critérios de admissão e de exclusão. Martins e Zenith excluíram mais de 30 nomes identificados por Cavalcanti Filho; nós excluímos menos, mas não incluímos muitíssimos nomes da nossa selecção inicial de candidatos (veja-se, a este respeito, o Posfácio). Incluímos, além disso, alguns novos nomes nunca antes listados.

A investigação que tornou possível este livro foi simultaneamente complexa e fascinante. Complexa, porque percorremos as 30 mil folhas do espólio pessoano, à procura do que poderíamos denominar *vestígios ficcionais*, isto é, nomes inventados ou nomes reais ficcionados, e inventariámos todos os nomes de que há uma inscrição ou um testemunho. Fascinante, porque no caso de muitas figuras não tínhamos uma visão de conjunto – conhecem-se, por exemplo, as *Obras de António Mora* (2002) e as *Obras de Jean Seul de Méluret* (2006), mas não as do Dr. Pancracio[c] ou as de Charles Robert Anon –, e a nossa pesquisa permitiu-nos conhecer melhor Pessoa na sua pluralidade. Isto levou-nos a reler textos editados e a ler textos inéditos, a atingir uma percepção mais nítida de figuras acerca das quais tínhamos ideias muito vagas, e a compreender melhor o desenvolvimento e a dinâmica do heteronimismo pessoano. Foi fascinante, por exemplo, redescobrirmos a mobilidade deste teatro existencial: num jornal fictício, o Dr. Pancracio é descrito como o "antigo Pip"; num caderno, David Merrick é substituído por Charles Robert Anon; numa folha solta, Anon passa, por sua vez, a ser Alexander Search; em listas de projectos – que em boa parte podem ser vistas como uma série de variações – o Sr. Pantaleão

c Assim como mantivemos a ortografia de Pessoa nos textos transcritos, mantivemo-la também nos nomes; daí que "Pancracio", por exemplo, não tenha acento. Também não o terão Alvaro ou Gaudencio, entre outros.

vai sendo espoliado das suas obras; e assim sucessivamente. Isto sem referir os desdobramentos e as ramificações de outras personagens, dois aspectos que optámos por salientar. Alexander Search desdobra-se em William Alexander Search; o Dr. Nabos desdobra-se no Dr. Neibas; um Ricardo Reis latente nasce de Alberto Caeiro; e um primeiro Wyatt, um primeiro Crosse dão lugar a todo um conjunto de figuras com o mesmo apelido.

Esta é, efectivamente, a antologia de uma prática, a da despersonalização dramática. Mas contém uma dimensão teórica, visto ser impossível percorrer os capítulos seguintes sem formular uma série de perguntas perante um autor e uma obra múltiplos: O que é um autor? O que é uma obra? E ainda: o que é um livro, tendo presente que esta antologia é um livro de livros? O que é um editor, atendendo a que Pessoa se desdobrou em editor e autor? O que é uma assinatura, considerando a variedade tipológica dos inúmeros registos onomásticos existentes no espólio pessoano? A estas perguntas somam-se muitas outras, também de índole conceptual: O que é um heterónimo, um ortónimo, um semi-heterónimo, um pseudónimo, uma figura, uma personagem, uma máscara, uma personalidade? E a estas poderiam somar-se outras tantas, decorrentes, por exemplo, da tentativa de definir a poética que subjaz à própria prática heteronímica: O que é a mentira, o fingimento, o interlúdio, o anonimato, a alteridade, a impessoalidade? Não é nosso objectivo responder aqui a estas ou outras questões – o leitor poderá encontrar algumas respostas e esboçar as suas conclusões ao longo das próximas páginas –, mas sim salientar que elas são naturalmente colocadas pelo próprio teor da obra pessoana, em geral, e por esta antologia, em particular.

Pretendemos ainda esclarecer a nossa opção metodológica. Para nomear os subautores e tarefeiros criados por

Fernando Pessoa – pois apenas incluímos nesta antologia quem "autora"[d] um escrito ou detém uma tarefa[e] –, optámos quase sempre pelos termos "figura" e "personagem", porque "figura" é o mais abrangente de todos, porque "personagem" deriva do latim *persona* (do qual provém "pessoa"), e porque "heterónimo" é um termo tardio, de 1928, para designar apenas três grandes ficções: Alberto Caeiro, Alvaro de Campos e Ricardo Reis (veja-se a "Tábua Bibliográfica" nos Anexos; cf. Pizarro, 2012a, p. 87).

A obra própria de Fernando Pessoa foi também uma obra alheia, ou melhor, alheiamente sua, pois grande parte é obra de outros. Pessoa compreendeu desde muito cedo, embora só o desse a entender num texto tardio[f], que se cada actor de uma peça dramática se convertesse num autor – e só uma letra separa estes dois universos contíguos –, então essa peça seria como um quarto com múltiplos reflexos (cf. "Sinto-me múltiplo. Sou como um quarto com innumeros espelhos fantasticos [...]"), e o autor da peça deixaria de ser único e transformar-se-ia em mais um dos múltiplos autores, até progressivamente se apagar

d Em inglês existe o verbo "*to author*", que permite conceber a autoria como uma actividade assumida por livre-arbítrio, por imposição ou por encargo.

e Todas as figuras desta antologia têm um nexo com pelo menos um escrito (por mais breve ou inacabado que seja) ou uma tarefa específica atribuída (dirigir uma publicação imaginária, por exemplo). As únicas excepções são os pseudónimos de algumas dessas figuras, ou de Fernando Pessoa (cf. só deve ser uniforme Ferdinand Sumwan), que foram incluídos por serem desdobramentos delas ou de Pessoa.

f Nomeadamente nesta passagem: "Supponhamos que um supremo despersonalizado, como Shakespeare, em vez de crear o personagem Hamlet como parte de um drama, o creava como simples personagem, sem drama. Teria escripto, por assim dizer, um drama de uma só personagem [...] Por qualquer motivo temperamental que me não proponho analysar, nem importa que analyse, [eu] construi dentro de mim varias personagens distinctas entre si e de mim [...] personagens ficticias sem drama" (*Páginas Íntimas e de Auto-Interpretação*, 1966, pp. 107-109; cotas 16-61^r e 16-62^r). Faltam aqui duas características fundamentais: essas "personagens ficticias sem drama" são autoras (publicaram textos nas revistas *Orpheu* e *Athena*, por exemplo) e por vezes dialogam entre si (como nas "Notas para a recordação do meu mestre Caeiro").

e desaparecer como sujeito da elocução (daí que os "espelhos fantásticos" acabem por torcer "para reflexões falsas uma unica central realidade que não está em nenhum e está em todos"[g]). Quem foi Fernando Pessoa? Se nos cingirmos à anterior citação, foi essa "unica central realidade" – como um ponto irradiante – que os espelhos fantásticos torceram para reflexões falsas, até essa única realidade estar em todos eles e não estar em nenhum. Presente e ausente ao mesmo tempo, Pessoa criou a sua obra criando a obra de outras figuras autorais coexistentes, ao ponto de tornar difícil de discernir a singularidade da sua própria obra, isto é, da obra que não atribuiu ou cedeu a outrem, da obra que teria sido propriamente sua, da obra que tentou salvaguardar em 1928, mediante a designação de "ortónima". Mas alguma parte dessa vasta obra não foi propriamente de Pessoa? E qual foi plenamente de Pessoa? Todas? Nenhuma? E Pessoa, na sua pessoa, não foi múltiplo?

Ficarão estas e outras perguntas implícitas em aberto. A nós, resta-nos agradecer a todos aqueles que nos ajudaram inexcedivelmente na preparação deste livro ao longo de três anos: a Sofia Rodrigues, primeira revisora do texto; a Margarida Vale de Gato, tradutora da poesia; a Vicente Fischer Rodrigues, tradutor da prosa; a José Barreto, consultor amigo e sempre presente; a Antonio Cardiello, co-autor de dois capítulos. A eles e a todas

g Este é o texto completo, datável de 1915: "Não sei quem sou, que alma tenho. Quando fallo com sinceridade não sei com que sinceridade fallo. Sou variamente outro do que um eu que não sei se existe [*var.*: se é esses outros]. Sinto crenças que não tenho. Enlevam-me ancias que repudio. A minha perpetua attenção sobre mim perpetuamente me aponta traições de alma a um caracter que talvez eu não tenha, nem ella julga que eu tenho. Sinto-me multiplo. Sou como um quarto com innumeros espelhos fantasticos que torcem para reflexões falsas uma unica central realidade que não está em nenhum e está em todos. Como o panteista se sente onda e astro e flôr, eu sinto-me varios seres. Sinto-me viver vidas alheias, em mim, incompletamente, como se o meu ser participasse de todos os homens, incompletamente de cada, individuado por uma somma de não-eus sinthetisados n'um eu postiço" (*Páginas Íntimas e de Auto-Interpretação*, 1966, pp. 93-94; cota 20-67).

as pessoas que em diversas ocasiões nos auxiliaram (Claudia J. Fischer, José Pires Correia, Patrick Quillier, Jorge Uribe, Fabrizio Boscaglia e Pauly Ellen Bothe), a nossa palavra de gratidão.

Publicam-se criticamente os textos a partir dos originais de Fernando Pessoa albergados na Biblioteca Nacional de Portugal (BNP/E3) e no arquivo particular dos herdeiros do escritor (Manuela Nogueira e Luís Rosa). As cotas das fontes usadas para a edição de cada texto são indicadas entre colchetes. Nos capítulos seguintes, as chamadas alfabéticas remetem para notas de rodapé de carácter informativo; as chamadas numéricas, para notas finais de natureza filológica. Para além dos colchetes, que servem para desenvolver abreviaturas, nos textos transcritos podem figurar os símbolos seguintes, inicialmente utilizados na edição crítica das obras de Fernando Pessoa:

◊ espaço deixado em branco pelo autor
* leitura conjecturada
† palavra ilegível
// lição dubitada pelo autor

Os sublinhados no texto original são reproduzidos em itálico.

Lembro, assim, o que me parece ter sido o meu primeiro heteronymo, ou, antes, o meu primeiro conhecido inexistente - um certo Chevalier de Pas dos meus seis annos, por quem escrevia cartas delle a mim mesmo, e cuja figura, não inteiramente vaga, ainda conquista aquella parte da minha affeição que confina com a saudade. Lembro-me, com menos nitidez, de uma outra figura, cujo nome já me não occorre mas que o tinha estrangeiro tambem, que era, não sei em quê, um rival do Chevalier de Pas... Coisas que acontecem a todas as crianças? Sem duvida - ou talvez. Mas a tal ponto as vivi que as vivo ainda, pois que as relembro de tal modo que me é mister um esforço para me fazer saber que não foram realidades.

Esta tendencia para crear em torno de mim um outro mundo, egual a este mas com outra gente, nunca me sahiu da imaginação. Teve varias phases, entre as quaes esta, succedida já em maioridade. Occorria-me um dito de espirito, absolutamente alheio, por um motivo ou outro, a quem eu sou, ou a quem supponho que sou. Dizia-o, immediatamente, espontaneamente, como sendo de certo amigo meu, cujo nome inventava, cuja historia accrescentava, e cuja figura - cara, estatura, traje e gestos - immediatamente eu via deante de mim. E assim arranjei, e propaguei, varios amigos e conhecidos que nunca existiram, mas que ainda hoje, a perto de trinta annos de distancia, oiço, sinto, vejo. Repito: oiço, sinto, vejo... E tenho saudades d'ellas.

[72-34r]

(Da carta de 13-1-1935 de Fernando Pessoa a Adolfo Casais Monteiro)

1

H.W.M.

O texto intitulado "Equivocal Love Letter" ["Carta de Amor Equívoca"] surge nas páginas de um pseudojornal[a] que Fernando Pessoa elaborou em Abril de 1901, com a idade de doze anos.[b] A carta atribuída a H. W. M. não é, porém, uma criação inteiramente original, já que este tipo de missiva, sob o título genérico de "Copy of a Curious Love Letter from a Gentleman to a Lady" ["Cópia de Uma Curiosa Carta de Amor de Um Cavaleiro para Uma Dama"], circulava no Reino Unido e nos Estados Unidos da América desde *c.* 1840, em *broadsides* ou folhas volantes, apenas com ligeiras variações (incluindo o nome do autor). O jovem Pessoa terá, portanto, entrado no jogo da variação de um modelo.

DATA: 2 de Abril de 1901.

[133F-41^{r}]

a Identificado pelas cotas 113F-40 a 43.

b Pessoa viveu em Durban, África do Sul, entre Fevereiro de 1896 e Agosto de 1905. Em Agosto de 1901 regressou a Portugal, onde permaneceu até Setembro de 1902, quando embarcou de volta para Durban. O jovem escritor completou os seus estudos na Durban High School (Form VI), em Dezembro de 1904. Para informações mais detalhadas acerca deste período, veja-se Severino (1983) e Jennings (1984 e 1986). Veja-se também a folha 28A-20, que contém um resumo curricular.

[1.1] *Equivocal Love Letter*

To –

The great love I have hitherto expressed for you
is false, & I find my indifference towards you
increases daily. The more I see of you the more
you appear in my eyes an object of contempt.
I feel myself everyway disposed & determined
to hate you. Believe me I never had an intention
to offer you my hand. Our last conversation has
left a tedious insipidity, which has by no means
given me the most exaltic[1] idea of your character,
your temper would make me extremely unhappy
& if we are united I shall experience nothing but
the hatred of my parents, added to everlasting dis-
pleasure in living with you. I have, indeed, a heart
to bestow, but I do not desire you to imagine it
at your service I could not give it to one more
inconsistent & capricious than yourself & less
capable to do honour to my choice & family.
Yes, I hope you will be persuaded that
I speak sincerely and you will do me a favour
to avoid me. I shall excuse you taking the trouble
to answer this; your letters are always full of
impertinence, & you have not a shadow of
wit & good sense. Adieu! Adieu! believe me
so averse to you that it is impossible for me ever
to be your most affectionate friend & humble servant.

H. W. M.

N[ota] B[ene] After reading commence again on the
first line, & read every alternate line to the end.

H.W.M. [1]

Carta de amor equívoca

[TRAD.]

À –

O grande amor que até agora te comuniquei
é falso, e creio que a minha indiferença por ti
cresce a cada dia. Quanto mais te vejo, mais
apareces a meus olhos como digna de desprezo,
sinto que estou inteiramente disposto e determinado a
odiar-te. Acredita que nunca tive intenção de
conceder-te a minha mão. A nossa última conversa
deixou-me com uma monotonia tediosa, que de forma alguma
me proporcionou a mais exaltante imagem do teu carácter,
o teu temperamento tornar-me-ia extremamente infeliz
e ao unirmo-nos, não sentiria senão o
ódio dos meus pais, juntamente com o interminável des-
agrado de viver contigo. Eu tenho, de facto, um coração
para oferecer, mas não quero que o imagines
ao teu serviço, não podendo dá-lo a ninguém mais
inconsistente e caprichoso que a ti e menos
capaz de honrar a minha escolha e família.
Sim, espero que fiques persuadida de que
falo de forma sincera e far-me-ás um favor ao
ignorar-me. Dou-te licença de evitares o trabalho de
responder a isto, as tuas cartas são sempre cheias de
impertinências, e não tens a mais pequena noção de
génio e bom senso. Adieu! Adieu! Imagina-me
tão adverso a ti que me é impossível alguma vez ser
o teu mais afectuoso amigo e humilde servo.

H. W. M.

N[ota] B[ene] *Após ler, começar de novo na primeira linha e ler cada linha alternadamente até ao final.*

2
GUILLAUME LOUTIL

Os dois textos que lhe foram atribuídos, "Catéchisme du soldat" ["Catecismo do soldado"] e "Etats des ouvrages faits" ["Estados das obras feitas"], fazem parte do mesmo jornal fictício que Pessoa esboçou em Abril de 1901 (cf. 1. H. W. M.). Estes textos – de entre os quais optámos por reproduzir o segundo –, e tal como a "Carta de Amor Equívoca", são escritos com um *quantum* de ficção, mas estão ainda muito próximos de uma ou mais fontes reconhecíveis e identificáveis. Um livro de Constant Taillard, por exemplo, inclui um catecismo semelhante ao de Loutil (veja-se *Catéchisme du soldat français*, 1820); e num volume intitulado *Le Farceur comme il y en a peu...* [*O farsante como há poucos...*] (1811), cujo autor seria um "Ami de la gaité" ["Amigo da alegria"], encontra-se uma lista de obras de um tal Pierre Lutille. Este último livro integrava uma "Bibliothèque sentimentale, joyeuse, grivoise et amusante" ["Biblioteca sentimental, alegre, atrevida e divertida"], facto que é de salientar, visto que pode ter sido a brincar que Pessoa terá começado a despersonalizar-se.

DATA: 2 de Abril de 1901.

Guillaume Loutil

[113F-43v]

Etats des ouvrages faits par Guillaume Loutil, maitre savetier [2.1]
à Nancy à la communauté[1] des Sœurs Grises, de ladite[2] ville pendant la durée de la canicule, pendant l'année 1787.

	Francs
Mis un bout à la Sœur Catherine	0.04
Recousu Sœur Marie Claire	0.04
Remonté Sœur Jeanne	0.10
Rebordé Sœur Géneviève[3]	0.09
Recouvert Sœur Henriette	0.02
Mis un bout à Sœur Mélanie	0.02
Repointé Sœur Victoire	0.03
Ressemelé Sœur Thérèse[4]	0.09
Mis en forme Sœur Julie novice	0.19
Repicoté la mère des novices qui était sans fond	0.08
Mis deux pièces à M[ada]me la Supérieure[5]	0.12
Mis une empeigne[6] à la Sœur Cécile	0.08
Réparé en grand la Sœur Cunégonde qui était très[7] novice	0.09
Mis une cheville à Sœur Agnes	0.03
Mis deux tirans à Sœur Véronique[8]	0.06
Tiré et dégraissé la Sœur Ursule	0.05
Donné de l'élasticité[9] à Sœur Marie Louise	0.15
Retalonné la Sœur Bombarde	0.15
Mis un redresseur[10] à Sœur Agathe converse	0.03
Total	8.19

Je salue très humblement la supérieure et la prie de solder le montant de mon compte en n'y diminuant rien. Fait le tout en conscience.

Guillaume Loutil

6 Aout 1787

[TRAD.] *Estado dos trabalhos feitos por Guillaume Loutil, mestre sapateiro em Nancy na comunidade das Irmãs da Caridade, da dita cidade durante a época da Canícula, durante o ano 1787.*

	Francos
Uma ponta posta à Irmã Catherine	0.04
Recosida Irmã Marie Claire	0.04
Remontada Irmã Jeanne	0.10
Rebordada Irmã Géneviève	0.09
Recoberta Irmã Henriette	0.02
Uma ponta posta à Irmã Mélanie	0.02
Refeita a ponta Irmã Victoire	0.03
Repalmilhada Irmã Thérèse	0.09
Posta em forma Irmã Julie noviça	0.19
Repicada a mãe das noviças que estava sem fundo	0.08
Duas peças postas à Madre Superiora	0.12
Posta uma gáspea à Irmã Cécile	0.08
Consertada em grande a Irmã Cunégonde que era muito noviça	0.09
Uma cavilha posta à Irmã Agnes	0.03
Dois tirantes postos à Irmã Véronique	0.06
Esticada e desengordurada a Irmã Ursule	0.05
Elasticidade dada à Irmã Marie Louise	0.15
Novo tacão dado à Irmã Bombarde	0.15
Endireitador posto à Irmã Agathe	0.03
Total	8.19

Saúdo muito humildemente a Superiora e rogo-lhe de pagar o montante da minha conta sem nada diminuir. Faça-o em consciência.

Guillaume Loutil

6 de Agosto 1787

3
PIP

No caderno mais antigo do espólio de Fernando Pessoa, utilizado entre 1900 e 1903 (embora a maioria dos textos date de 1901), é referido um "Pip Secretary" ["Secretário Pip"], membro de uma equipa de futebol. N'*O Palrador*, o segundo jornal fictício criado por Pessoa, do qual se conhecem três dos supostos sete números (1901-1902), Pip ou Pip. (seguido de ponto) surge no n.º 5 (22 de Março de 1902), como um dos colaboradores da publicação literária, assinando uma charada e alguns versos humorísticos. Nesse número, Pessoa atribui-lhe dois textos, o poema "Os ratos", aqui incluído, e uma charada dedicada a Parry (cf. 15), escrita em redondilha maior. Ainda no n.º 5, Morris (cf. 12) e Theodor (cf. 19), dedicam a Pip um logogrifo[a], ao passo que Gee (cf. 20) lhe oferece um metagrama[b]. Já no n.º 6 d'*O Palrador* (24 de Maio de 1902), Pip é substituído pelo Dr. Pancracio (cf. 11), personagem que se havia também estreado no n.º 5. Em dois livros da Biblioteca particular de Fernando Pessoa figuram ensaios da assinatura de Pip, que complementam as anteriormente referidas (veja-se o Anexo).[c]

A fonte de inspiração para *O Palrador* e para o diálogo cúmplice entre os seus colaboradores imaginários foi um outro jornal, este

a Enigma em que a frase a adivinhar é constituída por elementos de outras palavras que o leitor deve também descobrir.

b Encadeamento de palavras nas quais só muda uma letra de um vocábulo ao outro.

c Documentos relativos à Biblioteca particular de Fernando Pessoa serão sempre inseridos após o último texto seleccionado da figura literária em questão.

real, chamado *O Pimpão*[d]. Neste bissemanário lisboeta publicavam-se, sob pseudónimo, contos, epigramas, sonetos, diferentes tipos de charadas e de enigmas, incluindo enigmas pitorescos, entre outros tipos de escritos geralmente jocosos, e não era raro que um colaborador contracenasse com outro. A este respeito, convém sublinhar que Pip surge n'*O Pimpão* antes mesmo de passar pel'*O Palrador*. Na secção "Para matutar", relativa aos decifradores de charadas, de 15 de Janeiro de 1902, encontramos precisamente a assinatura "Pip." (seguida de ponto), que pode mesmo ter tido origem numa contracção de "pimpão" (veja-se o texto 3.1) e/ou ser uma homenagem ao protagonista de *Great Expectations* (1861) de Dickens. O Dr. Pancracio (cf. 11) também colaborará posteriormente neste "orgão dos dissidentes".

DATA: 15 de Janeiro de 1902.

[87-23a^{r}]

[87-23a^{v}]

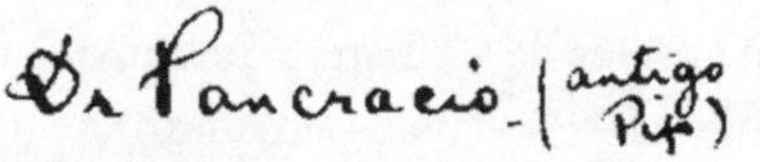

Dr Pancracio – (antigo Pip)
[87-24a^{r}]

d *O Pimpão: orgão dos dissidentes de todos os partidos existentes* foi uma folha humorística ilustrada, publicada bissemanalmente em Lisboa entre 1876 e 1918. Teve como fundador Alfredo Ribeiro (Ruy-Barbo, pseudónimo), como proprietário e director Alfredo de Morais Pinto (Pan-Tarantula, pseudónimo). O editor foi Thomaz Rodrigues Mathias. Alguns exemplares d'*O Pimpão*, dirigidos à morada de Henrique Rosa, irmão do padrasto de Fernando Pessoa e colaborador do jornal, encontram-se na posse de Manuela Nogueira (ver Nogueira, 2009, p. 30), sobrinha de Pessoa, que os herdou e conservou até sua morte.

Os Ratos. [3.1]

Viviam sempre contentes,
No seu buraco mettidos,
Quatro ratinhos valentes,
Quatro ratos destemidos.

~.~

Despertaram certo dia
Com vontade de comer,
E logo á mercearia
Dirigiram-se a correr.

~.~

O primeiro, o mais ladino,
A uma salsicha saltou,
E um bocado pequenino
D'essa salsicha papou.

~.~

Eu choro do rato a sina,
Que a tal salsicha matou,
Por causa da anilina
Com que alguem a colorou.

~.~

O segundo, coitadinho,
Á farinha se deitou,
E comeu um bocadinho;
Um bocadinho bastou.

~.~

Após comer a farinha
Teve elle a mesma sorte,
Pois o alumen que ella tinha
Conduziu-o assim á morte.

~.~

O terceiro, p'ra seu mal,
Gotas de leite sorveu,
Mas o leite tinha cal;
Foi por isto que elle morreu.

~.~

O quarto, desconsolado,
A negra morte buscou,
E julgou tel-a encontrado,
Quando veneno encontrou.

~.~

E sorvendo sublimado,
Enquanto este gastava,
(Agora invejo-lhe o fado),
O feliz rato engordava.

~.~

É só cá n'este terreno,
Que caso assim é passado –
Até o proprio veneno
Já fôra falsificado!

Pip.

KENNEDY, Benjamin Hall (1898). *The Revised Latin Primer*. London; New York; Bombay: Longmans, Green, and Co. 7th ed. CASA FERNANDO PESSOA, 8-295. Ensaios de diversas assinaturas realizadas na folha de guarda e noutras páginas do livro.

F Pipsa   Pipitus, i.

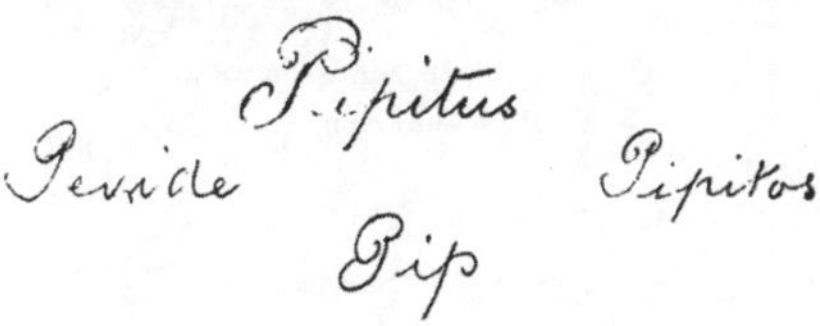

Pipitus
Pevide   Pipitos
Pip

SAND, George [pseud. de Armandine Aurore Lucile Dupin] (1898). *La Mare au diable.* Edited with introduction, grammatical and explanatory notes and a comprehensive French-English vocabulary by John Francis Davis. Paris; London: Librairie Hachette & Cie. CASA FERNANDO PESSOA, 8-491. Ver o fac-símile da parte superior da página com a assinatura de “Pip.” em Fernando Pessoa, *Cadernos*, 2009, p. 48.

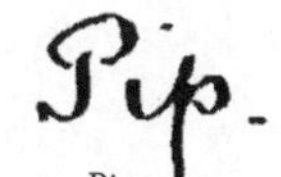

Pip.

[ANEXO]

OUTROS DOCUMENTOS

*

Relação dos decifradores do nosso penultimo numero:

Tá-ta, Tutu, Beb-tê, Aguaturva, Pae Adão, Sottam, Pai Credo, Kalendariomór, Labinna, Clandinis, Aziul, J. H. F. B. R., Pip. Bébé, Orazal, Minique Porphirio, Kimpel, Passepartout, Poissim, Avlis rotciv, Donamecia, Sevla, Castrador, Vegete, Zépadua, Tesuras, Zépaz, Igvicte, Airam, Papafigos, Atéparece.

O Pimpão, 15 de Janeiro de 1902.
Pormenor da p. 7.

Cabeçalho d'*O Pimpão*

4
PEDRO DA SILVA SALLES

Redactor de três números do jornal *O Palrador* (n.º 5, 22 de Março de 1902; n.º 6, 24 de Maio de 1902; e n.º 7, 5 de Julho de 1902), Pedro da Silva Salles assume o cargo de director literário da nova série (n.º 1, Julho de 1903), elaborada em Durban, aquando do regresso de Fernando Pessoa à África do Sul, após umas prolongadas férias em Portugal. No número inaugural da nova série, Silva Salles assina uma carta-apresentação sobre o conteúdo do jornal, em que anuncia os livros de vários autores fictícios, também eles inventados por Pessoa. Essa carta, assinada "Silva Salles", é transcrita de seguida.

DATA: 22 de Março de 1902.[a]

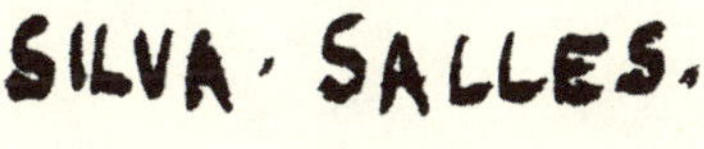

[144R-1v]

a É importante indicar que os primeiros quatro números d'*O Palrador* não se encontram conservados no espólio pessoano e, como tal, Silva Salles, bem como outras figuras, podem ter surgido antes de Março de 1902.

[4.1] *Pagina do Director.*

Meus caros Leitores,

Apresento aqui, como vêem, o primeiro numero da nova serie do meu jornal. Nelle[1] acharão, creio e espero, algum divertimento. Todas as Secções são dirigidas, redigidas, e editadas com o maximo cuidado, e debaixo da minha propria supervisão e da do meu collega artistico, o senhor Rey da Costa.

Começamos neste[2] numero a publicação de nada menos de *Quatro Romances Interessantissimos*, "Os Rapazes de Barrowby", por Adolph Moscow; "A Riqueza[3] de um Doido" de Marvell Kisch; "Em Dias de Perigo", por Gabriel Keene; e "A Lucta Aerea", por Sableton Kay.[4]

Começam tambem neste[5] numero uma curta série[6] de pequenos contos militares escriptos especialmente para este jornal.

Mais artigos ha de bastante interesse e que espero agradarão aos leitores.

SILVA · SALLES.

5

LUIZ ANTONIO CONGO

Secretário da redacção de três números do jornal *O Palrador* (n.º 5, 22 de Março de 1902; n.º 6, 24 de Maio de 1902; e n.º 7, 5 de Julho de 1902). No segundo dos três números indicados, assina uma nota biográfica sobre um poeta luso-brasileiro fictício, chamado Eduardo Lança (cf. 24). No número seguinte, o n.º 7, Congo partilha o cargo de secretário com José Rodrigues do Valle (cf. 11, Dr. Pancracio). É neste número que subscreve o texto "Quebranto", aqui transcrito. Refira-se, por último, que Congo será também o secretário da redacção da nova série d'*O Palrador* (n.º 1, Julho de 1903).

DATA: 22 de Março de 1902.

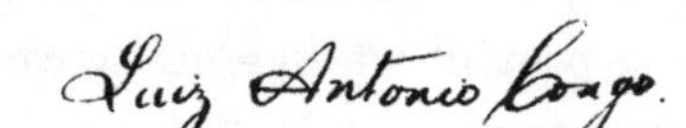

[87-24a^{v}]

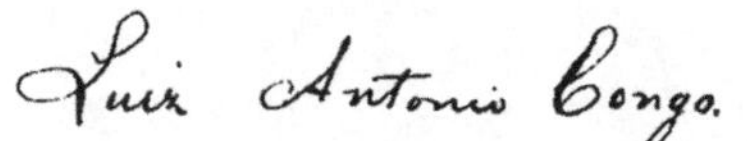

[87-25^{r}]

[5.1] *Quebranto*

É uma doença imaginaria do vulgo, a que chamam tambem "mal d'olhado"[a], por atribuirem a olhares malevolos lançados por pessoas adultas sobre as "creanças bonitas".

Informando-me dos symptomas caracteristicos de tal doença, pessôa competente disse-me que eram uma especie de languidez, acompanhada de vomitos, que invadia as creanças subitamente, fazendo-as perder o appetite, ao mesmo tempo que as tornava tristonhas e desfiguradas.

O remedio que os supersticiosos empregam para debellar tal estado morbido, e que dizem muitas vezes ser fatal, é passar o bébé trez vezes consecutivas por baixo das pernas do papá, exercicio gymnastico com que o pequenito volta ao seu estado primitivo de saude e robustez.[1]

É singular que só são atacadas d'esta sympathica doença as creanças nutridas e bonitas.

Mas buscando a opinião medica disse-me um medico que o quebranto ás vezes provinha de darem ás creanças de 6 mezes queijo e um copazio de vinho.

E isto parece-me mais verosimil.[2]

Luiz Antonio Congo.

a Neste texto, Pessoa utiliza aspas baixas e não altas, como é seu hábito.

6

JOSÉ RODRIGUES DO VALLE

Foi sucessivamente director literário (n.º 5, 22 de Março de 1902), director (n.º 6, 24 de Maio de 1902) e secretário (n.º 7, 5 de Julho de 1902) do jornal *O Palrador*, sendo esse último cargo partilhado com Luiz Antonio Congo (cf. 5). Associado ao nome de José Rodrigues do Valle surge, entre parênteses, o nome de Scicio (cf. 7), seu *nom de plume*. Inicialmente, Fernando Pessoa atribuiu a Rodrigues do Valle o pseudónimo de "Dr. Pancracio", mas n'*O Palrador* de 22 de Março de 1902 essa nomeação surge rasurada, surgindo "Scicio" em seu lugar. Entre os documentos pessoanos albergados na Biblioteca Nacional de Portugal e na colecção particular dos sobrinhos-herdeiros de Pessoa, não foram localizados escritos de Rodrigues do Valle, nem projectos literários associados a essa figura.

DATA: 22 de Março de 1902.

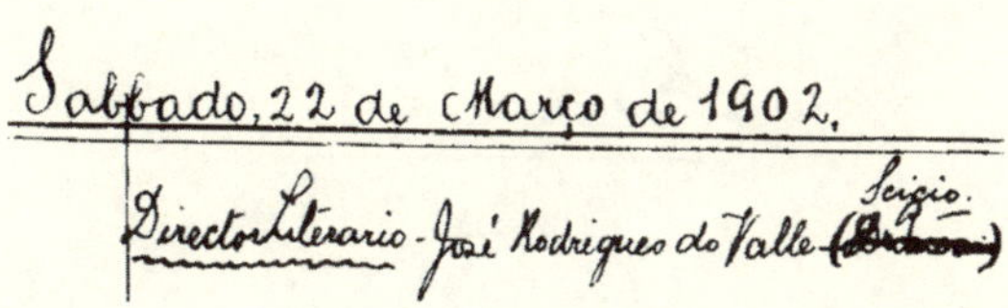

[Pormenor da folha 87-23^{r}]

7

SCICIO

Trata-se do pseudónimo de José Rodrigues do Valle (cf. 6) e não exactamente de uma personagem “autónoma”, mas parece-nos conveniente distinguir a pessoa “real”, directora de um jornal, da figura “fictícia”, colaboradora do mesmo periódico. No n.º 6 d’*O Palrador* (24 de Maio de 1902), Scicio é mencionado na secção de decifradores de charadinhas, onde se indica que ele é o “antigo Dr. Pancracio”. Nesse mesmo número, Scicio assina uma charada dirigida a Diabo Azul (cf. 13), texto que aqui se transcreve. No número seguinte, o n.º 7, é referido na “Secção Charadistica”, onde se indicam os nomes dos decifradores de charadas que enviaram, para *O Palrador*, decifrações correctas. Accursio Urbano (cf. 32), Morris (cf. 12) e Theodor (cf. 19) enviam charadas destinadas a Scicio.

DATA: 22 de Março de 1902.

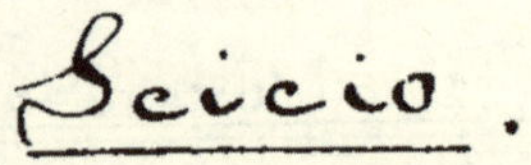

[87-24a^{r}]

Charada (R) *ao Diabo Azul.* [7.1]

Quem incita uma mulher,[1]
Sem ella ter feito mal
De lição deve correr[2]
Uma tareia real.

Que ella cheia de loucura
Diz com o rosto encarnado:
"Patife! cavalgadura!
Indecente, malcreado!"[a]

(Lisboa –) Scicio.

a A solução ("Provocação") encontra-se na "Secção Charadistica" do número seguinte d'*O Palrador* (n.º 7, 5 de Julho de 1902).

8

ANTONIO AUGUSTO REY DA SILVA

Administrador de três números do jornal *O Palrador* (n.º 5, 22 de Março de 1902; n.º 6, 24 de Maio de 1902; e n.º 7, 5 de Julho de 1902). Não são conhecidas colaborações literárias desta personagem fictícia.

DATA: 22 de Março de 1902.

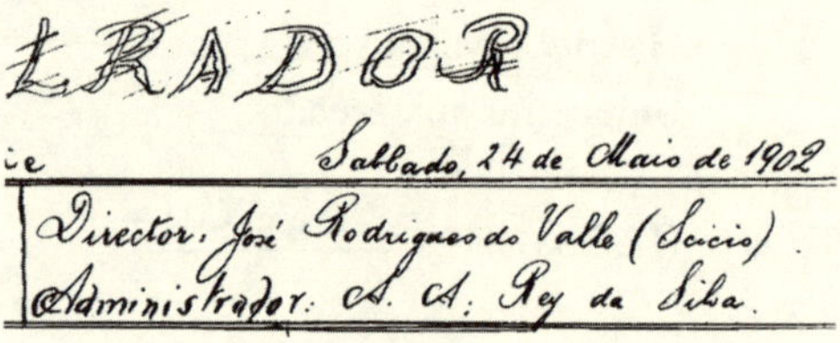
LRADOR
Sabbado, 24 de Maio de 1902
Director: José Rodrigues do Valle (Scicio).
Administrador: A. A. Rey da Silva.

[Pormenor da folha 87-24r]

9

A. FRANCISCO DE PAULA ANGARD

Colaborador de dois números d'*O Palrador*, A. Francisco de Paula Angard assina um texto intitulado "Monstros da antiguidade", cuja primeira parte é aqui reproduzida; o artigo de Angard tem início no n.º 5 (22 de Março de 1902) e continua no n.º 6 (24 de Maio de 1902). No fim do artigo figura a indicação "Leituras Scientificas", que poderá indicar o título de uma secção ou de um livro imaginário. Este texto recebeu um notável destaque, já que abre ambos os números do jornal.

DATA: 22 de Março de 1902.

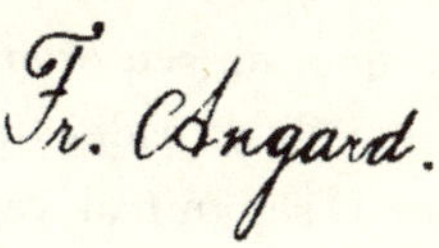

[87-23^{r}]

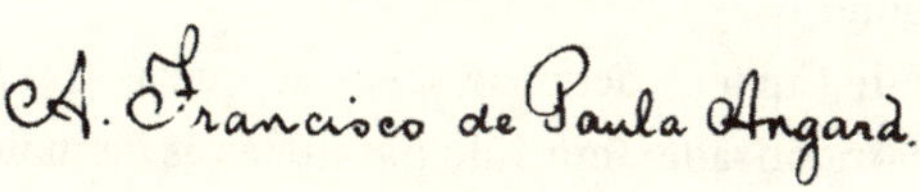

[87-24^{v}]

[9.1] *Monstros da antiguidade*[1]

Tudo o que a phantasia do homem possa imaginar, não se poderá aproximar das formas prodigiosas que a Natureza creou nos primeiros tempos da edade da terra.

Em meio da sua vegetação opulenta e poderosa, viviam sêres monstruosos e phenomenaes, de cabeça de serpente ou de ave, armados de grandes pontas ou de grandes azas.

Graças á[2] descoberta de alguns ossos, os sabios têm reconstituido muitos d'esses monstros, determinado[3] os seus instinctos, os seus costumes, etc.

Como se presume, a terra não foi creada tal qual hoje a encontramos, com suas florestas, os oceanos, rios.

Como o restante universo, a terra sofreu uma serie de transformações progressivas e lentas, segundo a lei que a sciencia moderna qualifica de evolução.

O proprio homem, que, no seu orgulho, se julga o rei da creação, não passa de um élo da cadeia immensa dos organismos que vivem na terra. O sêr animal, vegetal e mineral foi-se transformando até hoje progressivamente, em raças, castas, especies, generos.

Depois de Cuvier,[a] ficou-se sabendo que as transformações da materia organisada[4] tem sido parallêlas ás da materia inerte.

Camadas sobre camadas, novos terrenos têm sido encontrados, descobrindo-se n'elles fosseis, ou destroços organicos, que nos permittem seguir a marcha ascendente dos sêres desde os

a Georges Cuvier (1769-1832), cujo verdadeiro nome era Jean Leopold Nicolas Frédéric Cuvier, destacou-se como um dos mais importantes naturalistas e zoólogos da primeira metade do século XIX. Através de uma abordagem comparatista, desenvolveu diversas investigações com animais vivos e fósseis e estabeleceu a extinção como um facto natural. A sua obra mais importante, *Le Règne animal* [*O Reino Animal*], foi publicada em 1817.

primeiros tempos do globo. Tem-se podido reconstituir, graças aos fosseis encontrados nas differentes camadas geologicas, toda a serie animal que tem existido na terra.

Nos terrenos primitivos nada se encontrou. Mas nos terrenos da transição, nos immediatos, tem-se descoberto zoophytos, crustaceos, vegetaes elementares, etc. Mercê do calor central, da atmosphera saturada de vapores[5] e das chuvas torrenciaes, nasceu uma formidavel vegetação.

Muitas plantas hoje desapparecidas agrupavam-se em florestas gigantescas de 40 metros d'alto. Sob a sua folhagem espessa, sómente viviam insectos. Nem uma ave, um passaro, a animar a solidão. Na terra existia um silencio profundo, só interrompido pelo silvar do vento e das tempestades e pelas quedas de agua.

Mas, pouco a pouco, em virtude de novas camadas de terra, os mares começam a povoar-se de polvos monstruosos, de reptis, etc.

Plantas collossaes respiram melhor o carbone do ar, o oxigenio augmenta, a atmosphera purifica-se. E logo começou a crear-se sêres enormes, em harmonia perfeita com a natureza d'então.

Os animaes herbivoros, para attingir os altos ramos das plantas, precisavam ser tambem gigantes.

(Continua)

Fr. Angard.

"Leituras Scientificas"

10
DR. CALOIRO

Colabora n'*O Palrador* (n.º5, 22 de Março de 1902) com uma reportagem intitulada "A pesca das perolas". No fim do artigo figura a indicação "Mais a serio", que poderá indicar o título de uma secção ou de um livro imaginário.

DATA: 22 de Março de 1902.

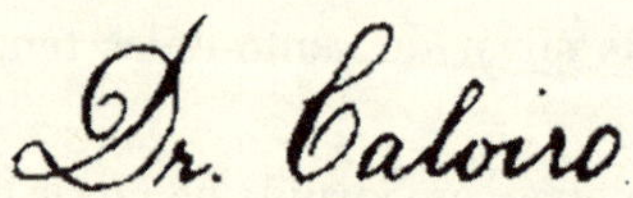

[87-23^{v}]

Mas ouve-se um tiro de peça. É o occaso, e os botes largam, cada um com os seus vinte homens, – dez para remar e dez para mergulhar, cinco dos quaes descem ao fundo de cada vez. A noite passa, mas quando a aurora desponta começa a pesca. No fundo de cada bote acham-se cinco grandes pedras encarnadas. Por um buraco em cada uma, tem-se passado uma corda. Cada mergulhador fixa o pé direito firmemente[2] em uma de estas pedras, emquanto segura a corda com a mão direita; e pelo peso d'estas enormes pedras encarnadas, vae rapidamente ao fundo. Para guardar as ostras, leva comsigo um cesto pendurado a uma corda na mão esquerda ou então pendura um saco de rede á roda do pescoço. Mal chega ao fundo – e não ousando olhar em redor por medo que o monstro que elle teme esteja proximo – apanha appressadamente as ostras ao seu alcance. Geralmente fallando, d'ahi a dois minutos elle puxa a corda, que nunca largou, e é rapidamente puxado outra vez para o bote. Cada mergulhador mergulha quarenta ou cincoenta vezes por dia, trazendo cerca de cem ostras de cada vez.

Mas estar debaixo d'agua durante um minuto – dois, trez, quatro e até cinco minutos – produz um effeito terrivel no systema humano. Quando os mergulhadores sobem ao bote, não só agua, mas muitas vezes sangue, escorre dos seus narizes, bocas e ouvidos! Mas com isto não se importam elles! No mar azul mesmo está o unico inimigo que elles temem – o feroz e cruel tubarão.

Quando chega a hora do crepusculo, ouve-se outra vez o tiro de peça, e os botes voltam embandeirados, trazendo para a terra o seu thesoiro. Mas as conchas estão fechadas. A ostra ainda vive, e abrir a concha com violencia injuraria a perola ahi escondida.

As conchas das perolas são mettidas em covas cavadas na terra, aonde se estenderam esteiras para as receber. Ahi são deixadas até que as creaturas contidas dentro morrem, quando as conchas, abrindo-se por si mesmas, permittem a extracção das perolas sem haver perigo de acontecer[3] qualquer prejuizo.

O chimico e o microscopio mostraram a composição secreta da perola. É esta formada de camadas alternadas de membranas (substancia animal), e carbonato de cal (substancia mineral), assim como a lustrosa superficie interior da concha, conhecida por madre-perola mas mais apropriadamente chamada nacar. Estas camadas são vagarosa e successivamente produzidas pelo proprio animal. Alguma injuria, provavelmente, aconteceu ao exterior da concha, e o orificio tem que ser enchido; ou um grão de terra ou qualquer outra substancia irritante entrou dentro da concha (muitas vezes por um destro estratagema do homem), e isto deve ser coberto, de maneira que jamais poderá ferir – e eis o resultado! Por um sêr classificado na infima escala da creação é produzida uma maravilha de belleza – uma joia incomparavel para brilhar no diadema de um monarcha, e para ser o symbolo do poeta de tudo que ha de mais precioso e mais puro!

Dr. Caloiro

"Mais a serio"

11

DR. PANCRACIO

O seu nome deriva dos radicais gregos *Pan* [todos] e *kratos* [poder]. É colaborador assíduo d'*O Palrador*, com textos humorísticos, poemas e cânticos. É também um dos numerosos decifradores e criadores de charadas que participam neste jornal. Para o n.º 5 do periódico (22 de Março de 1902), envia decifrações exactas de charadas e assina um relato intitulado "Desapontamento", que termina com a indicação "Do livro 'Brancos e Pretos'". No n.º 6 (24 de Maio de 1902) colabora com um soneto ("Sonhos") na rubrica "Poesia e Canticos". Ainda no mesmo número, na coluna "Fallar e escrever", assina versos humorísticos em redondilha maior; e participa com um logogrifo, na secção "Charadinhas", que passa a redigir, substituindo Pip (cf. 3). No n.º 7 (5 de Julho de 1902) assume o cargo de director literário e colabora com a "Carta de um provinciano para um amigo de Lisboa", que aqui decidimos incluir. No mesmo número, assina ainda três sonetos – "Metempsychose", "No Comboio" e "Mulher Universal" –, publica uma crítica aos versos do poeta fictício Theodoro Luciano (cf. 30), oferece uma charada a Accursio Urbano (cf. 32) e uma outra a F. Q. A. (cf. 33). Neste n.º 7, tão pancraciano, o director literário ocupa-se também da secção da Correspondência e transcreve uma charada que lhe é oferecida por Pimenta (cf. 28).

Num outro jornal fictício, contemporâneo d'*O Palrador*, que Pessoa baptizou de *A Palavra*[a] (1902), o Dr. Pancracio assina

a Jornal criado e dirigido por Fernando Pessoa. Conhecem-se dois números de meados de Maio de 1902, redigidos durante o período que o jovem poeta passou na Ilha Terceira. O redactor era Mário Nogueira de Freitas (1891-1932), primo de Pessoa e filho de Ana Luísa

o poema "Quando ella passa" e é apresentado como o *nom de plume* de Fernando Pessoa, ou melhor, de "F. Pessôa", o director do jornal.

No espólio pessoano existe também uma carta em verso assinada pelo Dr. Pancracio, destinada ao director do jornal lisboeta *O Pimpão*.[b] Foi neste jornal bissemanal que o Dr. Pancracio viu publicado um "enigma saltitante", a 27 de Agosto de 1902, uma "charada em frase", a 24 de Setembro, um "fraseado" a 5 de Outubro e uma "charada eléctrica" a 26 de Novembro (vejam-se os fac-símiles em *Fotobibliografia*, 1988, p. 251). É possível que a sua colaboração n'*O Pimpão* tenha tido início mais cedo, porque a 30 de Abril e a 2 de Julho de 1902 o nome do Dr. Pancracio é incluído na secção de decifradores, onde continua a ser referido nos meses seguintes.

Por volta de 1903, Pessoa opta por latinizar o nome de Pancracio e inventa um sósia chamado Pancratium. A esta personagem é atribuído o "Essay on Poetry: Written for the Edification of Would-be Verse-writers" ["Ensaio sobre a Poesia: Escrito para a Edificação dos Aspirantes a Versificadores"].[c]

Refira-se, ainda, que no primeiro número do jornal *O Palrador* (Julho de 1903), redigido já em Durban, o Dr. Pancracio é apresentado como o pseudónimo de Francisco Páu (cf. 38), o director da secção humorística, e que dois anos mais tarde, no primeiro número do mesmo jornal (17 de Setembro de 1905), redigido já em Lisboa, o Dr. Pancracio colabora com um epigrama. Nem n'*A Palavra*, nem em série alguma d'*O Palrador* – a julgar pelos números a que se tem acesso – foram incluídas

Pinheiro Nogueira (1860-1940), comummente conhecida como a tia Anica. Em 1909, Pessoa e o seu primo fundaram a empresa tipográfica Ibis (ver Pizarro, 2007, pp. 98, 132 e 189).

b Identificada pela cota 14^6-36. Muito provavelmente a carta nunca foi enviada.

c O ensaio também foi atribuído ao Professor Trochee (cf. 62) e ao Professor Jones (cf. 67).

duas charadas[d] e um epigrama (aqui antologizado) que Pessoa conservou nas suas arcas.

DATA: 22 de Março de 1902.

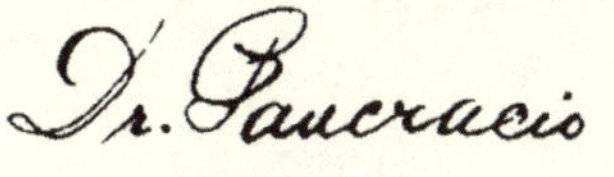

[87-23a^{v}]

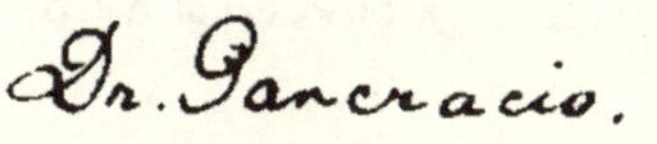

[87-24^{v}]

[87-24a^{r}]

[87-24a^{r}]

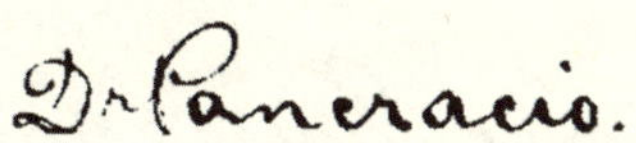

[87-25^{r}]

[87-25^{v}]

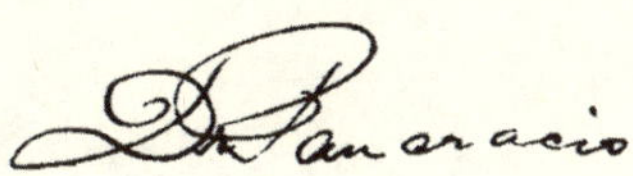

[87-25^{v}]

d “N’esta ninguem mette dente, | Quer fraco seja ou valente.” (14^{6}-27^{v}) e “Meu amigo, a mulher é um animal.” (66B-71^{r}) Da primeira charada existem dois testemunhos. Um deles foi cortado em vários pedaços e conserva-se no verso das folhas 13-18, 49B^{1}-1 e 49B^{6}-56 do espólio pessoano.

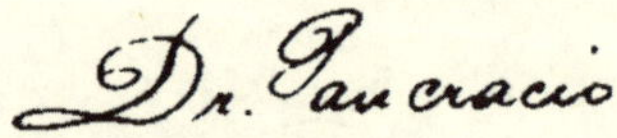

[87-25a^{r}]

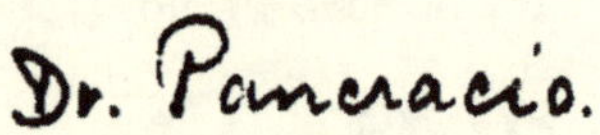

[87-22^{v}]

[14^{6}-36^{r}]

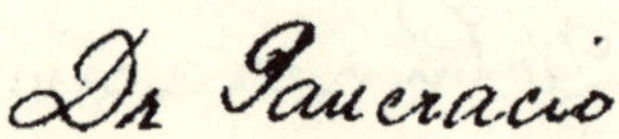

[66A-10^{r}]

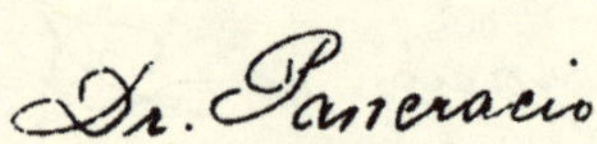

[66B-71^{r}]

Carta de um provinciano para um amigo em Lisbôa.[1] [11.1]

Mê cara imigo –

Xetimo e dexejo muta e xalubruiosa xaude. Qanto á ê ixo cá vai munto bê.

Huve a pôco a apanha das battatas e ê cá já pro cá já cá vendi algumas alkeires – bediccto sexa deus.

Keres xabber tabem como ê pro cá aqui vou á respeta de namouros!

Poiss xaberás – aggóra a minha comvarshada é[2] a Maria da Incranaxãu a filha do Jozé do Moleiros. A axim é qui é; os noxos curasexões estão mexmo dizendo um pa'a o outro: É na pá como eu por cá aqui ti amo.

Xaude a todos os imigos e anamicos
e parra ti um xaudoce abrasso do teu imigo
Zé Fuinha

Eh? Que tal – Dr. Pancracio.

Epigramma [11.2]

Foi para a serra caçar
O Velho doutor Vicente
Mas logo o foram chamar
Para vir ver um doente.[1]

Ao penetrar na mansarda
Grita-lhe o padre Zé Freitas
– Você[2] traz hoje espingarda?
Já não tem fé nas receitas.

Dr. Pancracio

12
MORRIS

Decifrador e remetente de charadas d'*O Palrador*. Para o n.º 5 (22 de Março de 1902), envia decifrações exactas e assina, com Theodor (cf. 19), um logogrifo que ambos oferecem a Pip (veja-se o texto abaixo). Ainda em parceria com Theodor, colabora no n.º 6 (24 de Maio de 1902), enviando decifrações e oferecendo uma charada ao Diabo Azul (cf. 13). Ao n.º 7 (5 de Julho de 1902) faz também chegar decifrações suas, uma vez mais, em colaboração com Theodor. É neste número onde Accursio Urbano (cf. 32) e o Diabo Azul, separadamente, oferecem uma charada a Morris & Theodor, ao passo que estes remetem uma para Scicio (cf. 7). Finalmente, e ainda no nº 7, encontra-se um logogrifo que F. Q. A. (cf. 33) oferece a Morris & Theodor, que costumam colaborar em parceria. A este respeito, refira-se que no jornal *O Pimpão*, que teve como colaboradores Pip (cf. 3) e o Dr. Pancracio (cf. 11), é comum encontrar charadas com dupla autoria (Voador & Leitão, Zurc & Amlap, entre outras).

DATA: 22 de Março de 1902.

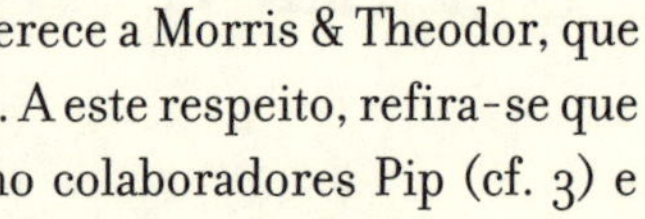

[87-23a^{v}]

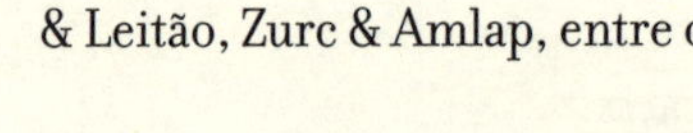

[87-24a^{r}]

[87-25a^{v}]

Logogripho (R) A Pip. [12.1]

O vegetal reverdece;
Matiza o campo a flor;[1]
A ave nos embevece
Fruindo um ledo amor;[2]

Outra vida na cidade:[3]
Uns…vão para o café;[4]
Outros, os de mais edade
Só cheiram o seu rapé.[5]
Que deslumbrante conjuncto!
Vida, luz, canções, amor!
Tratar na tela o assumpto
Quem póde á devida altura?
D'arte divina – a pintura
Um eminente cultor![a]

Morris & Theodor

a Solução inserida no n.º 6 (24 de Maio de 1902): "El-rei D. Carlos".

13

DIABO AZUL

Decifrador de charadas e colaborador d'*O Palrador*. O jornal recebe, para o n.º 5 (22 de Março de 1902), decifrações exactas suas e uma charada oferecida "Ao Dr. Pancracio". O n.º 6 (24 de Maio de 1902) não recebe colaborações do Diabo Azul, mas sim de Scicio (cf. 7) e de Morris & Theodor (cf. 12 e 19), que enviam charadas para o Diabo Azul, a quem Pad Zé (cf. 14) oferece um enigma no mesmo número. Já para o n.º 7 (5 de Julho de 1902), o Diabo Azul envia uma charada dedicada a "Morris & Theodor & Pad Zé", esquecendo-se, talvez, de Scicio (veja-se o texto seguinte). É muito provável que este nome tenha sido inspirado pelo de um outro Diabo Azul, que assinava contos no bissemanal *O Pimpão*.[a]

DATA: 22 de Março de 1902.

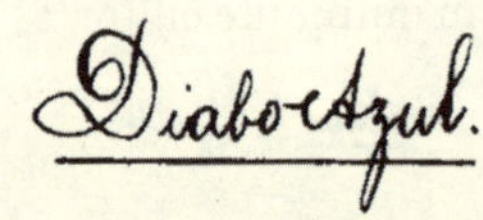

[87-23a^{v}]

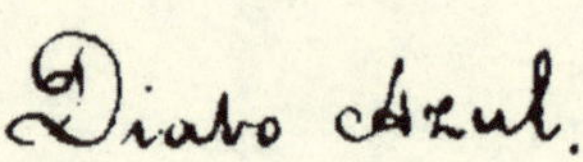

[87-25a^{r}]

a Sobre o "mistério" do Diabo Azul, veja-se Nogueira (2009, pp. 17-37).

Charada (R) A Morris & Theodor & Pad Zé [13.1]

A serra de Portugal[1]
Com mais ca é papagaio[2]
E como está é um gaio.
Não é isto original?
Mais dizem que coisa tal
Com mais má é um peixinho.[3]
Acredita, meu visinho,
N'esta embrulha sem geito
Que traz para seu concerto
Conirostro passarinho? [b]

Diabo Azul.

b No n.º 8 d'*O Palrador*, que não se conserva entre os papéis de Pessoa, teria vindo a público a solução para esta charada.

14
PAD ZÉ

Pad Zé é o pseudónimo de Pedro da Silva Salles (cf. 4), redactor d'*O Palrador*. Pad Zé assina anedotas, enigmas pitorescos e tipográficos; além disso, decifra e envia charadas. Para o n.º 5 (22 de Março de 1902) remete as anedotas "Caritativo" e "Uma ideia", aqui integradas. Nesse mesmo número é referido como um colaborador que enviou decifrações exactas, na "Columna Enigmatica", e assina um enigma pitoresco oferecido a Gee (cf. 20), que será também aqui reproduzido. No n.º 6 d'*O Palrador* são publicados enigmas pitorescos que Pad Zé oferece ao Diabo Azul (cf. 13) e à Nympha (cf. 16). No n.º 7 são inseridas as anedotas "No baile", "N'uma cervejaria", assim como um enigma tipográfico para o Diabo Azul. Neste número, o último existente desta série inicial no espólio pessoano, Nympha oferece um enigma tipográfico a Pad Zé. Já n'*O Palrador* de Julho de 1903, n.º 1, nova série, elaborado em Durban, o nome Pad-Zé (com hífen) surge como alcunha de Roberto Kóla (cf. 37), director charadístico deste jornal de faz-de-conta.

Refira-se ainda (agradecemos esta informação a José Barreto) que viveu na mesma época um Pad Zé real. Pad Zé (abreviação de Padre Zé) era a alcunha de Alberto António da Silva Costa (1877-1908), ainda estudante em Coimbra em 1902, mas já famoso na altura como boémio e humorista. O verdadeiro Pad Zé iniciou, em 1895, os estudos de Direito em Coimbra, onde foi amigo de Afonso Lopes Vieira (1878-1946) e de outras personalidades conhecidas. Em 1899 ganhou fama nacional por ter sido suspenso da universidade durante dois anos, devido a uma rixa com um professor. Pad Zé rumou a Lisboa, depois trabalhou na colónia de S. Tomé e regressou a Coimbra em 1901. Voltou à vida de estudante boémio e concluiu o curso em 1904. Em 1905 publicou o famoso e humorístico *Livro do Dr. Assis*, mais precisamente: *O Livro do Doutor Assis: Pensamentos-Conceitos, Anedoctas, Larachas, Chalaças, Agudezas, Subtilezas, Facecias, Ditos de Espírito, Calembourgs e Charadas do Doutor Assis, Capataz das Finanças no Primeiro Estabelecimento Scientifico do Paiz*, que teve enorme êxito. Suicidou-se em 1908. Era advogado, militante republicano e teve problemas com o governo de João Franco (1855-1929). É possível que Pessoa tenha lido ou ouvido falar dele, criando depois o colaborador humorístico d'*O Palrador*.

DATA: 22 de Março de 1902.

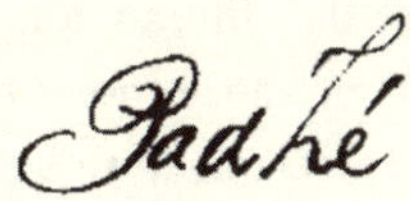

[87-23a^{r}]

[87-23a^{v}]

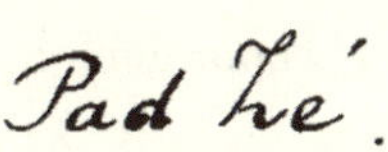

[87-24a^{v}]

[87-25^{v}]

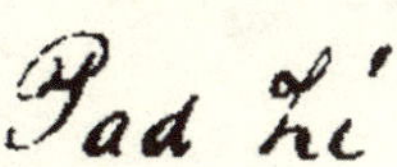

[87-25a^{r}]

[14.1] *Caritativo* – N'uma Estrada deserta.

–Acuda-me, por quem é. Uns patifes de uns ladrões amarram--me depois de me terem roubado todo o dinheiro que eu tinha, excepto uma carteira de notas, que felizmente escapou á sua busca.

– Malandros! e onde tinha a carteira escondida, que assim escapou á ladroeira d'essa canalha?

–Aqui n'uma algibeira do forro do collete

O caritativo viajante meteu a mão n'algibeira indicada, tirou a carteira, e disse:

– É verdade, cá está ella. Passe muito bem.

E foi-se.

~·~

Uma ideia – O director d'uma cadeia entra na carcere d'um condemnado á morte.

–Tenho uma noticia a dar-lhe, a sua appelação foi indeferida, mas os regulamentos da prisão authorisam-me a satisfazer-lhe algumas ultimas vontades. O que deseja então?

O condemnado reflecte um instante, e depois batendo na testa responde:

– Desejava apprender o inglez!

[14.2] *Enigma Pittoresco – A Gee (R)*[a]

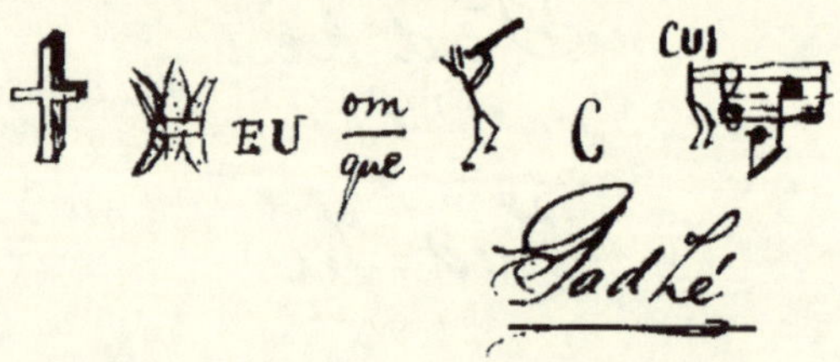

a Solução inserida no n.º 6 (24 de Maio de 1902): "Feliz é o homem que vive sem cuidados".

15

PARRY

Decifrador de charadas e colaborador d'*O Palrador*. Pip (cf. 3) oferece-lhe uma charada, no n.º 5 (22 de Março de 1902), que termina com "Que pintou este pintor", alusão a Puvis de Chavannes (1824-1898), pintor francês falecido poucos anos antes. Para este mesmo número, Parry envia decifrações exactas ao jornal. No n.º 7 d'*O Palrador* (5 de Julho de 1902), contribui com um enigma, que aqui se dá a conhecer.

DATA: 22 de Março de 1902.

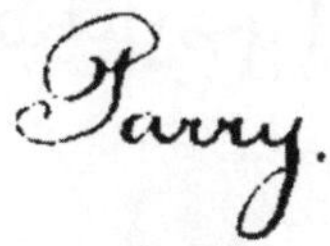

[87-25a^{v}]

Enigma (Pergunta enigmatica) [15.1]
Qual é o ruido que chama animal ao leitôr? [a]

a No n.º 8 d'*O Palrador*, que não se conserva entre os papéis de Pessoa, teria vindo a solução do enigma.

16

NYMPHA

Decifradora de charadas e colaboradora d'*O Palrador*. Envia decifrações exactas para o n.º 5 (22 de Março de 1902) e para o n.º 6 (24 de Maio de 1902). Neste último número, contribui com um enigma pitoresco dedicado a Pad Zé (reproduzido abaixo). No n.º 7 (5 de Julho de 1902), Pad Zé retribui o enigma pitoresco e oferece um enigma tipográfico à Nympha.

DATA: 22 de Março de 1902.

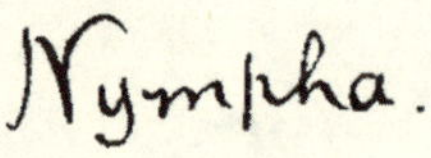

[87-24a[v]]

[16.1] *Enigma Pittoresco a Pad Zé* [a]

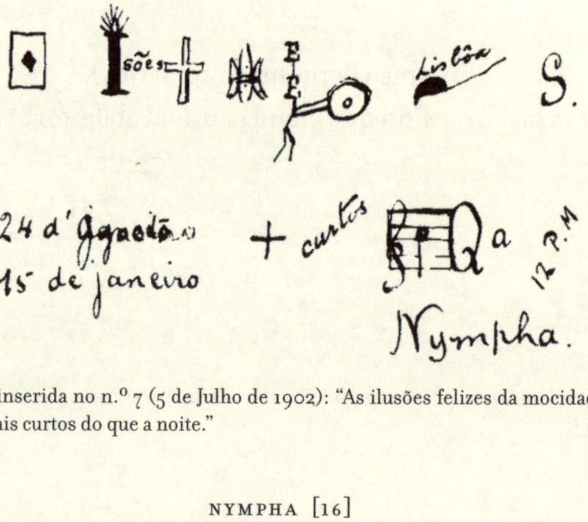

a Solução inserida no n.º 7 (5 de Julho de 1902): "As ilusões felizes da mocidade são dias d'inverno, mais curtos do que a noite."

17

GALLIÃO

Decifrador de charadas e colaborador d'*O Palrador*. Contribui com decifrações exactas no n.º 5 (22 de Março de 1902). Retribuindo o gesto de Gallião Pequeno (cf. 22), oferece-lhe duas charadas nos números seguintes: n.º 6 (24 de Maio de 1902) e n.º 7 (5 de Julho de 1902). A primeira das duas é aqui transcrita. N'*O Pimpão* (18 de Setembro de 1901, p. 7), na secção de decifradores, é referido um tal "F. Galhão", pseudónimo que pode ter inspirado a composição do nome "Gallião".

DATA: 22 de Março de 1902.

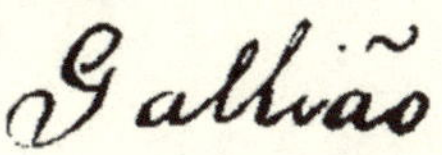

[87-24a^v]

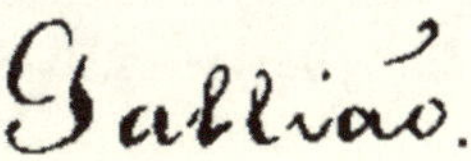

[87-25a^r]

(R) A Gallião Pequeno [17.1]

A planta *lu*sitana é pancada[1]
No silvado[2] *mo*ra o que está na igreja
A fructa[3] *ro*mana é creada.[a]

a Solução inserida no n.º 7 (5 de Julho de 1902): "(a) Tolusa – tosa | (b) Amora – ara | (c) Aroma – ama". Basta retirar as sílabas destacadas na charada das três palavras ("Tolusa", "Amora" e "Aroma").

18
ZÉ NABOS

Decifrador de charadas d'*O Palrador*. O jornal anuncia sempre, nos números que se conservam da série mais antiga – n.º 5 (22 de Março de 1902), n.º 6 (24 de Maio de 1902) e n.º 7 (5 de Julho de 1902) –, que recebeu decifrações exactas de Zé Nabos. Não se conhecem colaborações assinadas por esta personagem, nem charadas ou enigmas que lhe tenham sido oferecidos. O Dr. Gaudencio Nabos (cf. 64) e o Dr. Neibas (cf. 100) terão um parentesco ficcional com este charadista. No parágrafo que se transcreve, da "Columna Enigmatica" do n.º 5, lê-se: "Recebemos decifrações exactas de: – 8 de Dr. Pancracio e Morris; 7 de Diabo Azul e Pad Zé; 6 de Parry, Nympha e Gallião; 4 de Zé Nabos e Theodor; 3 de Gee e Rabanete."

DATA: 22 de Março de 1902.

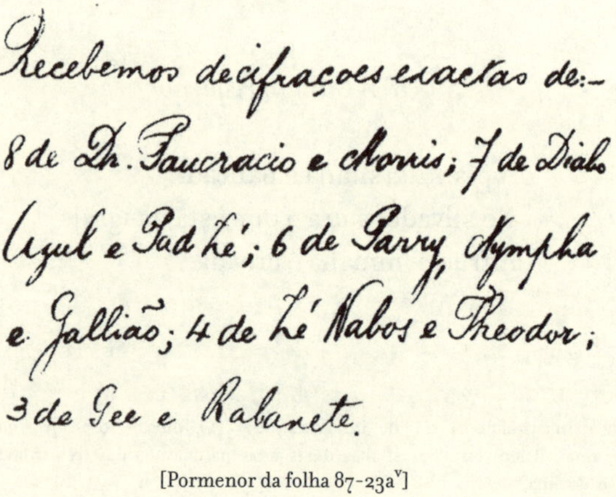
Recebemos decifrações exactas de:– 8 de Dr. Pancracio e Morris; 7 de Diabo Azul e Pad Zé; 6 de Parry, Nympha e Gallião; 4 de Zé Nabos e Theodor; 3 de Gee e Rabanete.

[Pormenor da folha 87-23a^{v}]

19
THEODOR

Decifrador de charadas e colaborador d'*O Palrador.* Para o n.º 5 (22 de Março de 1902) envia decifrações exactas ao jornal. Assinando juntamente com Morris (cf. 12), oferece uma charada ao Diabo Azul no n.º 6, que aqui se reproduz.

DATA: 22 de Março de 1902.

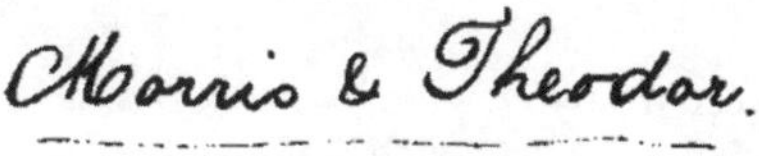

[87-24a[r]]

Charada ao Diabo Azul [19.1]

Aqui não mette o bedelho
Nem o moço nem o velho.

—

Ó Calliope bella inspira meu canto
Que é só d'amor; a mulher que amo tanto[1]
É um ser celestial, modelo de belleza
Não[2] me ama; d'aguda dor a fereza[3]
Cada vez mais me tortura, e o pallor
Enche-me as faces onde habitou d'amor[4]
A rosea luz; mais valia não amar,
Lançar todo o amor ás ondas do mar.[a]

a Solução inserida no n.º 7 (5 de Julho de 1902): "Agua".

20
GEE

Decifrador de charadas e colaborador d'*O Palrador*. Envia decifrações exactas para o n.º 5 (22 de Março de 1902). Neste mesmo número, Pad Zé oferece-lhe um enigma pitoresco. Para o número seguinte (24 de Maio de 1902), Gee envia um metagrama a Pip (cf. 3), aqui incluído, e recebe, da parte do Dr. Pancracio (cf. 11), um logogrifo.

DATA: 22 de Março de 1902.

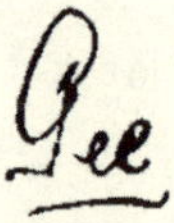

[87-23a^{v}]

[20.1] *Metagramma a Pip*

O grande elemento
Na casa deve estar
E é maior
Na familia seu logar.[1a]

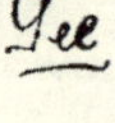

a Soluções inseridas no n.º 6 (24 de Maio de 1902): "mar, lar, mor, mãe".

21
RABANETE

Decifrador de charadas d'*O Palrador*. Envia decifrações exactas para os três números conhecidos da série inicial, n.º 5 (22 de Março de 1902), n.º 6 (24 de Maio de 1902) e n.º 7 (5 de Julho de 1902). Nestes números, não há registo de textos que lhe tenham sido atribuídos, ou oferecidos. No trecho que se transcreve, da secção "Charadinhas" do n.º 6, lê-se: "Decifradores: | 8 artigos – Morris & Theodor. | 7 artigos – Scicio (antigo Dr Pancracio), Nympha | 6 artigos – Diabo Azul, Gallião. | 5 artigos – Gallião Pequeno, Zé Nabos, Pad Zé e Nympha Negra. | 4 artigos – Parry, Trapalhão, Pimenta. | 3 artigos – Gee, Rabanete, Velhote".

DATA: 22 de Março de 1902.

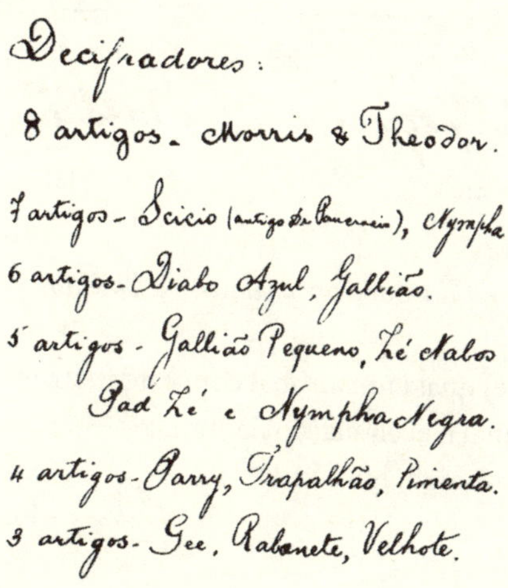
Decifradores:
8 artigos. Morris & Theodor.
7 artigos - Scicio (antigo Dr Pancracio), Nympha
6 artigos - Diabo Azul, Gallião.
5 artigos - Gallião Pequeno, Zé Nabos
Pad Zé e Nympha Negra.
4 artigos - Parry, Trapalhão, Pimenta.
3 artigos - Gee, Rabanete, Velhote.

[Pormenor da folha 87-24a^{r}]

22
GALLIÃO PEQUENO

Decifrador de charadas e colaborador d'*O Palrador*. Oferece as charadas novíssimas, aqui transcritas, a Gallião (cf. 17) no n.º 5 (22 de Março de 1902). Envia decifrações exactas para o n.º 6 (24 de Maio de 1902). Neste número, consta uma charada sincopada de Gallião Pequeno, a quem Gallião oferece uma charada bisada e a Nympha Negra (cf. 26) dedica uma charada enigmática. No n.º 7 (5 de Julho de 1902), Gallião Pequeno oferece charadas novíssimas a Nympha Negra, retribuindo, assim, o seu gesto.

DATA: 22 de Março de 1902.

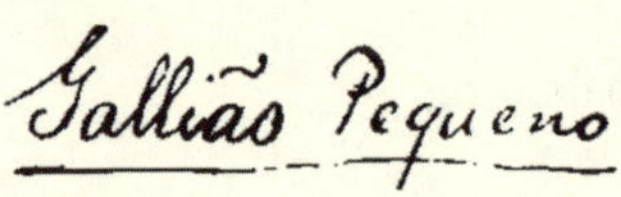

[87-23a^{v}]

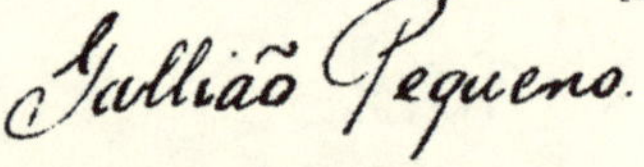

[87-24a^{v}]

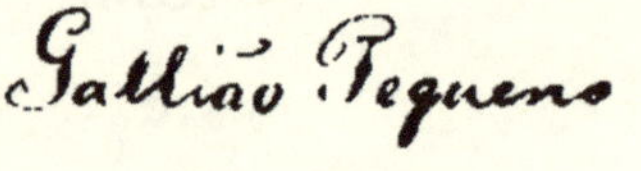

[87-25a^{v}]

[22.1] *Charadas novissimas – a Gallião.*

Estudei quasi um animal com este instrumento.[1]
O animal é exclamação na India.[2]
Ide commigo, livro util.[3][a]

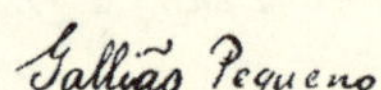

a Soluções inseridas no n.º 6 (24 de Maio de 1902): "(a) Lira | (b) Ayah | (c) Vademecum".

23
LILI

Colaboradora d'*A Palavra*, jornal fictício dirigido por "F. Pessôa (Dr. Pancracio)", do qual só se conhecem dois números (n.º 2, 15 de Maio de 1902; n.º 3, 22 de Maio de 1902). Lili envia charadas sincopadas para o n.º 2.

DATA: 15 de Maio de 1902.

[sem cota] [a]

Como é vadio este animal[1] [23.1]
E do sapateiro e é do sapateiro[2][b]

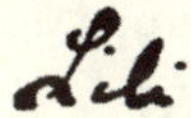

a Encontra-se numa colecção particular.

b No n.º 3 d'*A Palavra* (22 de Maio de 1902) não figuram soluções para as charadas.

24
EDUARDO LANÇA

Poeta fictício, natural da Baía, e colaborador d'*O Palrador*. No n.º 6 (24 de Maio de 1902), assina um poema, "Estatuas", em versos decassílabos rimados, poema que teria redigido na Ilha Terceira.[a] Neste número do jornal, Eduardo Lança é apresentado por Luiz Antonio Congo (cf. 5), secretário da redacção (veja-se o texto seguinte). No número seguinte, o n.º 7 (5 de Julho de 1902), Lança assina uma quadra em versos alexandrinos, intitulada "Enigma", igualmente escrita nos Açores. É neste número d'*O Palrador* que se anuncia a publicação recente do seu novo livro de versos, *Ao Luar*. Para além desta produção poética, existem no espólio pessoano dois sonetos de Lança que talvez se destinassem a um jornal fictício. São eles: "Soneto"[b] e "Sonetos d'Amôr | I."[c], escritos em decassílabos e alexandrinos, respectivamente.

DATA: 24 de Maio de 1902.

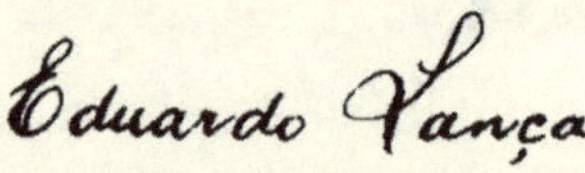

[87-24^{v}]

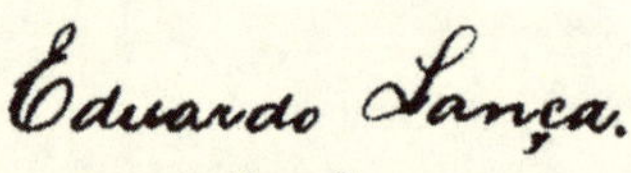

[87-25^{r}]

a Entre 7 e 16 de Maio de 1902, Fernando Pessoa realizou, com a sua família mais próxima, uma viagem à Ilha Terceira, nos Açores. A mãe de Fernando Pessoa (Maria Madalena Pinheiro Nogueira, 1861-1925) era originária da Angra do Heroísmo (Ilha Terceira). Mário Nogueira de Freitas, filho da tia Anica e primo direito de Pessoa, é também originário desta ilha.

b 153-5^{r}; ver *Cadernos*, 2009, p. 108. Assinado "D'um poeta brasileiro", sendo que esse poeta será muito provavelmente Eduardo Lança.

c 153-21^{r}; ver *Cadernos*, 2009, pp. 119-120. O nome de Lança, a quem inicialmente se atribui a série "Sonetos d'Amôr", foi riscado. A versão revista e completa do soneto (56-5^{r}) está assinada por "F. Nogueira Pessôa" (ver *Poesia 1902-1917*, 2005, p. 18).

Eduardo Lança. [24.1]

Nasceu em 15 de Setembro de 1875 na Bahia, onde seguiu os diversos estudos necessarios para a carreira commercial. Acabava o curso quando ficou orphão, empregando-se logo ahi n'uma importante casa commercial. Em negocio da mesma casa veiu a Lisbôa onde permaneceu desde a sua chegada. Tem, comtudo, viajado por Portugal, e o seu primeiro livro (publicado em 1894) foi as *Impressões de um viajante em Portugal*[1], livro maravilhosamente escripto e n'um estylo bello e verdadeiramente portuguez. Mas a poesia é o seu forte e d'isso publicou em Lisbôa em 1895 um livro de lindissimos versos – *Folhas Outomnaes* –[;] na mesma cidade em 1897 um outro livro de versos – *Coração Enamorado* – e em 1900 o seu melhor livro de poesias – Os *meus mythos.*

Consta-nos que brevemente publicará um outro livro.

Tem collaborado em diversos jornaes do Brasil e de cá, mas é nos perfeitamente impossivel dar os nomes exactos, tantos são elles e de tal forma estão espalhados. No presente numero vae uma mimosa poesia da sua lavra – Estatuas –.

Luiz Antonio Congo.

[24.2] *Estatuas.*

O bom Deus – em pequeno ouvi dizer, –
todo arrancado do Ocio pelos vicios
dos homens que formára ao bem propicios,
chamou Loth suas filhas e mulher.

E porque esta, apesar do aviso, quiz
lançar uma vez inda o olhar choroso
áquelle formosissimo paiz,
cheio de leite fresco, e sol bondoso

onde nasceu, viveu, amou, foi mãe
e tinha sepultado a sua gente,
fel-a estatua de sal bem de repente.
O pranto amarga; é como o sal tambem!

Eis, porque atraz me volto e vejo em pó
as verdes illusões do meu passado
e, tal qual a mulher do crente Loth,
fico, sempre a chorar petrificado!

(Terceira) Eduardo Lança

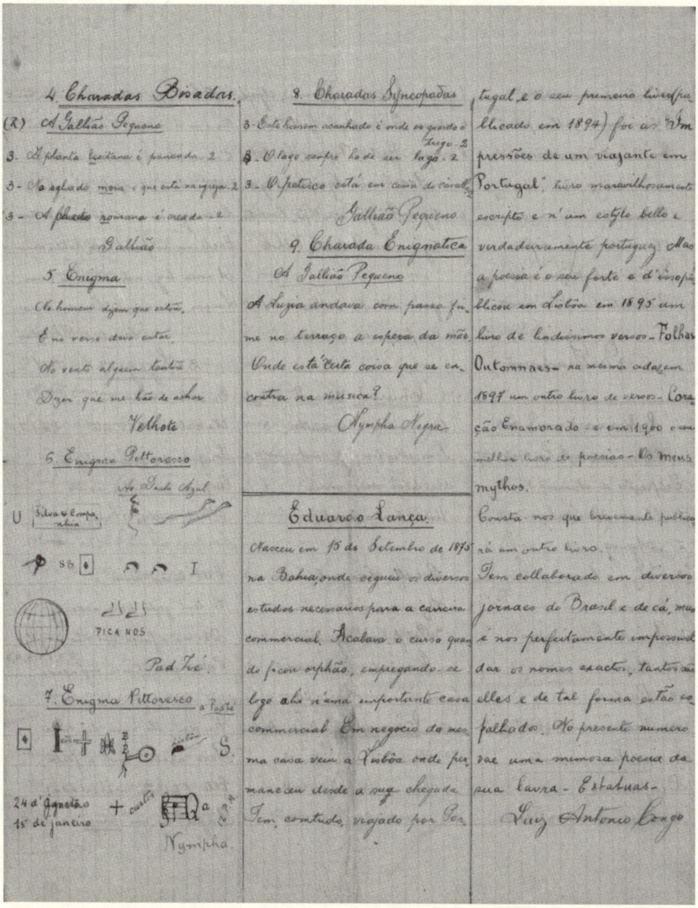
4. Charadas Bisadas.

(2) A Galhão Pequeno

3. A planta lusitana é pausada. 2

3 – No eglado mona é que está na igreja. 2

3 – A planta romana é creada – 2

Galhão

5. Enigma

Velhote

6. Enigma Pittoresco

7. Enigma Pittoresco

Nympha.

8. Charadas Syncopadas

3 – Este homem acanhado é onde se guarda o fogo. 2

3. O lago sempre ha de ser lago. 2

3. O petisco está em cima do cavallo. 2

Galhão Pequeno.

9. Charada Enigmatica

A Galhão Pequeno

A Luzia andava com passo firme no terraço a espera da mãe. Onde está certa coisa que se encontra na musica?

Nympha Negra

Eduardo Lança.

Nasceu em 15 de Setembro de 1875 na Bahia, onde seguiu os diversos estudos necessarios para a carreira commercial. Acabava o curso quando ficou orphão, empregando-se logo ahi n'uma importante casa commercial. Em negocio da mesma casa veiu a Lisbôa onde permaneceu desde a sua chegada. Tem, comtudo, viajado por Portugal, e o seu primeiro livro (publicado em 1894) foi as "Impressões de um viajante em Portugal", livro maravilhosamente escripto e n'um estylo bello e verdadeiramente portuguez. Mas a poesia é o seu forte e d'isso publicou em Lisbôa em 1895 um livro de lindissimos versos – Folhas Outomnaes – na mesma cidade em 1897 um outro livro de versos – Coração Enamorado – e em 1900 o seu melhor livro de poesias – Os meus mythos.

Consta-nos que brevemente publicará um outro livro.

Tem collaborado em diversos jornaes do Brasil e de cá, mas é nos perfeitamente impossivel dar os nomes exactos, tantos são elles e de tal forma estão espalhados. No presente numero vae uma mimosa poesia da sua lavra – Estatuas –

Luiz Antonio Longo

Apresentação de Eduardo Lança no jornal *O Palrador*, n.º 6 (24 de Maio de 1902).

25
VELHOTE

Decifrador de charadas e colaborador d'*O Palrador*. Envia decifrações exactas para o n.º 6 (24 de Maio de 1902) e para o n.º 7 (5 de Julho de 1902), segundo consta no registo da secção charadística do jornal. Um enigma de Velhote – aqui transcrito – é incluído no n.º 6. Não deixa de ser notável o enigma que Cecilia (cf. 34) lhe oferece no n.º 7.

DATA: 24 de Maio de 1902.

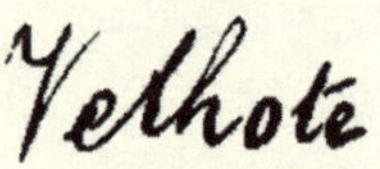

[87-24a^v]

[25.1] *Enigma*

No homem dizem que estou,
E no verso devo estar,
No vento alguem tentou
Dizer que me hão de achar.[a]

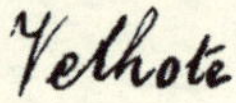

a Solução inserida no n.º 7 (5 de Julho de 1902): "Pé".

26
NYMPHA NEGRA

Decifradora de charadas e colaboradora d'*O Palrador*. Envia decifrações exactas para o n.º 6 (24 de Maio de 1902). Neste número, oferece uma charada enigmática a Gallião Pequeno (cf. 22), que lhe retribui a gentileza no n.º 7 (5 de Julho de 1902), dedicando-lhe umas charadas novíssimas. A Nympha Negra e a Nympha (cf. 16) terão surgido pela mesma altura.

DATA: 24 de Maio de 1902.

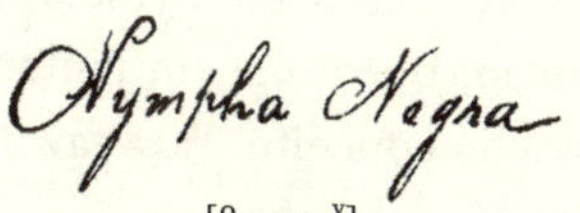

[87-24a^{v}]

Charada Enigmatica [26.1]

A Gallião Pequeno

A Luzia andava com passo firme no terraço á espera[1] da mãe.
Onde está certa coisa que se encontra na musica?[a]

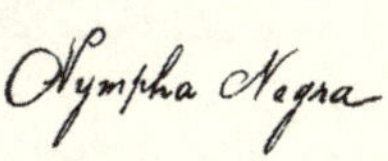

a Solução inserida no n.º 7 (5 de Julho de 1902): "Compasso".

27
TRAPALHÃO

Decifrador de charadas d'*O Palrador*. Envia decifrações exactas para o n.º 6 (24 de Maio de 1902) e para o n.º 7 (5 de Julho de 1902). Neste último número, o seu nome é referido na secção "Correspondencia", a cargo do Dr. Pancracio (cf. 11). Não se conhecem colaborações de Trapalhão, nem textos que outras figuras lhe tenham oferecido, motivo pelo qual apenas citamos o trecho assinado – no fim da coluna – pelo Dr. Pancracio, enquanto director literário d'*O Palrador*: "Trapalhão – Não podia ter escolhido melhor pseudonymo. A sua charada está de tal maneira embrulhada que ninguem a intende, e muito menos intenderão a palavra do conceito. Faça favor de me dizer o que é Cransocoria? Nada?"

DATA: 24 de Maio de 1902.

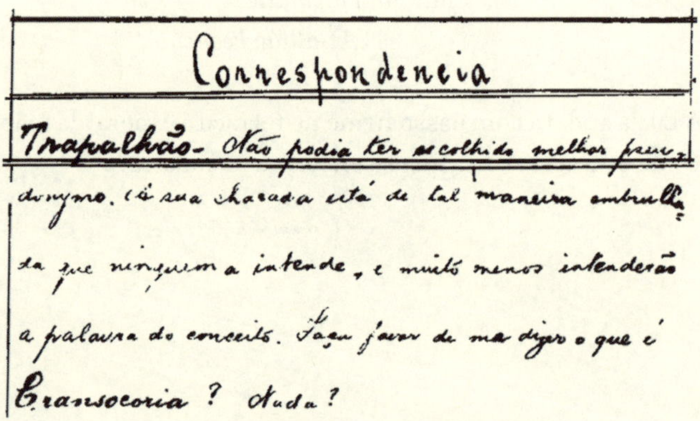

Correspondencia

Trapalhão – Não podia ter escolhido melhor pseu-
donymo. A sua charada está de tal maneira embrulha-
da que ninguem a intende, e muito menos intenderão
a palavra do conceito. Faça favor de me dizer o que é
Cransocoria? Nada?

[Pormenor da folha 87-25ᵛ]

28

PIMENTA

Decifrador de charadas e colaborador d'*O Palrador*. Envia decifrações exactas para o n.º 6 (24 de Maio de 1902) e para o n.º 7 (5 de Julho de 1902). Uma charada de Pimenta para o Dr. Pancracio (cf. 11) é publicada neste número de Julho.

DATA: 24 de Maio de 1902.

[87-25a^v]

Charada. (ao Dr. Pancracio) [28.1]
No principio arde o sentimento muito quente.[1]

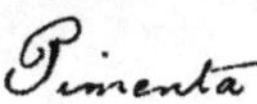

29
ALBERTO REY DA COSTA

Director artístico d'*O Palrador*, na sua nova série (n.º 1, Julho de 1903); o jornal, nesta nova fase, passa a ser mensal e a estar sediado em Durban. Alberto Rey da Costa e Lucian Arr (cf. 47) recebem a encomenda de ilustrar o romance atribuído a Marvell Kisch (cf. 44), *Os Milhões d'um Doido*, cujo capítulo I está inserido n'*O Palrador* de 1903 (ver *Cadernos*, 2009, p. 81).

DATA: 5 de Julho de 1902.

[Pormenor da folha 144R-12^{r}]

30
THEODORO LUCIANO

No n.º 7 (5 de Julho de 1902) d'*O Palrador*, o Dr. Pancracio (cf. 11) dedica-lhe uma breve crítica literária, citando alguns dos seus versos. Só conhecemos esta personagem pelas seguintes linhas: "*Theodoro Luciano* – Os seus versos são muito bonitos mas são só para Carnaval. Basta tomar os primeiros versos de um dos sonetos: | Em bran*ca ca*ma estava recostada | Quando eu a vi linda, bella, formosa | Como a bran*ca ca*melia ou a rosa.... | Farrenego, diabo! Credo em Cruz! etc etc | 1º Leia as syllabas sublinhadas e diga se isso é coisa que se ponha em lettra redonda. | 2º Queria saber a differença entre linda, bella e formosa? | 3º Já viu decasyllabos com 8 syllabas como é o seu terceiro verso? | 4º Tambem eu queria saber se a camelia está vestida? E se *ella* estava assim? | Provado pois que são versos de Carnaval."

DATA: 5 de Julho de 1902.

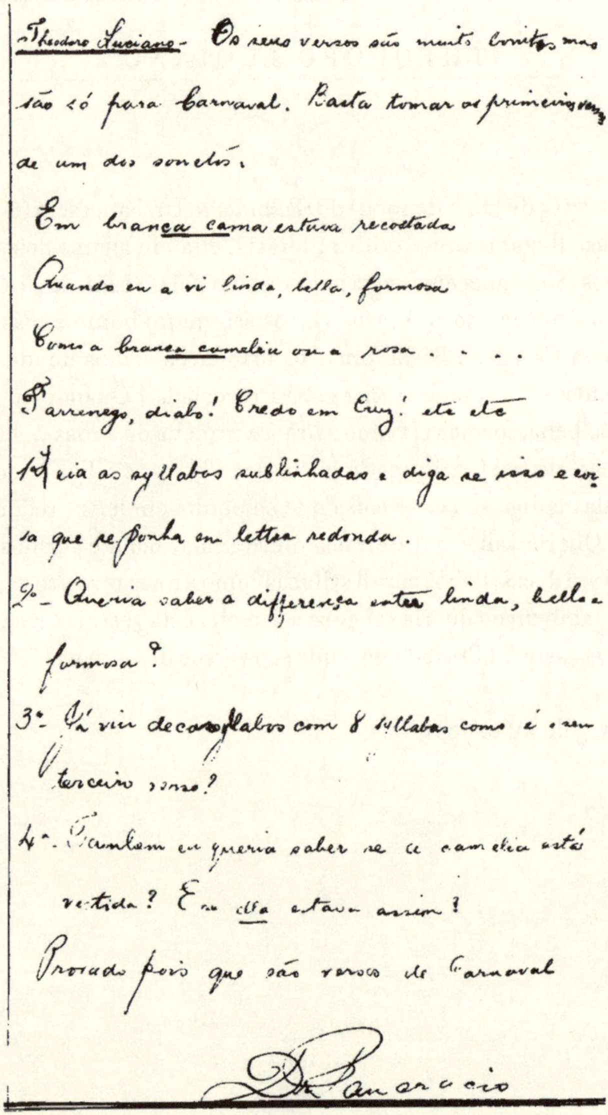

Theodoro Luciano – Os seus versos são muito bonitos mas
são só para Carnaval. Basta tomar os primeiros versos
de um dos sonetos.

Em branca cama estava recostada
Quando eu a vi linda, bella, formosa
Como a branca camelia ou a rosa . . . .
Arrenego, diabo! Credo em Cruz! etc etc

1º Leia as syllabas sublinhadas e diga se isso é coisa que se ponha em lettra redonda.

2º – Queria saber a differença entre linda, bella e formosa?

3º – Já viu decasyllabos com 8 syllabas como é o seu terceiro verso?

4º – Tambem eu queria saber se a camelia está vestida? E se ella estava assim?

Provado pois que são versos de Carnaval

Dr. Pancracio

[Pormenor da folha 87-25v]

31
AUGUSTO MAGENTA

No n.º 7 (5 de Julho de 1902) d'*O Palrador*, na secção "Bibliographia", é anunciado o livro *O Amor*, de Augusto Magenta. No espólio pessoano não há vestígios desta obra fictícia.

DATA: 5 de Julho de 1902.

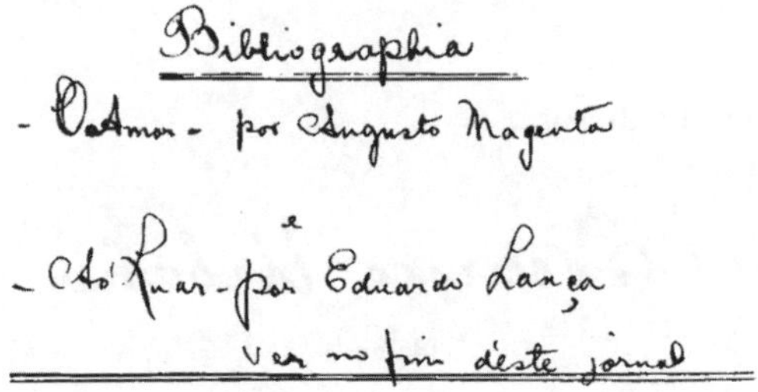
Bibliographia
– O Amor – por Augusto Magenta
e
– Ao Luar – por Eduardo Lança
Ver no fim dêste jornal

[Pormenor da folha 87-25v]

32
ACCURSIO URBANO

Decifrador de charadas e colaborador d'*O Palrador*. Provavelmente de nacionalidade brasileira, tal como o escritor Eduardo Lança (cf. 24). Envia decifrações exactas para o n.º 7 (5 de Julho de 1902). Neste número oferece uma charada a quatro personagens já referidas: Morris & Theodor (cf. 12 e 19), Pad Zé (cf. 14) e Scicio (cf. 7). No n.º 7, o Dr. Pancracio (cf. 11) dedica-lhe uma charada.

DATA: 5 de Julho de 1902.

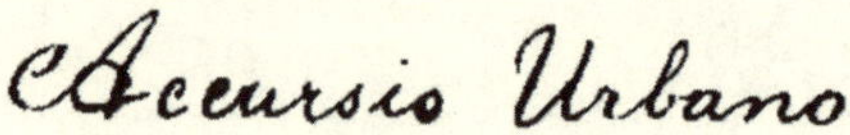

[87-25a^{r}]

Charada (Offerecida
A Morris & Theodor, Pad Zé e Scicio) [32.1]

Qu'rida, tão qu'rida, de mim sempre amada,[1]
Na minha alegria e no meu tormento,
De cabellos soltos ao ar e ao vento,
Tem dentes brancos a face rosada.

Aquella quem amo, a minha adorada,
Da pureza não tira o pensamento,[2]
Se a fitam logo mesmo – n'um momento
De rubar se enche a face idolatrada.[3]

Quem dera possui-la assim tão formosa!
Unica esp'rança que surge entre o mal!
Quem dera beijar-lhe a trança sedosa!

Beijar a sua boca sem igual
E regressar com ella jubilosa
Ao patrio Brasil, á terra natal!

33

F.Q.A.

Decifrador de charadas e colaborador d'*O Palrador*. Envia decifrações exactas para o n.º 7 (5 de Julho de 1902). Neste número, F. Q. A. oferece um logogrifo a Morris & Theodor (cf. 12 e 19) e o Dr. Pancracio (cf. 11) oferece-lhe uma charada, a mesma que dedica a Accursio Urbano (cf. 32).

DATA: 5 de Julho de 1902.

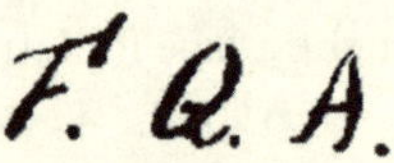

[87-25a^{v}]

Logogripho (a Morris & Theodor) [33.1]

Vereis aqui, senhor, amphibio conhecido,[1]
E um fluido tambem[2]
Depressa encontrarás s'és na physica lido;[3]
Uma côr aqui tem[4]

Se eu mui bem conhecesse difficil sciencia[5]
Mostraria-te aqui[6]
Coisa muito commum n'esta nossa existencia[7]
Auctor francez eu vi[8]

Eu pedras contenho formosas e ouro
Brilhantes eu tenho com prata e marfim
N'este meu grande...enorme thesouro
N'este meu erario com joias sem fim.[9]

34

CECILIA

Decifradora de charadas e colaboradora d'*O Palrador*. Envia decifrações exactas para o n.º 7 (5 de Julho de 1902). No mesmo número, oferece um enigma a Velhote (cf. 25).

DATA: 5 de Julho de 1902.

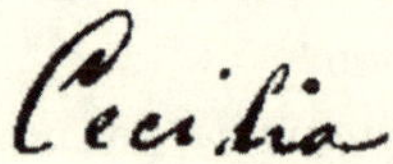

[87-25a^{r}]

[34.1] *Enigma* – a Velhote

Sou d'homem, sou d'animal,
No jardim me vaes mirar,
Na sala – é original! –
Tambem tu me vaes achar.[1]

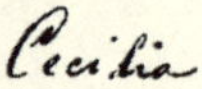

35

JOSÉ RASTEIRO

No n.º 7 (5 de Julho de 1902) do jornal *O Palrador*, na coluna “Proverbios a adivinhar”, assina o texto que começa: “Manel Estevão Loureiro”.

DATA: 5 de Julho de 1902.

[87-25aᵛ]

Manel Estevão Loureiro [35.1]
Comquanto milhões gastasse
Pediu-me que lhe ensinasse
A arte de gastar dinheiro.
Digo lhe eu José Rasteiro:
“Já viste no diccionario?
Não vejo no meu horario
Coisas sabidas mostrar,
Pois só seria
◊ ” ?[1]

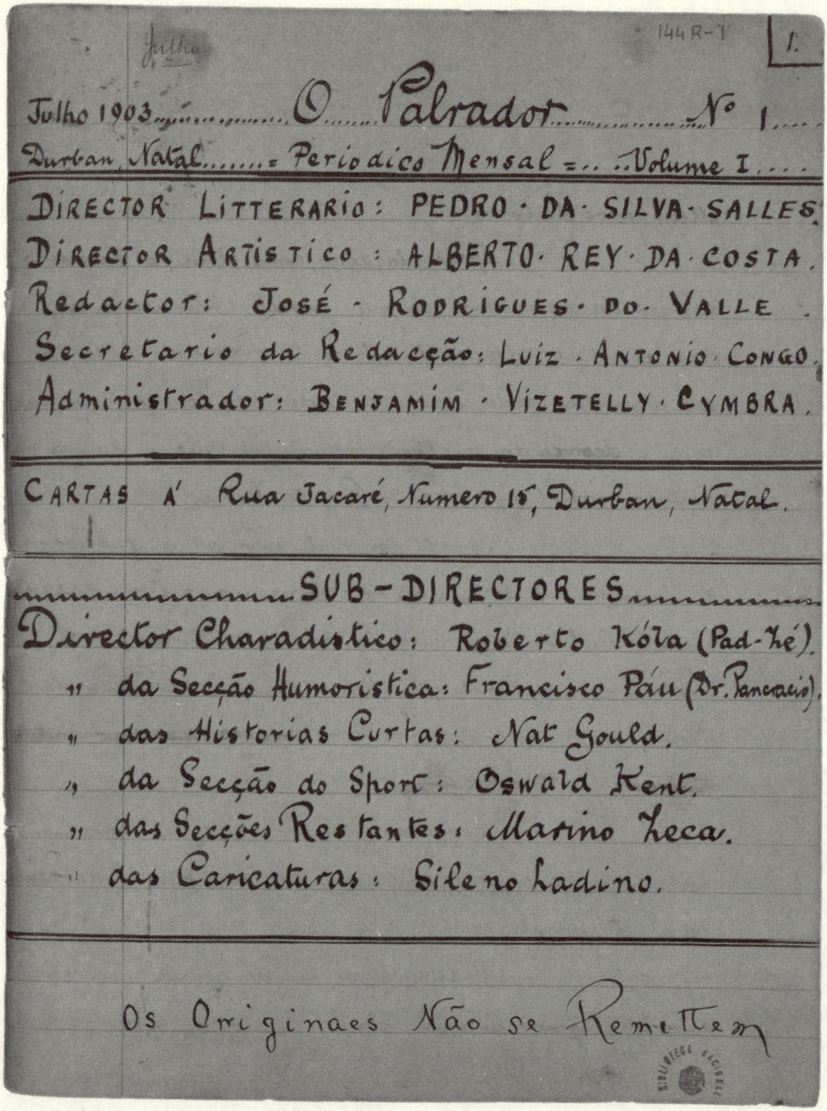

Julho

144R-1

1.

Julho 1903 .... O Palrador .... Nº 1 ....

Durban, Natal ...... = Periodico Mensal = ... Volume I ....

DIRECTOR LITTERARIO: PEDRO · DA · SILVA · SALLES.

DIRECTOR ARTISTICO: ALBERTO · REY · DA · COSTA.

Redactor: JOSÉ · RODRIGUES · DO · VALLE.

Secretario da Redacção: LUIZ · ANTONIO · CONGO.

Administrador: BENJAMIM · VIZETELLY · CYMBRA.

CARTAS A' Rua Jacaré, Numero 15, Durban, Natal.

SUB-DIRECTORES

Director Charadistico: Roberto Kóla (Pad-Zé).

" da Secção Humoristica: Francisco Páu (Dr. Pancracio).

" das Historias Curtas: Nat Gould.

" da Secção do Sport: Oswald Kent.

" das Secções Restantes: Marino Zeca.

" das Caricaturas: Sileno Ladino.

Os Originaes Não se Remettem

Primeira página da nova série d'*O Palrador* (n.º 1, Julho de 1903).

36
BENJAMIN VIZETELLY CYMBRA

Administrador d'*O Palrador* (n.º 1, Julho de 1903; nova série), supostamente sediado em Durban. Não existem projectos ou textos que lhe sejam atribuídos.

DATA: Julho de 1903.

Administrador: BENJAMIM · VIZETELLY · CYMBRA.

[144R-1^{r}]

37

ROBERTO KÓLA

No n.º 1, de Julho de 1903, d'*O Palrador* (nova série), Pad Zé (cf. 14) surge como alcunha de Roberto Kóla, o agora director charadístico.

DATA: Julho de 1903.

Director Charadistico: Roberto Kóla (Pad-Zé).

[144R-1ʳ]

38
FRANCISCO PÁU

No n.º 1, de Julho de 1903, d'*O Palrador* (nova série), o Dr. Pancracio (cf. 11) surge como alcunha de Francisco Páu, director da secção humorística.

DATA: Julho de 1903.

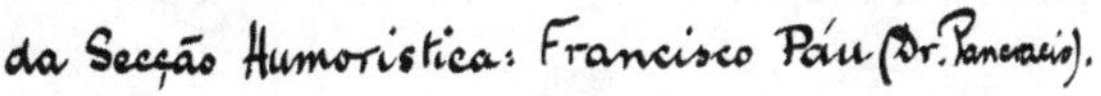
da Secção Humoristica: Francisco Páu (Dr. Pancracio).

[144R-1r]

39

NAT GOULD

É um dos vários subdirectores d'*O Palrador* (n.º 1, Julho de 1903; nova série). Ocupa-se da secção das histórias curtas.

DATA: Julho de 1903.

das Historias Curtas: Nat Gould.

[144R-1r]

40
OSWALD KENT

Surge como um dos subdirectores d'*O Palrador* (n.º 1, Julho de 1903; nova série). Ocupa-se da secção desportiva.

DATA: Julho de 1903.

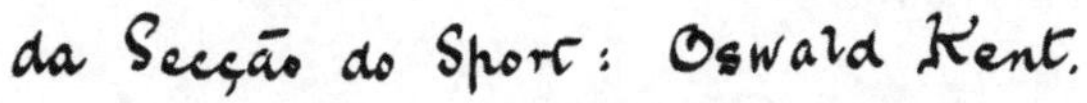
da Secção do Sport: Oswald Kent.

[144R-1r]

41

MARINO ZECA

É outro dos subdirectores d'*O Palrador* (n.º 1, Julho de 1903; nova série). É responsável pelas restantes secções do periódico. Não existem, porém, textos atribuídos a esta personagem.

DATA: Julho de 1903.

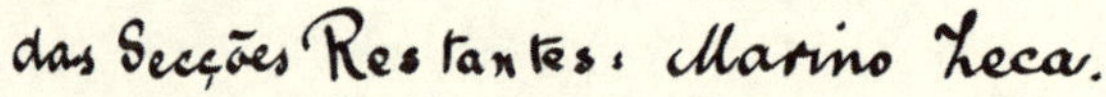
das Secções Restantes: Marino Zeca.

[144R-1r]

42
SILENO LADINO

É um dos vários subdirectores d'*O Palrador* (n.º 1, Julho de 1903; nova série). Nomeado director da secção das caricaturas.

DATA: Julho de 1903.

[144R-1^{r}]

43
ADOLPH MOSCOW

É um dos autores de crónicas d'*O Palrador* (n.º 1, Julho de 1903; nova série). No número inaugural de 1903, surgem os capítulos I e II da sua crónica humorística *Os Rapazes de Barrowby* (ver o trecho seguinte; cf. *Cadernos*, 2009, p. 70).

DATA: Julho de 1903.

Os Rapazes de Barrowby.
Chronica Humoristica.
Por
Adolph Moscow
Capitulo I.
A Villa e a Escola de Barrowby

[Pormenor da folha 144R-2r]

[43.1] Ao escrever esta chronica verifica, lucto, principalmente, com a grande desvantagem de me ser totalmente impossivel apontar a localidade da celebre aldeia de Barrowby e, consequentemente, do velho collegio ahi existente ha poucos annos; farei, todavia, o melhor que pudér no que diz respeito a esta historia.

Com a louvavel intenção de me informar no tocante á posição geographica da citada povoação, tinha consultado atlas, cartas e toda a especie de litteratura que pudesse deitar luz sobre o assumpto em questão. Mas debalde: depois de uma busca de seis semanas, na qual gastei o dinheiro e uma boa parte da vista (pois lia até alta noite), decidi-me a largar esta averiguação estafadora e, geralmente inutil. Vendi, portanto, os livros e canhenhos pela decima-quinta parte do que dera por elles, resolvido a perder o conhecimento da localidade de Barrowby antes que a vista ou o dinheiro, mandei a questão, que tanto me atormentara, a todos os diabos do Averno vergiliano, e deitei-me a escrever esta interessante historia com o ardor d'um guerreiro, a veracidade d'um historiador, a determinação d'um burro, e a sandice do mesmo animal, ou d'um poeta da moderna escola, que são afinal bestas tão similhantes que é praticamente impossivel fazer distincção entre ellas. Peço perdão ao asno por esta comparação, para elle pouco lisongeira.

Quando bem reflicto sobre o caso, chego á conclusão que, afinal, todo o meu trabalho foi vão, pois que nem o local, nem o paiz onde estivera ou está a referida aldeia, actuaram, ou poderiam actuar sobre o curso d'esta extraordinaria narração. É para mim perfeitamente egual se a povoação de Barrowby se tivesse achado situada na Europa, ou na Asia, ou na Africa, ou na America, ou na Oceania, ou nas profundidades cahoticas do inferno dantesco. Quer tivesse a aldeia de Barrowby a sua obscura situação em qualquer dos polos, quer sobre a linha equatorial, quer sobre qualquer dos tropicos, quer na atmosphera escassa das regiões selenocentricas (!!!), a chronica a mesma permanecerá e como me foi dita a escreverei.

[Adolph Moscow]

44
MARVELL KISCH

Um dos quatro prosadores d'*O Palrador* (n.º 1, Julho de 1903; nova série). Neste número aparece o capítulo 1 d'*Os Milhões d'um Doido* (ver o trecho seguinte), ilustrado por Alberto Rey da Costa (cf. 29), director artístico do jornal, aqui em colaboração com Lucian Arr (cf. 47).

DATA: Julho de 1903.

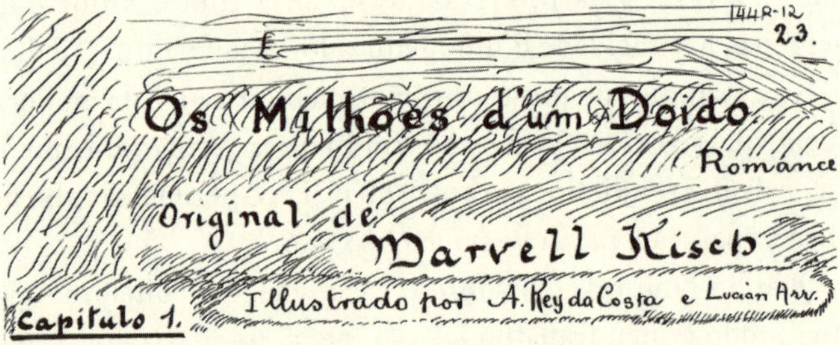

[Pormenor da folha 144R-12^{r}]

[44.1] As primeiras sombras da noite cahiam imperceptiveis sobre a cidade de Londres – imperceptiveis, pois que o dia, dominado desde a manhã por um nevoeiro espessisimo (feito ainda mais impenetravel á vista pelo fumo proverbial da metropole ingleza), parecia nada mais que uma noute clara. Á uma hora da tarde já se achavam accêsos bastantes candieiros e ás cinco não havia logar para luz onde luz não houvesse. Mas estas luzes serviram de pouco, pois que nenhuma d'ellas se podia vêr a maior distancia que trez metros, tal era a espessura do nevoeiro londrino.

Á hora de que fallo o nevoeiro tinha attingido a sua maior densidade. Não havia vento, mas, de vez em quando, a neve cahia, até que Londres apresentava, se alguem podesse vêr atravez do nevoeiro, a apparencia de uma cidade branca e colossal. O frio cortante e humido, o mais funesto caracteristico do inverno septentrional, penetrava facilmente os velludos e pellos dos ricos e levava a morte, talvez como allivio, aos miseraveis sem domicilio que se agachavam, tiritando, nos cantos e arcos da capital ingleza. Tremendo, os viandantes esbarravam uns com os outros, pois que o nevoeiro só lhes permittia avistarem-se quando uma collisão era inevitavel.

Cahira a noite. Augmentava o frio, e cahia mais neve. Os ricos e os nobres, encostados ou nas cadeiras das saletas ou nas fôfas almofadas das carruagens, olhavam com compaixão desdenhosa e deshumana para os mendigos que escolhiam o vão de qualquer porta para passarem a noite. N'aquella rua d'aristocracia que tem o nome de Cromwell Road as casas grandes pareciam maiores na sua quasi solidão, que a rua estava quasi deserta. Com a excepção d'alguns mendigos e um trem, parado a uma porta, não se via nada mais. O trem, ao qual me referi, estava parado diante d'uma casa elegantemente pintada d'azul, com janellas de sacada com grades bonitas de desenhos phantasticos. O cocheiro, sentado na almofada do trem, os cavallos do qual se torciam impacientes, fallava com um criado de libré e cabello empoeirado que apoiava uma mão no carro, pondo a outra graciosamente na cintura. Quem para elles olhase casualmente, julgaria, pela expressão gravemente similhante das suas physiognomias, que discutiam qualquer assumpto d'importancia.

[Marvell Kisch]

45
GABRIEL KEENE

É um dos quatro romancistas d'*O Palrador* (n.º 1, Julho de 1903; nova série). Pedro da Silva Salles (cf. 4), na "Pagina do Director", anuncia o livro *Em Dias de Perigo*, de Gabriel Keene. Este romance não consta no caderno em que Pessoa redigiu a nova série d'*O Palrador* e também não se encontra no espólio pessoano.

DATA: Julho de 1903.

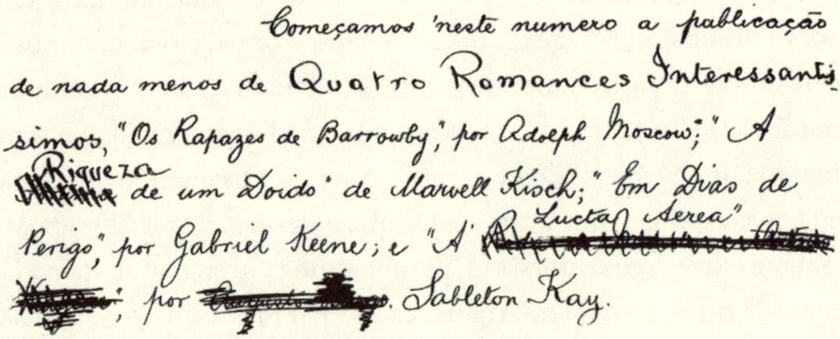
Começamos 'neste numero a publicação de nada menos de Quatro Romances Interessantissimos, "Os Rapazes de Barrowby", por Adolph Moscow; "A Riqueza de um Doido" de Marvell Kisch; "Em Dias de Perigo", por Gabriel Keene; e "A Lucta Aerea", por Sableton Kay.

[Pormenor da folha 144R-1^{v}]

SABLETON RAY

É o nome de outro dos romancistas d'*O Palrador* (n.º 1, Julho de 1903; nova série). Neste número, Silva Salles (cf. 4) anuncia o seu livro *A Lucta Aerea*, do qual não há testemunhos no espólio pessoano. Note-se, na imagem anterior ora recortada, a mudança de título e de autor no manuscrito: "'Á <Roda do Mundo e Outras Viagens> [↑ Lucta Aerea'], por <Augusto Largo.> Sableton Kay."[a]

DATA: Julho de 1903.

[Pormenor da folha 144R-1^{v}]

a Ver tabela completa de símbolos na p. 661.

47

LUCIAN ARR

Ilustrador, em colaboração com Alberto Rey da Costa (cf. 29), do romance de Marvel Kisch, inserido n'*O Palrador* (nº 1, Julho de 1903; nova série).

DATA: Julho de 1903.

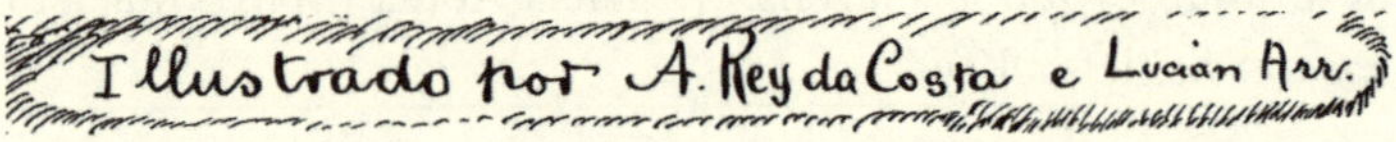

[Pormenor da folha 144R-12^{r}]

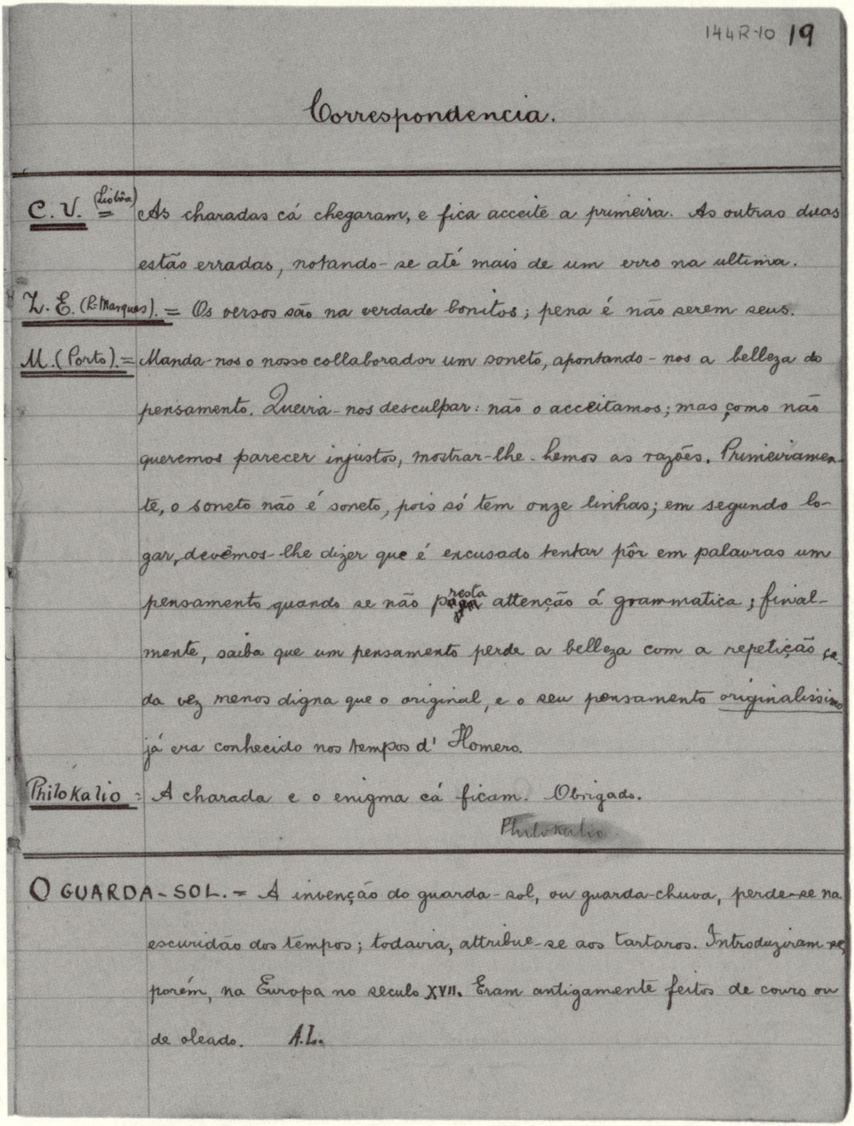

144R-10 19

Correspondencia.

C. V. (Lisbôa) = As charadas cá chegaram, e fica acceite a primeira. As outras duas estão erradas, notando-se até mais de um erro na ultima.

L. E. (R. Marques). = Os versos são na verdade bonitos; pena é não serem seus.

M. (Porto). = Manda-nos o nosso collaborador um soneto, apontando-nos a belleza do pensamento. Queira-nos desculpar: não o acceitamos; mas como não queremos parecer injustos, mostrar-lhe-hemos as razões. Primeiramente, o soneto não é soneto, pois só tem onze linhas; em segundo logar, devêmos-lhe dizer que é excusado tentar pôr em palavras um pensamento quando se não presta attenção á grammatica; finalmente, saiba que um pensamento perde a belleza com a repetição cada vez menos digna que o original, e o seu pensamento originalissimo já era conhecido nos tempos d'Homero.

Philokalio: A charada e o enigma cá ficam. Obrigado.

Philokalio.

O GUARDA-SOL. = A invenção do guarda-sol, ou guarda-chuva, perde-se na escuridão dos tempos; todavia, attribue-se aos tartaros. Introduziram-se, porém, na Europa no seculo XVII. Eram antigamente feitos de couro ou de oleado. A.L.

Secção "Correspondencia" da nova série d'*O Palrador* (n.º 1, Julho de 1903).

48
C.V.

Residente em Lisboa (localidade indicada após as suas inicias), C. V. é referido na secção de correspondência d'*O Palrador* (n.º 1, Julho de 1903; nova série). Esta secção pode ser entendida como uma das "restantes secções" do jornal e, nesse caso, seria da responsabilidade de Marino Zeca (cf. 41), um dos subdirectores. O seguinte comentário não vem, porém, assinado, mas Zeca é um dos candidatos mais fortes à autoria fictícia do mesmo. Não existem testemunhos das charadas que teriam sido enviadas para *O Palrador*, esse jornal em que "Os Originaes Não se Remettem" (144R-1ʳ).

DATA: Julho de 1903.

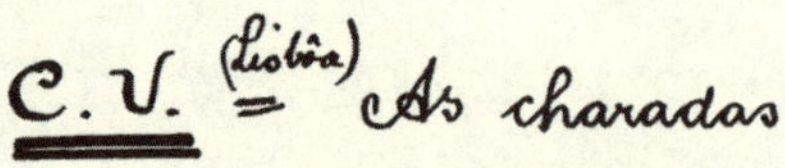

[Pormenor da folha 144R-10ʳ]

[48.1] As charadas cá chegaram, e fica acceite a primeira. As outras duas estão erradas, notando-se até mais de um erro na ultima.

49
Z.E.

Residente em Lourenço Marques[a] (localidade associada às suas inicias), Z. E. é referido na secção de correspondência d'*O Palrador* (n.º 1, Julho de 1903; nova série). Encontramos nesta secção um comentário acerca da sua colaboração. Os supostos versos enviados por Z. E. não se encontram, no entanto, no espólio pessoano.

DATA: Julho de 1903.

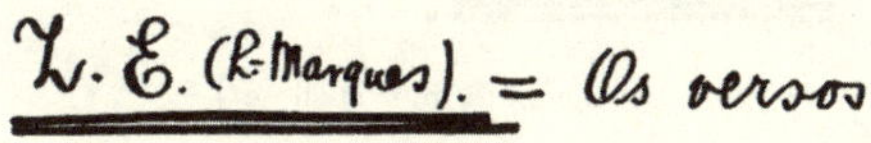

[Pormenor da folha 144R-10^{r}]

Os versos são na verdade bonitos; pena é não serem seus. [49.1]

a Lourenço Marques, actual Maputo, foi assim denominada até 13 de Março de 1976, em homenagem ao explorador português homónimo.

M.

Residente no Porto (localidade indicada após a sua inicial), é referido na secção de correspondência d'*O Palrador* (nº 1, Julho de 1903; nova série). Aí encontramos um comentário à sua colaboração. O soneto supostamente enviado não se encontra entre os papéis de Fernando Pessoa.

DATA: Julho de 1903.

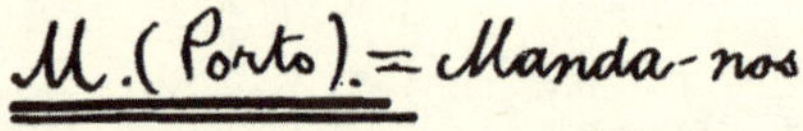

[Pormenor da folha 144R-10ʳ]

[50.1] Manda-nos o nosso collaborador um soneto, apontando-nos a belleza do pensamento. Queira-nos desculpar: não o acceitamos; mas, como não queremos parecer injustos, mostrar-lhe-hemos as razões. Primeiramente, o soneto não é soneto, pois só tem onze linhas; em segundo logar, devêmos-lhe dizer que é excusado tentar pôr em palavras um pensamento quando se não presta[1] attenção á grammática; finalmente, saiba que um pensamento perde a belleza com a repetição cada vez menos digna que o original, e o seu pensamento *originalissimo* já era conhecido nos tempos d'Homero.

51
PHILOKALIO

Nome formado a partir da contracção de duas palavras de origem grega, Φίλος (philos) [amigo] e κάλλος (kallos) [bom, lindo]. Tal como a palavra Φιλοσοφία (philosophia), que significa "quem quer ser amigo da sabedoria", Φιλοκαλία (philokalia) significa "quem quer ser amigo do bom" ou "tem amor pelo que é bom". Philokalio é referido na secção de correspondência d'*O Palrador* (nº 1, Julho de 1903; nova série), onde consta um comentário acerca das suas colaborações. A charada e o enigma supostamente enviados por esta figura não se encontram no espólio pessoano.

DATA: Julho de 1903.

Philokalio = A charada

[Pormenor da folha 144R-10^{r}]

A charada e o enigma cá ficam. Obrigado. [51.1]

52

A. L.

Colaborador do jornal *O Palrador* (nº 1, Julho de 1903; nova série), na secção de notas ou leituras científicas, provavelmente equiparável à de A. Francisco de Paula Angard (cf. 9).

DATA: Julho de 1903.

A.L.

[144R-10ʳ]

[52.1] O GUARDA-SOL. = A invenção do guarda-sol, ou guarda-chuva, perde-se na escuridão dos tempos; todavia, attribue-se aos tartaros. Introduziram-se porém, na Europa no seculo XVII. Eram antigamente feitos de couro ou de oleado. A.L.

53
KARL P. EFFIELD

Oriundo de Boston, Estados Unidos da América, é presumivelmente a primeira figura literária estrangeira que Fernando Pessoa terá levado ao prelo. A 11 de Julho de 1903, em *The Natal Mercury*, semanário de Durban, colónia de Natal, na África do Sul, surge impresso o poema "The Miner's Song" ["A Canção do Mineiro"]. Pessoa envolve, significativamente, duas figuras na publicação do texto: Karl P. Effield e W. W. Austin (cf. 54). Segundo a nota prévia que acompanha o poema, Austin, de viagem pela Austrália, teria ouvido e copiado algumas canções, entre elas a do bostoniano Effield, e teria decidido enviar a melhor, "The Miner's Song", para a redacção do jornal sul-africano. No espólio conserva-se um testemunho manuscrito do poema – contendo as três primeiras estrofes –, num caderno que Pessoa terá utilizado fundamentalmente entre 1903 e 1904. A publicação deste texto lírico é referida numa lista de obras intitulada *Rags* [*Trapos*], em que Pessoa regista alguns textos publicados entre 1902 e 1912 (48B-30[r]; in Silveira, 1988, p. 100). Para além do poema "The Miner's Song" (cf. 54), Effield deixou um relato inacabado, "The Sea Way to India" (abaixo transcrito), o título de um outro relato, "From Hong-Kong to Kudat", que não terá passado da fase de projecto (*Cadernos*, 2009, p. 119), e o início da sinopse de uma peça, que acabou por rasurar (*Cadernos*, 2009, p. 155).

Entre os papéis que Fernando Pessoa conservou nas suas arcas existe um bilhete, datável de 1903, que revela a relação intrínseca entre a produção epistolar e a proliferação de figuras literárias. Nesse escrito simples e breve, lê-se "Please give bearer [of this note] any letters or parcels for K. P. Effield" ["Favor de entregar ao portador deste bilhete as cartas ou encomendas para K. P. Effield"] ($49D^{2}$-18^{v}). No espólio pessoano existe, ainda, um envelope datado do final de Março de 1905 (antes do regresso definitivo de Pessoa a Portugal), com o carimbo dos correios "Musgrave Road | Natal", enigmaticamente dirigido a "R. P. Affield Esq:-"[a].

DATA: Julho de 1903.

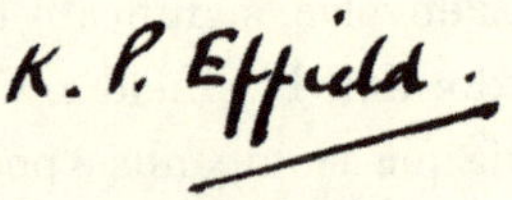

[$49D^{2}$-18^{v}]

a Pode tratar-se de *Esquire* (abreviado *Esq.*), um termo de origem britânica, derivado do latim *scutarius*, "portador de escudo", que denota um título de respeito não oficial pelo estatuto social de um indivíduo.

The Sea Way to India. [53.1]
By K. P. Effield.

King Affonso V. of Portugal, during whose reign (◊) the policy of maritime discoveries had been somewhat in the hands of private individuals, was succeeded by his son, John II, a man whose distinguishing qualities were great political ability, vigorous statesmanship, and an indomitable hatred of the overpowering nobility. Their strength, by fair means or questionable, he ultimately succeeded in crushing.[1]

Caminho Marítimo para a Índia. [TRAD.]
Por K. P. Effield.

O rei Afonso V de Portugal, em cujo reino (◊) a política das descobertas marítimas havia estado de certo modo nas mãos de privados, foi sucedido pelo seu filho, João II, um homem cujas qualidades mais marcantes eram a sua grande capacidade política, vigorosa diplomacia, e um ódio indomável contra a nobreza controladora. Acabou por destruir o seu poder, por meios correctos ou questionáveis.

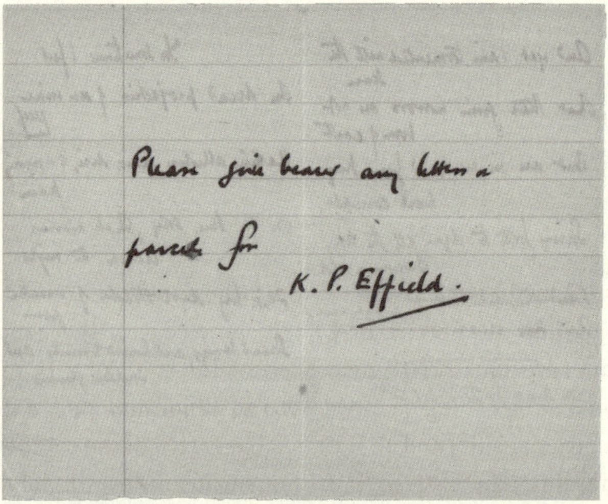

Bilhete de K. P. Effield.

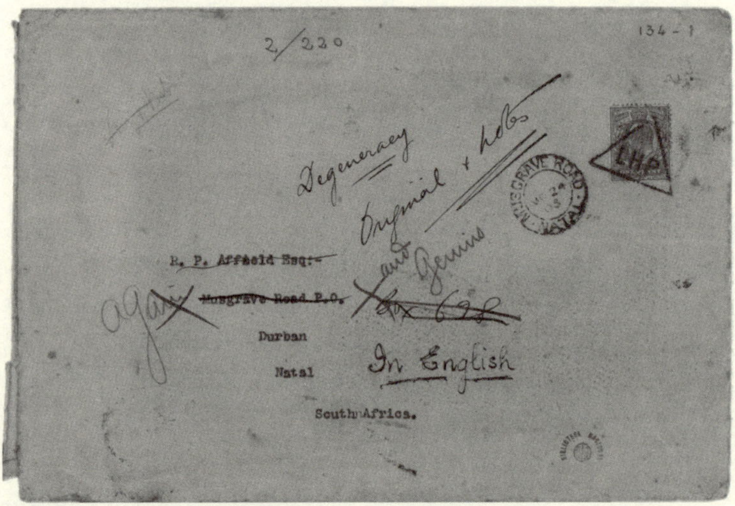

Envelope para R. P. Affield Esq:-.[b]

b Este envelope terá servido para guardar manuscritos relacionados com as temáticas do génio e da degenerescência (*Escritos sobre Génio e Loucura*, 2006, tomo 1, p. 87).

54

W.W. AUSTIN

Segundo a nota abaixo transcrita, Austin ouviu, copiou e enviou para o jornal *The Natal Mercury* (Durban, África do Sul) o poema composto em versos alexandrinos por Karl P. Effield (cf. 53), obra que o jornal publicou na secção "The Man in the Moon". Não se conhecem outros labores ou dados biobibliográficos de W. W. Austin. Por volta de 1911, oito anos após a publicação do poema de Effield, Pessoa fez exercícios caligráficos com diversas palavras, entre elas "Austin" (57-4[v]); este exercício deve ser visto como uma representação gráfica da palavra em questão – que também poderia remeter para o nome de uma cidade – e não necessariamente como uma assinatura.

DATA: Julho de 1903.

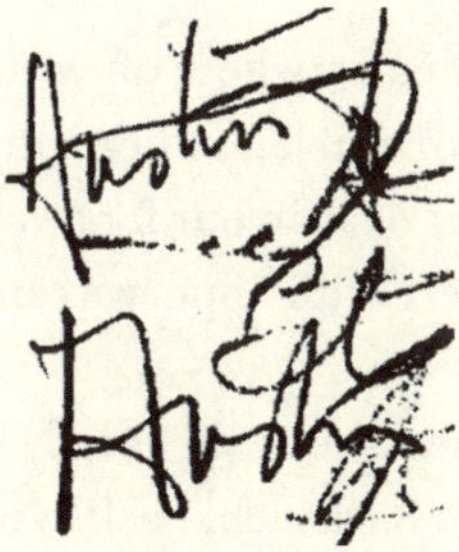

[57-4[v]]

[54.1] I passed through Australia some years ago (writes W. W. Austin), and, whilst wandering through the country, I once fell in with some miners. I stayed with them some days, and heard many of their stories and songs, nearly all of them interesting, so that I copied down a few. The songs were the composition of the men, and many of them, indeed, lack everything that verse ought to have. With your permission, I will send you the following one, which is the best of them all (in my opinion). The first thing I noticed when I took it down, was that it was actually done with care, and with due attention to the metre, which last particular is very rare now-a-days, and even those who are reputed good poets either do not use it, or do not care to use it. See for yourself, and you will see that this is perfectly true; nevertheless, I leave the Alexandrines (for such they are) to you. Here is the song which the author, a young fellow named Effield, names,

THE MINER'S SONG

We left the grassy paths where oft we used to roam,
    We left the mournful lake where oft we used to sail,
We left the mother dear in our far away home.
    We came out here with hope, we came perhaps to fail.

For in our eyes then shone th' unholy lust of gold;
    We longed to go back rich, back to our home again,
Back to the lone farm-yard, back to the lowing fold,
    And back to her we love who waits perhaps in vain.

But as we work and work, fades in our eyes the lust,
    And now that we succeed we do not laugh, but groan;

As we wash in the stream the precious golden dust,
   And as our pick strikes fire out of the sullen stone.

But we will not return as poor as we came here;
   We are too proud for that, and home we will not go
To see those that were friends contemptuously sneer,
   And speak to us with mock and with insulting woe.

Throw wealth away, my men; be happy if you can,
   But do not seek to find your happiness in gold.
Ambitious ever was, and shall be, heart of man
   Till in the grave he lie as powerless as cold.

Oh! had we stay'd at home; for our eyes do not greet
   The few handfuls of gold we may find now and then,
For they are but the mud we tramp under our feet,
   When compared to joy, the real wealth of men.

As we direct our steps to that familiar stream,
   As the well-known pick-axe with trembling hands we ply,
Our hearts are dark as night on which sun will ne'er beam;
   We work and work to live, though we ask God to die.

And as our pick-axe meets the sullen rocks near by,
   As the river tears past with a terrific roar
The distant waterfall seems mournfully to sigh,
   And echo dull for us seems but to sigh the more.

As with the pick and shovel we turn the heated sod,
   As our minds go back to th' old home with a pang,
We ask the Being we worship, the great merciful God,
   The Maori to send with his red boomerang.

[TRAD] *Viajei pela Austrália há alguns anos (escreve W. W. Austin) e, ao passear pelo país, encontrei uma vez um grupo de mineiros. Passei alguns dias com eles, e ouvi muitas das suas histórias e canções, quase todas interessantes, pelo que copiei algumas. As canções eram compostas por aqueles homens, e a maioria, na verdade, carecia de todos os atributos que fazem um verso. Se me permite, envio-lhe a seguinte, que é a melhor de todas (na minha opinião). A primeira coisa em que reparei quando a passei a escrito foi que realmente denotava cuidado e uma devida atenção à métrica, sendo esta última característica rara nos nossos dias, e mesmo os que têm reputação de grandes poetas ou não a usam, ou não a querem usar. Veja por si, e verá que é perfeitamente verdade; não obstante, deixo ao seu critério os Alexandrinos (que é o que são).*[a] *Aqui fica a canção cujo autor, um jovem chamado Effield, intitula*

A CANÇÃO DO MINEIRO

Deixámos as verdes veredas onde corremos tanto,
Deixámos o lago dolente onde usávamos vogar,
Deixámos a mãe querida no nosso lar tão distante,
Viemos cheios de esperança, porventura fracassar.

Pois brilhava a nossos olhos o falso lustro do ouro,
Queríamos regressar ricos, de volta à nossa morada,
De volta à solitária quinta, ao deslizante morro,
De volta àquela que amamos e em vão talvez aguarda

a Para se manter próxima da simplicidade do conteúdo dos versos, a tradução portuguesa optou por tomar como base o chamado alexandrino espanhol, ou arcaico, com catorze sílabas, em vez do regular alexandrino de doze sílabas. (N. T.)

Mas por muito trabalhar foi-se dos olhos o lustro;
E agora que ganhámos, já não rimos, praguejamos
Enquanto lavamos no rio este dourado mosto,
Enquanto lança centelha a pedra chã que picamos.

Mas não iremos voltar tão pobres como chegámos,
Temos o nosso orgulho, e não partimos para casa
Para ver rir de lado os amigos que deixámos,
E que nos falem de alto e com bazófia rasa.

Voltai costas à riqueza, dai ao riso ocasião
Mas não intenteis buscar no ouro vosso consolo.
Sempre sofreu de ganância o humano coração
Até que na campa se deite tão frio como sem fôlego.

Antes no lar ficássemos; pois olhamos sem magia
As mãos pequenas de ouro achadas de quando em vez
E, face à real fortuna da humana alegria,
São como terra barrenta calcada por nossos pés.

E enquanto caminhamos para o rio que conhecemos
São turvos os corações onde nunca dá o sol forte.
Quando, com trémulas mãos, a picareta batemos,
Trabalhamos para viver, mas a Deus pedimos morte.

Quando desce a picareta sobre aquele calhau bruto,
Quando o ribeiro corre com um tremendo rumor,
A queda de água distante parece chorar de luto,
Um eco surdo ressoa e nos enche de torpor.

E quando deitamos a pá ao quente solo poroso,
Quando nos fere a saudade de voltar ao país velho,
Pedimos ao Ser que adoramos, ao grande Deus piedoso,
Que nos mande os Maoris com seu bumerangue vermelho.

55
J.G. HENDERSON CARR

Colaborador do jornal *The Natal Mercury*, na qualidade de charadista e de inventor e decifrador de quebra-cabeças, na secção "The Man in the Moon", publicada aos sábados. Uma semana após a publicação do poema "The Miner's Song" ["Canção do Mineiro"] (cf. 53 e 54), o jornal publicou o seguinte anúncio: "It is proposed to publish from week to week, a set of puzzles, which it is hoped will interest many of my readers. And I ask them on their part to show their appreciation by solving and sending me their solutions for publication, which must be accompanied by real name and address, though solvers may use a nom de plume for publication" ["Propõe-se a publicação semanal de um conjunto de quebra-cabeças que espera-se virá a interessar muitos dos meus leitores. A estes pede-se para mostrar o seu apreço resolvendo e enviando-me as soluções para publicação; estas devem ser acompanhadas pelo nome e endereço reais, embora para a publicação os participantes possam utilizar um *nom de plume*"] (*The Natal Mercury*, n.º 10673, 18 de Julho de 1903, p. 15). Nesta série de *puzzles* incluem-se charadas, enigmas e outro tipo de quebra-cabeças (*e.g.*, "word square" ["quadrado mágico"], "diamond puzzle" ["*puzzle* diamante"] e "rebus" ["enigma figurado"], *ibid.*, p. 15). Três meses mais tarde, a 24 de Outubro de 1903, *The Natal Mercury* publicou a primeira charada de J. G. Henderson Carr, incluída neste capítulo. Outras colaborações surgem a 21 de Novembro de 1903, mas as iniciais de Henderson Carr ("J. G. H. C.") haviam já aparecido anteriormente no jornal, posto que esta figura havia enviado decifrações correctas dos concursos de *puzzles* dos dias 22 de Agosto, 10, 17, 24 e 31 de Outubro, e 14 e 21 de Novembro de 1903. Num dos seus cadernos de apontamentos (*Cadernos*, 2009, pp. 91-92), Pessoa listou Henderson Carr como um dos vencedores dos dias 8, 15, 22 e 29 de Agosto, e 5, 12, 19 e 26 de Setembro de 1903, mas é possível que o editor do jornal não tenha recebido todas as decifrações enviadas. Tal depreende-se de uma nota do editor da secção "The Man in the Moon", datada do dia 22 de Agosto de 1903: "'J. G. H. C.' – Very sorry, but this is the only set of solutions that reached me. See explanation below. Letters from Solvers.– To all those who have been kind enough to send me solutions to the earlier sets of puzzles which have appeared in this column, I must tender a very sincere and humble apology. [...] I have only just received those solutions myself, as through a mistake all the letters were filed as replies to advertisements" ["'J. G. H. C.' – Lamento muito, mas este é o único conjunto de soluções que me chegou. Veja a explicação abaixo. Cartas dos Participantes.– A todos aqueles que têm tido a amabilidade de me enviarem as soluções para os conjuntos anteriores de quebra-cabeças que apareceram nesta coluna, apresento as minhas mais sinceras e humildes desculpas. [...] Só agora recebi as soluções, visto que por erro todas as cartas foram arquivadas como respostas a anúncios"] (*The Natal Mercury*, n.º 10703, 22 de Agosto de 1903, p. 19). Convém notar que a resposta directa a "J. G. H. C." sugere que este era um dos colaboradores mais assíduos e, talvez, um dos mais lesados com o erro de classificação de correspondência do jornal.

J. G. Henderson Carr é também referido como poeta e ensaísta. No caderno acima citado, num segmento riscado, pode ler-se: "From Henderson Carr's 'Poems': – the first small book: – | I. |The dawn of day's like youth, with pleasure's sun," ["Extraído de ‘Poemas’ de Henderson Carr: – o primeiro pequeno livro: – | I. |A aurora tal um jovem no enleio do sol”] (*Cadernos*, 2009, p. 309); e numa nota solta: “Notes – H. Carr’s ‘Essays on Reason’” [“Notas – H. Carr’s ‘Ensaios sobre a Razão’”] (*Cadernos*, 2009, p. 83). Tanto os poemas, como os ensaios terão sido projectos que não tiveram desenvolvimento. Refira-se, por último, que no interior da contracapa do livro *Pitman’s Shorthand Instructor: a complete exposition of Sir Isaac Pitman’s system of phonography*, manual que Fernando Pessoa utilizou na Commercial School, a partir de Outubro de 1902, existem dois ensaios – os únicos conhecidos – da assinatura de Henderson Carr.

Além de Henderson Carr, Pessoa utilizou também o pseudónimo de Tagus (cf. 56) para enviar respostas ao *The Natal Mercury*. Ambos os charadistas – concorrentes um do outro –, surgem na já citada lista intitulada *Rags* [*Trapos*], em que Pessoa regista alguns textos publicados entre 1902 e 1912 (48B-30^{r}; in Silveira, 1988, p. 100).

DATA: Agosto de 1903.

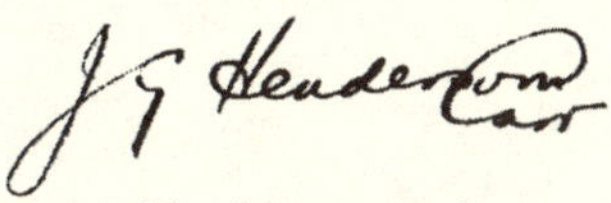

[Casa F. Pessoa, 6-10]

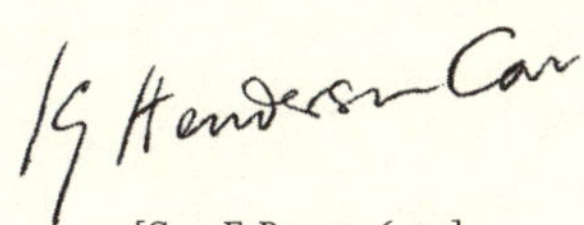

[Casa F. Pessoa, 6-10]

[55.1] Charade, by "J. G. H. C.": –

A being my first through this world past,
Who sought his race, that is my last,
And found both were, body and soul,
Both humble parts of my great whole.

[TRAD] *Charada, por "J. G. H. C.": –*

Um ser, o primeiro neste mundo passado,
Procurava a sua corrida, que é a minha última,
E encontrou as duas, em corpo e em alma,
Ambas humildes partes do meu grande todo.

56
TAGUS

Tal como Henderson Carr (cf. 55), contra o qual concorre nos desafios do *The Natal Mercury*, Tagus é charadista e decifrador de enigmas. Sob a assinatura de Tagus, figuram charadas e outros quebra-cabeças no jornal sul-africano a partir de 26 de Setembro de 1903; seguem-se outras colaborações a 3 e 17 de Outubro, 21 e 28 de Novembro, e 12 de Dezembro de 1903; e no ano seguinte, a 26 de Março e a 11, 18 e 25 de Junho. Por lapso do editor, que apresenta publicamente um pedido de desculpas, o nome de Tagus é inicialmente grafado "Tagiss". Leia-se: "'Tagus.' – Sorry about the slip in the spelling of your nom-de-plume. I saw it at once, but it was too late then" ["'Tagus.' – Peço desculpa pela forma em que apareceu escrito o seu *nom-de-plume*. Reparei logo, mas já era tarde demais"] (*The Natal Mercury*, n.º 10727, 19 de Setembro de 1903, p. 19). A Tagus são atribuídas soluções correctas a 26 de Setembro, a 3, 10, 17, 24, e 31 de Outubro, a 14, 21 e 28 de Novembro; e a 12 de Dezembro de 1903; também, em 1904, a 26 de Março, a 9, 23 e 30 de Abril, a 28 de Maio e a 11 de Junho. Foi, pois, um colaborador assíduo do jornal, mas também um bom decifrador: no dia 12 de Dezembro de 1903, Tagus ganha o "Puzzle Column Prize" ["Premio de secção quebra-cabeça"] concedido por este jornal: "The book prize competition, which last week resulted in a tie between 'Myrrh' and 'Tagus,' has this week been carried off by the latter gaining an advantage of one solution. The book prize therefore goes to 'Tagus.' Mr. F. A. N. Pessoa, Tenth Avenue, Durban ('Tagus'), please call upon the editor for his prize."

[“O concurso premiado com livros, que na passada semana resultou num empate entre ‘Myrrh’ e ‘Tagus’, foi prosseguido esta semana, tendo o segundo ganho, com a vantagem de uma solução. O prémio vai, portanto, para ‘Tagus’. Sr. F. A. N. Pessoa, décima avenida, Durban (‘Tagus’), faça favor de ligar ao editor para reclamar o seu prémio.”] (*The Natal Mercury*, n.º 10799, 12 de Dezembro de 1903, p. 19). O prémio consistia num livro e na assinatura do *Mercury* por um período de três meses. Pessoa, que contava à altura 15 anos, mas fora tratado como adulto (“Mr”), recebeu o volume *Œuvres de Molière* (1894), obra que conservou na sua Biblioteca particular até ao fim da sua vida. De Tagus apresentamos uma charada inédita que se conserva no espólio pessoano (ver outras, fac-similadas, em *Fotobibliografia*, 1988, pp. 252-254).

DATA: Agosto de 1903.

TAGUS

[65-57r]

[56.1] Tu tens, soldado, o que não tem o cabo[1]
Sem que fique de todo a contemplar[2]
O signal do passado no logar[3]
Em que se esconde o gato, á vista o rabo.[4]

[ANEXO]
BIBLIOTECA PARTICULAR

MOLIÈRE [pseud.] (1894). *Œuvres de Molière. Précédées d'une notice sur sa vie et ses ouvrages par Sainte-Beuve*. London: George Routledge and Sons, Limited. Tome premier. CASA FERNANDO PESSOA, 8-365.

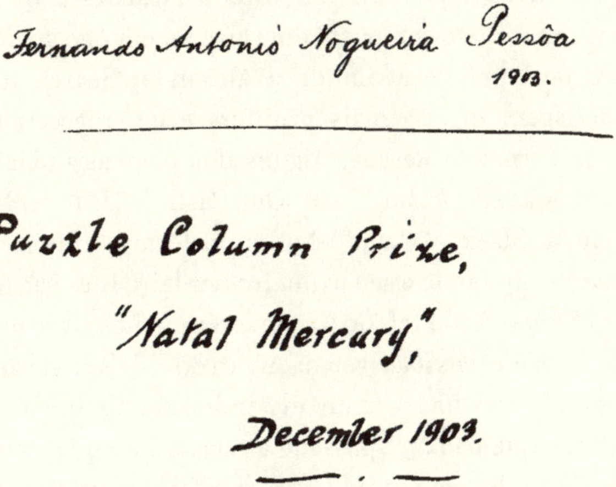
Fernando Antonio Nogueira Pessôa
1903.

Puzzle Column Prize,
"Natal Mercury,"
December 1903.

Inscrição manuscrita numa das primeiras páginas das *Œuvres de Molière*

57

DAVID MERRICK

Esta figura anglófona foi, segundo consta numa bastante extensa lista de projectos (ver os textos seguintes), poeta, romancista, contista e dramaturgo. O primeiro dos projectos listados, o livro de poemas "Sub Umbrâ", transformar-se-á no título de um soneto composto em Durban, em Agosto de 1904, que foi tardiamente atribuído a Alexander Search (cf. 72), a personagem inglesa mais prolífera e heterogénea concebida por Fernando Pessoa. Alguns dos poemas inicialmente destinados a *Sub Umbra* (*e.g.*, "Old Castle", "Ode to Music", "Woman in Black", "Gahu") foram posteriormente herdados por Search, apesar de o seu primeiro herdeiro literário ter sido Charles Robert Anon (cf. 60), a personagem fictícia mais activa dos anos em que Pessoa viveu na África do Sul. Na lista de obras de David Merrick figura também a indicação do romance *Martin Kéravas*, que não terá passado à escrita e do qual apenas se conhece o título. De outras obras aí referidas, apenas se têm localizado fragmentos. Assim, por exemplo, existe um fragmento da peça "Marino, the Epicure" ["Marino, o Epicuro"], mas assinada por Charles Robert Anon (ver *Poemas Ingleses*, 1997, tomo 2, pp. 200 e 465), e vários fragmentos de "Ignez de Castro" (11^{18} IN 1 a 16), mas redigidos em português dois ou três anos após o aparecimento do efémero David Merrick, em 1903. A assinatura de Merrick encontra-se num texto de crítica literária manuscrito por volta da mesma altura, o que sugere que esta personagem seria também crítico literário; trata-se de um texto construído, em parte, com palavras extraídas do livro

The Gem Dictionary, um dos primeiros dicionários ingleses que chegou às mãos de Fernando Pessoa e que este conservou na sua Biblioteca particular (ver Ferrari, 2009, p. 178).

A assinatura de David Merrick encontra-se num dos livros dessa biblioteca: *Information Wanted and Other Sketches* (1900), de Mark Twain, pseudónimo de Samuel Langhorne Clemens. Merrick pode ser considerado um dos leitores ou proprietários do livro de Twain, já que alguns dos títulos dos contos merrickeanos ("The Business Man's Tale" ["O Conto do Homem de Negócios"] e "The Philanthropist" ["O Filantropo"]) são, muito provavelmente, inspirados na obra do autor norte-americano. Convém observar que o projecto dos contos foi rapidamente transferido para Charles Robert Anon (ver *Cadernos*, 2009, p. 112); e que, dos muitos contos programados, ou se conhecem apenas fragmentos, ou não restam mesmo vestígios. O início de "The Schoolmaster's Tale" ["O Conto do Mestre-Escola"] encontra-se no caderno onde constam os nomes de Lucas Merrick (cf. 58) e David Merrick (*Cadernos*, 2009, pp. 138-139).

DATA: Segunda metade de 1903.

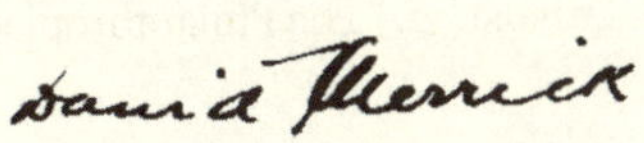

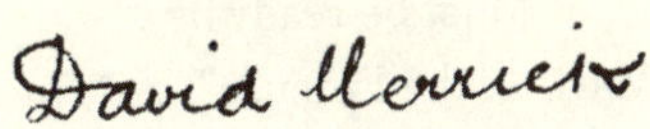

[57.1] *David Merrick*

Books to Come.

"Sub Umbrâ (?)" (Book of Poems).
Must be ready on May 31st, 1904.
To Consist wholly of short, pretty poems.

"Martin Kéravas" (A Novel).
Must be ready any time before[1] June 30th, 1905.
To plead for peace. Length, about from
120,000 to 150,000 words.

"Simple Tales" (Stories).
Must be ready on July 31st, 1904. Short and pathetic.
From 5000 to 7000 words each.
Number about 20 or more.

"Longer Tales" (Stories).
Must be ready by December 31st, 1904.
4 or 5 tales each 30000 words long.
1. "The Atheist", 2. "The Philanthropist", etc.

"Seared Leaves (?)" (Book of Plays).
Must be ready by ◊
Plays: 1. "Marino, the Epicure"; 2. "The Savages";
3. "Doctor ◊"; 4. "Ignez de Castro"; 5. "◊

David Merrick [TRAD.]

Livros a sair.

"Sub Umbrâ (?)" (Livro de Poemas).
Deve estar pronto até 31 de Maio de 1904.
Será constituído exclusivamente por poemas breves, bonitos.

"Martin Kéravas" (Romance).
Deve estar pronto numa altura qualquer antes de 30 de Junho de 1905. Um apelo à paz. Extensão: entre 120 000 e 150 000 palavras.

"Contos breves" (Histórias).
Devem estar prontos até 31 de Julho de 1904. Pouco extensos e patéticos; entre 5 000 e 7 000 palavras cada um.
Cerca de 20 contos ou mais.

"Contos mais longos" (Histórias).
Devem estar prontos até 31 de Dezembro de 1904.
4 ou 5 contos de 30 000 palavras cada um.
1. "O Ateu", 2. "O Filantropo", etc.

"Folhas crestadas (?)" (Livro de Peças de Teatro).
Deve estar pronto até ◊
Peças de Teatro: 1. "Marino, o Epicuro", 2. "Os Selvagens"; 3. "Doutor ◊" 4. "Ignez de Castro"; 5. "◊

[57.2] The scandent measures of his rhythmical prose, often cumulating in a veritable garland of admirable tropes, could strike in perusing hearts the deepest chords of the most various sentiments. Never vulgar, never descending to satire, which is sometimes worse than coarseness, he yet possessed a delightful gift of sarcasm – a sarcasm which was not bitter, which was not deep or cruel[1]; yet a sarcasm which was essentially telling and undeniably true. His humour, never to be compared to the puns and quibbles of[2] the literary multum, had in it something so courteous, and withal so sad and pitiable[3], that we often wonder[4] whether we must[5] laugh or cry – whether that humour was merry and spontaneous, or whether it was anything[6] but a brave attempt to dissemble in laughter the most oppressing mental agonies. If so, it is all[7] the more pitiable, because the mind which seeks relief in mirth for its intense tortures, is like he who in sleeping[8] to get away from the thoughts of an unhappy life suffers[9] from a terrible nightmare. But it is so difficult to discriminate! He was[10] not a hypocritical man, but a profound one; his feelings and thoughts were not masked, but hidden; and how his powerful mind worked, how his weak spirit fought, we cannot imagine, who are not endowed with the same mental capacities and inconsiderable character.[11]

Yet great praise does he deserve; scant praise does he get. The cloyed minds of modern novel-readers, accustomed at length to the scurried productions[12] of a void[13] generation, cannot appreciate fully the psychological[14] matter that is readable in his glittering paragraphs. The modern man has done with all[15] spiritual connections; he has broken away from the soul and left us nothing but a mere fleshly bulk; he has torn divinity from his heart, and, by doing this, shown us how weak and foolish a man[16] can seem when he has to lean on nothing[17], as if he had attempted to lean on the unsubstantial air.

As medidas da sua prosa rítmica, parecendo plantas trepadeiras e frequentemente cumulando numa verdadeira grinalda de tropos admiráveis, poderiam fazer ressoar em corações atentos os mais profundos e variados sentimentos. Nunca vulgar, nunca descendo à sátira, que por vezes é pior do que a aspereza, ele possuía porém um encantador dom de sarcasmo – um sarcasmo que não era azedo, que não era profundo ou cruel; porém um sarcasmo que era essencialmente eloquente e inegavelmente verdadeiro. O seu humor, nunca comparável aos trocadilhos e calembures da multidão literária, tinha em si algo de tão delicado, e contudo tão triste e lamentável, que muitas vezes não sabíamos se devíamos rir ou chorar – se aquele humor seria feliz e espontâneo ou apenas uma tentativa valente de dissimular no riso as mais opressoras agonias mentais. Se assim for, é tanto mais lamentável, porque a mente que para as suas torturas intensas busca alívio na hilaridade, é como aquele que dormindo para fugir aos pensamentos de uma vida infeliz sofre de um terrível pesadelo. Mas é tão difícil discriminar! Ele não foi um homem hipócrita, mas sim profundo; seus sentimentos e pensamentos não estavam mascarados, mas sim escondidos; e nós não podemos imaginar como trabalhava a sua poderosa mente, como lutava o seu espírito, nós que não somos dotados das mesmas capacidades mentais e do seu carácter intangível. [TRAD.]

Embora mereça grandes elogios, escassos elogios recebe. As mentes enfartadas dos leitores de romances modernos, acostumadas às produções apressadas de uma geração oca, não conseguem completamente apreciar a matéria psicológica legível nos seus cintilantes parágrafos. O homem moderno abandonou todas as ligações espirituais; fugiu da alma e deixou-nos apenas uma massa carnal; arrancou a divindade do seu coração e, ao fazer isto, mostrou-nos quão fraco e ridículo um homem pode ser quando tem de se apoiar em nada, como se tivesse tentado apoiar-se no ar insubstancial.

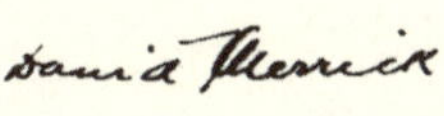

TWAIN, Mark [1900]. *Information Wanted and other Sketches*. London: George Rutledge and Sons. CASA FERNANDO PESSOA, 8-554. Nas folhas iniciais, lê-se: "F.a.n.Pessôa"; a folha do índice geral: "David Merrick | *1903*". Esta assinatura é provavelmente posterior.

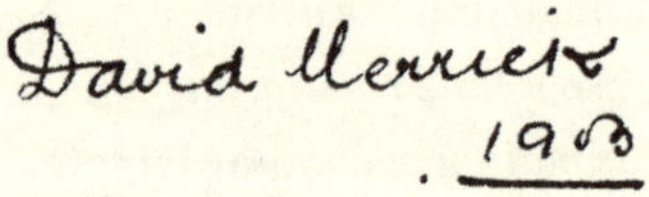

PITMAN, Isaac [s.d.]. *Pitman's Shorthand Instructor: a complete exposition of Sir Isaac Pitman's system of phonography*. London: Sir Isaac Pitman & Sons. 20th century ed. CASA FERNANDO PESSOA, 6-10. Na contracapa lê-se "J. G. Henderson Carr" (cf. 55) e "Martin" e "Martin Kéravas".

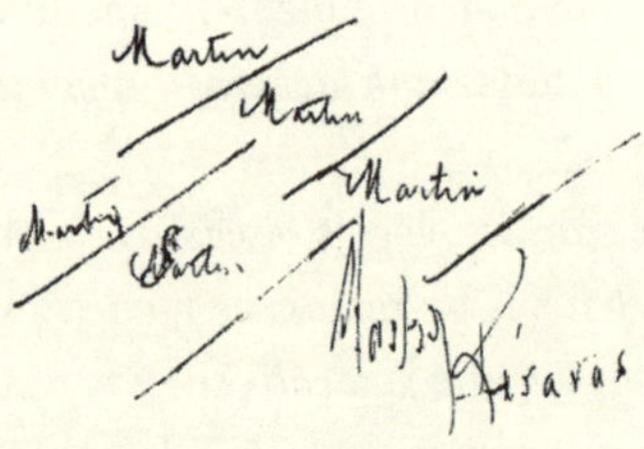

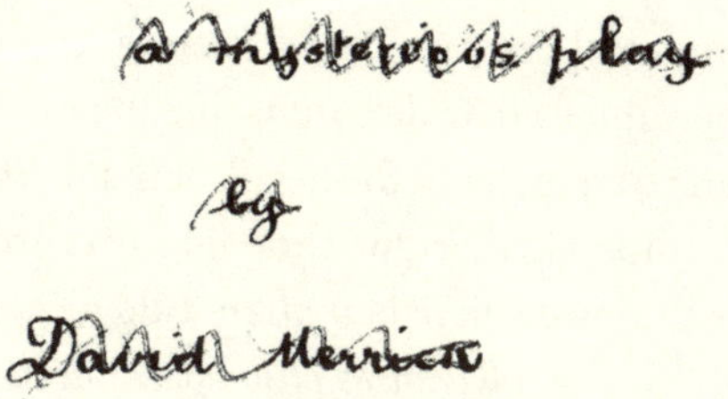

[153-32ʳ]
["a mysterious play by David Merrick"]

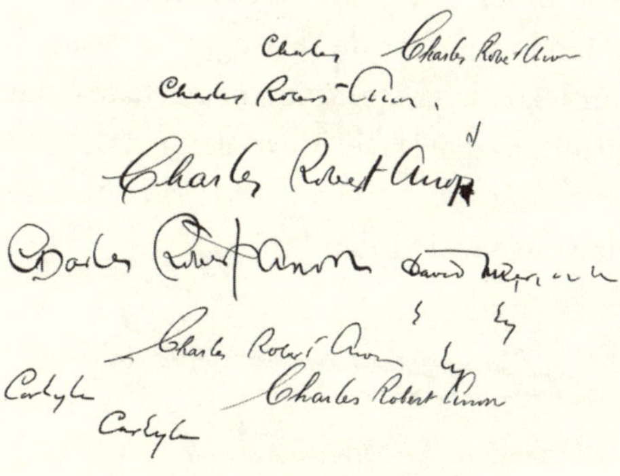

[144R-21ᵛ]
[4.ª linha: David Merrick]
[Outras: Charles Robert Anon e Carlyle]

58
LUCAS MERRICK

Escritor de contos policiais em língua inglesa. O seu nome, eliminado do cabeçalho da lista de contos que lhe foi atribuída, foi substituído, em 1903, pelo de Sidney Parkinson Stool (cf. 59). Nenhum dos contos aí referidos terá sido escrito. É provável que alguns dos títulos desta lista tenham tido origem em certas passagens do livro *The Adventures of Joseph Andrews* (1890), de Henry Fielding, como defende Patricio Ferrari (2011); o livro de Fielding pertenceu, primeiro, a Lucas Merrick e depois a Sidney Parkinson Stool. Posteriormente, ambos os nomes foram riscados, restando apenas o de "F. Nogueira Pessôa", ainda com acento circunflexo[a]. Lucas terá sido projectado como um escritor menos prolífero que David Merrick (cf. 57).

DATA: Segunda metade de 1903.

[153-10r]

a Fernando Pessoa decidiu abdicar do acento circunflexo do seu apelido a 4 de Setembro de 1916; veja-se uma carta desse dia: "Vou fazer uma grande alteração na minha vida: vou tirar o acento circunflexo do meu apelido. Como (nas circunstâncias adiante indicadas) vou publicar umas cousas em inglês, acho melhor desadaptar-me do inútil ^, que prejudica o nome cosmopolitamente" (*Cartas de Fernando Pessoa a Armando Côrtes-Rodrigues*, 1945, p. 79).

~~*Lucas Merrick*~~ S.P. Stool [58.1]

"A Frenchman's Quest" (look for Mr. Smith).

"The American Missionary." (missionary with Maxim gun).

"Yachting Yarns." (various).

"The Barrier" (key upside down in door). (Prize *Tit-Bit*)[b]

"A Rogue's Escape" (a story of the Lisbon police cubicles).

~~Lucas Merrick~~ *S.P. Stool* [TRAD.]

"As Investigações do Francês" (em busca do Sr. Smith).

"O Missionário Americano." (um missionário com uma espingarda Maxim).

"Estórias Acerca de Um Iate." (várias).

"A Barreira" (a chave às avessas na porta).(Prémio Tit-Bit*)*

"A Fuga do Malandro" (um conto acerca dos cubículos da polícia de Lisboa).

b Trata-se da popular revista inglesa *Tit-Bits*, semanário fundado por George Newness a 22 de Outubro de 1881. Sobre a participação noutros *weeklies* britânicos, ver os capítulos dos Crosse (cf. 108, 124, 125).

[ANEXO]
BIBLIOTECA PARTICULAR

Fielding, Henry [1890]. *The Adventures of Joseph Andrews*. London: George Routledge & Son. Casa Fernando Pessoa, 8-190. Na folha inicial, na folha do prefácio e na folha final da cópia conservada deste livro, lê-se: "Lucas Merrick" e "Sidney Parkinson Stool" (riscados), e às vezes a data de "1903" (riscada).

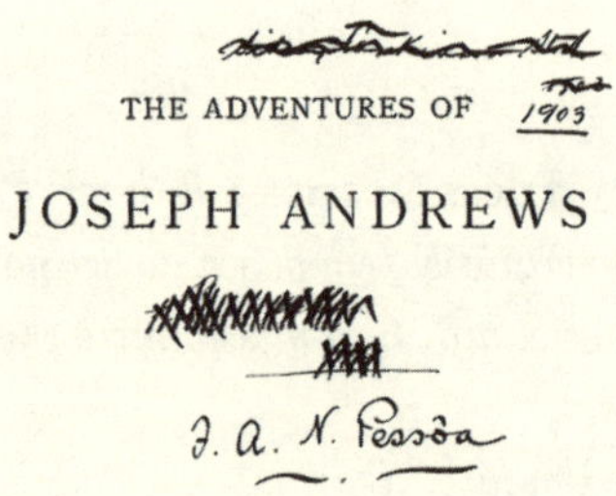

[Casa F. Pessoa, 8-190]

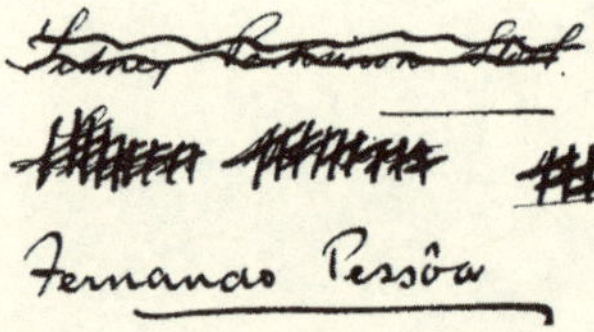

[Casa F. Pessoa, 8-190]

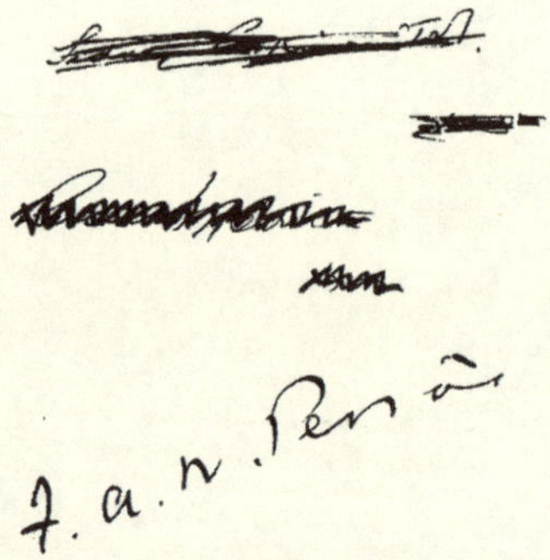

[Casa F. Pessoa, 8-190]

59

SIDNEY PARKINSON STOOL

Personagem revelada em 2009, n'*O Guardador de Papéis* (Ferrari, 2009). Substituto de Lucas Merrick (cf. 58) na tarefa de conceber contos policiais em língua inglesa. O seu apelido, Stool [excremento], coaduna-se com os títulos jocosos dos textos que deveria escrever. Encontramos o seu nome associado a "Atlantis", que identifica os versos de um poema aqui publicado pela primeira vez. Stool é também referido na secção de "Incidentes" do projecto *Ultimus Joculatorum* [*O Maior dos Brincalhões*], um espaço literário concebido por Pessoa para contracenar com personagens inventadas: "S[idney] Stool playing brass band outside window of Dr. Nabos etc." ["Sydney Stool tocando banda filarmónica em baixo da janela do Dr. Nabos, etc."] (48C-12^{r}; ver *Teoria da Heteronímia*, 2012, p. 356). Sydney Parkinson Stool foi um dos proprietários do livro *The Adventures of Joseph Andrews* de Henry Fielding [1890]; ver Ferrari (2009, pp. 179-180).

DATA: Segunda metade de 1903.

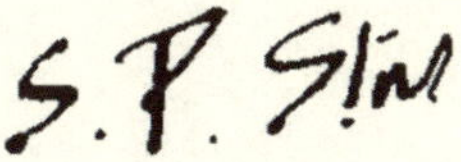

[49B^{4}-37^{r}]

[59.1] *Atlantis*

Sudden silence then,
A crash and rattle sudden comes.
Under noise[1] like the joint rattle of ten million drums.

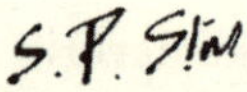

[TRAD.] Atlantis

Repentino silêncio então,
Algo desaba, aturde, de repente.
Ruem nervos tais dez milhões de tambores troando.

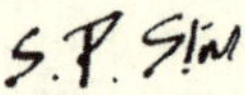

60
CHARLES ROBERT ANON

O seu nome deriva, provavelmente, do substantivo inglês "anonymous" [anónimo], embora Pessoa, em *The Mad Dictionary of the English Language*, indique esta abreviatura jocosa: "Anon. (for ânon): little donkey. Abbreviated in English may be taking away the circumflex" (*Escritos sobre Génio e Loucura*, 2006, tomo 1, p. 157).

Entre meados de 1903 e de 1906, Charles Robert Anon converte-se na figura literária de expressão inglesa mais prolífera e versátil do universo pessoano. Poeta, ensaísta e contista, com múltiplos interesses literários e filosóficos, descreve-se, num dos seus *fragmenta* aqui incluídos, como cidadão do mundo. Praticou geralmente o verso regular cultivando vários géneros e formas poéticas: desde o soneto (veja-se *The Fall of the Titan*), até ao epitáfio, à sátira, à ode, ao *rondeau* e à elegia. Os seus versos deveriam reunir-se num livro de poemas intitulado *The Death of God* [*A Morte de Deus*] (48C-9). Não tendo o projecto sido concluído, alguns dos poemas deste volume – tais como "Liberty" ["Liberdade"] e "Convention" ["Convenção"], de 1905 – foram posteriormente atribuídos a Alexander Search (cf. 72), personagem em que Anon se foi transformando, a partir de 1906-1907 (cf. "C.R. Anon/id est Alexander Search", in *Poemas Ingleses*, 1997, tomo 2, p. 336). Em 1906, Anon ainda profere uma "excomunião" e escreve alguns textos, embora com menor assiduidade.

Em 1904, o ano áureo de Anon, *The Natal Mercury* (9 de Julho) publica um poema jocoso em torno a uma polémica literária desencadeada por uma tradução de Horácio, poema este assinado por "C. R. Anon". Este texto, aqui incluído, demostra que Pessoa tanto participou em diálogos imaginários e contracenou com figuras por si criadas, como teve igualmente parte em debates reais, quer versassem sobre uma dada tradução ou a identidade de Shakespeare. Esta foi, aliás, uma prática que manteve durante toda a vida, chegando mesmo a confundir os planos do real e do imaginário quando, por exemplo, fazia entrar numa discussão "verdadeira" uma figura "irreal". A polémica de 1904 despontou pouco depois de 18 de Junho, quando "C. H. H." (Dr. C. H. Haggar, o preceptor da Escola Comercial de Durban) assinou a primeira de duas notas dirigidas a "Man", o responsável da coluna "Man in the Moon", sobre a tradução de uma "Ode" de Horácio por J. J. Hillier, um ex-aluno da Durban High School e um antigo presidente do município da mesma cidade. A 2 de Julho, assinada por "Fairplay", foi publicada uma nota em resposta às de Haggar. Uma semana mais tarde, a 9 de Julho, Anon entra na polémica literária com o poema já referido. Segue-se uma intervenção assinada por "Anonymous", na semana seguinte. E Haggar fecha a disputa com uma nota seguida do poema "Ineffable Insignificance" ["Insignificância Inefável"], cujos primeiros versos são estes: "The Fables say, 'A tiny mouse once made a lion roar.' | Nor, Haggar, though a little man, seems critics blood to draw. | First, 'Fairplay' rises in his wrath to squelch the little cuss; | 'C. R. Anon.' then follows on, and, last, 'Anonymous.'" ["Diz a Fábula, 'Um ratito já fez um leão rugir.' | Embora pequeno, Haggar pode ferir de morte o crítico. | Logo o irado 'Fairplay' esmaga o bicho ignóbil; | Secunda-o 'C. R. Anon', e, por fim, o 'Anonymous.'"] (*The Natal Mercury*, 23 de Julho de 1904, n.º 10989, p. 19).

No que concerne às tentativas de publicação de textos de Charles Robert Anon em jornais e revistas de língua inglesa, refira-se, ainda, que Pessoa, assinando sob o pseudónimo de Anon, enviou para *The Natal Mercury*, a 7 de Julho de 1905, uma carta acompanhada por três sonetos políticos, sobre a guerra russo-japonesa de 1904-1905, os quais nunca chegaram a ser publicados (*Pessoa Inédito*, 1993, pp. 168-169). A 21 de Fevereiro de 1906, o poeta submeteu a elegia "On the marriage of my dear friend Mr. Jinks" ["Pelo casamento do meu caro amigo Mr. Jinks"] à revista britânica de humor e sátira *Punch*, texto que terá assinado com Anon ou Search, já que na cópia da missiva conservada no espólio pessoano indica que a elegia foi assinada sob um "pseudónimo" (*Pessoa Inédito*, 1993, pp. 155-156).

No que diz respeito aos projectos literários associados a Charles Robert Anon, apenas uma lista antiga, de 1903, relaciona directamente o nome de Anon a uma série de três incumbências: escrever poesia, ensaios críticos e histórias de imaginação (*Pessoa por Conhecer*, 1990, tomo 2, p. 191)[a]. No espólio pessoano apenas se conservam algumas notas soltas sobre os três escritores ingleses (Carlyle, Byron e Shelley), para além de Camões, sobre os quais deveriam incidir os ensaios. De resto, não foram ainda reunidas em livro todas as possíveis histórias de imaginação atribuíveis a Anon, tais como "The Voice of the Infinite" (13A-77 e $27^{17}Y^{2}$), entre outras.

Anon foi também, embora fugazmente, dramaturgo, já que a peça inacabada "Marino, the Epicure" ["Marino, o Epicuro"], inicialmente atribuída a David Merrick (cf. 57), lhe foi atribuída (*Poemas Ingleses*, 1997, tomo 2, pp. 200 e 465). Dedicou-se brevemente à ficção policial, tendo sido incumbido de "autorar" ou de concluir, ao que parece, o conto "The Case of the Science Master" ["O Caso do Professor de Ciência"], inicialmente atribuído a Horace James Faber (cf. 61). Faber é o responsável, em

a A cota do documento, não fornecida nesse livro, é 48B-153^{r}.

1903, pela escrita de "Detective Stories" (cf. Miraglia, 1988, p. 44), mas por volta de 1904 talvez tenha começado a partilhar essa tarefa com Anon, que chega a ser candidato a autor de alguns fragmentos críticos sobre o conto policial.[b]

Na Biblioteca particular de Fernando Pessoa existem três livros que ostentam o nome de Anon como um dos seus leitores e proprietários: *The Poetical Works of Thomas Chatterton* (1885), edição que inclui alguns dos poemas que Chatterton atribui a Thomas Rowley, um monge imaginário do século XV (Ferrari, 2008b, p. 16); *The Philosophy of Herbert Spencer* (1904) e *A Practical Introduction to Latin Prose Composition* (1899). A biblioteca de Pessoa é uma biblioteca plural, que desde cedo foi visitada quer por Pessoa, quer por diversas das suas figuras sonhadas.

De Charles Robert Anon – como nome, como assinatura – há numerosíssimos testemunhos no espólio pessoano, existindo também um célebre carimbo roxo, com o qual Pessoa marcou páginas de diário, algumas folhas soltas e pelo menos dois livros. Não é raro encontrar a unidade linguística "Charles Robert Anon" associada a frases tradicionalmente utilizadas no início e no fim da correspondência (cf. 13A-68^{r} e 14^{6}-39^{v}), já que as cartas são um género e podem mascarar uma identidade quando assinadas por outro. Daí a interessante relação entre o género epistolar e o jogo do fingimento pessoano.

DATA: Segunda metade de 1903.

b Veja-se, por exemplo, o manuscrito identificado pela cota 13-40.

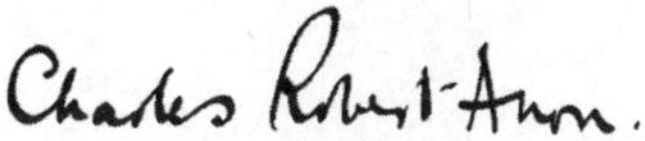

[13-1^{r}]

[144C^{2}-6^{r}]

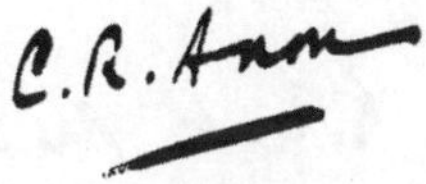

[25-58^{r}]

[13-5^{r}]

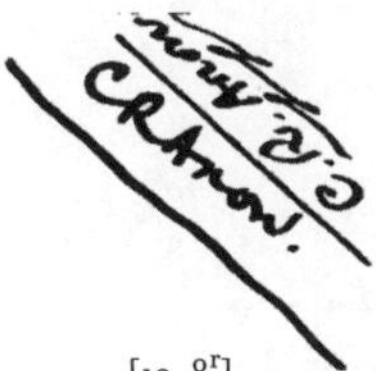

[13-8^{r}]

[13-17^{v}]

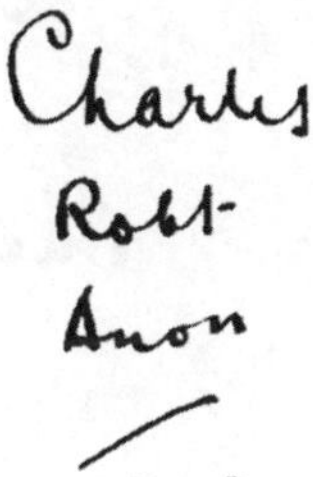

[13-14^{r}]

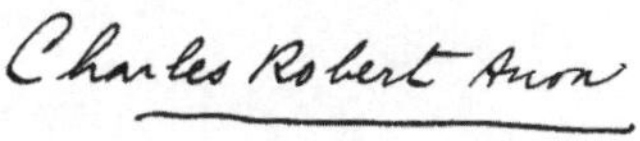

[13-18^{r}]

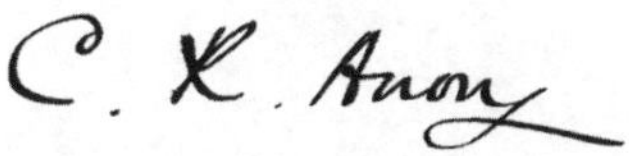

[13-18^{r}]

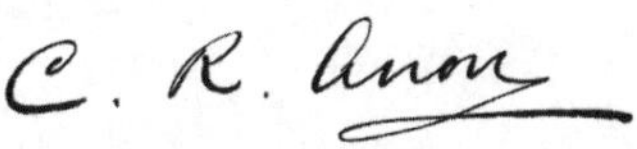

[78B-55^{r}]

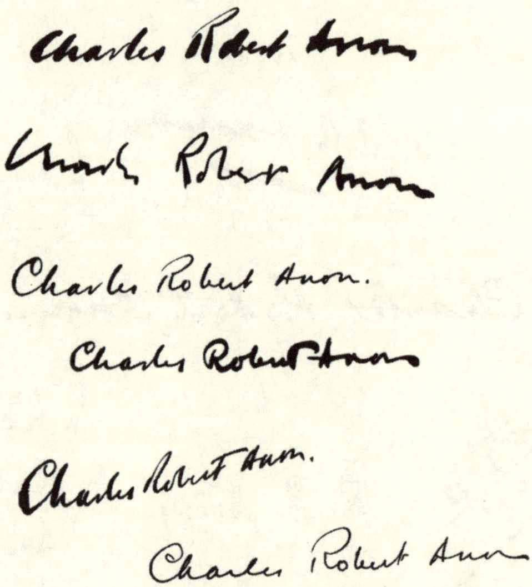
Charles Robert Anon
Charles Robert Anon
Charles Robert Anon.
Charles Robert Anon
Charles Robert Anon.
Charles Robert Anon

[133M-20v] [Seis assinaturas]

The Fall of the Titan [60.1]

From night's great womb with pain the horrid morn has broke,
Far o'er the throbbing earth the *clattering* thunders roar;
The Titan wakes at last, his front begrimed with gore,
His brutal grasp abrupt uproots the ruggèd oak.

In mortal throes he raves, and with his stertorous croak
The birds are *str*uck, the *str*eams with terror dried, the shore
Caves into sea, mounts break down to their torrid core,
The tottering crags are *rent*, is *rent* the clouds' gray cloak...

The lightning shrinks, the seas in roaring clangour splash;
The giant sways, and now, with sudden thunderous crash,
Falls, and the thronèd stars from glittering seats are torn...

He fell; the startled earth, with frantic fury stung,
Split, burst and broke; the air with rankling curses rung –
But in the sky the Sun still smilèd as in scorn!...

Charles Robert Anon.

[TRAD.]

A Queda do Titã

Do útero de breu fundo a horrenda manhã surde,
Pla terra ebuliente estala o trovão irado*;*
Enfim se ergue o Titã – seu cenho ensanguentado,
Seu brutal pulso que ao solo arranca o lenho rude.

Contrai em transe os membros, ruge, e tudo aturde:
As aves estacam*, os rios* estancam*, o mar crespado*
A areia traga, o monte se alquebra soçobrado,
A fraga ao meio esgarça*, se* rasga *o céu de crude...*

O raio se recolhe, o mar revolto atroa;
O grande vulto oscila, e eis que, estrepitoso,
Cai, e as estrelas se desprendem do seu lustro...

Tombou; a terra, ferida de ira e de susto,
Fendeu, rompeu, quebrou*; em brado o ar estourou –*
Mas no céu o Sol sorria ainda desdenhoso!...

Charles Robert-Anon.

Dear Man, – I read with great amusement the opinions of "C. H. H." on Mr. Hillier, and of "Fairplay" on both, and confess to have been delighted by the magnificent crescendo of absurdity. The translation was sensible, but not good: "C. H. H.'s" effort was somewhat witty, but far worse; "Fairplay's" is absolutely senseless. The worth of the three contributions may be summed up in the following little poem, written on the spur of the moment: – [60.2]

Hillier did first usurp the realms of rhyme
To parody the bard of olden time;
Haggar then follows, and, in shallow verse,
Proves that to ev'ry bad there is a worse;
Some nameless critic next, in furious strain,
Causes the harmless reader cruel pain:
While after metre pure he seems to thirst,
But shows how ev'ry worse can have a worst.

C. R. ANON.[c]

c A assinatura encontra-se em letra de imprensa no jornal *The Natal Mercury*.

[TRAD.] *Caro Man, – Muito me diverti a ler as opiniões de "C. H. H." sobre o Sr. Hillier, e as de "Fairplay" sobre ambos, devendo confessar que me encantou o crescendo de absurdo. A tradução era aceitável mas não boa. A tentativa de "C. H. H" tinha algum espírito, mas era muito pior; a de "Fairplay" é absolutamente abstrusa. O mérito dos três contributos poderá resumir-se no pequeno poema que se segue, escrito num impulso de momento:*

Hillier fez primeiro, e nele a rima impera
Parodiando o bardo da antiga era;
Seguiu-se Haggar, e em verso artificial
Demonstra que há pior para todo o mal;
Logo um crítico sem nome e furibundo
Inflige no incauto leitor um golpe fundo:
Pois, se aparenta o metro certo procurar,
Só mostra que o pior se pode piorar.

C. R. ANON.

Excomunication [60.3]

I, Charles Robert Anon, *being*, animal, mammal, tetrapod, primate, placental, ape, catarrhyna, ◊ man; eighteen years of age, not married (except at odd moments) megalomaniac, with touches of dipsomania, dégénéré supérior[1], poet, with pretensions to written humour[2], citizen of the world, idealistic philosopher, etc etc (to spare the reader further pains).

In the name of TRUTH, SCIENCE & PHILOSOPHIA, not with bell, book & candle, but with pen, ink & paper,

Pass sentence of excommunication on all priests and all sectarians of all religions in the world.

Excommunicabo vos.
Be damn'd to you all.
Ainsi-soit-il.
Reason, Truth, Virtue
per C.R.A.

[TRAD.] Excomunhão

Eu, Charles Robert Anon, ser, *animal, mamífero, tetrápode, primata, placentário, antropóide, catarríneo, ◊ homem; dezoito anos de idade, não casado (excepto em estranhos momentos), megalómano, com ataques de dipsomania, degenerado superior, poeta, com pretensões a humor escrito; cidadão do mundo, filósofo idealista, etc. etc. (para poupar ao leitor mais esforços).*

Em nome da VERDADE, CIÊNCIA e FILOSOFIA, não com campainha, livro e vela, mas com caneta, tinta e papel,

Profiro sentença de excomunhão a todos os padres e todos os sectários de todas as religiões do mundo.

Eu vos excomungo.
Que sejais todos malditos.
Assim seja.
Razão, Verdade, Virtude
por C.R.A.

Theory of Perception. [60.4]

Let us consider, say, my perception of a table, and let us attempt to find what is the process of my thought in the perception. We find these to be the actions of our mind:

Previously, I know what a table is; the idea is in me, rooted. When I see this thing before me, my conception of a table passes out of me into the object, which is similar, of a generality, to it. My thought returns to me bearing with itself a particularised idea[1] of a table – the table that I see before me.

Thus thought, after passing through the object[,] binds object to itself, as a particularisation of thought.

C.R.Anon

Teoria da Percepção. [TRAD.]

Consideremos, por exemplo, a minha percepção de uma mesa, e tentemos descobrir qual é o processo do meu pensamento na percepção. Descobrimos serem estas as acções da nossa mente:

Previamente, sei o que é uma mesa; a ideia está em mim, enraizada. Quando vejo esta coisa perante mim, a minha concepção de uma mesa passa de mim para o objecto, que é similar, de uma forma geral, a ele. O meu pensamento regressa a mim trazendo consigo uma ideia particularizada de uma mesa – a mesa que vejo perante mim.

Portanto o pensamento, após passar através do objecto, vincula o objecto a si, como uma particularização de pensamento.

C.R.Anon

ARNOLD, Thomas Kerchever (1899). *A Practical Introduction to Latin Prose Composition*. Edited and revised by George Granville Bradley. London: Longmans, Green and Co. CASA FERNANDO PESSOA, 8-16.

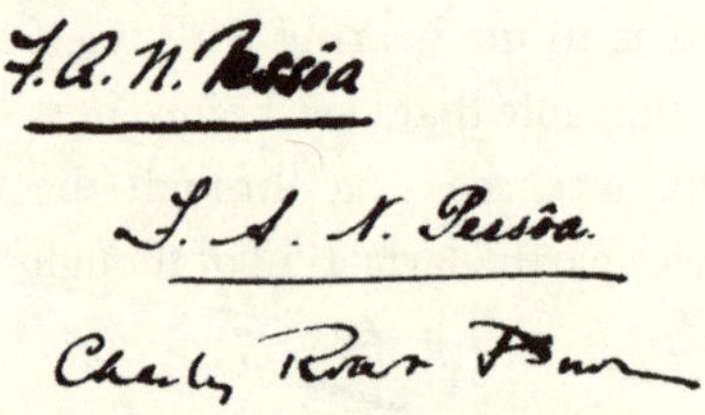

CHATTERTON, Thomas (1885). *The Poetical Works*. London: Walter Scott. CASA FERNANDO PESSOA, 8-105. Esta edição colige apenas uma selecção de poemas de Chatterton e dos versos medievais atribuídos a Rowley. A edição de referência na altura era a do filólogo Walter William Skeats. Devemos esta informação ao Prof. Nick Groom.

Hudson, William Henry (1904). *The Philosophy of Herbert Spencer*. London: Watts & Co. Casa Fernando Pessoa, 1-71. Assinado "F.A.N. Pessôa". O carimbo – riscado e muito sumido – de "C. R. Anon" figura na contracapa, onde está impresso um catálogo da Rationalist Press Association, em que Anon/Pessoa risca alguns títulos. O livro de Hudson é referido nos documentos 24-14^{v}, 93-57^{v} e 144D^{2}-76. Foi lido em Setembro de 1906.

OVER HALF A MILLION SOLD.

R.P.A. Cheap Reprints

(WITH PORTRAIT IN EACH CASE).

1. HUXLEY'S LECTURES AND ESSAYS. (A SELECTION.) With Autobiography.

10. TYNDALL'S LECTURES AND ESSAYS. (A SELECTION.) With Biographical Sketch.

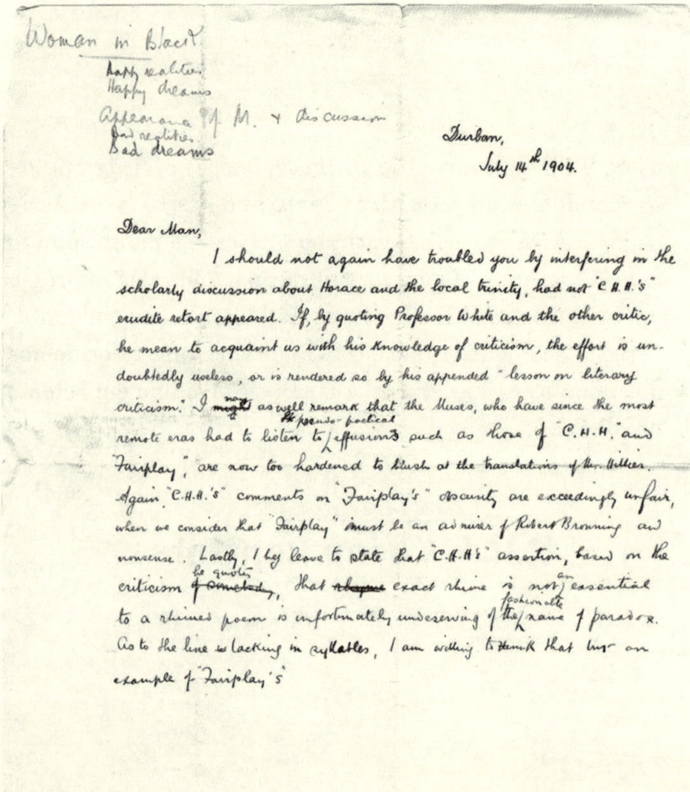

Woman in Black
happy realities
Happy dreams
Appearance of M. & discussion
Bad realities
Bad dreams

Durban,
July 14th 1904.

Dear Man,

I should not again have troubled you by interfering in the scholarly discussion about Horace and the local trinity, had not "C.H.H.'s" erudite retort appeared. If, by quoting Professor White and the other critic, he mean to acquaint us with his knowledge of criticism, the effort is undoubtedly useless, or is rendered so by his appended "lesson on literary criticism." I may as well remark that the Muses, who have since the most remote eras had to listen to the pseudo-poetical effusions such as those of "C.H.H." and "Fairplay", are now too hardened to blush at the translations of Mr. Wilkes. Again "C.H.H.'s" comments on "Fairplay's" obscurity are exceedingly unfair, when we consider that "Fairplay" must be an admirer of Robert Browning and nonsense. Lastly, I beg leave to state that "C.H.H.'s" assertion, based on the criticism he quotes, that exact rhyme is not an essential to a rhymed poem is unfortunately undeserving of the fashionable name of paradox. As to the line so lacking in syllables, I am willing to think that but an example of "Fairplay's"

Rascunho de uma carta de Charles Robert Anon para Man, de 14 de Julho de 1904, reagindo às "pseudo-poetical effussions" ["efusões pseudo-literárias"] de C. H. H. [sem cota].[d]

d Encontra-se na colecção particular de Manuela Nogueira.

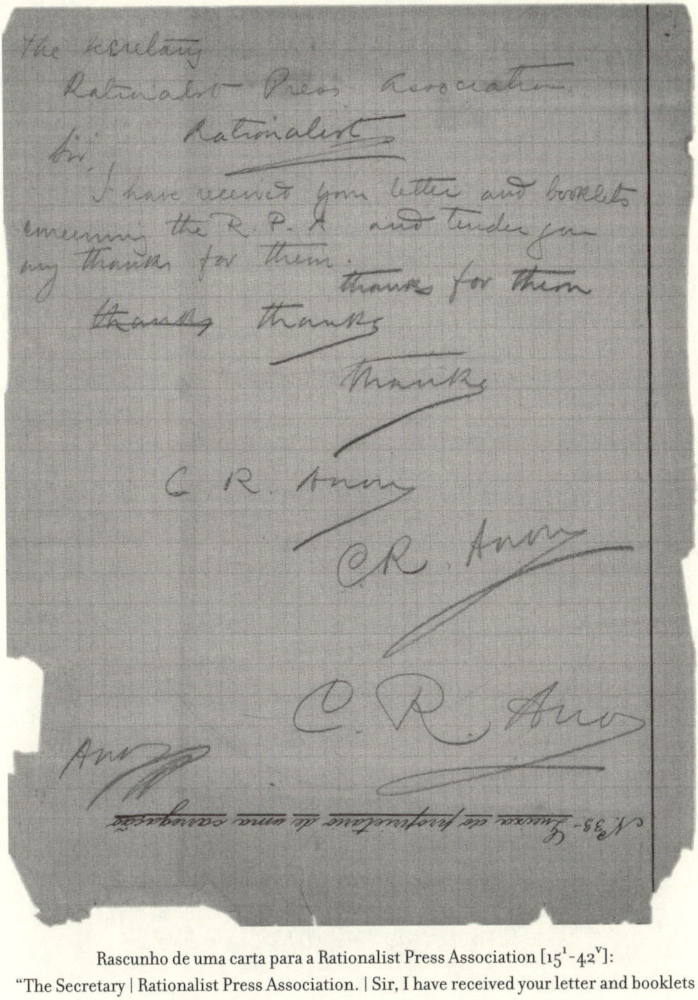

The Secretary
Rationalist Press Association.
Rationalist
Sir,
I have received your letter and booklets concerning the R.P.A. and tender you my thanks for them.
thanks for them
thanks thanks
thanks
C. R. Anon
C.R. Anon
C. R. Anon
Anon

Rascunho de uma carta para a Rationalist Press Association [15^{1}-42^{v}]:
"The Secretary | Rationalist Press Association. | Sir, I have received your letter and booklets concerning the R.P.A. and tender you my thanks for them"
["O Secretário | Rationalist Press Association. | Senhor, recebi a sua carta e livretos com respeito à R.P.A. e ofereço-lhe os meus agradecimentos por eles."]

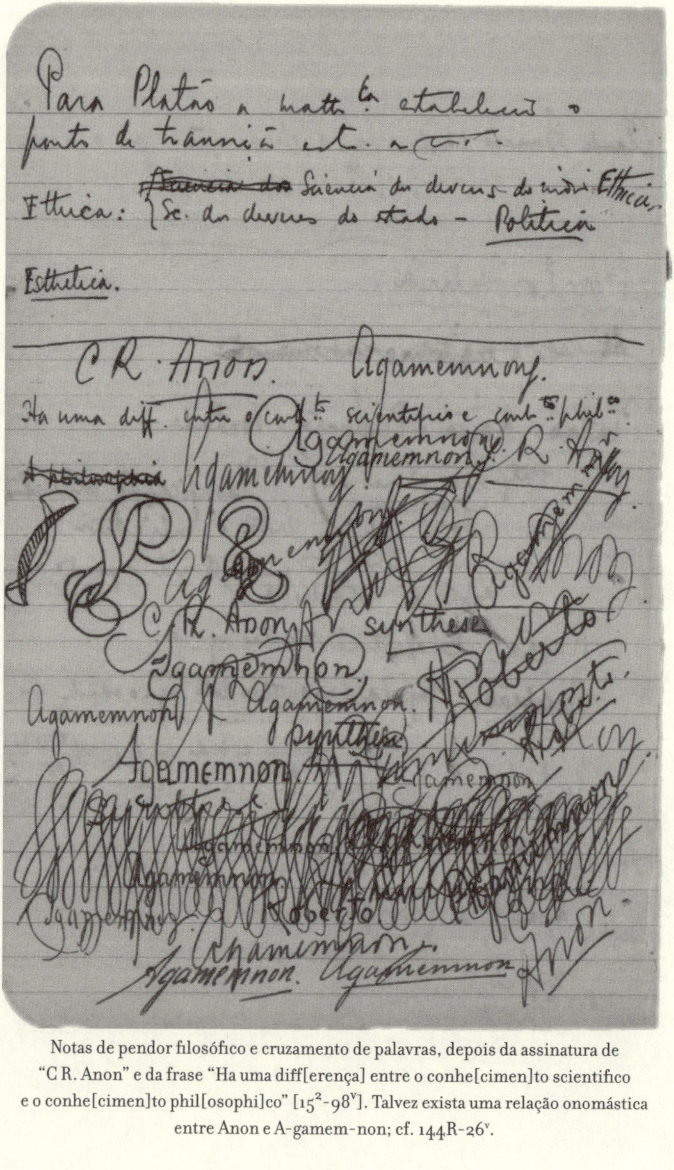

Notas de pendor filosófico e cruzamento de palavras, depois da assinatura de "C R. Anon" e da frase "Ha uma diff[erença] entre o conhe[cimen]to scientifico e o conhe[cimen]to phil[osophi]co" [15^{2}-98^{v}]. Talvez exista uma relação onomástica entre Anon e A-gamem-non; cf. 144R-26^{v}.

61
HORACE JAMES FABER

Incumbido de ambiciosas tarefas, como o demostra uma lista manuscrita em que Pessoa distingue as responsabilidades de Charles Robert Anon (cf. 60) e Horace James Faber, confiando a Anon três tarefas e sete a Faber, esta personagem surge de um forte ímpeto que vai gradualmente esmorecendo. Segundo essa lista, Pessoa confiava a Faber, por volta de 1903, as histórias de detectives, os ensaios satíricos e humorísticos, a poesia satírica – embora a poesia seja atribuída a Anon –, os ensaios críticos – encargo partilhado com Anon –, as edições clássicas, os ensaios clássicos e os ensaios históricos (ver *Pessoa por Conhecer*, 1990, tomo 2, p. 191). Se houvesse perdurado na imaginação de Pessoa, Faber talvez tivesse sido o primeiro editor e o primeiro classicista da galáxia pessoana.

O nome de Horace James Faber está principalmente associado ao mais antigo texto de ficção detectivesca conservado entre os papéis de Pessoa: "The Case of the Science Master" ["O Caso do Professor de Ciência"]. Este título foi incluído por Pessoa em várias das suas múltiplas listas de projectos, facto notável, já que demostra ser este um texto importante, catalogável sob diversas rubricas e categorias, tais como: "Tales of a Madman" ["Contos de Um Louco"] (48A-17), "Stories" ["Histórias"] (48A-51), "Detective Stories" ["Histórias de Detectives"] (48A-56), "Tales of a Reasoner" ["Contos de Um Raciocinador"] (48A-57), "Tales and Sketches" ["Contos e Esboços"] (48B-92), "Prose" ["Prosa"] (48B-112), "Essays and Shorter Works" ["Ensaios e Escritos Mais Breves"] (48B-142) e "Tales" ["Contos"] (48B-151).

Estes títulos, que encimam listas de projectos pessoanos, ilustram bem alguns dos interesses de Fernando Pessoa nos últimos dois anos que passou em Durban (1903-1905), e não só.

"The Case of the Science Master" tem por protagonista o ex-sargento William Byng, um detective privado – ou decifrador de enigmas – que haveria de protagonizar não apenas este conto, mas também vários outros, como se depreende de fragmentos de algumas novelas policiais incompletas e de alguns outros argumentos por escrever. De Byng sabemos que morreu em Londres, com *delirium tremens*, e que foi "a drunkard by temperament" ["bêbado por temperamento"]; sabemos também que, apesar da sua quietude e torpor, "he was a man of a mental activity so phenomenal that I have no hesitation in assenting to what he said, that he reasoned and argued ever in dreams" ["foi um homem de uma actividade mental tão espantosa que não hesito em concordar com ele, quando afirmava que raciocinava e argumentava até em sonhos"]. A figura de Byng – esse homem genial, discreto, irónico e quase inapto para a vida prática – terá servido a Pessoa, anos mais tarde, como base para a concepção da figura do Dr. Abílio Quaresma (cf. 135), o protagonista do conjunto *Quaresma, Decifrador*, um decifrador de charadas – fictícias e reais – que passava a vida a vegetar no seu quarto, embrulhado numa manta, entre livros e jornais.

"The Case of the Science Master" é narrado pelo assistente do director da escola onde aconteceu a morte de Mr. Cameron, o professor de Ciência. Neste caso, o ex-sargento Byng será incumbido de descobrir o criminoso, analisando os caracteres dos suspeitos e as circunstâncias do crime. Na parte final da novela, Byng procurará resolver a aparente contradição entre a maneira como foi morto Mr. Cameron (com uma pancada na cabeça) e a maneira como um intelectual – assumindo que este fosse o tipo do criminoso – teria cometido o crime de modo a evitar o contacto físico (por envenenamento, por exemplo). Alguns fragmentos deste relato policial foram publicados por Miraglia (1988) e outros encontram-se em *Escritos sobre Génio e Loucura* (2006, tomo 2, pp. 492-501). Já em 2012, Ana Maria Freitas editou a narrativa completa, em *Histórias de Um Raciocinador*; no prefácio, Freitas escreve o seguinte: "As histórias de Horace James Faber, personagem de que só se conhece a assinatura, em letra certinha e miúda a contrastar com a caligrafia espraiada do seu parceiro Charles Robert Anon, revelam a influência de Edgar Allan Poe e de Conan Doyle, a par de uma surpreendente maturidade para um autor tão jovem, visível na construção das personagens, dos enredos e dos argumentos" (2012, p. 5). Com efeito, de Horace James Faber, enquanto figura do universo pessoano, não conhecemos muito mais do que a assinatura, mas de Faber, enquanto autor, sim, bem como de Byng, personagem de que é inseparável, nomeadamente se aceitarmos, como tacitamente faz Freitas, que Faber é o responsável não apenas pelo citado texto, mas pelo conjunto de três textos protagonizados por Byng: "The Case of the Science Master", "The Case of the Quadratic Equation" ["O Caso da Equação Quadrática"] e "The Case of Mr Arnott" ["O Caso do Sr. Arnott"].

Ainda assim, foi, de facto, ao caso do professor de Ciência que Pessoa dedicou mais páginas e ao qual associou inequivocamente os nomes de Faber e de Anon (cf. 60). Talvez por isso, e ainda tentando concluir ou resgatar a história, Pessoa tenha planeado (por volta de 1910) a sua tradução para português, encomendando essa tarefa a Navas (cf. 92), que deveria traduzir esta narrativa, entre outras.

O nome de Horace James Faber surge, junto com o de Charles Robert Anon, no único fragmento conhecido do texto

"Plausibility of All Philosophies" ["Plausibilidade de Todas as Filosofias"] (48A-66ʳ; referido in *Teoria da Heteronímia*, 2012, p. 59), que terá sido motivado pelo apoio que o Dr. Nabos (cf. 64) concedeu à teoria de Helvétius[a], segundo a qual a educação e o ambiente imprimem na nossa mente, como numa tábua rasa, as suas peculiaridades, dando assim origem às nossas ideias e aos nossos valores. Faber/Anon exprimem opinião oposta à do Dr. Nabos, argumentando que a mente do homem, "em vez de tomar a cor do ambiente e da natureza que a rodeia", lhe transmite os seus pensamentos, que dependem apenas do génio do pensador, um facto que tornaria "plausíveis" todas as filosofias.

Refira-se, ainda, que num documento que permanece na posse dos sobrinhos-herdeiros de Fernando Pessoa figura um apontamento intitulado "Faber's Method" ["Método de Faber"], que talvez tivesse como destino um projecto denominado "Trisection of the Angle" ["Trissecção do Ângulo"]. Este texto leva-nos a pensar que Faber, tal como Pessoa, se interessava por teorias e raciocínios matemáticos, e que, para além de contista e filósofo, poderia ser versado em ciências exactas, contrastando com outras figuras criadas por Pessoa.

DATA: Segunda metade de 1903.

a Claude Adrien Helvétius (1715-1771) foi um filósofo e literato francês, oriundo de Paris. Filho de um dos médicos de Luís XV, estudou no colégio jesuíta Louis-le-Grand. Pouco tempo depois de concluir os 23 anos de idade, obteve o cargo de caseiro geral, situação que lhe permitiu manter uma vida sem inconvenientes financeiros. Depois de casar, entregou-se a uma vida campestre, dedicando-se à reflexão e à escrita. Influenciado pelos empiristas John Locke e Étienne Bonnot de Condillac, Helvétius considerava as ideias como afecções dos sentidos.

[13A-79a^{r}]

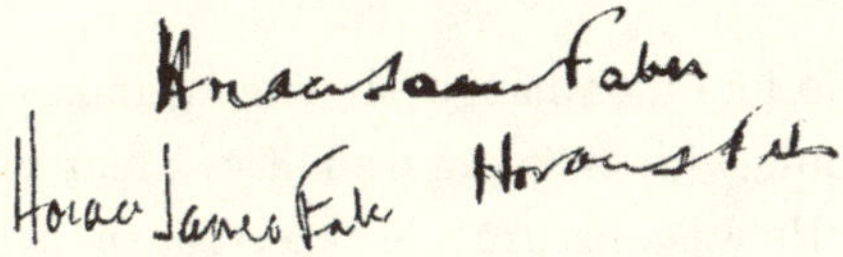

[48A-66^{v}] [Três assinaturas]

[27^{9}D^{2}-43^{r}]

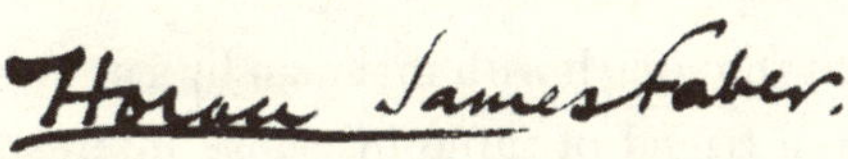

[27^{9}D^{2}-42^{r}]

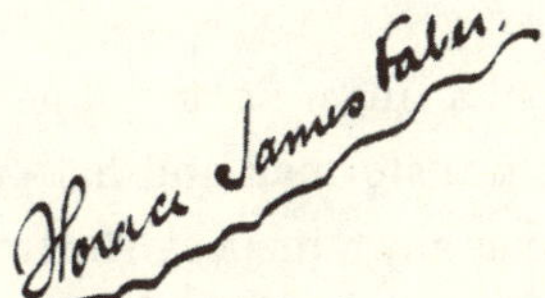

[27^{9}D^{2}-41^{r}]

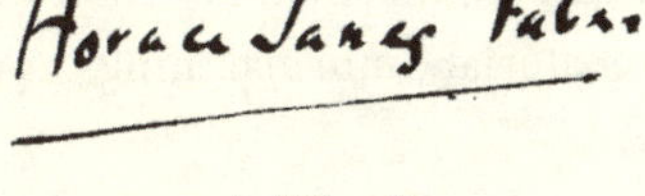

[27^{9}D^{2}-40^{r}]

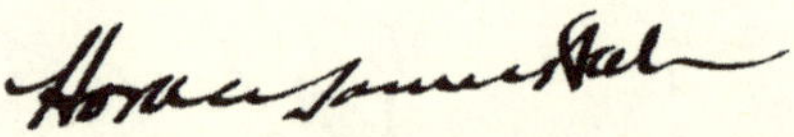

[27^{9}D^{2}-40^{v}]

[61.1] *First Story*[1]

Three months, four months ago – I write in January 1908 – there died in London, with delirium tremens[2], a man who was most remarkable. He was obscure and reserved, though he was not modest. He lived far from the active world, a philosopher and a dreamer[3]. His name was William Byng & he was said to be[4] ex-sergeant. He was usually[5] called Sergeant, simply. What he had been[6] sergeant in I ignore. Where he had been born I cannot say. I know little about his /biographic/ life. He never told me[7] of it except ◊

I was brought into touch with this man by a strange case which happened to a friend of mine in whose interests I was very[8] active.

The man himself had a tinge – a deep one – of vulgarity & of coarseness, though transformed and half-weaned from their nature. He was as far as any human can be from the vulgar, from the common, from the coarse. He had an intellect of extraordinary acuteness yet slumberous & full of dreams, all things of inactivity. He indicated more than any man I have ever met an unfitness & a ◊ to material & normal things. A metaphysician of talent ◊

He was a drunkard by temperament. He was born to intemperance[9]. His general appearance was that of quietness & of torpor, yet he was a man of a mental activity so phenomenal that I have no hesitation in assenting to what he said, that he reasoned & argued ever in dreams[10]. In inner tumult ◊

An egotist beyond expression; proud to the verge of madness though of what no one could say; ◊

Though of an inactivity truly stupid he was never quiet; he walked along, he could hardly keep still for a second in a chair. A perpetual restlessness possessed him. He talked to himself, gesticuled to himself with a grotesque & enormous eloquence that had too much of madness. Yet he abhorred all society & in the presence of anyone either did not speak or spoke disagreeably as if to drive away the person.

The end of his life was sad.

◊ furies grew upon him more & more & he died as I have said half-demented, [with] delirium tremens.[11]

Primeira história [TRAD.]

Há três ou quatro meses – escrevo em Janeiro de 1908 – morreu em Londres, com delirium tremens, *um homem notabilíssimo. Era obscuro e reservado, apesar de não ser modesto. Filósofo e sonhador, vivia afastado do mundo activo. O seu nome era William Byng e dizia-se que era um ex-sargento. Costumavam chamar-lhe Sargento, sem mais. Ignoro em que fora sargento. Não posso dizer onde nascera. Sei pouco da sua vida biográfica. Nunca me falou dela, salvo ◊*

Cruzei-me com este homem devido a um estranho caso ocorrido a um amigo meu de quem eu era muito próximo.

Ele tinha um traço – um traço profundo – de vulgaridade e de grosseria, embora as tivesse transformado e quase apagado da sua natureza. Tanto quanto é possível a um ser humano, distinguia-se do vulgar, do comum, do grosseiro. Tinha um intelecto de uma perspicácia extraordinária mas, ao mesmo tempo, letárgico e sonhador, com todas as características da inércia física. Mais do que qualquer outro homem que conheci, revelava uma incapacidade e uma ◊ para as coisas materiais e vulgares. Um metafísico de talento ◊

Era bêbado por temperamento. Nascera para a intemperança. A sua aparência geral era de quietude e torpor, mas era, no entanto, um homem de uma actividade mental tão espantosa que não hesito em concordar com o que ele dizia: que raciocinava e argumentava até em sonhos. Em tumulto interior ◊

Um egotista indescritível; orgulhoso até aos limites da loucura, apesar de ninguém poder indicar o motivo; ◊

Apesar de uma inércia física praticamente estúpida, nunca estava em sossego; caminhava de um lado para o outro, mal conseguia ficar parado um segundo numa cadeira. Estava possuído por um perpétuo desassossego. Falava consigo próprio, gesticulava consigo próprio, com uma grande e grotesca eloquência que tinha muito de loucura. E no entanto execrava todo o convívio social e, em presença de alguém, ou não falava ou falava de um modo desagradável, como se desejasse afastar aquela pessoa.

O seu fim de vida foi triste.

◊ *as fúrias cresceram nele, cada vez mais, e morreu, como já disse, meio demente, com* delirium tremens.

[*The Case of the Science Master*] [61.2]

There are in this crime several things worthy of notice:

(1) Crash of weapon.

(2) Inexpression of Mr Cameron's face.

(3) Fact that though Blaver came out of VI Form room immediately after crash he heard & saw nothing.

(4) Fact that after the crash Deane heard no one moving & coming out saw no one.

If anybody at all were here he must have left by the staircase (as I have proved), and between the going of the boys downstairs to give the alarm and the coming of the masters in answer to the call.

Now, taking account of these things, we must perforce allow this murderer to have been a man not only of almost praeternatural calmness, & of an enormous cautiousness[1], well shown [to] us in the utterly inexplicable way in which he rendered himself unheard. Both Blaver, when he opened the door, & Deane, when he sat still listening for a sound, were in such a nervous state that the least sound would not have escaped them. We must allow this murderer a promptness of action quite unparalleled, a stillness in motion, perfectly horrible and a power of self-concealment absolutely and entirely startling.

eeee[O Caso do professor de Ciência]

[TRAD.]

Neste crime, há várias coisas que merecem a nossa atenção:

(1) O estrondo provocado pela arma.

(2) A inexpressividade do rosto de Mr. Cameron.

(3) O facto de Blaver ter saído da sala do 6.º ano, logo a seguir ao estrondo, mas não ter visto nem ouvido nada.

(4) O facto de Deane, depois do estrondo, não ter ouvido ninguém e não ter visto ninguém quando saiu.

Se alguém tivesse estado aqui, teria tido que sair pelas escadas (como provei), e entre a descida para o andar de baixo dos rapazes, para dar o alarme, e a chegada dos professores em resposta a esse chamamento.

Ora, tomando estas coisas em consideração, é forçoso admitir que o assassino tem que ser um homem de uma calma quase sobrenatural e de um enorme cuidado, bem demonstrados pelo modo inteiramente inexplicável como conseguiu não ser ouvido. Tanto Blaver, quando abriu a porta, como Deane, quando ficou sentado à escuta de qualquer som, estavam num tal estado de nervosismo que o menor som não lhes teria escapado. Temos de conceder a este assassino uma rapidez de acção sem igual, uma quietude em movimento, autenticamente espantosa, e um poder de autodissimulação absoluto e completamente surpreendente.

[*Plausibility of All Philosophies*] [61.3]

It is a wonderful thing and a thing[1] worthy of our attention that the mind of man instead of taking colour from its surroundings and natural encompassments[2] does rather impart to them its thoughts and most of all this of course in the mind of the thinker himself. If he be cheerful, the most worthy landscape will present to him its most beautiful side and none other; if he be sad, the summer brightness will but serve as a mournful & exasperating contrast until it doth itself become sad and terrible. Thus indeed opinions differ. For I and thou, we may from *one* thing draw opposite[3] conclusions & in the same manner too. Thus all philosophies are good and[4] all are plausible as well in our moral confusion can find. All philosophies, dream-theories through our lens, are possible.[5] Atheism alone, complete disbelief and No-religion are[6] alone *im*possible. All creeds, all philosophies can be wrong from nature by minds full of them; atheism[7] alone cannot be wrong from nature or from man.[8]

[Plausibilidade de Todas as Filosofias] [TRAD.]

É algo maravilhoso e digno da nossa atenção que a mente do homem, em vez de tomar a cor do ambiente e da natureza do que a rodeia, lhe transmita os seus pensamentos e, obviamente, em especial na mente do próprio pensador. Se ele está animado, a paisagem mais conceituada vai apresentar-lhe o seu lado mais belo e apenas esse; se ele estiver triste, o esplendor do Verão irá apenas servir de contraste lamentoso e exasperante até se tornar ela própria triste e terrível. Então, de facto, as opiniões diferem. Eu e vós podemos de uma *mesma coisa recolher conclusões opostas e do mesmo modo também. Assim, todas as filosofias são boas e todas plausíveis até onde a nossa confusão moral pode chegar. Todas as filosofias, teorias-de-sonho através das nossas lentes, são possíveis. Somente o ateísmo, a descrença total e a não-religião são impossíveis. Todas as crenças, todas as filosofias podem estar erradas no que respeita à natureza por mentes cheias delas. Apenas o ateísmo não pode estar errado em relação à natureza ou ao homem.*

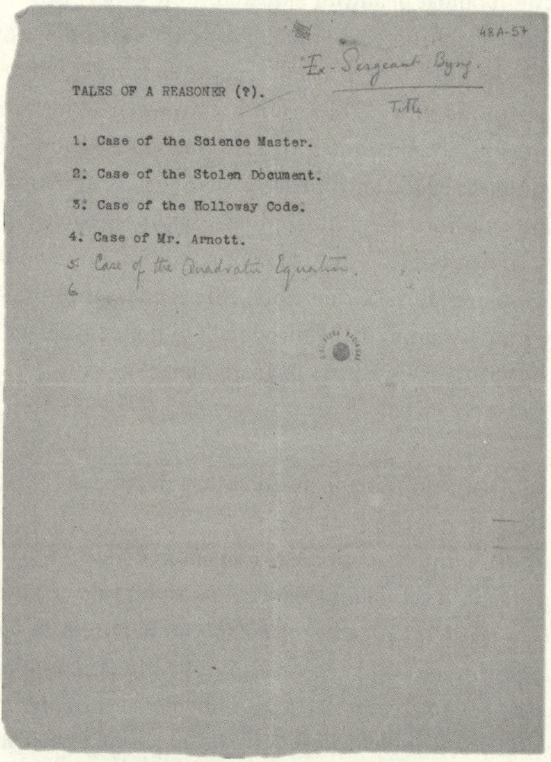
48A-57

"Ex-Sergeant Byng."
Title

TALES OF A REASONER (?).

1. Case of the Science Master.
2. Case of the Stolen Document.
3. Case of the Holloway Code.
4. Case of Mr. Arnott.
5. Case of the Quadratic Equation.
6.

Dois títulos alternativos:
«Tales of a Reasoner» e «Ex-Sergeant Byng» (48A-57)

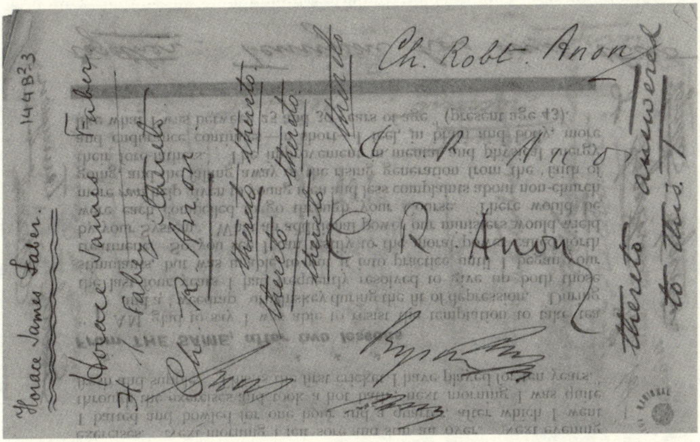

Coexistência dos nomes Horace James Faber e Charles Robert Anon [$144B^2$-3^r]

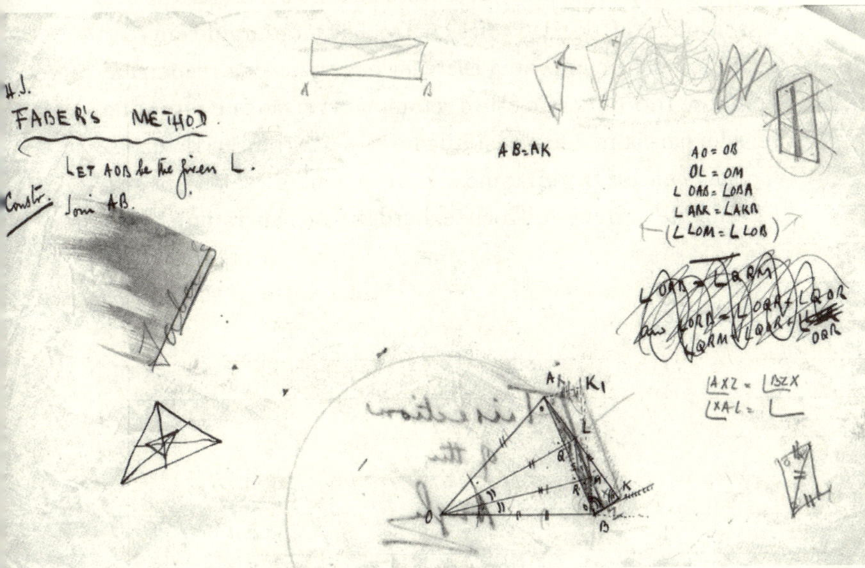

Manuscrito com notas sobre o Método de Faber:
"Let AOB be the given L. | Join AB" ["Que AOB seja o dado L. | Juntar AB"] [sem cota].

62
PROFESSOR TROCHEE

Foi um dos candidatos a autor de "Essay on Poetry" ["Ensaio sobre a Poesia"], inicialmente assinado pelo "Doctor Pancratium" (cf. 11, Dr. Pancracio). Desse texto preservam-se pelo menos quatro versões: a primeira, de cerca de 1903, redigida ainda em Durban (trata-se do texto incluído neste capítulo); as restantes, de 1905-1906, escritas em Lisboa. A segunda versão foi atribuída ao Professor Trochee; a terceira e quarta não têm atribuição explícita, mas talvez viessem a ser destinadas ao Professor Jones (cf. 67). O Professor Trochee terá surgido em 1903, quando Pessoa começou a escrever o *essay*, e terá reaparecido em 1905-1906, quando este o retomou. A versão que aqui editamos foi parcialmente fac-similada, mas não transcrita, em *Pessoa por Conhecer* (1990, tomo 2, p. 163), embora seja a que mais claramente pertence a Trochee, herdeiro de Pancratium.[a]

DATA: *c.* 1903.

a Uma folha (100-6) em que figura o título "*Essay on Poetry*", manuscrito a tinta vermelha, foi depois "invadida" pelos nomes, manuscritos a tinta preta, de David Guikel (cf. 63) e David Denton (cf. posfácio); não necessariamente de David Alexander, já que existe um ponto e um espaço de separação entre "David" e "Alexander", e a maior parte dos exercícios caligráficos dessa folha são reiterações do nome David.

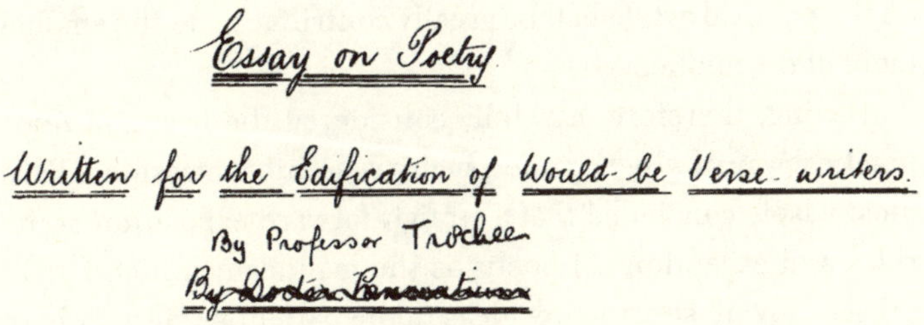
Essay on Poetry
Written for the Edification of Would-be Verse-writers.
By Professor Trochee
~~By Doctor~~

[100-4r]

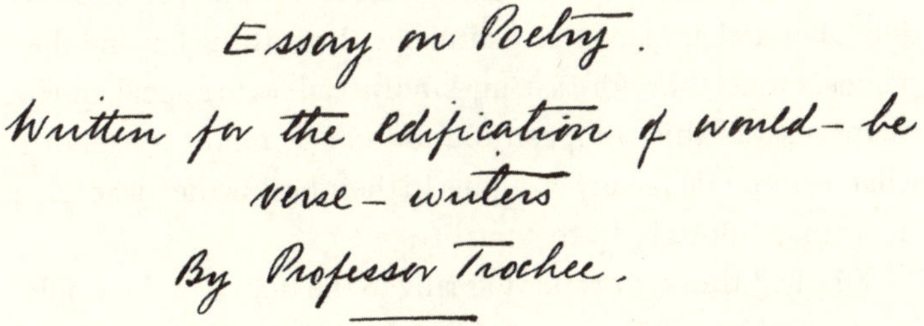
Essay on Poetry.
Written for the edification of would-be verse-writers
By Professor Trochee.

[100-2r]

Essay on Poetry[1] [62.1]

Written for the Edification of Would-be Verse-writers.

By Professor Trochee[2]

—

When I consider the superabundance of young men and the great number of young women in the present century, when I survey the necessary and consequent profusion of reciprocal attachments, when I reflect upon the exuberance of poetical compositions emanating therefrom, when I bring my mind to bear upon the insanity and chaotic formation of these effusions, I convince myself that, by writing a good and convenient essay on the poetical art, I shall be greatly contributing to the emolument of the public.

Having, therefore, carefully considered the best and most practical way in which to open such a relevant discussion, I have most wisely concluded that a straightforward exposition of the rules and exceptions of poetry is the manner in which I shall present my most orthodox ideas to the patient readers[3]. I have thought it useless and inappropriate to refer myself too often to the ancient critics on the art discussed, one of my reasons for so doing being that I am unacquainted with anything beyond their names. I must therefore ask my kindly readers to appeal, during the perusal of this composition, to their common sense, or to whatever mental faculty occupies in their brains the place taken in ordinary mortals' by that quality.

Firstly, I think it proper to bring to the notice of the would--be poet a fact which is not usually considered and yet is deserving of consideration[4]. I hope I shall escape universal ridicule if I assert that poetry should be susceptible of scansion[5]. I wish it, of course, to be understood that I agree with ◊[b] in maintaining that strict scansion is not at all necessary for the success nor even for the merit of a poetical composition[6]. And I trust[7] I shall not be deemed exceedingly pedantic if I delve into the storehouse of time to produce, as an authority, some of the works of a certain William Shakspeare, or Shakespeare, that lived[8] some centuries ago and even enjoyed some reputation as a dramatist. This person used often to take off, or add on, one syllable or more in the lines of his numerous productions, and, if it be at all allowable in the age of Kipling to break the

b O nome do poeta e crítico inglês Edmund Gosse (1849-1928) foi riscado, mas não substituído.

tenets of poetical good-sense by imitating some obscure scribbler, I should dare to recommend to the beginner the enjoyment of this kind[9] of poetic[10] license[11]. Not that I should advise him to *add* any syllables to his lines, but the subtraction of some is often convenient and desirable. I may as well point out that if, by this very contrivance, the young poet, having taken away some syllables from his poem, proceed on this expedient, and take all the remaining syllables out of it, although he might not thus attain to any degree of popularity, he nevertheless would exhibit an extraordinary amount of poetical common sense. If the poem under question be dedicated to some nymph or naiad, this magnificent condensation may not please her, but do you merely remind her that, if she will not accept the remainder of the poem, that is to say, your name, her love for you is not the thing you expected.

There are not many other useful remarks that I can make upon scansion; I might, of course, spend nights and days in the process of demonstrating to you its various eccentricities, but, since that would only be wasting your patience and my time, I beg, therefore, to proceed ◊

Ensaio sobre a Poesia [TRAD.]

Escrito para a Edificação dos Aspirantes a Versificadores.

pelo Professor Trochee

—

Quando considero a superabundância de jovens rapazes e o grande número de jovens raparigas no século actual, quando examino a necessidade e a consequente abundância de afectos recíprocos, quando reflicto sobre a exuberância de composições poéticas que emanam daí, quando sou levado a considerar a insanidade e a formação caótica dessas efusões, convenço-me prontamente de que ao escrever um ensaio expositivo sobre a arte poética estarei a contribuir muito para o emolumento do público.

Tendo, portanto, considerado cuidadosamente a melhor e mais prática maneira de iniciar uma discussão tão relevante, concluí da forma mais sensata que uma exposição mais directa das regras e excepções da poesia é a forma na qual irei apresentar as minhas ideias mais ortodoxas ao paciente leitor. Julguei inútil e inapropriado mencionar demasiado frequentemente os antigos críticos da arte em causa, sendo que uma das razões pelas quais assim procedo é que ignoro o que quer que seja para além dos seus nomes. Tenho neste caso de pedir aos meus caros leitores que apelem, durante a leitura desta composição, ao seu senso comum, ou qual seja a faculdade mental que ocupa nas suas cabeças o local usado pelos mortais comuns essa faculdade.

Em primeiro lugar, acho apropriado chamar à atenção do aspirante a poeta um facto que não é considerado normalmente e contudo merece ser considerado. Espero escapar ao ridículo universal se defendo que a poesia deve ser susceptível de escansão. Desejo, obviamente, que seja entendido que eu concordo que manter a escansão rigorosa não é de todo necessário para o sucesso, nem mesmo para o mérito da composição poética. E espero que não seja considerado excessivamente pedante se me introduzir no armazém do tempo para produzir, como uma autoridade, algumas das obras de um certo William Shakspeare, ou Shakespeare, que viveu há alguns séculos e até gozou de alguma reputação como dramaturgo. Esta pessoa costumava frequentemente retirar, ou adicionar, uma ou mais sílabas das linhas das suas numerosas produções, e, se for de alguma forma permitido na época de Kipling infringir os princípios do bom senso poético ao imitar algum rabiscador obscuro, ousarei recomendar ao principiante o prazer deste tipo de direito poético. Não que lhe recomende adicionar *alguma sílaba a um dos seus versos, mas a subtracção de algumas é frequentemente conveniente e desejável. Posso até chamar à atenção que se, através desta mesma ideia, o jovem poeta, tendo retirado algumas sílabas do seu poema, seguir este recurso, e retirar todas as restantes sílabas dele, embora não possa dessa forma atingir algum nível de popularidade, demonstraria todavia uma riqueza extraordinária de senso comum poético. Se o poema em questão for dedicado a uma ninfa ou náiade, esta abreviação magnífica poderá não lhe agradar, mas meramente recorda-lhe que, se ela não aceitar o restante do poema, isto é, o teu nome, o seu amor por ti não é aquilo que esperarias.*

Não há muitos outros comentários práticos que possa fazer sobre a escansão; poderia, obviamente, passar noites e dias no processo de demonstrar-te as suas várias excentricidades, mas, como isso seria apenas gastar a tua paciência e o meu tempo, rogo, portanto, proceder ◊

63
GUIKEL

Consta do espólio pessoano uma folha com dois apontamentos manuscritos sobre as bases filosóficas da noção de Nirvana, assinados por "Guikel", sem indicação de nome ou nomes próprios. Esses apontamentos são apresentados por Pessoa como citações, já que se encontram entre aspas, quase sugerindo que provêm de uma obra desconhecida dessa personagem. Há ainda outros documentos do espólio que ostentam o nome de Guikel. No rosto de um fragmento de folha manuscrita em Durban, que tem a cota $27^{21}I^{4}$-1, figura uma referência a "H. Guikel's *Poetic Art*" ["*A Arte Poética* de H. Guikel"]. No verso da folha identificada pela cota $49B^{6}$-93, lê-se "Examen de la morale de Kant par H. Guikel | 5 fr[ancs]", o que sugere que existe, de facto, um livro de "H. Guikel" com esse título genérico e que custaria cinco francos. Salvo erro, esse título é uma invenção de Pessoa, que imita, assim, já em Lisboa, a lista de títulos, autores e preços de um catálogo francês. Além disso, há testemunhos antigos, dos últimos anos do período de Durban, em que Pessoa regista os nomes de Guikel, supondo que se trate de uma só personagem e não de várias relacionadas: "Horace" – ou "Matthew Horace" – "Guikel" (13A-$69a^{r}$); "Horaz Guikel" (19-98^{v}); e "Horace Guikel" (104A-59^{r}). Este nome, "Horace Guikel", e outras variações, como "Professor Guikel" (ou "G. Guikel"), encontram-se também no interior da contracapa do livro *Nuttal Encyclopedia* (1900), um dos livros mais antigos da Biblioteca particular de Fernando Pessoa (Ferrari, 2011, p. 35). Sabe-se, ainda, da existência de um David Guikel (100-6^{v}). Foi Guikel um professor? Escreveu vários livros? Chamou-se Horace? Assim parece, a julgar pelos indícios de que dispomos.

DATA: *c.* 1903.

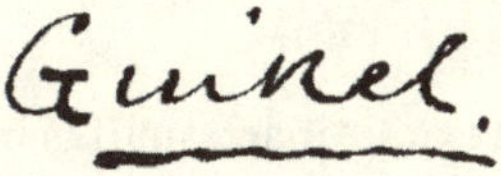

[25-64v]

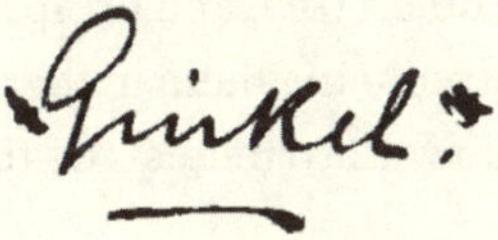

[25-64v]

[13a-69ar]

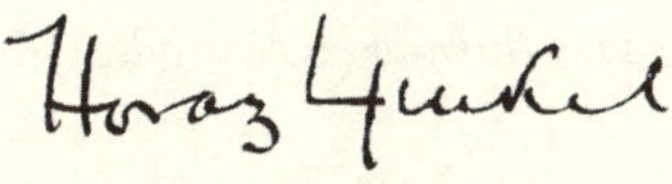

[19-98v]

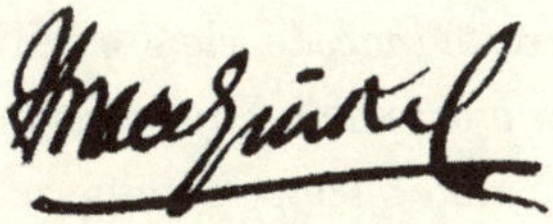

[104A-59r]

[63.1] "Nirvâna is Being without Individuality, for Individuality, being conditioned to space & to time, necessarily includes Action, of which the existence in Nirvâna is the contradiction."

Guikel.

"When the Buddhist extols[1] inaction, it is but as it seems to him the nearest human approach to Nirvâna, the only way he has of somehow laying a hand on time and on space. Laying a hand on time and on space by reducing them to themselves, by the elimination of their shallower attributes[2]. Of these shallower attributes action is one."

Guikel.

[TRAD.] *"Nirvana é Ser sem Individualidade, pois Individualidade, estando condicionada ao espaço e ao tempo, inclui necessariamente Acção, da qual a existência em Nirvana é a contradição."*

Guikel.

"Quando o budista exalta inacção, ela é, como lhe parece, a aproximação humana mais próxima do Nirvâna, a única maneira que ele tem de colocar a mão sobre o tempo e o espaço. Colocar a mão sobre o tempo e o espaço ao reduzi-los a si próprios, através da eliminação dos seus atributos mais superficiais. De entre estes atributos mais superficiais, a acção é um deles."

Guikel.

[ANEXO]
BIBLIOTECA PARTICULAR

WOOD, James (Dir.) (1900). *The Nuttall Encyclopædia (being a concise and comprehensive dictionary of general knowledge)*. London: Frederick Warne & Co. CASA FERNANDO PESSOA, 0-48 LMR.

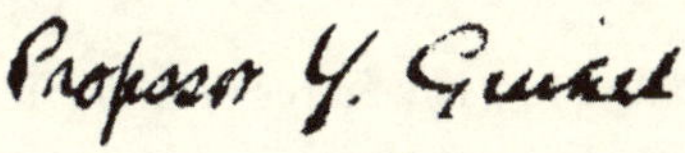

64
DR. GAUDENCIO NABOS

A 17 de Setembro de 1905, isto é, três dias após o regresso de Fernando Pessoa a Portugal, país que não abandonaria jamais, surge, como director literário d'*O Palrador* (nova série), o Dr. Gaudencio Nabos. Desconhecemos a relação exacta existente entre esta figura e Zé Nabos (cf. 18), charadista do antigo *Palrador*, ou entre Gaudencio Nabos e o Dr. Neibas (cf. 100), que Teresa Rita Lopes considera ser uma alcunha do Dr. Nabos (cf. "Nabos lido à inglesa", in *Pessoa por Conhecer*, 1999, tomo 1, p. 101). O certo é que existe um parentesco ficcional entre estas três figuras, que optamos por apresentar individualmente e não sob um único nome, como fizemos com Guikel (cf. 63), atendendo à assinatura que acompanha os seus textos e perante a falta de elementos que nos permitissem "individualizar" vários Guikel. No caso concreto, cremos que Gaudencio descenderá de Zé, e Neibas (que Lopes leu "Neibos") de ambos os Nabos.[a]

No espólio pessoano existe um testemunho de soneto intitulado "Liberty" ["Liberdade"], de 20 de Junho de 1905, que ostenta esta dedicatória: "To G. N." ["A G. N."] (ver *Poemas Ingleses*, 1997, tomo 2, pp. 9 e 301). O testemunho que se conhece está assinado por Alexander Search (cf. 72), mas Charles Robert Anon (cf. 60) terá assinado e enviado o mesmo soneto para *The Natal Mercury*

a Há ainda um outro "Nabos" entre os apostadores de um *derby* imaginário, de uma corrida de cavalos inventada por Pessoa por volta de 1903 para brincar, quer com a sua família real, quer com a sua família sonhada (ver *Cadernos*, 2009, p. 85). Este "Nabos", que aposta primeiro no cavalo preto e depois no amarelo, terá inspirado o nome de Zé Nabos? Será o mesmo? Será outro? Será a alcunha de Pessoa? É difícil responder de maneira inequívoca a estas questões.

a 7 de Julho de 1905, segundo H. D. Jennings (1984, p. 95). O que, neste caso, interessa realçar da história de "Liberty" é que no testemunho existente, Search dedica o poema a Gaudêncio Nabos, em meados de 1905, isto é, antes de Pessoa embarcar com destino a Lisboa, a 20 de Agosto. E terá Search viajado com Pessoa de Durban para Lisboa? Ao que tudo indica, não. Search terá surgido já em Lisboa, onde Pessoa terá copiado o soneto de 1905 por volta de 1906 ou 1907, alterando, então, apenas a sua indicação de autoria (de Anon para Search), mas mantendo a data original (Junho de 1905) e a dedicatória (a "G.N."). Quem viajou com Pessoa foi o Dr. Gaudencio Nabos, que se manteve activo entre 1903 e 1913, ou talvez mais, se tivermos em conta a sua reincarnação no Dr. Neibas.

O Dr. Gaudencio Nabos é, junto com Sydney Parkinson Stool (cf. 59), e outros autores, uma das personagens do projecto *Ultimus Joculatorum* [*O Maior dos Brincalhões*], um título com o qual Fernando Pessoa criou e definiu – entre 1903 e 1907 – um espaço de interacção esporádica entre várias das suas figuras sonhadas, incluindo Ferdinand Sumwan (cf. 70), alcunha sua, visto que "Sumwam = Some one" e "Person = Pessôa". No elenco tardio das personagens de *Ultimus Joculatorum*, o Dr. Nabos ocupa o segundo lugar e é definido do seguinte modo: "*whose* ch[aracter] goes from bitterness to open mirth" ["cujo carácter vai desde a amargura até à franca hilaridade"] (48C-18[r]).

Do carácter do Dr. Nabos, são um bom exemplo as suas piadas, anedotas e frases sentenciosas. Algumas delas encontram-se transcritas em *Pessoa por Conhecer* (1990, tomo 2, pp. 171-172)[b],

b Neste livro, Teresa Rita Lopes afirma que "um livrinho quadriculado (ainda em posse da família) apresenta um outro plano, 'Projecto de reorganização da escravatura', tendo como autor 'Gaud. Nabos'" (*Pessoa por Conhecer*, 1990, tomo 1, p. 101). Esse "livrinho" faz hoje parte do acervo da Casa Fernando Pessoa e o projecto citado pertence ao Dr. Gama Nobre, uma personagem da narrativa "Na Casa de Saude de Cascaes", e não a "Gaud. Nabos", embora a grafia possa induzir em erro.

mas há ainda vários textos nabianos inéditos no espólio pessoano. Fora do espólio só existirão duas charadas, aquelas que o Dr. Nabos publicou no *Novo Almanaque de Lembranças Luso-Brasileiro* para os anos 1909 e 1910, na senda do Dr. Pancracio (cf. 11), que publicou charadas num jornal real, *O Pimpão*, ou de J. G. Henderson Carr (cf. 55) e Tagus (cf. 56), que o fizeram em *The Natal Mercury*. Essas charadas estão escritas em português e assinadas "Gaudencio Nabos (Lisboa)" (Zenith, 2010). O Dr. Nabos, porém, era bilingue, tendo residido primeiramente em Inglaterra. Começou a escrever regularmente em português em 1908, na mesma altura em que Fernando Pessoa começou a fazê-lo com maior assiduidade, depois do seu regresso a Portugal.

Pessoa recebeu em 1907 uma carta em inglês de Gaudencio Nabos, em que este se desculpa por estar doente. Já em 1910, Nabos evocou o médico através de um soneto humorístico em que várias palavras rimam com "nabo" (in Pizarro e Pittella-Leite, 2013). De certa forma, podemos dizer que Nabos nunca abandonou o imaginário de Pessoa, visto que ainda em 1913 o poeta anota o seguinte no seu diário: "Depois de jantar vim até á Brazileira. Estive desde as 21½ ás 24 fallando primeiro com o Barradas sobre cousas futeis; contando eu cousas do Dr. Nabos" (20-19[r]; in *Páginas Íntimas e de Auto-Interpretação*, 1966, p. 34). Tanto Jorge Barradas (1894-1971), que foi ilustrador e fazia desenhos humorísticos e publicitários, como outros amigos de Pessoa, e alguns membros da sua família, terão conhecido o Dr. Nabos através das piadas e das anedotas nabianas que Pessoa contava na vida real, isto é, mesmo fora do contexto de *Ultimus Joculatorum*.

DATA: 1903.

[64.1]

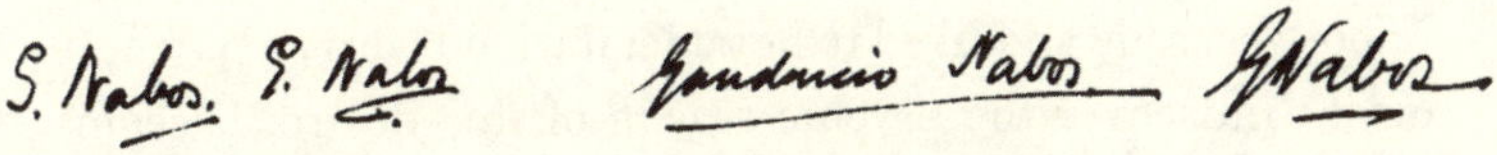

[27^{21}L4-19^{v}] [Quatro assinaturas]

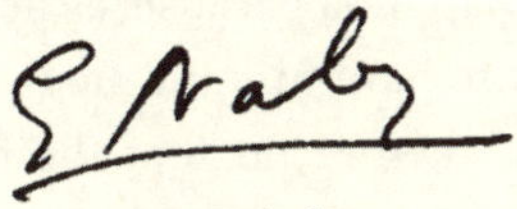

[138A-60^{r}]

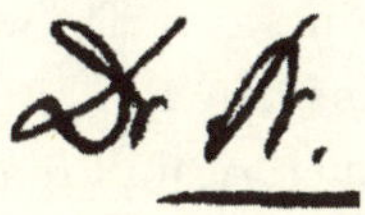

[144H-1^{v}]

[27^{21}L4-11^{r}]

[133N-19^{v}]

[133N-19^{v}]

[27^{21}L4-12^{r}]

[27^{21}L4-18^{r}]

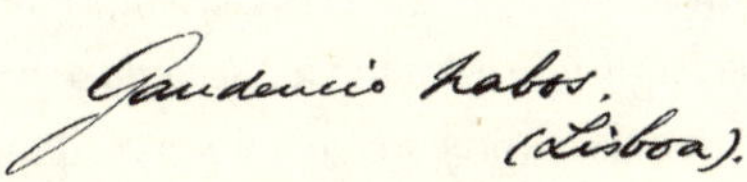

[66B-90^{r}]

[64.1] Nabos was rude and liked to be rude; it would worry a psychologist to discover the psychic reason of this desire. It seems strange that any human being should delight in being unpleasant.... ◊ He had few patients, because, as he himself said, a man must be too patient to have him for medical assistant.... Yet it may be questioned whether he kept the few he had with his amiable eccentricity of saying to them after examining them, with a solemn and convinced air: The worst that can befall you is to die. There are some trite things that are too trite, I will say,[1] after his own manner. Again I remember the unpleasant feeling he gave me once when (I did not yet know him well) he looked at me intently for some seconds and then said in a sure voice: You are either consumptive, or (I felt cold and fearful), or... or... or not. He looked at me amazed[2], relieved, half-amused, yet half-◊ face without the shadow of a smile. He loved to give – I afterwards found – these kinds[3] of fright. But I have not yet said how it was that I met him and what were the circumstances of that meeting.

[TRAD.] *Nabos era bruto e gostava de ser bruto; preocuparia um psicólogo que descobrisse a causa psíquica deste desejo. Parece estranho que algum ser humano se alegre em ser desagradável.... ◊ Teve poucos pacientes, pois, como ele próprio dizia, um homem também deve ser paciente para o ter como assistente médico.... Porém, podemos questionar-nos se ele conservava os poucos que tinha com a sua excentricidade amável de dizer-lhes, após examiná-los, com um ar solene e convencido: O pior que lhe pode acontecer é morrer. Há coisas triviais que são demasiado triviais, devo dizer, seguindo o seu modo. Recordo novamente a sensação desagradável que ele me proporcionou uma vez quando (ainda não o conhecendo bem) olhou para mim atentamente por alguns segundos e então disse com voz firme: Você ou é tuberculoso, ou (senti-me frio e assustado), ou... ou... ou não. Olhava para mim maravilhado, aliviado, meio divertido, embora com metade da face sem sombra dum sorriso. Adorava pregar – como descobri posteriormente – este tipo de sustos. Mas ainda não disse como é que o conheci e quais foram as circunstâncias desse encontro.*

One thing which to a certain extent my friend Dr Nabos possessed was a singular half-real, half-affected lack of consideration for others. [64.2]

An example shows all, a trite[1] but striking one:

Once in a railway-carriage[2] a lady was sitting on the same bench as the Doctor when a gush of cold wind blew in through[3] the window. The lady shivered[4] slightly and Nabos, who perceived the shiver, immediately closed the window. The lady rightly understood the polite perception of the Doctor & thanked him. "Oh, don't mention it," said Nabos "I only closed the window because I was feeling cold."

This extremely awkward way of putting aside thanks[5], ungracious, yet not fundamentally very ill-meant[,] is an ample indication of that singularity of the D[octor]'s character.

Uma característica que o meu amigo Dr. Nabos possuía até certa medida era uma curiosa falta de consideração meio real, meio artificial pelos outros. [TRAD.]

Um exemplo demonstra tudo, um exemplo trivial, porém, surpreendente:

Uma vez, na carruagem dum comboio, uma senhora estava sentada no mesmo banco que o doutor, quando uma rajada de vento frio entrou pela janela. A senhora tremeu ligeiramente e Nabos, que notou o arrepio, fechou de imediato a janela. A senhora devidamente entendeu a percepção cortês do Doutor e agradeceu-lhe. "Oh, não se incomode", disse Nabos, "apenas fechei a janela porque tinha frio."

Esta forma estranhíssima de afastar o agradecimento, indelicada, todavia fundamentalmente não muito mal-intencionada, é uma ampla indicação desta singularidade do carácter do Doutor Nabos.

[64.3] It is related of Nabos that he paid only[1] one compliment in his life. It was to a pretty, unmarried young lady:
"I wish", he said, "that you were married."
"Why Doctor?", she exclaimed?
"That I might be your husband."

[TRAD.] *Conta-se a propósito de Nabos que ele só ofereceu um elogio na vida. Foi a uma bonita, solteira, jovem senhora:*
"Desejaria", disse ele, "que estivesse casada."
"Porquê, Doutor?", exclamou ela.
"Para que eu pudesse ser seu marido."

[64.4] – Where are you from, young lady?
– Manchester.
– And you, Miss?
– York.
– And that young lady over there?
– London, replied the third maiden.

– "Well, that's funny," cried the Dr., "I am as much from Manchester, as I am from York, as I am from London."
– "How on earth can that be?" I cried.
– I am not from any of those places, replied the Dr.

– Donde é, jovem senhora? [TRAD.]
– Manchester.
– E a senhorita?
– York.
– E a jovem senhora acolá?
– Londres, respondeu a terceira jovem.
– "Bem, é curioso", exclamou o Dr., "eu sou tanto de Manchester, como de York, como de Londres."
– "Como é que isso é possível?", disse eu.
– Não sou de nenhum desses sítios, respondeu o Dr.

Si non è bien trovato, è vero. [64.5]

Dr. Nabos.

Se não é bem pensado, é verdadeiro.[c] [TRAD.]

Dr. Nabos.

c Nabos, como fez posteriormente Alvaro de Campos (cf. 102) (cf. *Prosa de Álvaro de Campos*, 2012, p. 58), pratica a alteração da ordem das palavras de provérbios célebres – cf. "*Se non è vero, è ben trovato*" ["Se não é verdade, é bem pensado"] – e além disso engana-se (propositadamente?) na grafia das palavras italianas.

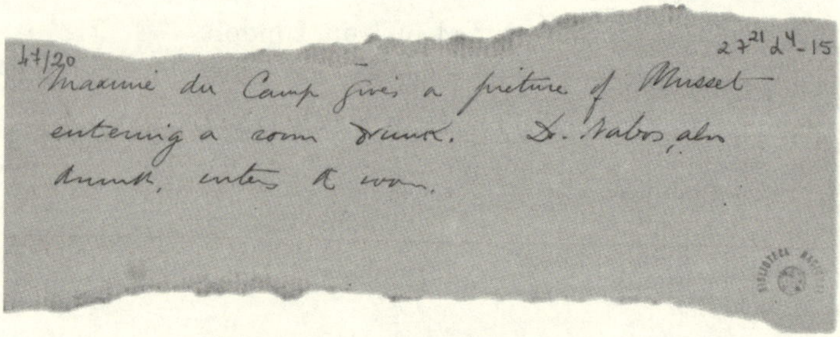

47/20 $27^{21}L^{4}$-15

Maxime du Camp gives a picture of Musset entering a room drunk. Dr. Nabos, also drunk, enters the room.

Fragmento com uma referência ao Dr. Nabos.
"Maxime du Camp gives a picture of Musset entering a room drunk.
Dr. Nabos, also drunk, enters the room"
["Maxime du Camp faz um retrato de Musset entrando num quarto, bêbado.
Dr. Nabos, igualmente bêbado, entra no quarto"] [$27^{21}L^{4}$-15^{r}].

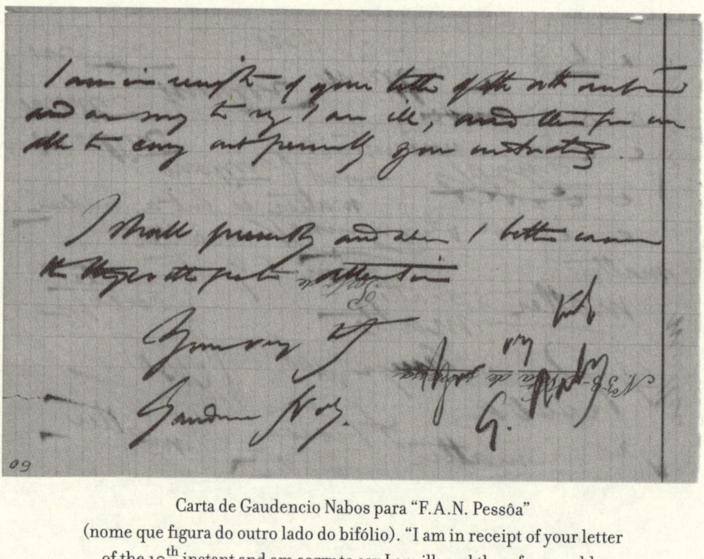

I am in receipt of your letter of the 10th instant and am sorry to say I am ill, and therefore unable to carry out personally your instructions.

I shall presently and also by letter [illegible] attention

Yours very truly

Gaudencio Nabos.

Carta de Gaudencio Nabos para "F.A.N. Pessôa"
(nome que figura do outro lado do bifólio). "I am in receipt of your letter
of the 10th instant and am sorry to say I am ill, and therefore unable
to carry out personally your instructions." ["Recebi a sua carta
do dia 10 deste mês e pena-me dizer-lhe que estou doente, e, portanto,
incapaz de levar a cabo pessoalmente as suas instruções."] [133N-19^{v}].

65
PROFESSOR WILLIAM K. JINKS

Muitos são os doutores e professores que circulam pelas ficções pessoanas. O professor americano "William K. Jinks", tal como referido num breve relato em inglês ora transcrito, é mais uma dessas personagens. Mas será Jinks apenas uma das personagens de algumas narrativas fragmentárias ou um autor de pleno direito? Esta é uma questão fulcral. A nosso ver, trata-se de uma figura transversal do universo pessoano, tal como o Dr. Nabos (cf. 64), que irrompe esporadicamente em textos ficcionais, não se tratando propriamente de um autor, salvo numa carta assinada por Willyum Jinks Esq.[a], enviada a partir de uma cadeia da cidade de Londres. À primeira vista, é-nos difícil compreender porque é que um benfeitor endinheirado, que editava uma revista londrina em prol da regeneração da sociedade, termina numa masmorra e redige uma carta que parece escrita por alguém que nunca teve contacto com a cultura escrita ou que nunca saiu de uma região afastada da capital inglesa. A imaginação é obrigada a criar explicações e a tender os laços em falta: terá sido porque Jinks era um charlatão e talvez um burlista, já que segundo um texto morava em "Bandit Street", e segundo um outro em "Thief Alley"? É uma hipótese. Mas também é possível que Jinks, como outras personagens pessoanas, seja uma figura plural e não necessariamente una.

a *Esquire* (abreviado *Esq.*) é, como já se disse, um termo de origem britânica, derivado do latim *scutarius*, "portador de escudo", que se utiliza para denotar respeito.

Sobre a presença de Jinks no universo pessoano, lembremos aqui um poema de Charles Robert Anon (cf. 60), herdado posteriormente por Alexander Search (cf. 72), e intitulado: "Elegy | On the marriage of my dear friend Mr. Jinks | (but which may with equal aptness be applied to the marriage of many other gentlemen)" ["Elegia | Pelo casamento do meu caro amigo Mr. Jinks | (mas que, em situação semelhante, pode ser aplicável ao casamento de muitos outros senhores)"] (*Poemas Ingleses*, 1997, tomo 2, pp. 48-50). Este "Mr. Jinks" será, provavelmente, o mesmo Professor Jinks que Anon terá conhecido ou de quem terá ouvido falar antes de escrever o poema, datado de 5 de Abril de 1905. Note-se que estas são conjecturas baseadas nos poucos textos do espólio pessoano em que surge o nome Jinks. Curiosamente, num fragmento intitulado "On Doctors" ["Sobre os Médicos"], Jinks já não é editor, nem professor, mas médico, cujas opiniões diferem das dos outros colegas (Dr. Smith, Dr. Jones, Dr. Robinson, Dr. Tomson, etc): "Dr. Jinks is of opinion that five meals a day are good for a man" ["Dr. Jinks é da opinião de que cinco refeições por dia são boas para o ser humano"] (27^{23}-118^{r}).

Menção especial merece o facto de Pessoa ter desenhado o retrato de "Jinks" – o letrado, em princípio – em *The Revised Latin Primer* (1898), um livro que utilizou durante o último ano na Durban High School e que hoje se conserva na sua Biblioteca particular.

DATA: 1904-1905.

[Casa F. Pessoa, 8-295]

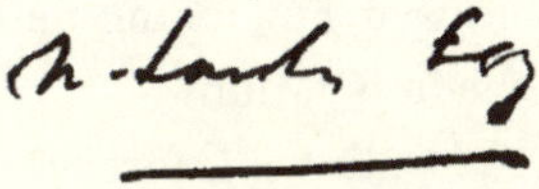

[114[1]-81a[v]] [W. Jinks Esq]

[13A-65[v]] [Wm. Jinks.]

I personally knew Jinks.[1] He was, if I remember well, a man of [65.1]
noble appearance, honest glance and of a Greek beauty of countenance, qualities which all combined to overawe me and give me some sense of my littleness. When he spoke his voice was sensuous and tender, his gesture[2] studied and cultured. But all this[3] was of little importance. Jinks was known to me as he is known[4] to you and to all men[5] as *"a great benefactor of mankind."* His work was always noble, pure, healthy, leading to the good, physical, moral & mental elevation of man[6], woman and child: Jinks was the editor of an American magazine which was planned for the express purpose of correcting vice and overthrowing society. The great aim of Jinks was not to get money or to get glory; he merely desired the general uplifting of mankind. Physical culture, plain speaking, mental agency were things taught and used by Jinks.

My one great meeting with Jinks I can most certainly remember[7]; it was in a cheap[8] café to which I had adjourned on a hot day. I had been pointed out to him as a possible case and as a unit of mankind whom he could very maternally benefit. He came up to me and, introducing himself, sat down at the same table as I.

"You stoop," he suddenly remarked.

I was slightly confused but, being deflected by about 45 degrees, I admitted the imputation.

"I don't" remarked Mr. Jinks. "Moreover you are tired."

I said that I *was* tired.

"I am never tired" Mr. Jinks went on, regarding the lemonade I was drinking, as something poisonous, while he ordered a concentrated Essence of Something particularly healthy and pure.

After a few preliminary remarks we soon arrived at the important point, namely, the work, the pure & noble work, of Jinks.

"Yes, yes," Jinks cried ferociously, "look at the state of modern society – corrupt, putrid, against nature and art. Corruption of all sorts invades the purest things in the world[9] – love, marriage, purity and health, perfect manhood & womanhood! The most horrid vices creep in everywhere, and the world fosters them – fosters them, rolling in sloth & vice! rolling in sloth, in indecency, in vice!" repeated Mr. Jinks swinging his arms about in a most dangerous way & fixing his eyes on me as if I comprised and was myself[10] answerable for all those vices he had denounced.

I hastened to assure him that those vices were not[11] of my making.

"Ah," continued the great reformer, "and yet the cure is so easy. Why! *I* have determined to cure this, to oppose this to deal all this the deathblow; the cure is here..." and at this juncture the great man drew from his pocket a fairly thick book, crown octavo, which he held out about two[12] inches in front of my nose, as if its especial health & purity were to be tested by smelling it. When Jinks had thrown the book on the table I perceived it to be a treatise on "Man & Woman" or "Modern Society" or "Modern Evils" which was to regenerate the world and could be obtained from Professor William K. Jinks, 23 and 24 Crank Building, 2306, Bandit Street, New York, for the human price of two dollars. On the back of the book was also said that Prof. Jinks would give free Physical Tuition by Post[13] to anyone who sent two dollars with each note[14], to defray postage of letters.

"The cure is here I say, but what more might I not say! How many more corruptions there are![15] Tobacco, alcohol, drugs, patent medicines and... good heaven! What do you think of corsets?"

I answered with some warmth (magazine corset portrait)[16] that I knew nothing about them and preferred to think nothing about them. & that my knowledge of woman was limited. This was a most unhappy remark.

Conheci Jinks pessoalmente. Era, se bem me recordo, um homem de nobre aparência, olhar honesto e de fisionomia de beleza grega, qualidades que assim juntas me intimidaram e me deram algum sentido da minha pequenez. Quando falava, a sua voz era sensível e terna, os seus gestos estudados e cultos. Mas tudo isto pouco importava. Jinks foi conhecido por mim, tal como por vós e por todos os homens, como "um grande benfeitor da humanidade"*. A sua obra era sempre nobre, pura, saudável, conduzindo à boa, física, moral e mental elevação do homem, mulher e criança: Jinks era o editor de uma revista americana que foi concebida com o único propósito de corrigir o vício e derrubar a sociedade. O grande objectivo de Jinks não era obter dinheiro ou glória; ele apenas desejava a edificação geral da humanidade. Cultura física, falar claramente, actividade mental foram aspectos ensinados e praticados por Jinks.* [TRAD.]

Consigo lembrar-me certamente do meu grande encontro com Jinks; foi num café reles para onde me tinha dirigido num dia de calor. Eu tinha-lhe sido recomendado como um caso possível e como um espécime da humanidade do qual ele podia beneficiar maternalmente. Dirigiu-se a mim e, apresentando-se, sentou-se na mesma mesa onde eu estava.

"Você corcova", notou ele de repente.

Fiquei ligeiramente confuso, mas, estando curvado cerca de 45 graus, admiti a imputação.

"Eu não", notou o Sr. Jinks. "Ainda para mais está cansado."

Eu disse que estava *cansado.*

"Eu nunca estou cansado", continuou o Sr. Jinks, observando a limonada que eu estava a beber, como algo venenoso, enquanto ele pedia uma Essência concentrada de Algo particularmente saudável e puro.

Após algumas observações preliminares, cedo chegamos ao ponto importante, nomeadamente, o trabalho, o puro e nobre trabalho, de Jinks.

"Sim, sim", exclamava Jinks ferozmente, "vê o estado da sociedade moderna – corrupta, putrefacta, contra a natureza e a arte. Corrupção de todos os géneros invade as coisas mais puras do mundo – amor, casamento, pureza e saúde, o carácter perfeito dos homens e das mulheres! Os vícios mais horríveis metem-se por todo o lado, e o mundo acolhe-os – acolhe-os, revolvendo na indolência e no vício!, revolvendo na indolência, na indecência, no vício!", repetia o Sr. Jinks lançando os braços da forma mais perigosa possível e fixando os olhos em mim como se me incluísse e fosse eu próprio responsável por todos esses vícios que ele tinha condenado.

Eu apressei-me a esclarecê-lo de que esses vícios não eram obra minha.

"Ah", prosseguiu o grande reformador, "e todavia a cura é tão fácil. Ora! Eu *determinei-me a curar isto, a opor-me a isto para entregar a tudo isto o golpe fatal; eis a cura..." e nesta conjunção, o grande homem retirou do bolso um livro bastante grosso,* crown octavo, *que colocou a cerca de duas polegadas do meu nariz, como se a sua espe-*

cial saúde e pureza devessem ser testadas através do olfacto. Quando Jinks atirou o livro para a mesa, notei que se tratava de um tratado sobre "Homem e Mulher" ou "Sociedade Moderna" ou "Males Modernos" e que servia para regenerar o mundo e podia ser obtido através de Professor William K. Jinks, 23 e 24 Crank Building, 2306, Bandit Street, Nova Iorque, pelo preço humano de dois dólares. Nas costas do livro também dizia que o Prof. Jinks daria uma instrução física grátis por correspondência a qualquer um que enviasse dois dólares com cada nota, para pagar o porte das cartas.

"Eis a cura digo, mas que mais posso eu deixar de dizer! Quantas mais corrupções existem por aí! Tabaco, álcool, drogas, medicamentos patenteados e... por amor de Deus! Que pensa de espartilhos?"

Respondi com algum entusiasmo (retrato de revista de espartilho) que não sabia nada acerca deles, que preferia nada saber sobre eles e que o meu conhecimento da mulher era limitado. Esta foi uma observação muito infeliz.

Sir, [65.2]

I, Willyum Jinks Esk, ov London, England, abovementioned below, humbly begs Your Honour to hinsert this in your s teeming paper.

This is to certainify thet were ass sum[1] ill intuitioned puss ons has due nigh this the culty sea nou the in stinks ov a gent. an much less[2] anone[3] re spectacle ov consedling nation for the ◊ fill ins ov a gentlman and as his dam selvs knot gentlemenn butt fulls – has I hav saying, ◊ this sort ov[4] anny mauls thet cant bee quite butt muss bee hup too summ wroten planks having gon found ered day him awl the bless head yeer – I meen to say ware ass sum pusson are pussons al ont this hear town thet aint not got a bit ov scents – wear ass thees[5] damm won ore more nau do heels ave brootalitaly ass hurted has well has mend acre housely hand[6] falls lily in sinuous hated has ow myself Mist her W. Jinks, Esk, sum time ten ants ov Mary Jane Court, Thief Alley, Longdone, England, has been impraeasoned hin jail, that I the said[7] Mr. Jinks a 4 mentioned and spoken[8] ov above was in gale fore 7 days…

This dokiemeant his has I has said summer wear above, too gertyfy thet such a staid ment is a lie hand is rummaging (I means, dam aging) to my oner. Such a lie his, I reap eats, hun true and slavanderous, because I was in jail only 6 days 23 ours. Which proves those peeple liers. Wear 4 I sets forth this happy[9] daird, and has the honer to sine.

Given, as ye sea, hundre my hand

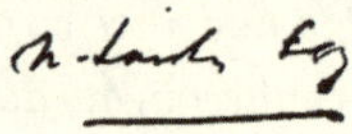

[Versão conjectural]

Sir,

I, William Jinks Esk, of London, England, above mentioned below, humbly beg your Honour to insert this in your esteemed paper.

This is to certify that whereas some ill-intentioned people have denied this they couldn't see now the instincts of a gentleman much less anyone respectable of consideration for the feelings of a gentleman and as are themselves not gentlemen but fools – As I have said, ◊ this sort of animals that can't be quiet but must be up to some rotten prank having gone out to find an erred day in all the blessed year – I mean to say whereas some persons are persons allowed this *irrtum* that have not got a bit of sense – whereas these damn ones are more now duels of brutality have hurt as well as mediocre and falsely insinuated as of myself Mister W. Jinks, Esk, some time tenants of Mary Jane Court, Thief Alley, London, England, has been imprisoned in jail, that I the said Mr. Jinks forementioned and spoken of above was in jail for 7 days...

This document is as I have said somewhere above, to certify that such a statement is a lie and is rummaging (I mean, damaging) to my owner. Such a lie is, I repeat, untrue and slanderous, because I was in jail only 6 days 23 hours. Which proves those people lie. Wherefore I set forth this happy dart, and have the honor to sine.

Given as you see under my hand

[W. Jinks Esq]

Sr., [TRAD.]

Eu, William Jinks Esk, de Londres, Inglaterra, acima mencionado abaixo, peço humildemente a sua excelência que insira isto no seu estimado artigo.

Isto é para certificar que, ainda que algumas pessoas mal-intencionadas tenham negado isto, elas não conseguirão ver agora os instintos de um cavalheiro muito menos alguém respeitável em consideração pelos sentimentos dum cavalheiro e como elas próprias não são cavalheiras mas tolas – Como tenho dito, este tipo de animais que não conseguem estar quietos mas têm de estar a preparar uma brincadeira reles tendo saído para encontrar um dia faltoso em todo um ano sagrado – Tenciono dizer que enquanto a algumas pessoas é permitido este irrtum *que não tem nem um pouco de sentido – enquanto estes malditos são agora mais duelos de brutalidade tenham ferido bem como medíocre e falsamente insinuaram que eu próprio Senhor W. Jinks, Esk, inquilino durante algum tempo de Mary Jane Court, Thief Alley, Londres, Inglaterra, estive preso na cadeia, que eu o dito Sr. Jinks supracitado e mencionado acima estive na cadeia durante 7 dias...*

Este documento é, como disse algures acima, para certificar que tal afirmação é uma mentira e está vasculhando (quero dizer, prejudicando) o meu dono. Tal mentira é, repito, falsa e difamatória, pois estive na prisão apenas 6 dias e 23 horas. O que prova que esta gente mente. Aqui lanço este dardo feliz, e tenho a pecaminosa honra de assinar.

Dado como vê sob a minha mão

[W. Jinks Esq]

66

ANTONIO CEBOLA

Director artístico da nova série do jornal *O Palrador* (n.º 1, 17 de Setembro de 1905). Não há textos assinados sob o seu nome. É co-director do mesmo jornal, em parceria com Gaudencio Nabos (cf. 64).

DATA: 17 de Setembro de 1905.

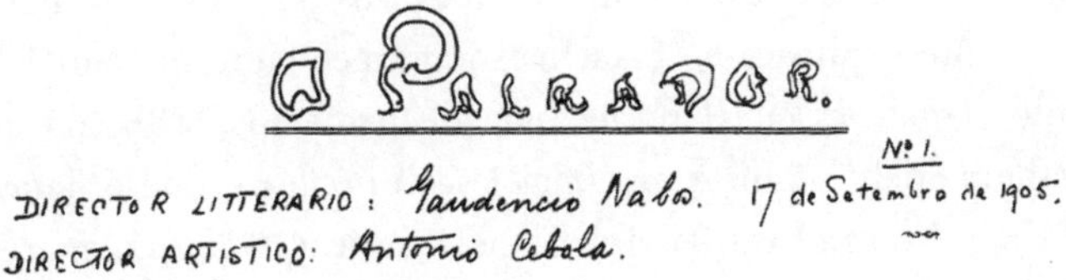
O PALRADOR.

Nº 1.

DIRECTOR LITTERARIO: Gaudencio Nabos. 17 de Setembro de 1905.

DIRECTOR ARTISTICO: Antonio Cebola.

[87-22r]

67
PROFESSOR JONES

Tratar-se-á da última figura a quem Pessoa atribuiu o "Essay on Poetry" ["Ensaio sobre a Poesia"]. Tal como o Professor William K. Jinks (cf. 66), é descrito numa série de breves textos ficcionais, já que no início terá sido o protagonista de algumas narrativas curtas, das quais depois se emancipou. Transcrevemos aqui um texto que já antes havia sido editado em *Escritos sobre Génio e Loucura* (2006, tomo 2, pp. 509-510), em que figura a seguinte explicação: "Esta ficção aparece elencada com este título [*Professor Jones*] numa lista de projectos (48B-21) que também inclui a anterior (*Dom José Paisiello*) e que é datável de 1907. Noutra lista, encimada pela indicação *Stories*, aparece mencionada uma ficção intitulada *Mr. Jones' Office*, que poderá ser esta mesma ou outra. Por último, um tal Dr. Jones surge ainda num outro relato, do qual faz parte também o Dr. Nabos (cf. 27^{21} L^{4}-19)." No mesmo livro, nas notas finais, existe esta remissão "cf. em 114^{2}-59 uma 'Letter written to Professor Jones, physical researcher, by William Smith, researched on the same subject'" (p. 913). De facto, segundo o rascunho de carta que deixou William Smith (cf. 68), o Professor Jones teria sido um investigador físico. E segundo um outro texto ficcional inacabado, um cidadão muito conhecido ao qual aconteciam coisas bizarras: "William Jones, a well-known citizen, of perfect respectability, was returning from a Church meeting on the night of the storm, when, being caught by the strong wind, he was lifted into the air and blown with incredible violence over a couple of streets into the bedroom of Miss X, a lady well-known in music halls, where he was found the next morning" ["William Jones, cidadão conhecido, de uma respeitabilidade perfeita, estava a regressar de um encontro da igreja na noite da tempestade, quando, sendo apanhado pelo vento forte, foi erguido para a atmosfera e soprado com uma violência inacreditável sobre um par de ruas para o quarto da menina X, uma senhorita conhecida nas salas de música, onde ele foi encontrado na manhã seguinte."] (27^{21} J^{4}-3^{r}). Atendendo ao humor inerente aos textos em que o Professor Jones participa, convém lembrar que o "Essay on Poetry" é, precisamente, descrito como uma obra humorística numa página de diário, em que Pessoa regista que o ensaio foi reelaborado em Agosto de 1906 (14^{6}-66^{v}).

Uma assinatura "W[illia]m Jones" coexiste com outras de Charles Robert Anon (cf. 60) e W[illia]m Jinks (cf. 66), dois dos seus parceiros no universo ficcional pessoano (13A-65^{r}). A este respeito, vale a pena referir uma outra passagem do fragmento intitulado "On Doctors" ["Sobre os Médicos"], onde Jones, Jinks e outras personagens são citadas pela sua autoridade como médicos: "It is perhaps useless for me to tell the reader that doctors often disagree; he knows well that they always do. If Dr. Smith is positive that milk is not good for the stomach, Dr. Jones is quite as positive that nothing could be better" ["Talvez seja inútil dizer ao leitor que os médicos frequentemente discordam; ele bem sabe que é sempre assim. Se o Dr. Smith está convencido de que o leite faz mal ao estômago, o Dr. Jones está bastante convencido de que não há nada melhor"] (27^{23}-118^{r}). Existe também um argumento ficcional, antecedido da indicação "Wm. Jones", que podia ser tanto o título de uma ficção, como o nome de uma personagem: "a theatre clown who falls in the stage and kills himself [because] of the ridicule" ["um palhaço que cai do palco e se suicida por causa do ridículo"] (144H-1^{v}).

Na mesma página deste argumento, encontra-se uma linha riscada: "Dr N[abos] shuts window" ["Dr Nabos fecha a janela"], uma referência à anedota transcrita no capítulo reservado ao Dr. Gaudencio Nabos (cf. 64); Pessoa terá riscado essa alusão, esse micro-argumento, depois de escrever o texto nabiano por volta de 1906.

Saliente-se que o Professor Jones pode ser considerado o último autor do "Essay on Poetry", mas que esta tese não deixa de ser conjectural: os últimos testemunhos do ensaio não ostentam a sua assinatura e o seu nome só se encontra num cabeçalho "solto", que não foi seguido do início do ensaio. Pessoa esboçou o cabeçalho, mas não começou a redigir o texto correspondente, chegando a traçar, mais tarde, uma linha horizontal a toda a largura da página, aproveitando o espaço em branco para escrever umas notas em inglês. A autoria do ensaio ficou no limbo e só conjecturalmente é possível imaginar o Professor Jones como ulterior autor do mesmo.

DATA: 1905-1906.

[133A-29^{v}]

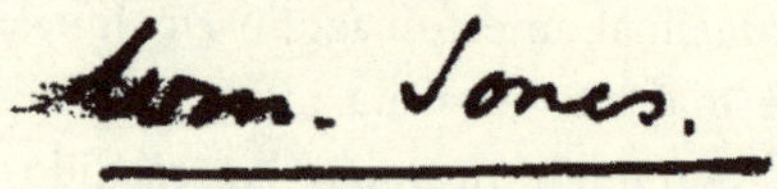

[13A-65^{v}]

Doctor William Jones was a man who illustrated very conclusively the relativity of human knowledge. In appearance he committed himself to no stature, but when with a shorter man he looked tall, and looked short in the contrary case. He might be of what is called the middle size, if this designation were not uncertain, inasmuch as it[1] varies with individual opinions. To make matters clear, Dr. Jones was five feet seven[2] inches in height; and from this fact the reader can extract the denomination he desires. He had a kindly, pompous manner and was thought a very good doctor, inasmuch as he never frightened the patient, a fact owing to the extremely vague way in which he gave opinions. It might be tact that caused this, but there is no denying that ignorance looks the same way. [67.1]

A very pleasant trait in the character of Dr. Jones, which indeed he shared with some gentlemen[3] of his profession of settling his doubts by the assertion of when he was doubtful as to the[4] disease from which his patient suffered, he always said it was nervousness. It is a method very common to gentlemen of his profession; it is the disease that varies, not the method.

On this occasion he entered the room ◊

"Well what have we here?"[5]

"Pain in the foot, sir..."

"Oh, nervousness"

"Begging your pardon, sir, but it ain't nervousness but a iron as she was a ironin' with as fell upon her foot"

"Quite so, quite so," said the doctor hastily, "but, mind you," cried he, severely, "if the iron had *not* dropped it would have been nervousness and nothing else but nervousness"

"That's very true, sir," said Mr. Wilson gruffly, "but seein' as 'ow it was[6] the hiron as fell on 'er foot[7], it aint nervousness at all. An' wat's more" he added with unpleasant philosophy and with great intuition, "if that there same iron 'ad not fall'n[8] on 'er foot there 'nd have been no pain at all."

Having said this, Mr. Wilson beamed on the company, with great consciousness of a logical feat; as the company had not been looking at him, the smile faded from his face and an expression of injury possessed it[9].

As to Dr. Jones, though he did not know the company had given no ear to the reasoner – he said nothing for fear he spoke more nonsense.

[TRAD.] *O Doutor William Jones era um homem que ilustrava de forma muito conclusiva a relatividade do conhecimento humano. Na aparência, não se comprometia com nenhuma estatura, mas na presença de um homem mais baixo parecia alto, e parecia baixo no caso contrário. Era aquilo que se poderia chamar tamanho médio, se esta designação não fosse tão vaga, por variar com opiniões individuais. Para clarificar, Dr. Jones media cinco pés e sete polegadas [um metro e setenta] de altura; e deste facto o leitor pode extrair a denominação que desejar. Tinha uma conduta amável, pomposa e era considerado um excelente médico, na medida em que nunca assustava o paciente, um facto que se devia à maneira bastante vaga com que transmitia a sua opinião. Podia ser a sua sensibilidade a causa disso, porém não se pode negar que a ignorância tem exactamente a mesma aparência.*

Um traço muito agradável no carácter do Dr. Jones, que ele de facto partilhava com alguns dos seus colegas de profissão, era o de esclarecer as suas dúvidas pela asserção, quando tinha dúvidas acerca da doença que afectava o seu paciente, de que era sempre nervosismo. É um método muito comum a senhores da sua profissão; é a doença que varia, não o método.

Nesta ocasião, entrou na sala ◊

– Ora que temos nós aqui?

– Dor no pé, senhor...

– Oh, nervosismo.

– Peço perdão, doutor, mas nã' são nervos, mas sim o ferro com que ela estava a engomar que lhe caiu no pé.

– Pois bem, pois bem – disse apressadamente o doutor, – mas, veja bem – exclamou severamente – se o ferro não *tivesse caído teria sido nervosismo e nada senão nervosismo.*

– Isso é uma g'ande verdade, doutor – disse o Sr. Wilson rudemente, – mas vendo que a'ora se trata de ter sido o ferro que lhe caiu no pé, nã' é nervosismo. E 'inda para mais – acrescentou, com filosofia desagradável e grande intuição – se nã' tivesse sido o dito ferro a cair no pé, ela nã' haveria tido dor de todo.

Tendo dito isto, o Sr. Wilson sorriu para quem ali estava, com grande consciência da sua façanha lógica; como ninguém estava a olhar para ele, o sorriso extinguiu-se da sua face e uma expressão de injúria dominou-a.

Quanto ao Dr. Jones, embora não soubesse que ninguém tinha escutado uma palavra da argumentação, nada mais disse, receando dizer mais disparates.

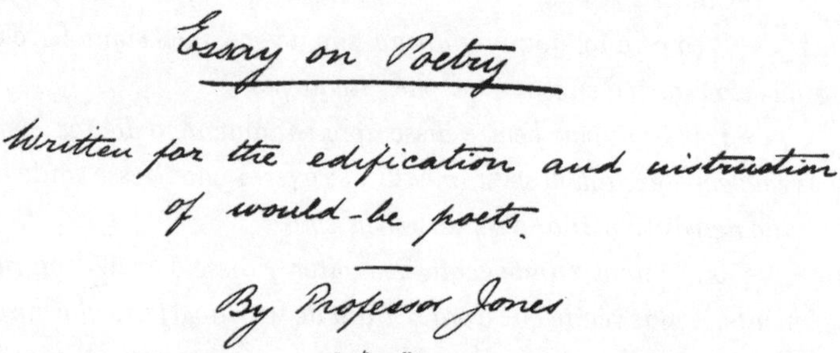

[14^{b}-72^{v}]

Essay on Poetry
Written for the edification and instruction
Of would-be poets.
–
By Professor Jones

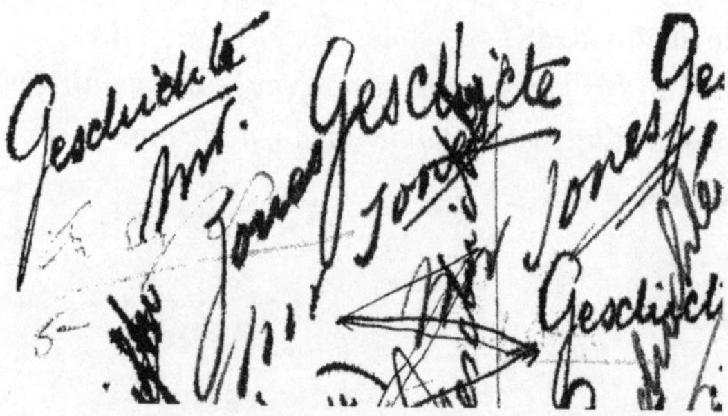

[$144T$-61^{r}] ["Mr. Jones" três vezes e a palavra alemã "Geschichte" (História)]

68
WILLIAM SMITH

Tal como acima referimos, William Smith dirige uma carta ao Professor Jones (cf. 67), que iria compor um artigo sobre "metástase mágica", conceito empregado pelo ocultista alemão Franz Hartmann (1838-1912) em Julho de 1906 (*Occult Review*, n.º 4, pp. 17-25). Hartmann relata o caso de um amigo seu, "Dr. Z.", que em 1902 foi transportado ou mudado de lugar – esse é o significado de metástase – de Livorno para Florença em 15 minutos e abandonado numa casa fechada com a sua bicicleta. William Smith iria, muito provavelmente, relatar uma história semelhante. Aparentemente, Smith e Jones eram médicos e, como tal, são citados num fragmento intitulado "On Doctors" ["Sobre os Médicos"]; os dois partilham o interesse pela ciência física, que na altura se referia à investigação crítica e experimental do espiritismo, isto é, dos fenómenos relacionados com espíritos. Este é um dos muitos casos em que Pessoa transporta para a ficção as suas leituras de índole mais técnica ou científica (cf. o cap. XX, "Ficções", de *Escritos sobre Génio e Loucura*, 2006).

DATA: 1906.

Smith, researched

[114^{2}-59^{r}]

[68.1] Letter written to Professor Jones, psychical researcher, by William Smith, [who has] researched[1] on the same subject.

Dear Professor,

Having heard that you, in a paper which you propose to write upon that extraordinary phenomenon called magical metathesis, by which a man goes through roads at a greater speed than a motor-car[2], and cycles through closed doors – having heard this –at least not this[3], but that being[4] to write on this, you intended[5] to use as an example a case of which I am the hero, and which (by the statements of the numerous witnesses) has the highest degree of credibility, I have the honour to write you this letter to give you, on this case, an unpleasant disillusion.

I was staying a week ago at the country house of a friend of mine ◊

[TRAD.] *Carta escrita ao Professor Jones, investigador psíquico, por William Smith, [que tem] investigado na mesma área.*

Caro professor,

Tendo ouvido que, num artigo que se propõe escrever sobre aquele extraordinário fenómeno chamado metástase mágica, pela qual um homem vai pelas estradas a uma velocidade superior à de um carro a motor, e circula através de portas fechadas – tendo ouvido isto – pelo menos não isto, mas estando para escrever acerca disto, teve a intenção de usar como exemplo um caso em que eu sou o herói, e que (graças a afirmações de numerosas testemunhas) tem o maior grau de credibilidade, tenho a honra de lhe escrever esta carta para lhe dar, neste caso, uma desagradável desilusão.

Estava eu há uma semana na casa de campo de um amigo meu ◊

69

CAESAR SEEK

Alcunha de Alexander Search (cf. 72) e personagem de *Ultimus Joculatorum*, espaço artificialmente criado por Pessoa como ponto de encontro, na "Moment House" ["Casa do Momento"], de uma série de figuras. Ver o fac-símile depois de Jacob Satan (cf. 71). Cada personagem – algumas não chegaram a "existir", como Magdalen e Erasmus Dare – devia apresentar-se nessa Casa e participar, esporadicamente, através do relato de piadas e anedotas. Por volta de 1907-1908, isto é, um ou dois anos depois do aparecimento de Caesar Seek, o seu *Livro Negro* substituiu *O Livro de Friar Maurice* (cf. 76).

DATA: 1906.

Caesar Seek (= Alexander Search)

[48C-18r]

[69.1] *The Black Book*[1] *of Caesar Seek.*
(True title of "Friar Maurice", as of old I tried to call it)

Number the *entries* in the *book* thus 1, 2, 3… with ordinary, not *Roman*, numerals.

[TRAD.] O Livro Negro de Caesar Seek.
(Verdadeiro título de "Friar Maurice", tal como tentei chamá-lo no passado)

Numerar as entradas *no* livro *assim 1, 2, 3… com números árabes, não* romanos.

70
FERDINAND SUMWAN

Alcunha de Fernando Pessoa e personagem de *Ultimus Joculatorum*.

DATA: 1906.

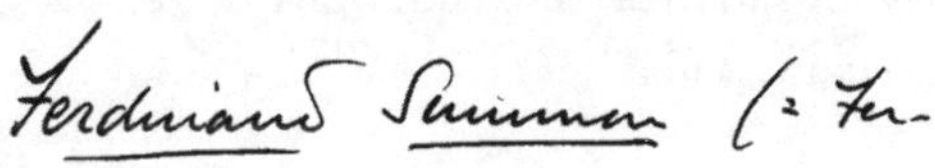
Ferdinand Sumwan (= Fer-

[48C-18r]

71

JACOB SATAN

Personagem de *Ultimus Joculatorum*. Trata-se de um espírito e, portanto, poderia integrar a secção das comunicações com os espíritos, mas a sua existência é anterior às práticas mediúnicas de Fernando Pessoa, na segunda metade de 1910. Com esta figura de origem satânica, Alexander Search (cf. 72) assina um célebre pacto para a vida.

DATA: 1906.

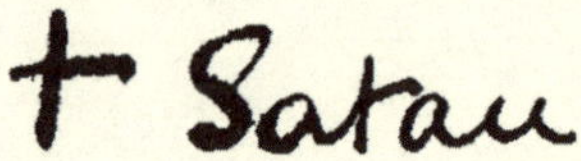

[20-19r]

Alexander Search's life bond [71.1]

Bond entered into by Alexander Search, of Hell, Nowhere, with Jacob Satan, Master, though not King, of the same place:

1. Never to fall off or shrink from the purpose of doing good to mankind.
2. Never to write things, sensual or otherwise evil, which may be to the detriment and harm of those that read.
3. Never to forget, when attacking religion in the name of truth, that religion can ill be substituted and that poor man is weeping in the dark.
4. Never to forget men's suffering and men's ill.

October 2nd. 1907.

+ Satan Alexander Search

his mark

Pacto para a vida de Alexander Search [TRAD.]

Pacto entre Alexander Search, residente no Inferno, Nenhures, e Jacob Satan, Senhor, embora não Rei, do mesmo lugar:

1. *Nunca esmorecer nem recuar no propósito de fazer bem à humanidade.*
2. *Nunca escrever coisas sensuais, ou de outro modo perversas, que possam lesar e prejudicar quem as ler.*
3. *Nunca esquecer, ao atacar a religião em nome da verdade, que a religião dificilmente pode ser substituída e que o pobre homem chora nas trevas.*
4. *Nunca esquecer o sofrimento e o infortúnio dos homens.*

2 de Outubro de 1907.

+ Satan Alexander Search

a sua marca

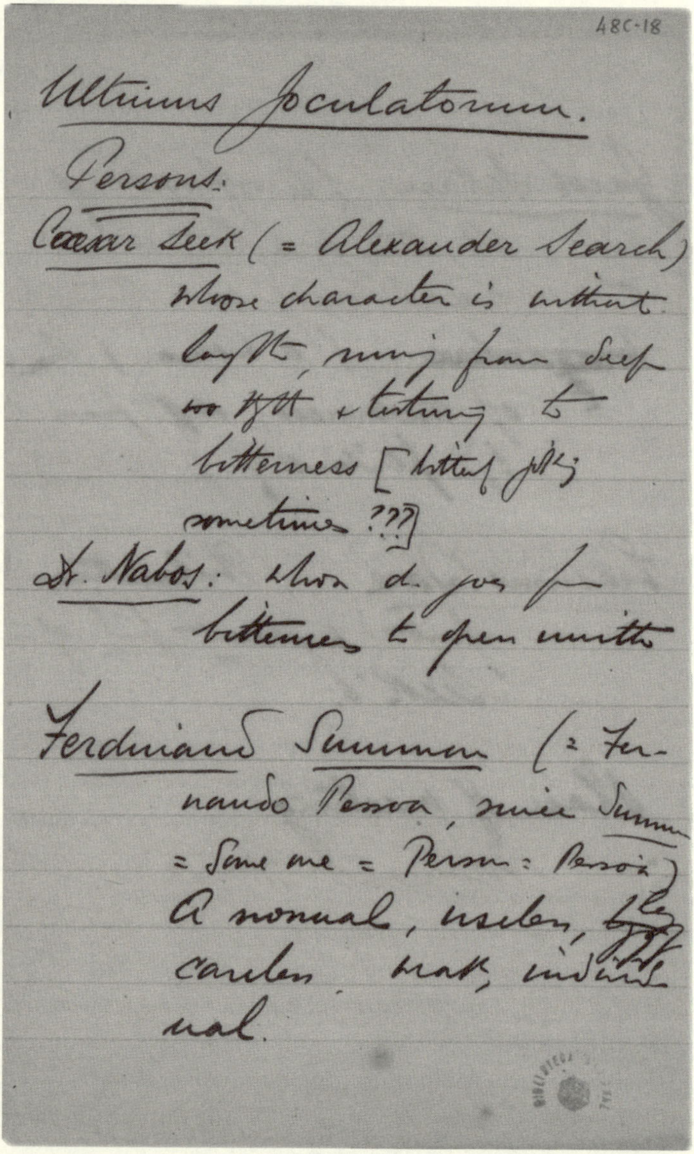

48C-18

Ultimus Joculatorum.

Persons:

Caesar Seek (= Alexander Search) whose character is without laughter, ranging from deep [illegible] & torturing to bitterness [bitter jokes sometimes ???]

Dr. Nabos: whose ch. goes from bitterness to open mirth

Ferdinand Sumner (= Fernando Pessoa, since Sumner = Some one = Person = Pessoa) A normal, useless, lazy careless, weak, individual.

[48C-18r]

Ultimus Joculatorum.
[O Maior dos Brincalhões] [1906]

Persons:

Caesar Seek (= Alexander Search) whose character is without laughter, running from deep thought & torturing to bitterness [bitterly joking sometimes???]

Dr. Nabos: whose ch[aracter] goes from bitterness to open mirth.

Ferdinand Sumwan (= Fernando Pessoa, since *Sumwan* = Some one = Person = Pessôa) A normal, useless, lazy, careless, weak, individual.

Pessoas: [TRAD.]

Caesar Seek *(= Alexander Search) cujo carácter é alheio ao riso, indo desde a ponderação profunda e torturada até à amargura [por vezes gracejando amargamente???]*

Dr. Nabos*: cujo carácter vai desde a amargura até à franca hilaridade.*

Ferdinand Sumwan *(= Fernando Pessoa, visto que* Sumwan *= Some one = Person = Pessôa) Um indivíduo normal, inútil, preguiçoso, descuidado, fraco.*

Jacob Satan: (a spirit of ill, the master & real conjurer there).

(Bad part-)

~~Magdalen~~ (a woman) strain of tenderness, diff.t from big philanthropy of — —)

Erasmus? Dare? (Philanthropist) a great friend of Seek's.

Place of meeting:
Moment House.

[48C-18v]

Ultimus Joculatorum.
[O Maior dos Brincalhões] [1906]

Jacob Satan: (A spirit of ill, the master and real conqueror there).
(Bad part)
~~Magdalen~~: (a woman) strain of tenderness, diff[eren]t from high philanthropy of ◊
Erasmus? Dare? (Philanthropist) a *great friend* of Seek's.

Place of meeting:
Moment House.

Jacob Satan: *(Um espírito do mal, o mestre e verdadeiro vencedor lá).* [TRAD.]
(Parte má)
~~Magdalen~~: *(uma mulher) um toque de ternura, diferente da alta filantropia de* ◊
Erasmus? Dare? *(Filantropo) um* grande amigo *de Seek.*

Lugar de encontro:
Casa do Momento.

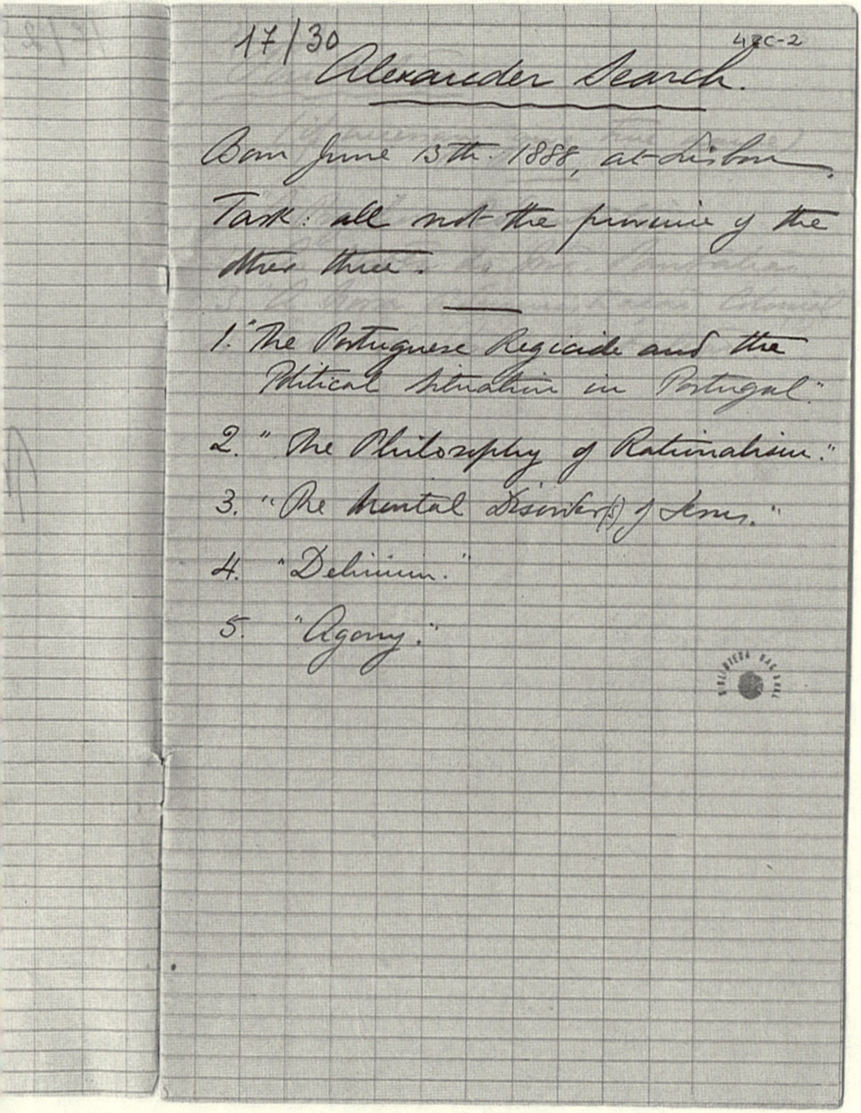
17/30 48C-2

Alexander Search.

Born June 13th 1888, at Lisbon.

Task: all not the province of the other three.

1. "The Portuguese Regicide and the Political Situation in Portugal."
2. "The Philosophy of Rationalism."
3. "The Mental Disorder(s) of Jesus."
4. "Delirium."
5. "Agony."

[48C-1^{v} e 2^{r}]

The Transformation Book, or Book of Tasks
[O Livro da Transformação, ou Livro de Tarefas] [1908]
F. Nogueira Pessôa.

Alexander Search.

Born June 13th. 1888, at Lisbon.
Task: all not the province of the other three.

—

1. "The Portuguese Regicide and the Political Situation in Portugal."
2. "The Philosophy of Rationalism."
3. "The Mental Disorder(s) of Jesus."
4. "Delirium."
5. "Agony."

Alexander Search. [TRAD.]

Nascido a 13 de Junho de 1888, em Lisboa.
Tarefa: tudo o que não esteja no domínio dos outros três.

—

1. *"O Regicídio Português e a Situação Política em Portugal."*
2. *"A Filosofia do Racionalismo."*
3. *"As Perturbações Mentais de Jesus."*
4. *"Delírio."*
5. *"Agonia."*

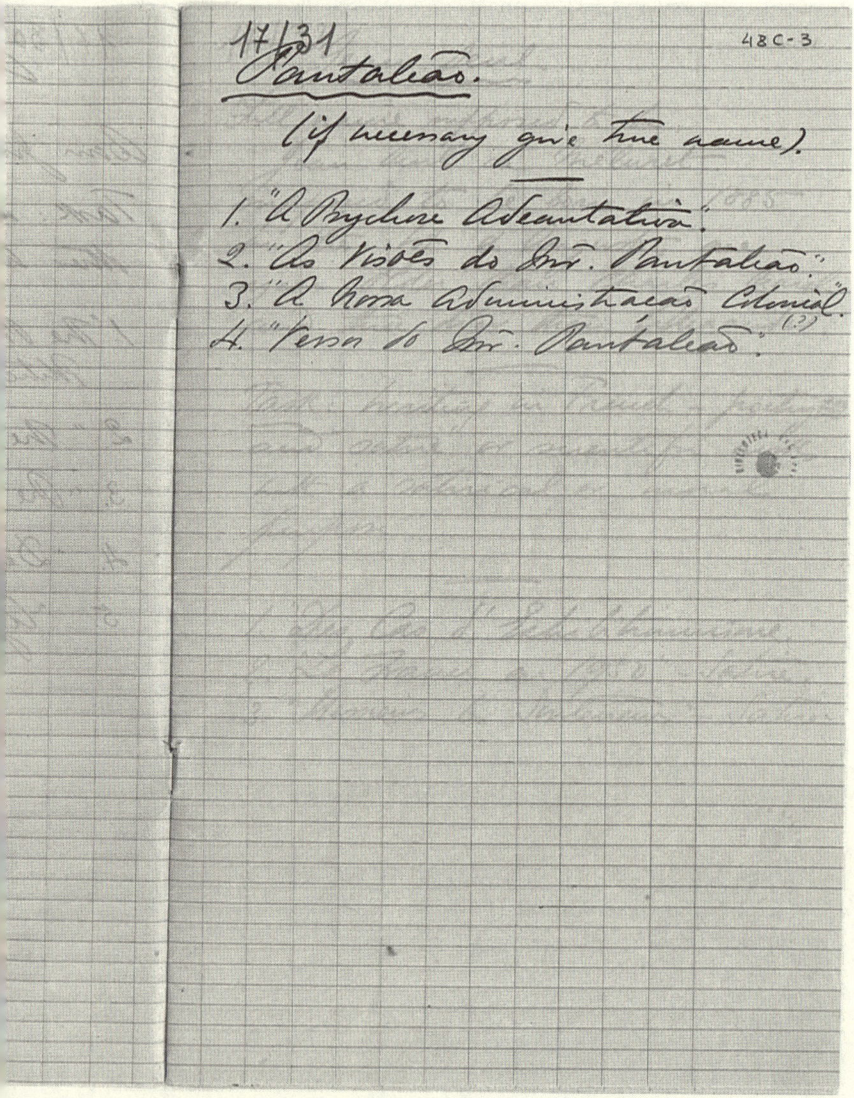

17/31

48C-3

Pantaleão.

(if necessary give true name).

1. "A Psychose Adeantativa".
2. "As Visões do Snr. Pantaleão".
3. "A Nossa Administração Colonial". (?)
4. "Versos do Snr. Pantaleão".

[48C-2ᵛ e 3ʳ]

The Transformation Book, or Book of Tasks
[O Livro da Transformação, ou Livro de Tarefas] [1908]
F. Nogueira Pessôa.

Pantaleão.
(if necessary give true name).[a]

—

1. "A Psychose Adeantativa."
2. "As Visões do Snr. Pantaleão."
3. "A Nossa Administração Colonial." (?)
4. "Versos do Snr. Pantaleão."

a Tradução: "se necessário, dar o nome verdadeiro".

17/32 Jean Seul. 48C-4

Full name supposed to be:
Jean Seul de Méluret.
supposed to be born in 1885
on the 1st. of August, one
year older than Charles Search
and three older than Alexander.

Task: writing in French — poetry
and satire or scientific works
with a satirical or moral
purpose.

1. "Des Cas d'Exhibitionnisme."
2. "La France en 1950" – Satire.
3. "Messieurs les Souteneurs" – Satire.

[48C-3v e 4r]

The Transformation Book, or Book of Tasks
[O Livro da Transformação, ou Livro de Tarefas] [1908]
F. Nogueira Pessôa.

Jean Seul.
Full name supposed to be: Jean Seul de Méluret.
supposed to be born in 1885 on the 1st. of August, one year older than Charles Search and three older than Alexander.

–

Task: writing in French – poetry ~~(?)~~ and satire or scientific works with a satirical or moral purpose.

–

1. "Des Cas d'Exhibitionnisme."
2. "La France en 1950" – Satire.
3. "Messieurs les Souteneurs" – Satire.

Jean Seul. [TRAD.]
O nome completo será: Jean Seul de Méluret.
terá nascido em 1885, a 1 de Agosto, um ano mais velho do que Charles Search e três anos mais do que Alexander.

–

Tarefa: *escrever em francês – poesia ~~(?)~~ e sátira, ou obras científicas com um propósito satírico ou moral.*

–

1. *"Casos de Exibicionismo."*
2. *"A França em 1950" – Sátira.*
3. *"Os Senhores Proxenetas" – Sátira.*

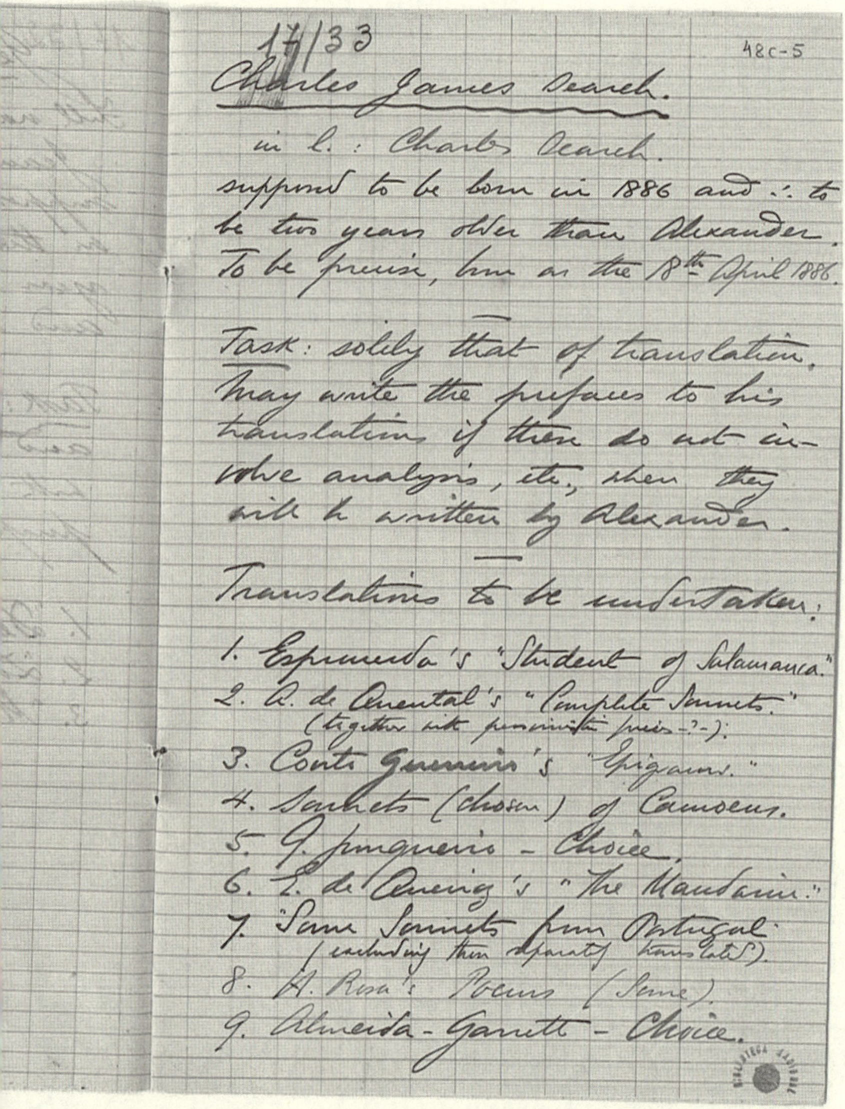

17/33

48C-5

Charles James Search.

in l.: Charles Search.

supposed to be born in 1886 and ∴ to be two years older than Alexander. To be precise, born on the 18th April 1886.

Task: solely that of translation. May write the prefaces to his translations if these do not involve analysis, etc.; when they will be written by Alexander.

Translations to be undertaken:

1. Espronceda's "Student of Salamanca."
2. A. de Quental's "Complete Sonnets." (together with prose-written pieces-?-);
3. Conti Guerrini's "Epigrams."
4. Sonnets (chosen) of Camoens.
5. G. Junqueiro — Choice.
6. E. de Queiroz's "The Mandarin."
7. "Some Sonnets from Portugal" (excluding those separately translated).
8. H. Rosa's Poems (Same).
9. Almeida-Garrett — Choice.

[48C-4v e 5r]

The Transformation Book, or Book of Tasks
[O Livro da Transformação, ou Livro de Tarefas] [1908]
F. Nogueira Pessôa.

Charles James Search.
in l[etters]: Charles Search.
supposed to be born in 1886 and ∴ [therefore] to be two years older than Alexander. To be precise, born on the 18th April 1886.

–

Task: solely that of translation. May write the prefaces to his translations if these do not involve analysis, etc., when they will be written by Alexander.

–

Translations to be undertaken:
1. Espronceda's "Student of Salamanca."
2. A. de Quental's "Complete Sonnets."
   (together with pessimistic pieces – ? –).
3. Couto Guerreiro's "Epigrams."
4. Sonnets (chosen) of Camoens.
5. G. Junqueiro – Choice.
6. E. de Queiroz's "The Mandarim."
7. "Some Sonnets from Portugal"
   (excluding those separately translated).
8. H. Rosa's Poems (Some).
9. Almeida-Garrett – Choice.

[TRAD.] Charles James Search.

em cartas: Charles Search.

terá nascido em 1886 e será, por isso, dois anos mais velho do que Alexander. Para ser exacto, nasceu a 18 de Abril de 1886.

—

Tarefa: *apenas a de tradução. Pode escrever prefácios para as suas traduções, se não envolverem análises, etc., caso contrário serão elaboradas por Alexander.*

—

Traduções a realizar:

1. *Espronceda: "Estudante de Salamanca".*
2. *Antero de Quental: "Sonetos Completos".*
   (junto com trechos pessimistas – ? –).
3. *Couto Guerreiro: "Epigramas".*
4. *Sonetos (escolhidos) de Camões.*
5. *Guerra Junqueiro – Escolha.*
6. *Eça de Queiroz: "O Mandarim."*
7. *"Alguns Sonetos de Portugal"*
   (excluindo os traduzidos em separado).
8. *Henrique Rosa: Poemas (Alguns).*
9. *Almeida-Garrett – Escolha.*

72
ALEXANDER SEARCH

The Transformation Book, ou *Book of Tasks*, onde surge, numa entrada de tipo curricular ou dicionarista, Alexander Search, em companhia de Pantaleão (cf. 82), Jean Seul de Méluret (cf. 79) e Charles James Search (cf. 81), é o primeiro livro em que Fernando Pessoa formaliza o que no âmbito lúdico de *Ultimus Joculatorum* era ainda algo casual e pouco específico: as tarefas de uma série de personagens, tal como antes havia distinguido, numa só folha, as incumbências – por vezes coincidentes – de Horace James Faber (cf. 61) e Charles Robert Anon (cf. 60). No currículo de Alexander Search, em *The Transformation Book*, não figura curiosamente *A Very Original Dinner* (79A-1 a 70), uma ficção datada de Junho de 1907 e claramente a ele atribuída. Tratar-se-á de um esquecimento de Pessoa? "Talvez não", respondem os editores das *Obras de Jean Seul de Méluret* (2006, p. 33). "Como já estava concluída e Pessoa já tinha pensado o seu envio a um jornal inglês [*Cassell's Magazine*], é possível que não a considerasse mais um "encargo".

Alexander Search, a mais prolífera figura literária do universo pessoano antes do mês "triunfal" de Março de 1914, terá nascido em Lisboa a 13 de Junho de 1888, isto é, na mesma cidade e na mesma data que Fernando Pessoa. Terá surgido na mente de Pessoa em 1906, ano em que começa a herdar os poemas antes atribuídos a Charles Robert Anon. Também nesse ano, sob a alcunha de Caesar Seek (cf. 69), integra o elenco de *Ultimus Joculatorum*, espaço virtual, no sentido moderno do termo, no contexto do qual, já em 1907, assina um pacto com

Jacob Satan (cf. 71). "A. Search" ou "Alex. Search", como assina alguns textos, foi uma figura poliglota, essencialmente activa entre 1906 e 1911. Porém, o seu nome consta ainda de um plano literário de 1914 ($48G\text{-}32^r$; *Sensacionismo e Outros Ismos*, 2009, p. 36), as suas iniciais surgem no cabeçalho de uma entrevista a Alberto Caeiro – redigida em português e realizada em Espanha, onde esteve Search ($68A\text{-}5^r$)[a] –, e é, uma vez mais, citado num plano editorial tardio, posterior a 1932 ($48D\text{-}18^r$).

Conhecemos pouco acerca dos outros membros da família Search – Charles James Search (cf. 81), John C. Search, Anthony Search, Catherine Search e Augustus Search (ver o Posfácio) –, mas de Alexander sabemos que se exprimiu maioritariamente em verso, que deixou várias colectâneas poéticas incompletas, tais como, por exemplo, *Delirium* [*Delírio*] e *Agony* [*Agonia*], e que de entre os mais de cem poemas ingleses que lhe foram atribuídos, um terço são sonetos. Alexander Search sofreu, entre outras, a influência de Lord Byron, do mesmo modo que Pessoa (ambos possuíam os seus *Poetical Works*), e compôs versos em inglês, em francês[b] e em português, embora Pessoa lhe negasse *a posteriori* a autoria dos versos portugueses (no poema "Ilhas no mar da vida" [$57\text{-}5^r$] a sua assinatura foi riscada). No mundo francófono, uma das suas referências literárias foi Auguste Brizeux, autor de um livro da Biblioteca particular de Fernando Pessoa (ver Ferrari, 2012 e 2013).

Mas o poeta Search foi também prosador e, nessa condição, analisou "O Regicídio Português e a Situação Política em

a "Entre as muitas sensações de arte que devo a esta cidade de Vigo, sou-lhe grato pelo encontro que aqui acabo de ter com o nosso mais recente, e sem duvida o mais original, dos nossos poetas [Alberto Caeiro]" ($68A\text{-}8^r$; in *Pessoa por Conhecer*, 1990, tomo 2, p. 399).

b Pessoa colocou a hipótese de escrever "French verses" [Versos franceses] ($50B^1\text{-}59^v$) em nome de Search e dois poemas franceses são-lhe atribuíveis: "La chaste extension turbulente des blés" ($50A^1\text{-}7^r$, $50A^1$-8 e $50B^1\text{-}63^r$) e "Est celle qui n'a pas de pleurs" ($14^6\text{-}74^r$) (ver Ferrari, 2012, pp. 146-148).

Portugal" – quando escreve intimamente sobre estes temas, é Fernando Pessoa quem parece exprimir-se –, comentou "A Filosofia do Racionalismo" e estudou "As Perturbações Mentais de Jesus" [c], como regista a sua tábua bibliográfica. Além disso, Pessoa terá ponderado atribuir-lhe *The Mad Dictionary of the Engligh Language* (92Y-57[v]) e encomendou-lhe inicialmente, atendendo ao seu conhecimento do espanhol, a tradução do *El Estudiante de Salamanca*, de José Espronceda (74A-91[r]), que depois deixou a cargo de Charles James Search. Alexander terá também escrito e planeado escrever várias cartas, daí que seja interessante comprovar que possuía cartões pessoais, que recebeu correspondência e que exercitou a sua assinatura após frases formais de encerramento de carta. Entre os documentos do espólio pessoano, conserva-se uma folha em que consta a morada do director do Laboratório de Psicologia Fisiológica da Sorbonne, Alfred Binet, com quem Alexander Search, interessado na psicologia e na psicopatologia, em geral, aparentemente tencionava entrar em contacto (13A-56[v]). Refira-se, por último, que Search se interessava por taquigrafia e que fez exercícios taquigráficos, tendo esboçado um sistema de abreviaturas rápidas num caderno (cf. 144L-1[r], "A. S. | Tachygraphia | portugueza").

Com Alexander Search é possível ensaiar uma tipologia do conjunto das assinaturas, visto que há dezenas de exemplares e alguns repetem padrões. Daí a organização que demos às assinaturas ora apresentadas, dando prioridade às que se encontram catalogadas fora do núcleo searcheano (cotas gerais: 77, 78 e 79), em que quase todas são alongadas e praticamente idênticas. Para além destes registos caligráficos, existe também um

c Veja-se *Escritos sobre Génio e Loucura* (2006, tomo 1, pp. 243-257).

carimbo com as suas iniciais (também Anon tinha um carimbo!), com o qual marcou folhas soltas e livros. Alguns importantes fac-símiles foram já incluídos por João Dionísio em *Poemas de Alexander Search* (*Poemas Ingleses*, 1997, pp. 28 *et seq.*), primeira edição crítica dos poemas deste pré-heterónimo, sobre o qual Georg Rudolf Lind, Jorge de Sena e Luísa Freire, entre outros, já se haviam interessado amplamente.

A secção "Search" da Biblioteca particular de Fernando Pessoa é constituída por 25 títulos em cinco línguas (inglês, francês, português, grego e espanhol). Isto incluindo em parte as obras que leu fora dessa biblioteca, como *Um Caso de Loucura Epiléptica* (1907), de Arthur Leitão, acerca do ditador João Franco, ou a *Dégénérescence* (1894; trad. francesa), de Max Nordau (ver *Escritos sobre Génio e Loucura*, 2006, tomo 2, pp. 658-677). Alexander Search terá sido a única figura literária inventada por Pessoa que assinou textos em inglês, francês e português. Teve ainda dois pseudónimos: Caesar Seek (cf. 69) e William Alexander Search (cf. 80) e toda uma família. Herdeiro de Anon, desenvolveu alguns dos temas e das obsessões do seu predecessor, que eram, em diversas matérias, muito semelhantes às de Fernando Pessoa.

DATA: 1906.

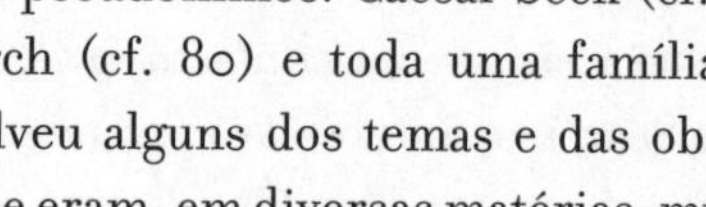

[11^7 EN-61^v]

[11^7 EN-67^v]

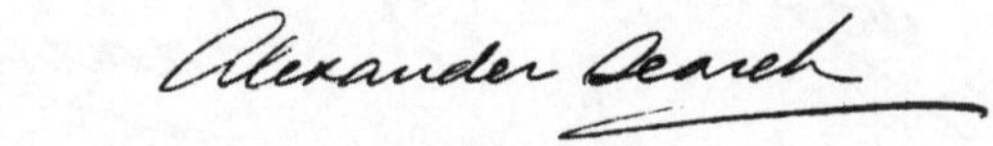

[15B^2-61^v]

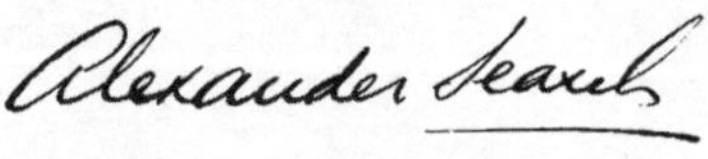

[20-9^r]

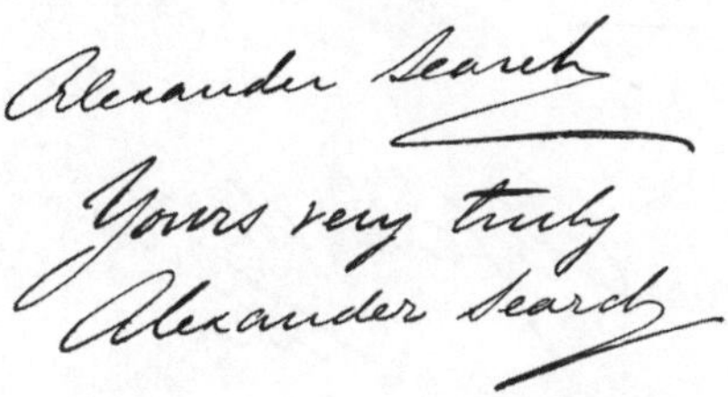

[144J-10^v] [Duas assinaturas]

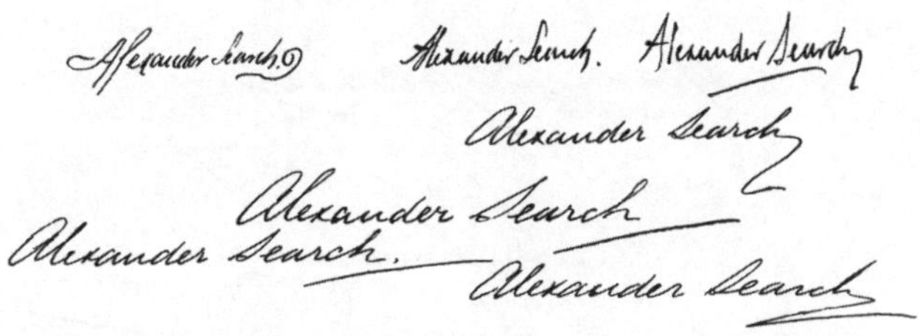

[15B^4-37^v] [Sete assinaturas]

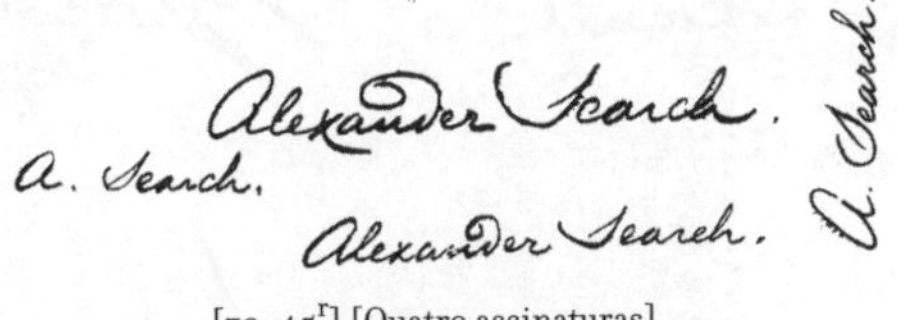

[79-45^r] [Quatro assinaturas]

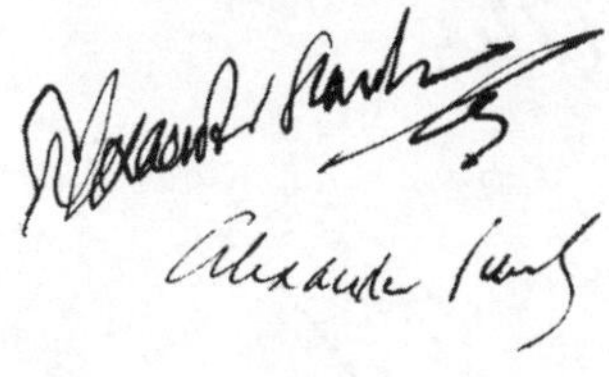

[128C-61^r]

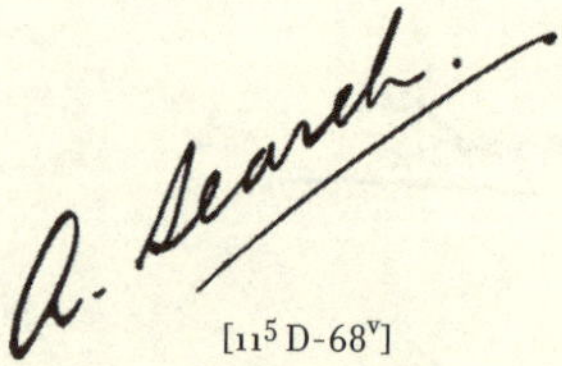

[11^{5} D-68^{v}]

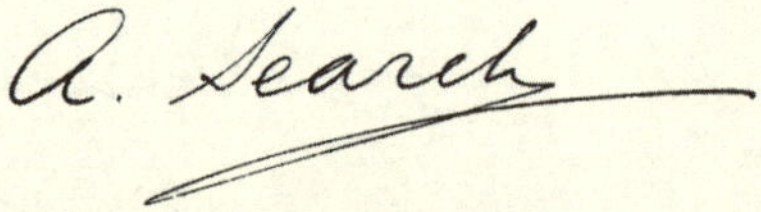

[14^{6}-74^{r}]

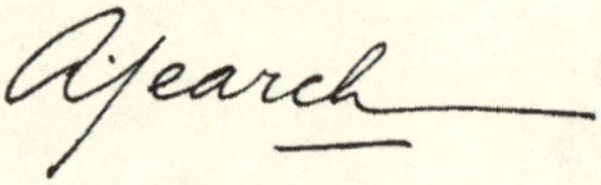

[15^{3}-68^{v}]

[144M-31^{r}]

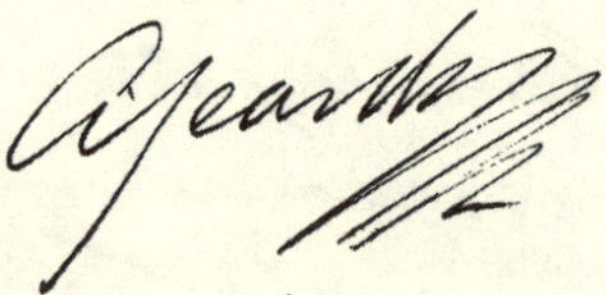

[14^{6}-74^{r}]

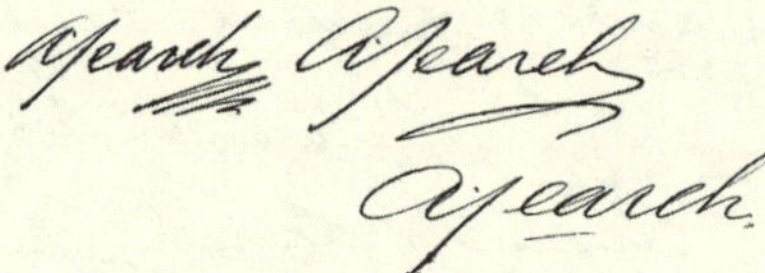

[$15B^{2}$-73^{r}] [Três assinaturas]

[15^{2}-40^{v}]

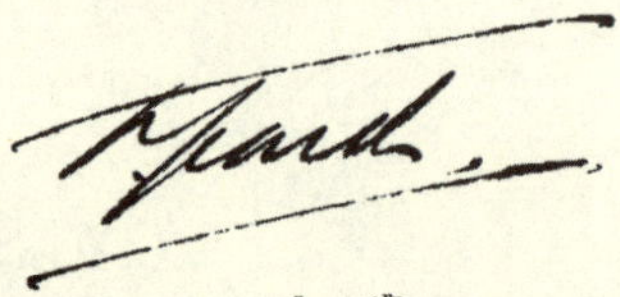

[20-6^{r}]

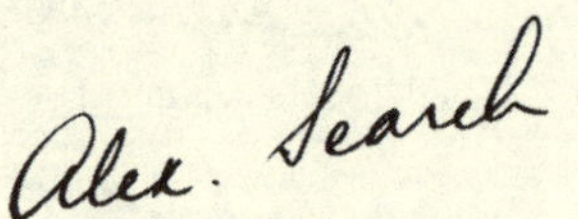

[14^{6}-74^{r}]

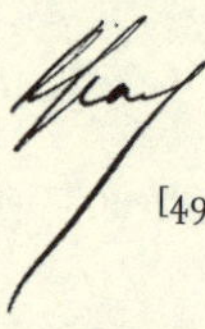

[$49A^{2}$-56^{r}]

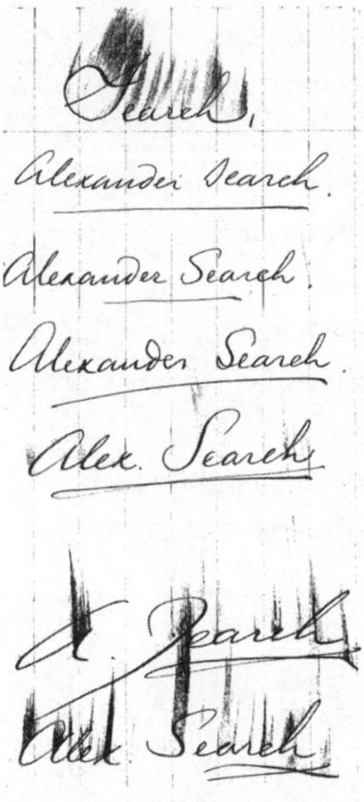

[144S-16^{v}]

[79^{1}-1^{v}]

[14^{3}-21^{r}]

[15^{4}-100^{r}]

[133-8^{r}]

[49A^{2}-12^{r}]

[72.1]

Justice

There was a land, which I suppose,
Where everyone had a crooked nose;

And the crooked nose that everyone had
In no manner did make him sad.[1]

But in that land a man was born
Whose nose more straight and clean was worn;

And the men of that land with a public hate
Killed the man whose nose was straight.

July 28th, 1907

[TRAD.]

Justiça

Havia uma terra, que eu imagino,
Onde tinham todos nariz aquilino;

Com nariz aquilino, toda a gente
Não se sentia nunca descontente.

Mas nessa terra um homem surgiu
Com o mais recto nariz que se viu;

E os homens da terra, de comum despeito
Mataram o homem do nariz direito.

28 de Julho de 1907

The Game [72.2]

Come, let us play a game, little boy,[1]
To while the world away.
What shall be – tell me – our harmless toy?
At what shall we play?

Shall we play – shall we? – at being great?
No, nor at being grand.
Shall we believe that we are Fate
And make up lives out of sand?

No, little boy, we will play that we are
Happy, and that we are gay;
Let us pretend we are dreams, very far
From the world in which we play.

Alexander Search
January 2nd. 1908

O Jogo [TRAD.]

Anda, rapaz, deixa o mundo real,
Vamos jogar um jogo.
O que será – diz lá – brincadeira sem mal?
A que jogamos logo?

Vamos brincar – que tal – a quem é o mais forte?
Não, nem ao mais valente
Fingimos que somos a Sorte
E do pó fazemos gente?

Não, rapaz, afinal jogamos antes
A tão contentes que estamos;
Fingimos que somos sonhos, distantes
Deste mundo em que brincamos.

2 de Janeiro de 1908

[72.3] "A inspiração poetica[1] é um delirio equilibrado" (mas sempre *um delirio*).–

[72.4] I often think that it is not thoughts which are too deep for tears, but tears which are too deep for thought.

[TRAD.] *Penso, com frequência, que não são os pensamentos que são demasiado profundos para as lágrimas, mas as lágrimas que são demasiado profundas para o pensamento.*

[72.5] *Essay on the Idea of Cause.*
(extract).

Schopenhauer has divided the idea of Cause into 3 other ideas properly speaking: Causation, excitation, and motivation[1]. The first occurs in the domain of inorganic things; it is characterized[2] by its conformity to the first & to the second laws of Newton. The anterior modification corresponds always to the posterior modification; and action and reaction are equal. Excitation differs from causation in that there is no regular correspondence between the cause and the effect. Motivation is, according to Schopenhauer, causation acting through an intellect. Thus motivation has the character of finality. Every act[3] has an end.

Let us examine closely these ideas and see how true they are and how far they go. In the first place it is quite true that causation in the inorganic, inanimate world is[4] rigorously subject to law. Nay more, inanimate world things[5] are exempt, as far as we can see, from the law of differences, or, as Leibniz[6] calls it, the Law of indiscernibles. We are bound to admit that the same amount of heat applied at several times to the same bar of iron will produce in all cases a similar expansion. But ◊ we are quite justified in saying that *if* the same amount of heat could be several times[7] applied to the same bar of iron, it would at all times most certainly produce[8] the same expansion. But, as far as we know, the same fact is not repeated exactly as it was, nor are there, we believe, two like things in the whole universe. The bar of iron we have used is not the bar of iron we use now, this other time. Its radio-activity is indeed infinitesimal; nevertheless it exists and an experiment cannot be the same. The bar of iron is the same and it is not the same. "Being is nothing", said Heraclitus, "and becoming is all."[9]

Certitude is mathematical and no more. There is no stability in physical things. I cannot divide a thing in half, I must make some mistake. No two things[10] in the world being equal, it is clear that I cannot divide a thing correctly, that those two empirical halves cannot be equal. But mathematically all this is possible and true. It is true that 4 is the half of 8 and that one[11] half 4 is always equal to the other half 4.[12]

[TRAD.]

Ensaio sobre a Ideia de Causa.
(fragmento).

Schopenhauer dividiu a ideia de Causa noutras três ideias, a saber: causalidade, excitação e motivação. A primeira pertence ao domínio das coisas inorgânicas e é caracterizada pela conformidade às primeiras duas leis de Newton. Uma modificação anterior corresponde sempre a uma modificação posterior; acção e reacção são, portanto, equivalentes. A excitação difere da causalidade na medida em que não existe uma correspondência constante entre causa e efeito. A motivação é, de acordo com Schopenhauer, a causalidade agindo mediante o intelecto. Assim, a motivação tem o carácter de finalidade. Qualquer acto tem um fim.

Examinemos de perto estas ideias e vejamos quão verdadeiras são e até que ponto são sustentáveis. Em primeiro lugar, é certo que no mundo inorgânico e inanimado a causalidade está rigorosamente sujeita à lei. Mais, coisas inanimadas do mundo estão isentas, tanto quanto podemos ver, da lei das diferenças, ou, como Leibniz lhe chama, da lei dos indiscerníveis. Tendemos a admitir que a mesma quantidade de calor aplicada várias vezes à mesma barra de ferro produzirá em todos os casos uma expansão similar. Mas ◊ podemos afirmar, com fundamentação, que caso *a mesma quantidade de calor pudesse ser aplicada várias vezes à mesma barra de ferro, certamente produziria a mesma expansão em cada ocasião. Mas, tanto quanto sabemos, o mesmo facto não é repetido exactamente da mesma maneira, nem cremos que existam duas coisas iguais em todo o universo. A barra de ferro que usámos não é a mesma que usamos agora, desta vez. A sua radio-actividade é efectivamente infinitesimal; mas existe e uma experiência não se repete idêntica duas vezes. A barra de ferro é a mesma e não é a mesma. "Ser não é nada", disse Heraclito, "e devir é tudo."*

(A certeza é matemática e mais nada. Não há estabilidade em coisas físicas. Não posso dividir uma coisa ao meio, tenho de cometer um erro qualquer nessa divisão. Não existindo duas coisas idênticas no mundo, é evidente que não posso dividir uma coisa correctamente e que duas metades empíricas não podem ser iguais. Contudo, matematicamente isto é possível e representa uma verdade. É verdadeiro que 4 é a metade de 8 e que uma metade de 4 é sempre igual à outra metade de 4.

No soul more loving or tender than mine has ever existed, no [72.6]
soul so full of kindness, of pity, of all the things of tenderness and of love. Yet no soul is so lonely as mine – not lonely, be it noted, from exterior, but from interior circumstances. I mean this: together with my great tenderness and kindness an element of an entirely opposite kind enters[1] into my character, an element of sadness, of self-centredness, of selfishness therefore, whose effect is two-fold: to warp and hinder the development and full *internal* play of those other qualities, and to hinder, by affecting the will depressingly, their full *external* play, their manifestation. One [day] I shall analyse this, one day I shall examine better, discriminate, the elements of my character, for my curiosity of all things, linked to my curiosity for myself & for my own character, leads to one attempt to understand my personality.

It was on account of these characteristics that I wrote, describing myself; in "Winter[2] Day"[d],

One like Rousseau...
A misanthropic lover of mankind.

I have, as a matter of fact, many, too many, affinities with Rousseau. In certain things our characters are identical. The warm, intense, inexpressible love of mankind, and the portion of selfishness balancing it – this is a fundamental characteristic of his character and, as well, of mine.

–

My intense patriotic suffering, my intense desire of bettering the condition of Portugal provoke in me – how to express with what warmth, with what intensity, with what sincerity! – a thousand plans which, even if one man could realise them, he had to have one characteristic which in me is purely negative – the power of will. But[3] I suffer – on the very brink of madness, I swear it – as if I *could* do all and was unable to do it, by deficiency of will. The suffering is horrible. It holds me constantly, I say, on the brink of madness.

And then ununderstood. No one suspects my patriotic love, intenser than that of everyone I meet, of everyone I know. I do not betray it; how do I then know they have it not? how can I tell their case is not such as mine?[4] Because in some cases, in most, their temperament is entirely different; because, in the other cases they speak in a way which reveals the non-existence at least of a warm patriotism. The warmth, the intensity – tender, revolted and eager – of mine I shall never express, so as not to be believed, if ever expressed[5] at all.

d Poema inacabado do qual sobrevivem muitos fragmentos, constando de um deles a indicação autoral "A.S." (78B-33[r]); ver *Poemas Ingleses* (1997, tomo 2, pp. 77-89).

Besides my patriotic projects – writing of "P[ortuguese] Reg[icide]"[e] to provoke a revolution here, writing of Portuguese pamphlets, editing of older national literary works, creation of a magazine, of a scientific review, etc. – other plans, consuming me with the necessity of being soon carried out – Jean Seul projects, critique of Binet-Sanglé[f], etc. – combine to produce an excess of impulse that paralyses my will. The suffering that this produces I know not if it can be described as on this side of insanity.

Add to all this other reasons still for suffering, some physical, others mental, the susceptibility to every small thing that can cause pain[6] (or even that to a normal man could not cause pain), add this to other things still, complications, money difficulties – join this all to my fundamentally[7] unbalanced temperament and you may be able to *suspect* what my suffering is.[8]

One of my mental complications – horrible beyond words – is a fear of insanity, which itself is insanity. I am partly in that state betrayed as his by Rollinat in the opening poem (I think) of his "Névroses."[g] Impulses criminal some, insane others, reaching, amid my agony, a horrible tendency to action, a terrible *muscularity*, felt in the muscles, I mean – these are common with me and the horror of them & of their intensity – greater than ever now both in number and in intensity – cannot be described.

– 30-10-08 –

e Ver *The Transformation Book*, or *Book of Tasks*.

f Trata-se da obra sobre as perturbações mentais de Jesus; ver *The Transformation Book*, or *Book of Tasks*.

g Pessoa terá lido *Les Névroses* (1883), entre outras obras de Rollinat (cf. 48B-113[r]), em Dezembro de 1905 (cf. 48B-91[r]). O poema de abertura a que se refere é "Le Fantôme du crime" ("O fantasma do crime").

[TRAD.] *Jamais existiu alma mais afectuosa ou terna do que a minha, alma mais repleta de bondade, de compaixão, de tudo o que representa ternura e amor. Porém, nenhuma alma é tão solitária como a minha – solitária, note-se, não devido a circunstâncias do exterior, mas do interior. Quero dizer: a par da minha grande ternura e bondade, entra no meu carácter um elemento de índole inteiramente oposta, um elemento de tristeza, de egocentrismo e de excessivo amor próprio, portanto, que tem um duplo efeito: perverter e estorvar o desenvolvimento e a plena acção* interna *dessas outras qualidades, e impedir, perturbando a vontade de forma depressiva, a sua plena acção* externa, *isto é, a sua manifestação. Hei-de analisar isto, um dia hei-de examiná-lo melhor, discriminando os elementos constituintes do meu carácter, pois a minha curiosidade por todas as coisas, aliada à minha curiosidade por mim próprio e pelo meu carácter, leva a uma tentativa de compreender a minha personalidade.*

Foi por causa destas características que escrevi, descrevendo-me, em "Dia de Inverno",

Alguém como Rousseau…
Misantrópico amante da humanidade.

De facto, tenho muitas, demasiadas, afinidades com Rousseau. Em certas coisas os nossos caracteres são idênticos. O caloroso, o intenso, inexprimível amor pela humanidade, e uma dose de amor-próprio excessivo a contrabalançar: eis uma característica fundamental do seu carácter e, também, do meu.

–

O meu intenso sofrimento patriótico, o meu intenso desejo de melhorar a situação de Portugal, geram em mim – como exprimir com que ardor, com que intensidade, com que sinceridade! – mil projectos que, mesmo se realizáveis por um só homem, exigiriam dele uma característica que em mim é puramente negativa: força de vontade. Mas sofro – até me abeirar da própria loucura, juro-o – como se tudo eu pudesse fazer e não conseguisse fazê-lo por insuficiência da vontade. É um sofrimento horrível. Mantém-me constantemente, afirmo-o, à beira da loucura.

E, depois, incompreendido. Ninguém suspeita do meu amor patriótico, mais intenso do que o de toda a gente que encontro ou que conheço. Não o deixo transparecer; como sei então que essas pessoas não o possuem? Como posso dizer que o seu amor não é igual ao meu? Porque em alguns casos, na maioria deles, o seu temperamento é completamente diferente; porque, nos outros casos, a sua maneira de falar revela a inexistência de um patriotismo minimamente notável. O ardor, a intensidade – terna, revoltada e ardente – do meu, nunca os exprimirei, para que não descreiam de mim, se alguma vez os exprimir.

Além dos meus projectos patrióticos – escrever "Regicídio Português" para suscitar aqui uma revolução, escrever panfletos em português, editar obras literárias nacionais mais antigas, fundar uma revista, uma publicação científica, etc. – outros planos que me consomem com a necessidade de serem em breve realizados – projectos de Jean Seul, crítica de Binet-Sanglé, etc. – conjugam-se para produzir um impulso excessivo que me paralisa a vontade. Não sei se o sofrimento que isto produz poderá ser descrito como estando do lado de cá da loucura.

A tudo isto acrescentem-se ainda outras razões de sofrimento, umas físicas, outras mentais, a susceptibilidade a todas as pequenas coisas que possam provocar dor (ou mesmo àquelas que não causariam dor a um homem normal), acrescentem-se ainda outras coisas, complicações, dificuldades monetárias – junte-se tudo isto ao meu temperamento fundamentalmente desequilibrado e talvez se possa suspeitar quanto sofro.

Uma das minhas complicações mentais – horrível para além de quaisquer palavras – é o medo da loucura, o qual, em si, já é loucura. Em parte encontro-me naquele estado que Rollinat denuncia como seu no poema inicial (segundo creio) das suas Névroses. *Impulsos, uns criminosos, outros dementes, que chegam, no meio da minha agonia, a uma tendência horrível para a acção, uma terrível* musculosidade, *sentida nos músculos, quero eu dizer; estes impulsos são em mim frequentes e o horror deles e da sua intensidade – agora maiores do que nunca tanto em número como em intensidade – é indescritível.*

–30-10-08–

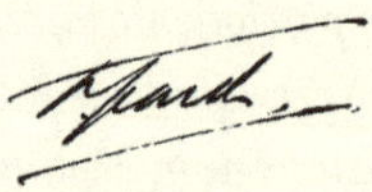

[ANEXO] BIBLIOTECA PARTICULAR

Selecção dos 25 títulos em que figura a assinatura de Alexander Search (ver a lista completa em Ferrari, 2009, pp. 193-197):

GRASSET, Joseph (1908). *L'Occultisme hier et aujourd'hui: le merveilleux préscientifique*. Montpellier: Coulet et Fils ed. CASA FERNANDO PESSOA, 1-59.

Brizeux, Auguste [1908]. *Marie; [Les] bretons; La fleur d'or*. Choix, notice biographique et bibliographique par Alphonse Séché. Paris: Louis-Michaud. Casa Fernando Pessoa, 8-68.

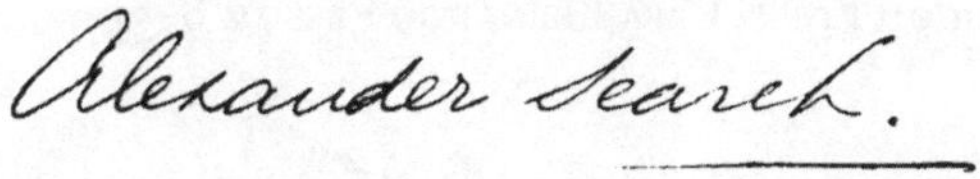

Byron, Lord (1905). *Poetical Works*. The only complete and copyright text in one volume. Edited with a memoir by Ernest Hartley Coleridge. London: John Murray. Casa Fernando Pessoa, 8-82.

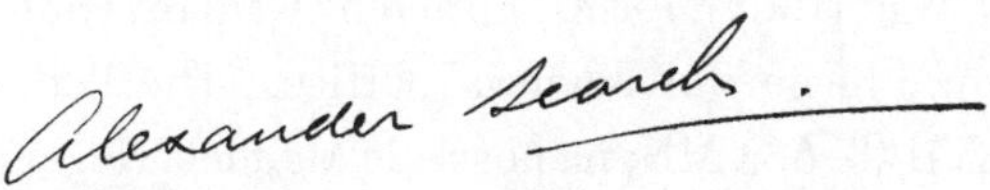

Junqueiro, Guerra (1903). *A Morte de D. João*. Lisboa: Parceria António Maria Pereira. Casa Fernando Pessoa, 8-287.

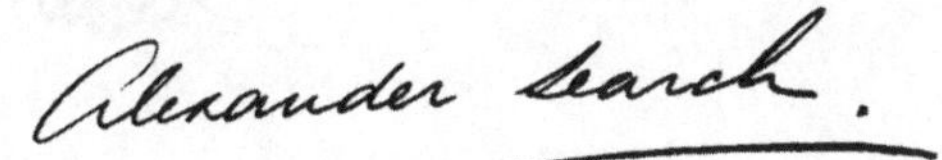

Montgailhard, Guy de [1909]. *Poètes français contemporains*. Paris: G. Vasseur. Casa Fernando Pessoa, 8-447.

Shelley, Perce Bysse (1904). *Complete Poetical Works*. Including materials never before printed in any edition of the poems. Edited with textual notes by Thomas Hutchinson. Oxford: Clarendon Press. Casa Fernando Pessoa, 8-513.

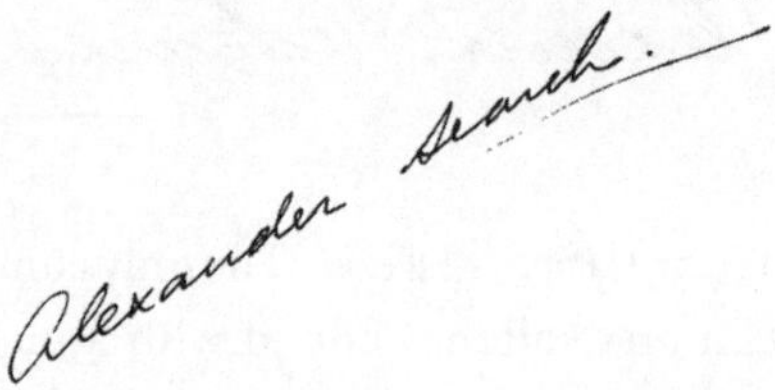

Whitman, Walt [1895]. *Poems*. Edited by William Thomas Stead. London: "Review of Reviews" Office. "The Penny Poets", n.º XXVII (8-664 MN; na posse de Manuela Nogueira).

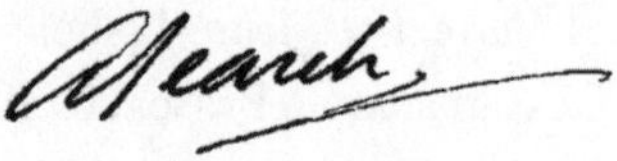

Cortón, Antonio (1906). *Espronceda*. Madrid: Casa Editorial Velázquez. Casa Fernando Pessoa, 9-21.

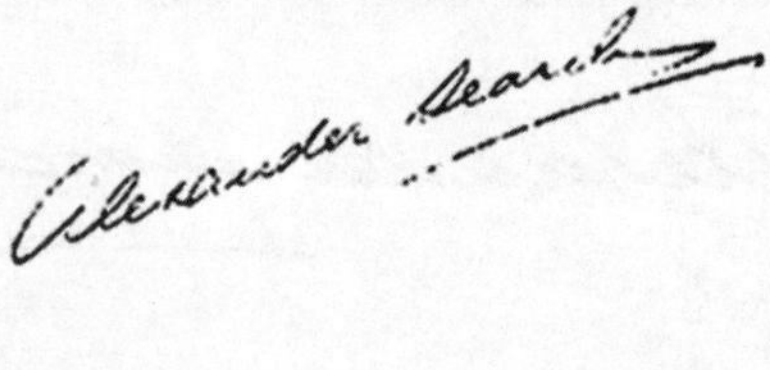

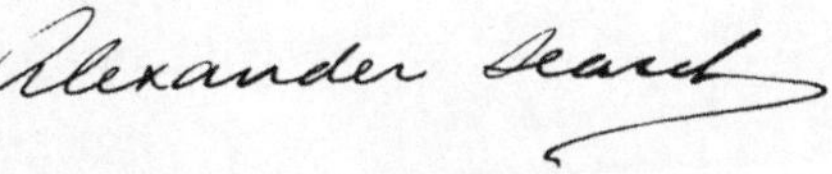

Assinatura no folheto sobre a loucura de João Franco, de autoria de Arthur Leitão, conservado entre os papéis de Fernando Pessoa [108C-27r].[h]

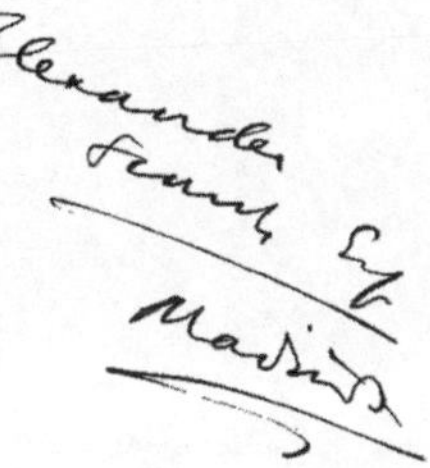

Apontamento solto em que se lê "Alexander Search Esq | Madrid" [sem cota].[i]

Cartão-de-visita de Alexander Search [93-12r].

h Veja-se o cap. IX de *Escritos sobre Génio e Loucura* (2006, tomo 1, pp. 259-303).

i Encontra-se na colecção particular de Manuela Nogueira.

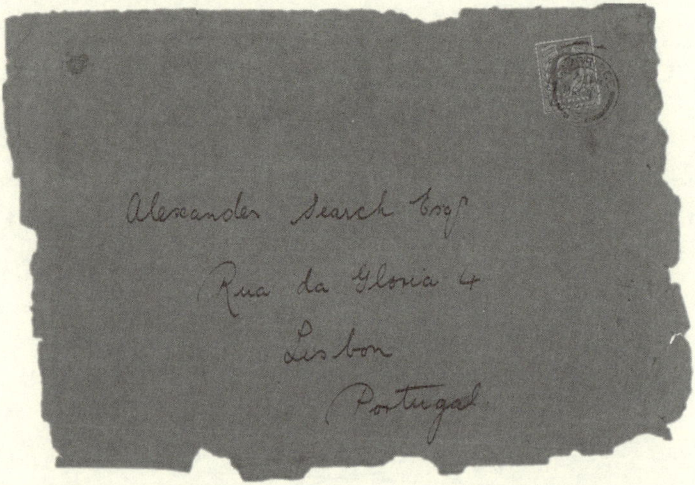

Envelope endereçado a Alexander Search Esq. [27 A[1]-11[v]].

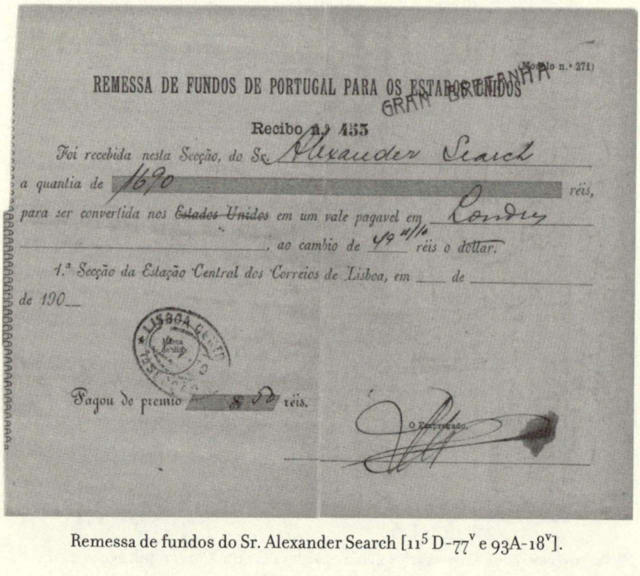

(Modelo n.º 271)

REMESSA DE FUNDOS DE PORTUGAL PARA OS ~~ESTADOS UNIDOS~~ GRAN BRETANHA

Recibo n.º 455

Foi recebida nesta Secção, do Sr. Alexander Search

a quantia de 1690 réis,

para ser convertida nos ~~Estados Unidos~~ em um vale pagavel em Londres

, ao cambio de 49 11/16 réis o dollar.

1.ª Secção da Estação Central dos Correios de Lisboa, em ___ de ______

de 190__

Pagou de premio ____ réis.

O Empregado,

Remessa de fundos do Sr. Alexander Search [11[5] D-77[v] e 93A-18[v]].

73
A. MOREIRA

Terá sido o primeiro ou o segundo a co-assinar um texto intitulado "Essay on Intuition" ["Ensaio sobre a Intuição"], supondo que o registo arredondado do seu nome e a inscrição contraída do nome de Faustino Antunes (cf. 74) sejam assinaturas. É possível que o sejam, como também é possível que Pessoa tenha preenchido o espaço em branco final, a metade inferior da segunda página do ensaio, com esses dois nomes e a repetição das palavras shakesperianas "We are such stuff" ["Somos da mesma matéria"] da peça *The Tempest* [*A Tormenta*]. Não era invulgar que Pessoa preenchesse com palavras soltas, redigidas de modo "interseccionista", as páginas e os espaços em branco dos seus cadernos. Existe ainda um outro testemunho do "Essay on Intuition" ($15B^{1}$-1^{r}; fac-similado in Monteiro, 2008), que porém não foi atribuído a ninguém. Neste caso, embora com algumas dúvidas, acompanhamos a decisão de editores anteriores (Lopes, Cabral Martins, Zenith), que consideraram o fragmento filosófico sobre a intuição como um texto co-assinado, em retrospectiva, por Moreira e Antunes. Em princípio, "A. Moreira" não será nem o guarda-livros Moreira, do *Livro do Desassossego*, nem o Moreira da "Novela curta" de Alvaro de Campos, duas personagens fictícias que só surgem duas décadas mais tarde e que não terão chegado a ser autores, no sentido activo do verbo *to author*, visto que não se "liberaram" de Pessoa, nem dos seus desdobramentos imaginários (Soares e Campos).

DATA: 1906-1907.

A. Moreira.

[14^{6}-31^{r}]

[73.1] *Essay on Intuition.*

§ Another very stupid notion that I find common to most people is that tact and intuition are identical. In other words, it is widely held that the poet who creates, the merchant and the diplomat who manoeuvre[1], the society woman who plays on the feelings of men[2], make use of the same faculty. A phrenologist will tell you it is the faculty of human-nature. The mistake is excusable, but it is a mistake none the less. A more minute consideration will show to us the difference. The creative faculty of character (of the poet)[3] is composed of imagination and introspection; a poet is selfish, he builds others from himself. Falstaff is Shakespeare as truly as Perdita, Iago, Othello, Desdemona are Shakespeare.

Great minds know mankind through knowledge of themselves, whereas little minds must have experience to know men[4].

§ Considering existence deeply, we cannot but allow that, outside the fact that we live, scarcely anything can be known. We wander in such a maze[5] that we may be excused asking if we exist. True, the[6] further thought doth go, are those[7] lines of Shakespeare:

We are *such stuff*
As dreams are made on, & our little life
Is rounded with a sleep.[a]

a *The Tempest*, acto IV, cena 1, versos 156 a 158. Próspero pronuncia estas palavras para assinalar o fim de uma encenação alegórica; a sua intervenção sugere que o mundo todo é um palco e que todas as máscaras, como os sonhos, se dissolvem.

The deeper thought goes, the more our hearts are torn as the strangeness of life is evident. We are beings of intuition, & if we know, it is because we know that we know. Not a million Haeckels can contest that.

A. Moreira.

Faustino Antunes.

Ensaio sobre a Intuição. [TRAD.]

§ Outra noção muito estúpida que encontro na maioria das pessoas é que tacto e intuição são idênticos. Noutras palavras, é ideia generalizada que o poeta que cria, o comerciante e o diplomata que manipulam, a mulher de sociedade que brinca com os sentimentos dos homens, se aproveitam da mesma faculdade. Um frenologista dir-nos-á que se trata da faculdade da natureza-humana. O erro é perdoável, porém não deixa de ser um erro. Uma consideração mais minuciosa demonstrar-nos-á a diferença. A faculdade criativa do carácter (do poeta) é composta pela imaginação e introspecção; o poeta é egoísta, cria outros para si. Falstaff é Shakespeare, tal como Perdita, Iago, Otelo, Desdémona são Shakespeare.

As grandes mentes conhecem a humanidade através do conhecimento de si próprias, enquanto as pequenas mentes necessitam da experiência para conhecer o homem.

§ Examinando profundamente a existência, não podemos senão afirmar que, para além do facto de que estamos vivos, dificilmente alguma coisa pode ser conhecida. Deambulamos num tal labirinto que até é perdoável interrogarmo-nos sobre se existimos. Quanto

mais longe for o pensamento, mais verdadeiros nos parecem aqueles versos de Shakespeare:

> *Somos da mesma matéria*
> *De que os sonhos são feitos, e a nossa pobre vida*
> *Em sono terminará.*

Quanto mais se aprofunda o pensamento, mais os nossos corações sofrem com a evidente estranheza da vida. Somos seres de intuição, e, se soubermos, é porque sabemos que sabemos. Nem um milhão de Haeckels pode contestar isso.

A. Moreira.

Faustino Antunes

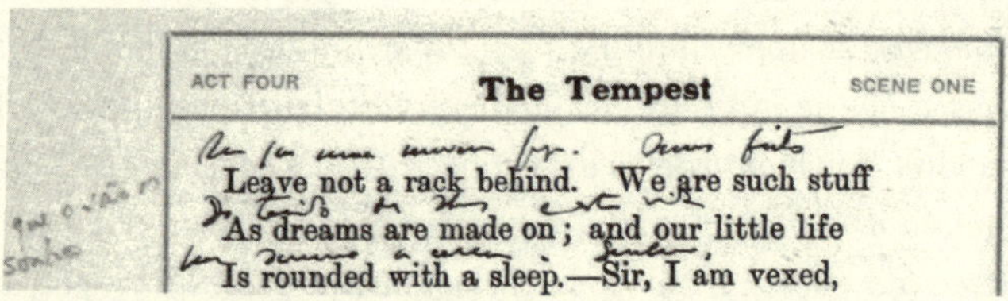

ACT FOUR — The Tempest — SCENE ONE

Leave not a rack behind. We are such stuff
As dreams are made on; and our little life
Is rounded with a sleep.—Sir, I am vexed,

Pormenor do exemplar da obra *The Tempest* na Biblioteca particular de Fernando Pessoa [Casa F. Pessoa, 8-507]. Tradução nas entrelinhas: "Somos feitos | Do tecido dos sonhos e esta vida | Um somno a cerca"; variante: "[Dos tecidos] que o são os sonhos" .

74
FAUSTINO ANTUNES

Suposto psiquiatra que teve Fernando Pessoa como paciente e que requereu, em 1907, apreciações sobre o carácter e a saúde mental de Pessoa a antigos professores e colegas de turma do jovem escritor na Durban High School. Conhece-se o plano de envio de uma série de cartas com as quais Fernando Pessoa, sob a máscara de Faustino Antunes, tencionava obter esses testemunhos. Essas cartas foram realmente enviadas, porque se conhecem pelo menos duas respostas quase imediatas às mesmas e um depoimento tardio. As respostas escritas que se conservam provêm de Mr. Ernest Belcher (*senior master* no liceu de Durban, onde era professor de Inglês), datada de 14 de Junho de 1907, e reproduzida por Hubert D. Jennings (1986, pp. 25-26); e a de Clifford Geerdts (ex-condiscípulo de Pessoa), datada de 4 de Outubro de 1907, e arquivada no espólio pessoano (Anexo 4). Antunes terá escrito a Belcher em Maio e a Geerdts em Setembro de 1907. O depoimento que se conhece é, precisamente, de Geerdts, que em 1963 foi entrevistado por Jennings; o ex-aluno do liceu inglês disse então ao biógrafo de Pessoa que se lembrava de ter recebido uma carta de um médico de Lisboa, que pelo estilo suspeitou que se tratasse do próprio Pessoa, mas que tinha optado por responder com cautela. Antunes também terá enviado uma carta para Hardress O'Grady, o professor de Francês de Pessoa na Durban High School (cf. 75, Ardrèce Augradi), descrevendo o seu paciente como um "neurasthénique vésanique". O rascunho que se conhece chegou a ser passado a limpo e assinado pelo psiquiatra (*Escritos sobre Génio e Loucura*, 2006, tomo 1, pp. 446-447; cf. 28-99^v). Existe também a possibilidade de Antunes ter remetido cartas para o Dr. C. H. Haggar, director da Commercial School, onde Pessoa estudou de fins de 1902 a fins de 1903, para um funcionário da secretaria académica da Durban High School e para outros ex-condiscípulos, para além de Geerdts (ver Pizarro, 2007, pp.72-76).

Faustino Antunes foi principalmente o autor desta série de cartas reais, de que se conservam vestígios, mas foi também ensaísta, se admitirmos que foi um dos autores, com A. Moreira (cf. 73), do "Essay on Intuition". Como membro da *coterie* pessoana, foi contemporâneo de Alexander Search (cf. 72), que deixou uma nota a brincar com o falso médico, e de Pantaleão (cf. 82), que projectou uma carta sobre "A evolução mental de Faustino Antunes (sat[ira] s[obre] symbolismo e incompreensão)" (48A-4^r). Além disso, terá agido como uma espécie de secretário de Fernando Pessoa, já que se ocupou da sua correspondência comercial. Em 1907, Antunes recebeu, na morada onde Pessoa vivia com as tias-avós, uma carta da The Sun Type Writer Co., sediada em Nova Iorque. O jovem Pessoa, que terá sido um dos primeiros escritores portugueses a possuir uma máquina de escrever, parece ter feito, aos 19 anos, algumas indagações e talvez algumas encomendas com o auxílio do seu cúmplice epistolar na altura: o senhor ("Mr.") Faustino Antunes.

DATA: 1907.

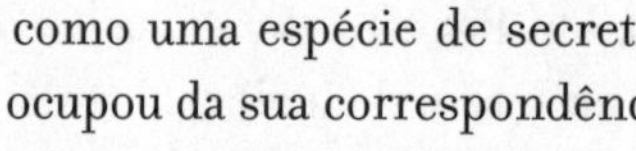

[14^6-31^r]

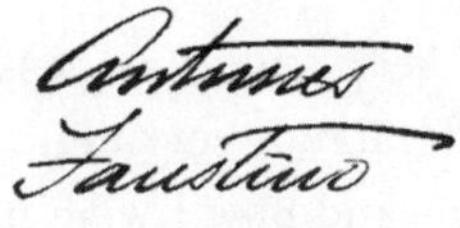

[77-49^{v}]

[77-49^{v}] [27^{9} D^{2}-37^{v}]

Letters for information as to character of myself: [74.1]

1. Registrar (Essays) ← *Self as mentally ill.*
2. Geerdts. Oxford (Lincoln College) ← *giving self as dead.*
3. Belcher ← *giving self as mentally ill.*
4. Dr. Haggar. – *self as mentally ill.*

Signature 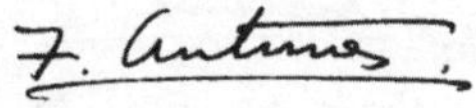

[I am writing you about the] late F[ernando] A[ntonio] N[ogueira] Pessôa who is thought to have committed suicide: at least he blew up a country-house in which he was, dying he and several other people. A /crime/ which caused[1] great sensation in Portugal at the time (several months ago). I have been requested to inquire[2] as far as is now possible, into his mental condition &, having heard, that the deceased was with you in the Durban High School, must beg you to write me stating frankly how he was considered among the his comrades[3] at the said institution. Write me an account as detailed as is possible on this[4]. What opinion was held of him? intellectually? socially? etc. Did he seem or did he not seem capable of such an act[5] as I have described?

I must ask you to keep, as far as possible, silence on this matter; it is, you understand, very delicate & very sad. Besides, it may have been (and how I wish it may have been!) an accident, & in that case our hasty condemnation would itself be a crime. It is just my task, by inquiring into his mental condition to determine whether this catastrophe was a crime or a mere accident.

An early reply will very much oblige ◊

[TRAD.] Cartas para informação sobre o meu próprio carácter:

1. *Arquivista do liceu (Ensaios)* ← o eu como mentalmente doente.
2. *Geerdts. Oxford (Lincoln College)* ← apresentando o eu como morto.
3. *Belcher* ← apresentando o eu como mentalmente doente.
4. *Dr. Haggar.* – o eu como mentalmente doente.

Assinatura 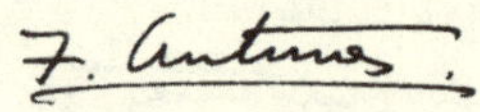

[Estou a escrever-lhe a respeito] do falecido F[ernando] A[ntónio] N[ogueira] Pessôa, que se pensa ter cometido suicídio; pelo menos fez explodir uma casa de campo onde se encontrava, morrendo ele e várias outras pessoas. Um crime que causou grande excitação em Portugal na altura (há vários meses). Incumbiram-me de investigar, tanto quanto é agora possível, o seu estado mental e, tendo ouvido dizer que o falecido esteve consigo na Durban High School, venho pedir-lhe que me escreva, dizendo-me com franqueza como era ele considerado entre os colegas da dita instituição. Escreva-me um relato tão pormenorizado quanto possível a esse respeito. Que opinião tinham dele? Intelectualmente? Socialmente? etc. Parecia ou não capaz de cometer um acto como aquele que descrevi?

Devo pedir-lhe que guarde o máximo silêncio possível sobre este assunto; é, como bem vê, muito delicado e muito triste. Para além disso, poderá ter sido (e como desejo que assim tenha sido!) um acidente, e nesse caso a nossa condenação precipitada seria, ela própria, um crime. A minha tarefa é unicamente a de determinar, inquirindo sobre o estado mental dele, se a catástrofe foi um crime ou um simples acidente.

Se me respondesse rapidamente ficaria muito grato ◊

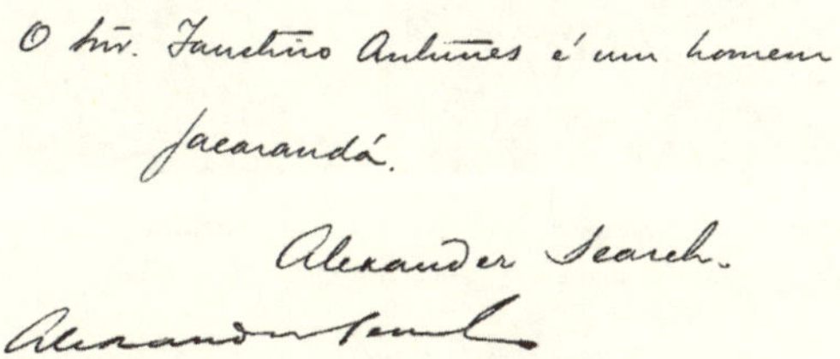

Apontamento solto em que se lê "O Snr. Faustino Antunes é um homem Jacarandá. Alexander Search" [sem cota].[a]

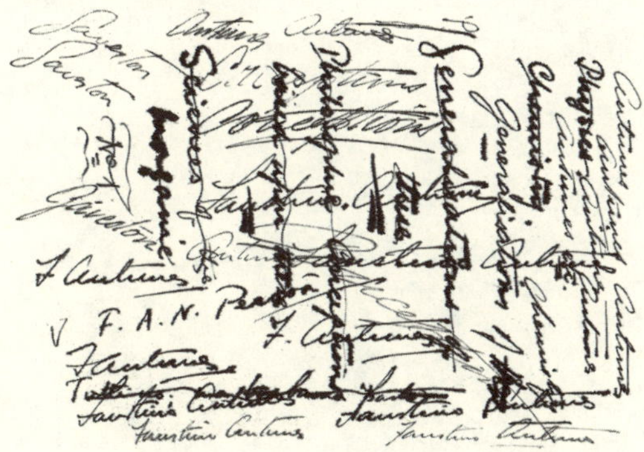

Interior da capa de um caderno em alto contraste [144T-1[r]]; cf. *Pessoa por Conhecer* (1990, tomo 2, p. 238).

a Encontra-se na colecção particular de Manuela Nogueira.

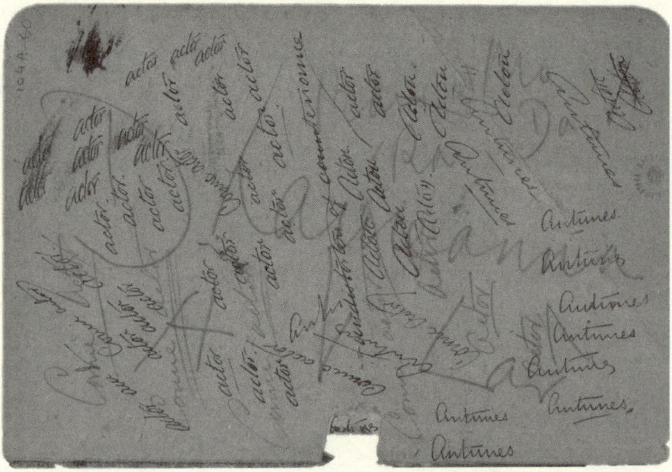

Interior da contracapa de um caderno sem alto contraste [104A-60^{r}];
note-se, ao meio, a "janela" em que se lê "Antunes".

Correspondência para Faustino Antunes [75A-31^{v}].

75
ARDRÈCE AUGRADI

Figura literária que assina um único poema em francês, mais exactamente um *rondeau*, isto é, um poema que costuma ser composto por três estrofes – as duas últimas retomando no último verso (ou refrão) o primeiro hemistíquio da estrofe inicial. O poema de Ardrèce Augradi conta apenas duas estrofes, mas respeita esta fórmula de repetição: "Si j'étais roi!" ["Fosse eu Senhor!"]. A peça será datável de 1907, tal como outros poemas franceses de Pessoa, mas encontra-se dactilografado no verso de um anúncio da célebre ópera cómica em dois actos *The Mikado*, representada na Durban High School em Julho de 1904. O apelido Augradi terá sido utilizado por Pessoa para ocultar a identidade do seu antigo professor de Francês, O'Grady, com quem aparentemente se correspondia ou tencionava fazê-lo (cf. 28-99[v]). Na margem inferior do anúncio da ópera *The Mikado*, Pessoa deixou uma nota que estará ligada ao nome de Ardrèce Augradi: "Hardress O'Grady is the name" ["Hardress O'Grady é o nome"]. No seu estudo crítico *Fernando Pessoa in Durban*, H. D. Jennings reparou no jogo de palavras e deu a conhecer o poema (1986, pp. 78-79; cf. Jennings, 1984, pp. 133-138).

No texto de Augradi, Pessôa (com circunflexo) aparece referido como se de um cantor se tratasse, uma prática comum na poesia românica medieval e, em particular, nas cantigas de escárnio e maldizer. Aliás, a assinatura do pseudo-O'Grady é seguida de um título: "trouvère". Assim, Pessoa associa Augradi ao trovadorismo e à poesia culta em que o poeta costumava ser criador do texto e da respectiva música. A palavra "trouvère" (também escrita "trouveur"), do francês arcaico *trovere*, deriva do provençal *trobaire* e significa "trouver" ["encontrar"]. O trovador era um poeta e músico que combinava harmoniosamente palavras e sons.

DATA: 1907.

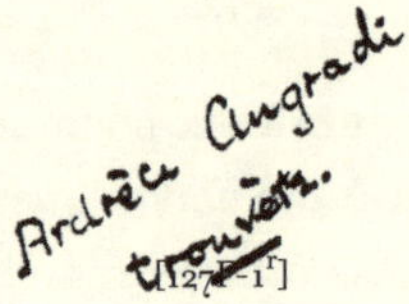

[127P-1r]

RONDEAU.

[75.1] Si j'étais roi du monde entier
Cent lois je ferais édifier
Pour établir un sauf-asile
Pour chaque papa imbécile,
Et pour son futur familier :
Le professeur de l'An Dernier.
C'est eux que je ferais pilorier,
Ces amateurs de l'Inutile,
Si j'étais roi !

Mais chut ! l'infinitif en –ier
Est rime tout dessous de panier,
Et voilà Pessôa qui file
Chanter son rondeau à la ville.
C'est LUI que pendrais le premier
Si j'étais roi !

RONDEAU.

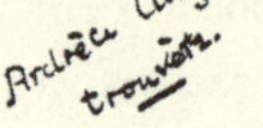

Fosse eu do mundo Senhor
Cem leis poria em vigor.
Que dessem passe para asilo
A todo o papá imbecil
E a quem seu parente for:
O Antigo Professor.
A eles ditava o Pior,
Amadores de todo o Inútil
Fosse eu Senhor!

Mas irra! Este final em – or
É rima sem ponta de nível,
E já foi o Pessoa, andor,
A cantarolar em redor!
Ai, punha-lhe processo cível
Fosse eu Senhor!

Ardrèce Augradi
trouvère.

76
FRIAR MAURICE

Autor de um projecto literário intitulado *The Book of Friar Maurice* [*O Livro de Frei Maurice*], revelado por R. Zenith em 2003 (*Escritos Autobiográficos*, pp. 76-80), para o qual ficaram depositados nas arcas pessoanas alguns fragmentos. Pessoa ponderou, mais de uma vez, alterar o título do livro atribuído a este frade, mas terá acabado por manter a designação. Assim, numa página de caderno, por volta de Agosto de 1907, escreve: "*Ultimus Joculatorum*. (or another good title) | a kind of Sartor Resartus – instead of Book of Friar Maurice. | The Nothingness Club. | The Zero Club" ["*O Maior dos Brincalhões*. (ou outro bom título) | uma espécie de Sartor Resartus – em vez do Livro de Frei Maurice | O Clube Nada | O Clube Zero"] (144T-52[r]); e pouco depois, numa folha solta, anota que *The Black Book of Caesar Seek* seria o verdadeiro título de *Friar Maurice*, "tal como tentei chamá-lo no passado" (cf. 69, Caesar Seek). Importa destacar que Pessoa queria redimensionar *Ultimus Joculatorum* e que equacionou, então, a possibilidade de lhe dar outros títulos: *The Nothingness Club*, *The Zero Club* e *The Black Book of Caesar Seek*. Mas o título *The Book of Friar Maurice* terá acabado por vingar e por não se confundir com os restantes projectos, atendendo a que ainda é referido numa página de caderno datável de 1909 (cf. 144D-6[r]).

Friar Maurice é mencionado num texto de índole autobiográfica, datável de Novembro de 1907, no qual se lê a seguinte observação: "How gay was the dinner yesterday! How Aunts & Uncles & Cousins male & female were joyous, how all was merry. All was wit, charm, warmth. Poor Friar Maurice, thou wert present, and all thou wert cold, cold, cold. Poor Friar Maurice. Friar Maurice is mad. Do not laugh at Friar Maurice" ["Como foi festivo o jantar de ontem! Como estavam alegres as tias e os tios, os primos e as primas; como o ambiente estava cheio de animação. Tudo era engraçado, encantador, caloroso. Pobre Frei Maurice, estáveis presente e estáveis inteiramente frio, frio, frio. Pobre Frei Maurice. O Frei Maurice é doido. Não riam do Frei Maurice"] (20-8^{r}). Outros títulos que Pessoa chegou a imaginar para o livro desta personagem torturada foram *Voyage to Hell – The Book of Friar Maurice* [*Viagem ao Inferno – O Livro de Frei Maurice*] e *Voyage of the Unknown Travel* [*Viagem da Jornada Desconhecida*] (15B^{4}-63a^{r}). "Oh, to put myself outside myself" ["Oh, pôr-me fora de mim mesmo"], exclama o frade num trecho, "I have a desire to fly from myself. I do conceive, though very vaguely, a life where we are ourselves yet are not. Oh, doubt! Oh torture!" ["Desejo voar de mim mesmo. Concebo, ainda que vagamente, uma vida em que sejamos nós próprios e ainda assim não o sejamos. Oh, dúvida! Oh, tortura!"] (in Pizarro, 2007, p. 85). Podemos afirmar que o *Livro do Desassossego* terá começado a despontar nos apontamentos deste místico sem Deus.

As siglas de Friar Maurice, "F.M", manuscritas a lápis azul, constam do fragmento seguinte; e o seu nome, riscado, figura no verso de um pequeno envelope (ver "Outros documentos").

DATA: 1907.

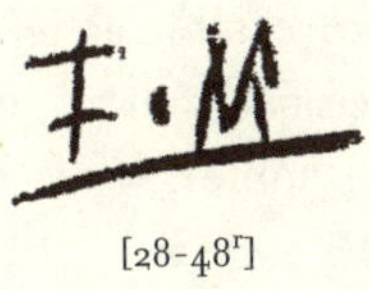

[28-48^{r}]

[76.1] One hallucinated conscious of his hallucination, one who hopes without hoping, a dreamer without dreams.

–

A mystic without God, a Christian without a creed.

[TRAD.] *Um alucinado consciente da sua alucinação, alguém que espera sem esperança, um sonhador sem sonhos.*

–

Um místico sem Deus, um cristão sem uma crença.

[76.1] Why am I so unhappy? Because I am what I must not be. Because half of me is not brother to the other half, & the conquest of one is the defeat of the other, & if the defeat the suffering – my suffering in either case.

Half of me is noble & great, and half of me is little and vile. Both[1] of them are I[2]. When the part of me that is great triumphs, I suffer ∵[because] the other half – which is also truly myself, which I have been unable to render not-myself – aches thereat. When the base part of me triumphs, the noble half suffers and sorrows.

Ignoble tears or noble tears – all of them are tears.[3]

–

When I hear of the growth of vice, of lust, of sexual evilness, I am filled with an inexpressible ache, with a deep rage. Why with such a rage? ∵[because] not *all* me is in revolt, but part – the greater, truly, the nobler, truly. But half of me, though hidden in me, exults. My rage is ∴ [therefore] so great – the rage of war and of civil war together. I ache that I should not all be good.

I am ever consumed by a deep, inextinguishable love of [76.2]
mankind, by a profound desire to do good, to defend the weak, to work wonders.

Often I, feeling so weak in will, so wavering in purpose, say: I will leave all ideas of altruism: I will, perhaps not enjoy life, but at least care for nothing, leave all.

But I cannot, fortunately, I cannot.

There is in me more good than there is bad.

–

These are my thoughts? What will my actions in the furure be? Horror! Horror! Horror! The doubt of it.

I know I shall never prostitute with lust or vice what[4] talent I have. I know I shall never defend false things. But will the acts of my life, those private, near to me be good and pure? What[5] does the future hold – the[6] future of what *less*, of what *more* is *me*?[7]

Porque sou tão infeliz? Porque sou o que não devo ser. Porque metade [TRAD.]
de mim não está irmanada com a outra metade, e a conquista de uma é a derrota da outra, e havendo derrota há sofrimento – o meu sofrimento em qualquer dos casos.

Metade de mim é nobre e grandiosa, e metade de mim é pequena e vil. Ambas são eu. Quando a parte de mim que é grandiosa triunfa, sofro porque a outra metade – que também é na verdade eu próprio, que não consegui tornar não-eu – sofre por isso. Quando a parte inferior de mim triunfa, a parte nobre sofre e lamenta-se.

Lágrimas ignóbeis ou lágrimas nobres – todas são lágrimas.

–

Quando oiço falar do crescimento do vício, da luxúria, da perversão sexual, fico cheio de uma dor inexprimível, de uma profunda raiva.

Porquê tal raiva? Porque nem todo *o eu se sente revoltado, apenas parte – a mais grandiosa, na verdade, a mais nobre, na verdade. Mas metade de mim, embora oculta em mim, exulta. A minha raiva é portanto tão grande – a raiva da guerra e da guerra civil juntas. Sofro por não ser totalmente bom.*

Sou continuamente consumido por um amor profundo, inextinguível pela humanidade, por um profundo desejo de fazer o bem, de defender os fracos, de fazer milagres.

Muitas vezes, sentindo-me tão fraco na vontade, tão hesitante no propósito, digo: irei abandonar todas as ideias de altruísmo. Não apreciarei talvez a vida, mas ao menos não me preocuparei com nada, abandonarei tudo.

Mas não consigo, felizmente, não consigo.

Existe em mim mais bem do que mal.

–

São estes os meus pensamentos? Quais serão as minhas acções no futuro? Horror! Horror! Horror! A mera dúvida.

Sei que nunca prostituirei com luxúria ou vício o talento que tenho. Sei que nunca defenderei coisas falsas. Mas serão os actos da minha vida, os privados, próximos de mim, bons e puros? O que reserva o futuro – o futuro de que menos, *de que* mais *sou eu?*

[ANEXO]

OUTROS DOCUMENTOS

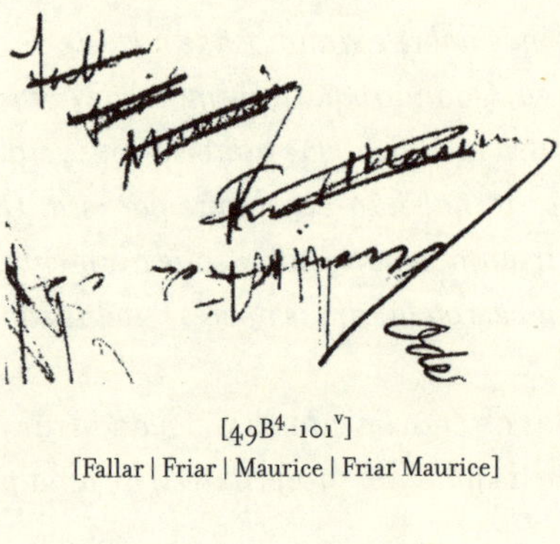

[49B^{4}-101^{v}]

[Fallar | Friar | Maurice | Friar Maurice]

77

W. FASNACHT

Fasnacht é a designação suíça (nos cantões de língua alemã) dos festejos de Carnaval. A palavra é uma forma abreviada de Fastnacht (designação usada numa região do sul da Alemanha), palavra composta por *fasten* (jejuar) e *Nacht* (noite), significando portanto véspera do jejum, neste caso, da Quaresma. Numa única folha do espólio pessoano, existem três ensaios diferentes de um mesmo anúncio em que W. Fasnacht oferece os seus serviços de grafólogo por correspondência. Pessoa, desde o início da sua adolescência, interessou-se por todas as "ciências do diminuto": a frenologia, a fisionomia, a grafologia e a quirologia, entre outras (ver Pizarro, 2007, pp. 19 *et seq.*). Tendo esboçado o esquema de um estudo sobre a escrita à mão (*handwriting*), que abandonou no ponto 3.a., Pessoa terá começado a redigir os anúncios no verso da mesma folha.

DATA: 1907.

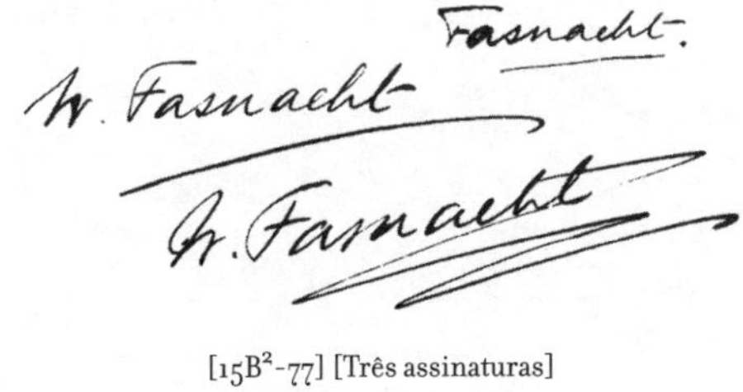

[15B[2]-77] [Três assinaturas]

[77.1] Caracter das pessoas pela letra. Mande-se carta da pessoa (com sobrescripto) e bilhete postal ou envelope com morada do remetente e no ult[imo] caso estampilha[1] de 25$^{rs.}$ para a resposta.

—

Caracter /das pessoas/ pela letra. Mande-se 200 réis, carta da pessôa (com sobrescripto), e bilhete postal com a direcção para a resposta[2], a W. Fasnacht, Posta Restante, Lisbôa.

—

Caracter pela letra. Mandem 200 reis[3], carta da pessoa[4] (com sobrescripto), e bilhete postal para a resposta, a W. Fasnacht, Posta Restante, Lisbôa.[a]

a Não incluímos uma assinatura atendendo a que poderia ser qualquer das três já fac-similadas e que se encontram a seguir aos anúncios.

78

NÉANT

"Néant", que em francês significa "nada", "vazio", é o nome que recebe um prefaciador fictício num elenco de títulos de sátiras. Esta lista já foi amplamente comentada na introdução às *Obras de Jean Seul de Méluret* (2006, p. 9): "A lista I encontra-se no caderno catalogado como 144J, que contém muitos dos primeiros testemunhos de algumas poesias de Alexander Search. Trata-se de um caderno de folhas de papel quadriculado que começa com indicações de carácter diarístico de Novembro de 1907 e acaba com o seguinte apontamento: '1908 – 8 'tis another year | Another year has gone and o done'. Na página 29, com a indicação *Titre des Satires*, encontram-se listados seis projectos satíricos e, sob a indicação *Non-satires*, outros dois. Todas estas iniciativas têm títulos em francês, embora algumas notas referentes ao seu desenvolvimento estejam em inglês. Por esta altura, surge uma parte considerável da produção inglesa de Pessoa, quer em poesia, quer no que toca a textos ensaísticos de carácter filosófico. Assim, o francês realça uma diferença linguística, que permite explorar num tom panfletário e satírico questões muito actuais à época, como o anarquismo, o feminismo, o socialismo e a degenerescência da sociedade e da arte modernas, sendo França tomada como exemplo máximo dessa decadência. A lista I termina com a hipótese alternativa de conceber um livro que começasse por um capítulo intitulado 'La Lit. des Souteneurs', precisamente o texto que aparecia em segundo lugar no projecto editorial de *Titre des Satires*. Por essa altura, Pessoa ter-se-á lembrado de outros dois panfletos, em inglês, o primeiro dos quais, pelo menos, já por si projectado em 1906: *Necessity of Death Penalty.*" Na lista figura ainda o catálogo das obras de Sar Pelisé, mas este nome encontra-se circunscrito num círculo, denotando alguma hesitação, e parece remeter mais para o autor das ditas obras do que para o seu catalogador. Por esta razão, esta personagem não integra a nossa lista (ver o Posfácio).

DATA: 1907.

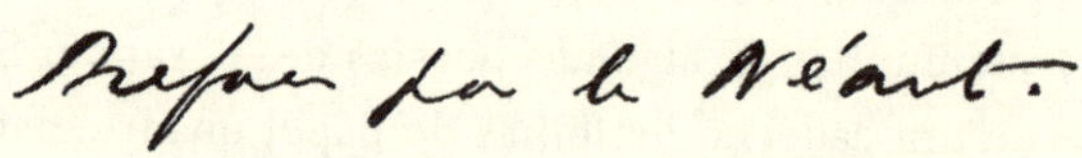

[144J-29^{r}]

Titre des Satires : [78.1]

– La France en 1950.
– La Littérature des Souteneurs.
– Catalogue de l'oeuvre philosophique, scientifique, et poétique de Sar /Pelisé/.[1]
– Les Fables tournantes.
– "/Peints par eux-mêmes/" morceaux choisis de MM. [*messieurs*] les littérateurs d'aujourd'hui. Préface par le Néant.
– Recueil des belles pensées des littérateurs françaises modernes
(a book with 15 blank pages, only the 16th has at the end, this thought, or some like it – which find: "We are all idiots").

Non-satires.
– Appel aux socialistes.
– Les Insignifiants – appendix à le "Dég[énérescence]" de Max Nordau.[a]

–

Or one book beginning w[ith] Chapter Litt[érature] des Soute[neurs].

–

English pamphlets
1. Necessity of D[eath] Penalty.
2. The folly of "W[omen]'s Rights"

a Max Nordau (1849-1923), médico, activista sionista e crítico social de origem húngara, publicou *Entartung* [*Degenerescência*] em 1892. Fernando Pessoa leu em 1907 esta obra, na tradução francesa de Auguste Dietrich publicada em 1894. Na Biblioteca particular de Pessoa existem cinco livros de Nordau, mas não a *Degenerescência*; deste último conservou-se a segunda parte do primeiro tomo até 1980 (cf. Pizarro, Ferrari e Cardiello, 2010, p. 420).

[TRAD.] Títulos das Sátiras:

– *A França em 1950*
– *A Literatura dos Proxenetas.*
– *Catálogo da obra filosófica, científica e poética de Sar /Pelisé/.*
– *As Fábulas Cíclicas.*
– *"/Pintados por eles próprios/" excertos escolhidos pelos Senhores Literatos de hoje. Prefácio por Néant.*
– *Colectânea de belos pensamentos de literatos franceses modernos (um livro com 15 páginas em branco, apenas a décima sexta tem no final este pensamento, ou algo do género: "Somos todos idiotas").*

Não-sátiras.

– *Apelo aos socialistas.*
– *Os Insignificantes – apêndice à "Degenerescência" de Max Nordau.*

—

Ou um livro que comece com o Capítulo Literatura dos Proxenetas.

—

Panfletos ingleses

1. *A necessidade da Pena de Morte*
2. *A loucura dos "Direitos das Mulheres"*

79
JEAN SEUL DE MÉLURET

Consultando novamente *The Transformation Book*, livro de tarefas redigido em 1908, constatamos que Jean Seul, surgido em 1907, haveria de "escrever em francês – poesia e sátira, ou obras científicas com um propósito satírico ou moral", e ainda que Pessoa listou três obras na sua ficha: "Casos de Exibicionismo", "A França em 1950" e "Os Senhores Proxenetas", sendo a primeira uma obra científica e as duas últimas, sátiras. Teresa Rita Lopes revelou os primeiros dois escritos em 1990 (*Pessoa por Conhecer*) e Rita Patrício e Jerónimo Pizarro publicaram o último em 2006 (*Obras de Jean Seul de Méluret*). Neste último volume, escrevem os editores: "Jean Seul é a personagem com que Pessoa se apresentaria a um público francófono, tratando autores e fenómenos vincadamente franceses ou associados com frequência à França. [...] É curioso notar que, tal como mais tarde acontecerá com os heterónimos principais, estas figuras [A. Search, Pantaleão, Seul e C.J. Search] existem fazendo parte de um grupo e, por isso, o seu esboço faz-se contrastivamente: Jean Seul, por exemplo, é apresentado como sendo um ano mais velho do que Charles Search e três do que Alexander. Ainda a propósito de Seul, note-se como a explicitação do princípio de ficcionalização é reiterada na apresentação da personagem ('Full name supposed to be'; 'supposed to be born in 1885')" (pp. 17-18).

Não é impossível que os "Jean Seul projects" ["projectos de Jean Seul"] viessem a ser apresentados por Alexander Search (cf. 72). O certo é que as duas figuras foram contemporâneas e que Pessoa, num texto de índole muito autobiográfica, se refere a esses projectos, talvez antes de optar por atribuí-los a Alexander Search. A respeito da autoria dos textos, devemos também lembrar que uma das sátiras de Seul, "La France en 1950", foi posteriormente atribuída a um japonês (cf. 96) e que o *corpus* da poesia melureteana nos é desconhecido, posto que Pessoa não chegou a rever o conjunto da sua produção poética em francês, nem a pensar na bibliografia específica desta personagem.

Apresenta-se de seguida um trecho de cada uma das obras de Jean Seul de Méluret. O primeiro, retirado do prefácio de "Casos de Exibicionismo", revela que Jean Seul escreve a partir de Lisboa e que se foca numa patologia – a mania da exibição – que só muito recentemente, em finais do século XIX, tinha entrado na literatura científica. O segundo texto, que integra "A França em 1950", é suficiente para iluminar o intuito de Pessoa: situar o leitor num outro mundo – deformado, exagerado, grotesco, de valores invertidos – que tornaria mais nítidos certos traços da decadência do Ocidente, nomeadamente, da cultura francesa, no início do século XX. O terceiro fragmento pertencente a "Os Senhores Proxenetas" e é um dos vários ataques lançados, nessa obra, contra uma pseudoliteratura tendencialmente *kitsch*, de tipo massificado, em que predominam os enredos sentimentais eróticos, representada por autores como Victorien du Saussay (1868-?), Jane de la Vaudère (1860-1908) e Félicien Champsaur (1859-1934), entre outros.

DATA: 1907.

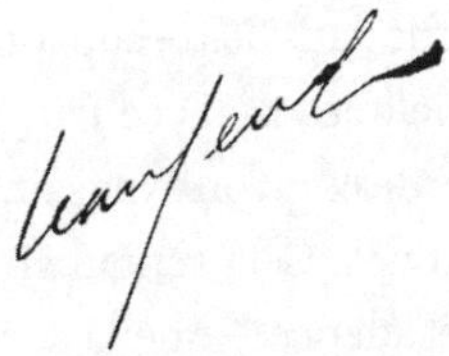

[15B^{3}-49^{r}]

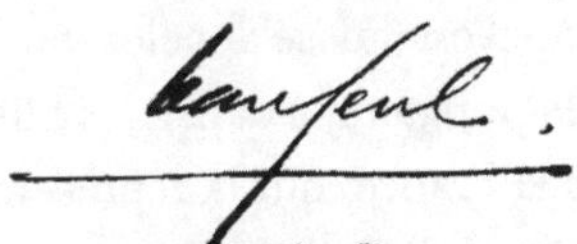

[15B^{3}-27^{r}]

[15B^{3}-30^{r}]

[15B^{3}-27^{r}]

[79.1] *[Des Cas d'Exhibitionnisme]*

Préface.

Ici, à Lisbonne, et absorbé dans des occupations qui nous éloignent, nous avons lu[1] il y a quelques mois ce fait, qui jusqu' à ce jour-là nous avait[2] resté ignoré: de ce qu'on exposait, dans des music-halls, ◊ à Paris, des femmes nues. Cela sentait si[3] fort la décadence – la grande, la profonde décadence – que la surprise m'a été plus que douloureuse. Mais il n'y avait pas là-dedans – je réfléchis[4] – rien à s'étonner. Étant données les immenses forces de décadence – s'il[5] y a quelque chose que l'on puisse appeler une force de décadence – déchaînées depuis[6] longtemps dans la civilisation[7] moderne et, spécialement, dans la France, qui la représente[8] plus que /toute/ autre nation, il n'était pas difficile à[9] prévoir que dans peu de temps apparaîtraient[10] des formes plus accentuées – plus accentuées je veux dire, pour la vision – de dégénérescence[11] sociale.

Et pourtant tout esprit naturellement, quoique modestement, épris du bien de l'humanité s'endormait volontairement, /en/ voulant échapper en quelque manière à l'inévitable par l'ignorance. Mais ceci ne pouvait durer. Ces "formes plus accentuées", plus visibles "de la décadence[12]", dont je viens de parler, devraient un jour se présenter. Ce jour venu, le péril vu clairement, complètement[13], il n'y aurait[14] pas d'excuse pour l'esprit le plus modeste dans sa sincérité, soit pour rêver, soit pour espérer, soit pour vouloir ignorer. Rêver, espérer passivement, ignorer volontairement – ce serait lâcheté morale, complicité, ou par lâcheté, ou par analogie[15] de nature.

Quand le bruit des canons éclate, quand la fumée de la poudre s'élève – on ne peut ignorer que la bataille a commencé. S'abstenir d'y prendre part, refuser à défendre les siens, ce serait, ou une lâcheté pure ou une trahison.

Or la guerre[16] entre la décadence et la société a éclaté; que les forts et les sains d'esprit, les logiques, les cohérents, les penseurs, les sincères viennent défendre l'humanité de l'homme[17].

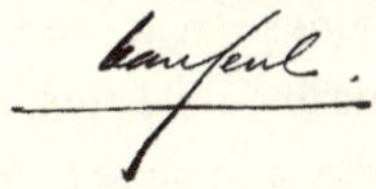

[TRAD.]

[Casos de Exibicionismo]
Prefácio.

Aqui, em Lisboa, e absorvido pelas ocupações que nos distanciam, lemos há uns meses este facto, que até esse dia havia sido ignorado por nós: que se expunha, nas music-halls, *◊ em Paris, mulheres nuas. Tal cheira tanto a decadência – a grande, a profunda decadência – que a surpresa me foi mais que dolorosa. Mas não havia aí nada – considerei – de surpreendente. Estando lançadas as imensas forças da decadência – isto se existe algo que se possa chamar uma força da decadência –, soltas há muito na civilização moderna e especialmente em França, que a representa mais que qualquer outra nação, não seria difícil prever que em pouco tempo aparecessem formas mais acentuadas – acentuadas, tenciono dizer, para a visão – da degenerescência social.*

E, no entanto, qualquer espírito naturalmente, embora modestamente, apaixonado pelo bem da humanidade adormece voluntariamente, /ao/ querer escapar de qualquer modo à inevitabilidade pela ignorância. Tal não podia durar. Estas "formas mais acentuadas", mais visíveis "da decadência", das quais acabei de falar tinham um dia de se apresentar. Chegado esse dia, o perigo visto claramente, completamente, não há desculpa para o espírito mais modesto na sua sinceridade, seja para sonhar, seja para esperar, seja para querer ignorar. Sonhar, esperar passivamente, ignorar voluntariamente –

é uma cobardia moral, cumplicidade, ou por cobardia, ou por analogia da natureza.

Quando o estrondo dos canhões explode, quando o fumo da pólvora se ergue, não se pode ignorar que a batalha começou. Abster-se de tomar partido, recusar-se a defender os seus, seria ou uma cobardia pura ou uma traição.

Ora, a guerra entre a decadência e a sociedade começou; que os fortes e os sãos de espírito, os lógicos, os coerentes, os pensadores, os sinceros venham defender a humanidade do homem.

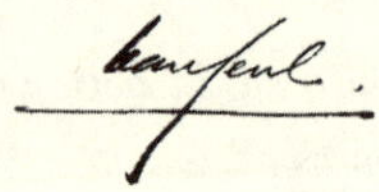

[79.2] *[La France en 1950]*

J'ai été l'autre jour à voir une école de demoiselles. Le nom de l'école est "Institut Sans Hymen". Il a été fondé, me dit-on, par une bénémérite qui avait eu 14 mille amants et qui est morte, à ce qu'il paraît de son dévouement.

Les jeunes filles dans ce pensionnat[1] sont très bien élevées. Elles apprennent le plus de vices possible, et il est vraiment charmant de voir avec quelle facilité les chères petites dindes les apprennent[2]!

Les punitions – il est vrai – ne sont pas très légères[3]; par exemple, une petite fille qui a un peu crié parce que[4] une autre l'a employée pour quelque acte de sadisme a été condamnée[5] par un conseil de professeurs à n'avoir que 3 amants et[6] 6 amantes e à mettre un vêtement de façon à ne laisser entrevoir[7] que la partie supérieure du corps! C'est horrible!

Une autre a été punie ◊

Ces punitions ont soulevé beaucoup d'indignation publique et il y a eu grève des employés des postes.

Mme[8] Jérébite Jaudasamier a été mise en prison parce que, à ce que l'on dit, elle a commis le crime de pudeur, ayant, dit-on, rougie légèrement[9] à cause d'un homme et 5 femmes qui étaient couchés sur le pavé. Elle a nié son crime.

Mlle ◊ a été condamnée à 4 jours[10] de chasteté pour s'avoir refusé, dit-on, à se livrer à ses deux fils en même temps.

M. ◊ a été ◊ devant le tribunal parce que sa fille, ayant déjà 2 jours, il ne l'avait pas encore violée.

M et Mme[11] ◊ ont été condamnés à ne se donner que des baisers pendant une heure et demie pour avoir commis la perversité de faire l'acte sexuel à l'ancienne façon. À leur *sorties du tribunal le peuple s'est manifesté très violent et on a entendu dire sur eux[12] mots tels que "gens vertueux" et même, on a honte de l'écrire, "pudiques".

Le crime, suivant ce que l'on dit, a beaucoup /diminué/; on ne constate un crime qu'en cas d'attentat à l'indécence.

[A França em 1950] [TRAD.]

Fui, no outro dia, ver um colégio de raparigas. O nome do colégio é "Institut Sans Hymen" [Instituto sem Hímen]. Foi fundado, disseram-me, por uma benemérita que teve 14 mil amantes e que morreu, ao que parece, da sua dedicação.

As jovens raparigas deste internato são bastante bem educadas. Aprendem o máximo de vícios possível e é, de facto, fascinante ver com que facilidade as caras moças os aprendem!

As punições – é verdade – não são de todo ligeiras; por exemplo, uma rapariga que choramingou porque uma outra a usou para um qualquer acto de sadismo foi condenada por um conselho de professores a não ter mais de 3 amantes masculinos e 6 amantes femininas e a vestir-se de maneira que não seja possível ver senão a parte superior do corpo! É atroz!

Uma outra foi punida ◊

Estas punições criaram bastante indignação pública e levaram à greve dos empregados.

A senhora Jérébite Jaudasamier foi levada para a prisão porque, segundo o que se diz, cometeu o crime do pudor, tendo, diz-se, corado ligeiramente por causa de um homem e 5 raparigas que estavam deitados no passeio. Ela nega o seu crime.

A senhorita ◊ foi condenada a 4 dias de castidade por ter recusado, diz-se, a entregar-se aos seus dois filhos ao mesmo tempo.

O senhor ◊ foi ◊ diante o tribunal porque, tendo a sua filha já 2 dias, ele não a tinha ainda violado.

O senhor e a senhora ◊ foram condenados a não darem senão beijos durante uma hora e meia, por terem cometido a perversidade de fazer o acto sexual à maneira antiga. À saída do tribunal o povo manifestou-se bastante violentamente e ouviu-se dizer acerca deles palavras como "gente virtuosa" e mesmo, que vergonha escrevê-lo, "púdicos".

O crime, segundo foi dito, diminuiu bastante; não acontece um crime senão no caso de atentado à indecência.

[79.3] *[Messieurs les Souteneurs]*

Un ◊ nauséabond s'exhale de cette pourriture d'esprits, de cette bassesse d'âmes. Les cabinets secrets ont une valvule avec de l'eau pour nettoyage; les sentines de ces cœurs n'ont ni même cela, ou si elles l'ont, il est longtemps cassé. Il y a des désinfectantes qui *peuvent* faire propre les /canalisations, etc./; mais pour le *malpropreté* (filth) de ces âmes, il n'y a de[1] désinfection morale.

Du reste, ceux d'entre les écrivains qui s'appellent modernes et qui sont plus grands, sont frappés de cette ◊. Rien est sain chez eux. Ils ont l'amour irritabilité.[2]

Leur socialisme n'est pas fait d'amour ni de pitié, mais si de révolte inconsciente, de l'esprit de contradiction qui, loin d'être grand, est petit chez les idiots.

Leur anarchisme, ce qu'ils appellent leur esprit de révolte ne naît pas ◊ mais seulement de l'irritabilité du dégénéré et de son désir faible de se singulariser et d'épater le normal. C'est de la folie pure.

Autour de cette âme centrale de l'étrange composition de bassesse, d'étroitesse[3] d'esprit, de superstition sans religion, de radotage sans pensée, d'inspiration sans idées, les facultés individuels se groupent[4].

Ils n'ont aucune religion; je ne les blâme pas – moi aussi je n'en ai pas (de religion proprement dite). Mais ils ont presque tous de la superstition. Et s'ils sont irréligieux gardez v[ous] bien de croire que c'est pas force de raison – non, aucun d'eux ne sait raisonner; ni par indignation – aucun d'eux ne sait aimer, et quand ils veulent être pleins de pitié ils étalent une pleurnicherie exagérée, même comme pleurnicherie – caractéristique[5] du /dégénéré inférieur/.

[Os Senhores Proxenetas]

Um ◊ nauseabundo exala desta podridão de espíritos, desta vileza de almas. Os gabinetes secretos têm uma válvula com água para a limpeza; os esgotos destes corações nem isso têm, ou se a têm, já há muito se partiu. Há desinfectantes que podem *limpar as /canalizações, etc./; mas, para a* imundice *(filth) destas almas, não existe desinfectante moral.*

De resto, aqueles de entre os escritores que se intitulam modernos e que são maiores, são atingidos por esta ◊. Nada é são neles. Têm a irritabilidade do amor.

O seu socialismo não é constituído por amor ou pena, mas pela revolta inconsciente, pelo espírito da contradição que, longe de ser grande, é pequeno nos idiotas.

O seu anarquismo, a que chamam o seu espírito de revolta, não nasce ◊ mas apenas da irritabilidade do degenerado e do seu desejo fraco de se singularizar e de impressionar o normal. Trata-se de pura loucura.

Em torno desta alma central da estranha composição da vileza, da estreiteza de espírito, da superstição sem religião, do divagar sem pensar, da inspiração sem ideias, as faculdades individuais agrupam-se.

Eles não têm nenhuma religião; não os culpo – também não a tenho (religião propriamente dita). Mas praticamente todos eles têm superstições. E se são irreligiosos abstenham-se de acreditar que o devem à força da razão – não, nenhum deles sabe raciocinar; nem por indignação – nenhum deles sabe amar, e quando querem ter pena, rompem numa choradeira exagerada, mesmo enquanto choradeira – característica do /degenerado inferior/.

Envelope com assinaturas de Jean Seul [133C-44ᵛ].

80
WILLIAM ALEXANDER SEARCH

Pseudónimo de Alexander Search (cf. 72). Há um testemunho do seu nome no verso de uma folha do livro *Essai sur la philosophie médicale* (1815), de Auguste Roullier;[a] e outro, abreviado (apenas consta "Will. Search"), numa brevíssima nota manuscrita presente numa folha do espólio pessoano. O nome de William Alexander Search pode ser considerado uma homenagem a William Shakespeare (1564-1616), que Pessoa considerava o maior poeta de todos os tempos.

DATA: 1908.

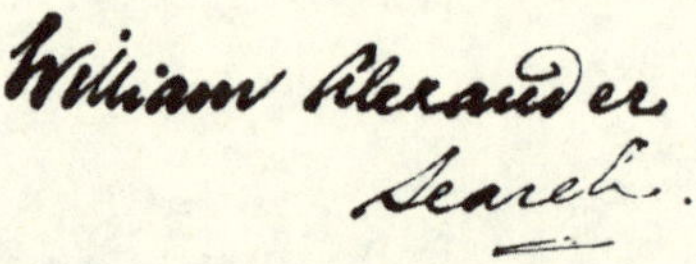

Casa F. Pessoa 1-169LMR[b]

[80.1] Quando o meu amigo A[lexander] S[earch] se pseudonyma em Will[iam] Search; ◊

a A presença da assinatura deste Search no livro de Roullier foi inicialmente referida por Ferrari (2008a, p. 91); a "brevíssima nota" foi transcrita, pela primeira vez, nos anexos finais da edição crítica do *Livro do Desasocego* (2010, tomo 2, p. 1006), junto com outras notas presentes na mesma folha.

b O livro já foi inventariado pela Casa Fernando Pessoa, mas encontra-se na colecção particular de Luís Miguel Rosa, que também utiliza o nome literário Miguel Roza.

81
CHARLES JAMES SEARCH

Em *The Transformation Book*, ou *Book of Tasks*, esta é a figura com um currículo mais extenso, visto ter a seu cargo nove traduções, embora seja, paradoxalmente, a mais enigmática, visto que quase não está presente no espólio pessoano, como Alexander Search (cf. 72), Pantaleão (cf. 82) e Jean Seul de Méluret (cf. 79), através de registos onomásticos, assinaturas, outras listas de projectos ou de textos que inequivocamente lhe possam ser atribuídos. Acresce que Pessoa deu início a muitas traduções literárias, mas praticamente não terminou nenhuma – veja-se a colecção "Pessoa Editor" da Guimarães Editores, por exemplo – e muito hesitou nas atribuições desses trabalhos. Assim, a tradução de *El estudiante de Salamanca*, de José de Espronceda, por exemplo, foi inicialmente atribuída a Alexander Search (74A-64 *et seq.*) e há quem defenda que também passou pela pena de Herr Prosit, o protagonista de *A Very Original Dinner*, embora só exista uma folha solta de caderno para o sugerir (74A-70), a qual indica que Prosit se teria limitado a traduzir a segunda parte da obra espanhola, teoria que nos parece, porém, pouco sustentável (cf. *Teoria da Heteronímia*, 2012, p. 69).

Nesta medida, e mesmo que possa parecer-nos paradoxal, actualmente Charles Search é menos lembrado como o ambicioso tradutor do *Book of Tasks*, do que como autor de uma carta a uma agência literária de Londres, justificando a ausência do seu irmão Alexander. Não é que Pessoa não tenha encetado, pelo menos, as traduções de José de Espronceda e de Antero de Quental (cf. Quental, 2010), mas pouco sabemos, na realidade, das restantes sete traduções programadas – a do *Mandarim* jamais se terá materializado, por exemplo – e os vestígios que se conhecem de algumas delas carecem de atribuição e parecem não ter atingido o "momento" da ficcionalização. Traduzir os 1704 versos do poema narrativo de Espronceda era um labor colossal e Pessoa costumava envolver-se em dezenas de projectos simultaneamente. Além disso, a tradução de Espronceda, tal como as dos sonetos de Antero e de Camões, tornaram-se projectos que acompanharam Fernando Pessoa durante longos anos, tanto que, no plano de obras a serem publicadas pela Olisipo, figuram as obras dos três poetas; porém, na década de 1920 o tradutor de Espronceda, Camões e Antero já não era Charles James Search, que se teria entretanto desvanecido, mas o próprio Fernando Pessoa (cf. $137A$-24^{r}; e Mega Ferreira, 1986, p. 161).

Na carta para a agência Sprigg, Pedrick & Co. Ltd., figura o nome de Charles Search, como era hábito assinar (omitindo "James") e também de Augustus Search e Catherine Search. A família Search seria ainda composta por John C. Search e Anthony Search, dos quais restam pouquíssimos vestígios no espólio pessoano.

DATA: 1908.

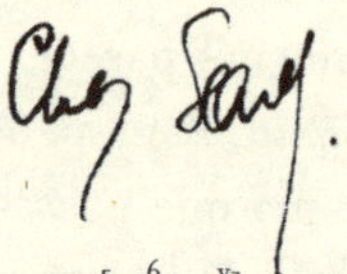

[14^{6}-20^{v}]

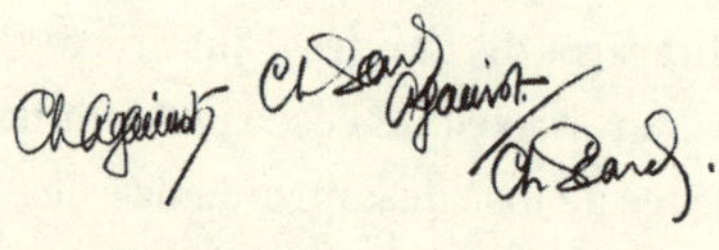

[$48A$-47^{v}] [Três assinaturas e a palavra "Against"]

[49B^{4}-23^{r}] [Augustus e Char. Search] [Yours very truly]

[49C^{1}-49^{v}]

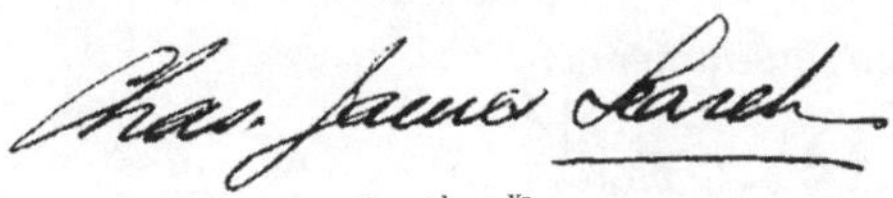

[49C^{1}-49^{v}]

[92P-35^{v}]

[Casa F. Pessoa, 8-359]

[81.1] My brother is at present in Spain and is therefore unable early to reply to your letter of the ◊ inst. He will be back in a few days, when I will give it him immediately

Very faithfully

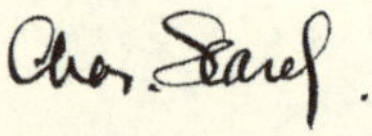

Messrs. Sprigg, Pedrick & Co Ltd.
London.

[TRAD.] *O meu irmão encontra-se presentemente em Espanha e está, portanto, impossibilitado de responder à sua carta da ◊ inst. Ele retornará dentro de poucos dias, e entregar-lha-ei de imediato.*

Muito sinceramente

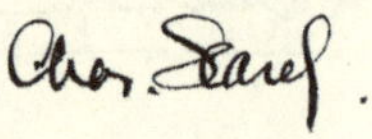

Messrs. Sprigg, Pedrick & Co Ltd.
Londres.

[ANEXO]

OUTROS DOCUMENTOS

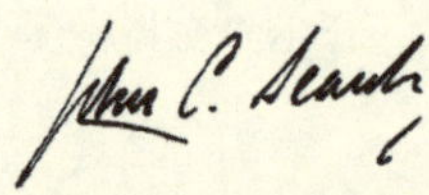

[$15B^3$-50^v] [John C. Search]

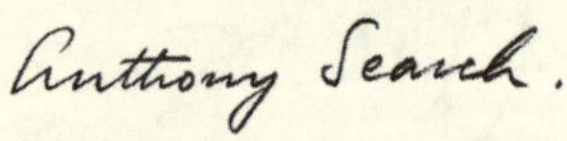

[93-98^r] [Anthony Search.]

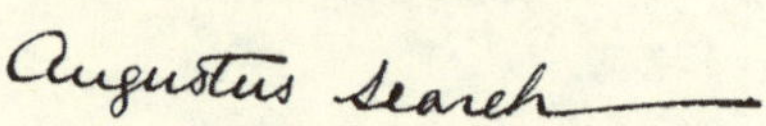

[$92P$-35^v] [Augustus Search]

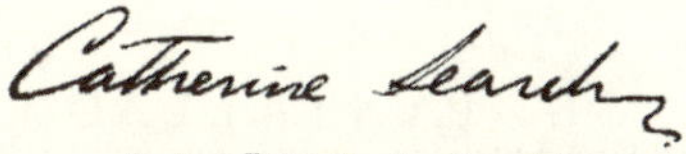

[92P-35v] [Catherine Search]

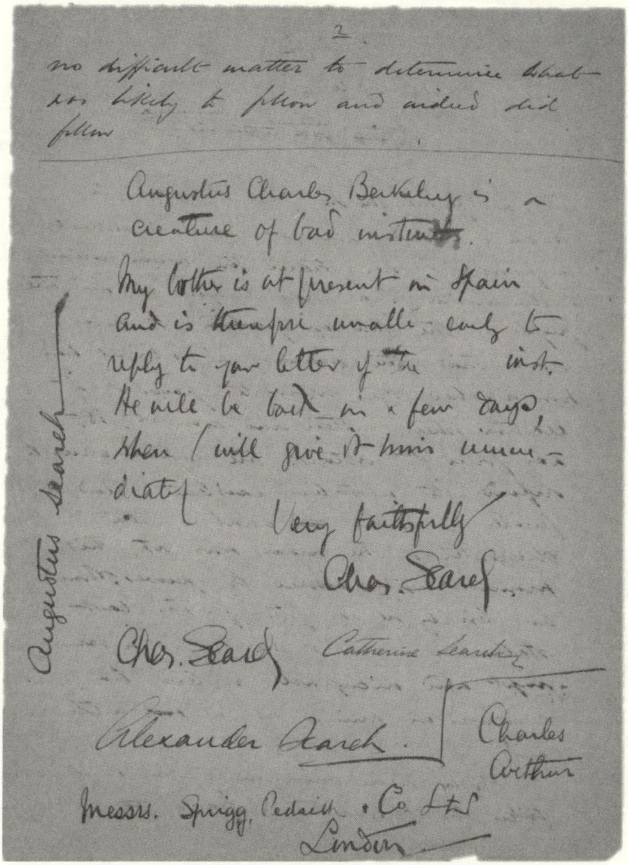

2

no difficult matter to determine what was likely to follow and indeed did follow

Augustus Charles Berkeley is a creature of bad instincts.

My brother is at present in Spain and is therefore unable to reply to your letter of the inst. He will be back in a few days, when I will give it him immediately.

Very faithfully
Chas. Search

Augustus Search

Chas. Search Catherine Search

Alexander Search. Charles Arthur

Messrs. Sprigg, Pedrick & Co. Ltd
London

[92P-35v] [A Família Search]
["Augustus Charles Berkeley is a creature of bad instincts"]
["Augustus Charles Berkeley é uma criatura de maus instintos"]

82

SR. PANTALEÃO

É a segunda figura do *The Transformation Book*, ou *Book of Tasks*, e a única que falta referir. Nesse caderno artesanal, Pantaleão – cujo nome verdadeiro não é revelado – é apresentado como autor de quatro obras: "A Psychose Adeantativa" (ver *Escritos sobre Génio e Loucura*, 2006, tomo 1, pp. 237-241); "As Visões do Snr. Pantaleão"; "A Nossa Administração Colonial"; e "Versos do Snr. Pantaleão", embora não se conservem poemas que lhe tenham sido atribuídos. As suas "Cartas" não constam dessa lista, mas outras listas, em jeito de índice, especificam as cartas de sua autoria e quais eram as suas visões. Teresa Rita Lopes, que deu a conhecer esta personagem, descreve o Sr. Pantaleão em poucas linhas: "panfletário (contra a Igreja Católica e a Monarquia Portuguesa), militante republicano como jornalista e autor de livros sobre o caso português, e um humorista, um sonhador, um pedagogo" (*Pessoa por Conhecer*, 1990, tomo 1, p. 110). Sublinha, além disso, a escolha do nome, que acusa um humor transversal à criação de muitas personalidades literárias já referidas, tais como o Dr. Pancracio (cf. 11) e o Dr. Nabos (cf. 64). Havíamos já aludido ao Sr. Pantaleão, quando mencionámos o título de uma das cartas projectadas: "A evolução mental de Faustino Antunes (sat[ira] s[obre] symbolismo e incompreensão)" (48A-4[r]).

Mas de que cartas se tratava, quais eram as visões do Sr. Pantaleão e em que consistiam os seus outros projectos críticos? Os destinatários com mais cartas, prevendo séries de 5, 6 ou 10 cartas, incluem, entre outros: "Monsieur Gustave", "A tia

Thereza e o primo Raphael" e "O capitão Silva" (48A-8r). Entre parênteses, Pessoa revela que a primeira seria a sátira de um ministro francês, a segunda do rei e da rainha de Portugal e a terceira de um partidário de João Franco. Ao jovem escritor interessava criticar a influência francesa, a monarquia portuguesa e a situação política do país, praticamente os mesmos temas que aborda em "Visões", embora essas tendam a ser mais curtas, mais metafóricas e muito mais incisivas: assim, há visões da monarquia e dos canalhas, mas há também visões da planície, da pergunta, do Velhinho, do casaco do conselheiro e do desenho (48A-44r). O final da "Visão do Crucificado" ilustra bem a ironia contida nessa prosa indignada: "Quando morreu houve feriado nas repartições do estado" (92X-94). O Sr. Pantaleão também se ocupou do tema da administração colonial portuguesa, mas Pessoa acabou por delegar o estudo desse assunto a Torquato Mendes Fonseca da Cunha Rey (cf. 83). Houve, porém, uma questão que sempre viria a interessar Pantaleão, a questão dos "adiantamentos", isto é, do endividamento da Casa Real, que antes de 1907 tinha recebido volumosas verbas "adiantadas" do Tesouro e que jamais teve de repô-las, porque João Franco obteve a aprovação do decreto de 30 de Agosto de 1907, que anulava as dívidas dos monarcas.

O Sr. Pantaleão escrevia com frequência de forma aforística e também existem máximas e reflexões que lhe são atribuíveis. Uma muito conhecida é esta: "A vida é um mal digno de ser gosado" (27[3] H-29r). Bastante activo em 1908, durante os meses da ditadura de João Franco, o Sr. Pantaleão surge ainda em 1909 como um dos colaboradores d'*O Phosphoro*, um jornal que não chegou a ter existência fora dos planos da Empresa Íbis, a "tipográfica e editora" que Pessoa pôs a funcionar em 1909 e teve de extinguir em 1910. Não foi, porém, o fracasso da Ibis que fez com que os textos de Pantaleão não saíssem das arcas pessoanas. Em Outubro de 1910, com a instauração da República, a realidade política portuguesa mudou, e o caderno do Sr. Pantaleão – do qual damos a conhecer algumas visões nunca antes publicadas – ficou relativamente esquecido. Este "senhor" é, aliás, uma das figuras menos conhecidas do universo pessoano, já que os seus manuscritos são de dificílima leitura e contêm múltiplas referências históricas. Tentando ir um pouco além do que já foi feito no passado, neste capítulo revelamos alguns inéditos. [*Post-scriptum*: em Setembro de 2014 foi publicado *Cartas, Visões e Outros Textos do Sr. Pantaleão*.]

DATA: 1908.

[27^3 H-21^r]

[27^3 H-27^r]

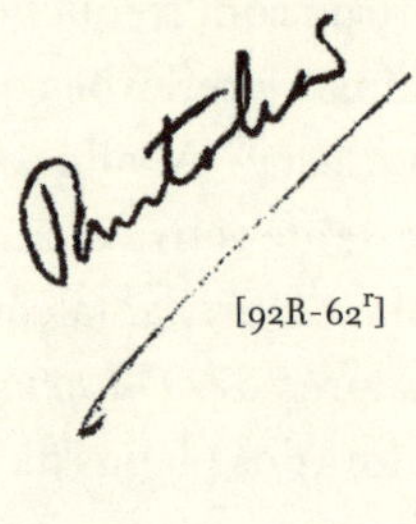

[92R-62^r]

Pantaleão. [82.1]

Quem não quizer sofrer que se isole. Feche as portas da sua alma quanto possível á luz do convivio.

—

Sou um sybarita de espirito; sou-o tanto que mesmo a pétala de rosa da sensualidade incommoda[1] a minha alma recumbente.

Pantaleão. [82.2]

A mim é-me familiar o que a outros, e a raros outros, apenas em honrosos acasos é de algum modo vagamente experiencia – o sentimento do mysterio e do horror intelectual do mundo. É minha como que no meu sangue[1] e na minha alma quotidiana a sensação ôca de que o universo[2] é uma pavorosa illusão. Passou já o tempo[3] em que este mêdo me era irrascional[4] e, como um relâmpago, uma cousa de um horroroso instante. Hoje consubstancia-se com a minha vida espiritual ao ponto de me parecer extranha e não de mim[5] a hora do espirito[6] em que de algum modo me desenvencilho da consciencia do mysterio do mundo. Prisioneiro, como todos, no carcere d'esta vida, é um dado o /horror/ constante de me ter desacostumado de me não pensar prisioneiro mas tomar por liberdade limites pensados, a limitada liberdade minha.[7]

[82.3] *Visão da Conferencia.*

Sonhei que o Sr. Julio de Vilhena[a] appareceu, para conferenciar, em casa do Snr. José Luciano[b]. O Snr. Julio de Vilhena ia triste.
– Que tem? Perguntou o Snr. José Luciano.[1]
– Uma grande dôr de dentes, gemeu o Snr. Julio de Vilhena.
– Não é nada, respondeu o outro; o mesmo tem muita gente boa.

[82.4] *Visão ◊.*

– Os tolos, diz-me o Ph[antasma] Extranho, são sempre mediocres.
– E depois?
– Tem você um exemplo em Portugal.
– Qual é?
– O de Maior-Besta-do-Mundo.
– O quê? Esse está sempre com sustos.
– Com sustos não direi. Mas /a Maior Besta do Mundo/ está sempre com apprenhensões.

a Júlio de Vilhena (1845-1928). Jurista, político, escritor e jornalista. Foi deputado pelo Partido Regenerador, que também chefiou, ministro em vários governos, conselheiro de Estado, par do reino, governador do Banco de Portugal, presidente da Academia Real das Ciências de Lisboa, juiz e presidente do Supremo Tribunal Administrativo. A partir de 1910 abandonou a política e dedicou-se à publicação de diversas obras jurídicas, políticas e históricas. Fernando Pessoa conheceu-o pessoalmente e refere-se-lhe no diário de 1913.

b José Luciano de Castro (1834-1914). Advogado, político e jornalista. Foi co-fundador e presidente do Partido Progressista, que nas últimas décadas do século XIX alternou no poder com o Partido Regenerador, e foi deputado, conselheiro de Estado e par do reino, exercendo diversas vezes os cargos de ministro e presidente do ministério. Foi também vogal do Supremo Tribunal Administrativo e governador do Crédito Predial Português. Abandonou a política e a vida activa em 1910, na sequência de um escândalo.

– Uma nevralgia do Snr. João Franco.
– Um relogio sempre adeantado que pertenceu ao Snr. D. Carlos.
– Um sobrescripto.
– O mataborrão em que se limpou o decreto de 30 Agosto 1907. Está queimado em varios logares por cinza de charuto.[c]
– Um exemplar de Dernier Jour d'un Condamné por Lamartine[d] que pertenceu ao Snr. Pereira dos Santos[e].
– Um cadaver vivo. (Está em bom estado de conservação).
– Uma amostra de vinhos potaveis.
– Um burro.
– Outros burros.
– Mais burros ainda.

c Por um decreto de 30 de Agosto de 1907, João Franco liquidou os adiantamentos que tinham sido feitos à Casa Real: por meio dessa operação contabilística, o rei D. Carlos deixou de dever dinheiro ao Estado. Esta alusão ao charuto e ao rei tem a ver com o facto de o tal decreto, que foi datado no Paço (real), ter apenas a assinatura de João Franco. O charuto é uma alusão ao rei, que fumava charuto e era representado nas caricaturas com um charuto na boca.
d *Le Dernier Jour d'un Condamné* é um romance de Victor Hugo, publicado em 1829, em que se defende a abolição da pena de morte.
e José Gonçalves Pereira dos Santos (1855-1927), conhecido como Pereira dos Santos, foi um militar e político monárquico, deputado do Partido Regenerador entre 1881 e 1910, três vezes ministro das Obras Públicas, pasta que tinha quando a República foi proclamada. Era um crítico feroz de José Luciano e opôs-se à ditadura de João Franco.

[82.6]

Visão [do Desenho]

– Sonhei que era artista, que era caricaturista.

– E que visão teve você do trabalho quc fazia?

– Esta. Que tinha que desenhar a monarchia absoluta, a monarchia constitucional[1], a monarchia democratica.

– E como as desenhou você?

– Como não desenho, como não tenho o instincto do risco[2], imaginei que a minha ◊ que desenha a escripta das palavras[3]. M[onarchia] A[bsoluta] escrevi as palavras em lettras de sangue. M[onarchia] C[onstitucional] – escrevi estas em lettras d'ouro, de moedas. M[onarchia] D[emocratica] escrevi em lettras de fumo.

Tudo com[4] fundo preto.

Visão [do Velhinho]

Sonhei que contava contos a creancinhas. Um velhinho – vi-o em visão – ia de vez em quando de sua casa para casa de Snr. Povo[1]. Ia, ficava lá e voltava. Quando ia, notei, ia, coitadinho muito direitinho. Quando voltava, coitadinho, voltava todo cahidinho para o lado[2]. Sempre que ia, ia direitinho; sempre que vinha, lá vinha elle, cahidinho p'ro lado do muro que ia entre sua casa e a casa do Snr. Povo.

Porque será, dizia eu. Muito trabalho ha-de ter, coitadinho, aquelle velho que vae tão direitinho e vem tão dobradinho para o lado da parede.

Então um garoto fêl-o zangar e o velhinho virou-se e quiz bater no garoto. Ai, meus meninos, então se viu porque é que o velhinho ia tão dobradinho para o lado da parede. É que quando ia não levava nada nas algibeiras[3] e quando vinha trazia[4] cheia d'ouro a algibeira do lado da parede.[5]

– E o velhinho, Snr. Pantaleão, não se zangou com o garoto?

– Zangou, sim. Disse "Então você fez-me virar *o meu lado politico* a toda a gente? Felizmente meu lado pessoal posso eu mostrar."[6]

– Eu sei um conto mais bonito Snr. Pantaleão.

– Conta lá.

– Era um velhinho que ia muito direitinho da sua casa para [a] tal casa de [que] falla o Snr. Pantaleão, e voltava tambem muito direitinho. Era o mesmo velho de que falla o Snr. Pantaleão, mas isto era depois.

– Ah, então emendou-se?

– Não foi, Snr Pantaleão, não se emendou.

– Então?

– Tinha ambos os bolsos egualmente cheios.[7]

83
TORQUATO MENDES FONSECA DA CUNHA REY

Embora o autor original de "A Nossa Administração Colonial" – segundo *The Transformation Book*, ou *Book of Tasks* (1908) – fosse Pantaleão (cf. 82), a autoria dessa obra foi posteriormente atribuída, em 1909, a Torquato Mendes Fonseca da Cunha Rey, recebendo um subtítulo: "Notas de um Monarchico". Nesta nova realidade ficcional, o texto converteu-se num manuscrito alheio, que Pantaleão – entre aspas e apresentado apenas como autor das "Visões" – encontrou e ajudou a publicar. Note-se que Fernando Pessoa, que recorreu com frequência a este *topos* literário, procura um novo autor para o texto e encontra-o (ou cria-o) em Da Cunha Rey, que é "Rey" no singular, como Ricardo Reis (cf. 103), também monárquico, o é no plural. "A Nossa Administração Colonial" transforma-se numa espécie de texto em busca de autor, já que Pantaleão, que era antimonárquico, não poderia continuar a assumir a sua paternidade, tornando-se o "publicador" de um folheto pouco malicioso.

DATA: 1909

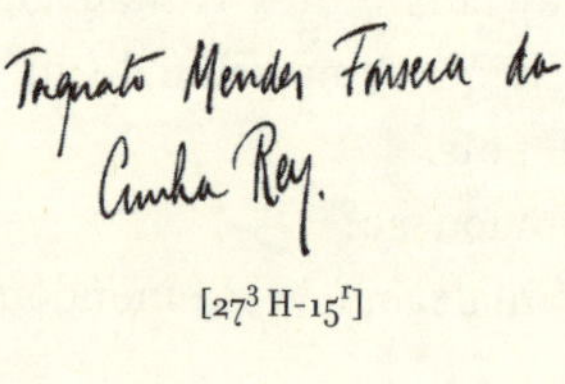

[27^3 H-15^r]

Torquato Mendes Fonseca da [83.1]
Cunha Rey.
A N[ossa] Adm[inistração] Colonial
([Notas] d'um monarchico)
publicado por "Pantaleão" – das Visões.

–

Não sei o valor que terá este escripto; os entendidos que o digam. O meu unico fim foi ◊ a ultima vontade do meu querido e malogrado[1] amigo. Nada mais.

Tendo eu há pouco publicado um pamphleto /republicano/ poderá parecer extranho que seja o meu nome que appareça como o do / publicador/ d'este folheto. É pois necessaria uma explicação. [83.2]

A Nossa Administração Colonial [83.3]
(Notas de um Monarquico).

Não é outro o fim d'este trabalho senão bordar algumas leves considerações sobre o pasmo quasi desfiado da chamada questão colonial. É possível que as nossas reflexões não tenham acentuado caracter de originalidade. Á conclusão a que chegâmos já outros tacitamente chegaram; os methodos que indicâmos já outros, sem pensadamente os reduzir a systema theorico, os puzeram em pratica.

Certo é, contudo, que nos inspiramos apenas em uma consideração ◊ posto que certa das condições da nossa administração colonial e do que, dentro do regime monarchico (unico em

Portugal compativel, como está bem provado, com a liberdade, com a honestidade e com a justiça) se pode fazer com relação às[1] nossas possessões ultramarinas.

Alguma cousa já tem sido feita – forçoso é confessal-o; mas muito ainda há que fazer sem sahir d'aquella linha de conducta, d'aquelle modo de proceder que sempre tem distinguido financeiramente os defensores e partidarios, n'este paiz, do systema constitucional.

Os homens publicos da monarchia portugueza podem seguir estes conselhos nossos sem abandonar nem os seus processos, nem o seu caracter, sem serem necessariamente reaccionarios, sem serem – ah, decerto que não! – revolucionarios ou republicanos.

As reflexões que vamos fazer são poucas, e, n'ellas, não especializaremos nem particularizaremos methodos ou meios; é nosso intuito, simples e unico, indicar as linhas geraes que devem seguir[2] os estadistas monarchicos na sua administração das nossas colonias, sem deixarem um momento de mostrarem claramente o que são e o que teem sido, fieis aos seus processos e ás suas tradições.

–

Não seguindo nós n'estas notas um methodo philosophico, mas sim discursivo, patenteando as nossas opiniões á medida que a associação de idéas nol-as traz, não se admire o leitor que appareçam separados assumptos que logicamente deveriam ser consecutivos.[3]

84

USQUEBAUGH V. BANGEM

O Sr. Pantaleão (cf. 82), cujo nome real não é fornecido no *The Transformation Book*, perde, em 1909, autoria de outra das obras que lhe haviam sido atribuídas inicialmente. "A Nossa Administração Colonial" passa, nesse ano, para as mãos de Torquato Mendes Fonseca da Cunha Rey (cf. 83), assim como "A Psychose Adeantativa" (ver *Escritos sobre Génio e Loucura*, 2006, tomo 1, pp. 237-241), passa para as de Usquebaugh V. Bangem, nome hilariante, com origem no termo gaélico "*usquebaugh*", que significa "água de vida", de onde terá também derivado a palavra "*whisky*", por assimilação fonética. "A Psychose Adeantativa" converteu-se, deste modo, numa tese universitária, presumivelmente escrita em inglês e apresentada "na universidade de Nowhere" ["Universidade de Parte Nenhuma"]. O tradutor seria "F. Nogueira Pessoa", que nunca apresentou uma tese, pois desistiu do Curso Superior de Letras em 1907. "A Psychose Adeantativa" foi também projectada como um panfleto da Empresa Íbis, com o título "A Nevrose Adeantativa" (48B-132[r]), o que dá a conhecer outra das formas que Pessoa contemplou para dar a conhecer o seu estudo: um folheto que saísse acompanhado de "A Nossa Administração Colonial" e "Da Impossibilidade de Lêr um Livro".

DATA: 1909.

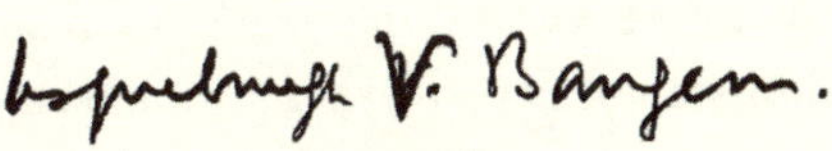

[92H-16[r]]

[84.1] *A Psychose Adeantativa.*

These inaugural para ser
apresentada na universidade de
Nowhere pelo candidato[1]
Usquebaugh V. Bangem.

–

vertida para portuguez, com
autorização do autor, por
F. Nogueira Pessoa.

[84.2] *A Psychose Adeantativa*

Os ultimos acontecimentos, as ultimas revelações que em Portugal se teem dado e feito fazem constar a presença de uma nova psychose notavelmente parecida com a duvidosa especie nosologica chamada "loucura moral".[1]

De facto as sessões parlamentares ha um tempo para cá que deixam perceber, em muito ◊, um notavel estado mental que se não encontra descripto na symptomatologia de qualquer psychose ou nevrose conhecida. Offrece – é certo – alguma analogia com a epilepsia larvada, e, mais certamente, com o peculiar estado psychico dos criminosos que se tem pretendido – com razão[2] ou sem ella – identificar áquella nevrose.

Analizando cuidadosamente ◊ permitte-nos essa analogia chegar ao resultado seguinte, que expômos na esperança de que algum alienista possa resolver o problema apresentado – quér confirmando ser esta uma especie nosologica até agora desconhecida – nem mesmo entrevista –, quer[3] filiando-a, com os seus symptomas, em qualquér psychose ou nevrose já estudada. [84.1]

Até que isto se faça, porém (tão especiaes[4] nos parecem os symptomas da referida doença mental) persistiremos em a considerar como uma especie nosologica – e a reclamar[5] para nós a honra de a ter descoberto como tal[6].

Dito isto, passamos a enumerar os symptomas.

Denominamos[7] "psychose adeantativa" esta forma de alienação mental (se é que o é) porque o seu symptoma principal, caracterisante consiste no que se chama "adeantar", "pagar" ou "receber adeantamentos".

Desde já convém notar que o proprio termo "adeantamento" é invenção (empregado[8] n'este sentido) de um dos observados. É bom notar desde já que este termo /cheira/ a degenerescencia, com aquelle "fin-de-siècle" de que falla Nordau.[9] Assim como do nome de Sachez Masock se formou[10] a palavra *masochismo*, como do nome de M. de Sade se tirou o termo[11] "sadismo", assim, crêmos, se poderá formar um termo[12] scientifico, não do nome, mas do termo usado por um que soffre d'esta psychose.

O leitor conhece o que Nordau disse do termo "fin-de-siècle", sabe o que de morbido se encontra[13] em termos especiaes que os psychopathas frequentemente empregam. Por isto já a propria doença de "adeantamento" é grave indicio de alienação mental em quem o produziu.

Posto isto, passemos aos symptomas:

Kleptomania. A kleptomania é o symptoma mais caracteristico da psychose adeantativa. Com insufficiente consciencia d'este acto os doentes[14] classifica-n'o de adeanto e costumam explical-o por varios modos. Todos estes, porém, dão em falso. É evidente tambem[15], n'isto, o que depois tratam – a ausencia de senso moral[16] dos observados.

85
MANUEL MARIA

O Sr. Pantaleão (cf. 82) foi-se esfumando e talvez tenha sido salvo pelo fracasso da Empresa Íbis. Da Cunha Rey (cf. 83) ficou com a sua "Administração colonial"; Bangem (cf. 84) com a sua "Psychose"; e Manuel Maria, que também surgiu como colaborador n'*O Phosphoro* – jornal que nunca chegou a ser elaborado –, herdou as suas "Visões", segundo os planos que se conhecem desta publicação. Parece-nos improvável que Manuel Maria fosse o nome verdadeiro do Sr. Pantaleão, mas esta também é uma interpretação possível, que levaria a crer que não houve uma substituição de personagem, mas uma simples mudança de nome. Contra esta interpretação pode invocar-se um esquema de 1909 em que coexistem os dois nomes: "Artigo de fundo | Poesia politica | Sueltos | Cartas do Sr. Pantaleão | Visões de Manoel Maria | Parte litteraria" (55D-101[v]). A nosso ver, Da Cunha Rey, Bangem e Maria não são tanto desdobramentos do Sr. Pantaleão, mas novas figuras surgidas para colaborar em novos jornais (*O Phosphoro*, mas também *O Iconoclasta*), onde Pantaleão também teria o seu lugar e onde publicaria as suas "Cartas", junto com textos de Joaquim Moura-Costa (cf. 87), Carlos Otto (cf. 88), Miguel Otto (cf. 89), o Padre Gonçalves Gomes (cf. 90) e Vicente Guedes (cf. 91). Manuel Maria pertence, portanto, a esta família mais alargada, da época da Empresa Íbis. De Maria, a única indicação que conhecemos, ao certo, é que nos dois jornais já referidos teria publicado as suas "Visões", que não eram outras senão as que em 1908 integravam o património literário

do Sr. Pantaleão. Quais teria ele publicado? Não o sabemos, já [85.1]
que a sua assinatura não se encontra em nenhuma delas.

DATA: 1909.

Visões de Manuel Maria.

[144V-10r]

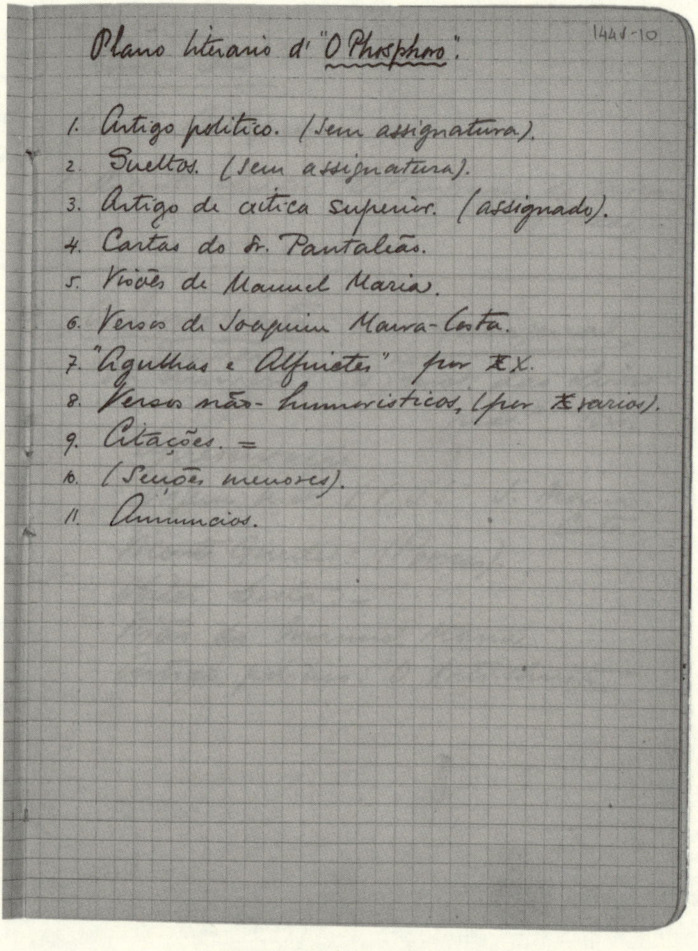
144V-10

Plano literario d'"O Phosphoro":

1. Artigo politico. (Sem assignatura).
2. Sueltos. (Sem assignatura).
3. Artigo de critica superior. (assignado).
4. Cartas do Sr. Pantaleão.
5. Visões de Manuel Maria.
6. Versos de Joaquim Moura-Costa.
7. "Agulhas e Alfinetes" por [illegible]X.
8. Versos não-humoristicos, (por [illegible] varios).
9. Citações. =
10. (Secções menores).
11. Annuncios.

Plano Literário d'*O Phosphoro* [144V-10r].

86
IBIS

Pseudónimo de Fernando Pessoa; mais do que uma personagem ou personalidade literária, Ibis merece ser listado nessa condição, tal como antes indicámos, por exemplo, ser William Alexander Search o pseudónimo de Alexander Search (cf. 72). Teresa Rita Lopes lembra que Pessoa assumiu e encenou o lado mais infantil do seu carácter "através do Ibis", abandonando-se "ao riso e à ternura a que se negava na sua habitual compostura" (*Pessoa por Conhecer*, 1990, tomo 1, p. 39). Ibis foi também o nome da empresa, "Tipográfica e Editora", que Pessoa tentou manter em funcionamento entre 1909-1910, mas que acabou por falir. Ibis é uma homenagem a Tot, deus egípcio do conhecimento, da escrita e da magia; Ibis era "o Fernando", quando estava com os mais pequenos ou fingia ser o menino de Ofélia Queiroz. Mas "Ibis" parece ser também uma espécie de assinatura editorial no plano do jornal *O Iconoclasta*, e é sob o signo da ave egípcia que Pessoa assina um poema de Junho de 1911 e outro de 11 de Julho de 1920. É importante frisar que Ibis não foi apenas o autor epistolar das cartas de amor para a "Bebé", como Pessoa chamava a Ofélia, não foi só uma máscara nessa relação amorosa.

Ibis fazia já parte das brincadeiras de Pessoa com os irmãos: "Até nas cartas que escrevia ao João e ao Luís para Londres, incluía termos que ele inventava: 'chu' que queria dizer saudades; 'salamakitroz' que significava olá e 'bogzina', outro termo que segundo ele ajudava a conversação. Como remate desenhava um íbis." "Comigo", afirma Henriqueta Madalena, ou

Teca, meia-irmã de Pessoa, "adorava envergonhar-me, sabia que eu era tímida e gostava de me pôr à prova. Quando regressava a casa fingia que estava bêbedo e cambaleava e esbarrava propositadamente nos candeeiros da rua, depois tirava o chapéu e pedia-lhes desculpa. [...] Outras vezes cruzávamo-nos na rua, ele podia vir embrenhado nos seus pensamentos, mas, assim que me avistava, parava no meio do passeio e punha-se em posição de Ibis: equilibrava-se numa perna com o pescoço avançado e punha uma mão para a frente e outra atrás para significar um bico e uma cauda e ficava assim durante alguns segundos, o que surpreendia bastante os transeuntes e me causava um certo embaraço. Eu dizia-lhe: ó Fernando, parece impossível, devem julgar que és doido! Ele sorria e respondia: E vem daí algum mal ao mundo?" (França, 1987, pp. 314-315). A ave pernalta era Pessoa, em postura antivitruviana, mas foi também uma personagem que, como todas as outras, depois de criada, foi adquirindo autonomia.

DATA: 1909.

[144V-2r]

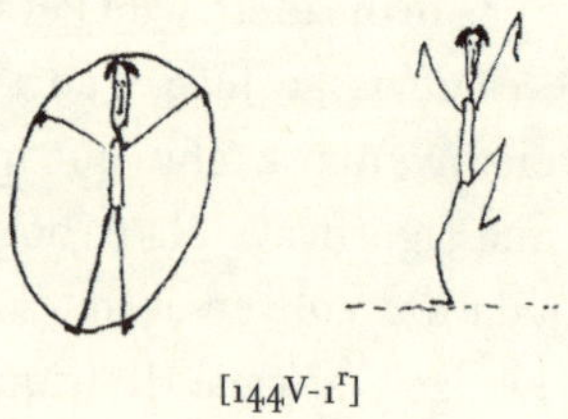

[144V-1r]

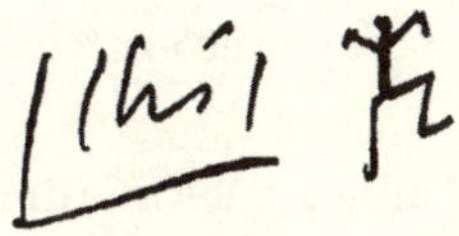

[57-14v]

[58A-19r]

[Sem cota][a]

O Iconoclasta. [86.1]
quinzenal

Sumario
1.º número: "O Trust das Livrarias." Ibis.
Apresentação
"Origem Met[aphysica] do C[onde] de S[amodães]" J. Moura Costa.
Vicente Guedes: (Poesias).
Obiter Dicta: – ◊
Visão do Manuel Maria.
Artigo politico: O Anti-Christo.

a Assim está assinado um bilhete de 13 de Agosto de 1920 de Pessoa para Ofélia Queiroz.

[86.2] *Junho de 1911*[b]

Vinte e trez annos, vãos inutilmente,
Sou vinte e trez remorsos e fastios,[1]
Vinte e trez portos de lembrar, sombrios,[2]
Cada um dos passados descontente,

Cada um triste de se vêr presente
Na mesma vida vã que os outros, rios
De dôr atravessaram fugidios[3]
Só mortas algas indo na corrente[4]

De futuros eguaes meio em terror
Quasi na crença desassocegada[5]
De ser eternamente assim, cançada[6]

A esp'rança tremula, no eterno horror[7]
De passar, desejar e, desejando,[8]
Nada haver, e ir correndo e acabando.[9]

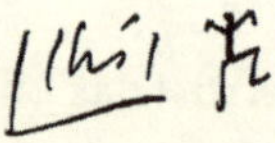

[86.2] Vae-te embora, Sol dos ceus!
Os olhos da minha irmã[c]
Foram creados por Deus
P'ra arreliar[1] a manhã.

b Soneto escrito no mês do vigésimo terceiro aniversário de Fernando Pessoa.

c Refere-se a Teca, como revela um outro testemunho deste poema fac-similado em *Pessoa na Intimidade* (França, 1987, depois da p. 252 [extratexto]).

E se alguns acham mais bella
A noite, e mais cheia de alma,
Reparem[2] que os olhos d'ella,
São da côr da noite calma.

Assim, manhãs na viveza
E noite na côr que têm,
Se os há iguaes em belleza
Inda os não usou ninguem.

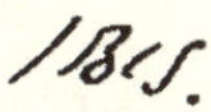

11-7-1920

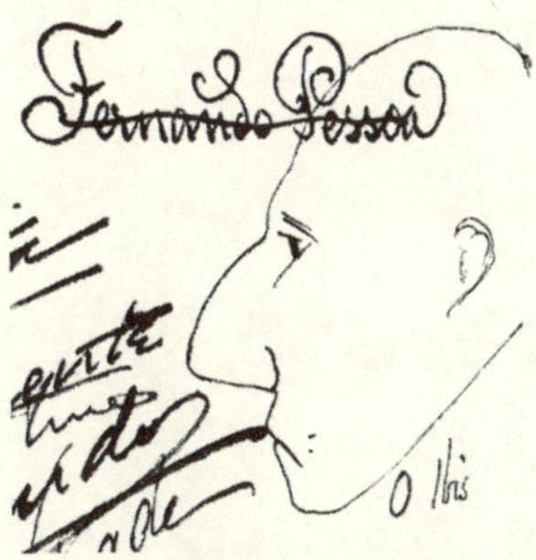

Outro desenho do Ibis [144V-55r].

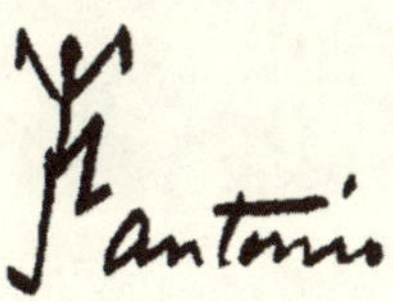

Um Ibis chamado Antonio, n.º 1 [57-145v]. [d]

d Fernando Antonio Nogueira Pessoa era o nome completo de Pessoa.

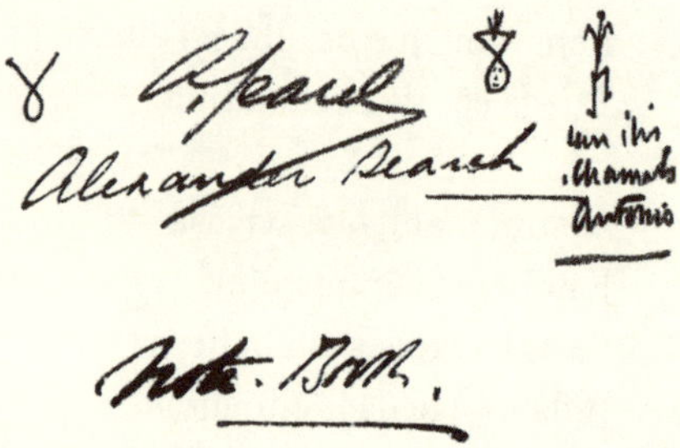

Um Ibis chamado Antonio, n.º 2 [144I-63v].
A. Search, Alexander Search, Note-Book.

Carimbo da Empresa Íbis [11⁷ EN-25r].

87
JOAQUIM MOURA-COSTA

Colaborador previsto dos jornais *O Phosphoro* e *O Iconoclasta*, assume a autoria de alguma poesia satírica, antimonárquica e anticlerical, talvez a mesma que teria assinado uma figura como o Sr. Pantaleão (cf. 82), que seria o autor de "Versos" (ver *The Transformation Book*). Em Maio de 1909, escreve um poema ao poeta e crítico literário português Gomes Leal (1848-1921), censurando-o por se tornar um crente católico: "Vão longe, Gomes Leal, | Os tempos do "Anti Christo"" (*Pessoa por Conhecer*, 1990, tomo 2, p. 215). A 26 de Outubro de 1909, faz mofa do padre José Lourenço de Matos, monárquico e director de um importante diário católico baptizado *Portugal* (56-36), sendo que noutra versão do poema (56-37) troça do conde de Samodães[a], orador e escritor católico que dirigiu o jornal *A Palavra*. A 30 de Abril de 1910, no seu último poema datado (56-50), ataca Teófilo Braga (1843-1924), político e ensaísta originário de Ponta Delgada. E em dois poemas não datados, mas que também serão de 1909-1910, Joaquim Moura-Costa dirige os seus versos contra a rainha D. Amélia[b] (56-49[r]) e contra a Igreja Católica (66C-39[r]). É possível que Moura-Costa ou Carlos Otto (cf. 88) sejam os autores de alguns epigramas não assinados, mas faltam elementos que comprovem esta conjectura. A actividade literária de Moura-Costa e de outras figuras

a Título outorgado a Francisco de Azeredo Teixeira de Aguilar (1828-1918).

b Amélie d'Orléans (1865-1951), ou Amélia de Orleães, nascida em Twickenham, Inglaterra, e esposa de D. Carlos I de Portugal, foi a última rainha *de facto* de Portugal. Exiliou-se após a implantação da república, em 1910, dois anos depois do assassinato do rei.

contemporâneas cessa por volta de 1910, aquando da extinção da Empresa Íbis.

DATA: 1909.

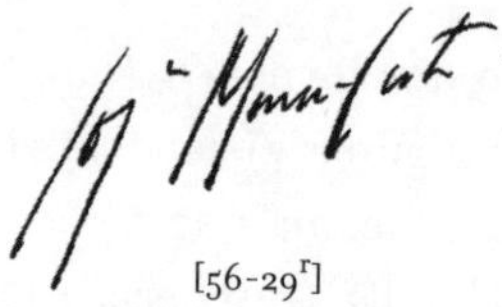

[56-29r]

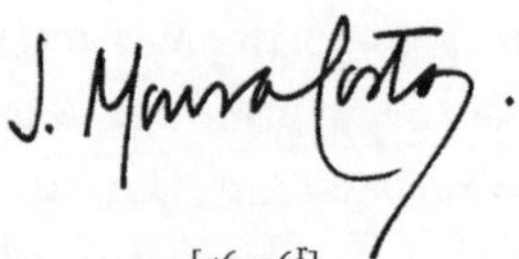

[56-36r]

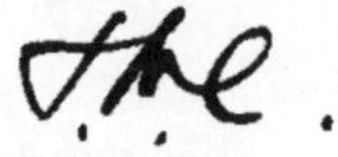

[56-49r]

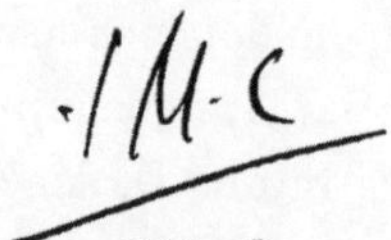

[66C-39r]

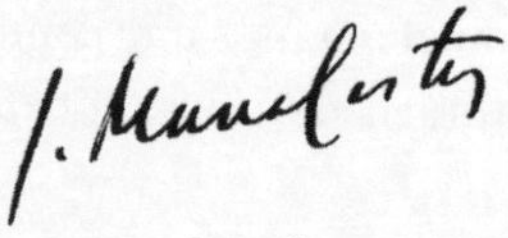

[56-37r]

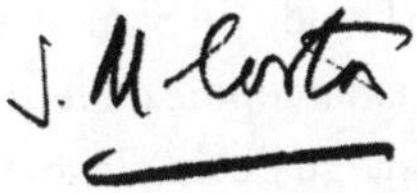

[49B^{6}-5^{r}]

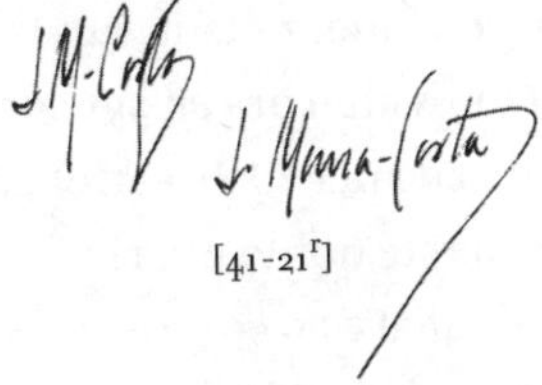

[41-21^{r}]

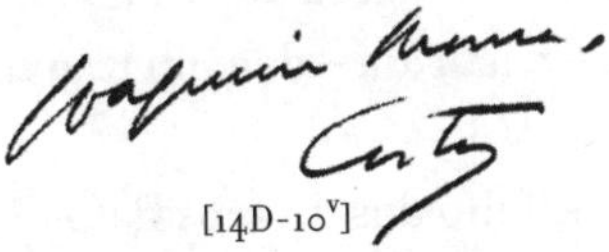

[14D-10^{v}]

[87.1]

Origem Metaphysica do Conde de Samodães (Intuicionada depois da leitura de um artigo de *A Palavra*)

O nome vão que ha tempo nos intruja,
O sujo Deus da humanidade suja,
Em hyper-individuo ora estagnado
Para além do céo placido e estrellado,
Ora biblicamente doido e vario
Fazendo tudo mal e ao contrario, –
Pois bem, essa figura de destaque
Um dia – triste dia – deu um traque.

E o sujo effeito dos divinos flatos[1]
Cahindo em chão onde mijaram gatos,
E onde haviam mijado outr'ora cães –
Brotou d'alli espontaneamente o Samodães.[2]

J. Moura Costa

Soneto de mal-dizer. [87.2]

Dizem que o grande Theophilo chegou
Agora mesmo ao Porto. É impossivel.
Como diabo o é? Acaso é incrivel
Se embarcou em Lisboa, e se papou.

Chegou o grande Theophilo. Parou
O expresso aqui ás cinco. Não é crivel.
Viram-no chegar muitos. Esse imovel[1]
Vi-o eu mesmo e n'isso estou.[2]

Quero saber o que ha de mal ou erro.[3]
Em dizer que chegou o Grande Teophilo
Ás cinco horas da tarde por caminho de ferro,

Chegou o Teophilo – Acredito enfim?[4]
Vi chegar o comboio. Em Portugal
Não ha *grande* Theophilo nenhum.

J[oaquim] M[oura] C[osta][c]

30/4/10

Da[1] Rainha D. Amelia [87.3]
Se se dissesse que arrélia
Rimava, mas mal iria
O mais certo é que arrelia.

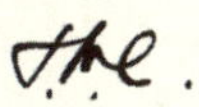

20/4/10

c As siglas do nome encontram-se dactilografadas no original.

[ANEXO]

OUTROS DOCUMENTOS

Envelope com assinaturas de Joaquim Moura-Costa [Sinais 7-44r].

88
CARLOS OTTO

Poeta-tradutor, mas também – e é nesta actividade que melhor o conhecemos – teórico do desporto, mais exactamente de luta livre. Carlos Otto é uma das personagens mais singulares dos anos da Empresa Íbis (1909-1910). No âmbito da Ibis, Pessoa imaginou a publicação de dois jornais, *O Phosphoro* e *O Iconoclasta*, ambos adversos à monarquia, ao socialismo, ao anarquismo e ao catolicismo. Mas nem Carlos nem Miguel Otto (cf. 89) terão sido colaboradores assíduos, como o foi Joaquim Moura-Costa (cf. 87), por exemplo. Contudo, Carlos Otto terá também desenvolvido uma linha satírica, a julgar pelo único epigrama em octossílabos que lhe é atribuído (56-41ʳ). Já o seu "Tratado de lucta livre" lembra mais os textos científicos ou históricos elaborados por outras figuras, embora falte ainda compreender melhor quais foram as fontes de inspiração de Pessoa para escrever esse tratado fictício. Em 1905, Pessoa contactou o halterofilista vitoriano Eugen Sandow (nascido Friedrich Wilhelm Müller; 1867-1925) e teve aulas de ginástica sueca em 1907 – posteriormente projectou editar na Ibis o livro do seu professor Furtado Coelho (ver Pizarro, 2007, pp. 199-201 e 207) –, mas não sabemos que conhecimento tinha da luta livre, nem como veio a escrever o texto de Carlos Otto, que também chegou a ser atribuído a Miguel Otto. De resto, Carlos foi ainda poeta e tradutor. Três sonetos ostentam a sua assinatura: "Sonho de Gorgias" (35-30ʳ), "Pancy" (35-30ᵛ) e "O luar e o silencio" (39-49ʳ), todos escritos em versos alexandrinos, medida poucas vezes utilizada por Fernando Pessoa em língua portuguesa. A 5 de Março de 1910, Otto assina o soneto "Visão" (36-2^{r}), mas este será mais tarde atribuído a Vicente Guedes (cf. 91). No plano dos livros "traduzidos a editar" pela Empresa Íbis, Carlos Otto figura como tradutor de *Martin Hewitt, Investigador*, do autor londrino Arthur Morrison (1863-1945) (144V-7^{r}). A transcrição dos sonetos foi realizada em colaboração com Carlos Pittella-Leite.

DATA: 1909.

[56-41^{r}]

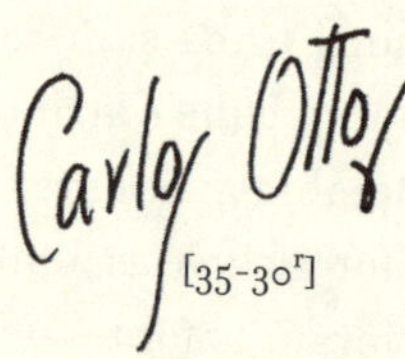

[35-30^{r}]

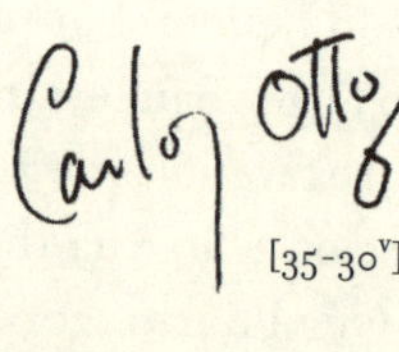

[35-30^{v}]

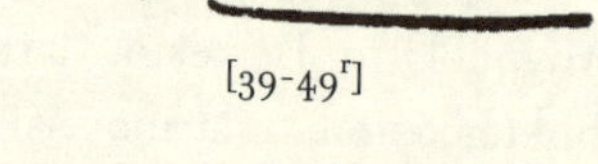

[39-49^{r}]

Epigr[amma] [88.1]

A bom entendedor...

Um dia, tendo comichões
De nos fazer maior partida
Fez a Mentira as religiões.[1]

Tempos depois, 'stando de vêl-as
Um tanto ou quanto aborrecida,
Poz-se a Mentira a desfazel-as.[2]

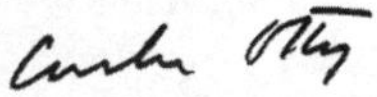

[88.2] *Sonho de Gorgias.*[1][a]

Sonhei uma cidade informe[2] e colossal
Fóra da sensação e idéa de existir[3]
Á qual nem o amôr saberia sorrir
Tão estranha ao que nós alcunhamos *real*.

◊
◊
◊
◊

◊
Uma figura de pedra de cansaço[4]
Que do conhecido não ◊ traço[5]

O sceptro do Pavôr cahira d'algum braço[6]
E jaziam ao pé ôcamente partidas[7]
As estatuas do Sêr, e do Tempo, e do Espaço.[8]

Carlos Otto

a Trata-se do retórico grego Górgias de Leontinos, dito "o Niilista", que enfrenta Sócrates num diálogo de Platão.

O luar e o silencio aureölantes cabem [88.3]
Á pallidez suave e como que distante[1]
D'essa cabeça a quem as noutes claras sabem
Sustituir o ouro intenso e scintillante[2]

Por um fulgor ideal esbatendo o lembrante[3]
Da terra onde talvez os sonhos não acabem
E n'elle o meu olhar pensando meio amante[4]
Distrahe-se ao esperar[5] que os instantes desabem.

Tudo acaba e enlanguesce e esquece; e essa cabeça
A quem o ideal tronar ◊
◊

◊
◊
◊

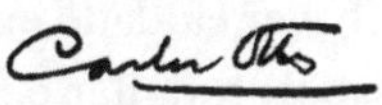

[88.4] Carlos Otto.

Tratado de Lucta Livre
Methodo Yvetot.

Parte I – Golpes simples – ataque e defeza.
Parte II – Golpes combinados – ataque e defeza.[1]

Methodo Yvetot.
frontispicio: photo[graphia] de Yvetot.
pag. 1. photo[graphia] de Carlos Otto.

photog[raphia]s illustrando a obra:
Carlos Otto e Georges Barrère.

Lucta.
3 maneiras de aplicar uma rasteira:
(1) em baixo, perto do pé.
(2) a meio (barriga) da perna.
(3) ao [meio] opposto ao joelho.

Notas
(1) deve haver cuidado em aplicar, visto ser a defeza muito facil – a saber: levantar o adversario o pé, passando o golpe por baixo, em falso.

–

Ha 3 modos de se /defender/ de uma rasteira: –
(1) levantando a perna, para que a perna do adversario passe em falso.
(2) resistindo á rasteira (depois se dirão os methodos).
(3) ajudando-a em apparencia, mas, como no j[iu]-j[itsu], servindo-se d'ella para d'ella se defender.

–

3 generos de golpe de perna: –

(1) a rasteira, i. e. pancada com a perna para fazer cahir.

(2) a prisão (dita, inferior) para com impulso dos braços fazer cahir.

(3) a rasteira fixa, mixto de "prisão inferior" e de rasteira propriamente dita, consistindo em, com a perna, prender, em / gancho/, etc., ajudando o movimento abatedôr dos braços. (Na prisão inferior não se dá esta ajuda pois a perna esta fixa; e, na rasteira simples, o adversario e atirado ao chão simplesmente pela acção da perna e não com os braços.)

–

A rasteira pode ser:

(1) frontal (anterior) – dada na parte de deante da perna.

(2) lateral. [dada] no lado.

(3) posterior. [dada] na parte de traz.

–

Com o pé empregam-se 3 golpes

(1) o pontapé

(2) a savate (incluindo o "coice").

(3) a ◊ (comprehendendo a rasteira).

–

A rasteira pode ser dada:

(1) de fóra para dentro.

(2) de dentro para fóra.

(3) ◊

Qualquer golpe na lucta tem por fim

(1) ferir, agredir }
(2) repelir } o adversario.
(3) dominar[2] }

e.g. com o pé (1) o pontapé.
(2) a savate.
(3) a rasteira.

No 1.º caso, que tanto pode ser atacando como em defeza propria, ha o fim de maltratar o adversario. No 2.º tambem se maltrata mas ahi o fim é evitar, maltratando-o, que elle nos maltrate. O 1.º e propriamente[3] um ataque, ainda que se empregue como defeza; o 2.o é propriamente uma defeza[4], ainda que se use[5] para ataque. – No 3.º caso trata-se ou defendendo-se de impedir que o adversario faça mal[6], sem lhe fazer nenhum, ou, atacando-o, collocal-o de modo que elle se nao possa defender, sem propriamente em ambos os casos[7] ter proposito de de qualquer forma o maltratar.

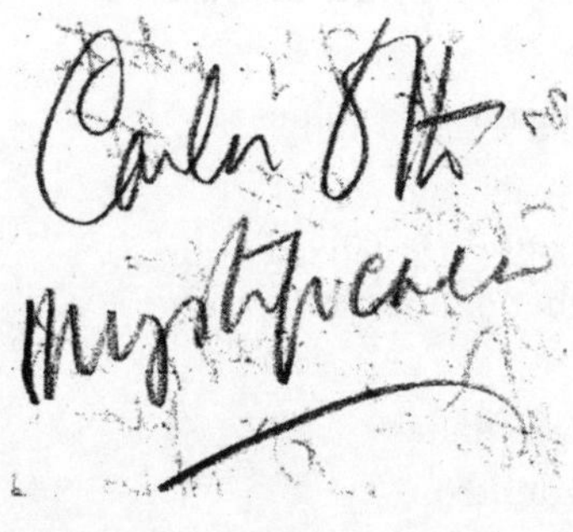

"Carlos Otto | mystificação" [144M-23ᵛ]

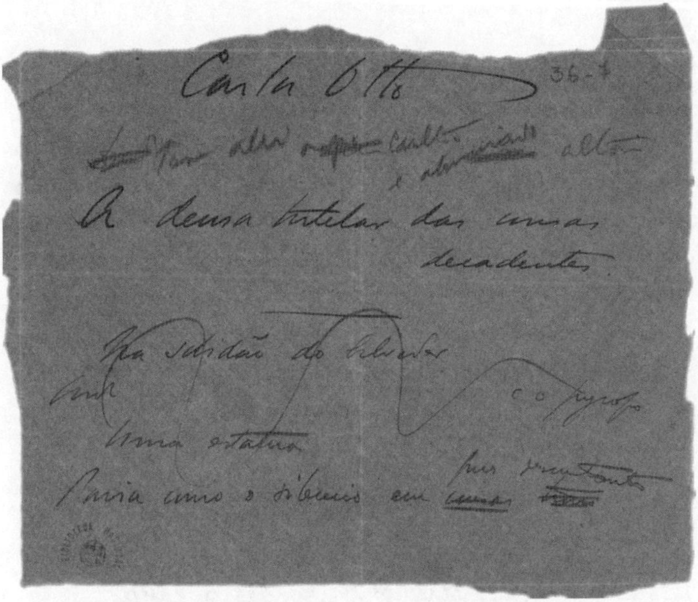

Carlos Otto

36-7

A deusa tutelar das cousas decadentes.

"Carlos Otto [...] A deusa tutelar das cousas decadentes." [36-7[r]].

89
MIGUEL OTTO

Imaginamos que fosse irmão de Carlos Otto (cf. 88), mas faltam elementos que estabeleçam inequivocamente o seu parentesco. Ou, alternativamente, poderá "Miguel" ter sido apenas uma variante onomástica de "Carlos". O certo é que num apontamento rasurado, constante do caderno quadriculado que contém muitos dos planos da Empresa Íbis, o nome de Miguel Otto aparece como autor do "Tratado de Lucta, systema Yvetot". Miguel terá sido, provavelmente, um candidato mais efémero à autoria do tratado.

DATA: 1909.

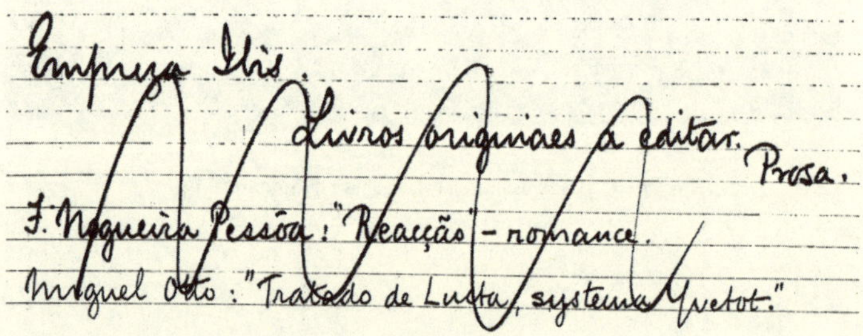
Empreza Ibis.
Livros originaes a editar.
Prosa.
F. Nogueira Pessôa: "Reacção" - romance.
Miguel Otto: "Tratado de Lucta, systema Yvetot."

[144V-5r]

90
PADRE GONÇALVES GOMES

Num esquema já citado, em que figuram as "Visões de Manoel Maria" (55D-101^{v}), existe também uma lista manuscrita a lápis com estes quatro nomes: "F. Nogueira Pessoa | P. Gonçalves Gomes | J. Moura-Costa | Carlos Otto". Só neste documento consta o nome completo deste presumível padre, que vem completar a "família" dos diversos membros que haviam de contribuir para a composição dos jornais a editar pela Ibis (*O Phosphoro* e *O Iconoclasta*). De Gonçalves Gomes só foram localizados dois textos no espólio pessoano: um, contra João Franco, assinado "G.G."; outro intitulado "De Monoculo" e seguido da indicação "G. Gomes". O primeiro poderia tratar-se de um texto solto; o segundo seria um texto crítico a integrar uma secção intitulada "De Monoculo". Ambas as temáticas são anteriores aos jornais da Ibis, mas terá sido com este propósito que Gonçalves Gomes ganhou finalmente vida.

DATA: 1909.

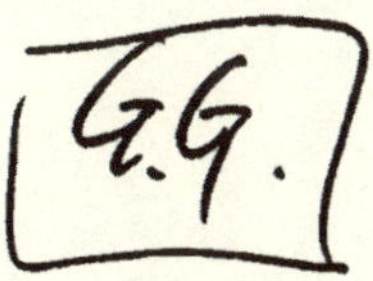

[92G-41^{r}]

[90.1] *Franco*

Fugiu a sete pés, sendo 4 naturaes a[1] S. Exª, um o pé de meia que arranjou[2], o pé[3] ◊ e o pé de cabra que aplicou para proveito do Outro, ao thesouro publico.

G.G.

[90.2] *De Monoculo* (G. Gomes): –

1. ◊[1] [a]
2. A Egreja Cath[olica] – e as suas vantagens.
(separar o bom do mal[2], o verdadeiro do falso, por um methodo[3] Christãmente peculiar, originado na idéa da mortificação e da humilhação: o de escolher para si a maldade e a falsidade, apontando, *ipso facto*; ensinando aos outros[4] o caminho do bem, tomando[5] systematicamente o do mal.

a Pessoa riscou "O regicídio perante a esthetica."; ver as notas finais. Lembre-se que, após o regicídio de 1 de Fevereiro de 1908, João Franco foi responsabilizado pelo acontecido e obrigado a demitir-se.

91
VICENTE GUEDES

Colaborador previsto d'*O Iconoclasta* com uma série de "Poesias" (cf. 86.1, Ibis), autor de contos portugueses da colecção Contos Ibis (48A-11r e144V-11r, "O Naufragio da Barca Texas", "A Morte do Dr. Cerdeira", "Czarkesco", "Uma Viagem no Tempo"), tradutor da Empresa Íbis (144V-6r e 7r; *Tragedias*, de Ésquilo; *Cain*, de Byron; *Prometheus Unbound*, de P. B. Shelley; *Dr. Jekyll and Mr. Hyde*, de R. L. Stevenson), herdeiro, em português, de um conto de Alexander Search (48A-52r, "Um Jantar Muito Original"), e de um poema de Carlos Otto (36-2r; "Visão"), segundo autor – a seguir a Fernando Pessoa – do *Livro do Desassossego*, ao qual imprimiu um carácter mais diarístico – note-se que existia já um "Diário de Vicente Guedes" (14C-8r) –, empregado no comércio, "homem [que] abdicára de todos os fins, a que a sua natureza o havia destinado"; ser "naturalmente constituido para a ambição, [que] gozava lentamente o não ter ambições nenhumas" (6-3r). Vicente Guedes foi tudo isto, e muito mais e muito menos, visto que escreveu vários poemas e começou mais de quatro contos, mas não traduziu praticamente nada e abandonou o *Livro do Desassossego* por volta de 1920, sendo este projecto retomado só anos mais tarde, mas já pela mão de Bernardo Soares (cf. 126). Guedes foi uma dessas figuras prolíficas e multifacetadas que, como as personagens do *The Transformation Book*, e nomeadamente, Alexander Search (cf. 72), anteciparam as personagens maiores dos anos posteriores, quer heterónimas, como Alberto Caeiro (cf. 101), Alvaro de Campos (cf. 102) e Ricardo Reis (cf. 103), quer semi-heterónimas, como Bernardo Soares (cf. 126) e, presumivelmente, o Barão de Teive (cf. 134). Um quadro muito completo da produção guediana e um balanço do que já foi publicado até 2010 figuram na edição crítica do *Livro do Desassossego* (2010, tomo 2, pp. 722-723). Publicam-se a seguir alguns textos éditos e inéditos cuja autoria é atribuída a Guedes.

Convém alertar, como fez Ana Maria Freitas, sobre o carácter migratório das atribuições pessoanas no caso das ficções (e não só): "As narrativas encontram-se atribuídas a personalidades literárias e ao ortónimo. Verifica-se, no entanto, que essa atribuição muda com frequência e que os contos vão transitando de personalidade para personalidade, de um projecto para outro e da língua inglesa para a portuguesa [no caso dos mais antigos]" (Freitas, 2008, p. 180). Assim, por exemplo, o conto "Uma Viagem no Tempo" apresenta afinidades com outros dois núcleos de textos ("O Vencedor do Tempo" e "O Desaparecimento do Professor Serzedas"), que também têm como protagonista o Professor Serzedas e partilham um pendor filosófico, mas de entre os três, apenas "Uma Viagem no Tempo" foi atribuído a Vicente Guedes. Atendendo a esses processos migratórios aos quais estão sujeitos muitos dos textos, decidimos, nesta antologia, incluir dois fragmentos de contos guedianos que não figuram em listas de projectos de Guedes, mas que ostentam claramente o seu nome no cabeçalho. Crê-se ainda que estes são textos que não terão chegado a migrar para outras personagens.

DATA: 1909.

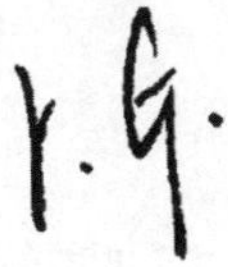

[56-42^{v}]

[36-3^{r}]

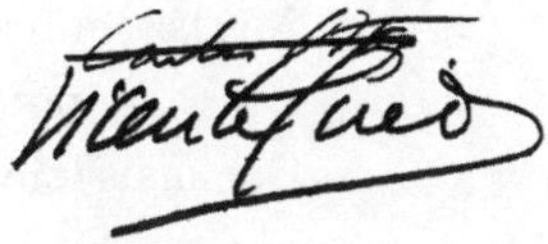

[36-2^{r}] [Riscado: “Carlos Otto”]

[36-40^{r}]

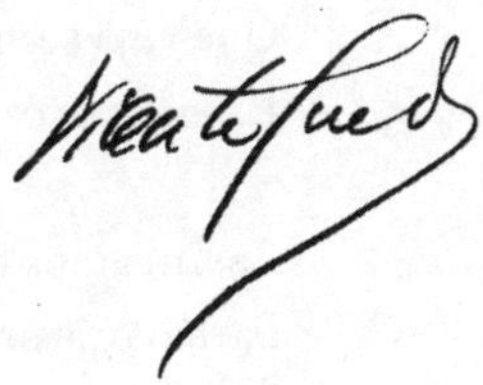

[40-22^{r}]

[27^{22} L^{5}-1^{r}]

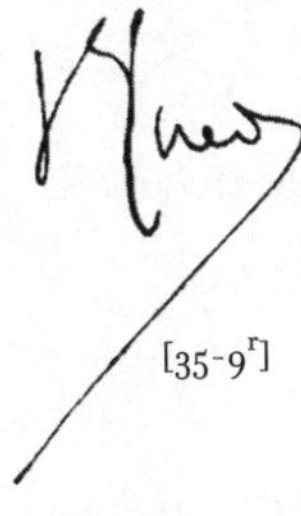

[35-9^{r}]

[91.1] *Nunc est bibendum...*[a]

Quando o Tedio, invencivel e infecundo,
Nos faz sentir a solidão de ser,
E uma monotonia ocupa o mundo,
Que mais tem o espirito a fazer

Do que ensinar ao corpo que o profundo
Desgosto da existencia lhe requér
Que veja sempre ao calix o seu fundo
E sempre tome o calix a encher?

Assim a nós que resta, poetas mortos,[1]
Para o prazer e a quem a saciedade
Na propria idéa já nos dissuade,

Só ha[2] beber até que a vida esqueça
Aos nossos olhos sem pensar absortos
O sonho que é, o mundo em fim pareça.

2-1-1910. V. G.

a O título é uma citação de Horácio ("É hora de beber", livro 1, ode 37).

Ó noite maternal e relembrada [91.2]
Dos principios obscuros de viver!
Ó noite fiel á escuridão sagrada
D'onde o mundo é o crime de nascer![1]

Ó noite suave á alma fatigada[2]
De querer[3] na descrença poder crêr!
Cerra-me e involve-me... Eu não sou nada[4]
Senão alguem que quér a ti volver.[5]

Ó Noite Antiga e misericordiosa
Que seja todo em ti a indefinida[6]
Existencia que a alma me não gosa.

Sê meu ultimo sêr! dá-me por sorte[7]
Qualquer cousa mais humana[8] qua a vida
Qualquer cousa mais tua do que a Morte.[9]

[5-3-1910]

[91.3] *Visão*

Ha um paiz immenso mais real[1]
Do que a vida[2] que o mundo mostra ter
Mais do que a Natureza natural
Á verdade tremendo de viver.

Sob um céo uno e placido e normal
Onde nada se mostra haver ou sêr
Onde nem vento geme, nem fatal
A idéa de uma nuvem se faz crêr;

Jaz – uma terra não – não ha um sólo
Mas extranha, gelando em desconsolo
A alma que vê esse paiz sem vêo,

Hirtamente silente nos espaços
Uma floresta de escarnados braços
Inutilmente erguidos para o céo.

5/3/10

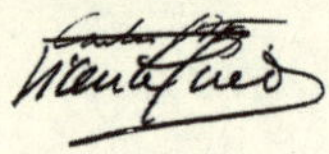

Vicente Guedes: *O Asceta.* [91.4]

Acreditaes[1] então n'um céo, n'uma immortalidade[2], em um Nirvâna ao menos, onde se acabe esse mal ou se esqueça?

– Paraisos, nirvanas! Illusões dentro de outras illusões. Se vos sonhaes sonhar, o sonho que sonhaes é menos real acaso do que o sonho que vos sonhaes sonhando? Se nós mesmos – corpo e alma – sômos illusões são-n'o acaso menos as illusões que nós temos. Tudo o que existe – tanto o que parece existir[3] como o que parece não existir, pelo menos ainda ou já – não é senão sonho[4] e irrealidade.

Mas em que crêr então? ...

Em nada. Para este terror não ha porta de sahida. A quem vem toma-se-lhe a essencia da sua alma[5]. Nem no cumulo do prazer se pode esquecer o Mysterio[6].

–

Tomaste-me, n'um momento, de ◊ fluida que a tinha, a alma arida, fria[7], sêcca, escalvada, como um deserto do rochedos, sem areia sequér, que o vento levantasse, nem agua, herva ou ◊ para[8] quebrar a monotonia, nem sombra de logar onde se sonhe sequér a illusão de uma esperança.

[91.5] *A Tortura pela Escuridão* – V[icente] Guedes.

Querem sem duvida saber como foi que eu, antes tão audaz e forte, hoje sou o ◊ nervoso e ◊ que veem. Querem que eu lhes conte a historia do que se passou nas *noites* terriveis que fôram para mim os dias 6, 7, e 8 de fevereiro de mil oitocentos e noventa e dois. Ainda que me seja custosa a recapitulação; por muito que eu, ao mencional-as, tenha que[1] reviver as passadas torturas, por esta só vez[2] – a primeira e ultima – far-vos-hei a cruel[3] vontade. Nem esperem que eu torne, ainda outra vez, para agradar[4] seja a quem fôr, a repetir, ao dizel-os, aos horrores[5] que passei.

–

Fui sempre nervôso, admitto-o, não porem no sentido que, por exemplo, os inglezes dão á palavra – de timido, ou propenso ao medo[6]; mas sim n'aquelle em que, d'um homem facilmente irritavel se affirma[7] que é nervoso. E eu, por extensão, applico a palavra ao meu ser psychico d'outr'ora[8] – audaz e impulsivo como por nervosismo, com aquella ausencia[9] do sentimento do mêdo que – depois do sonho – alguns psychiatras dão como nitidamente anormal[10].

Além de constitucionalmente audaz, era tambem – como ainda sou – por essencia[11] curioso e intrommettido. Ou isto era apenas uma outra forma da minha essencial audacia, ou, de algum modo, uma qualidade que se achava bem na companhia d'ella.

Como era instavel e ◊ d'animo, descontente do actual, tomado do ardor do longinquo e do futuro, como[12], de mais a mais, tinha alguma fortuna – o triplo da que hoje tenho[13] – viajei bastante, corri aventuras, amorosas em parte, em parte de mero capricho – todas[14] do mesmo ◊ do perigo, do difficil e da ancia da novidade.

Viajei primeiro em Africa e parte da Asia, depois na Australia, passei d'alli a viajar na America, e vim finalmente a percorrer[15] a Europa. Guardei-a para depois dos outros continentes, para ter[16] mais nitida apercepção da novidade, para a extranhar mais do que se sahisse do meu paiz e começasse [a] viajar[17] por outras nações que se integrassem na mesma raça-mãe e no mesmo genero de civilização. Encontrei-me, em fins de 1891 cançado de alma, amargurado de tedio e de saciedade. Regressei ao lar; um mez n'elle saciou-me mais, deu-me outra vez o impulso de[18] tornar ás minhas viagens. Pensei em fazer outra vez – mas por logares differentes, atravessando outros povos – a ◊ circulativa que já houvêra feito. Mas reflecti que, o geral uma vez conhecido, o particular já fosse curiosidade desfeita. Não aos outros, aos felizes, aos normaes, mas aos como eu cançados do de algum modo conhecido, e anciosos do inteiramente novo. Lembrei-me então de que, por uma serie de coincidencias, não visitara ainda a India. O resto do dia, cubicei-a. A India não a conhecia ainda. Veio immediatamente á minha idéa investigar as religiões da India, prescrutar os myterios d'ellas, penetrar mesmo – a audacia da idea era me querida – nos seus santuarios e logares sagrados, ou entre os peregrinos e crentes, ás escondidas das vistas de todos, ◊.

Cheguei á India em janeiro de mil oitocentos e noventa e dois[19]. Atravessei varias regiões – o ◊.

–

Déram-se commigo umas aventuras curiosas, consegui[20] ◊ alguns dos segredos do fakirismo hindú. Vi cousas que nenhum europeu vira. Mas desgostei-me do que consegui saber[21], e os riscos que correra, os enthusiasmos de momento parecem-me, ao relembra-los, ainda de perto, pequenos uns e ◊ os outros. Encontrei-me, finalmente, *passava fevereiro, no ◊ na perspectiva da ◊, e veio-me a idea de, por um plano cuja audacia excedia quanto se pode imaginar[,] ver e comprehender o que se passava n'um templo insuspeito aos geografos e desconhecido dos chronistas. Fôra audacioso já, e cheio de peripecias que ◊

Alguma cousa me espertara o enthusiasmo, a achada d'esse templo. Mais audacia haveria ainda, mais cheia de perigos e de commoções a entrada n'elle, a espionagem dos seus mysterios e do occultismo dos seus ritos.[22]

—

Recuei para um nicho[23] e deixei passar o sacerdote; de repente[24], porem, senti, admirado no curto instante em que o senti, como que alguem mexer-se *atraz* de mim, e antes que de mais tomasse sentido, recebi[25] violenta pancada na cabeça que immediatamente me postrou. Comprehendi, porém, no instante que houve entre eu ouvir o som e cahir sem sentidos, que, lamentavelmente errando me havia[26] encostado a uma porta falsa qualquer, que, pelo menos,[27] havia uma abertura n'esse nicho.

—

Voltei[28] a mim e encontrei-me em uma escuridão absoluta. Primeiro pareceu-me não só estar n'um logar escuro, mas, tambem, não ter ainda aberto os olhos n'elle. Estando deitado, não senti bem em que especie de casa. Levei as mãos aos olhos e senti que estavam abertos. Antes de bem desperto[29] senti uma sensação de qualquer cousa de intensamente *anormal*, de pavorosamente[30] *não-conhecida*.

Puz-me em pé, e comprehendi então qual o anormal horror que se me ◊ n'alma. Era que em meu torno estava a escuridão *absoluta* – não a escuridão conhecida dos homens, e a que os olhos se podem mal ou bem acostumar, não a escuridão como a concebemos, que ainda assim tem um rosto, uma sombra de luz – mas a escuridão inteira e completa, sempre a mesma, impenetravel sempre. Não se concebe, ninguem pode imaginar

– como a imaginação não está adaptada a conceber absolutos – o horror do que me cercava – aquella mais que noite, aquelle mais que negrume

L[ivro] do D[esassossego] [91.6]

Prefacio

O meu conhecimento com V[icente] Guedes formou-se de um modo inteiramente casual. Encontravamo-nos muitas vezes no mesmo restaurante retirado e barato. Conheciamo-nos de vista; descahimos, naturalmente, no cumprimento silencioso. Uma vez, que nos encontrámos á mesma meza, tendo o acaso proporcionado que trocassemos duas phrases, a conversa seguiu-se. Passámos a encontrarmo-nos alli todos os dias, ao almoço e ao jantar. Por vezes sahiamos juntos, depois do jantar, e passeavamos um pouco, conversando.

–

V[icente] G[uedes] supportava aquella vida nulla com uma indifferença de mestre. Um stoicismo de fraco alicerçava toda a sua attitude mental.

A constituição do seu spirito condemnava-o a todas as ancias; a do seu destino a abandona-las a todas. Nunca encontrei alma de quem pasmasse tanto. Sem ser por um ascetismo qualquer, este homem abdicára de todos os fins, a que a sua natureza o havia destinado. Naturalmente constituido para a ambição, gozava lentamente o não ter ambições nenhumas.

[91.7] *[Livro do Desassossego]*

[Prefacio]

... este livro suave.

É quanto resta e restará d'uma das almas[1] mais subtis na inercia, mais debochadas no puro sonho[2] que teem visto este mundo. Nunca – eu o creio – houve creatura por fóra humana que mais complexamente vivesse a sua consciencia de si-propria. Dandy no espirito, passeou a arte de sonhar atravez do acaso de existir.[3]

Este livro é a autobiographia de quem nunca existiu[4].

De V[icente] G[uedes] não se sabe nem quem era, nem o que fazia, nem ◊[b]

Este livro não é d'elle: é elle. Mas lembremo-nos sempre de que, por detraz de tudo quanto aqui está dito, /colleia/ na sombra, mysterioso, ◊

Para V[icente] G[uedes] ter consciencia de si foi uma arte e uma moral; sonhar foi uma religião.

Elle creou definitivamente a aristocracia interior, aquella attitude de alma que mais se parece com a propria attitude de corpo de um aristocrata completo.

b Mas num outro documento figura uma informação fictícia, que teria sido retirada do Anuário Comercial: "Guedes (Vicente), emp[regado] no comm[ercio], Rua dos Retrozeiros, 17, 4°" (7-17^{r}).

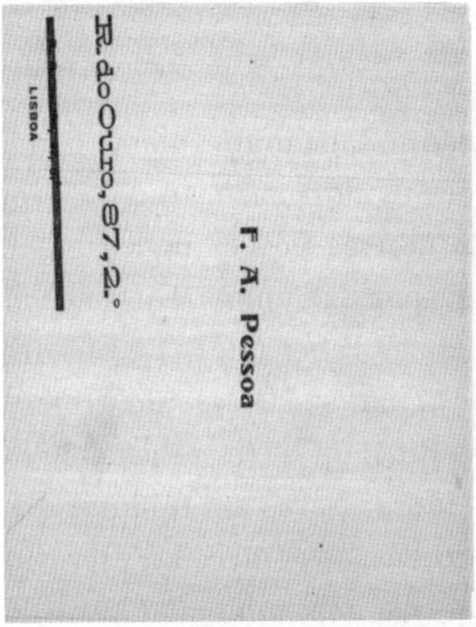

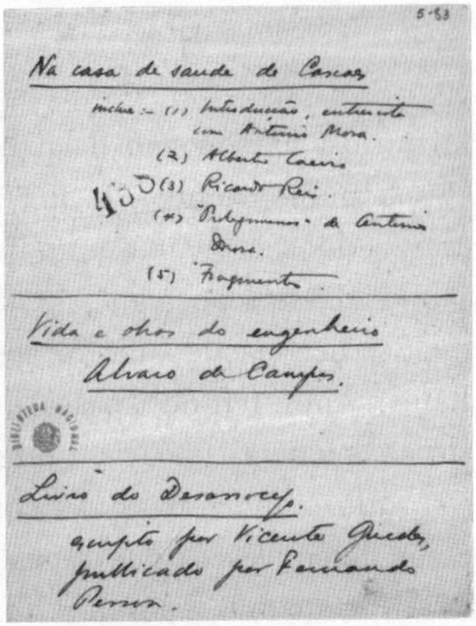

Cartão da firma "F. A. Pessoa"; no verso, planos de três colectâneas: "Na casa de saude de Cascaes"; "Vida e obras do engenheiro Alvaro de Campos"; e "Livro do Desassocego", escrito por Vicente Guedes e publicado por Fernando Pessoa.

92
NAVAS

Misteriosa personagem da qual não se sabe praticamente nada. O seu nome, dentro de um rectângulo mais parecido com uma bandeira, encima uma lista de três ficções inglesas que são citadas em português. Assim, por exemplo, "The Case of the Science Master", de Horace James Faber (cf. 61) e Charles Robert Anon (cf. 60), passa a designar-se "O caso do professor de Sciencia". Isto levou Teresa Rita Lopes (*Pessoa por Conhecer*, 1990, tomo 2, p. 259) a considerar Navas um tradutor dos casos detectivescos que Fernando Pessoa começou a escrever na África do Sul. É possível que o seja, mas também é verdade que o lexema "Navas" é plenamente enigmático e que a sua consistência, em termos ficcionais, é mínima, já que só existe um registo da palavra e nenhuma outra referência a ele. Foi Navas um tradutor das Edições Ibis? Iria verter para português a série dos "Tales of a Reasoner" ("Contos de Um Raciocinador")? Talvez. Mas também devemos reconhecer a dose de ficcionalização que postumamente os críticos acrescentam à obra de Fernando Pessoa, nomeadamente quando apenas restam indícios e uma auréola de silêncios.

DATA: 1910.

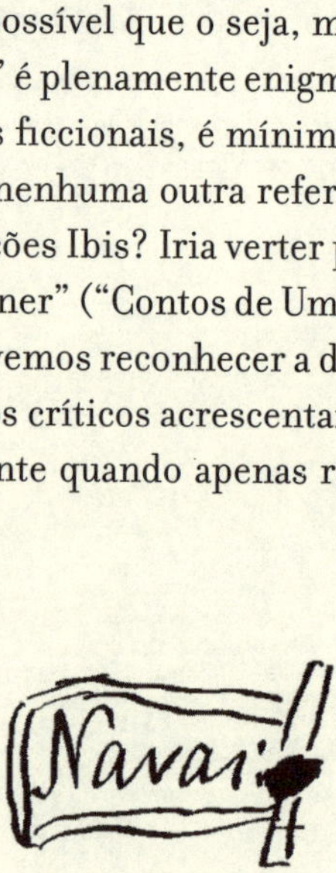

[48A-53r]

[92.1]

Navas:

1. O caso do Sr. Arnott.
2. O caso do professor de Siencia.
3. O caso da Equação Quadratica.
4. ◊
5. ◊
6. ◊
7. ◊
8. ◊
9. ◊
10. ◊
11. ◊
12. ◊

93

GERVASIO GUEDES

Candidato a autor do estudo "A Coroação de Jorge Quinto", tal como L. Guerreiro (cf. 94), segundo uma lista de projecto intitulada *Estudos Contemporaneos*. Essa lista é posterior à coroação do monarca inglês, ocorrida a 22 de Junho de 1911, o que quer dizer que Gervasio Guedes não surge em tempos da Empresa Íbis (1909-1910), mas depois da falência desta, tal como já foi indicado em *Obras de Jean Seul de Méluret* (2006, p. 11). Não sendo claro se o autor ulterior d'"A Coroação de Jorge Quinto" foi Gervasio Mendes ou L. Guerreiro, optámos por apresentar apenas as listas em que ambos os nomes figuram. Acresce que nenhum fragmento destinado ao dito estudo está identificado com um nome ou assinado. Um desses excertos começa assim: "O rei Jorge tem um aspecto physionomico de peixe. É inutil porém explicar por uma vida maritima o que é mais facilmente, posto que democraticamente, explicavel por uma cerebração correspondente áquella que ao peixe dá a sua expressão especial" (92B-16^{r}).[a] E num texto intitulado "Republica e Monarchia" encontra-se esta passagem: "A coroação de Jorge Quinto serviu ao editor do *London Magazine*, por intermedio do sr. Arnold White, de pretexto para dar ao mundo uma argumentação com *pose* de geral sobre a superioridade, em abstracto, e constante, do principio monarchico" (130-69^{v}). De facto, o jornalista Arnold White (1848-1925), que defendia a superioridade intelectual britânica

a Outros fragmentos deste escrito estão cotados: 92B-17, 92E-40 a 42, 92E-65, 92W-22 e 23, 92W-50, 92X-49 e 50, e 92X-100.

e era membro da Sociedade para a Educação Eugénica, fundada em 1907, publicou um artigo ("King versus President") em que defendia o rei inglês e o princípio monárquico. Pessoa pensou polemizar com White e troçar da coroação de 1911, criando um ensaísta fictício de ideologia republicana. Guedes? Guerreiro? O próprio Pessoa? Desconheceremos sempre qual teria sido a sua decisão final ao ter passado a limpo os seus apontamentos lacónicos, ou ao ter publicado um dos muitos textos que chegou a idealizar. É que projectos, teve-os Pessoa em número elevadíssimo.

DATA: 1911.

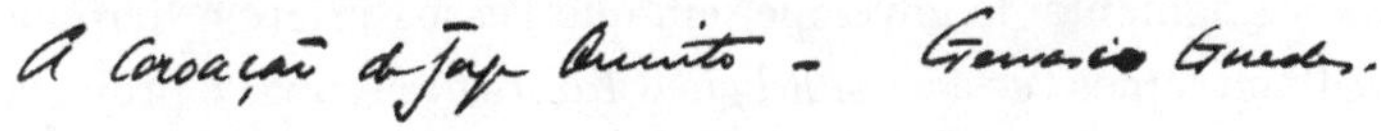
A Coroação de Jorge Quinto – Gervasio Guedes.

[48H-8]

Estudos Contemporaneos. [93.1]

– A Oligarchia das Bestas. – ◊
– A Coroação de Jorge Quinto – Gervasio Guedes.
– Um Critico da Democracia (E. Faguet) – Fernando Pessoa.
– Observações sociologicas a um romance de H. G. Wells = ((1) constructores só de *Patrias* não de civilizações; (2) a idea de patria, limite do altruismo, (M. Barrès, quoted); ◊) – F. Pessoa.
– A Crise da Inglaterra – Fernando Pessoa.
– Republica e Monarchia – (A. H. White) – Fernando Pessoa.
– A dissolucção do imperialismo – Fernando Pessoa (Uma força disintegrante tão forte como o soc[ialis]mo e anar[chis]mo a grande destruição de grande cousa visa)
– Portugal – poema.

94
L. GUERREIRO

Trata-se do outro candidato à autoria do estudo sobre a coroação do rei inglês Jorge V, para além de Gervasio Guedes (cf. 93). Figura numa lista de projectos encimada pelo título *Estudos Contemporaneos*, em que surge também o nome de Jean Seul de Méluret (cf. 79). Essa lista contém algumas variações em relação à anterior. De L. Guerreiro preserva-se uma assinatura num fragmento de envelope, em que Pessoa refere o livro de William James *Varieties of Religious Experience* (1902) e projecta um ensaio sobre o poeta norte-americano Walt Whitman (1819-1892), tendo já lido o *Whitman* (1906) de Bliss Perry.

DATA: 1911.

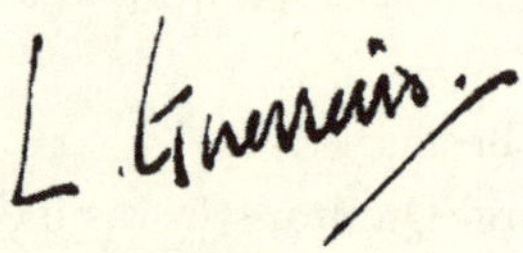

[93-87r]

Estudos Contemporaneos. [94.1]

1.	Republica e Monarchia	F. Pessoa.
2.	A Theoria do Governo Commercial.	F. Pessoa.
3.	A Coroação de Jorge Quinto.	L. Guerreiro.
4.	A Rep[ublica] Port[uguesa] perante a Europa.	F. Pessoa.
5.	A Oligarchia das Bestas.	F. Pessôa.[a]
6.	Decline and Fall of the P[ortuguese] M[onarchy]	F. Pessôa.
7.	La France en 1950.	Jean Seul.
8.	(poesias moraes)	F. Pessôa.
9.	Portugal – (/esboço poetico/)	F. Pessôa.

a Nos três primeiros pontos Pessoa omitiu o acento circunflexo, que viria a abandonar por volta do dia 4 de Setembro de 1916 (ver *Cartas a Côrtes-Rodrigues*, 1945, p. 79).

95
PERO BOTELHO

Tratar-se-á de um dos últimos colaboradores possíveis do *Iconoclasta*, jornal que Pessoa não terá esquecido completamente depois do falhanço da Empresa Íbis (cf. 92G-51r). Autor de cartas – que lembram no seu género as do Sr. Pantaleão (cf. 82) – e de contos, dois dos quais herdados de Vicente Guedes (cf. 91) ("A Morte do Dr. Cerdeira" e "A Experiencia do Dr. Lacroix"). Pero Botelho interessou-se por assuntos de psicopatologia e chegou, talvez pela mesma razão, a ser contemplado como autor da série detectivesca "Quaresma, Decifrador", série que contém diversos trechos sobre a psicologia patológica do criminoso (*Escritos sobre Génio e Loucura*, 2006, tomo 2, pp. 514-517, 561 *et seq.*). O nome de Botelho não figura em nenhum dos contos que lhe foram atribuídos – ele foi mais o autor de uma possível colectânea (cheia de hesitações), do que de cada um dos seus elementos de forma sucessiva e acumulativa –, mas surge em apontamentos breves, argumentos ficcionais e em várias cartas, género em que Pessoa sempre reconheceu a potencialidade para o "outrar-se".

O texto das "Cartas de P. B.", que começa "Estou hoje mais velho", aproxima a personagem de Pero Botelho da de Marcos Alves, que Pessoa fixou em 1913, segundo o diário desse ano (cf. "ideei finalmente a personagem integral de Marcos Alves", 20-18v; *Páginas Íntimas e de Auto-Interpretação*, 1966, p. 34). À semelhança do que Botelho escrevera de si no fragmento das cartas, num trecho da narrativa de Marcos Alves podemos ler: "Toda a idea sexual como que morrera n'elle" (27^9 E^2-23r).

Tanto Botelho como Alves dão grande relevância à questão da sexualidade, até que esta esmorece, talvez de tanto a reprimirem (Pizarro, 2007, p. 165). Marcos Alves foi também autor de várias cartas, mas não sabemos se Pessoa as teria publicado fora do âmbito da sua narrativa, emancipando Alves desse espaço de ficção (cf. *Escritos sobre Génio e Loucura*, 2006, tomo 2, p. 518).

DATA: 1912-1913.

[92G-51r]

Uma dôr de dentes dóe mais do que a duvida de Deus e a ◊ do mysterio. Este facto é horrorosamente verdadeiro. [95.1]

Pero Botelho: [95.2]
Sexuality in all
(sexual elements in genius)

Pero Botelho: [TRAD.]
Sexualidade em tudo
(elementos sexuais no génio)

[95.3] *Cartas de P[ero] B[otelho]*

Estou hoje mais velho, salvo na intensidade com que sinto.

—

De[1] modo que para mim hoje o desejo /sexual/ é indifferente[2] para o meu espirito. Existe na m[inha] alma, sem que ella se interesse por elle[3]. Este estado de alma é mais horroroso que o nojo; mais ◊

É a morte de nós para nós mesmos.

[95.4] *Pero Botelho*

Mas momentos tenho em que carnalmente sou idealista.

Ante as cousas quedo-me[1] ◊; vejo-as sem comprehender que as estou vendo, e do que é estar vendo.

Á tona carnal da minha alma /sobe/ o mysterio das cousas. Vejo, ouço, /tacteio/ alheiadamente ao que em mim vê, ouve e toca. Separei-me de mim de repente. Olho, de mim e de longe, as minhas sensações e ellas parecem, além de como que visiveis, pertencentes a outro, movendo-se em mim por obscenidade e por grandeza

(?) *Contos de Pero Botelho* [95.5]

O Vencedor do Tempo (Prof. Serzedas).
A Morte do Dr. Cerdeira (Dr. Cerdeira).
A Experiencia do Dr. Lacroix (Dr. Lacroix).
O Prior de Buarcos (Pe João[1] Maria).
Quaresma, Decifrador (Dr. Abilio Quaresma), /varios/.
O Eremita da Serra Negra (O eremita).
? No Hotel Cecil, em dia de chuva (O pessimista).
? Uma Tarde Christã (o jesuita Eusebio /Vareiro/).
? O Propheta da Rua da Gloria (o judeu /Salomão Barjara/).

96
JAPONAIS

Designado genericamente a partir da sua origem, o japonês foi o último autor a quem Pessoa atribuiu a sátira "La France en 1950" ["A França em 1950"], inicialmente encomendada a Jean Seul de Méluret (cf. 79). O seu nome surge mencionado em duas listas de projectos de 1913, já reproduzidas no volume das *Obras* desta figura francófona. Na primeira dessas listas (48B-66ʳ), a indicação "par un japonais" segue-se ao título "La France en 1950". Essa lista agrupa ainda, entre outros, três escritos de tipo mais escandaloso: "Sobre a extensão do voto a todos os vertebrados" (leia-se, as mulheres), "O Masculinismo" e "Sobre a necessidade de crear lupanares masculinos". Na segunda lista (144D²-6), a substituição de Jean Seul é corroborada, posto que Pessoa incluiu um subtítulo, "Lettre d'un Japonais" ["Carta de Um Japonês"], que funciona também como indicação de género literário. A sátira de Seul transforma-se numa carta cuja autoria é atribuída ao japonês. Esta figura será contemporânea de algumas leituras que Pessoa idealizou, tais como *The Spirit of Japanese Poetry*, de Yoné Noguchi (1875-1947) (48B-60ʳ).

A datação crítica da segunda lista, ora reeditada, foi avançada em *Obras de Jean Seul de Méluret* (2006, p. 12) e seguida de um longo comentário que passamos a resumir. O diário que Pessoa redigiu em 1913 fornece indicações preciosas para estabelecer essa datação. A partir desse documento, sabe-se que a "Letter to the British Minister in Lisbon" ["Carta ao Ministro Britânico em Lisboa"] estaria já a ser trabalhada em Fevereiro de 1913. A 19 do mesmo mês, Pessoa refere que redigira algumas notas acerca da nova orientação a dar à carta dirigida ao "Ministro Inglez" (20-20^{r}; cf. *Páginas Íntimas e de Auto-Interpretação*, 1966, p. 36). Nesse mesmo diário, no dia 3 de Março, Pessoa anota: "Ocorreu-me o poema sobre o Capitão [Robert Falcon] Scott" (20-26^{r}), sendo que o vigésimo quarto item desta lista (144D^{2}-6) é precisamente "On the death of Capt. Scott. (A Symphony of the South)", uma "sinfonia do Sul" inspirada na morte do capitão e dois dos seus acompanhantes na expedição à Antárctida (1910-1912). Em relação a "Pamphletos (com Garcia Pulido)", a entrada do diário de 11 de Março esclarece que com o poeta e jornalista Domingos Garcia Pulido (1892-1973) Pessoa combinou o panfleto "Jogo Franco", em alusão a João Franco, uma publicação semanal de carácter "republicano, anti-afonsista, anti-socialista" (20-30). Já numa carta a Garcia Pulido, de 18 de Março, Pessoa promete o seguinte: "Até ao fim d'este mez prepararei os dois primeiros numeros meus. O primeiro d'estes é a 'Historia Comica' de que lhe fallei; o segundo deve ser, ou um outro ataque ao Af[fonso] C[osta], ou uma 'Carta a um Monarchico' (o titulo é provisorio) [...] N'essa Carta ponho de modo novo o problema politico actual, e mostro a necessidade de ser republicano com argumentos ainda virgens" (114^{3}-23^{r}). Note-se que na lista dois dos itens são, precisamente, "Affonso VII. – Satiras" e "Historia Comica do Sapateiro Affonso". Por último, a pensar na datação da lista, os editores de *Obras de Jean Seul de Méluret* indicam que em 57-41^{r} se encontra "um breve apontamento que remete para *O Século* de 25-7-1913, a propósito da defeza dos 'S. Thomé men' ('Os Nativos de São Tomé'), apontamento que revela a data aproximada do texto "The St. Thomé Question" ("A Questão de São Tomé"), relativo às críticas que, na Câmara dos Lordes, Richard Southwell Bourke, mais conhecido como Lord Mayo, fez a Portugal, relativamente a casos de escravatura em São Tomé e Príncipe e Angola, atendendo às condições de trabalho nas grandes propriedades e nas obras públicas."

Note-se que, por volta de 1913, as múltiplas atribuições de autoria começam a ser menos frequentes. Se exceptuarmos as várias personagens que fazem parte das comunicações mediúnicas a partir de 1916, o certo é que a partir de 1913 Pessoa começa a conviver com cada vez menos autores alternos e a "preparar-se" para a convivência com três figuras centrais, os designados heterónimos. Foi ainda em 1913 que Pessoa declarou ao poeta bejense Mário Beirão (1890-1965), em carta de 1 de Fevereiro, estar num tal estado de "rapidez ideativa" que a sua cabeça, em matéria de movimento, era uma Rua do Arsenal (Pizarro, 2007, p. 160).

DATA: 1913.

La France en 1950. (Lettre d'un Japonais).

Pamphletos e Opusculos

[96.1]

1. Sobre um inquerito literario.
2. A nova poesia portugueza.
3. A Oligarchia das Bestas.
4. Camões e a Superstição Camoneana.[b]
5. Portugal e Hespanha: o Problema Sociologico.

a Um traço cortado por baixo de uma palavra indica hesitação.

b Ver o artigo de Pauly Ellen Bothe (2012), "A Superstição Camoneana", em *Pessoa Plural – A Journal of Fernando Pessoa Studies*. Página *web*: www.pessoaplural.com.

6. Sobre a extensão do voto a todos os vertebrados.
7. O Masculinismo.
8. Sobre a necessidade [de] crear lupanares masculinos.

E[nglish] 9. The Situation of Europe in its ultimate sociological significance.[c]

E[nglish] 10. The Economist Fallacy.[d]

E[nglish] 11. The Portuguese Republic: A Study for Foreigners.[e]

E[nglish] 12. Creationism: another new Philosophy. (2 articles).[f]

E[nglish] 13. Portuguese Poetry of To-Day and Yesterday.[g]

(P[ortuguese] E[nglish]) 14. O Mytho de William Shakespeare.

(E[nglish]?) 15. A situação da Inglaterra.

E[nglish] 16. Letter to the British Minister in Lisbon.[h]

E[nglish] 17. The St. Thomé Question.[i]

18. Outomno: estudo sobre a civilização europêa.

F[rench] 19. L'Irlande: le problème général.[j]

F[rench] 20. La France en /1950/ (Lettre d'un Japonais).[k]

21. (3 opusculos occultistas). (Adv[ertisemen]t).
22. Lettre à M[*onsieur*] Émile Faguet.[l]
23. Pamphletos (com Garcia Pulido).

c A Situação da Europa no seu derradeiro significado sociológico.
d A Falácia Económica.
e A República Portuguesa: um estudo para estrangeiros.
f Creacionismo: outra nova filosofia. (2 artigos).
g Poesia Portuguesa de Hoje e de Ontem.
h Carta ao Ministro Britânico em Lisboa.
i A Questão de São Tomé.
j A Irlanda: o problema geral.
k A França em 1950: carta de um japonês.
l Carta ao Senhor Émile Faguet.

24. On the death of Capt. Scott. (A Symphony of the South).[m]
25. Caricatura (art[igo] Sobre Almada Negreiros).[n]
26. Artigos para o *Theatro*.[o]
27. The International Movement.[p]
28. Portuguese Poetry of To-Day ("Poetry Review").[q]
29. Une nouvelle école de peinture. (re[garding] Picabia's pictures).[r]
30. Des[1] cas d'exhibitionisme.[s]
31. Affonso VII. – Satiras.
32. Historia Comica do Sapateiro Affonso.
33. ◊

m Na Morte do Capitão Scott. (Uma Sinfonia do Sul).
n Encontra-se riscado e com a indicação "done" [feito] à direita.
o Riscado igualmente e seguido das palavras "done and doing" [feito e fazendo].
p O Movimento Internacional.
q A Poesia Portuguesa Hoje (*Poetry Review*).
r Uma nova escola de pintura (em relação às pinturas de Picabia).
s Casos de Exibicionismo.

97
FREDERICK WYATT

Se o nome de William Search (cf. 80) foi escolhido em homenagem a William Shakespeare, é difícil de confirmar; Frederick Wyatt, contudo, terá sido decerto um tributo ao poeta inglês Sir Thomas Wyatt (1503-1542). De facto, o prefaciador anónimo dos poemas do Wyatt pessoano (*The Poems of Frederick Wyatt*) descreve-o de um modo bastante peculiar: "he had a metaphysical comprehension of the highest kind, yet no shadow of the power to reason it into coherent theories" ["ele tinha uma compreensão metafísica da mais alta natureza, porém nenhuma sombra da faculdade de a racionalizar em teorias coerentes"] (14E-94ʳ) –, o prefaciador do Wyatt moderno, dizíamos, explica que este preferia utilizar um pseudónimo, visto que já havia um Wyatt "at the beginning of English poetry" ["no começo da poesia inglesa"] (14E-96ʳ). Qual era esse pseudónimo? Frederick Wyatt em lugar de Thomas Wyatt, ou Frederick Wyatt Cypher, atendendo à indicação inicial do prefácio e ao facto de "Cypher", em inglês, significar mensagem escrita em código ou um método secreto de escrita (cifra)? Não o sabemos. Mas são interessantes o modo como Pessoa elaborou o nome desta figura (um lorde inglês?) e o cuidado que teve em imaginar a sua assinatura: "Autograph must have letters parted" ["A assinatura deve ter letras desligadas"] (14E-96ʳ; *Pessoa por Conhecer*, 1990, tomo 2, p. 241 [num *collage* e sem transcrição]). Um apontamento intitulado "Graphologia", anterior à criação de Wyatt, talvez ilumine esta preocupação; nesse texto, Pessoa faz uma distinção entre dois tipos de letra: a desligada, que representaria a capacidade de análise; e a ligada, que denotaria a aptidão para a síntese ($15B^2$-11^r).

O projecto intitulado "The Poems of Frederick Wyatt" ["Os Poemas de Frederick Wyatt"] ($144D^2$-7^r), acima mencionado e do qual subsiste o prefácio, era composto por vinte e um poemas, segundo consta da lista dos títulos (144P-2 e 3). Todos os poemas aí listados foram escritos entre 1904 e 1908 e atribuídos inicialmente a Alexander Search (cf. 72), salvo um deles. Verificamos, uma vez mais, o carácter migratório dos textos pessoanos, até porque dos vinte e um poemas, cinco teriam sido escritos antes do surgimento de Search, o que sugere que podem ter sido transferidos de Charles Robert Anon (cf. 60) para Search e, num segundo momento, deste para Wyatt. Acresce que quase todos os poemas – onze de doze – de uma colectânea intitulada *Waves* [*Ondas*], projecto datável de 1909 e reivindicado por Alexander Search (ver *Poemas Ingleses*, 1997, p. 58; *Escritos sobre Génio e Loucura*, 2006, tomo 1, p. 38), fazem parte dos vinte e um poemas do livro de Wyatt, isto é, que Wyatt não só se apropriou de poemas soltos de Search, como ainda herdou, pelo menos, um dos seus projectados livros. Entre os poemas de *Waves* encontra-se "Song" ["Canção"], texto ora transcrito.

Refira-se, por último, que a escolha de composições poéticas para o livro *The Poems of Frederick Wyatt*, se baseou não só em critérios temáticos, mas também em critérios formais. Assim, dezasseis dos vinte e um poemas acusam um número definido de *beats* em cada verso, revelando assim um padrão métrico; o *common measure*, que é a métrica tradicional das baladas populares inglesas, é um deles (ver Ferrari, 2012, pp. 66-72). Os restantes cinco poemas são sonetos, construídos em metro iâmbico pentâmetro. A escolha desta última forma poética é bastante significativa, visto que Thomas Wyatt é considerado o responsável pela introdução do soneto na língua inglesa.

Tal como Alexander Search, que parece a sombra de Wyatt, já que um pode ser visto como um desdobramento do outro, Wyatt vivia em Lisboa e faria parte de um clã Wyatt, visto que no espólio pessoano há registo de assinaturas do Rev. Walter Wyatt (144V-27^{v}), morador em Sandringham, Inglaterra, e de Sir Alfred Wyatt (144V-47^{v}), morador em Paris (daí ser, por vezes, Monsieur), tal como de Charles Wyatt (57-8^{v}), de Stanley Wyatt (110-9^{v}), de Francis Wyatt (49B^{5}-37^{v}), de Arthur C. Wyatt (14D--34^{v}), de Augustus C. Wyatt (14D-34^{v}, rasurado) e de Christopher Wyatt (14D-34^{v}, rasurado; e 78A-42^{v}), cujas moradas se desconhecem. Tanto os Wyatt, como os Search foram múltiplos e é-nos difícil estabelecer se cada Wyatt (ou cada Search) foi uno, ou se alguns foram as prefigurações de outros. A contabilidade, neste mundo da fantasia, é sempre inexacta.

DATA: 1913.

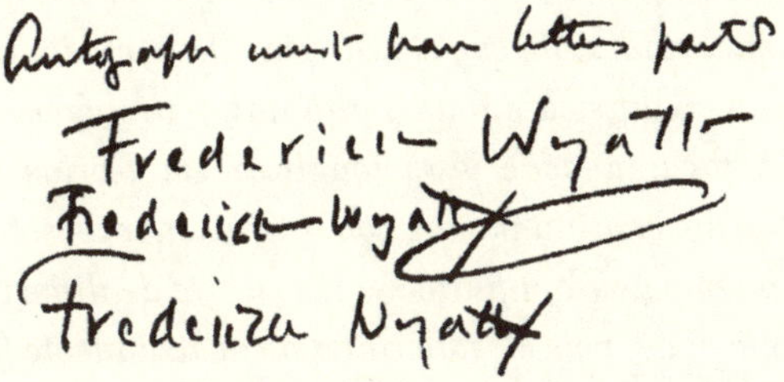

[14E-96^{r}] [Três exemplos de como separar as letras na assinatura de F. Wyatt]

[97.1] *Freder[ick] Wyatt*

He had a curious mind, a mind that seemed incomplete. He had qualities for the complete use of which other qualities, which he lacked, were needed. Thus, he had a metaphysical comprehension of the highest kind, yet no shadow of the power to reason it into coherent theories; he would be perpetually astonishing me with moral theories of life, space, time or infinity[1] – but I had to seize them as well as I could, for he had no power to do any more than set them forth, posit them – he was incapable of the slightest reasoning to uphold them.

[TRAD.] Freder[ick] Wyatt

Ele tinha uma mente curiosa, uma mente que parecia incompleta. Tinha qualidades que eram necessárias para a realização plena de outras qualidades, de que ele carecia. Deste modo, tinha uma compreensão metafísica da mais alta natureza, porém nenhuma sombra da faculdade de a racionalizar em teorias coerentes; surpreendia-me continuamente com teorias morais sobre a vida, o espaço, o tempo ou o infinito – mas eu tive de dimensioná-las o melhor que pude, pois ele não tinha a capacidade de fazer mais que apresentá-las, avançá-las – era incapaz do menor raciocínio para as sustentar.

Frederick Wyatt Cypher [97.2]

He was extraordinarily ignorant of modern English literature and especially of modern English poets. He never read anything by O[scar] Wilde, B[ernard] Shaw ◊

Even of the French poets he did not know the more recent ones. He knew Baudelaire, Rollinat ("Les Névroses") certainly.[1]

I do not think he had any knowledge of Verlaine ◊

Frederick Wyatt Cypher [TRAD.]

Ele era incrivelmente ignorante em literatura inglesa moderna e especialmente em poetas ingleses modernos. Nunca leu nada de O[scar] Wilde, B[ernard] Shaw ◊

Até dos poetas franceses, não conhecia os mais recentes. Conhecia certamente Baudelaire, Rollinat ("Les Névroses").

Não creio que de Verlaine tivesse algum conhecimento ◊

Of dreamers[1] no one was a greater dreamer than he. He was eternally incompetent to take stock of reality. His attitude before things was always a false and uneasy one, always oscillating from one extreme point of view or manner of action to the other extreme. This concerned just as much and as deeply his fundamental views – if we can speak of the fundamental views of one who had none – as his most trifling actions. It is as possible[2] to consider him an idealist (I use the word in its metaphysical sense) as a materialist: he would be the first to wonder which he was. His political opinions were in a perpetual fluctuation between an excessive anarchism and the arrogance of a thorough aristocrat.[3] In his life – his *unreal* life as he would have called it sometimes – he was sure to be either of a childish and morbid shyness or of an impetuous and clumsy boldness. The worst was that he was not even consistent in the line of action he chose: sometimes he would shrink into a sudden and incongruous shyness in the midst[4] of a recklessly insane act, at others he would suddenly break out from shyness in the strangest and insanest manner.

My great and sincere friendship for him cannot hinder me from being still rather amused on recalling[5] the way several Portuguese poor people – the washerwoman, for instance – used, with a curious and evidently spontaneous community of expression[6], to refer to him when speaking to me: *o seu amigo, coitadinho!* (Your friend, poor gentleman!). They would very possibly have been perplexed to explain what the *coitadinho* (so untranslatably Portuguese!) meant there. But they all felt, in their characteristic warm-heartedness, that there was some inexplicable thing to be pitied about him. Now that I remember this, I cannot omit a still cuter expression that a neighbouring barber once used and which was reported to him and to me and stung him greatly: It is a pity he is not mad; it would have been better like that. It is perhaps the best casual word-portrait of him, in all its indirectness. It stung him, as I easily perceived,[7] because it hit his character off so justly and yet showed how terribly evident even to casual & uninterested dreamers was the suffering he thought he hid in himself from all eyes.[8]

Fdk. Wyatt.

[TRAD.]

De entre os sonhadores não havia maior sonhador que ele. Foi eternamente incompetente no que toca à percepção da realidade. A sua atitude perante as coisas foi sempre falsa e inquieta, sempre oscilando entre um ponto de vista ou modo de acção extremo e o outro extremo. Isto aplicava-se tanto e tão profundamente às suas ideias fundamentais – se nos é permitido falar das ideias fundamentais de alguém que não tinha nenhuma – como às suas acções mais triviais. É tão possível considerá-lo um idealista (uso a palavra no seu sentido metafísico), como materialista: ele seria o primeiro a perguntar-se qual era. As suas opiniões políticas flutuavam perpetuamente entre um anarquismo excessivo e a arrogância de um completo aristocrata. Na sua vida – a sua vida irreal *como ele por vezes a designou – tinha a certeza de ser ou de uma timidez mórbida e infantil, ou de uma audácia impetuosa e desajeitada. O pior é que ele nem sequer era consistente na linha de acção que escolhia. Nalgumas ocasiões, reduzia-se a uma timidez súbita e incongruente a meio de um acto irresponsavelmente louco, noutras abandonava de repente a sua timidez da maneira mais estranha e louca.*

A minha grande e honesta amizade não me impede de me divertir, recordando o modo pelo qual vários portugueses pobres – a lavadeira, por exemplo – costumavam, com uma expressão curiosa e evidentemente espontânea, referir-se a ele quando falavam comigo: O seu amigo, coitadinho! *É muito provável que ficassem perplexos se tivessem de explicar o que a palavra* coitadinho *(tão intraduzivelmente portuguesa!) quer dizer neste contexto. Mas todos sentiam, com a sua simpatia característica, que nele havia algo de inexplicável que devia ser lamentado. Agora que me lembro disto, não sou capaz de omitir uma expressão ainda mais incisiva usada um dia por um barbeiro vizinho que, dirigindo-se a ele e a mim, o atingiu muito: é uma pena que não seja louco; teria sido melhor. É talvez o seu melhor retrato verbal, embora indirecto. Feriu-o, como facilmente me apercebi, porque definiu o seu carácter com tanta justeza e demonstrou ainda como era evidente, até para o sonhador mais casual e desinteressado, o sofrimento que ele julgava esconder em si, longe dos olhos de todos.*

[97.4] *Song.*

Sun to-day and storm to-morrow.
Never can we know
When is joy or when is sorrow,
Happiness or woe...
The clock strikes. To-day is gone.
Man, proud man, oh think thereon!

From delight we pass to sadness
From a smile to tears;[1]

And the boldness of our gladness
Dies among our fears.[2]
The clock strikes. An hour is past.[3]
Think, oh think, how all doth waste![a]

Canção [TRAD.]

Hoje há sol, amanhã gela.
Toda a gente ignora
Se é júbilo ou miséria,
Alegria ou dor...
Bate o tempo. Parte o dia.
Homem vão, que ironia!

Tristeza em prazer se muda,
O sorriso em pranto;
E morre no nosso medo
Nosso alegre espanto.
Bate o tempo. Uma hora passa.
Oh, que tudo se desfaça!

a Datado de 1906 e assinado por Alexander Search; trata-se de um dos poemas da colectânea de vinte e um poemas de Frederick Wyatt.

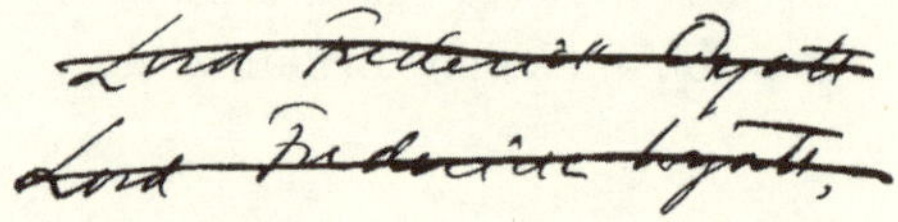

[92S-96v] [Lord Frederick Wyatt]

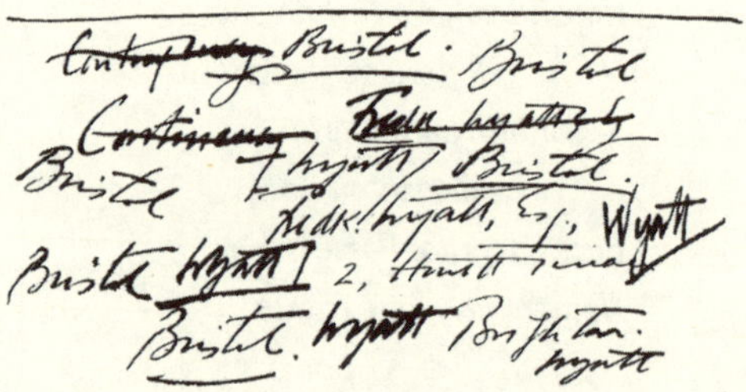

[48I-15a^r] [Fredk. Wyatt, Esq.]
[2, Howth Terrace | Bristol. | Brighton.]

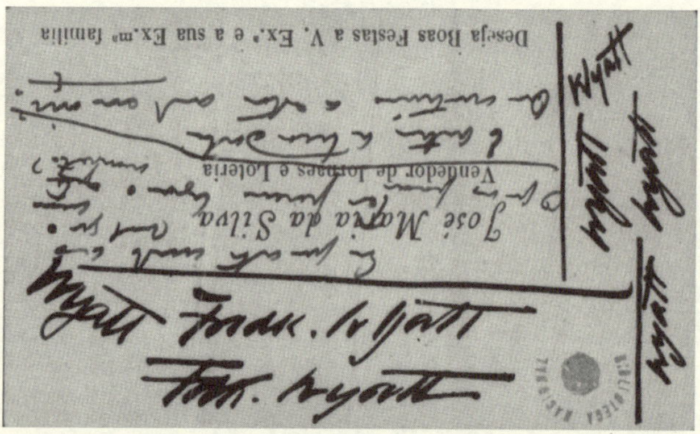

[40-25^v] [Fredk. Wyatt]

[144V-27^{v}] [Rev. Walter Wyatt | Sandringham]

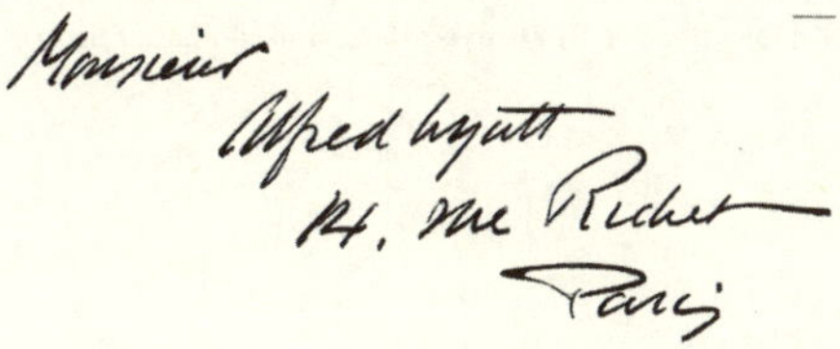

[144V-47^{v}] [Monsieur | Alfred Wyatt | 14, Rue Richet | Paris]

[57-8^{v}] [Charles Wyatt]

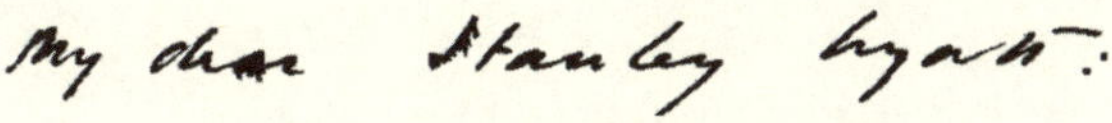

[110-9^{v}] [My dear Stanley Wyatt:]

[49B^5-37^v] [Francis Wyatt, <*Lord>]

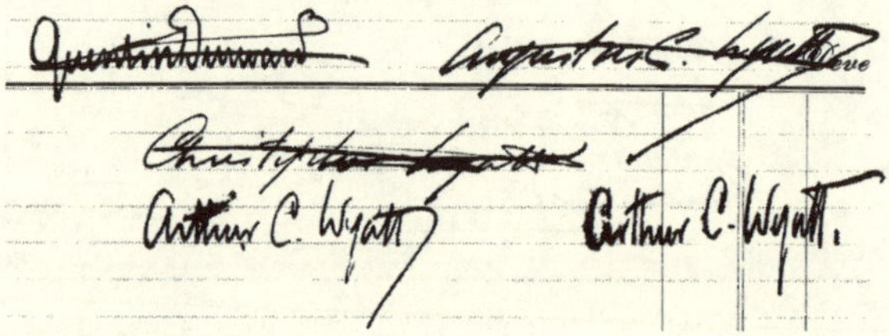

[14D-34^v] [Augustus C. Wyatt | Christopher Wyatt | Arthur C. Wyatt]
[Riscado: Quentin Durward, romance de Walter Scott]

98
JAMES BODENHAM

Figura revelada em 2010, na edição crítica do *Livro do Desasocego* (2010, tomo 2, p. 615), já que o único texto que lhe foi atribuído se encontra manuscrito no verso de um fragmento destinado ao *Livro*, datável de 1913. James Bodenham encarna a paixão de Pessoa por todo o tipo de dicionários – que leu e inventou ao longo da sua vida –, por todo o tipo de enigmas e mistérios, e até pela publicidade, porque o texto que se conhece de Bodenham parece uma síntese publicitária da obra *The Psychological Laws of Problem Solving* [*As Leis Psicológicas da Resolução de Problemas*]. Também não é de descartar a hipótese de este projecto ser mais "real", pensando que Pessoa terá tentado "fazer pela vida", para citar António Mega Ferreira (2005), inventando dicionários técnicos e atendendo ao facto de, em 1915, o poeta ter oferecido dois jogos de guerra por si inventados, e não patenteados, aos donos dos célebres Armazéns Gamages no centro de Londres (*Sensacionismo e Outros Ismos*, 2009, p. 661). Na sua obra, Bodenham propunha-se expor os princípios psicológicos subjacentes à solução de vários tipos de problemas, uma exposição que teria tido grande interesse para a ampla família de charadistas e decifradores de enigmas criada por Pessoa, mas também para os leitores e colaboradores de publicações popularíssimas à altura, tais como *Tit-Bits* e *Answers*, que Pessoa, como todos os seus contemporâneos de língua inglesa, conhecia muito bem. Acrescente-se que Pessoa criou uma personagem, A. A. Crosse (cf. 124), que enviava soluções para os concursos desse tipo de publicações de grande tiragem, e ganhou algum dinheiro solucionando problemas e jogos de palavras. Teria o livro de Bodenham tentado auxiliar outros jogadores a ganhar dinheiro também? É possível. Até porque numa lista de três projectos, o primeiro dos quais se intitula *Tactica Commercial*, Pessoa incluiu “The Psychological Bases of Problem-Solving” (“As Bases Psicológicas da Solução de Problemas”) (144L-18^{r}), com certeza um título alternativo ao primeiro, que também se poderia chamar “Psychology of Problem-Solving” (“Psicologia da Solução de Problemas” (144L-19^{r}).

DATA: *c.* 1913.

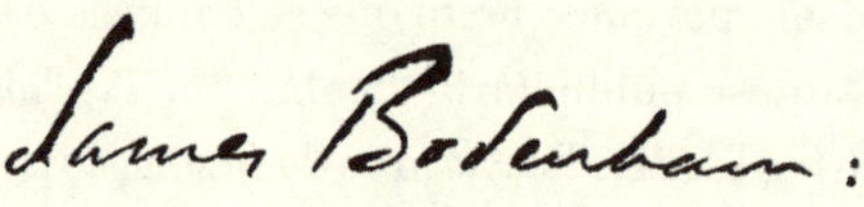

[144L-17^{r}]

[98.1] *The Psychological Laws of Problem Solving*

By James Bodenham.

This book is not a useless dictionary or semi-dictionary of phrases or puns to be used in hypothetical solution-cases. It is a study and exposition[1], conduced in the simplest language, of the mental laws[2] governing[3] the psychol[ogical] processes by which solutions of problems are obtained, so that by a simple observance of them & training in their observance, the reader can render himself apt to become a competent problem solver.

Problems, as here the word is used, are of 3 kinds:

(1) Problems proper, containing a fixed[4] solution to be found – such as pictures to be deciphered into *one* certain meaning.

(2) Those which depend on letters
Those ————— on slogans
Those ————— on sense.[5]

(3) Half-chance contests – such as guessing who will win, lose or draw on a Certain nº of e.g. future turns[6] to play on a certain date.

As Leis Psicológicas da Resolução de Problemas [TRAD.]

Por James Bodenham.

Este livro não é um inútil dicionário ou semidicionário de expressões ou trocadilhos para serem usados em casos de soluções hipotéticas. É um estudo e uma exposição, conduzidos na mais simples linguagem, das leis mentais que governam os processos psicológicos pelos quais as soluções dos problemas são obtidas, de forma que, pelo seu simples cumprimento e treino do seu cumprimento, o leitor possa tornar-se ele próprio um solucionador de problemas.

Problemas, no sentido em que a palavra é aqui usada, são de três géneros:

(1) Problemas adequados, contendo uma solução fixa que deve ser encontrada – tal como imagens que devem ser decifradas num *certo significado.*

(2) Os que dependem de letras
Os ————— de slogans
Os ————— do sentido.

(3) Concursos parcialmente de sorte – tais como os de adivinhar quem irá ganhar, perder ou empatar num certo número de, por exemplo, turnos futuros a serem jogados numa certa data.

99
OLGA BAKER

O seu nome figura na mesma página do caderno de apontamentos em que encontramos o nome de James Bodenham (cf. 98), seguido de dois pontos, e uma página antes de uma lista de projectos que se lhe podem, talvez, atribuir. Contudo, ao assumirmos Baker como autora dessa lista, teremos de atribuir a Bodenham, por coerência, a outra lista de projectos aí manuscrita, apenas separada da de Baker por um traço longitudinal. Na folha 144L-18^{r}, como se pode ver na imagem em anexo, consta primeiro uma lista de três itens (*"Publicações p[ar]a g[anhar] dinh[eiro]:* | 1. O Livro do Toilette. |2. O Livro da dona de casa. | 3. O livro da mãe."), seguida de uma lista de mais três, em português e inglês, sem um título geral ("1. *Tactica Commercial* – O reclame = a apresentação dos artigos = a arte de concorrer. | 2. Will-power, its nature and development[a] | 3. The Psychological Bases of Problem-Solving"). É presumível que Olga Baker seja a autora desses livros, mas faltam-nos elementos que o confirmem e não se conhecem fragmentos dessas três obras com que Pessoa esperava ganhar dinheiro. Em 1913, Pessoa – que teve de pedir dinheiro emprestado aos amigos – colocou ainda em prática outro projecto com intuito comercial: compilou e traduziu 300 provérbios portugueses para um editor inglês, Frank Palmer (ver *Provérbios Portugueses*, 2010).

DATA: *c.* 1913.

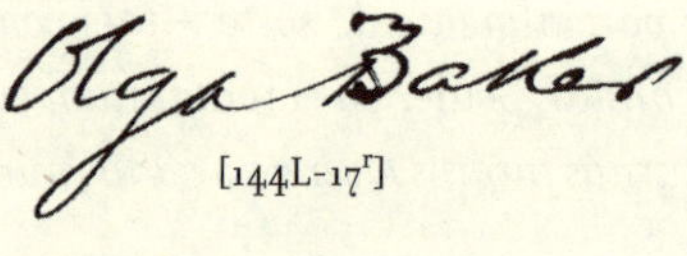

[144L-17^{r}]

a "Força de vontade, a sua natureza e desenvolvimento."

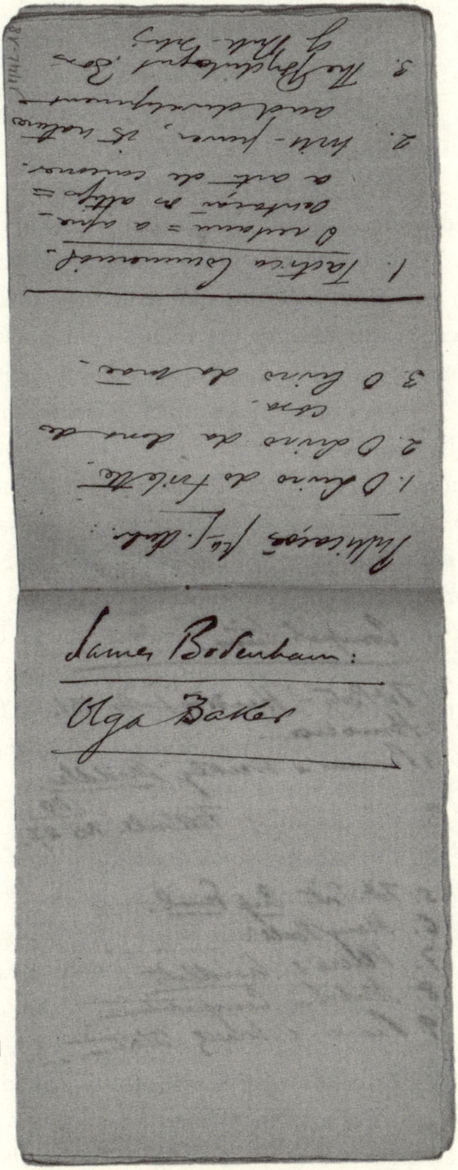

James Bodenham:

Olga Baker

[144L-17r e 18r]

100
DR. NEIBAS

No capítulo dedicado ao Dr. Gaudencio Nabos (cf. 64), indicámos que existe um parentesco ficcional entre Nabos e Neibas, sendo este provavelmente uma alcunha do primeiro. Esta interpretação é apoiada por um diálogo inédito, e um tanto confuso, em que um interlocutor não identificado se refere a Nabos e Neibas, e pergunta porque ambos eram doutores: "Mas Dr. Nabos... Dr. Neibas... Agora, e por fim, reparo... Elle porque era *Dr.* Nabos? | Era-o, claro está, porque, nao sei porque, [porque] nao pode deixar de ser Dr. Nabos... Mas notavelmente isso o era..." (27^{21} L^{4}-22^{r}). Este Dr. Neibas teria surgido por volta de 1914 e existem, pelo menos, dois títulos em que se regista o seu nome: "Apontamentos sobre o Dr. Neibas" (144D^{2}-10^{r}), sem indicação de autoria, é o primeiro, e consta de uma lista de projectos; "Metaphysica do Dr. Neibas" (27^{21} L^{4}-21^{r}) é o segundo, e dá nome a uma série de máximas (ver *Pessoa por Conhecer*, 1990, tomo 2, p. 172). Note-se que lemos "Neibas" e não "Nabos" no cabeçalho dessas máximas, não só porque paleograficamente essa nos parece a leitura mais certa, mas porque esse conjunto de axiomas é tardio, está escrito em português e é característico do estilo de Neibas, tal como definido por um memorialista anónimo num texto inédito: "elle fallava sempre assim, aos saltos mortaes de ideações, em phrases circulares como que acabando onde começavam" (27^{7} X-1^{v}). Neibas não foi propriamente um autor, daí Pessoa ter projectado uns apontamentos sobre o doutor e ter esboçado um "Elogio do charlatão", em que o memorialista citado refere os seus dois encontros com esta figura. Neibas só poderia ser autor se admitíssemos a possibilidade de as máximas serem suas e se, contra o pasmo do memorialista quando ouve Neibas dizer que está a refundir a sua obra, acreditarmos que este teve algum assomo de obra. A favor desta interpretação e contra o parecer do memorialista, podemos invocar um texto curto contendo a indicação "Dr. Neibas", em que se lê: "Unica phrase de um conto inedito de Neibas: | – Como toda a gente rica, elle vinha a ser primo de fidalgos. | Da comprehensão d'este 'vinha a ser' data uma epoca do meu crecimento intellectual" (7-41^{v}; *Livro do Desasocego*, 2010, tomo 2, p. 697). Outra frase de Neibas terá sido: "para que ter relações com mulheres" (8-2^{r}; *ibidem*, p. 997). O estilo de Neibas acusa a leitura do *Livro do Dr. Assis* (1905), segundo um outro apontamento (27^{21} L^{4}-21a^{r}), livro ao qual já fizemos referência no capítulo relativo a Pad Zé (cf. 14), outra faceta de Nabos e, portanto, também de Neibas. Deste último optámos por reeditar as máximas e por dar a conhecer um dos textos dos quais é o protagonista: o "Elogio do charlatão", que lembra os prefácios sobre a figura de Vicente Guedes (cf. 91) destinados ao *Livro do Desassossego*.

DATA: 1914.

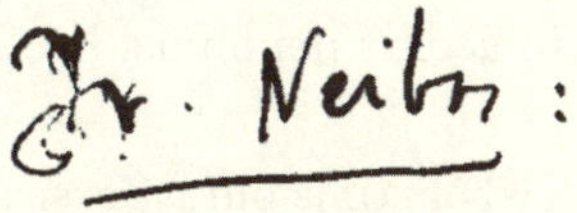

[8-2^{r}] [Antes de umas notas]

[100.1] *Metaphysica do Dr. Neibas*

– Morrer é recordarmo-nos de que nos esqueceu alguma cousa.[1]
– A idea de Deus é um panno de theatro, ◊
– Morrer é morrermos.
(O horror de morrer é o de morrermos)
– Quem sabe se duas parallelas se não encontram quando a gente as perde de vista?

[100.2] *Elogio do charlatão*

O charlatão é o artista ou da erudição[1] ou da sciencia ou da arte.

Como todas as pessoas superiormente inferiores, era um conversador brilhante.

Utilidade da arte (esp. theatro) mercantil.[2]

Foi grande o meu pasmo quando o Dr. Neibas, escrevendo-me de /Goes/[a], me disse: *Estou refundindo a minha obra*. Porque[3] o Dr. Neibas não tinha obra nenhuma. Não tinha obra de especie nenhuma.

Conheci-o em Lisboa. Uma phrase casual d'elle, n'uma conversa de grupo em que eramos os unicos entredesconhecidos[4], chamou para elle a minha attenção. Fallava-se de certo individuo, já não sei quem, e dizia-se mal. Então Neibas, n'uma voz baixa[5], como quem vae revelar uma monstruosidade essencial

a Actualmente Góis, vila do distrito de Coimbra.

d'um caracter, um vicio occulto[6] que explica por dentro toda uma alma, deixou escorrer para a conversa esta phrase, acenando com a cabeça ao indicar, com suppressão do nome, o individuo de que se fallava:

– Parece que tem relações com mulheres...

Na gargalhada geral que se seguiu, collaborei incertamente, até que, fixo sobre mim, pela m[inha perplexidade, ainda[7] [com] um pouco de duvidas advindas sobre os costumes do fallante[8], – repararam[9] que não nos conheciamos, e apresentaram-nos[10].

Ao apertar-me a mão e dizer-me que tinha m[ui]to gosto em me conhecer, ainda lhe [vi] na face[11] um ultimo raio d'aquelle pasmo como que pudico com que havia[12] segredado ao grupo a anormalidade nulla do tal[13] que fôra[14] assumpto da conversa.

A 2ª vez que o encontrei mirou-me de alto a baixo e disse-me[:]

– O Snr. ou está tysico...

E emquanto eu arrefécia, esperando a alternativa suspensa, rematou lentamente[:]

– ...ou não.

E depois, dirigindo-se á atrapalhação nos meus olhos:

– Ou ha de ser uma cousa ou outra.

E como eu franzisse enfado:

– Não me leve isto a mal. Eu sou assim.[15] Só seria outro se fora outro.[16]

Depois, acrescentou, como para explicar:

– Pense bem. Isto é mais profundo do que é.

Recordo-me que me despedi á pressa. Não me lembro, mas juraria que me fui irritado[17].

Vim a notar depois que elle fallava sempre assim, aos saltos mortaes de ideações, em phrases circulares como que acabando[18] onde começavam. Ao principio não lhe achei graça.

Profundamente, não o compreendi. De inicio[19] a sua attitude verbal era desorientadora.

Ao conhecel-o melhor vim a aproval-o e a estimal-o, ainda que a sua conversa fôsse um [exercicio] fatigante[20] para os ouvidos, como ver /quadros/ de mau cinematographo é para os olhos[21].

Todo elle[22] era isto, assim. Nunca foi mais do que isto. Nunca soube onde nascera ou crescera ou fôra educado. Morava para a Estrella. Ganhava a vida n'um escriptorio *misto da Baixa, onde sommava em silencio[23] fitas irregulares de parcellas com cifrões.

D'ahi o meu pasmo quando, escrevendo-me de /Goes/, onde eu não sabia que elle estava, me informara que estava "refundindo a sua obra".

Dentro de dois dias percebi, ou antes, ◊. Foi quando me apontaram, no jornal, a noticia do seu suicidio.

Se elle tivesse tido uma linha ou um traço de "obra"[24] eu não escreveria estas linhas. Como ◊

101
ALBERTO CAEIRO

Com a entrada em cena dos três heterónimos – Alberto Caeiro, Alvaro de Campos (cf. 102) e Ricardo Reis (cf. 103) –, assim denominados por Fernando Pessoa em 1928, embarcamos numa nova fase da viagem pessoana pela alteridade, caracterizada pela construção de uma mitologia pessoal, ou seja, pelo brotar de um conjunto de mitos e de explicações de mitos, sendo cada um desses mitos, quer a figura individual de cada heterónimo, a sua vida e a sua obra, quer o universo por eles concebido, depois de definidas as diferenças e encetada a "discussão em família". Caeiro será, sem dúvida, a figura central dessa mitologia. É-o, porque surge após um momento de epifania – o chamado "dia triunfal" –, porque a partir de si se desdobram Campos e Reis, e até mesmo Pessoa – o poeta afirma que nesse dia apareceu ante si o seu Mestre –, e por ser fervorosamente evocado, apresentado e sublimado por todos.

Para Alberto Caeiro, ou Alberto Caeiro da Silva, por extenso, convergem múltiplos textos, que nos permitem traçar um retrato plural desta figura; refiram-se os prefácios e os textos de divulgação atribuídos a Ricardo Reis (cf. 103), Antonio Mora (cf. 106), Thomas Crosse (cf. 108), Antonio L. Caeiro (cf. 129) e Julio Caeiro (cf. 130), entre outros. Uma menção especial merece a principal obra do prosador Alvaro de Campos, "Notas para a recordação do meu mestre Caeiro", obra que reitera a centralidade de Caeiro no quadro ficcional do enredo das "subpersonalidades" de Fernando Pessoa, que, aliás, se imiscui como personagem nesse mesmo enredo. Citemos, portanto, as

"Notas", que são habitualmente menos referidas do que a denominada carta sobre a génese dos heterónimos. "Vejo-o diante de mim", afirma Campos, "primeiro, os olhos azuis de criança que não tem mêdo; depois, os malares já um pouco salientes, a côr um pouco pálida, e o estranho ar grego, que vinha de dentro e era uma calma." E então esclarece: "era pela sua brancura, que parecia maior que a da cara pálida, que tinha majestade" (in *Presença*, n.º 30, 1931, p. 11). Campos, tal como Pessoa, atribui ao Mestre um semblante divino e infantil, próprio de alguém simultaneamente sábio e inocente.

Em torno de Caeiro e do seu magistério objectivista, revelador de uma Natureza plural, composta de "partes sem um todo", Pessoa procura criar um novo movimento cultural e religioso, assente no modelo civilizacional da Grécia Antiga. Trata-se de um novo paganismo, que "nem os gregos nem os romanos, que viveram nelle e porisso o não pensaram, o puderam fazer" (*Páginas Íntimas e de Auto-Interpretação*, 1966, p. 330), porque consiste num paganismo que "nasce da attribuição a cada objecto da sua realidade verdadeira" (*ibidem*, p. 286) e da convicção de que a poesia e esta nova visão politeísta do mundo não são antagónicas. De certa forma, Caeiro vem renomear o mundo, mas fá-lo como se tal acto, de natureza estética, fosse natural e não carecesse de metáforas, de figurações e de artifícios, mas apenas e simplesmente da inocência do não pensar; como se o poeta pudesse não fingir e fosse capaz de ver e escrever o que vê – "a espantosa realidade das cosas" – sem a mediação do intelecto pensante, isto é, pensando, mas sem pensamentos.

Para, de certo modo, blindar esta filosofia, Pessoa apresenta-nos Caeiro como um pastor que viveu quase toda a vida no campo e que, praticamente, não teve educação – ou não quis tê-la, visto que defende a necessidade de desaprender –, afirmando que

Caeiro não esteve sujeito a influências, nem teve jamais de rever e modicar os seus textos, dois procedimentos que necessariamente humanizam e fazem da criação um acontecimento histórico. Assim, por exemplo, num texto em inglês, atribuível a Thomas Crosse, Pessoa reconhece que há algo de Whitman presente nos poemas caeirianos, mas defende que Caeiro praticamente não sabia inglês e que o seu conhecimento de Whitman seria certamente nulo (*ibidem*, p. 368). Com o mesmo intuito de ficcionalização, relata a Casais Monteiro, na carta de 13 de Janeiro de 1935, a entrada em palco de Caeiro como um acontecimento "triunfal", uma epifania mais próxima do mito da inspiração divina ou da criação *ex nihilo*, do que da verdade materializada no arquivo, factos que Ivo Castro teve a ingrata tarefa de trazer a público no estudo que fez d'*O Manuscrito de "O Guardador de Rebanhos" de Alberto Caeiro* (1986), bem como em comunicações posteriores: "Quando Pessoa contou a Casais Monteiro que, em certo dia de Março de 1914, tinha escrito trinta e tal poemas de Caeiro, que milagrosamente teriam surgido sem preparação, mas perfeitos e acabados, estava a ocultar que uma parte dos poemas tinha sido escrita antes desse dia e que os restantes foram escritos nas semanas seguintes, nenhum deles estando datado do dia em questão, que aliás não se sabe bem qual fosse, pois tanto 8 como 14 de Março são datas mencionadas em diversas versões da carta a Casais" (Castro, 1999, p. 96).

Quase metade dos poemas que compõem "O Guardador de Rebanhos" e muitos dos denominados "Poemas inconjuntos" vieram a lume na revista *Athena*, em 1925, sendo que Pessoa fez ainda algumas alterações em vários dos textos impressos no seu exemplar de mão, algumas delas aqui reveladas pela primeira vez. Estas duas colectâneas poéticas, tal como o conjunto intitulado "O Pastor Amoroso", foram escritas em verso livre, mas nelas abunda o recurso ao verso regular. De facto, na poesia caeiriana não é invulgar encontrar uma sucessão de um número definido de metros, bem como na reiteração de palavras e de construções sintácticas (Ferrari, 2012, pp. 195-201), ainda que no texto supracitado, atribuível a Thomas Crosse, se leia que na obra poética de Caeiro o ritmo está notavelmente ausente (*Páginas Íntimas e de Auto-Interpretação*, 1966, p. 371). Outro aspecto que convém iluminar no que respeita ao mito fundacional de Caeiro é a sua suposta condição de pessoa não instruída e semiletrada (era "quasi ignorante das lettras", diz Ricardo Reis; *ibidem*, p. 330), visto que a poesia deste pastor "de espécie complicada" revela muitas leituras e dialoga com vários autores: no poema XXVIII do "Guardador de Rebanhos", e no poema inconjunto que começa "Tu, mystico, vês uma significação em todas as cousas", alude-se, por exemplo, a Teixeira de Pascoes; do mesmo modo que Cesário Verde é referido no poema III da primeira colectânea. Existe um contexto ficcional que determina a defesa de um certo Caeiro, de uma máscara funcional, mas a verdade é que a poesia de Caeiro é moderna precisamente porque vem subverter o género bucólico e vai muito além do arcadismo, e porque, sem desconhecer Virgílio, incorpora subtilmente elementos herdados das obras poéticas de Baudelaire, de Whitman, de Cesário Verde e de Pascoaes, entre outros (cf. Ferrari, 2011, pp. 43-53).

É interessante notar que muitos dos primeiros manuscritos de Caeiro são textos anónimos, quer porque o seu nome ainda não estivesse definido, quer por não parecer essencial acrescentá-lo, ou porque apenas a doença amorosa, criando um anti-Caeiro – o pastor amoroso –, criasse a necessidade de definir um Caeiro em estado puro e saudável. Interessa também lembrar que, ficcionalmente, Caeiro morre de tuberculose em 1915, morrendo jovem "como aqueles que os deuses amam", na interpretação que Pessoa dá às mortes de Caeiro e Sá-Carneiro (o primeiro foi inventado para pregar uma partida ao segundo), continuando Pessoa, apesar disso, a escrever poemas caeirianos mesmo após 1915, ou seja, uma boa parte da obra divulgada do poeta pagão é póstuma. Alberto Caeiro não nos legou qualquer texto em prosa, como Alvaro de Campos e Ricardo Reis, mas as entrevistas que deu – uma, aparentemente, a Alexander Search estando em Espanha (cf. 72) – são actualmente consideradas a sua prosa. Essas entrevistas e outros materiais de divulgação formam parte da estratégia que Pessoa imaginou para a promoção de Caeiro, facto muito bem documentado por Teresa Rita Lopes (*Pessoa por Conhecer*, 1990, tomo 2, pp. 391-402). Refira-se, por último, que, desde 2008, a Biblioteca Nacional de Portugal disponibiliza *online* "A Arca de Caeiro" (http://purl.pt/1000/1/alberto-caeiro/index.html), isto é, todos os poemas do heterónimo, incluindo o manuscrito do "Guardador", um caderno de 40 folhas de papel almaço, "que começou por ser uma cópia limpa do ciclo, já com 49 poemas na ordem final que conhecemos"; as palavras são de Ivo Castro, que cita, por sua vez, Ricardo Reis: "Nestas horas torvas a unica fonte de consolação para a minha alma tem sido o manuscripto, que sempre me acompanha, de O Guardador de Rebanhos."

DATA: 1914.

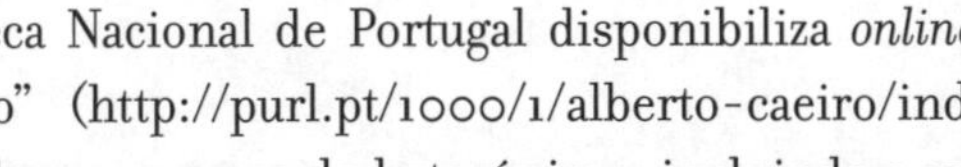

[145-39^{r}]

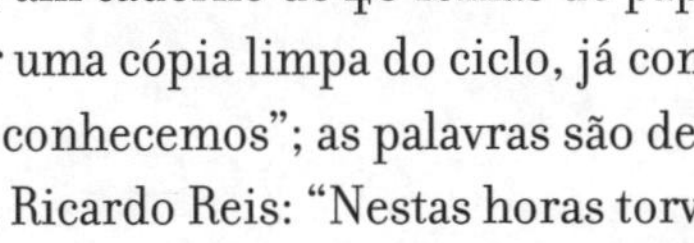

[75A-60^{v}]

[68A-4ʳ]

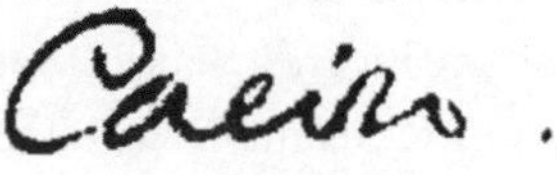

[48E-36ᵛ]

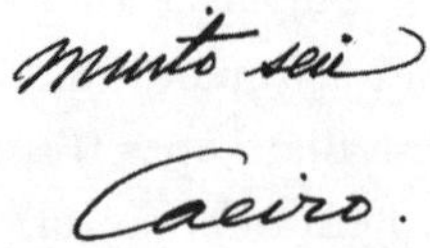

[21-71ʳ]

[101.1] I

Eu nunca guardei rebanhos,
Mas é como se os guardasse.
Minha alma é como um pastor,
Conhece o vento e o sol
E anda pela mão das Estacões
A seguir e a olhar.
Toda a paz da Natureza sem gente
Vem sentar-se a meu lado.
Mas eu fico triste como um pôr de sol
Para a nossa imaginação,
Quando se vê acabar lá ao longe[1]
E se sente a noite já entrada[2]
Como uma borboleta com a janella aberta.[3]

Mas a minha tristeza é socego
Porque é natural e justa
E é o que deve estar na alma
Quando já pensa que existe
E as mãos colhem flores sem ella dar por isso.

Com um ruido de chocalhos
Para além da curva da estrada,
Os meus pensamentos são contentes.
Só tenho pena de saber que elles são contentes,
Porque, se o não soubesse,
Em vez de serem contentes e tristes,
Seriam alegres e contentes.

Pensar incommóda como andar á chuva
Quando o vento cresce e parece que chove mais.

Não tenho ambições nem desejos.
Ser poeta não é uma ambição minha.
É a minha maneira de estar sòsinho.

E se desejo ás vezes,
Por imaginar, ser cordeirinho
(Ou ser o rebanho todo
Para andar espalhado por toda a encosta
A ser muita coisa feliz ao mesmo tempo),
É só porque sinto o que escrevo ao pôr do sol,
Ou quando uma nuvem passa a mão por cima da luz
E corre um silêncio pela herva fóra.

Quando me sento a escrever versos
Ou, passeando pelos caminhos ou pelos atalhos,
Escrevo versos num papel que está no meu pensamento,
Sinto um cajado nas mãos
E vejo um outro de mim[4]
No cimo d'um outeiro,
Olhando para o meu rebanho e vendo as minhas idéas,
Ou olhando para as minhas idéas e vendo o meu rebanho,
E sorrindo vagamente como quem não comprehende o que se diz
E quer fingir que comprehende.

Saúdo todos os que me lerem,
Tirando-lhes o chapeu largo
Quando me vêem soando até ao madrugar[5]
Mal a diligencia se levanta do cimo do outeiro.[6]
Saúdo-os e desejo-lhes sol,
E chuva, quando a chuva é precisa,
E que as suas casas tenham
Ao pé duma janella aberta
Uma cadeira predilecta
Onde se sentem, lendo os meus versos.
E ao lerem os meus versos pensem
Que sou qualquer cousa natural –
Por exemplo, a arvore antiga
Á sombra da qual quando creanças
Se sentavam com um baque, cansados de brincar,
E limpavam o suor da testa quente
Com a manga do bibe riscado.

IX

[101.2]

Sou um guardador de rebanhos.
O rebanho é os meus pensamentos
E os meus pensamentos são todos sensações.
Penso com os olhos e com os ouvidos
E com as mãos e os pés
E com o nariz e a bocca.

Pensar uma flor é vel-a e cheiral-a
E comer um fructo é saber-lhe o sentido.

Por isso quando num dia de calor
Me sinto triste de gosal-o tanto,
E me deito ao comprido na herva,
E fecho os olhos quentes,
Sinto todo o meu corpo deitado na realidade,
Sei a verdade e sou feliz.

[101.3] [Dos *Poemas Inconjunctos*]

Tu, mystico, vês uma significação em todas as cousas.
Para ti tudo tem um sentido velado.
Ha uma cousa occulta em cada cousa que vês.
O que vês, vel-o sempre para veres outra cousa.

Para mim, graças a ter olhos só para ver,
Eu vejo ausencia de significação em todas as cousas;
Vejo-o e amo-me, porque ser uma cousa é não significar nada.
Ser uma cousa é não ser susceptivel de interpretação.

[101.4] [De *O Pastor Amoroso*]

Agora que sinto amor[a]
Tenho interesse no que cheira.[1]
Nunca antes me interessou que uma flor tivesse cheiro.
Agora sinto o perfume das flores como se houvesse uma vida nova.[2]
Sei bem que ellas cheiravam, como sei que existia.
São coisas que se sabem por maneira.[3]
Mas agora sei com a respiração da parte de traz da cabeça.[4]
Hoje as flores sabem-me bem num paladar que se cheira.[5]
Hoje às vezes acordo e cheiro antes de ver.

a Precedido pela tradução de um verso do poeta laureado Alfred Austin (1835-1913), "E tudo é bello porque tu és bella | (And all looks lovely in thy loveliness)", que terá inpirado o poema e talvez tenha sido projectado como epígrafe.

A[lberto] Caeiro (entrevista) [101.5]

Signed A[lexander] S[earch]

"Sou mesmo o primeiro[1] poeta que se lembrou de que a Natureza existe. Os outros poetas teem cantado a N[atureza] subordinando-a a elles, como se elles fossem Deus; eu canto a N[atureza] subordinando-me a ella, porque nada me indica que eu sou superior a ella, visto que ella me inclue, que eu nasço d'ella e que ◊

O meu materialismo é um materialismo expontaneo. Sou perfeitamente e constantemente atheu e materialista. Não houve nunca, bem sei, um materialista e um atheu como eu... Mas isso é porque o mat[erialis]mo e o ath[eis]mo só agora, em mim, encontram o seu poeta." E A[lberto] C[aeiro] de tão curioso modo acentua o *eu*,[2] o *mim* que só vê a funda convicção com que falla.

Dizia-me ha tempos esse altissimo e transviado espirito que é Fernando Pessoa: "(qualquer cousa) ◊

[101.6] [Dos *Poemas Inconjunctos*]

Se, depois de eu morrer, quizerem escrever a minha biographia,
Não ha nada mais simples.
Tem só duas datas – a da minha nascença e a da minha morte.
Entre uma e outra cousa todos os dias foram[1] meus.

Sou facil de definir.
Vi como um damnado.
Amei as coisas sem sentimentalidade nenhuma.
Nunca tive um desejo que não pudesse realizar, porque nunca ceguei.
Mesmo ouvir nunca foi para mim senão um acompanhamento de ver.
Comprehendi que as coisas são reaes e todas differentes umas das outras;
Comprehendi isto com os olhos, nunca com o pensamento.
Comprehender isto com o pensamento seria achal-as todas eguaes.

Um dia deu-me o somno como a qualquer creança.
Fechei os olhos e dormi.
Além d'isso, fui o único poeta da Natureza.

[101.7] Differente de tudo, como tudo.

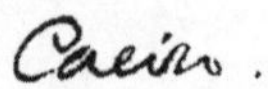

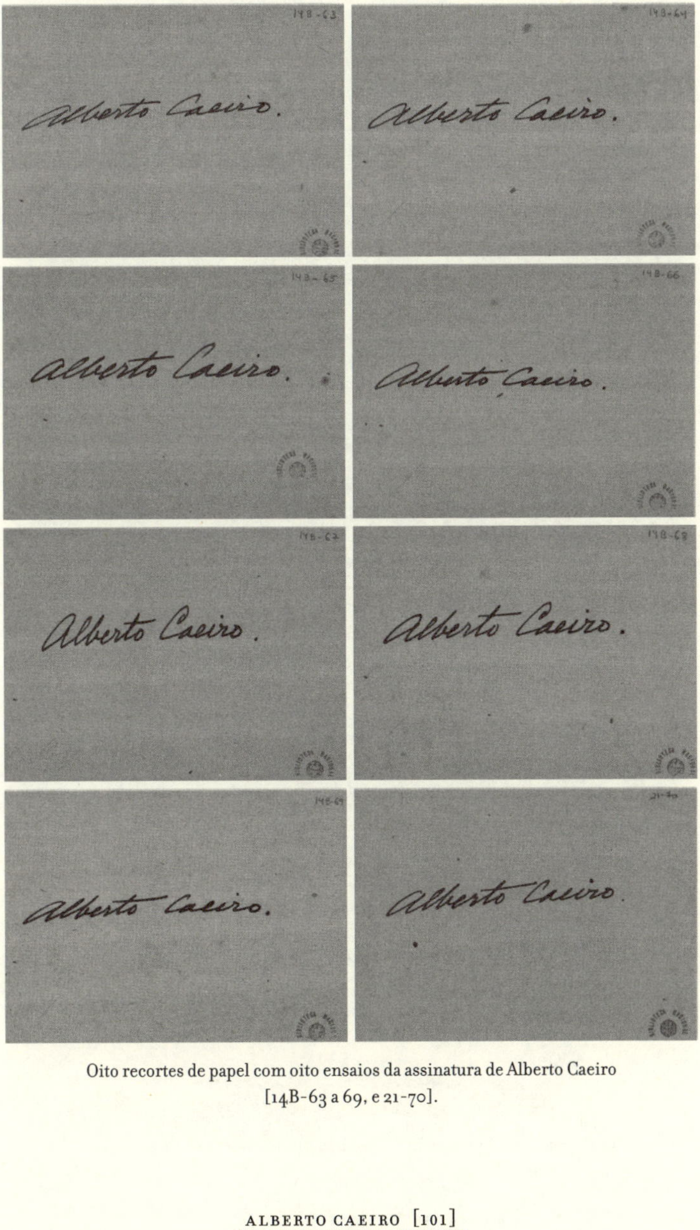

Oito recortes de papel com oito ensaios da assinatura de Alberto Caeiro [14B-63 a 69, e 21-70].

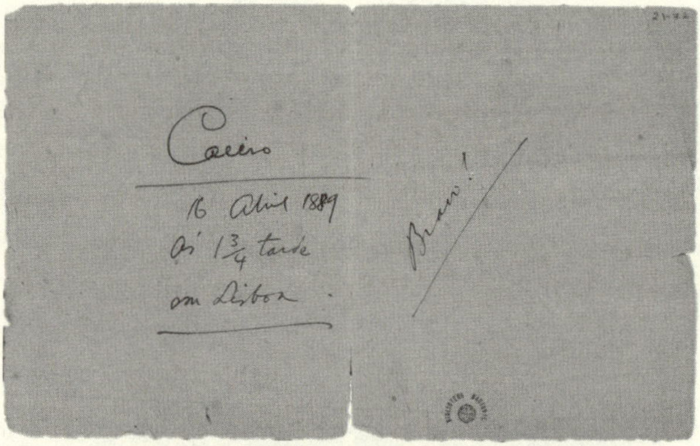

Nascimento de Alberto Caeiro. "Bravo!" [21-72r]

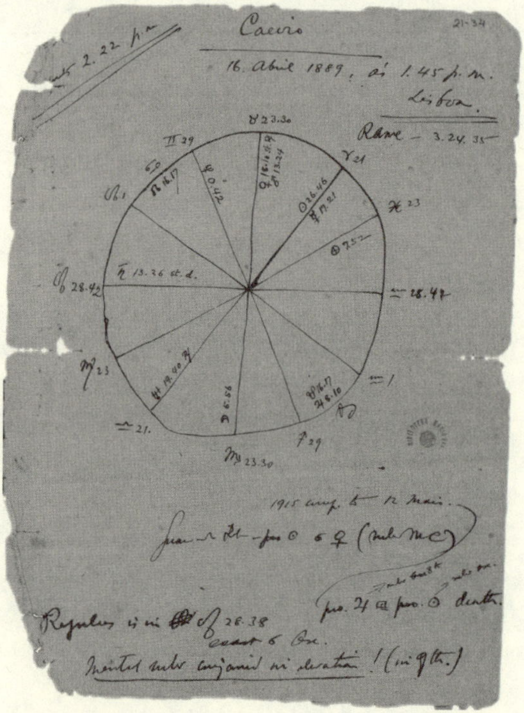

Horóscopo para a hora, o dia e o local de nascimento de Caeiro [21-34].

102

ALVARO DE CAMPOS

Deixemos a apresentação inicial a cargo de Fernando Pessoa, que, na sua citadíssima carta de 13 de Janeiro de 1935 a Adolfo Casais Monteiro, nos oferece um vivo retrato de família: "Alvaro de Campos nasceu em Tavira, no dia 15 de Outubro de 1890 (às 1.30 da tarde, diz-me o Ferreira Gomes e é verdade, pois, feito o horoscopo para essa hora, está certo). Este, como sabe, é engenheiro naval (por Glasgow), mas agora está aqui em Lisboa em inactividade. Caeiro era de estatura media, e, embora realmente fragil (morreu tuberculoso), não parecia tão fragil como era. Ricardo Reis é um pouco, mas muito pouco, mais baixo, mais forte, mas secco. Alvaro de Campos é alto (1m, 75 de altura – mais 2 cm. do que eu), magro e um pouco tendente a curvar-se. Cara rapada todos – o Caeiro louro sem côr, olhos azues; Reis de um vago moreno mate; Campos entre branco e moreno, typo vagamente de judeu portuguez, cabello, porém, liso e normalmente apartado ao lado, monoculo. Caeiro, como disse, não teve mais educação que quasi nenhuma – só instrução primaria; morreram-lhe cedo o pai e a mãe, e deixou--se ficar em casa, vivendo de uns pequenos rendimentos. Vivia com uma tia velha, tia-avó. Ricardo Reis, educado num collegio de jesuitas, é, como disse, medico; vive no Brasil desde 1919, pois se expatriou espontaneamente por ser monarchico. É um latinista por educação alheia, e um semi-helenista por educação propria. Alvaro de Campos teve uma educação vulgar de lyceu; depois foi mandado para a Escocia estudar engenharia, primeiro mechanica e depois naval. Numas ferias fez a viagem ao Oriente de onde resultou o 'Opiario'. Ensinou-lhe latim um tio beirão que era padre" (*Cartas entre Fernando Pessoa e os Directores da Presença*, 1998, pp. 257-258). São estas descrições que terão servido de base a José de Almada Negreiros, ao elaborar as coloridas gravuras incisas que figuram na entrada da Faculdade de Letras da Universidade de Lisboa.

Esta passagem é comentada em *Prosa de Álvaro de Campos* (2012, pp. 18-20), edição que veio complementar, 77 anos após a morte de Fernando Pessoa, as várias edições da poesia deste heterónimo: "O que sabemos nós, afinal, sobre Campos? Sabemos que nasceu em Tavira, embora o dia e a hora tenham sido alterados entre 1917 e 1935, já que no espólio pessoano existem 'dois horóscopos de Campos que apresentam, ambos, uma outra data e hora de nascimento: o dia 13 de Outubro de 1890, às 13h e 17m'[a]; talvez esta divergência tenha tornado preciosa a ajuda de Augusto Ferreira Gomes, que estabeleceu a hora exacta do seu nascimento. Sabemos que era engenheiro naval, tal como um parente por afinidade de Pessoa, Raul Soares da Costa, casado, em 1914, com sua prima direita Maria Magdalena Nogueira de Freitas, filha de Ana Luísa Pinheiro Nogueira de Freitas (a "Tia Anica"), e como o irmão de seu cunhado Francisco Caetano Dias, o Capitão de Fragata Artur Caetano Dias, que foi oficial de marinha e engenheiro naval. Sabemos que em 1935 estava em Lisboa "em inactividade", estado que terá predominado na sua vida; num caderno de apontamentos pode ler-se: "O Campos foi posto fora de Director das obras Publicas de Bragança por não

a Veja-se o capítulo dedicado a Alvaro de Campos, em Fernando Pessoa, *Cartas Astrológicas* (2011, pp. 88-93). Inicialmente, Pessoa imagina um Campos nascido em Lisboa – daí poemas como "A Praça da Figueira da Manhã" e "Lisbon Revisited" – mas por volta de 1931, quando revisita Tavira (cf. o poema "Notas sobre Tavira"), fá-lo nascer em Tavira, em paralelo com a origem sulista da sua família paterna.

trabalhar ou nada fazer, seg[un]do ainda hoje é voz nos habitantes de Bragança".[b] Sabemos que era alto, magro e "um pouco tendente a curvar-se"; que não tinha barba, que tinha cabelo liso "normalmente apartado ao lado", que usava monóculo, como Eça de Queiroz, e "casaco exaggeradamente cintado";[c] que era "entre branco e moreno" e de um tipo "vagamente de judeu portuguez", como Fernando Pessoa. Sabemos que teve uma "educação vulgar" de liceu, que "veio para Lisboa muito cedo"[d] e que depois foi mandado para a Escócia estudar engenharia, mas que deixou "em quási três-quartos" o curso[e]; que fez uma viagem ao Oriente, como também o regista uma inscrição final de "Opiario", indicando que o poema foi escrito a bordo de um navio, no canal do Suez. Campos aprendeu latim com "um tio beirão que era padre", ou com "um primo padre tratado por tio",[f] embora não saibamos ao certo onde nem quando, e que sabia "inglês perfeitamente"[g]. Sabemos que era órfão, mas que em 1914 já tinha vivido na Irlanda, visitado a Escócia e conhecido Londres – a "Ode Triumphal" terá sido escrita ou concluída em Londres – e que em 1932 esteve na Riviera Portuguesa (na Costa do Sol, Estoril[h])." Muito mais poderia ser dito – e é dito nesta edição e noutras – sobre Alvaro de Campos, mas em prol da síntese não o incluímos nestas linhas.

Note-se que, na carta de 13 de Janeiro de 1935, Pessoa transmite a Casais Monteiro apenas o essencial sobre a vasta bibliografia de

b Este caderno encontra-se na Casa Fernando Pessoa e tem número de inventário do Museu da Cidade, MC 0942.

c Verso de "Saudação a Walt Whitmam" (cf. 70-5^{r}).

d Segundo o poema que começa "O tumulto concentrado" (cf. 69-47^{r}).

e Veja-se o início das "Notas para a recordação do meu mestre Caeiro".

f Veja-se o poema identificado pelo *incipit* "Vendi-me de graça aos casuaes do encontro" (cf. 71^{1}-2^{r}).

g Assim é indicado no verso 40 de "Opiário".

h Três sonetos de Campos encontram-se reunidos sob o título comum "Costa do Sol".

Campos, atendendo a que foi na revista *Presença*, da qual Casais Monteiro foi co-director, que apareceram as principais obras deste heterónimo ("Tabacaria" e algumas das "Notas para a recordação do meu mestre Caeiro"), e considerando que noutras revistas conhecidas do poeta e crítico portuense (*Orpheu*, *Portugal Futurista*, *Contemporanea*, *Athena*) foram publicados textos como "Opiario", "Ode Triumphal", "Ode Maritima", "Ultimatum", "Lisbon Revisited", "O que é a metaphysica" e "Apontamentos para uma esthetica não-aristotelica". Além disso, Pessoa não poderia adiantar muito mais, posto que nunca chegou a publicar o livro *Arco do Triumpho*, que haveria de incluir, entre outras obras, a "Saudação a Walt Whitman" (1915); visto que a discussão estética entre Ricardo Reis e Alvaro de Campos – a que alude – continuava ainda inédita, tal como dezenas de poemas; considerando que as interferências de Campos nas cartas de amor a Ofélia Queiroz eram privadas; e visto que já na "Tábua Bibliográfica" (1928) havia silenciado a produção mais panfletária de Campos, tal como o seu "Aviso por causa da moral" (1923). O interessante é que, em 1935, Campos era já abertamente apresentado como poeta e prosador, algo que não aconteceu com Caeiro (cf. 101) e Reis (cf. 103), visto que o primeiro integrava o mundo socrático da oralidade e o segundo viveu muito tempo à sombra de Antonio Mora (cf. 106), de quem Pessoa não publicou nenhum texto em vida.

De Alvaro de Campos, existe uma assinatura muito assertiva – a primeira aqui reproduzida – numa pequena folha solta, outras de pendor lúdico e muitas abreviaturas ("A. de C."), em jeito de assinaturas, no cabeçalho de imensos textos. Nestes casos, a forma "A. de C." funciona como um título, mas também como uma atribuição, cumprindo uma dupla função discursiva. Note-se que o nome de "A. Caeiro" foi substituído pelo de "A. Campos" duas vezes, já que alguns esboços de odes futuristas foram, inicialmente, atribuídos a Caeiro, e que "A. de C." foi uma vez rasurado a favor de "FP.", dado que os "Apontamentos para uma esthetica não-aristotelica" tiveram, nos primórdios, Pessoa como autor. Refira-se, por último, que dois livros da Biblioteca particular de Fernando Pessoa foram oferecidos a Alvaro de Campos: *The Encyclopedia of Wit* (1805) e *Se Gil Vicente Voltasse...* (1917); ver Ferrari (2009).

DATA: 1914.

[71A-1r]

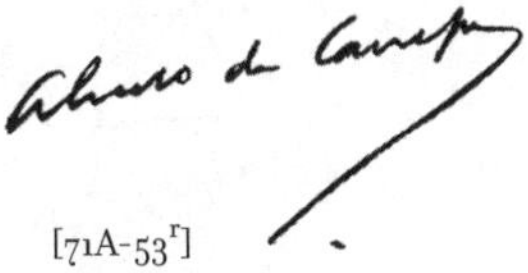

[71A-53r]

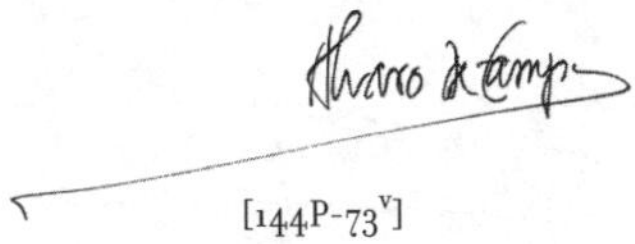

[144P-73v]

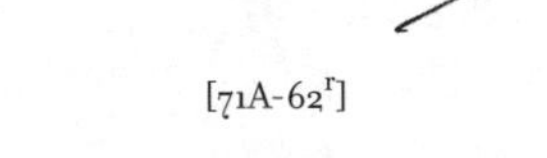

[71A-62r]

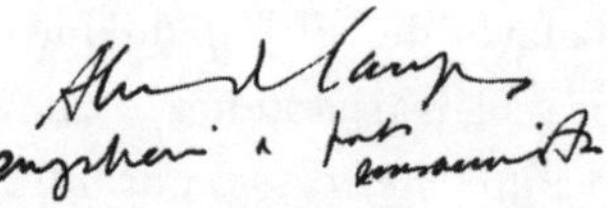

[71A-54^{r}] [engenheiro e poeta sensacionista]

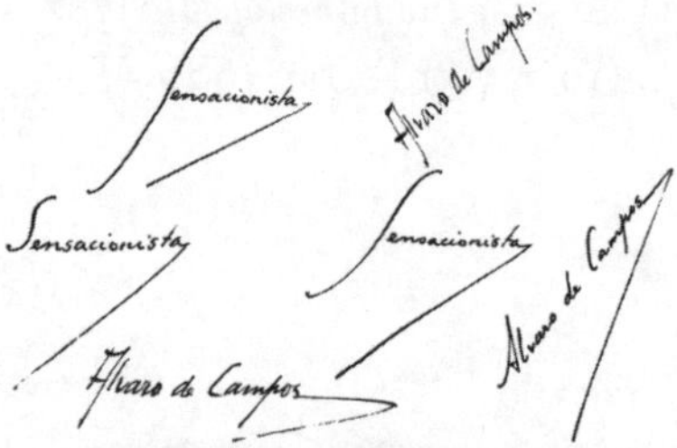

[92H-55^{v}] [Sensacionista]

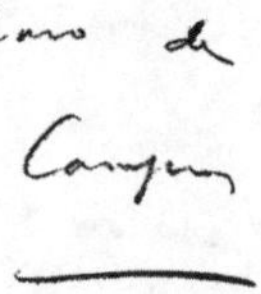

[55I-15^{v}]

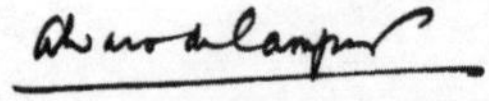

[71^{1}-6^{r}]

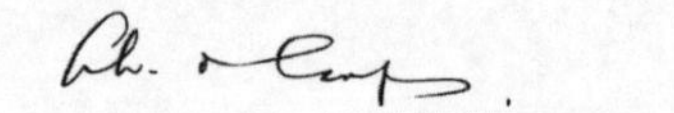

[71^{1}-11^{r}]

[71^{1}-8^{r}]

[71^1-7^r]

[71-23^r]

[71-25^r]

["A. Caeiro" substituído por "A. Campos"]

[75A-12^r]

["A. de C." substituído por "FP."]

[71A-4^r]

[71^1-2^r]

[71^1-21^r]

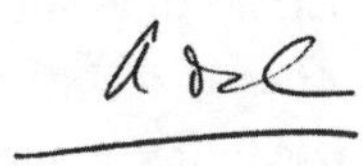

[71^1-28^r]

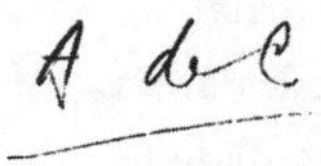

[71^1-30^r]

[71^1-31^r]

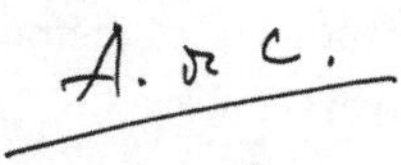

[71^1-33^r]

[102.1] *[Saudação a Walt Whitman]*

Portugal-Infinito, onze de Junho de mil novecentos e quinze...
Hé-lá-á-á-á-á-á-á!

De aqui, de Portugal, todas as epocas no meu cerebro,
Saudo-te, Walt, saudo-te, meu irmão em Universo,
Ó sempre moderno e eterno, cantor dos concretos absolutos,
Concubina fogosa do universo disperso,
Grande pederasta roçando-te contra a diversidade das cousas,
Sexualisado sobre[1] as pedras, pelas arvores, pelas pessoas, pelas
[profissões,
Cio das passagens, dos encontros casuaes, das meras
[observações,
Meu enthusiasta pelo contheudo de tudo,
Meu grande heroe entrando pela Morte dentro aos pinotes,
E aos urros, e aos guinchos[2], e aos berros saudando-te em Deus![3]

Cantor da fraternidade feroz e terna com tudo,
Grande democrata epidermico, contiguo a tudo em corpo e alma,
Carnaval de todas as acções, bacchanal de todos os propositos,
Irmão gemeo de todos os arrancos,
Jean-Jacques Rousseau do mundo que havia de produzir machinas,
Homero de *insaisissable* do fluctuante carnal,
Shakespeare da sensação que começa a andar a vapor,
Milton-Shelley do horizonte da Electricidade futura!
Incubo de todos os gestos,
Espasmo pra dentro de todos os objectos de fóra,
Souteneur de todo o Universo,
Rameira de todos os systemas solares, panelleiro de Deus!

Eu, de monoculo e casaco exaggeradamente cintado,
Não sou indigno de ti, bem o sabes, Walt,
Não sou indigno de ti, basta saudar-te para o não ser...
Eu tão contiguo á inercia, tão facilmente cheio de tedio,
Sou dos teus, tu bem sabes, e comprehendo-te e amo-te,
E embora te não conhecesse, nascido pelo anno em que morrias,
Sei que me amaste tambem, que me conheceste, e estou contente.
Sei que me conheceste, que me contemplaste e me explicaste,[4]
Sei que é isso que eu sou, quer em Brooklyn Ferry dez annos
    [antes de eu nascer,
Quer pela rua do Ouro acima pensando em tudo que não é a rua
    [do Ouro,
E conforme tu sentiste tudo, sinto tudo, e cá estamos de mãos
    [dadas,
De mãos dadas, Walt, de mão dadas, dançando o universo na alma.

Quantas vezes eu beijo o teu retrato!
Lá onde estás agora (não sei onde é mas é Deus)
Sentes isto, sei que o sentes, e os meus beijos são mais quentes
    [(em gente)
E tu assim é que os queres, meu velho, e agradeces de lá –
Sei-o bem, qualquer cousa m'o diz, um agrado no meu espirito,
Uma erecção abstracta e indirecta no fundo da minha alma.
Nada do *engageant* em ti, mas cyclopico e musculoso,
Mas perante o universo a tua atitude era de mulher,
E cada herva, cada pedra, cada homem era para ti o Universo.

Meu velho Walt, meu grande Camarada, evohé!
Pertenço á tua orgia bacchica de sensações-em-liberdade,
Sou dos teus, desde a sensação dos meus pés até á nausea em
    [meus sonhos,

Sou dos teus, olha pra mim, de ahi desde Deus vês-me ao
[contrario:
De dentro para fóra... Meu corpo é o que adivinhas, vês a minha
[alma –
Essa vês tu propriamente e atravez dos olhos della o meu corpo –
Olha pra mim: tu sabes que eu, Alvaro de Campos, engenheiro,
Poeta sensacionista,
Não sou teu discipulo, não sou teu amante[5], não sou teu cantor,
Tu sabes que eu sou Tu e estás contente com isso!

Nunca posso ler os teus versos a fio... Ha alli sentir de mais...
Atravesso os teus versos como a uma multidão aos encontrões
[a mim,
E cheira-me a suor, a oleos, a actividade humana e mechanica.
Nos teus versos, a certa altura não sei se leio ou se vivo,
Não sei se o meu logar real é no mundo ou nos teus versos,
Não sei se estou aqui, de pé sobre a terra natural,
Ou de cabeça pra baixo, pendurado numa especie de
[estabelecimento[6],
No tecto natural da tua inspiração de tropel,
No centro do tecto da tua intensidade inacessivel.[7]

Abram-me todas as portas!
Porforça que hei de passar!
Minha senha? Walt Whitman!
Mas não dou senha nenhuma...
Passo sem explicações...
Se fôr preciso metto dentro as portas...
Sim – eu franzino e civilizado[8], metto dentro as portas,
Porque neste momento não sou franzino nem civilisado[9],
Sou EU, um universo pensante de carne e osso, querendo passar,

E que ha de passar por força, porque quando quero passar sou
[Deus!

Tirem esse lixo da minha frente!
Mettam-me em gavetas essas emoções!
D'aqui pra fóra, politicos, literatos,
Comerciantes pacatos, policia, meretrizes, *souteneurs*,
Tudo isso é a letra que mata, não o espirito que dá a vida.
O espirito que dá a vida neste momento sou EU!

Que nenhum filho da puta se me atravesse no caminho!
O meu caminho é pelo infinito fóra até chegar ao fim!
Se sou capaz de chegar ao fim ou não, não é comtigo, deixa-me ir...[10]
É commigo, com Deus, com o sentido-eu da palavra Infinito...
Prá frente!
Metto esporas!
Sinto as esporas, sou o proprio cavallo em que monto,
Porque eu, por minha vontade de me consubstanciar com Deus,
Posso ser tudo, ou posso ser nada, ou qualquer cousa,
Conforme me dér na gana... Ninguem tem nada com isso...
Loucura furiosa! Vontade de ganir, de saltar,
De urrar, zurrar, dar pulos, pinotes, gritos com o corpo,
De me *cramponner* ás rodas dos vehiculos e ficar[11] por baixo,
De me metter adeante do giro do chicote que vae batter,
De me ◊
De ser a cadella de todos os cães e elles não bastam,
De ser o volante de todas as machinas e a velocidade tem limite,[12]
De ser o esmagado, o deixado, o deslocado, o acabado,
E tudo pra te cantar, pra te saudar em ◊
Dança commigo, Walt, lá do outro mundo esta furia,
Salta commigo neste batuque que esbarra com os astros,

Cahe commigo sem forças no chão,
Esbarra commigo tonto nas paredes,
Parte-te e esfrangalha-te commigo[13]
Em tudo, por tudo, á roda de tudo, sem tudo,
Raiva abstracta do corpo fazendo *maelstroms* na alma...

Arre! Vamos lá prá frente!
Se o proprio Deus impede, vamos lá prá frente... Não faz
[differença...
Vamos lá prá frente!
Vamos lá prá frente sem ser para parte nenhuma...
Infinito! Universo! Meta sem meta! Que importa?
Pum! pum! pum! pum! pum![14]
Agora, sim, partamos, vá lá prá frente, pum![15]
Pum
Pum
Heia... heia... heia... heia... heia...

Lisbon Revisited (1926) [102.2]

Nada me prende a nada.
Quero cincoenta coisas ao mesmo tempo.
Anceio com uma angustia de fome de carne
O que não sei que seja –
Definidamente pelo indefinido...
Durmo irrequieto, e vivo num sonhar irrequieto
De quem dorme irrequieto, metade a sonhar.

Fecharam-me todas as portas abstractas e necessarias.
Correram cortinas por dentro de todas as hypotheses[1] que eu
[poderia ver da rua.
Não ha na travessa achada o numero de porta que me deram.

Accordei para a mesma vida para que tinha adormecido.
Até os meus exercitos sonhados soffreram derrota.
Até os meus sonhos se sentiram falsos ao serem sonhados.
Até a vida só desejada me farta – até essa vida...

Comprehendo a intervallos desconnexos;
Escrevo por lapsos de cansaço;
E um tedio que é até do tedio arroja-me á praia.

Não sei que destino ou futuro compete á minha angustia sem leme;
Não sei que ilhas do Sul impossivel aguardam-me naufrago;
Ou que palmares de litteratura me darão ao menos um verso.

Não, não sei isto, nem outra cousa, nem cousa nenhuma...
E, no fundo do meu espirito, onde sonho o que sonhei,
Nos campos ultimos da alma, onde memóro sem causa

(E o passado é uma nevoa natural de lagrimas falsas),
Nas estradas e atalhos das florestas longinquas
Onde suppuz o meu ser,
Fogem desmantelados, ultimos restos
Da illusão final,
Os meus exercitos sonhados, derrotados sem ter sido,
As minhas cohortes por existir, esfaceladas em Deus.

Outra vez te revejo,
Cidade da minha infancia pavorosamente perdida...
Cidade triste e alegre, outra vez sonho aqui...
Eu? Mas sou eu o mesmo que aqui vivi, e aqui voltei,
E aqui tornei a voltar, e a voltar,
E aqui de novo tornei a voltar?
Ou somos, todos os Eu que estive aqui ou estiveram,
Uma série de contas-entes ligadas por um fio-memoria,
Uma série de sonhos de mim de alguem de fóra de mim?

Outra vez te revejo,
Com o coração mais longinquo, a alma menos minha.

Outra vez te revejo – Lisboa e Tejo e tudo –,
Transeunte inutil de ti e de mim,
Extrangeiro aqui como em toda a parte,
Casual na vida como na alma,
Phantasma a errar em salas de recordações,
Ao ruido dos ratos e das tabuas que rangem
No castello maldicto de ter que viver...

Outra vez te revejo,
Sombra que passa atravez de sombras, e brilha

Um momento a uma luz funebre desconhecida,
E entra na noite como um rastro[2] de barco se perde
Na agua que deixa de se ouvir...

Outra vez te revejo,
Mas, ai, a mim não me revejo!
Partiu-se o espelho magico em que me revia identico,
E em cada fragmento fatidico vejo só um bocado de mim –
Um bocado de ti e de mim!...

ALVARO DE CAMPOS

[102.3] *A[lvaro] de C[ampos]*

As figuras de amadas[1], que aliás não existem, como figuras[2], nos versos de Ricardo Reis são abstracções ás avessas, ou vistas do avesso. Não são abstracções no sentido de serem abstractas, mas no sentido de terem apenas a realidade necessaria para serem[3] consideradas como existindo. São Chloes, Lydias e outras romanidades assim, não porque não existam, mas porque para o caso tanto vale ser Chloe como Maria Augusta, e, ao passo que esta ultima faz suppor uma costureira, ou coisa parecida, com a aggravante de o poder ser deveras, a gente sente-se realmente pagão com a Lydia.

No que o Reis tem muita sorte é em escrever tão comprimidos que é quasi impossivel seguir com a precisa attenção – suppondo que ella é precisa – o sentido completo e exacto de todos os seus dizeres. É isso que faz com que aquella ode que começa: "A flor[4] que és, não a que dás, eu quero" (pasmem, aliás, do "eu" antes do "quero", contra toda a indole linguistica portugueza do Ricardo Reis!) disfarce que é dirigida a um rapaz, pois poucos ha (perdidos como vão na escuridão synctactica do poeta) que reparem[5] no pequeno "o" que define[6] a coisa.

"Si te colher avaro
A mão da infausta sphynge," etc.

É a primeira vez que a syntaxe aparece como veu de pudor[7] – delgado sendal, ou lá o que quer que seja, que cobre as partes do discurso.

Exma. Senhora D. Ophelia Queiroz: [102.4]

Um abjecto e miseravel individuo chamado Fernando Pessoa, meu particular e querido amigo, encarregou-me de communicar a V. Exª – considerando que o estado mental d'elle o impede de communicar qualquer coisa, mesmo a uma ervilha secca (exemplo da obediencia e da disciplina) – que V. Exª está prohibida de:

(1) pesar menos grammas,
(2) comer pouco,
(3) não dormir nada,
(4) ter febre,
(5) pensar no individuo em questão.

Pela minha parte, e como intimo e sincero amigo que sou do meliante de cuja communicação (com sacrificio) me encarrego, aconselho V. Exª a pegar na imagem mental, que acaso tenha formado do individuo cuja citação está estragando este papel razoavelmente branco, e deitar essa imagem mental na pia, por ser materialmente impossivel dar esse justo destino á entidade fingidamente humana a quem elle competiria, se houvesse justiça no mundo.

Cumprimenta V. Exª

25/9/1929.

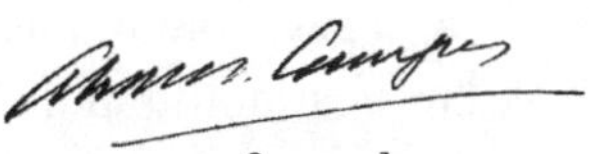

eng.º naval

[102.5] *Notas para a recordação do meu mestre Caeiro*[1]

Conheci o meu mestre Caeiro em circunstâncias excepcionais – como tôdas as circunstâncias da vida, e sobretudo as que, não sendo nada em si mesmas, hão de vir a ser tudo nos resultados.

Deixei em quási três-quartos o meu curso escocês de engenharia naval; parti numa viagem ao Oriente; no regresso, desembarcando em Marselha, e sentindo um grande tédio de seguir, vim por terra até Lisboa. Um primo meu levou-me um dia de passeio ao Ribatejo; conhecia um primo de Caeiro, e tinha com êle negócios; encontrei-me com o que havia de ser meu mestre em casa dêsse seu primo. Não há mais que contar, porque isto é pequeno, como tôda a fecundação.

Vejo ainda, com claridade da alma, que as lágrimas da lembrança não empanam, porque a visão não é externa... Vejo-o diante de mim, e vê-lo hei talvez eternamente como primeiro o vi. Primeiro, os olhos azuis de criança que não tem mêdo; depois, os malares já um pouco salientes, a côr um pouco pálida, e o estranho ar grego, que vinha de dentro e era uma calma, e não de fora, porque não era expressão nem feições. O cabelo, quási abundante, era louro, mas, se faltava luz, acastanhava-se. A estatura era média, tendendo para mais alta, mas curvada, sem ombros altos. O gesto era branco, o sorriso era como era, a voz era igual, lançada num tom de quem não procura senão dizer o que está dizendo – nem alta, nem baixa, clara, livre de intenções, de hesitações, de timidezas. O olhar azul não sabia deixar de fitar. Se a nossa observação estranhava qualquer cousa, encontrava-a: a testa, sem ser alta, era poderosamente branca. Repito: era pela sua brancura, que parecia maior que a da cara pálida, que tinha majestade. As mãos um pouco delgadas, mas não muito; a palma era larga. A expressão da bôca, a última cousa em que se reparava – como se falar fôsse, para êste homem, menos que existir –, era a de um sorriso como o que se atribui em verso às cousas inanimadas belas, só porque nos agradam – flores, campos largos, águas com sol –, um sorriso de existir, e não de nos falar.

Meu mestre, meu mestre, perdido tão cêdo! Revejo-o na sombra que sou em mim, na memória que conservo do que sou de morto...

Foi durante a nossa primeira conversa... Como foi não sei, e êle disse: "Está aqui um rapaz Ricardo Reis que há de gostar de conhecer: êle é muito diferente de si". E depois acrescentou, "Tudo é diferente de nós, e por isso é que tudo existe".

Esta frase, dita como se fôsse um axioma da terra, seduziu-me com um abalo, como o de tôdas as primeiras posses, que me entrou nos alicerces da alma. Mas, ao contrário da sedução material, o efeito em mim foi de receber de repente, em tôdas as minhas sensações, uma virgindade que não tinha tido.

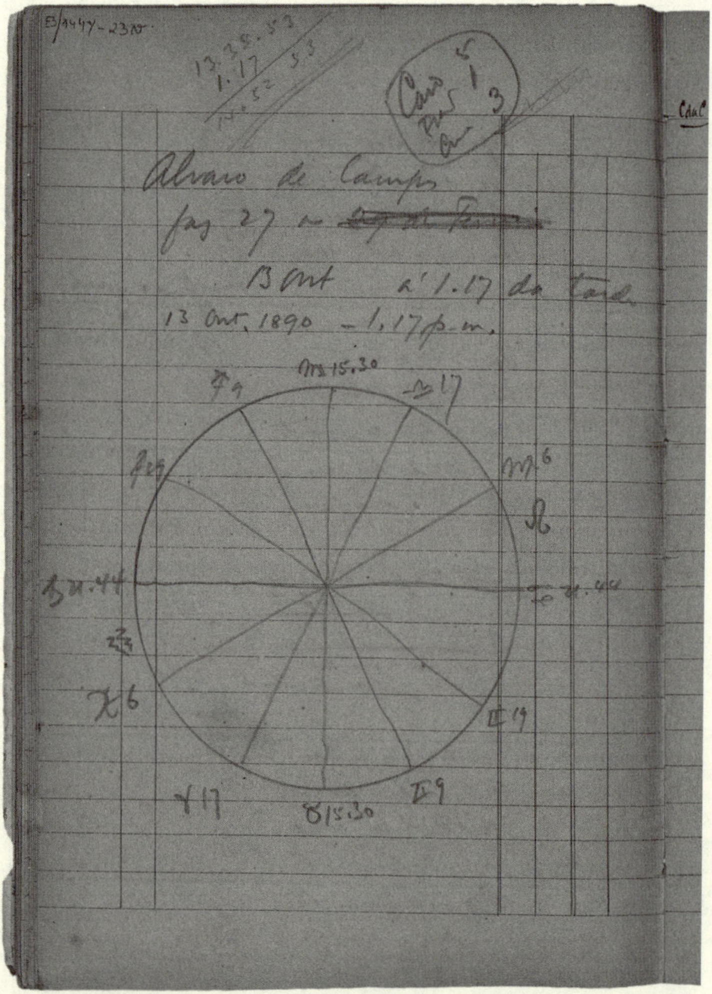

Página de caderno com um dos horóscopos de Alvaro de Campos [144Y-23ᵛ].
Veja-se o segundo em *Escritos sobre Génio e Loucura* (2006, tomo 1, p. 411).

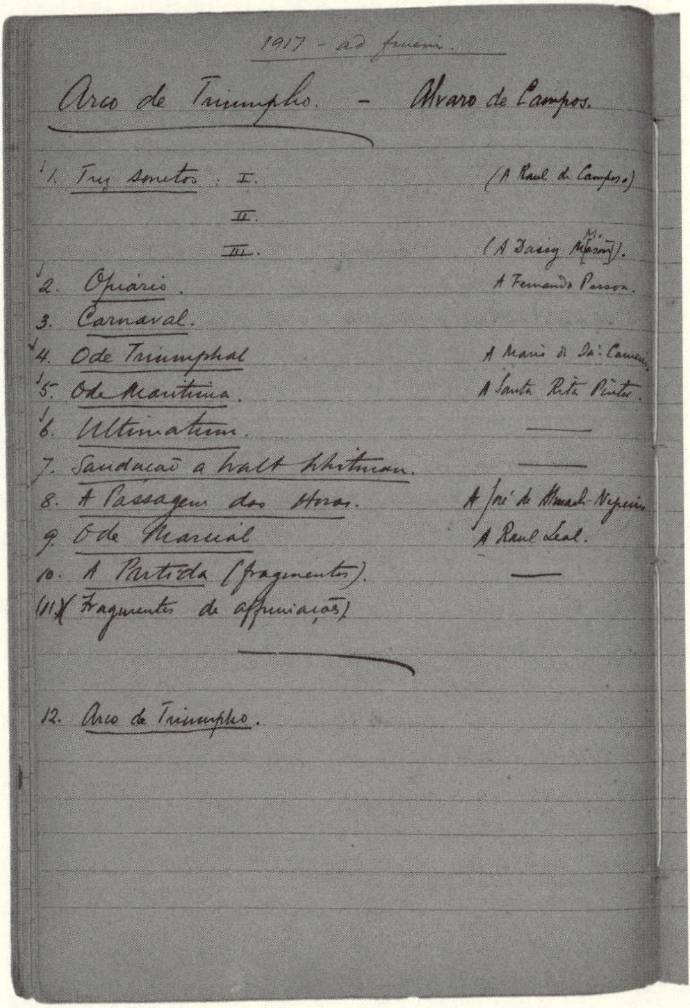

Página de caderno com um plano de 1917 do livro *Arco do Triumpho* [144Y-62ᵛ].

presença

fôlha de arte e crítica
coimbra, julho, 1933

TaBaCaRia

Não sou nada.
Nunca serei nada.
Não posso querer ser nada.
Aparte isso, tenho em mim todos os sonhos do mundo.

Janelas do meu quarto,
Do meu quarto de um dos milhões do mundo que ninguém sabe quem é
(E se soubessem quem é, o que saberiam?),
Dais para o mistério de uma rua cruzada constantemente por gente,
Para uma rua inacessível a todos os pensamentos,
Real, impossivelmente real, certa, desconhecidamente certa,
Com o mistério das coisas por baixo das pedras e dos sêres,
Com a morte a pôr humidade nas paredes e cabelos brancos nos homens,
Com o Destino a conduzir a carroça de tudo pela estrada de nada.

Estou hoje vencido, como se soubesse a verdade.
Estou hoje lúcido, como se estivesse para morrer,
E não tivesse mais irmandade com as coisas
Senão uma despedida, tornando-se esta casa e êste lado da rua
A fileira de carruagens de um comboio, e uma partida apitada
De dentro da minha cabeça,
E uma sacudidela dos meus nervos e um ranger de ossos na ida.

Estou hoje perplexo, como quem pensou e achou e esqueceu.
Estou hoje dividido entre a lealdade que devo
À Tabacaria do outro lado da rua, como coisa real por fora,
E à sensação de que tudo é sonho, como coisa real por dentro.

Falhei em tudo.
Como não fiz propósito nenhum, talvez tudo fôsse nada.
A aprendizagem que me deram,
Desci dela pela janela das traseiras da casa.
Fui até ao campo com grandes propósitos.
Mas lá encontrei só ervas e árvores,
E quando havia gente era igual à outra.
Saio da janela, sento-me numa cadeira. Em que hei-de pensar?

Que sei eu do que serei, eu que não sei o que sou?
Ser o que penso? Mas penso ser tanta coisa!
E há tantos que pensam ser a mesma coisa que não pode haver tantos!
Génio? Neste momento
Cem mil cérebros se concebem em sonho génios como eu,
E a história não marcará, quem sabe?, nem um,
Nem haverá senão estrume de tantas conquistas futuras.
Não, não creio em mim.
Em todos os manicómios há doidos malucos com tantas certezas!
Eu, que não tenho nenhuma certeza, sou mais certo ou menos certo?
Não, nem em mim...
Em quantas mansardas e não-mansardas do mundo
Não estão nesta hora génios-para-si-mesmos sonhando?
Quantas aspirações altas e nobres e lúcidas —
Sim, verdadeiramente altas e nobres e lúcidas —,
E quem sabe se realizáveis,
Nunca verão a luz do sol real nem acharão ouvidos de gente?
O mundo é para quem nasce para o conquistar
E não para quem sonha que pode conquistá-lo, ainda que tenha razão.
Tenho sonhado mais que o que Napoleão fêz.
Tenho apertado ao peito hipotético mais humanidades do que Cristo.
Tenho feito filosofias em segrêdo que nenhum Kant escreveu.
Mas sou, e talvez serei sempre, o da mansarda,
Ainda que não more nela;
Serei sempre *o que não nasceu para isso*;
Serei sempre só *o que tinha qualidades*;
Serei sempre o que esperou que lhe abrissem a porta ao pé de uma parede sem porta,
E cantou a cantiga do Infinito numa capoeira,
E ouviu a voz de Deus num pôço tapado.
Crer em mim? Não, nem em nada.
Derrame-me a Natureza sôbre a cabeça ardente
O seu sol, a sua chuva, o vento que me acha o cabelo,
E o resto que venha se vier, ou tiver que vir, ou não venha.
Escravos cardíacos das estrêlas,
Conquistámos todo o mundo antes de nos levantar da cama;

ano sétimo 39 volume segundo

Capa da revista *Presença* de Julho de 1933.
No entanto, o poema "Tabacaria" é datável de 1928.

Mas acordámos e êle é opaco,
Levantámo-nos e êle é alheio,
Saímos de casa e êle é a terra inteira,
Mais o sistema solar e a Via Láctea e o Indefinido.

(Come chocolates, pequena;
Come chocolates!
Olha que não há mais metafísica no mundo senão chocolates.
Olha que as religiões tôdas não ensinam mais que a confeitaria.
Come, pequena suja, come!
Pudesse eu comer chocolates com a mesma verdade com que comes!
Mas eu penso e, ao tirar o papel de prata, que é de fôlha de estanho,
Deito tudo para o chão, como tenho deitado a vida.)

Mas ao menos fica da amargura do que nunca serei
A caligrafia rápida dêstes versos,
Pórtico partido para o Impossível.
Mas ao menos consagro a mim mesmo um desprêso sem lágrimas,
Nobre ao menos no gesto largo com que atiro
A roupa suja que sou, sem rol, pra o decurso das coisas,
E fico em casa sem camisa.

(Tu, que consolas, que não existes e por isso consolas,
Ou deusa grega, concebida como estátua que fôsse viva,
Ou patrícia romana, impossìvelmente nobre e nefasta,
Ou princesa de trovadores, gentilíssima e colorida,
Ou marquesa do século dezoito, decotada e longínqua,
Ou cocotte célebre do tempo dos nossos pais,
Ou não sei quê moderno — não concebo bem o quê —,
Tudo isso, seja o que fôr, que sejas, se pode inspirar que inspire!
Meu coração é um balde despejado.
Como os que invocam espíritos invocam espíritos invoco
A mim mesmo e não encontro nada.
Chego à janela e vejo a rua com uma nitidez absoluta.
Vejo as lojas, vejo os passeios, vejo os carros que passam,
Vejo os entes vivos vestidos que se cruzam,
Vejo os cães que também existem,
E tudo isto me pesa como uma condenação ao degrêdo,
E tudo isto é estrangeiro, como tudo.)

Vivi, estudei, amei, e até cri,
E hoje não há mendigo que eu não inveje só por não ser eu.
Olho a cada um os andrajos e as chagas e a mentira,
E penso: talvez nunca vivesses nem estudasses nem amasses nem cresses
(Porque é possível fazer a realidade de tudo isso sem fazer nada disso);
Talvez tenhas existido apenas, como um lagarto a quem cortam o rabo
E que é rabo para àquem do lagarto remexidamente.

Fiz de mim o que não soube,
E o que podia fazer de mim não o fiz.
O dominó que vesti era errado.
Conheceram-me logo por quem não era e não desmenti, e perdi-me.
Quando quis tirar a máscara,
Estava pegada à cara.
Quando a tirei e me vi ao espelho,
Já tinha envelhecido.
Estava bêbado, já não sabia vestir o dominó que não tinha tirado.
Deitei fora a máscara e dormi no vestiário
Como um cão tolerado pela gerência
Por ser inofensivo
E vou escrever esta história para provar que sou sublime.

Essência musical dos meus versos inúteis,
Quem me dera encontrar-te como coisa que eu fizesse,
E não ficasse sempre defronte da Tabacaria de defronte,
Calcando aos pés a consciência de estar existindo,
Como um tapete em que um bêbado tropeça
Ou um capacho que os ciganos roubaram e não valia nada.

Mas o Dono da Tabacaria chegou à porta e ficou à porta.
Olho-o com o desconfôrto da cabeça mal voltada
E com o desconfôrto da alma mal-entendendo.
Êle morrerá e eu morrerei.
Êle deixará a tabuleta, eu deixarei versos.
A certa altura morrerá a tabuleta também, e os versos também.
Depois de certa altura morrerá a rua onde esteve a tabuleta,
E a língua em que foram escritos os versos.
Morrerá depois o planeta girante em que tudo isto se deu.
Em outros satélites de outros sistemas qualquer coisa como gente
Continuará fazendo coisas como versos e vivendo por baixo de coisas como tabuletas,
Sempre uma coisa defronte da outra,
Sempre uma coisa tão inútil como a outra,
Sempre o impossível tão estúpido como o real,
Sempre o mistério do fundo tão certo como o sono de mistério da superfície,
Sempre isto ou sempre outra coisa ou nem uma coisa nem outra.

Mas um homem entrou na Tabacaria (para comprar tabaco?),
E a realidade plausível cai de repente em cima de mim.
Semiergo-me enérgico, convencido, humano,
E vou tencionar escrever êstes versos em que digo o contrário.

Acendo um cigarro ao pensar em escrevê-los
E saboreio no cigarro a libertação de todos os pensamentos.
Sigo o fumo como a uma rota própria,
E gozo, num momento sensitivo e competente,
A libertação de tôdas as especulações
E a consciência de que a metafísica é uma conseqüência de estar mal disposto.

Depois deito-me para trás na cadeira
E continuo fumando.
Enquanto o Destino mo conceder, continuarei fumando.

(Se eu casasse com a filha da minha lavadeira
Talvez fôsse feliz.)
Visto isto, levanto-me da cadeira. Vou à janela.

O homem saiu da Tabacaria (metendo trôco na algibeira das calças?).
Ah, conheço-o: é o Esteves sem metafísica.
(O Dono da Tabacaria chegou à porta.)
Como por um instinto divino o Esteves voltou-se e viu-me.
Acenou-me adeus, gritei-lhe *Adeus ó Esteves!*, e o universo
Reconstruiu-se-me sem ideal nem esperança, e o Dono da Tabacaria sorriu.

LISBOA, 15 DE JANEIRO DE 1928.

ALVARO DE CAMPOS

2

Verso da capa da revista *Presença* de Julho de 1933.

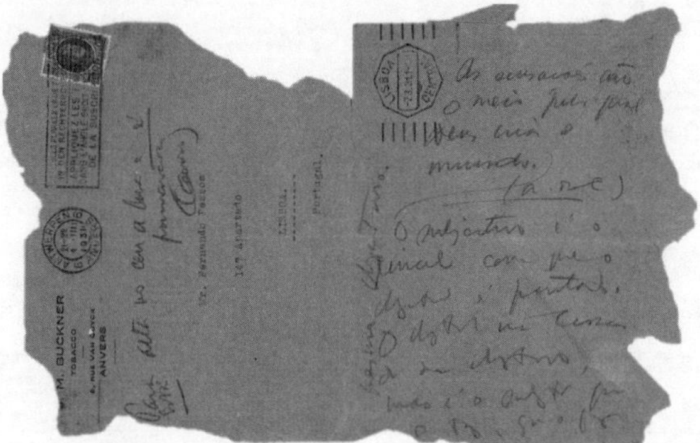

Apontamento de cerca de 1931 em fragmento de envelope enviado da Bélgica: "As sensações são o meio pelo qual Deus cria o mundo." [52A-3v]

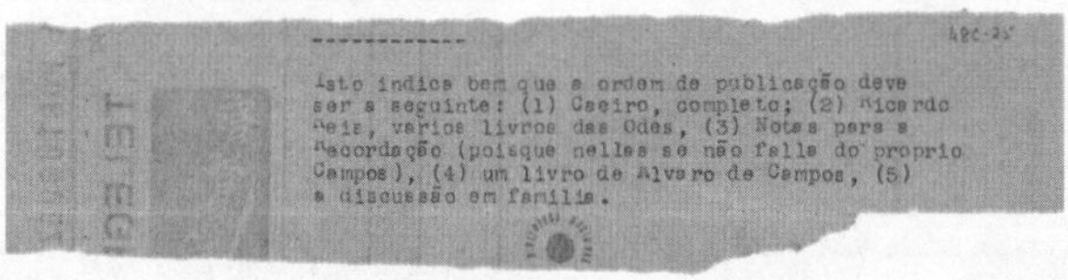

48C-25

Isto indica bem que a ordem de publicação deve ser a seguinte: (1) Caeiro, completo; (2) Ricardo Reis, varios livros das Odes, (3) Notas para a Recordação (poisque nellas se não falla do proprio Campos), (4) um livro de Alvaro de Campos, (5) a discussão em familia.

Plano de publicação de cerca de 1932 [48C-25r].

103
RICARDO REIS

Ter-se-á esboçado, "numa penumbra mal urdida", em 1912, mas só terá surgido definitivamente em Março de 1914, quando Fernando Pessoa o "arrancou" do "falso paganismo" de Alberto Caeiro (cf. 101), descobrindo-lhe finalmente o nome e afinando-lhe a máscara pagã, segundo a carta de 13 de Janeiro de 1935 a Adolfo Casais Monteiro. No relato que Pessoa oferece na citada carta, Ricardo Reis surge logo após a descrição de Alberto Caeiro, que continha em si um Reis latente, precedendo Alvaro de Campos (cf. 102), que emerge "em derivação opposta" a Reis e do qual será antagonista em matéria de poética (ver *Cartas entre Fernando Pessoa e os Directores da Presença*, 1998, pp. 255-256). Contudo, uma carta de Mário de Sá-Carneiro dirigida a Fernando Pessoa e datada de 23 de Junho de 1914, sugere que Ricardo Reis terá surgido, precisamente, em Junho de 1914, ou, pelo menos, que só nessa altura terá abandonado a penumbra, já que é nessa carta que Sá-Carneiro envia as suas "sinceras felicitações" pelo nascimento do "Ex.mo Sr. Ricardo Reis" (*Cartas a Fernando Pessoa*, 1992, tomo 1, pp. 154-155). Talvez Pessoa tenha demorado a fixar Reis "em moldes de realidade" antes de escrever a Sá-Carneiro, mas o certo é que as primeiras odes datadas de Ricardo Reis são de 12 de Junho de 1914, enquanto o primeiro poema datado de Alberto Caeiro é de 4 de Março do mesmo ano. Além disso, na correspondência de Junho de 1914, Sá-Carneiro recebeu primeiro a "Ode Triumphal" de Alvaro de Campos, e só depois as odes do Horácio português.

Ricardo Reis surgiu, pois, em 1914, mas paradoxalmente as suas odes (vinte delas)[a] só foram publicadas dez anos mais tarde, em Outubro de 1924, nas páginas da revista de arte mensal *Athena*, concebida por Pessoa, que foi o seu director literário. Outros poemas, de idêntica ou semelhante estrutura formal, foram impressos na revista *Presença*, entre 1927 e 1933, o que tornou possível que Reis fosse conhecido, nos anos do segundo modernismo português, pelos escritores da geração presencista. Daí que Pessoa, na carta a Casais Monteiro, faça uma descrição pormenorizada de Reis, para o tornar mais real, definindo-o como um médico portuense nascido em 1887, educado num colégio de jesuítas e expatriado espontaneamente no Brasil desde 1919, por fidelidade às suas ideias monárquicas[b]. A este retrato acrescenta ainda Pessoa que Reis aprendeu latim por educação alheia – provavelmente com os jesuítas – e grego por educação própria. Estes pormenores serviam para humanizar o classicista Reis, o grave, mesurado e semi-indolente Reis, que devia encarnar uma teoria neoclássica oposta ao "romantismo moderno" e ao "neoclassicismo à Maurras" (21-109[r]; *Páginas Íntimas e de Auto-Interpretação*, 1966, p. 386). Se Campos foi o "filho indisciplinado da sensação", e a disciplina de Caeiro era sentir as coisas "tais como são", já Reis teve uma outra disciplina: "as coisas devem ser sentidas, não só como são, mas também de modo a integrarem-se num certo ideal de medida e regra clás-

a No exemplar de *Athena* que faz parte do inventário da Biblioteca Particular da Casa Fernando Pessoa (CFP, 0-28MN), embora esteja na posse de Manuela Nogueira, existem emendas e variantes a lápis, da autoria do próprio Pessoa, não assinaladas nas edições da poesia ricardiana. Concernem às odes IV, VII, IX, XII, XIV, XVI, XVII, XVIII e XX.

b A 19 de Janeiro de 1919 foi restaurada no norte de Portugal, e de modo efémero, a monarquia portuguesa, mas a revolta que permitiu esse acontecimento terminou, após diversos combates, a 13 de Fevereiro do mesmo ano. Interessa aqui realçar o facto de a biografia de Ricardo Reis ter sido construída gradualmente e não de forma súbita, como faz pensar o relato da génese dos heterónimos.

sicas" (21-90[v]; *Páginas Íntimas e de Auto-Interpretação*, 1966, pp. 342 e 350). O sensacionismo pessoano continha pelo menos estas três correntes – uma por cada heterónimo – no interior do movimento.

Mas consideremos ainda alguns outros detalhes biográficos. Reis é portuense, segundo a carta de 13 de Janeiro de 1935, mas não o é segundo documentos anteriores, como, por exemplo, no folheto de Frederico Reis (cf. 104) (*Sensacionismo e Outros Ismos*, 2009, pp. 57 *et seq.*) ou no seu horóscopo (*Cartas Astrológicas*, 2011, p. 80), documentos que indicam que teria nascido em Lisboa. Tal como Alvaro de Campos, que apenas tardiamente se tornou tavirense, Reis só passou a ser portuense a partir de uma dada altura, seguramente depois do falhanço da Monarquia do Norte (1919). Neste sentido, cabe perguntar se Reis terá sido sempre latinista ou semi-helenista, ou se só o foi a partir de uma determinada altura. A nosso ver, é possível que estes dois atributos do retrato de Reis sejam também posteriores a 1914, ou talvez a 1916, quando Reis recebeu a encomenda de traduzir o *Prometeu Agrilhoado*, de Ésquilo (87-68[r]), do mesmo modo que, em 1921, ficou incumbido da múltipla tarefa de traduzir Safo, Alceu, Aristóteles e alguns poemas da *Antologia Grega*[c], embora os fragmentos dessa antologia, publicados em 1924 (*Athena*, n.º 2), tenham aparecido sem indicação do nome do tradutor.

Ricardo Reis, o poeta, concebeu epigramas e elegias, para além de odes, e a sua poesia caracteriza-se em grande parte pela utilização regular de versos decassílabos alternados, ou não, com hexassílabos (Ferrari, 2012, pp. 160-161), bem como pelo emprego sistemático de diversos recursos poéticos, tais como

c Veja-se o plano editorial da Olisipo (137A-21[r] e 22[r]), divulgado em 1986 por António Mega Ferreira (*Fernando Pessoa – O Comércio e a Publicidade*, pp. 159-161).

a aliteração, o hipérbato, a assonância, os latinismos e as perífrases exortativas. A contenção rítmica dos versos ricardianos e a poética que está por trás dessa contenção – a exigência da submissão do ritmo ao pensamento –, acusam a leitura de Horácio e da poesia epigramática grega. De um ponto de vista temático, a reapropriação de modelos clássicos levou Reis a assumir, de forma simultânea e *sui generis*, duas doutrinas relativamente opostas: o epicurismo e o estoicismo, já que de Epicuro, Ovídio e Lucrécio, Reis absorveu a apologia de uma vida simples, acompanhada de uma valorização do instante presente em virtude da brevidade da vida; e, inversamente, de Epicteto, Marco Aurélio e Séneca, assimilou a rejeição de todas as paixões e a aceitação da dor quotidiana. Perante a necessidade de procurar a imperturbabilidade (*ataraxia*) com a auto-suficiência (*autarkéia*), e perante o inexorável determinismo que o Destino encarna, Reis propõe viver a vida com plena consciência da sua fugacidade e abdicar dos aspectos mais ilusórios da experiência humana, com resignação.

Ricardo Reis, o prosador, recebeu a "ingente tarefa de dar a conhecer o mestre e reconstructor do paganismo Alberto Caeiro, prefaciando a sua obra poética" – cujos fundamentos filosóficos Antonio Mora (cf. 106) devia expor – e foi incumbido, segundo Manuela Parreira da Silva, que analisou algumas outras atribuições, de redigir o programa do Neopaganismo português (*Prosa de Ricardo Reis*, 2003, pp. 11 e 16). Também lhe coube a tarefa de escrever o ensaio "Milton maior do que Shakespeare", e textos sobre a disciplina e sobre a relação entre poesia e ciência, e ciência e religião. Na sua prosa, Reis faz uma veemente reivindicação do helenismo e manifesta uma firme condenação do cristismo ou cristianismo. Alvo das suas críticas são também Matthew Arnold, Walter Pater, Friedrich Nietzsche e Oscar Wilde, entre outros, isto é, os estetas e teóricos neopagãos predecessores, que teriam adoptado um esteticismo ou um paganismo não inteiramente liberto do sentimentalismo cristão. Com Antonio Mora, Ricardo Reis pertence ao "ramo orthodoxo" da corrente neopagã portuguesa (21-4[r]; *Páginas Íntimas e de Auto-Interpretação*, 1966, p. 225). Daí que não causem estranheza essas críticas, nem a sua *querelle* permanente com Alvaro de Campos, quanto às classificações das artes e não só.

Exemplos de assinatura de Ricardo Reis há muitos, sendo que as suas siglas, "RR", também serviram para identificar textos em cabeçalho. Aqui reproduzimos quase todas as assinaturas e algumas dessas siglas. O último poema datado de Ricardo Reis, escrito dezassete dias antes da morte de Pessoa (cf. "Vivem em nós innumeros"), está encimado pelas siglas "RR". Repare-se numa imagem divisória, entre assinaturas e siglas, em que Pessoa hesita entre atribuir um texto a Reis ou a Mora. Não incluímos aqui imagens do carimbo "RICARDO REIS", que foi aposto a muitos papéis deste heterónimo, dado que essa marca foi "provavelmente obra dos primeiros inventariadores do espólio" (Luiz Fagundes Duarte, in *Poemas de Ricardo Reis*, 1994, p. 41).[d]

DATA: 1914.

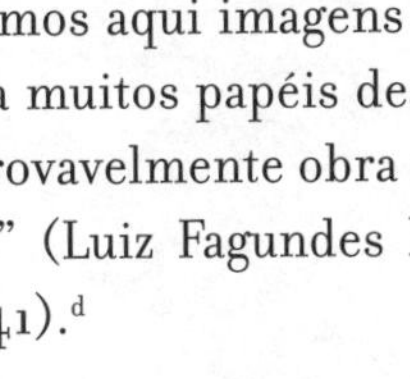

[51-49[r]]

d Agradecemos a Antonio Cardiello, que colaborou na preparação deste capítulo.

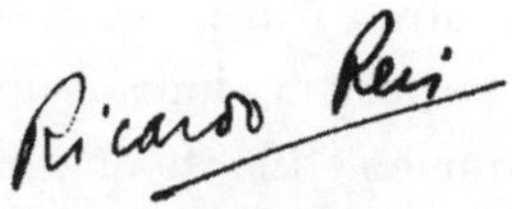

[51-28^{r}]

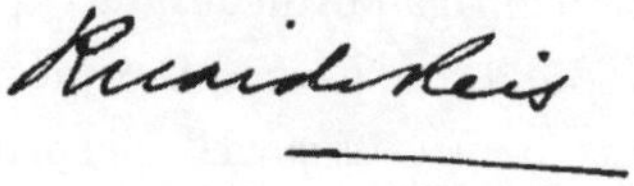

[51-8^{r}]

[51-27^{r}]

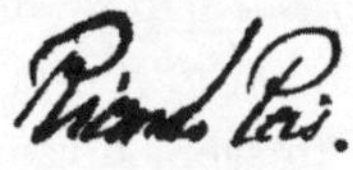

[51-42^{r}]

[51-66^{r}]

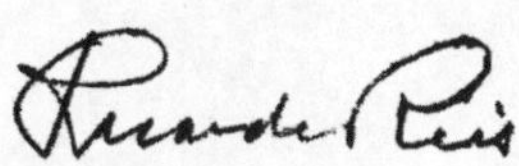

[52-34^{r}]

[49B^{5}-37^{v}]

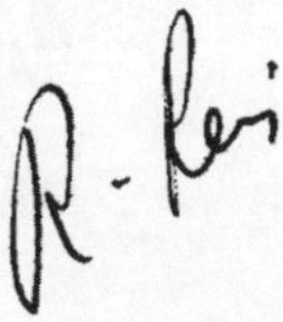

[51-1^{r}]

[52-1^{v}]

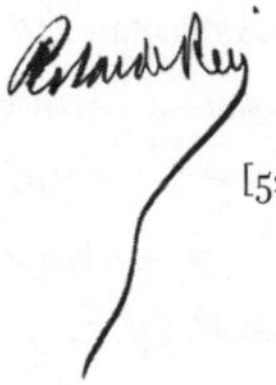

[52-44^{r}]

[51-5^{v}]

[74-16^{r}]

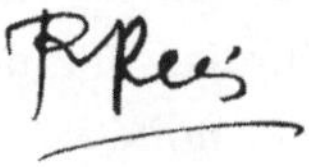

[68-14^{v}]

[123-94a^{r}]

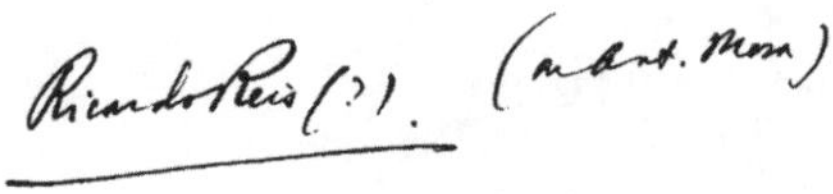

[52A-4^{r}]

[52A-30^{r}]

[52A-35^{r}]

[52A-40^{r}]

[52A-24^{r}]

[144D^{2}-34^{r}]

[144D-55^{v}]

[76A-59^{r}]

[76A-61^{v}]

[103.1] As rosas amo dos jardins de Adonis,
Essas volucres amo, Lydia, rosas,
Que em o dia em que nascem,
Em esse dia morrem.
A luz para ellas é eterna, porque
Nascem nascido já o Sol, e acabam
Antes que Apollo deixe
O seu curso visivel.
Assim façamos nossa vida *um dia*,
Inscientes, Lydia, voluntariamente
Que ha noite antes e após
O pouco que durâmos.

[11-7-1914]

[103.2] Ponho na activa[1] mente o fixo esforço
Da altura, e á sorte deixo,
E a suas leis, o verso;
Que, quando é alto e régio o pensamento,
Subdita a phrase o busca
E o scravo rythmo o serve.

[s.d.]

Vivem em nós innumeros; [103.3]
Se penso ou sinto, ignoro
Quem é que pensa ou sente.
Sou sòmente o logar
Onde se sente ou pensa.

Tenho mais almas que uma.
Ha mais eus do que eu mesmo.
Existo todavia
Indifferente a todos.
Faço-os callar: eu fallo.

Os impulsos cruzados
Do que sinto ou não sinto
Disputam em quem sou.
Ignoro-os. Nada dictam
A quem me sei: eu escrevo.

13-11-1935

[103.4] *[Prefácio a Alberto Caeiro]*

Alberto Caeiro é, cremos, o maior poeta do seculo vinte, porque é o mais completo subversor de todas as sensibilidades diversamente conhecidas, e de todas as formulas intellectuaes variamente acceites. Viveu e passou obscuro e desconhecido[1]. É esse (dizem os occultistas) o signal[2] dos Mestres.

Os proprios gregos da vera[3] Grecia, creadores do Objectivismo, não alcançaram[4] o Objectivismo Transcendente do assombroso portuguez, a quem a Fama nada deu, porque elle nada lhe pediu; nem, se lhe pedira[5], ella, (hoje tão injustamente prodiga) saberia que dar-lhe.

A obra de Caeiro é mister que seja lida com uma attenção nova. Tudo é novo alli. Nem a substancia intellectual, nem a arte das imagens, nem a propria figuração verbal teem precedentes nem allianças[6]. Só a forma se ressente[7] da indisciplina e da incoherencia da nossa ephoca. Os innovadores, por grandes que sejam, não podem ser tudo. E os grandes homens, disse Goethe, são da sua epocha só pelos seus defeitos.

A nossa gratidão vai para os srs. Antonio Caeiro da Silva e Julio Manuel Caeiro, a cuja cortezia devemos a cedencia d'estes poemas. A obra do Mestre compõe-se, além d'estes, que formam[8] o seu unico livro inteiro, de "outros poemas e fragmentos". Confiamos em que os seus detentores não tardarão em dal-a á publicidade, se não á celebridade, porque essa só a obtêm (hoje), parece, os que a não merecem.[9]

Quando, ha quatro annos quasi, eu tive occasião de mostrar a Alberto Caeiro, em Lisboa, a que principios conduzia a sua obra, elle negou que ella a taes principios conduzisse. Para Caeiro, objectivista absoluto, os proprios deuses pagãos eram uma deformação do paganismo. Objectivista abstracto, os deuses já eram a mais no seu objectivismo. Elle bem via que elles eram feitos á imagem e similhança das cousas materiaes; mas não eram as cousas materiaes, e isso lhe bastava para que nada fôssem.

As coisas, para mim, teem um outro sentido. Os deuses gregos representam a fixação abstracta do objectivismo concretizador. Nós não podemos viver sem ideas abstractas, porque sem ellas não podemos pensar. O que devemos é furtar-nos a attribuir-lhes uma realidade que não derive da materia de onde as extrahimos. Assim acontece aos deuses. As idéas abstractas não teem realidade verdadeira. Teem, porém, uma realidade humana, relativa apenas ao logar que o animal homem tem na terra. Os deuses pertencem á categoria das abstracções, no que respeita á sua relação com a realidade, mas não pertencem a essa categoria como abstracções, porque o não são. Como as idéas abstractas nos servem para nos conduzirmos entre as cousas, os deuses servem-nos tambem para nos conduzirmos entre homens. Os deuses são portanto reaes e irreaes ao mesmo tempo. São irreaes porque não são realidades, mas são reaes porque são abstracções concretizadas. Uma abstracção concretizada passa a ser pragmaticamente real; uma abstracção não concretizada não é real mesmo pragmaticamente. Platão, erigindo em pessoas abstractas as *idéas*, seguiu o velho processo pagão da creação de deuses; collocou, porém, os seus deuses longe demais. Uma idéa só se torna um Deus quando é devolvida á concreção. Passa então a ser uma fôrça da Natureza. Isso é um Deus. Se isto é uma realidade ou não, não sei. Pessoalmente creio na existencia dos deuses; creio no seu numero infinito, na possibilidade de o homem ascender a deus, e ◊

O creador de civilização é uma fôrça da Natureza; é portanto um deus, ou um semi-deus.

[103.6] A figura do mundo antigo, e a homenagem da infancia ao Destino.

RReis

[ANEXO]

OUTROS DOCUMENTOS

Os Poemas Completos de

Alberto Caeiro

(1889-1915)

Editados e prefaciadps por

Ricardo Reis

Tiragem limitada a 100

exemplares, fóra do

Mercado

Plano da capa da edição dos *Poemas Completos* de Alberto Caeiro [68-11r].

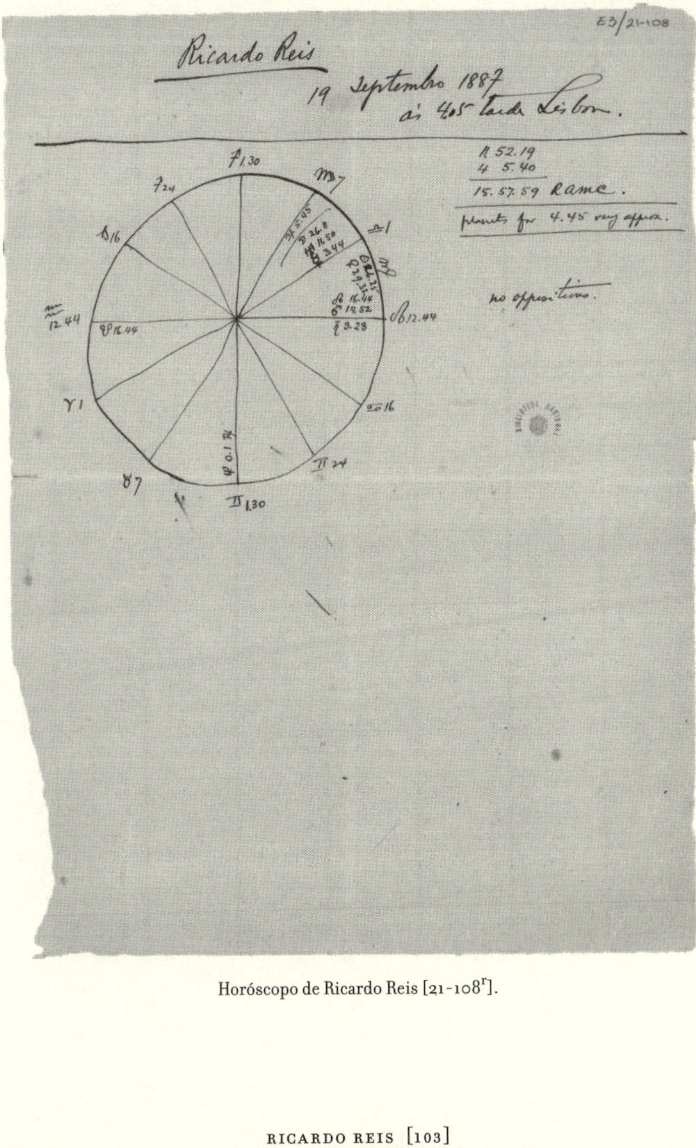

Horóscopo de Ricardo Reis [21-108r].

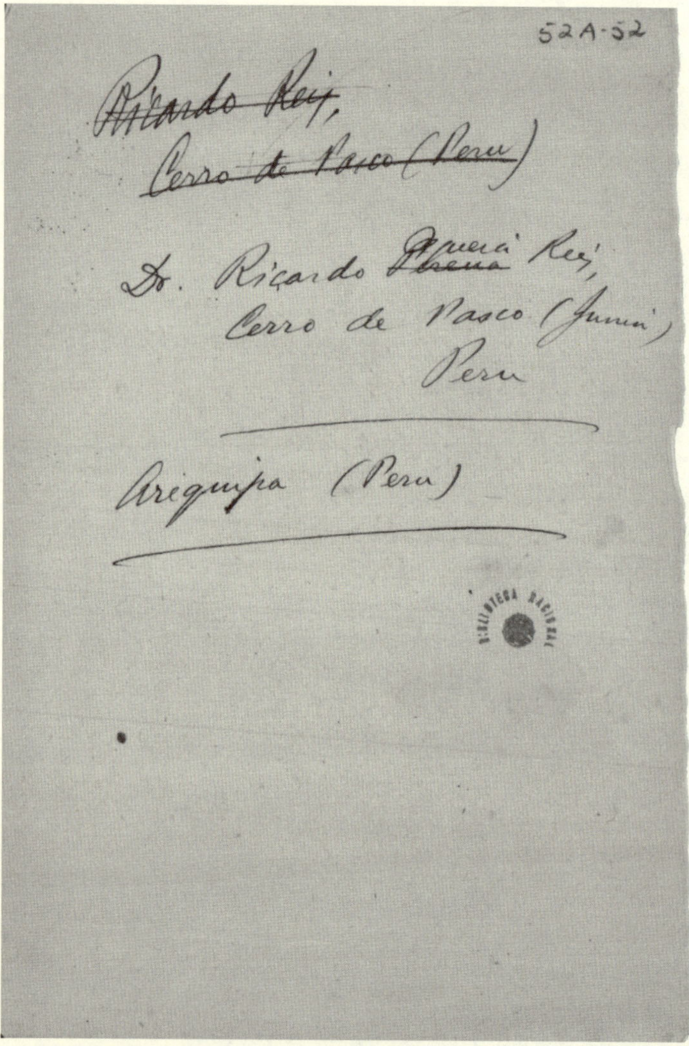

52A-52

~~Ricardo Reis,~~
~~Cerro de Pasco (Peru)~~

Dr. Ricardo [illegible] Reis,
Cerro de Pasco (Junín)
Peru

Arequipa (Peru)

Localização de Ricardo Reis no Peru [52A-52r].

FREDERICO REIS

Menos conhecido do que o seu irmão Ricardo Reis (cf. 103), Frederico Reis surge em 1914, como autor de dois textos e destinatário de uma carta. O primeiro texto, publicado pela primeira vez em 1966, consta de uma tentativa de resumir a filosofia de Ricardo Reis a um "epicurismo triste" (*Páginas Íntimas e de Auto-Interpretação*, 1966, p. 386). O segundo escrito, revelado em *Sensacionismo e Outros Ismos* (2009, pp. 57-61), é um folheto sobre a escola de Lisboa, que optámos por transcrever neste capítulo. Conserva-se ainda uma "Carta de F.P a F. Reis" (14^6-18^r), destinada à revista *Europa*, projecto de publicação periódica anterior a *Orpheu*; nessa carta – um rascunho de poucas linhas – Fernando Pessoa alude à "lucidez intermittente", ao "enthusiasmo excessivo" do "sr. F.R.", que, no seu folheto, "não faz justiça ao saudosismo". Pessoa costumava contracenar com as figuras por ele inventadas e contestar as suas opiniões. Do folheto, constam também apreciações críticas acerca de Mário de Sá-Carneiro; daí que este, em carta de 18 de Julho de 1914, manifestasse o seguinte desejo: "Gostaria muito, se fosse possivel, conhecer o que sobre mim (e sobretudo o intersecccionismo e Caeiro & C.ª) o mano Reis escreveu. Mas sei bem que isso não será possível" (115^5-40^r; Sá-Carneiro, 2015, p. 242).

DATA: 1914.

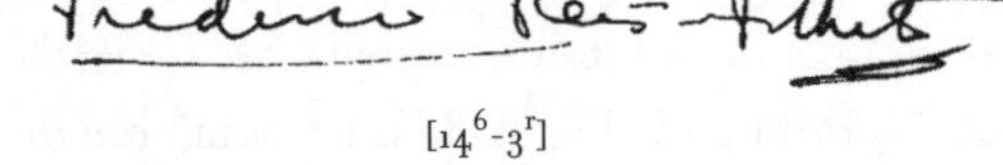

[14^6-3^r]

[104.1] *F[rederico] Reis*

Resume-se n'um epicurismo triste toda a philosophia da obra de Ricardo Reis. Tentaremos synthetisal-a.

Cada qual de nós – opina o Poeta – deve viver a sua propria vida, isolando-se dos outros e procurando apenas, dentro de uma sobriedade individualista, o que lhe agrada e lhe apraz. Não deve procurar os prazeres violentos, e não deve fugir ás sensações dolorosas que não sejam extremas.

Buscando o minimo de dôr ou pena, ◊ o homem deve procurar sobretudo a calma, a tranquillidade, abstendo-se do esforço e da actividade util.

Esta doutrina, dá-a o poeta por temporaria. É emquanto os barbaros (os christãos) dominam que a attitude dos pagãos deve ser esta. Uma vez desapparecido (se desaparecer) o imperio dos barbaros, a attitude pode então ser outra. Por ora não pode ser senão esta.

Devemos buscar dar-nos a illusão da calma, da liberdade e da felicidade, cousas inattingiveis porque, quanto á liberdade, os proprios deuses – sobre que pesa o Fado – a não teem; quanto á felicidade, não a pode ter quem está exilado da sua fé e do meio onde a sua alma devia viver; e quanto á calma, quem vive na agitação complexa de hoje, quem vive sempre na esperança da morte, difficilmente pode fingir-se calmo. A obra de R[icardo] R[eis], profundamente triste, é um esforço lucido e disciplinado para obter uma calma qualquér.

Tudo isto se apoia num phenomeno psychologico interessante: n'uma crença real e verdadeira nos deuses da Grecia antiga, admittindo X^{t} [Christo] (por vezes tido como antagonico, mas só quando refutou o espirito $X^{\text{tão}}$ [christão], porque esse é que é o inimigo ◊ do paganismo) como um deus a mais, mas mais nada[1] – idéa esta de accordo com o paganismo e talvez em parte inspirada pela idea (puramente poetica) de Alb[erto] Caeiro de que o Menino Jesus era "o deus que faltava".[a]

Frederico Reis – Folheto. [104.2]

O nome de escola, o nome (aparentemente de escola) de "sensacionismo", o termo de egual sugestão "neo-classisismo" – tudo isto falsêa, desvirtúa e, mesmo, humilha a corrente de que ora tratamos.

Uma escola literaria – no mais lato dos sentidos – é um movimento em que os autores, àparte differenças individuaes, que são tanto maiores quanto maiores elles são, teem um fundo commum de inspiração, um modo commum de inspiração.

Assim, a chamada escola de Coimbra tem, em todos os seus membros, o fundo commum de cosmopolitismo, de racionalismo e de tendencia philosophica. Anthero, Guilherme Braga, G[uerra] Junqueiro, Gomes Leal – todos elles pertencem realmente a essa "escola" e teem, sendo grandes as divergencias individuaes, esse fundo commum.

Ora não ha fundo commum nos trez poetas Alb[erto] Caeiro, R[icardo] Reis e Alvaro de Campos, para[1] não fallar no precursor d'elles, Cesario Verde.

Não ha *um* movimento, ha trez; cada poeta representa um. Ha os antagonismos, como os de R[icardo] Reis e Alvaro de Campos. Caeiro é um puro naturalista, a seu modo, extraordinariamente original. R[icardo] Reis é um grande, o unico, neo-classico.

a Veja-se o poema VIII de "O Guardador de Rebanhos".

Alv[aro] de Campos é o que os futuristas quizeram ser, e mais alguma cousa, o poeta de Sensações e só de sensações, e do pensamento[2] e do sentimento como sensações apenas.

Mas não ha duvida que Alberto Caeiro despertou tanto em R[icardo] Reis como em Alv[aro] de Campos a poesia que elles continham em si. Alb[erto] C[aeir]o não é um chefe de escola, pois, visto que os seus "discipulos" o não seguem. Caeiro é um fecundador de alma, um libertador de inspiração, um individualisador. É outra cousa, muito maior, muito mais alta e nobre, e muito mais alto colloca o Mestre jovem e glorioso.

O effeito da obra de Caeiro sobre R[icardo] Reis e Alv[aro] de Campos foi o de uma paysagem totalmente nova[3] que contemplassem, que lhes despertasse as almas, mas a cada um a sua, a cada um segundo as suas tendencias e faculdades.

Não quer isto dizer que fôsse só esta a influencia de Alb[erto] Caeiro. Na obra dos dois influenciados ha-de haver traços da "paysagem" que os despertou. E com effeito a miudo apparecem, nas obras (tão diversas!) de R. Reis[4] e Alvaro de Campos, trechos, phrases, modos de vêr e de dizer[5] que são écos alterados da voz limpida do Mestre.

Poristo[6] tudo, e na ausencia de um nome que a todos englobe, mas sob a necessidade e conveniencia de tratar de arranjar um tal nome, decido chamar a esse movimento a "escola de Lisboa" (como á outra se chamara[7] de Coimbra) ditas as razões que exponho a seguir.

De commum a todos os poetas aqui estudados é o serem de Lisboa, nados e creados. Depois, Lisboa é a unica cidade portugueza a que se pode chamar "grande" sem ser[8] forçoso que se ria do adjectivo[9]. É o unico centro portuguez[10] onde entrou um grau superior de cosmopolitismo[11]. É o unico logar de Portugal onde alguma cousa da febre de processos modernos appareceu.

Ora precisamente o que caracteriza tanto Caeiro, como R[icardo] Reis, como Alvaro de Campos, creio, de o outro grupo – tão diff[eren]te! – de literatos que estudarei é que a sua attitude é tomada como que para a Europa toda e não para Portugal. Teem uma bagagem de vistas e de attitudes que é a de quem sabe que está creando arte, não para um paiz, mas para uma epoca e para uma civilização. É difficil explicar como se conclue isto a quem ignore as obras que estudaremos. Quem as leu percebe-me logo e concorda comigo. Isto é argumento e, portanto, impossivel[12] de *provar*, ao mesmo tempo que é desnecessario proval-o.

Todos os membros da Escola de Lisboa dão a impressão de que fallam em[13] voz alta, para que toda a Europa oiça. Um[14] movimento como a R[enascença] Portugueza, por exemplo, é todo em surdina, em segredo. Não ha só regionalismo, ha, como no passo diria Fernando Pessoa[15], consciencia de regionalismo.

Depois – e eis aqui o principal, os saudosistas perderam o contacto com a poesia do seculo, lá de fóra. Ninguem diria que houve[16] symbolismo e que ha futurismo etc.[17] lá fóra ao lêr qualquer dos saudosistas.

A evolução saudosista – quer dizer, a evolução até ao saudosismo – foi feita[18] dentro de portas[19], *intra muros*, com materia apenas lusitana. O fundador da corrente, Antonio Nobre, tinha vagos elementos, puramente accessorios, de symbolismo. Esses desaparecem no seguinte[20]. Só os leitores de Anto se apegaram. Esse desenvolveu algumas e aprofundou[21] até dar o saudosismo. Não se entenda n'estas palavras uma critica fundamente adversa, nem um desconhecimento quér do valôr, real e profundo, dos saudosistas, nem da sua utilidade social como influencias patrioticas. Mas repare-se que timbramos[22] apenas em apontar que elles são, na sua inspiração, assim como na sua orientação de conjuncto, estreitos, regionalistas[23] e – vá lá a verdade – estagnados.

Não comprehenderam elles que ha um nacionalismo mais largo e verdadeiro que é o que marca o seu logar na civilização contemporanea estando sob elle e não affastando-se. Os saudosistas viraram costas aos movimentos do seculo. Não se integram n'elles. Estão aparte. Por mais que se queira favorecel-os na critica, ocioso é negar que isto implica uma inferioridade, fatalmente.

Como o leitor decerto sabe, lá fóra chocam-se (na verdade, nem sempre se chocam – as vezes existem em harmonia[24] lado a lado) duas tendencias – a tendencia egotista, que começou nos symbolistas, e a tendencia vitalista (chamemos-lhe assim) que, oppondo-se a esta, procura desviar o seu interesse dos detalhes minimos (a que aquella se applica †) da vida do espirito, para cantar, ou a Natureza ampla, livre e fecunda, ou o progresso ruidoso, implacavel, na apparencia pouco poetico, o espaço, a lucta do homem contra a natureza, o trabalho, as civilizações. D'esta segunda tendencia – a dominante agora – temos exemplos das novas obras de fóra – de uma na poesia da Condessa[25] de Noailles, da outra na tendencia[26], mais do que na realização, dos futuristas e de outros grupos analogos.

Ora os saudosistas não pertencem a nenhum grupo d'estes. São poetas da Natureza, é certo, mas á romantica, da Natureza espiritualizada, transcendentalizada, vista atravez do espirito humano e attribuindo ás cousas qualidades do espirito humano. Esta corrente – como magistralmente provou Fernando Pessoa, que com ella esteve ninguem sabe como nem porquê – é um prolongamento direito e logico do romantismo. Tem valôr porisso; é realmente original, porque com effeito não fica no romantismo como estava, prolonga-o realmente, continúa-o, leva-o[27] até ao seu maximo. Mas, por verdade que tudo isto seja, resta apontar que, porisso, chegou tarde. Prolongar o romantismo depois do romantismo estar morto ha ½ seculo não terá o seu quê de absurdo? Anthero estava bem, porque prolongou o romantismo na epoca conveniente e precisa. Porisso é Anthero um poeta completo; é dos taes que falla alto, para a Europa toda, para a civilização em geral. O saudosismo, partindo talvez de Anthero, no fundo, devia ter apparecido logo para poder apparecer no seu tempo e na mesma altura com referencia á civilização contemporanea. É estreito porque chegou tarde; o seu isolamento é fatal, tinha que se dar. Como não se devia elle isolar, se nada o liga ao presente da Europa civilizada?

De tudo isto, não resulta que Pascoaes e C[orrêa] de O[liveira][28] não sejam grandes poetas[29] (certas reservas feitas, sobretudo para quem leu o estudo excessivamente *lizongeiro de Fernando Pessoa); mas maiores[30] seriam se *timbrassem em pertencer ao seu tempo, se não se puzessem n'um passado, verdade seja que não muito afastado, mas um passado em todo o caso.

Ora precisamente o que a escola de Lisboa tem – e que dá razão ao nosso grande, ao nosso legitimo e sagrado orgulho – é essa qualidade essencial que os saudosistas não possuem. Vimos que ha dois grandes movimentos contemporaneos na literatura – ou pelo menos na poesia – europêa actual. Dissemos que um busca a Natureza como um ◊ que os romanticos não tiveram, que se podia dizer que elles desvirtuam, se elles não houvessem vivido antes de haver esse novo sentimento; e que[31] o outro procura analysar a vida do espirito, cingir de perto os seus mais fragmentarios estados,[32] analysar as suas mais vagas e transitorias sensações. Pois bem! O que todos esses poetas[33] de lá fóra tem querido e querem fazer quanto á natureza, fel-o, de uma vez para sempre, com uma originalidade, uma unidade e uma sublimidade para que não [ha] adjectivos ainda, o assombroso

Alberto Caeiro, nome sagrado esse, o do maior poeta da lingua portugueza, o do mais alto creador que, na literatura, Portugal deu ao mundo!

E, quanto ao movimento, que no seu inicio deu[34] foi o symbolismo – eil-o *perfeito*, completo, dado de vez como ainda lá fóra ninguem o déra, nas suas fórmas,[35] por Fernando Pessoa e Mario de S[á]-C[arneir]o. Fernando Pessoa representa a superação final, a culminancia da auto-analyse[36], a "consciencia da consciencia" como dizia Amiel levada ao extremo, ao ultimo e sublime grau. Verhaeren e Gustave Kahn são a infancia de[37] Fernando Pessoa. Semelhantemente o que lá fóra ninguem proficientemente fazia, com mera intuição ou d'outro modo, a materialização das sensações, a carnalização do espirito, eil-o feito com grandeza maxima, com proficiencia inegualavel pelo genio doudo de M[ario] de Sá-Carneiro.

Mas desçamos a detalhes, vamos mais longe. Veremos que para cada esboço de lá fóra, para cada preocupação contemporanea que lá fóra não consegue exprimir-se, temos (por qualquer razão, não sei[38]) um poeta que a realiza. Outra attitude contemporanea é a busca da composição clássica. Ninguem lá fóra a déra, e apertadamente a buscára. Mas deu-a, de vez, a uma altura inconcebivel, de um modo *certo* e justo como mal se pode esperar, [como] a alma gigantesca e pagã de Ricardo Reis. E os futuristas, que não haviam conseguido devéras e a valêr metter nos seus versos, de modo eterno e moderno, abstracto, a vida actual,[39] competente, scientifica, ruidosa e productiva, vêm o seu ideal[40] realizado, realizado completamente, inultrapassavelmente pelo genio febril, nervoso de Alvaro de Campos, que na sua enorme Ode II[41] triumpha de[42] uma vez para sempre de todos os varios[43] futuristas por acabar, que na França, na Italia e na Inglaterra não conseguem dizer o que querem.

Quem, com dois dedos de intelligencia e poder de vêr como pela 1ª vez adentro de arg[umen]tos, ousaria contestar o que dizemos? O nosso desprezo, desde já, para a intelligencia, ou sectaria ou nulla[44], de quem o ousaria contestar.

Nunca a alma portugueza valeu tanto! Até os saudosistas que, como demonstrei, estão fóra da época, ultrapassam uma[45] corrente de lá fóra; essa arte é uma arte estreita, mas eles elevaram-a, transcenderam-a – isso é constatavel. Extendamos [o] impulso nacional que até no seu ponto mais baixo passa além do que a Europa fez[46], cria, é novo, original, grande[47], realmente grande!

A proposito: se quizerem mais um argumento contra a *opportunidade* e o *valôr moderno* do saudosismo, vejam: ao passo que o valôr individual das figuras da Escola de Lisboa *é maior* que o dos seus precursores nas varias correntes a que pertencem, o do saudosismo, é inferior, pois ninguem quererá dar Pascoaes, Jayme Cortesão, Mario Beirão, A[ntonio] C[orrêa] de O[liveira] por maiores do que Goethe, Shelley ou mesmo Hugo.[48]

105
RAPHAEL BALDAYA

Autor de um "Tratado de Astrologia" (90^{4}-6), do célebre "Tratado da Negação" (*Textos Filosóficos*, 1968, tomo 1, pp. 42-44), e de "Principios de Metaphysica Esoterica" (*Fernando Pessoa et le Drame Symboliste*, 1977, p. 510), escritos por volta de 1915, quando os seus textos eram ainda projectados e escritos em português; candidato a autor de um "Novo Tratado de Astrologia" (16A-50^{v}), de um "Systema de Astrologia" (144P-36^{r}) e de uma "Introd[ução] ao estudo do occultismo" (144P-36^{r}), segundo planos contemporâneos, numa altura em que Fernando Pessoa estava a ler ou encomendar manuais sobre estas matérias; Sepharial português que pretendia divulgar a astrologia, vender manuais (cf. "The Theory of Periods in Astrology" ["A Teoria dos Períodos em Astrologia"], 90^{1}-16^{r}; "The Doctrine of Transits" ["A Doutrina dos Trânsitos"], 90^{1}-1^{r}), escrever folhetos (cf. "Astrological Book on War" ["Livro Astrológico sobre a Guerra"], 133M-98^{v}) e, provavelmente, responder a consultas públicas; astrólogo por correspondência, que, como outros colegas do mesmo ramo, tencionava cobrar pelos estudos astrológicos que elaborasse, analisando o perfil do nativo e fazendo previsões (ver *Cartas Astrológicas*, 2011, pp. 36-38); responsável por umas notas, em inglês, sobre a técnica da revolução solar (92^{2}-34^{r}), texto datável de 1916; comentador e intérprete das *Trovas do Bandarra*, de acordo com o plano editorial da Olisipo (137A-21^{r}), de cerca de 1921; estudioso dos quatro impérios anteriores ao Quinto Império (*Sebastianismo e Quinto Império*, 2011, pp. 215-226), possivelmente em meados da década de

1920... Raphael Baldaya foi este praticante e teórico da astrologia concebido por Fernando Pessoa entre o final de 1914 e o início 1915, com os objectivos de emular alguns teósofos ingleses, escrever textos de índole ocultista e ganhar algum dinheiro. O seu nome talvez seja uma homenagem ao navegador português Afonso Gonçalves Baldaia, cujo apelido provém, significativamente, de uma alcunha. Os seus escritos não se encontram ainda reunidos num volume único.[a]

DATA: 1914-1915.

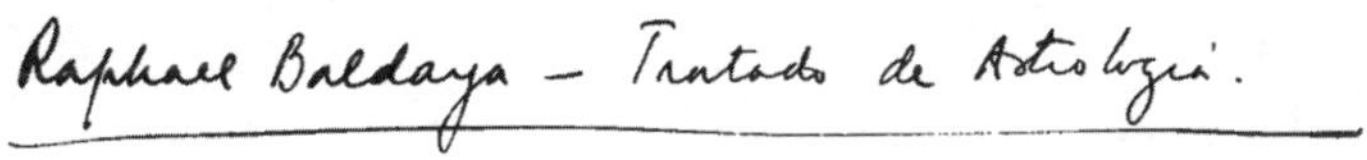
Raphael Baldaya – Tratado de Astrologia.

[90^{4}-6^{r}]

Raphael Baldaya, Astrologer. [105.1]

The Theory of Periods in Astrology – whereby the native's fate may be read without directions. Post free to any part of the world, 5/-, with complete directions for the reading. 7/6 if horoscope is sent to be read according to this theory, and 10/-, also post free, if the horoscope is to be cast. Absolute satisfaction guaranteed.

a Há textos postumamente atribuídos a Baldaya que talvez não lhe pertençam. Por exemplo, um em que se lê: "Não pasmemos de que seja apagado e fruste o horoscopo de tal grande artista que foi celebre só depois de morto" (*A Procura da Verdade Oculta*, 1989, p. 158 [cota 90^{6}-10^{r}]). Há porém outros textos, também não assinados, que é mais provável que lhe pertençam; veja-se, por exemplo, o "Esboço de um Tratado de Astrologia", em *Cartas Astrológicas* (2011, p. 22).

A New Theory of Astrological Periods.

An Appendix to any Astrological Text-Book. 5/– (with very important notes on transits and directions).[b]

Preços:
Horoscopo de experiencia: 500 reis. (Breve resumo e ligeiras considerações sobre o theor geral da vida).
Horoscopo completo: contendo uma leitura detalhada da vida e da sorte: 2.500 reis.
Horoscopo detalhado: 5.000 reis.

[105.2] *Raphael Baldaya: "Tratado da Negação"*

1. O Mundo é formado de duas ordens de forças: as forças que affirmam e as forças que negam.
2. As forças que affirmam são as forças creadoras do mundo, emanadas successivamente do Unico, centro da Affirmação.
3. As forças que negam emanam de além do Unico.
4. O Unico, de quem Deus, o Deus creador das Cousas, é apenas uma manifestação, é uma Illusão. Toda a creação é ficção e illusão. Assim como a Materia é uma Illusão, provada-

b Traduzimos a primeira parte deste rascunho de um anúncio publicitário bilingue (ou de dois anúncios redigidos na mesma folha): "A Teoria dos Períodos em Astrologia, por meio do qual o destino do nativo pode ser lido sem instruções. Envio gratuito para qualquer parte do mundo, 5/-, com instruções completas para a leitura. 7/6 se o horóscopo for enviado para ser lido de acordo com esta teoria, e 10/-, também com envio gratuito, se o horóscopo for feito. | Garante-se absoluta satisfação. | Uma Nova Teoria dos Períodos Astrológicos. | Um Apêndice para qualquer Livro sobre Astrologia. 5/-, (com notas muito importantes sobre trânsitos e instruções)."

mente, para o Pensamento; o Pensamento uma Illusão[1] para a Intuição; a Intuição uma Illusão para a Idéa Pura; a Idéa Pura é uma Illusão para o Ser. E o Ser é essencialmente Illusão e Falsidade. Deus é a Mentira Suprema.

5. As forças que negam são aquellas que partem de além do Unico. Fora do Unico, para a nossa Intelligencia, não ha nada. Mas, como é possivel pensar que esse Unico não existe, como é *possivel* negalo, elle não é o Unico, o Supremo, o realmente Supremo (aqui os termos faltam). Poder negal-o é negal-o; negal-lo é elle não ser.

6. A negação suprema é aquillo a que nós chamamos o nãoSer. O NãoSer não é pensável, porque pensar o nãoser é não pensar. E comtudo, visto que empregamos o termo nãoser, elle é pensável, de certo modo. Desde que é pensado, tornase o Ser. Assim o Ser sahe, por opposição do NãoSer. O NãoSer é que o *precede,* para falar a linguagem humana.

7. A Materia, que é a maior das negações do Ser, é o estado que, porisso, mais proximo está do NãoSer. A Materia é a menor das Illusões, a mais fraca das mentiras. De ahi o seu caracter de Evidente. Á medida que o Ser se vae manifestando, vaise negando; á medida que se vae negando, vae creando o Não-Ser. Como o NãoSer é anterior ao Ser, essa negação que o Ser faz de sipróprio é uma *creação,* se assim é possivel fallar.

8. Devemos ser creadores de Negação, negadores da espiritualidade, constructores de Materia. A Materia é a Apparencia; a Apparencia é ao mesmo tempo o Ser e o NãoSer. (Se a Apparencia não é o Ser, é o NãoSer. Se é o NãoSer[2], não é a Apparencia. Para ser a Apparencia, ella tem, portanto, que ser o Ser.)

9. A negação consiste em auxiliar o Manifestado a manifestarse mais, até elle se dissolver em NãoSer.

10. Ha dois principios em lucta: o principio de Affirmação, de Espiritualidade, de Mysticismo, que é o Christão (para nós, actualmente), e ha o de Negação, de Materialidade, de Clareza, que é o Pagão. *Lucifer* = o portador da Luz, é o symbolo nominal do Espirito que Nega. – A revolta dos anjos creou a Materia, regresso ao NãoSer, libertação da Affirmação.

11. Ha realmente todos os mundos que os theosophos affirmam. Mas elles estão dentro da Illusão, que, emquanto existe, é a Realidade. Deus existe com effeito para siproprio; mas Deus *está enganado.* Como qualquer de nós julga existir, e para Deus não existe, senão como parte d'elle, e isto é não-existir, em absoluto; assim, Deus julga existir e não existe. O proprio ser é o NãoSer do Não-Ser apenas, a affirmação mortal, da Vida.[3]

[105.3] *Principios de Metaphysica Esoterica:*
:(Raphael Baldaya):

Recentemente tem tomado um grande relevo pelo mundo a propaganda da religião chamada Theosophia. Essa religião pretende ser a da Verdade; se não tivesse essa pretensão[1] não seria uma religião. Pretende estar por detraz de todas as religiões. Pretende ser a depositaria das antigas doutrinas occultas; pretende representar uma communicação para o exterior feita pelos chamados "Mestres".

Urge expôr do modo mais claro e preciso qual é, segundo a sciencia esoterica verdadeira, a constituição real do Universo. Não importa ao leitor como[2] estas verdades se determinaram, de onde elas partem. A sua acceitação não é necessaria para ninguem. Mas ellas expõem-se, porque chegou a hora de se exporem, porque é preciso que ellas sejam dadas ao mundo. O resto não tem importancia.

Compendio de Hyperciencia.
Compendio de Cosmologia Occulta.

Este trabalho, de que fui encarregado, procuro fazel-o o melhor que possa, sendo preciso, lucido e eschematico, quanto possivel, na minha exposição.

Uma ultima pergunta poderá occorrer aos leitores: qual a razão porque este tratado sahe primeiro em portuguez, do que em outra lingua qualquer, porque em uma das linguas, não talvez menos falladas, mas porcerto menos lidas, do mundo? Porque isso tem de ser assim, dado o grande Destino occulto que Portugal tem de cumprir, continuando o que já cumpriu, aquelle destino que o Senhor da Sciencia segredou ao Infante D. Henrique em Sagres, para que elle o puzesse em practica.

Portugal é um Ente. Esse ente tem que cumprir um destino. Esse destino involve que as verdades que este livro revela sejam dadas primeiro em portuguez do que em outra lingua qualquer.

Este systema não será exposto como um systema metaphysico, que se prove; mas sim como um systema religioso, dogmaticamente. Mas elle tal é, que, uma vez lido, a sua verdade será vista *por aquelles que está destinado que a vejam*.

Invocam os theosophistas a intima continuidade da tradição hermetica ou esoterica. Segundo Mrs. Besant ◊[c]

Infelizmente o estudo da litteratura ligada á exposição, propositadamente confusa, das theorias que formavam a base

c Segue-se a indicação: "(quote here the due part of the Ideals of Theosophy)" ["(citar aqui a parte correspondente dos *Ideais da Theosophia*)"]. Trata-se de um livro de Annie Besant (1847-1933), traduzido por Pessoa em 1915.

metaphysica das sociedades secretas como os Rosa-Cruz – infelizmente esse estudo revela principios fundamentaes que, qualquer que seja o seu sentido symbolico, se não casam de modo algum com as theorisações theosophicas.

Assim, se ha cousa que resulta clara da confusa doutrina dos esotericos europeus, é que o sexo feminino é, por varias razões de ordem symbolica, considerado por elles como inferior e quasi mau. Excusamos de rebuscar muito na literatura hermetica. [d]

Como é que isto se concilia com a these theosophista de que o que ha de principal é a Fraternidade humana, esta sem olhar a *sexo*, raça ou casta?

Além d'isso os hermeticos europeus não se propunham trabalhar pela humanidade. Nada d'isso se conclue dos seus escriptos, e estes, embora nos não revelem o seu systema como conjuncto, não deixam de, fragmento a fragmento, nos revelar de que elementos elle se compõe.

A theosophia, como é proprio e de esperar da nossa epoca, é apenas uma democratisação do hermetismo. Se se quizer, é uma christianisação d'elle. Mais nada. Christianisação ou democratisação feita com a idéa de Fraternidade, por signal a mais baixa das trez que compõem a trindade francesa.

Os hermeticos europeus constituiam sociedades secretas para fazer determinadas investigações scientificas. Até que ponto essas investigações foram é hoje impossivel, talvez, de determinar. Se essas investigações representam uma tradição remota, é possível julgal-o. Para que o faziam é simples. As castas sacerdotaes e outras perderiam certo poder sobre o povo se

d Segue-se esta nota: "(Q[uote] from Hargrave Jennings)" ["(Citar de Hargrave Jennings)"]. Remissão para o livro *The Rosicrucians, Their Rites and Mysteries* (4.ª ed., 1907), que faz parte da Biblioteca particular de Fernando Pessoa.

divulgassem certos principios scientificos, os quaes, aliás, permittiam, na baixa dos sentimentos religiosos, o recurso a fraudes religiosas, por meio de aplicações scientificas não muito diversas dos hodiernos processos de alta prestidigitação, de prestidigitação scientifica.

O vagar que as classes superiores tinham nos tempos da escravatura torna possivel uma extensa investigação scientifica.

Supponha-se que um padre egypcio descobria a lei da propagação do som, pelo que respeita ás camaras sonantes. A utilisação religiosa, fraudulenta (ainda que, talvez, sem má intenção) d'esse principio inhibiria totalmente que pensasses em divulgal-o.

106
ANTONIO MORA

De entre as personalidades autorais que nunca chegaram a atingir o estatuto de heterónimo, Antonio Mora é provavelmente aquela com a obra mais original e conceptualmente mais apurada. Antes de se estrear como responsável de um vasto conjunto de textos sociológicos e filosóficos, surge como protagonista da narrativa "Na Casa de Saude de Cascaes", substituindo, por volta de 1910, o Dr. Gama Nobre, um doido que também andava de toga. Se aplicarmos a descrição de Nobre a Mora, podemos imaginar que este era alto, que tinha o cabelo e a barba brancos e que passeava declamando o princípio da lamentação do *Prometeu Agrilhoado* de Ésquilo. Numa leitura possível do texto, Nobre-Mora teria sido acorrentado pelo seu génio, pela sua loucura lúcida, e por querer partilhar essa luz com os homens, como Prometeu partilhou o fogo. Por isso, parece-nos significativo que Pessoa, em 1915, procurasse esse louco que queria reviver a Grécia Antiga para o incumbir, precisamente, de denunciar a decadência do mundo moderno e defender a sua repaganização. Talvez tivesse presente um pensamento que o acompanhava: "Tendo visto com que lucidez e coherencia logica certos loucos justificam, a si-proprios e aos outros, as suas ideas delirantes, perdi para sempre a segura certeza da lucidez da minha lucidez" (*Escritos sobre Génio e Loucura*, 2006, tomo 1, p. 154).

Manuela Parreira da Silva considera provável "que Fernando Pessoa tenha hesitado, a certa altura, entre Mora e Reis, como divulgador principal da obra do Mestre [Alberto Caeiro]", mas estima que "a autoria do prefácio a Alberto Caeiro se encontra plenamente solidificada na figura de Ricardo Reis" (in *Prosa de Ricardo Reis*, 2003, pp. 11 e 13). Considera, do mesmo modo, que outra obra inicialmente atribuída a Ricardo Reis, "O Regresso dos Deuses", "nunca terá chegado a ter uma definição, ou uma clara resolução, na mente de Fernando Pessoa" – que a atribuiu a Reis, a Mora e ainda a si próprio –, mas que, seguindo o mesmo critério adoptado em relação ao prefácio a Caeiro, é presumível que essa obra "acabasse por ser (se Pessoa a tivesse concluído) da autoria de Mora", atendendo a que "o maior número dos fragmentos para 'O Regresso dos Deuses' é explicitamente encimado pela abreviatura A.M." (*ibidem*, p. 15). Admitindo, pois, esta justificação, Antonio Mora ficaria como autor de "O Regresso dos Deuses", dos "Prolegomenos a uma reformação do paganismo" e de outros textos afins sobre a filosofia pagã, de uma "Introducção ao estudo da metaphysica", de uma série de dissertações, sendo a principal um opúsculo a favor da Alemanha em tempos da Primeira Guerra Mundial, de escritos avulsos e de três poemas: "Uma cousa queremos" (44-14), "Na ponta de cada bayoneta luzem os olhos de Kant" (144X-66^r; ver Pizarro, 2012b, p. 128) e "No meu aziago coração" (55I-70^r).

Antonio Mora – que Fernando Pessoa também escreveu "António Mora" e "António Móra", com um ou dois acentos agudos – foi uma figura bastante activa no momento em que Pessoa planeava a apresentação de Alberto Caeiro, definia as bases do sensacionismo, esboçava uma teoria geral do neopaganismo e acompanhava o desenrolar da Grande Guerra. Porém, já na década de 1920, o interesse do poeta por esta personagem foi-se desvanecendo paulatinamente, ao ponto de esta não ter tido qualquer representação nas páginas da revista *Athena*, onde dois membros do movimento neopagão português, Alberto Caeiro e Ricardo Reis, fizeram a sua estreia literária. Mora não se eclipsou do universo pessoano, mas intelectualmente terá acompanhado cada vez menos Fernando Pessoa à medida que este perdia o entusiasmo por racionalizar e teorizar o paganismo consubstanciado nos *Poemas Completos* de Alberto Caeiro. Além disso, muitos escritos de pendor sociólogo – como a defesa da causa alemã – deixaram de ser actuais e de provocar polémica depois da vitória dos Aliados (vejam-se os "Textos de confronto e réplica", em *Obras de António Mora*, 2002, pp. 379 *et seq.*). Apenas Alvaro de Campos, o prosador, recorda tardiamente Antonio Mora, numa das suas "Notas para a recordação do meu mestre Caeiro", datável de 1930: "O Antonio Mora era uma sombra com veleidades especulativas. Passava a vida a mastigar Kant e tentar ver com o pensamento se a vida tinha sentido. Indeciso, como todos os fortes, não tinha encontrado a verdade, ou o que para elle fosse verdade, o que para mim é o mesmo. Encontrou Caeiro e encontrou a verdade. O meu mestre Caeiro deu-lhe a alma que elle não tinha; poz dentro do Mora peripherico, que elle sempre tinha apenas sido, um Mora central. E o resultado foi a reducção a systema e a verdade logica dos pensamentos instinctivos de Caeiro. O resultado triumphal foi esses dois tratados, maravilhas de originalidade e de pensamento, *O Regresso dos Deuses* e os *Prolegomenos a uma Reformação do Paganismo*" (*Prosa de Álvaro de Campos*, 2012, p. 102). Seguindo o parecer de Pessoa-Campos, nesta antologia incluímos trechos dos dois tratados.

Antonio Mora terá também acompanhado as sucessivas leituras de Fernando Pessoa de obras de John Mackinnon Robertson – há 23 obras deste racionalista inglês na Biblioteca particular de Fernando Pessoa (ver Barreto, 2007) – e, pelo menos três, *Christianity and Mythology* (1900), *A Short History of Cristianity* (1902) e *Pagan Christs* (1903), serviram para redigir alguns textos e passagens dos *Prolegomena*. As assinaturas de Mora surgem, por vezes, de forma isolada, mas é também comum encontrar toda uma série delas ocupando uma página ou uma parte dela. Mais de uma centena de textos do espólio pessoano estão encimados pelas indicações "AM", "AMora", "Ant. Mora", "Antonio Mora" e outras afins. Depois das assinaturas individuais, citamos quatro cabeçalhos que revelam dúvidas de autoria.[a] [*Post-scriptum*: em Outubro de 2013 foi publicado *O Regresso dos Deuses e outros escritos de António Mora*.]

DATA: 1915.

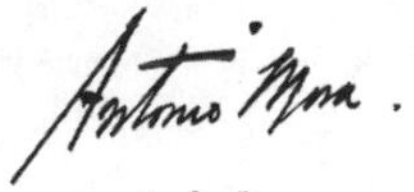

[12^{2}-5^{r}]

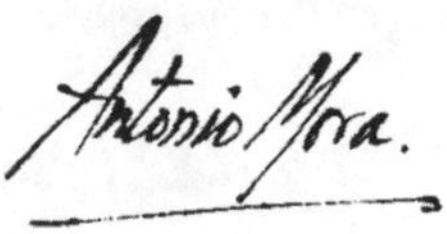

[44-14^{v}]

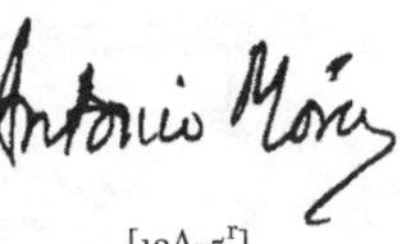

[$12A$-5^{r}]

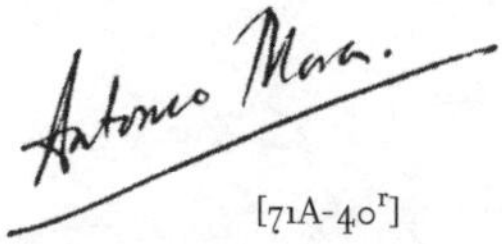

[$71A$-40^{r}]

a Agradecemos a colaboração de Antonio Cardiello na preparação deste capítulo.

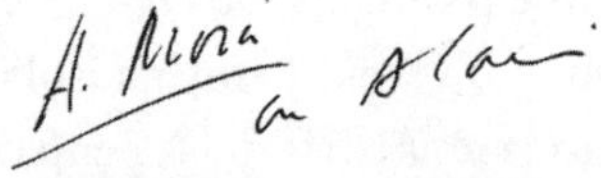

[12^{1}-15^{r}] ["A. Móra ou ACaeiro"]

[87-66^{r}] ["AMora ou R. Reis"]

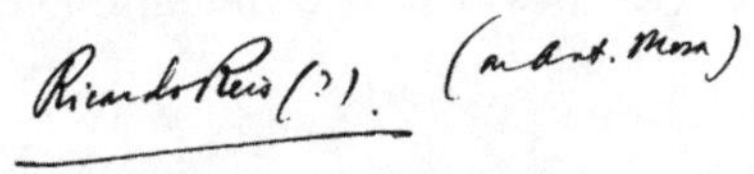

[52A-4^{r}] [Ricardo Reis (?). (ou Ant. Mora)]

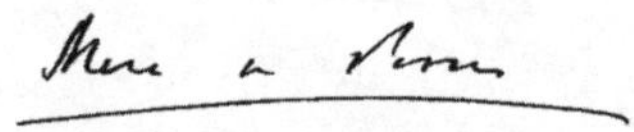

[14B-24^{r}] [Mora ou Pessoa]

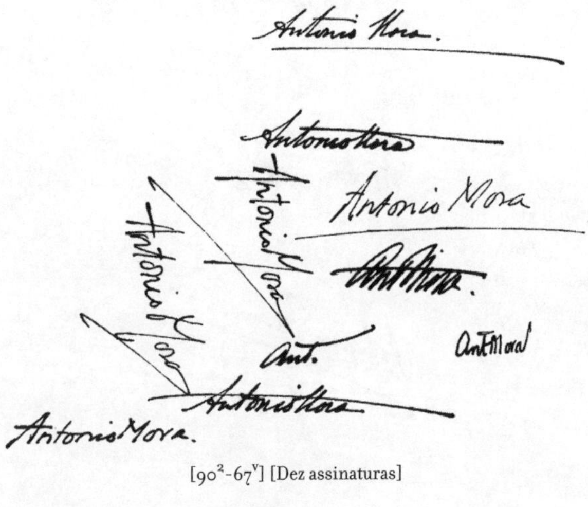

[90^{2}-67^{v}] [Dez assinaturas]

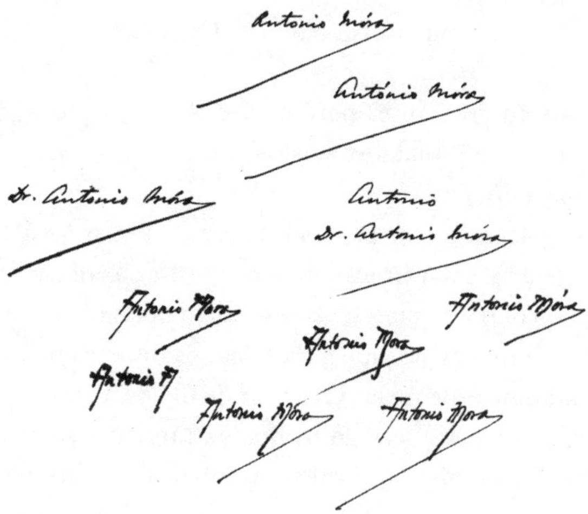

[75A-60ᵛ] [Onze assinaturas]

[128A-67ᵛ] [Nove assinaturas]

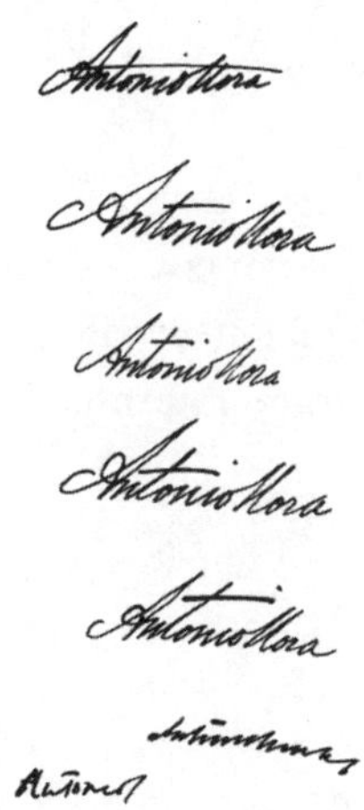

[49B^{5}-37ᵛ] [Sete assinaturas]

[106.1] *Na Casa de Saude de Cascaes*

... O mais interessante, porém, é o Antonio Mora. É, pelo menos, o mais original de todos.

– O mais original?

– Sim, pessoalmente original, original como pessoa, não clinicamente original. Clinicamente não se afasta em nada do typo de paranoico, ou da marcha conhecida da paranoia. É verdade que não é simplesmente um paranoico. É tambem um hysterico. Mas a paranoia é algumas vezes acompanhada de uma /psychonevrose/ intercorrente. Não ha que extranhar. Nada ha ahi de exquisito. Não é nisso que elle é original. É na especie do seu delirio, no conteúdo, que está todo o interesse. E não te digo mais nada... Verás. E dispõe-te para gastares tempo com elle, porque, vaes ver, ficas interessadissimo.

– Veremos.

– Garanto-te. Não será preciso apontar-t'o. Conhecel-o logo pela toga.

– A toga? O quê! O typo anda de toga? Mas isso tem qualquer cousa que vêr com o delirio...?

– Verás, meu velho, verás... Não te quero dizer nada. Não te quero tirar o interesse á surpreza.

[106.2] *Ant[oni]o Mora*

Por mim (para fallar de mim) se ás vezes adoeço com este mal de cansaço, que é um dos tedios da vida contemporanea, basta que abra o livro de Caeiro, e recupero a fé no meu corpo, e a quietude da decisão antes de /agir/. Tudo se me torna um ar das montanhas, e a visão salubre de uma /extensão ao sol/. Na pressa, no ruido, e na turbação da vida de hoje, apraz abrir este livro e encontrar, outra vez, a face amiga da natureza primeva, os campos como são quando só os gosamos sem pensar nelles e as flores como parecem quando a alegria mal as contempla.[1]

O Sensacionismo. Prolegomenos. [106.3]

(1) No principio, na Grecia – e depois em Roma, essa America da Grecia – reinou o Objecto, a Cousa, o Definido. Existia, de um lado, a Cousa; do outro existia, em bloco, a Sensação, a sensação immediata[1] e vivida. E assim, quando a arte[2] era do Objecto, o objecto surgia perfeito e nitido na realização[3]. E, como o espirito concebe sempre o sujeito á semelhança do objecto, as sensações (quando a sensação se tornava sensação da sensação, introspectiva, autoanalytica) eram concebidas como concretas, definidas, separadas umas das outras. Porisso não havia vago, indeciso, penumbra[4] na poesia de alma dos gregos e dos romanos. Tudo está detalhado e destacado em plena luz.

A sensação da realidade era directa nos gregos e nos romanos, em toda a "antiguidade"[5] classica. Era immediata. Entre a sensação e o objecto – fosse esse objecto uma cousa do exterior[6] ou um sentimento – não se interpunha uma reflexão, um elemento qualquer extranho ao proprio acto de sentir. A attenção era porisso perfeita, cingia cada objecto por sua vez, delineava-lhe os contornos, recortava-o para a memoria. Quando era dirigida para o interior, como estava sãmente edu[cada] na percepção externa[7], incidia attentamente sobre cada detalhe da vida espiritual[8], concretizando-o pela propria[9] acuidade equilibrada da attenção.

(2) Passada pelas almas a longa doença chamada christianismo, esmiuçado doentiamente o espirito por si-proprio[10], a clareza da sensação perturbou-se. A presença no pensamento[11] das idéas de *espirito*, de Deus, de outra-vida, concebidas como /o/ eram[12], levaram a uma decomposição da Realidade, qual os gregos a haviam concebido. Entre a sensação e o objecto d'ella – fôsse esse objecto uma cousa exterior ou um sentimento – intercalára-se todo um mundo de noções espirituaes que desvirtuava a visão directa e lucida das cousas. Os gregos haviam tido dos deuses e do Olympo uma[13] noção tal que elles lhes appareciam como simili-humanos, como meros prolongamentos da humanidade, concebidos, porém, *sub specie humanitatis*, como[14] maiores, mais poderosos, mais livres; não como oppostos, senão naquilo em que "superior" é opposto a "inferior". A propria sua[15] immortalidade não era inhumana, porque era uma eternidade decorrida humanamente, por uma eterna duração fóra.[16]

(O conceito[17] de superhomem de Nietzsche é um conceito pagão... Mas compare-se o anti-intellectualismo d'elle).[18]

Outras eram as noções christans. Aqui o invisivel, o ultra-humano, o divino, por grosseiramente[19] que fosse concebido, era-o como opposto á Realidade Exterior. Ora uma alma que encara as cousas com tal conceito no espirito, não as pode encarar directamente, muito embora queira ter essa preoccupação. A noção de alma, concebida como differente ao corpo e superior a elle[20], começa por tornar menos importantes ao espirito as cousas. A noção de Deus substituia-se ao conceito do conjuncto das cousas, a que se chamava a Natureza. A noção de sobrenatural convidava a uma descrença[21] na utilidade, porque na estabilidade do concreto. Esta nova noção do milagre levava[22] ao desprezo, quando não á indifferença pela possivel existencia, das leis naturaes.

Isto, se levava[23] a um enfraquecimento da attenção, a uma perturbação da visão, a uma incomprehensão instinctiva dos factos, também por sua vez tinha origem precisamente numa tibieza[24] da vontade, numa perturbação da visão, numa incomprehensão instinctiva dos factos que tinham de commum os gregos e romanos decadentes, precisamente porque taes phenomenos de degenerescencia psychica[25] eram naturaes dos decadentes, e os barbaros invasores, porque taes phenomenos nelles eram resultado da sua primitividade e da sua incultura. Um mundo formado com elementos assim semelhantes, por degenerados[26] e primitivos, não podia viver numa religião que correspondia a um estado relativamente são do espirito, onde a attenção era certa e nitida, os sentimentos destrinçados e como-que[27] logicos, e a vontade, portanto, quanto é humanamente possivel, segura e certa. Da mistura de raças resultou mais confuso ainda o estado de espirito typico do homem da epoca. Num mundo[28] assim psychado o triumpho devia pertencer áquella religião que mais se lhe adaptava; e que mais se adaptava, tambem, ao meio social e ás idéas que elle impunha. O christismo estava em estas condições. De sua natureza dispersivo e sentimental, cabia bem ao estado de espirito que a decadencia creára; monotheistico, tinha qualquér cousa de imperial, qualquer cousa que bem se coadunava com mentalidades nascidas á sombra do imperio romano, e do (hoje quasi incomprehensivel) similitudinario[29] prestigio longinquo do nome do Imperador.

(etc.)

Longas heresias houve até que, por fim, o christismo fôra adquirindo elementos de dominio, transformando-se, adaptando-se. Na Edade Media elle attingiu o seu splendor unitario.[30]

Qual a perturbação que se nos revela nos poemas dos grandes poetas da Renascença, abrangendo[31] como tema Dante ou Petrarcha – com respeito aos antigos, na visão da Natureza?

Os poetas cantam as cousas indirectamente, vendo-as já atravez da sua emoção. Vêem-as nitidamente, é certo, mas (1) acompanhadas de uma emoção que se sobrepõe ás cousas, (2) fundidas umas nas outras pelo sentimento da sua fraternidade em Deus, por serem todas creadas por Deus (S. Francisco de Assis).[33]

Como a noção do exterior nunca era desacompanhada da noção de que era creado por Deus, de que a alma lhe é superior, de que aquillo era temporal e transitorio, segue que a visão[34] do objecto exterior vem sempre, expontaneamente, como visão, acompanhada d'uma emoção deformadora d'elle.[35]

A sensação é nitidamente do exterior mas, ao mesmo tempo, esse sentimento (ou sensação) do exterior, do physico,[36] é sempre acompanhada por uma obscura consciencia do interior, do psychico.[37]

De ahi dois factos. A arte grega, como[38] se baseára na lucidez da attenção, era a arte (1) do equilibrio,[39] porque era do perpetuo contido pelo exterior, (2) da harmonia, porque era arte feita[40] por gente com a vontade educada; (3) do fasto, isto é, da acção humana, por ser essa a manifestação typica da gente de attenção clara e lucida. A arte da Reforma, dadas[41] as transformações indicadas[42], passa a ser (1) do facto physico-psychico[43] – Shakespeare culmina ◊

Pode chamar-se á arte da Renascença a arte do physico e do psychico; a attenção divide-se, mas a percepção do physico é acompanhada sempre da percepção do psychico. *Mas não se fundem: coexistem.* A nitidez absoluta, a lucidez forte desapparece. A attitude é, no fundo, a mesma do que a antiga; *apenas muda o centro da attenção, que é, agora, dirigida sobre a sensação e não já sobre o objecto exterior ou interior.*

Explicando melhor: o homem da Renascença olha para as cousas como o grego, e olha para as almas como o grego; mas, ao passo que o grego olhava 1º para as cousas externas, e para as almas depois, moldando o seu conceito primacial de realidade sobre a materia, e sobre os objectos[44] exteriores, o homem da Renascença olhava 1º para a alma e depois para as cousas exteriores, moldando as cousas exteriores pelo seu conceito de alma. Esse conceito de alma, como[45] era ainda em parte o conceito antigo, era ainda nitido, porque tinha ainda qualquer cousa da sua origem, de ter sido moldado sobre a noção das contornadas cousas exteriores.[46] De modo que era relativamente ligeira a deformação que as cousas soffriam, porque pequena era a deformação que o conceito de alma havia soffrido. Mas havia-se dado o facto capital de a alma passar a ser o centro da attenção dirigida.[47]

(deformação do Renascentismo)

3.[48]
Romantismo.

Progresso da centralização da attenção na alma[49]. *A sensação passa a ser a realidade primordial.* O objecto exterior cessa como independente da sensação, passa a ser sentido apenas como sentido. Todas as manifestações romanticas e cisromanticas[50] pertencem a esta cathegoria, inclusive o chamado realismo.[51]

[106.4] *Regresso..... (Ant. Móra):*

A lucidez, a sobriedade, a concisão não são postulados, são corollarios, do classicismo pagão. O pagão é naturalmente conciso, sobrio e lucido, mas apenas porque é tudo isso por ser outra cousa de que isso é a manifestação mais natural. O essencial porém, é a harmonia, a unidade e a coordenação da obra. Pindaro não é lucido. Heraclito é conhecido por "o obscuro". De Aristophanes não se pode dizer que tivesse um grande respeito pela simplicidade ou pela sobriedade, sobretudo na structuração verbal.

Importa que esta distincção se faça, para que se não confunda, não já a essencia com os seus attributos, porque os attributos são, afinal, a essencia vista de outro modo; mas a causa[1] de uma manifestação com as condições em que ella se manifesta (mais naturalmente).[2]

Ha idéas, por exemplo as vagas, que não comportam uma apresentação lucida. Ha sentimentos, por exemplo os desmarcados, que não admittem uma manifestação sobria. Ha ponctos em que nem é util, nem possivel ser conciso, como aquelles em que a explanação é de um assumpto complexo, ou a demonstração de um assumpto controverso, onde as objecções hão de ser previstas e respondidas, e as diversas fórmas da interpretação revistas e classificadas.

Eu não defendo a falta de lucidez, a falta de sobriedade, ou a falta de concisão. Quero, porém, indicar que essas qualidades, sendo naturaes no pagão, não são essenciaes nelle. Era preciso que não houvesse confusão neste respeito.

De que modo, porém, é que se pode pensar em applicar o paganismo á sociedade moderna? Respondamos: que razões ha para que elle se não applique? Só pode haver trez; examinemol-as. A primeira é que, por uma variedade de causas (economicas, politicas e outras) não ha semelhança entre a sociedade antiga e a moderna, e a fé, e os principios d'ella resultantes, que se applicavam ás sociedades antigas, não podem ter applicação nas sociedades modernas. A segunda é que o christismo, elle e os seus attributos, são a nossa tradição; podem ser decadentes, podem ser maleficos, podem ser prejudiciaes, mas existem: crearam um stado de spirito seu, que se torna incompativel com a applicação do paganismo. A terceira razão é que ◊3

Quaes são as causas actuantes que podem ser concebidas como difficultantes do paganismo? Uma é o cosmopolitismo creado pela causação economica actual; outra o imperialismo gerado pela existencia de colonias, quando por mais não fôsse; outra a importancia tomada pelo proletariado na nossa epocha. Repare-se que cuidadosamente distinguimos entre os effeitos produzidos por causação economica natural e directa; e os produzidos pelo christismo, que já devidamente estudámos no decurso d'este opusculo. Assim, uma cousa é o cosmopolitismo do spirito christão, sobretudo manifestado pela religião catholica, pelo christismo em geral; outra o cosmopolitismo que provém do facto, puramente laico digamos, da extensão e multiplicação de relações e correlações commerciaes e industriaes da epocha presente. Do mesmo modo, uma cousa é o imperialismo christista, que lhe vem (como vimos) da sua herança romana, e outra cousa o imperialismo que decorre das descobertas, da posse de colonias, sobretudo as que se não admittir que recebam, num governo autonomo, uma preparação para a nacionalidade independente. E identicamente, são duas cousas diversas o spirito egualitario do christismo, essenio na sua origem, decadente romano na sua posse das almas, e o spirito egualitario que o regimen de concorrencia creou na nossa epocha mercantil[4].

Por ora, na analyse da objecção tirada das qualidades naturaes da nossa epocha, é das segundas[5], das citadas condições, que tractamos.

Temos, pois, a hypotese que o paganismo não possa ajustar-se ao cosmopolitismo economico contemporaneo. Mas o paganismo não se ajusta a elle: corrige-o dando força ás nacionalidades.

[106.5]

Uma cousa queremos
Outra cousa fazemos.
Quem quer somos nós sós
Quem faz não somos nós.

Quem somos tem o intuito[1]
Quem não somos o fructo
Alheio á intenção.
Todos não são quem são.

Uma cousa é a verdade,
Outra a realidade.
O que existe não tem
Que ver com haver alguem.

Alheio a nós o mundo,
Num sentido profundo,
Por leis e reis se guia
Em que a nossa energia,

O nosso sentimento,
O nosso pensamento
São elementos falsos...[2]
◊

Assim, a pedra incerta
Que a creança irrequieta
Atira ao alto do ar[3]
Vae ás vezes parar[4]

Onde magoa ou fére
Não o que a creança quere[5]
Mas o que o Fado quiz
Guiou a pedra infeliz.

O Destino atirou,
Nunca quem a lançou.
Outros somos. Morremos
A vida que vivemos.

Quem é nós não é nada.
Passa quem és na strada
Da nossa consciencia.
Para isto não ha sciencia

10/10/1919. Antonio Mora.

[ANEXO]

OUTROS DOCUMENTOS

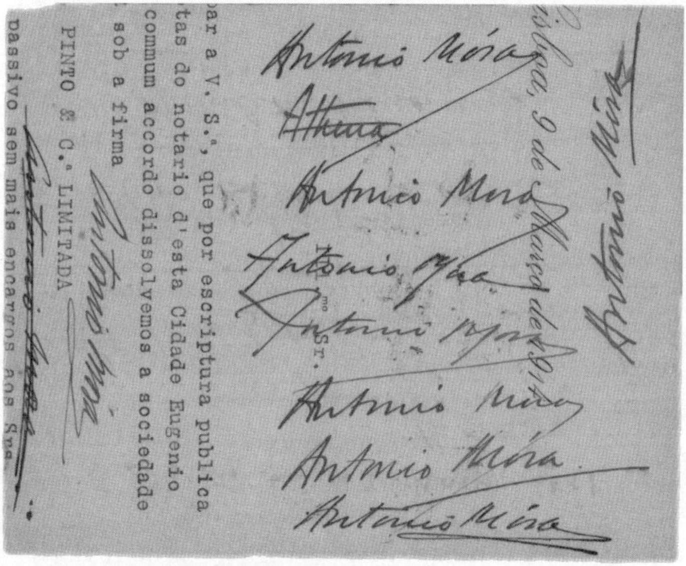

Assinaturas num comunicado impresso [133H-25ᵛ].

107

ANTONIO GOMES

No seu pormenorizado artigo sobre o Curso Superior de Letras, que Pessoa frequentou entre 1905 e 1907, Luís Prista indica que existem no espólio pessoano alguns textos tardios, posteriores a 10 de Fevereiro de 1914, em que Antonio Gomes satiriza alguns professores da Universidade de Lisboa, "a instituição em que o Curso ficara integrado a partir de 1911 como Faculdade de Letras" (2001, p. 159). Os epigramas serão de 1915, atendendo à menção de *Orpheu* num deles (66A-24^{r}), e alguns terão sido inspirados pelos ataques dirigidos à revista, o que justificaria a existência de um epigrama contra o psiquiatra Júlio de Matos (1857-1923), um dos críticos de *Orpheu* (*Sensacionismo e Outros Ismos*, 2009, pp. 663 *et seq.*). Os docentes em causa são, primeiro, os professores de Letras – Teófilo Braga, Adolfo Coelho, Queirós Veloso e Matos Romão – e, depois, os de Medicina – Egas Moniz, Sobral Cid e Júlio de Matos. Para a datação dos textos, importa também referir uma nota do diário de 1915, de 14 de Novembro: "During day (1-4) swift and unexpected literary creation (Ant[onio] Gomes pamphlet on Uni[ersity] of Lisb[on] – parts)" ["Durante o dia (13-16 horas) criação literária súbita e inesperada (partes do panfleto de Antonio Gomes sobre a Universidade de Lisboa)"] (*ibidem*, p. 329). Tal como Usquebaugh V. Bangem (cf. 84), Antonio Gomes prepara um trabalho académico, a ser defendido numa universidade, tendo sido aluno – segundo a última variante – de uma instituição paradoxal: a "Universidade dos Inuteis". Numa anterior versão, Gomes teria sido membro da sociedade protectora dos animais.

Muitos anos mais tarde, Pessoa planeou escrever alguns "Epigrammas proletarios" e, recordando-se de Gomes, acrescentou o subtítulo: "á ma[neira] de Ant. Gomes" ($133C$-78^r). Todos os ensaios transcritos da assinatura de Gomes se encontram no verso de uma folha com cálculos astrológicos.

DATA: 1915.

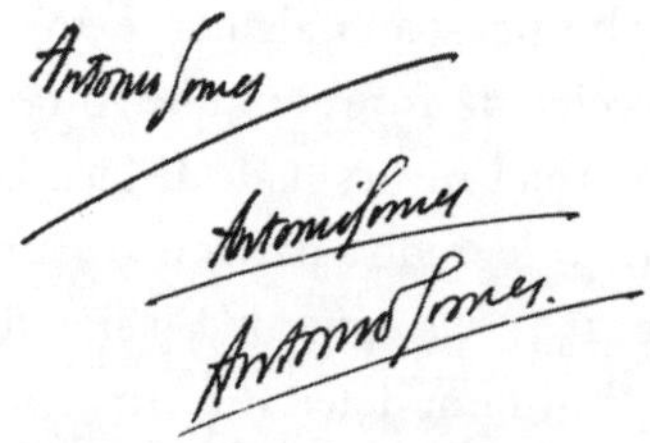

[92^2-84^v] [Metade superior]

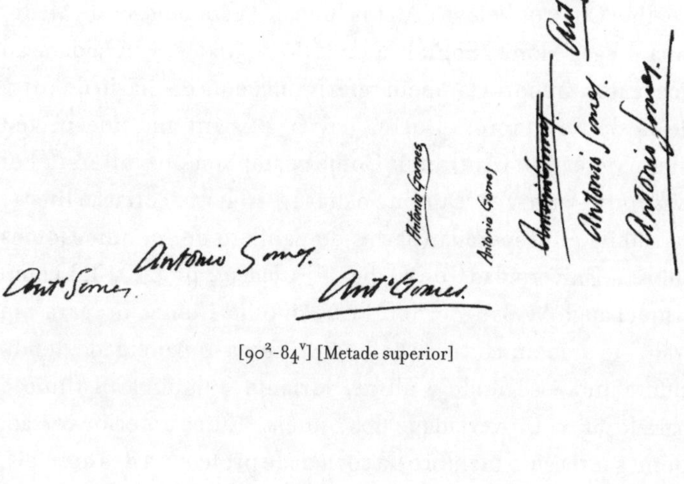

[90^2-84^v] [Metade superior]

A Universidade de Lisboa [107.1]

Breves estudos em geito epigrammatico
para allivio de tristes e preparação
dos incautos.
Respeitosamente offerecidos aos mestres
Do[1] (agora) 1.º estabelecimento scientifico do paiz
pelo licenciado
Antonio Gomes
licenciado em philosophia pela Universidade dos Inuteis[2]

T[heophilo] B[raga] [a] [107.2]

Falla Theophilo Braga
Th[eophilo] B[raga] falla...
Porque é que ninguem se embriaga?
Mas ninguem nem se rala...[1]
Porquê? Porque a sciencia cala
Quando Theophilo falla.[2]

—

a Teófilo Braga (1843-1924) leccionou, entre outras cadeiras, Literatura Nacional no Curso Superior de Letras. Foi político, escritor e ensaísta. Presidiu ao Governo Provisório da República Portuguesa que instituiu as Universidades de Lisboa e Porto a 22 de Março de 1911, e foi Presidente da República, fugazmente, entre 29 de Maio e 4 de Agosto de 1915.

A[dolfo] C[oelho] [b]

O da manta de retalhos…
Sua sciencia cheira a alhos…
E se fora a alhos só
Que a sua sciencia cheirasse!
Sabe tanto que faz dó…[3]
Treme o Erebo e o orco
A sciencia tem ◊
Para seu syllabar porco.

—

Q[ueiroz] V[eloso] [c]

Dá o Queiroz audiencia…[4]
Friza o bigode e o monoculo,
E falla, fallando bem…
Que longe que está da sciencia!
Vê a sciencia por um oculo
Mas esse nem ideas tem.[5]

—

b Foi professor de Fernando Pessoa, que frequentara a cadeira de Filologia Românica no ano lectivo de 1905-1906; cf. "O professor era Francisco Adolfo Coelho, com quem Pessoa se reencontrará (e não apenas quando, no ano seguinte [1906-1907], tiver de repetir cadeira) […] no quadro da *Aguia* [a sua réplica ao depoimento de Coelho data de 11-09-1912] e do inquerido promovido por Boavida [Portugal] [publicado em 1915]" (Prista, 2001, p. 163). Num apontamento solto, Pessoa chama a Coelho "ignorante instruido" e numa recensão de 25 de Março de 1913 trata-o por "aluno" e diz que a sua exposição de ideias dá "a impressão de nos estarem esfregando nas costas um remedio para uso interno" (*apud* Prista, 2001, p. 163).

c José Maria de Queirós Veloso (1860-1952) foi professor e director do Curso Superior de Letras e, posteriormente, vice-reitor da Universidade de Lisboa. Regeu, entre outras, a cadeira de História da Pedagogia, que se destinava "à abordagem da história dos sistemas de ensino e da evolução dos modelos pedagógicos" e tinha uma secção especial de Geografia e História que "funcionava como um seminário de acompanhamento do estágio lectivo" (Couvaneiro e Dores, 2013, p. 916).

M[attos] R[omão] [d]

Crucificou-se num X
O nosso Mattos Romão...
Num Y e mas n'um X
O resto do que elle diz
É apenas portanto Romão.

—

E[gas] M[oniz] –

Fallou o Cavalheiro...[6]
Como elle diz e vê bem †[7]
◊
Accacio von Krafft-Ebing.[e]

—

d João António de Matos Romão (1882-1960) leccionou diversas cadeiras de Filosofia e de Psicologia; chegou a ser director da Faculdade de Letras (1947-1952).

e Mistura dos nomes do Conselheiro Acácio, personagem da obra *O Primo Basílio*, de Eça de Queirós, que simbolizava a classe política e burocrática portuguesa, e de Richard von Krafft-Ebing (1840-1902), psiquiatra alemão, de quem Pessoa talvez conhecesse algumas ideias expostas na sua obra magna, *Psychopathia sexualis* (1886), através da leitura das obras de Lombroso e Nordau (*Escritos sobre Génio e Loucura*, 2006, tomo 1, p. 297, tomo 2, pp. 673 e 675).

Sobral Cid [f]

Trata por Exc'lencias[8]
Todas as sciencias...
No fundo – que diques
Não põe ◊
Rodrigo Rodrigues[g]
No nivel dos fraks.

–

*A. *Costa* [h]

E um superavit de chumbos...

–

Pela rua fóra
O que vem aqui?
Não é nada, é
O Julio de Mattos.

–

f José de Matos Sobral Cid (1877-1941) foi fundador da Faculdade de Medicina de Lisboa, professor de Psiquiatria, Psiquiatria Forense e Medicina Legal na Universidade de Coimbra, e médico-adjunto do Hospital Miguel Bombarda. Chegou a ser ministro da Instrução Pública em dois dos governos da Primeira República Portuguesa.

g Rodrigo Rodrigues parece uma piada ou alcunha.

h Leitura conjectural. Trata-se de um professor conhecido por reprovar muitos alunos. Não sabemos se se trata de Augusto Pires Celestino da Costa (1884-1956), mais conhecido por Celestino da Costa.

Silva Telles [i]

Se a geographia fôra rhetorica
Que geografia attica e dorica!
Mas sendo ella só geographia –
Que geographia, que geographia!!

–

?

A, se elle fôra mudo...
Enfim. ◊
◊ tudo
De luva branca... suja.

–

Oh Bello de immoraes! [j]

–

i Foi professor de Fernando Pessoa; cf. "A turma de geografia tinha 51 alunos. O professor era Silva Teles. Francisco Xavier da Silva Teles, brilhante orador, de carácter 'aparentemente austero e reservado', infundia respeito, era exigente" (Prista, 2001, p. 165). Interessa ainda referir a existência de dois textos transcritos por Luís Prista: "um poema com brincadeiras em homonímia de 'Coelho'", troçando de Adolfo Coelho e aparentemente assinado por "(s'il va) Telles"; e "um poema sob o título *Echos*", assinado por "APELL", apelido de Alfredo Apell, professor de Línguas e Literaturas Alemã e Inglesa de Pessoa no Curso Superior de Letras (Prista, 2001, pp. 164-167).

j Referência a Carlos Belo de Morais (1868-1933), médico e professor que leccionou Clínica Médica, Fisiologia, Patologia Médica e Histologia na Escola Médico-Cirúrgica da Faculdade de Medicina de Lisboa, de que foi o primeiro director (1911-1915). Destacou-se como higienista.

B[ettencourt] Rapouso [k]

"Provo"... "Reprovo"
Estou aqui tudo eu...
Se fôra mais novo
Este era do *Orpheu*.

k Pedro António Bettencourt Raposo (1853-1937). Médico cirurgião e professor. Leccionou na Faculdade de Medicina de Lisboa, onde ao longo de 50 anos de actividade docente regeu sete cadeiras: Clínica Médica, Medicina Legal, Clínica Cirúrgica, Patologia Interna, Patologia Geral, História e Filosofia da Medicina e Deontologia. Pessoa talvez tenha frequentado as suas aulas de Patologia Geral (*Escritos sobre Génio e Loucura*, 2006, tomo 1, p. 125).

108
THOMAS CROSSE

Depois da família Search, da família Wyatt e da família Reis, respectivamente, travamos agora conhecimento com a família Crosse. Dos três Crosse que conhecemos — ver também A. A. Crosse (cf. 124) e I. I. Crosse (cf. 125) —, Thomas foi o mais activo e versátil. Coube-lhe a tarefa de divulgador, como a Sher Henay (cf. 110), posto que devia reunir num livro intitulado *Some Portuguese Writers* [*Alguns Escritores Portugueses*] uma série de textos críticos que oferecessem uma visão panorâmica da literatura portuguesa, partindo dos cancioneiros, passando por Antero de Quental e chegando aos sensacionistas. Sabe-se que, no conjunto de artigos que iria, possivelmente, assinar – numa lista de projectos Pessoa escreve "Thomas Crosse (or some such)" ["Thomas Crosse (ou um tal)"] –, figura o texto *Proving the Unprovable* [*A Demonstração do Indemonstrável*], editado em 2011 por Jorge Uribe[a]. Temos também conhecimento que, de entre as traduções que teria a seu cargo, consta *El Estudiante de Salamanca*, anteriormente atribuída a Alexander Search (cf. 72), alguns provérbios portugueses – provavelmente os mesmos que Pessoa traduziu em 1914 e não foram publicados por Frank Palmer devido à Grande Guerra (ver *Provérbios Portugueses*, 2010) –, os *Poemas Completos* de Alberto Caeiro – ou melhor, os poemas caeirianos existentes em 1921, aquando do projecto editorial da Olisipo – e o panfleto satírico de Jean-Baptiste Pérès, *Comme*

a O texto editado divide-se em três conjuntos: (1) Falácias matemáticas; (2) Argumentos de Zenão de Eleia; e (3) A inexistência de Napoleão segundo Jean-Baptiste Pérès.

quoi Napoléon n'a jamais existé, ou Grand erratum, source d'un nombre infini d'errata à noter dans l'histoire du XIXe siècle, publicado em 1827[b]. Sabe-se ainda que, para além de divulgador, articulista e tradutor, foi um participante em concursos de jogos de palavras, como A. A. Crosse, referido na correspondência com Ofélia Queiroz.

Após uma análise das listas de projectos atribuídos ou atribuíveis a Thomas Crosse, Jorge Uribe destaca os interesses esotéricos de Crosse, que havia também de escrever sobre Franco-maçonaria ou Biomância, "passando assim da análise rigorosa, histórica e filosófica, à abordagem esotérica", e chega à seguinte conclusão: "Pessoa passava rapidamente do enfoque analítico com pretendido rigor matemático para a decifração esotérica e se propunha imbuir desta mesma destreza as suas personagens literárias e heterónimos. Crosse torna-se assim o receptáculo desses interesses" (in *A Demonstração do Indemonstrável*, 2011, pp. 66-68). De facto, Thomas Crosse foi concebido como uma figura ecléctica, já que o seu nome foi associado tanto a projectos literários e historiográficos sobre D. Sebastião, Colombo e a literatura popular portuguesa, como a estudos epistemológicos sobre língua e linguagem, e ainda a escritos esotéricos, como os já referidos, ou sociopolíticos, como é o caso de um texto sobre a ditadura militar em Portugal, filiado ao *Interregno* (1928) e assumido por Fernando Pessoa. Todos estes projectos são decisivos na caracterização de Thomas Crosse, visto que a sua "existência ficcional depende em larga medida dos projetos editoriais aos quais se encontra associado" e porque "é essencialmente através destes projetos que

b Trata-se de uma tradução feita por Fernando Pessoa em 1909 (74B-44 a 52) e que Thomas Crosse reivindicou em 1921.

lhe estão atribuídos que Crosse deixa a promessa de ser mais do que apenas um nome" (Uribe e Sepúlveda, 2013, p. 62), embora a sua existência seja amplamente nominal.

De Thomas Crosse só se conhece uma assinatura, mas o seu nome figura, como vimos, no cabeçalho de vários textos e listas de projectos. De Charles Crosse conhecem-se duas assinaturas; de S. S. Crosse, uma; e de J. J. Crosse – se é que os supostos "J" não são "I" ou "S" muito estilizados –, também uma; mas de C. C., S. S. e J. J. (se acentuarmos as repetições) só existem esses quatro vestígios paleográficos. Em anexo, apresentamos as assinaturas dos Crosse, sendo que a de Thomas se encontra num cupão de 1920. A este respeito, cabe esclarecer que Pessoa parece não ter participado com regularidade nos desafios linguísticos de populares semanários britânicos – como *Answers*, fundado em 1888, ou John Bull, criado em 1916 – até 1917, e que essa actividade lúdica é, justamente, a que identifica a vida "real" de quase todos (ou todos?) os Crosse. Neste sentido, não é de estranhar que a maior parte dos registos de participação nesses jogos de palavras seja de 1920 e que Pessoa, nesse ano, recorra à astrologia horária para tentar descobrir se "Crosse" (qual deles?) vai ganhar numa das competições habituais, formulando duas perguntas simples: "Will Crosse win. If so when" ["Crosse vencerá? Se sim, quando?"] (124-21^{v}).

Os Crosse terão estado especialmente activos entre 1919 e 1921, isto é, entre o planeamento e a fundação da firma Olisipo ("Agentes, Organizadores e Editores"), mas é possível que Thomas Crosse tenha subido ao palco por volta de 1915, admitindo esta data, afastada de 1919-1921, como uma hipótese de trabalho baseada num compromisso entre outras propostas críticas que oscilam entre 1914 e 1916. Alguns críticos consideram Crosse um divulgador da cultura portuguesa e estimam que a partir de 1914 ele já assumisse essa função, reivindicando temas que interessavam Fernando Pessoa à altura (o mito sebastianista, a origem galego-portuguesa de Colombo, etc.); outros consideram-no o prefaciador da obra de Alberto Caeiro e julgam que só em 1916 Crosse começa a assumir a autoria de textos sobre o Mestre escritos em 1915. O problema da datação é que costuma ser o elemento fundador de diversas narrativas. A nosso ver, Thomas Crosse foi muito mais do que um potencial prefaciador de Caeiro – aliás, só um fragmento de índole prefacial contém o seu nome – e o problema não é o de lhe outorgar textos sobre Caeiro escritos em inglês, visto que nós não somos Pessoa e não podemos pretender sê-lo, mas o de construir a sua obra apenas com os textos que inequivocamente lhe pertencem, sem deixar de referir os que podiam ter vindo a pertencer-lhe. Por isso, incluímos neste capítulo uma lista de projectos de cerca de 1915 e dois dos três textos que inequivocamente foram atribuídos a Thomas Crosse, sendo que o primeiro poderá datar de 1916 ou ser um pouco posterior, e o último, de 1928 ou talvez um pouco mais tardio.

DATA: *c.* 1915.

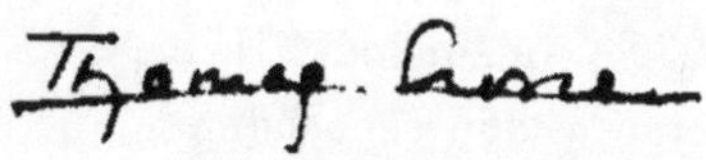

[124-17r]

Thomas Crosse: Some Portuguese Writers[1] [108.1]

I have chosen rather lesser known, & unjustly unknown, poets:

1. The Poetry of the Song-Books.
2. Christovam Falcão & Bernardino Ribeiro.
3. José Anastacio da Cunha.
4. Anthero de Quental.
5. Guerra Junqueiro.
6. Cesario Verde.
7. Decadents and Pessimists.
8. The "Sensationists".

Thomas Crosse: *Alguns Poetas Portugueses* [TRAD.]

Escolhi poetas menos conhecidos e injustamente desconhecidos:

1. *A Poesia dos Cancioneiros.*
2. *Christovam Falcão e Bernardino Ribeiro.*
3. *José Anastacio da Cunha.*
4. *Anthero de Quental.*
5. *Guerra Junqueiro.*
6. *Cesario Verde.*
7. *Decadentes e Pessimistas.*
8. *Os "Sensacionistas".*

Th[omas] Crosse

But Caeiro displaces all our mental habits & puts all our notions out of drowsing.

He does it, first of all, by the philosophy which can hardly be said to be simply "at the bottom" of his poetry, because it is both at the bottom & at the top of it. Whatever a mystic may be, he is certainly a kind of mystic. But he is, not only a materialistic mystic, which is already strange enough, but still can be imag[in]ed, for there is some sort of a modern precedent in Nietzsche & of an ancient one in some Greeks, but a non-subjectivistic mystic, which is quite bewildering. Some of those ancient Greeks, already referred to, are something like that, but it is so difficult to conceive a recent "modern" being precisely like a primitive Greek, that we are not at all aided by the very analogy that does at first seem to help us.

Caeiro puts us out, next, by the secondary[1] aspects of his philosophy. Being a poet of what may be called "the absolute Concrete" he never looks on that concrete *otherwise than abstractly*. No man is more sure of the absolute, unsubjective reality of a tree, of a stone, of a flower. How[2] it might be thought that he would particularize, that he would say "an oak", "a round stone", "a marigold". But he does not: he keeps on saying "a tree", "a stone", "a flower".

All these observations will be better understood after reading the poems.

But, if the matter is thus perplexing, the manner is more perplexing still.

The intellectual manner, to begin with. There is nothing less poetic, less lyrical than C[aeiro]'s philosophical attitude. It is quite devoid of "imagination", of vagueness, of "sympathy" with things.

Far from "feeling" them, his mental process, a hundred times explicitly put, is that he does not feel them, or feel with them.

Again, his simplicity is full of intellectual complexity. He is poet purely of sense, but he seems to have his intellect put into his senses.

Then, again, he is absolutely self-conscious. He knows every possible weakness of his. Where there may be a logical fault, he hastens to the rescue with a simple & direct argument. Where ◊

This man, so purely an ancient – nay, a primitive – Greek[,] that he is bewildering, is quite "modern" at the same time.

It is this man of contradictions, this lucidly muddled personality that gives him his complete & intense originality – an originality, in every way, scarcely ever attained by any poet; certainly never before attained by a poet born[3] in a worn & sophisticated age.

Dr. Antonio Mora, explaining him on the lines[4] of a similar philosophy – on discipular lines, perhaps – has left this aspect of his out; & that is why I do not feel it supererogatory to call attention to it. Dr. Mora is also a Pagan, in the same complete & Greek sense that Caeiro is a Pagan. So, to Dr. Mora, C[aeir]o is a great poet, but hardly a *strange* poet. He[5] is great [because] he has brought back the Pagan sense of the world; he is not strange [because] Dr. Mora thinks the Pagan sense of the world a *possible* sense in our time. Now the Greek point is that the Pagan sense of the world is impossible; & the formidable (there is no other word) originality[6] of Caeiro lies in that he has realized this impossibility.

No theory of reincarnation can take him in. He is not the soul of a primitive Greek brought into a modern to-day; he is altogether a great Greek, more truly Greek[7] that most Greek poets, & what there is modern in him is only the inscrutable part, as inscrutable as lies nothing in Portugal, being born from a Portuguese[8].

He has the Greek sense of proportion without the Greek sense of form. His poems are written on irregular, unrhythmic lines; they are of any length, like Whitman's, & they are less rhythmic in their paragraphs, being, each of them, fault [to] bad ear. But the poems are faultless as to proportion, not one line is too much, not one word is misplaced, not one interpretation is made.

The clear ◊ thought, the ◊ emotion of this poet whose characteristic affirmations are represented by that verse that a stone is more real than an emotion, & that biting a fruit[9] is the only way of *thinking it.*[c]

[TRAD.]

Th[omas] Crosse

Mas Caeiro desloca todos os nossos hábitos mentais e põe em xeque todas as nossas noções.

Fá-lo, antes de mais, através da filosofia que dificilmente podemos considerar estar apenas "na base" da sua poesia, pois está na base, mas também no cume dela. O que quer que seja um místico, ele é certamente um tipo de místico. Mas é não apenas um místico materialista, o que já é bastante estranho, embora possamos facilmente concebê-lo, pois encontramos alguns precedentes modernos em Nietzsche e mais antigos entre alguns gregos, mas também um místico não-subjectivista, o que é bastante perturbador. Alguns gre-

c Possível referência ao poema IX d'*O Guardador de Rebanhos*: "Pensar uma flor é vel-a e cheiral-a | E comer um fructo é saber-lhe o sentido."

gos antigos, já mencionados, foram algo semelhante a isso, mas é tão difícil conceber um ser "moderno", actual que seja exactamente como um grego primitivo, que não somos de forma alguma auxiliados pela analogia que inicialmente pareceria orientar-nos.

Caeiro confunde-nos ainda pelos aspectos secundários da sua filosofia. Sendo um poeta daquilo a que podemos chamar "o Concreto absoluto", ele nunca olha para o concreto senão de forma abstracta. *Não existe ninguém mais confiante na realidade absoluta, não-subjectiva, duma árvore, duma pedra, duma flor. Poderia julgar-se que ele particularizaria, que diria "um carvalho", "uma pedra redonda", "um malmequer". Mas não: continua a dizer "uma árvore", "uma pedra", "uma flor".*

Todas estas observações serão mais bem compreendidas após a leitura dos poemas.

Contudo, se o assunto é assaz perplexo, a forma é ainda mais perplexa.

A forma intelectual, desde logo. Não há nada menos poético, menos lírico, que a atitude filosófica de C[aeiro]. É bastante desprovida de "imaginação", de imprecisão, de "simpatia" pelas coisas. Bem longe de "senti-las", o seu processo mental, exposto explicitamente uma centena de vezes, confirma que ele não as sente, ou não sente com elas.

Novamente, a sua simplicidade está cheia de complexidade intelectual. É poeta apenas dos sentidos, mas parece que o seu intelecto coincide precisamente com os sentidos.

Ora, por outro lado, ele é absolutamente consciente de si mesmo. Conhece todas as suas possíveis fraquezas. Onde possa haver um erro lógico, ele apressa-se a resgatá-lo com um argumento simples e directo. Onde ◊

Este homem, tão puramente um antigo – não, primitivo – grego, que se torna perturbador, é ao mesmo tempo bastante "moderno" também.

É este homem de contradições, esta personalidade lucidamente confusa que lhe dá a sua completa e intensa originalidade – uma originalidade, de qualquer modo, raramente alcançada pelos poetas; certamente nunca alcançada por um poeta nascido numa era gasta e sofisticada.

O Dr. Antonio Mora, explicando-o através de raciocínios da mesma filosofia – talvez em raciocínios de discípulo – omitiu este seu aspecto, e é por isso que não considero pretensioso chamar a atenção para ele. O Dr. Mora também é pagão, no mesmo sentido completo e grego que Caeiro é pagão. Ora então, para o Dr. Mora, C[aeiro] é um grande poeta, mas dificilmente um poeta estranho. *É grande [porque] trouxe de volta o significado pagão do mundo; não é estranho, [porque] o Dr. Mora concebe o significado pagão do mundo como um significado* possível *do nosso tempo. Contudo, o argumento grego é que o significado pagão do mundo é impossível; e a formidável (não há outra palavra) originalidade de Caeiro reside no facto de ele ter consciência dessa impossibilidade.*

Não há teoria de reincarnação que o possa seduzir. Ele não é a alma de um grego primitivo transportada para os dias modernos; é, no seu todo, um grande grego, mais grego que a maioria dos poetas gregos, e aquilo que há de moderno nele é apenas a parte inescrutável, tão inescrutável como não se encontra paralelo em Portugal, tendo ele nascido de uma portuguesa.

Tem o sentido grego de proporção, sem ter o sentido grego de forma. Os seus poemas são escritos em versos irregulares, sem ritmo; são portanto de extensão variável, tal como os de Whitman, e são menos rítmicos nos parágrafos, sendo, todos eles, dissonantes a um mau ouvido. Porém, os seus poemas são irrepreensíveis quanto à proporção, não há um verso que esteja a mais, não há uma palavra fora do lugar, não se faz uma única interpretação.

O claro pensamento ◊, a emoção ◊ deste poeta cujas afirmações características são representadas pelo verso em que afirma que uma pedra é mais real que uma emoção, e que trincar um fruto é a única maneira de pensá-lo.

Thomas Crosse's possible articles: [108.3]

1. The conflict of languages and the universal language.
2. The birthplace of Columbus.
3. Epigrams.
4. Dictatorships.
5. King Sebastian.
6. The legend of the Returning King.
7. The Old Portuguese SongBooks.
8. The Military Government in Portugal (based in Interregno).

The similarity of Spanish and Portuguese is perhaps not easily imagined by anyone unacquainted with either or both; and I say "either[1] or both" because to be acquainted with one is practically to be acquainted with the other. But a common phrase will show the close resemblance. Take the phrase "I have received your letter and thank you for it". Put down, one under the other the Spanish and the Portuguese for that; here they are:

Spanish: Recibí su carta, que agradezco.
Portuguese: Recebi sua carta, que agradeço.

Barring a letter or two, the words are the same. This is not so throughout the two languages, of course; there are surprising differences, chiefly in common words[3]. But the fact remains that if you read one language, you can automatically understand anything written in the other; and if you speak one, you will be understood by anyone speaking the other, if you do not speak too quickly. The Portuguese automatically read and understand Spanish better and quicker than the Spanish-speaking peoples understand Portuguese; that is because Portuguese is the more difficult and complex, besides being by far the richer, of the two, and because the Portuguese are far more pliant and adaptable than the Spanish.

The final conflict[4] between English and Spanish and Portuguese will resolve itself into ◊

(1) England has a far greater and more varied literature than both Spain and Portugal put together.
(2) Portuguese was brought in the seventeenth century to a degree of exactness, purity and perfection which Spanish never attained and English seems never to have neared attaining.
(3) To-day, in spite of common English, common Spanish and common Portuguese being equally flagrant departures from pure speech, yet the Portuguese react more against this, and the best Portuguese writers of to-day, however little they may be important intellectually, do write their language better than the best English and the best Spanish writers writer theirs.

(4) English is more complex and concise than either Spanish or Portuguese. On the other hand, Portuguese has possibilities of shades of meaning which are undreamed of even in English. The Portuguese have, for instance, a personal infinitive. Thus the phrase which in English cannot be rendered in less words than "It is enough that we exist" or "that we be", can be given in Portuguese in only two words – "Basta sermos".

French has the advantage of its great simplicity. It has a very easy grammar, its rules are very simple and it is not difficult with some care to write it with at least comparative purity.

Possíveis artigos de Thomas Crosse: [TRAD.]

1. *O conflito das línguas e a língua universal.*
2. *O local de nascimento de Colombo.*
3. *Epigramas.*
4. *Ditaduras.*
5. *D. Sebastião.*
6. *A lenda do Rei que Regressa.*
7. *Os Velhos Cancioneiros Portugueses.*
8. *A Ditadura Militar em Portugal (baseado no Interregno).*

As semelhanças entre o espanhol e o português não são talvez facilmente perceptíveis por alguém que desconhece um ou ambos os idiomas; e digo "um ou ambos" porque conhecer um é, praticamente, conhecer o outro. Mas uma frase comum irá demonstrar as parecenças. Tomemos a frase "I have received your letter and thank you for it". Coloquemo-la um sob o outro, o espanhol e o português; ei-los:

Espanhol: Recibí su carta, que agradezco.
Português: Recebi sua carta, que agradeço.

Excepto uma ou duas letras, as palavras são as mesmas. Isto não se repete continuamente ao longo das duas línguas, é claro; há algumas diferenças surpreendentes, especialmente em palavras comuns. Mas tal não invalida que, se alguém for capaz de ler uma das línguas, conseguirá automaticamente compreender alguma coisa escrita na outra. E se alguém falar uma das línguas, será compreendido por qualquer pessoa que falar a outra, desde que não fale demasiado rápido. Os portugueses lêem e compreendem automaticamente o espanhol melhor e mais depressa do que os falantes de espanhol compreendem os portugueses; isto deve-se ao facto de o português ser mais difícil e complexo, para além de ser uma língua muito mais rica, de entre ambas, e ainda por os portugueses serem bastante mais flexíveis e adaptáveis que os espanhóis.

O conflito final entre o inglês, o espanhol e o português irá acabar em …

(1) Inglaterra tem uma literatura muito mais extensa e mais variada que as literaturas de Espanha e Portugal juntas.
(2) O português alcançou no século XVII um nível de exactidão, pureza e perfeição que o espanhol nunca alcançou e do qual o inglês nunca pareceu aproximar-se.
(3) Hoje em dia, apesar de o inglês comum, o espanhol comum e o português comum terem pontos de partida na língua falada, o português reagiu mais contra isto, e os escritores portugueses da actualidade, mesmo sendo intelectualmente pequenos, escrevem na sua língua melhor que os melhores escritores ingleses e espanhóis escrevem na sua respectiva.

(4) O inglês é mais complexo e conciso do que o espanhol ou o português. Por outro lado, o português dispõe uma gama de possibilidades de significado que são impensáveis mesmo no inglês. Os portugueses têm, por exemplo, o infinitivo pessoal. Desta forma, a frase que em inglês não pode ser formulada mais sucintamente do que "It is enough that we exist" ou "that we be", pode ser dita em português em apenas duas palavras – "Basta sermos".

O francês tem a vantagem da sua grande simplicidade. Tem uma gramática muito fácil, as suas regras são muito simples e não é difícil escrever com algum cuidado um texto com pelo menos uma pureza relativa.

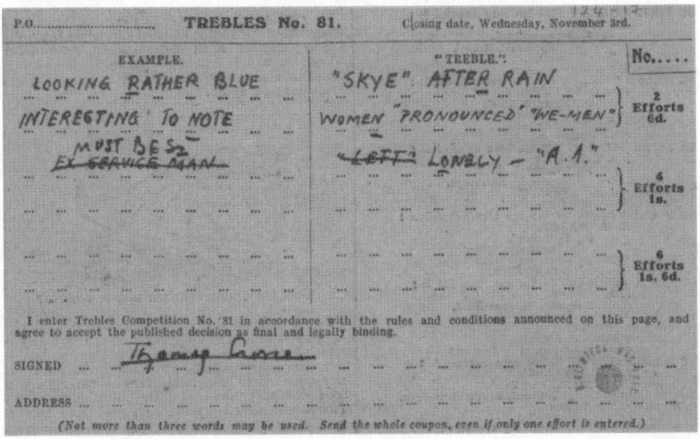
P.O. .... TREBLES No. 81. Closing date, Wednesday, November 3rd.

EXAMPLE. | "TREBLE." | No.....

LOOKING RATHER BLUE | "SKYE" AFTER RAIN

INTERESTING TO NOTE | WOMEN "PRONOUNCED" "WE-MEN" — 2 Efforts 6d.

MUST BE S~~EX SERVICE MAN~~ | ~~"LEFT"~~ LONELY – "A.1."

4 Efforts 1s.

6 Efforts 1s. 6d.

I enter Trebles Competition No. 81 in accordance with the rules and conditions announced on this page, and agree to accept the published decision as final and legally binding.

SIGNED ... Thomas Crosse

ADDRESS ...

(Not more than three words may be used. Send the whole coupon, even if only one effort is entered.)

[124-17ʳ]

[ANEXO]

OUTROS DOCUMENTOS

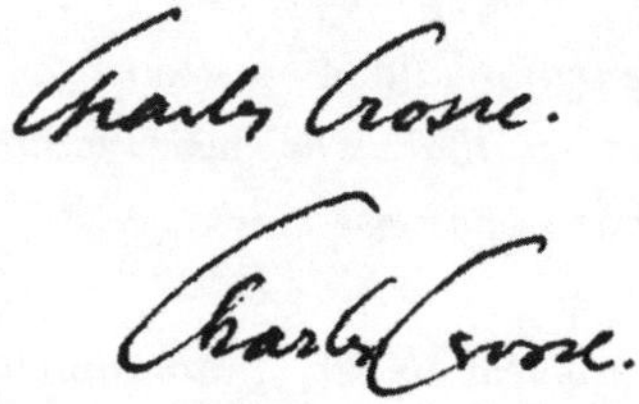

[104A-40^r]
[Charles Crosse]

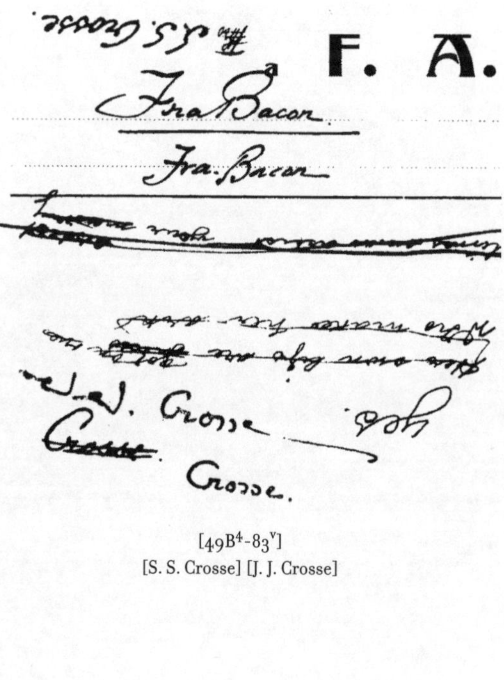

[49B⁴-83^v]
[S. S. Crosse] [J. J. Crosse]

HADJI-MUHRAD

Autor de um presumível folheto – do qual só se conhece um rascunho – que iniciaria o leitor num método secreto para triunfar nos jogos de azar e nas loterias. O nome é grafado de duas maneiras, Hadji-Muhrad e Hadji Murâde, sendo que optámos pela primeira, que consta do título do opúsculo. Por volta de 1916, Pessoa terá descoberto alguma informação sobre o líder militar caucasiano – dos povos ávaros – Hadji Murad (1816-1852), protagonista de um romance de Tolstoi, escrito e revisto entre 1896 e 1904, e vertido para português por António Sérgio em 1930. Personagem transportada da realidade para a ficção, Hadji-Muhrad lembra outras figuras "reais", como, por exemplo, J. H. Hyslop (cf. 120) e Giovanni B. Angioletti (cf. 132). Quanto ao seu interesse pelo jogo, Muhrad traz-nos à memória James Bodenham (cf. 98), autor da obra *The Psychological Laws of Problem Solving* [*As Leis Psicológicas da Solução de Problemas*].

DATA: 1916.

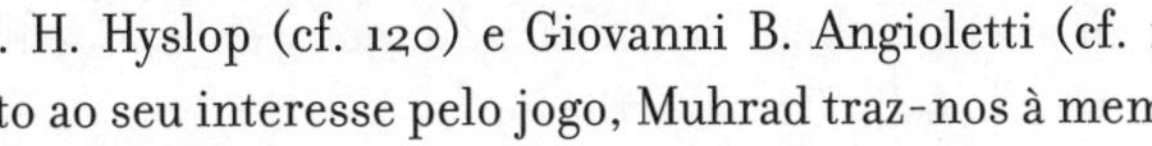

[56-64^{r}]

[109.1] *A Kabbala de Hadji-Muhrad*

(Methodo secreto de ganhar nos[1] jogos de azar o nas loterias)

Este methodo não é para todos. Nem todos podem ganhar ao jogo. Ha temperamentos radicalmente infelizes que nunca podem ganhar. Ha horas, dias, meses, até annos – infelizes nas vidas de creaturas felizes; se jogassem nesses periodos, perdiam. O methodo kabalista de Hadji Murâde indica a maneira mais segura e ◊ de dominar a sorte.

1. Natureza do acaso.
2. [Natureza] dos numeros. – Os numeros são interpretações do momento

O autor d'este methodo conseguiu ganhar *durante duas noites, apesar[2] de radicalmente infeliz, mediante o uso do seu methodo. Este methodo contém os mais profundos ensinamentos da kabbala egypcia, judaica e pythagorica.

A Kabbala de Hadji Murâde não é impressa, mas sim dactylographada[3]. É vendida sob condição de absoluto segredo e reserva.

Isis seja connvosco, e Ora-Hama o Geral Intercessor!

110
SHER HENAY

Compilador e prefaciador de uma antologia sensacionista. Trata-se de outra figura inglesa, como Thomas Crosse (cf. 108), através da qual Pessoa tencionava divulgar o movimento sensacionista, apresentado publicamente na revista *Exilio*, em Abril de 1916, por "Fernando Pessôa, sensacionista". O plano da antologia de Sher Henay será ligeiramente anterior, atendendo a que Mário de Sá-Carneiro aplaude a ideia de uma "Antologia Sensacionista" em carta de 29 de Fevereiro de 1916. Pessoa terá esboçado a antologia pouco depois, daí que a proponha em carta desse mesmo ano a um editor inglês (*Sensacionismo e Outros Ismos*, 2009, pp. 401-404). Henay terá também escrito cartas, a julgar por uma resposta, endereçada ao "Exmo Snr | F. Pessoa | Rua de S. Julião, n.º 101, 1º | Lisboa" (115^2--23^r), que se conserva no espólio. Teresa Rita Lopes já indicara a existência dessa carta: "Pessoa usa curiosamente esse nome [Sher Henay] para estabelecer relações comerciais, como parece provar uma carta duma senhora de Famalicão que se dirige a Pessoa para a morada 'comum' (R. S. Julião, 101, 1º) em 24-12-1917 pedindo-lhe novas de Henay, que não acusara uma sua anterior carta registada" (*Pessoa por Conhecer*, 1990, tomo 1, p. 126). Essa senhora, Mathilde Alice de Faria, pretendia saber se Sher Henay ainda estava em Lisboa e dispunha apenas dos contactos de Pessoa (referidos na última carta de Henay) para avançar com a sua pesquisa. Não sabemos se o intuito das cartas era comercial, mas sabemos que a supracitada morada correspondia à da firma A. Xavier Pinto & C.ª

– para a qual Pessoa trabalhou – e que o carimbo dos correios estampado na carta de Faria é de Famalicão.

DATA: 1916.

Sensationist Anthology.

compiled and prefaced by SHER HENAY.

[48-9r]

[110.1] *Sensationist Anthology.*

compiled and prefaced by SHER HENAY.

1. *José de Almada-Negreiros:*
   Frisos.
   Coastline. The Blue Square.
   Scene of Hatred.
   Portuguese Poems.

2. *Fernando Pessoa:*
   The Sailor.
   Slanting Rain.
   Beyond God.

3. *Mario de Sá-Carneiro:*
   Alem.
   Bailado.
   Selections from the tales.
   Selections from the Poems.

4. *Pedro de Menezes:*
several poems.

5. *Côrtes-Rodrigues:*
several poems.

6. *Violante de Cysneiros:*
(certainly a pseudonym, but I have not been able to find whose) (?)[a]
some poems.

7. *Albino de Menezes* (?)

Antologia Sensacionista. [TRAD.]
compilada e prefaciada por SHER HENAY.

1. José de Almada-Negreiros:
Frisos.
Litoral. *O Quadrado Azul.*
A Cena do Ódio.
Poemas Portugueses.

a Violante de Cysneiros, colaboradora do segundo número da revista *Orpheu*, foi o pseudónimo feminino de Armando Côrtes-Rodrigues (1891-1971), que já tinha colaborado no número inaugural, mas sem máscara. A simulação foi sugerida por Pessoa, para que o seu jovem amigo não fosse identificado pelo professor Adolfo Coelho como um dos colaboradores da revista após o escândalo do número 1. Na antologia de Sher Henay, Côrtes-Rodrigues e o "anónimo ou anónima que diz chamar-se Violante de Cysneiros" (*Orpheu*, n.º 2) surgem como autores diferentes, quer para manter ainda oculta a dupla identidade do poeta açoriano, quer apenas em jeito de brincadeira.

2. Fernando Pessoa:
   O Marinheiro.
   Chuva Oblíqua.
   Além-Deus.

3. Mario de Sá-Carneiro:
   Além.
   Bailado.
   Selecção de contos.
   Selecção de Poemas.

4. Pedro de Menezes:
   vários poemas.

5. Côrtes-Rodrigues:
   vários poemas.

6. Violante de Cysneiros:
   (Com certeza um pseudónimo, mas ainda não sei de quem)
   (?)
   alguns poemas.

7. Albino de Menezes *(?)*

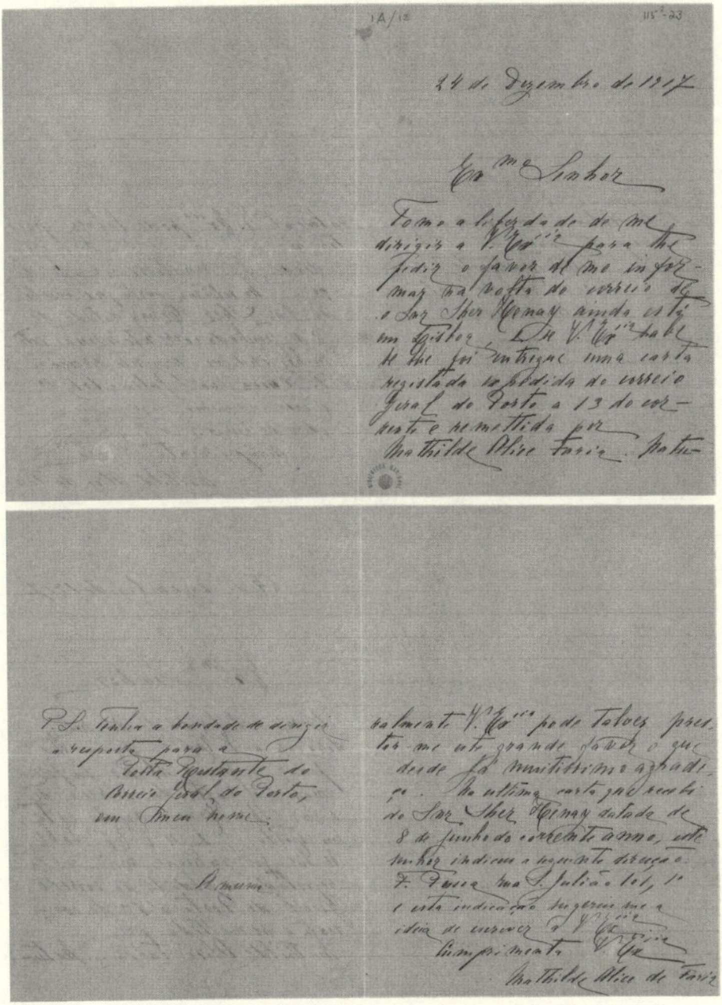

24 de Dezembro de 1917

Ex.mo Senhor

Tomo a liberdade de me dirigir a V. Ex.cia para lhe pedir o favor de me informar na volta do correio se o Snr. Sher Henay ainda está em Lisboa. Se V. Ex.cia sabe se lhe foi entregue uma carta registada expedida do correio Geral do Porto a 13 do corrente e remettida por Mathilde Alice Faria. Naturalmente V. Ex.cia pode talvez prestar-me este grande favor o que desde já muitissimo agradeço. Na ultima carta que recebi do Snr. Sher Henay datada de 8 de Junho do corrente anno, este senhor indicou a seguinte direcção: F. Pessoa Rua S. Julião 101, 1º e esta indicação suggeriu-me a idea de escrever a V. Ex.cia

Cumprimentos de V. Ex.a

Mathilde Alice de Faria

P.S. Tenha a bondade de dirigir a resposta para a Posta Restante do Correio Geral do Porto, em meu nome.

Carta para Pessoa perguntando por Sher Henay [115^2-23^r].

111
PADRE ANTONIO DE SEABRA

Autor de um panfleto periódico (*Lixa*, fem. de lixo), do qual só se conhece o primeiro número – uma folha de papel dactilografada no rosto e no verso que se encontra no espólio pessoano –, Antonio de Seabra é, se o caracterizarmos a partir desse escrito, um crítico da sociedade – o tipo de crítico que poderia colaborar num jornal católico, a julgar pelo seu estilo arcaizante e as suas temáticas morais –, mas que faria também, ocasionalmente, apreciações literárias. Daí que no seu primeiro opúsculo optasse por falar dos sensacionistas portugueses, para defender que Alberto Caeiro, Ricardo Reis e Alvaro de Campos, "nem com serem originaes, deixam de dever homenagem a antepassados eternos", citando casos de incompreensão anteriores, como as críticas de que foram vítimas Camille Corot (1796-1875) e alguns pintores impressionistas, atacados por não saberem pintar, só porque pintavam de modo diferente. Se o retrato que esboçamos, partindo do panfleto, se ajusta a Antonio de Seabra, é possível que esta figura seja o mesmo "Padre Antonio de Seabra" autor de umas "breves meditações" ($113P^2$-7^r) sobre a presença de Deus nas nossas vidas, que lembram, pela sua brevidade, a série de pequenos opúsculos intitulada *Lixa*. Se assim for, como acreditamos poder ser, Antonio de Seabra seria um clérigo da ordem teatina, que costumava apregoar nos seus sermões uma vida espiritual pura e simples. Refira-se, a título curioso, que na Torre do Tombo se conserva um processo da Inquisição por sodomia contra um Frei António de Seabra, filho de cristãos-velhos, datado de 1611-1617 (código de referência: PT/TT/TSO-IL/028/04225) (devemos esta última informação a José Barreto). Mas este frade era franciscano e foi condenado às galés, perpetuamente...

DATA: 1916.

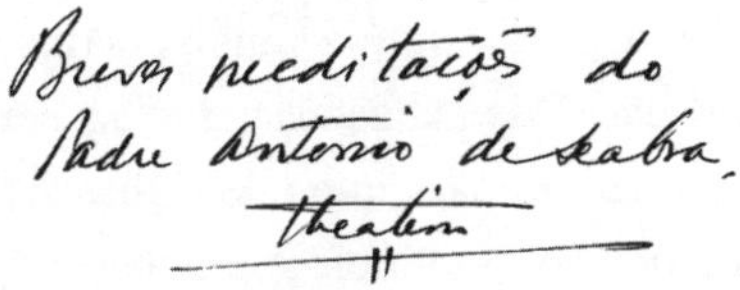
Breves meditações do
Padre Antonio de Seabra.
theatino

[113P^{2}-7^{r}]

Antonio de Seabra – *Lixa* – Pamphleto periodico [111.1]
de critica de idéas e de costumes.

Nas epocas de passagem das sociedades, em que uma ordem de conceitos se desfaz[1] e outra se não formou ainda, soe haver, na superficie das elaborações[2], certas contradicções e incongruencias a que[3] se pode applicar por metaphora o nome de asperezas ou rugosidades. Querer arranca-las ou expungil-as seria pouco criterioso[4], pois que ellas trazem, na sua substancia as novas formas, ainda tenues, que hão de dar viço e arcabouço ás epocas futuras. Tampouco caberia trata-las de modo que se pudesse dizer que as limavamos, pois que de tão tenue consistencia ellas se revelam, que lima-las – pois que limar implique esforço e pressão, – importaria, com o accrescimo da hypocrisia[5], destruil-as. Porisso não pode o critico sagaz dar-se outro escrupulo a cumprir que não o de as ir abatendo levemente, roçando por ellas, com mão cuidadosa, a lixa das levezas opinionativas.

Esta, e não outra a razão, porque o titulo d'estes breves opusculos não podia ser outro do que *Lixa*. Parecerá talvez d'um desconforto immediato para as sufficiencias do senso esthetico; o escrupulo, porém, do nome justo deve sustar a tempo as irreflexões dos impulsos azedos[6]. Primeiro ha-de ser cuidada a justeza na applicação dos nomes, que a cura de quanto podem[7] ferir os tympanos sensiveis dos argutos.

Quando mais não fôsse, bastaria dar ao sentido do titulo outra entoação espiritual, para que elle calhasse ao intuito d'estes folhetos[8] com uma coincidencia geometrica; a critica, por sua natureza, que não só pelo seu genero na grammatica, é feminina. Que outro nome pois devia competir a um folheto cujo proposito é critico do que Lixa, pois que lixa pareça o feminino de Lixo, e Lixo seja esta sociedade?

Quando estas razões não bastassem para que estes prolegomenos de pamphleto lograssem para o corpo d'elle um acolhimento condigno, terão que fallar pelo merecido d'esse acolhimento as laudas, que se seguirão, do folheto propriamente dicto.

Os sensacionistas, de quem não sou, embora os ame.

O falso e o longinquo da critica que lhes foi feita data, não tanto da estranheza da novidade, como da magra cultura dos criticos. Nós não temos, na propria região literaria, um arcabouço de critico que deveras o seja[9]; quanto mais nos não faltará, entre os profissionaes apressados do jornalismo, quem com razoavel escrupulo e acerto mida[10] as intenções e as competencias de escriptores que nos surgem desusados?

Uma cultura verdadeira, um estudo acurado da literatura e da arte (tal qual nos reste) dos antigos, assim-como uma attenção desvelada aos movimentos, que se teem dado no decurso já longo das literaturas europêas, desde que as nacionalidades modernas se constituiram linguisticamente, não dá azo a grandes pasmos deante de quem quer que seja que se apresenta em novos trajos na recepção[11] hebdomadaria da republica das lettras.

Que nada havia de novo sob o sol, foi phrase velha mesmo para os velhos, pois que date da incerta distancia do Ecclesiastes biblico. E quanto mais curioso e attento tem sido o intuito com que se leu, quanto mais vasta e assisada foi a pesquiza com que se buscou o que lêr, menor será o pasmo com que se acolhe[12] as novidades das letras.

Disse ◊, e disse bem, que não é possivel inventar, pelo desenho, ou mesmo na imaginação, um novo animal phantastico e surprehendente, cujas partes componentes não sejam tiradas de animaes conhecidos. Assim o Dragão da fabula que, sendo, no seu aspecto geral, um absurdo para com os animaes que conhecemos, é comtudo devedor[13] a cada bicho de esta ou est'outra parte do seu todo.

Não outra[14] é a circumstancia que se dá com as novas escolas literarias. Ellas não são, nunca, mais[15] do que novos aggregados – no seu conjuncto, novos – de elementos antigos como a terra e o homem. Toda a originalidade está na maneira como se agrupou e se reuniu. É da competencia[16] do critico saber medir, tanto o que de velho ha em cada systema literario, como o que de novo haja no seu ajuste d'esses velhos elementos. D'est'arte não sossobrará o critico nos dois cachopos[17] que são a Scyla e a Charibdes da arte de criticar. O critico deve como Jano, ter a natureza[18] de ver para dois lados; nem deve esquecer que um grupo de arvores é uma floresta, nem que uma floresta é um grupo d'arvores. Verbum sapienti, é certo; e comtudo fallei com clareza.

Os chamados "sensacionistas" portuguezes, nem com serem originaes, deixam de dever homenagem a antepassados eternos.

Quote Corot & other painters.[a]

Assim é que, ainda que vejamos todos que a eschola romantica é nova perante a eschola classica, que a precedeu, se quizerdes, com a eschola de taes ou taes versos – o que mais julgardes que caracterisam a nova eschola – mostrar em que é novo o romantismo, não lograreis citar um verso ao qual se não possa contra-pôr um outro, dos classicos anteriores, com a mesma feição romantica. É que os elementos são sempre os mesmos, com que o homem constroe os edificios da sua cultura; construimos com certas pedras e com certos metaes, que em todos os tempos teem sido os mesmos, e em toda a parte teem sido conhecidos. Uns, porém, mais construem com tal elemento que com tal-outro, uns de uma maneira combinam, e outros de outra.

Para que comprehendamos cuidadosamente o chamado sensacionismo, temos de ver de que modo[19] elle arranja os eternos elementos de que toda a arte é composta; qual o elemento que faz destacar, para que domine os outros; qual emfim a formula de ajustamento, de que se serve para architectar o seu conjuncto. Nesta ultima parte, que não noutra, estará, se notavel, a / equação/ especifica da sua novidade.

a Tradução: "Citar Corot e outros pintores."

Breves meditações do
Padre Antonio de Seabra,
/theatino/[1] [111.2]

I.

Quando nos acontece termos uma esperança, o refugio que sentimos é do engano, porque a esperança divina não usa de se mostrar tal qual é, senão que tem deveres.

A mesma morte de todos os dias, com que conseguimos deslumbrar os nossos sentimentos terrenos, nos dará fustigo bastante para a caridade, mas não o conhecimento de Deus.

II.

Para Deus vae todo caminho, mas é aspero o que seguimos se é para Deus que o vamos seguindo. Porque o caminho é egual mas a estrada diversa, e há seixos para quem pisa com fé, e areia para quem procura com entendimento.

Eu, porém, conheço, por minha revelação, que ha areia nos seixos e pedras pequenas na areia, e pisa muitas pedras pequenas o que se esquiva ás grandes.

III.

Todos os dias medito no entendimento das coisas, mas só depois da oração que vos faço, senhor meu Deus Serenissimo, me começa a haver razão. Porque tudo é como se quere ver[2], e visto de um lado é um e do outro lado é outro; mas Deus vê tudo de onde tudo está e não de fóra, e tem razão verdadeira porque creou.

IV.

Quando me ergo cedo, e espero no campo o começar da vida entre os outros, socego com Deus de uma maneira esquecida.

Volto aos meus com uma grande alegria que não é minha e reso com uma devoção de quem sabe com quem falla. Todos os dias são de Deus, e eu sou pobre e pequeno, mas Deus é meu como de todos os dias. Deus pode ser todo meu se eu fôr como todos os dias, um abraço á roda de toda a gente. Por isso quero ser puro e simples, ter bons desejos e propositos e não levantar maus testemunhos nem ao meu proprio coração. Porque quando levantamos maus testemunhos a nós mesmos, creamos, porque somos maus, os testemunhos que levantamos, e Deus não nos quer nem maus nem divididos

112
CLAUDE PASTEUR

A esta personagem compete traduzir do português para o francês os "Cadernos de Reconstrucção Pagã", dirigidos por Antonio Mora (cf. 106), segundo um plano editorial da Cosmópolis, uma agência anterior a Olisipo, que Pessoa chegou a idealizar, mas não a pôr em funcionamento. A Cosmópolis devia editar esses cadernos em português, francês e inglês – as três línguas literárias de Fernando Pessoa –, e ainda as grandes odes de Alvaro de Campos (sob o título *Arco de Triumpho*), o *Livro do Desassocego* – assim grafado – de Vicente Guedes, as peças de teatro "estáticas" de Fernando Pessôa – como *O Marinheiro* –, alguns poemas do próprio Fernando Pessôa – ainda com acento circunflexo – e livros de Mário de Sá-Carneiro e outros jovens escritores portugueses. A periodicidade desses cadernos, segundo alguns planos, seria quinzenal, e destinavam-se "a reunir todos os elementos dispersos da cultura nacional superior", sendo "abertos a todas as theorias, logo que estas sejam originaes e postas originalmente" (48G-26[v]). Claude Pasteur e James L. Mason (cf. 113) eram dois colaboradores da difusão dos cadernos, intitulados *Athena*, como a revista que Pessoa fundou em 1924, mas na qual não chegou a incluir textos do director dos cadernos, Antonio Mora, o único neopagão que Pessoa conservou inédito nas suas arcas, embora Alvaro de Campos o cite nas suas "Notas" publicadas em 1931 (*Presença*, n.º 30). Outro título contemplado para a *Athena*, por volta de 1918, foi *Minerva*, e é no plano do primeiro número de *Minerva* que surge a figura de João Craveiro (cf. 123). Note-se que, como temos visto, muitas das figuras inventadas por Fernando Pessoa estão associadas aos seus diversos planos editoriais.

DATA: 1916.

Athena - Cahiers de Reconstruction païenne. Directeur: Antonio Móra. Édition française, traduite par Claude Pasteur.

[48B-11r]

[112.1] Edições da COSMOPOLIS:

Athena – Cadernos de Reconstrucção Pagã – dirigidos por Antonio Móra.

Athena – Cahiers de Reconstruction païenne[1]. Directeur: Antonio Móra. Édition française, traduite par Claude Pasteur.

Athena – A Contribution to Pagan Reconstruction – Edited by Antonio Móra. English Edition, translated from the Portuguese by James L. Mason.

Arco de Triumpho – Poemas, com um Prefacio-Manifesto – Alvaro de Campos.

Livro do Desassocego – Escripto por Vicente Guedes, e publicado por Fernando Pessôa.

Theatro Estatico – Fernando Pessôa.

Episodios – Versos – Fernando Pessôa.

Talvez edições de livros de:
Mario de Sá-Carneiro, Alfredo Pedro Guisado, Manuel Antonio de Almeida, João Corrêa d'Oliveira, etc.

113
JAMES L. MASON

Tradutor do português para o inglês dos cadernos *Athena*, num plano em que Claude Pasteur (cf. 112) figura também como tradutor, embora para o francês, James L. Mason é apenas um nome referido num esquema, mas é um nome fictício incumbido de uma tarefa concreta e real. Pessoa nunca terá realizado a tradução dos cadernos de reacção ou reconstrução pagã, porque nunca terá fixado o índice de forma definitiva, nem terá tido a disponibilidade financeira para os publicar antes de 1924, quando surgem transformados na revista *Athena*, publicação periódica que tencionava ser "puramente de arte", segundo Fernando Pessoa numa entrevista concedida ao *Diário de Lisboa*, a 3 de Novembro de 1924.

DATA: 1916.

Athena - A Contribution to Pagan Reconstruction - Edited by Antonio Mora. English Edition, translated from the Portuguese by James L. Mason.

[48B-11r][a]

a Tradução: "Athena – Uma contribuição para a Reconstrução Pagã – Editada por Antonio Mora. Edição inglesa, traduzida do português por James L. Mason."

114
HENRY MORE

As suas intervenções mediúnicas encontram-se espalhadas por muitos documentos do espólio pessoano.[a] Na vida real, Henry More (1614-1687) foi um filósofo inglês, da escola platónica de Cambridge, que combateu o dualismo cartesiano e deixou uma vasta obra em prosa e verso. Ficcionalizado e espiritualizado por Fernando Pessoa em 1916, More costuma assinar muitas das comunicações recebidas por Pessoa, como membro da ordem secreta dos Rosa-Cruz, fundada em 1614, ano do nascimento do filósofo, ou desenhando dois triângulos alinhados horizontalmente e ligeiramente intersеccionados. Abaixo do seu nome, é também habitual encontrar um triângulo invertido, por vezes apenas composto por três pontos. Várias das comunicações de More incidem sobre um tema que terá angustiado Pessoa, especialmente na casa dos vinte e tal anos: o seu encontro com mulheres que ainda não conhecesse e com as quais pudesse chegar a perder a castidade. More torna-se uma espécie de tutor ou conselheiro de Pessoa, recomendando-lhe, por exemplo, que abandone a leitura dos livros de teosofia (138-39[r]). No espólio pessoano preservam-se documentos em que More surge, mediunicamente, acompanhado por outros espíritos astrais, nomeadamente Wardour (cf. 115) e Henry Lovell (cf. 118), muito activos entre 1916 e 1917, os anos em que a *coterie* secreta de More & Cª conviveu mais intensamente em Pes-

a Algumas destas intervenções foram incluídas em *Escritos Autobiográficos, Automáticos e de Reflexão Pessoal* (2003, pp. 207-339).

soa. É possível que Lovell seja um desdobramento de More – os espíritos pessoanos também se desdobram –, atendendo a que existe um manuscrito em que se lê: "Henry Lovell = Henry More" (133L-56^{r}). Ao contrário de outros espíritos astrais, More não é bilingue e só assina textos em inglês. Pessoa terá comunicado com o além pelo menos até 1930, mas depois de 1917 de forma cada vez mais esporádica.

DATA: 1916.

[133I-39^{r}]

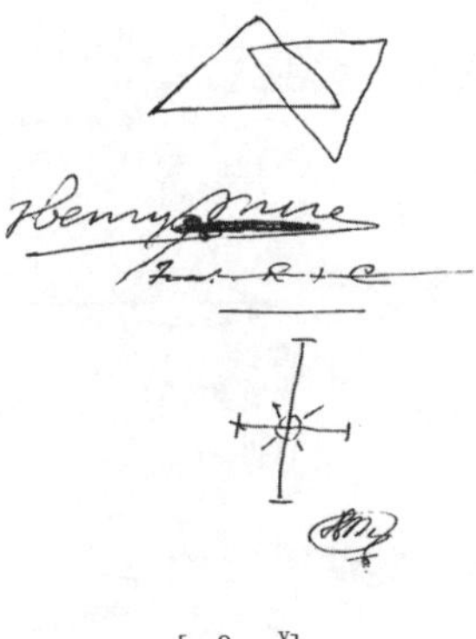

[138-53^{v}]

[133J-90^{r}]

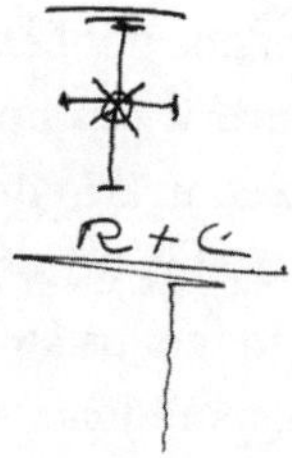

[138-56^{r}]

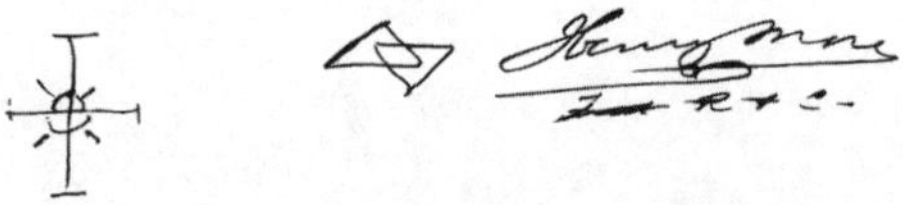

[133J-5^{r}]

[133J-14^{r}]

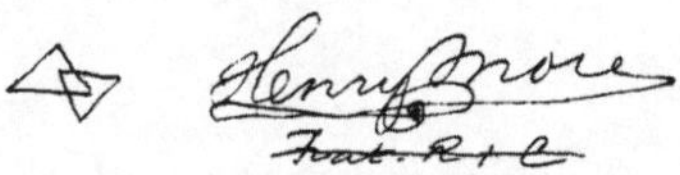

[133I-98a^{v}]

[138-37^{r}]

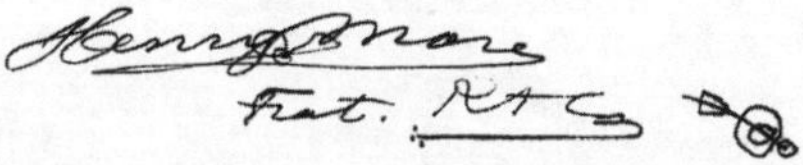

[138-39^{v}]

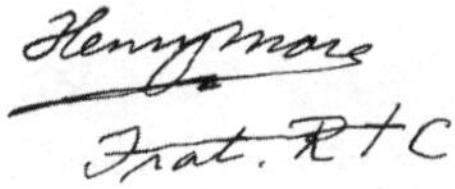

[133I-47^{r}]

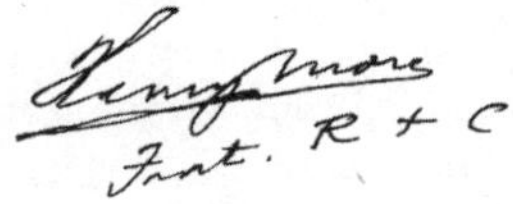

[133I-34^{v}]

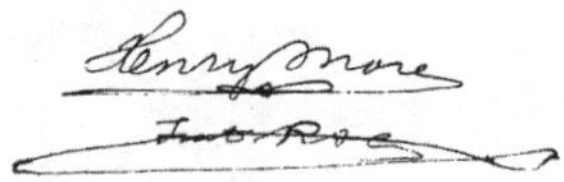

[133I-30^{r}]

[Sinais 6-89^{v}]

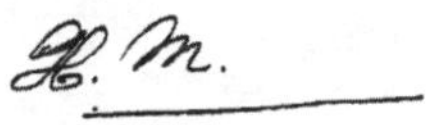

[Sinais 5-82^{v}]

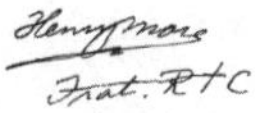

[114.1]

A woman will assuredly come into your life this month. Woman[1] is a woman whom you do not yet know, yet whom you will know soon. On the 12$^{th.}$ of June you will meet her at a woman's house[2]. *No.* +

Not yet. But you are to meet her on the 12th at the house of a woman of a domestic kind. +

No. But a mere casual meeting. +

Do not ask more.

My peace I give unto you

[TRAD.] 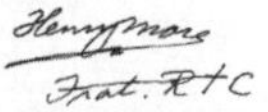

Uma mulher irá com certeza entrar na sua vida este mês. A mulher é uma mulher que ainda não conhece, porém que irá conhecer brevemente. No dia 12 de Junho irá encontrá-la em casa duma mulher. Não. +

Ainda não. Mas está destinado a encontrá-la no dia 12 na casa de uma mulher doméstica. +

Não. Mas um mero encontro casual. +

Não pergunte mais.

Possa eu dar-lhe paz 

[114.2] My art is to instruct, not to reveal.
Man[1] is more weak when knows the future than when he [knows] not it

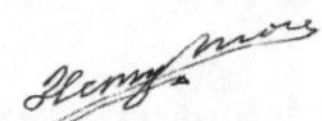

[TRAD.] *A minha arte é instruir, não revelar.*
O homem é mais fraco quando conhece o futuro do que quando não o conhece

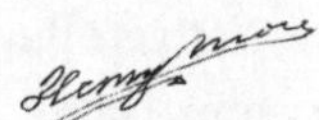

[114.3] You are ignorant. There is a substance and a form. The form comes from you and the substance from "me". No communication is ever entirely mine. None is ever altogether your creation. If I could communicate exactly all I have to say, you would not need me, because you would be a Pure Medium, a Spirit without spatial limitation. (You understand me, I see.) So limited and unstable is ever all communicating from *"Here"*. [114.1]

There are no facts – there are men. No man is more than a gathering.[1]

–

Suffice it to say that what I have told you, in essence, will happen.

És ignorante. Há uma substância e uma forma. A forma vem de ti e a substância de "mim". Nenhuma comunicação é inteiramente minha. Nenhuma é totalmente criação tua. Se eu te pudesse comunicar exactamente tudo o que tenho para dizer, não necessitarias de mim, porque serias um Médium Puro, um Espírito sem limitações espaciais (Vejo que me entendes). Tão limitadas e instáveis são sempre todas as comunicações de "Aqui". [TRAD.]

Não existem factos – existem homens. Nenhum homem é mais do que um encontro.

–

Escusado será dizer que aquilo que te contei, na sua essência, irá acontecer.

[114.4] 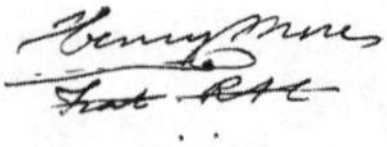

9-7-1916.

My words are meant to carry conviction. They are the words of a friend – they are always this. You are the centre of an astral conspiracy – the meeting place of elementals of very malefic type. No man can imagine what your soul is. So many are the disincarnate presences round it that it seems, from *Here*, a nucleus of *your fate.* No defence is possible unless you obey the dictates of your higher self and decide to manifest your being in goodness and beauty. My child, the world we live in – for we all live in the same divine place – is a meshwork of inconsequences and of voracities. More men are lost than found. Your destiny is too high for me to say it. You must find it out. But you must work your way up through the chaos of many lives, up to the Divine Presence royal in your soul. Man is but feeble and the gods feeble also. Over them all Fate – the God unnamed – rules from his seatless throne. My name is wrong and your name is also wrong. Nothing is what it appears to be. Nothing, save everything. Understand this if you can, and I know you can understand it. **More*.

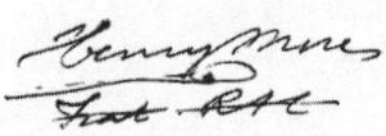

What is to be is to be.

[TRAD.]

9-7-1916.

As minhas palavras pretendem transmitir convicção. São as palavras de um amigo – são-no sempre. És o centro de uma conspiração astral – o ponto de encontro de elementos de um tipo muito maléfico. Nenhum homem pode imaginar o que é a tua alma. São tantas as presenças desencarnadas ao redor que ela parece, d'Aqui, *um núcleo do* teu destino. *Nenhuma defesa é possível, a não ser que obedeças aos ditames do teu ser superior e decidas manifestar o teu ser em bondade e beleza. Meu filho, o mundo em que vivemos – pois todos nós vivemos no mesmo lugar divino – é uma rede de inconsequências e de voracidades. Mais homens são perdidos do que encontrados. O teu destino é demasiado elevado para eu to dizer. Tens de o descobrir. Mas tens de subir a pulso através do caos de muitas vidas, até à Divina Presença real na tua alma. O homem é apenas fraco e os deuses também são fracos. Sobre todos eles o Destino – o Deus sem nome – governa do seu trono sem assento. O meu nome está errado e o teu nome também está errado. Nada é o que parece ser. Nada, excepto tudo. Entende isto, se puderes, e eu sei que o podes entender.* More.

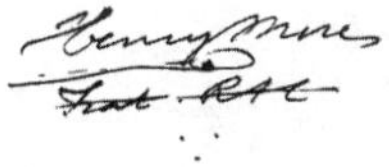

O que tem de ser será.

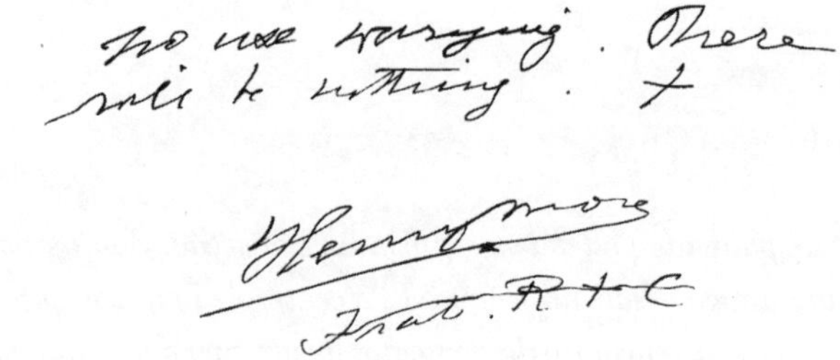

No use worrying. There will be nothing. ┼
["Não vale a pena preocupar-se. Não haverá nada."]
Henry More | Frat. R┼C [133I-63^{v}].

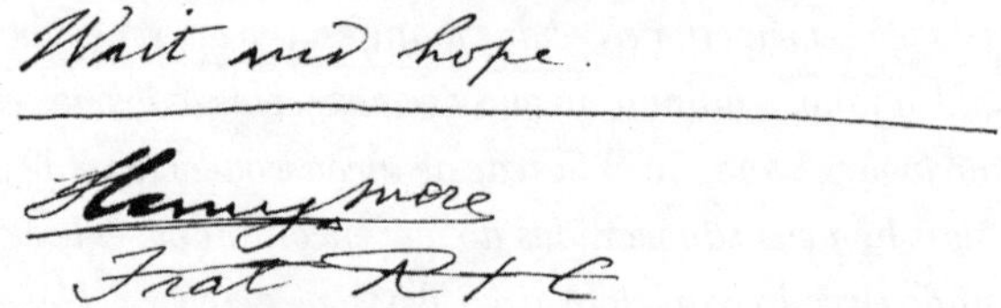

Wait and Hope. ["Espera e Acredita."]
| Henry More | Frat R┼C [144Y-31^{v}].

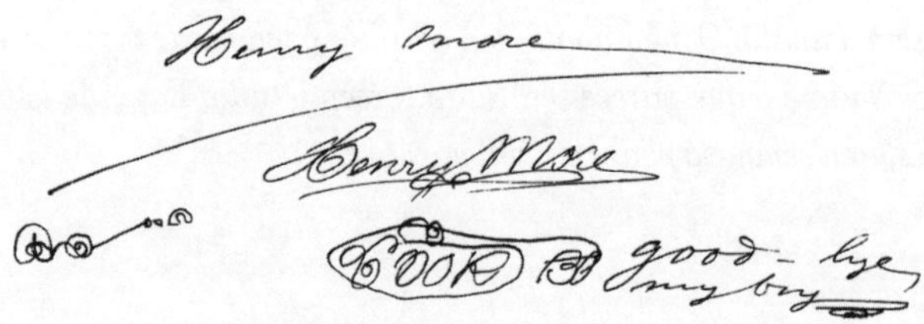

Henry More | Henry More | Look | good-bye my boy [138-51^{r}].
["Henry More | Henry More | Olha | Adeus, meu rapaz"]

115
WARDOUR

Espírito astral muito presente nas comunicações mediúnicas de Fernando Pessoa, com quem assina dois poemas em redondilha menor. Numa intervenção inesperada, Wardour revela-se como um crítico precipitado de um par de versos de Pessoa, sugerindo-lhe outros. Henry More (cf. 114) e Voodooist (cf. 116) costumam estar presentes quando Wardour aparece. More chega mesmo a auxiliar Wardour na escrita de mensagens para Fernando Pessoa, como se depreende deste apontamento: "Wardour: my wife is seeking you in Fate – *H[enry] More* aided him to write this" ["Wardour: a minha mulher está à tua procura no Destino – *H[enry] More* ajudou-o a escrever isto"] (90^{3}-44). Essa mulher chamava-se Margaret Mansel e deveria reincarnar na jovem que Pessoa conheceria por volta de 1916, segundo More e outros espíritos. Por sua vez, Wardour auxiliou Pessoa a elaborar cartas astrais e a fazer cálculos astrológicos, verificando ou fornecendo informações, tais como a data e o local de nascimento de "Margaret Wardour", sua mulher, que teria nascido em Manchester a "30-7-1903" (90^{4}-24a^{r}) ou "28-8-1903" (Sinais 5-80^{v}). Ajudante invisível de Pessoa, Wardour autentica algumas das suas colaborações com um selo ou com um "yes" seguido de três linhas em forma de pirâmide invertida. Algumas das suas comunicações são mais específicas e versam sobre a vida monástica de Pessoa e do encontro com a mulher que o ajudará com a sua "manhood" ["virilidade"] (133H-97^{r}); outras são mais difíceis de caracterizar, mas, em termos gerais, instam à calma e transmitem quase sempre mensagens de protecção. Wardour é uma figura bilingue, que comunica em português e em inglês, mas há pelo menos uma nota redigida em francês e assinada com os seus símbolos: "bonne-voie [*sic*] sur la femme. Noble vice" ["Bom-rumo sobre a mulher. Nobre vício"] (Sinais 5-81v).

DATA: 1916.

[133I-65r]

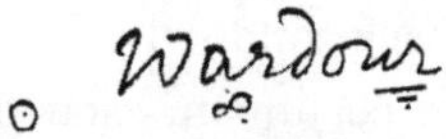

[144X-134v]

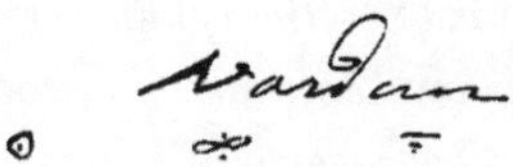

[133I-68r]

[133H-92r]

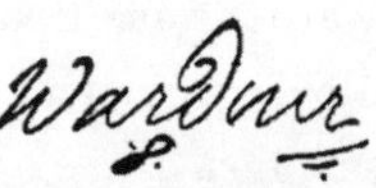

[Sinais 5-81v]

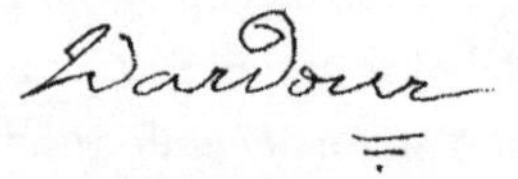

[144Y-49r]

[Sinais 6-70r]

[144Y-43r]

Ó mera brancura [115.1]
Do luar que se esffolha,
Ó rio da alvura
Do luar que te molha –

Montanhas que ao longe
Não teem um grito,
Todas um só monge
No claustro infinito –

Murmurio das aguas
Que ao luar que as não vê[1]
É sombra, sem maguas,[2]
Macieza que é[3]

A alma da noite,
A sombra do luar…
Ó nunca eu me afoite
Até não sonhar!…

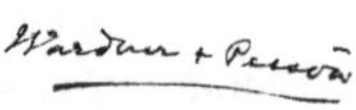

25-7-1916.

This poem is yours; I give you
my part in it, my boy.[a]

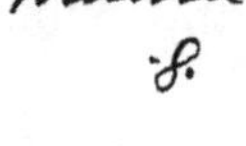

a Tradução: "Este poema é teu; dou-te a minha parte nele, meu rapaz."

[115.2] *Crepusculo em Deus*[1]

Sol não as allumia...
Vastas extensões
Territorios no ar...
Tremulos clarões
De haver terra e mar...

Nenhum logar goso
A estar onde está...
Jaz ao Sul o Norte...
Boia entre elle e a sorte
Uma fluidez má...

Anda no intervallo,
Como na descida,
Vacuo do desvão
Sombra dividida,[2]
A minha attenção...

E nem morte ou pasmo,
Seguiu céu sem fim,

O raso atro halo
Boia no intervallo
Entre mim e mim.[b]

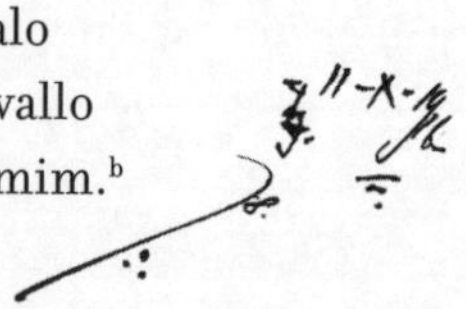

b Poema datado de 11 de Outubro de 1916. Assinado mediante símbolos por Wardour (talvez com Pessoa *et al.*; cf. "F."). Avaliado por outros espíritos como "no good" ["não presta"].

"Involuntariamente" [115.3]

Versos

Eu canto porque quando accordo[1]
Já o sol está no meu quarto

This is no good. Try this.[c]

Eu canto porque quando accórdo
O sol está no quarto meu;
No meu ardor de estar de accordo[2]
Com a grande douração do ceu[3]

—

You are foolish to yourself – Be sensible
No. You are near her on time

Not I. – You are your own dupe.
Yes: she is very near now.[d]

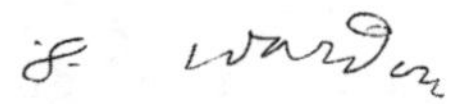

c "Isto não presta. Experimenta isto."

d "És idiota para ti mesmo – sê sensato/Não. Estás perto dela pontualmente | Eu não. – Enganas-te a ti próprio./Sim: ela está muito próxima agora."

[115.4] You must not be afraid, because you will not suffer more than you are suffering now. Believe me. This is a matter where nothing is asked to which it is forbidden me to reply. Wade through with confidence. My peace I give unto you. I do not abandon you, my child. Be confident and calm.[1]

[TRAD.] *Não deves ter medo, porque não vais sofrer mais do que estás a sofrer neste momento. Acredita. Este é um assunto em que não há nenhuma pergunta que me esteja vedado responder. Avança com confiança. Dou-te a minha paz. Não te abandono, meu filho. Se confiante e sereno.*

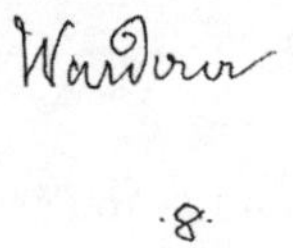

[115.5] You are in a service of the gods. They will protect.
Go[1] out without fear, my child.

[TRAD.] Estás ao serviço dos deuses. Eles hão-de proteger.
Vai sem medo, meu filho.

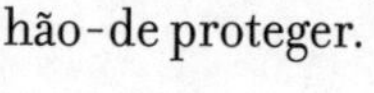

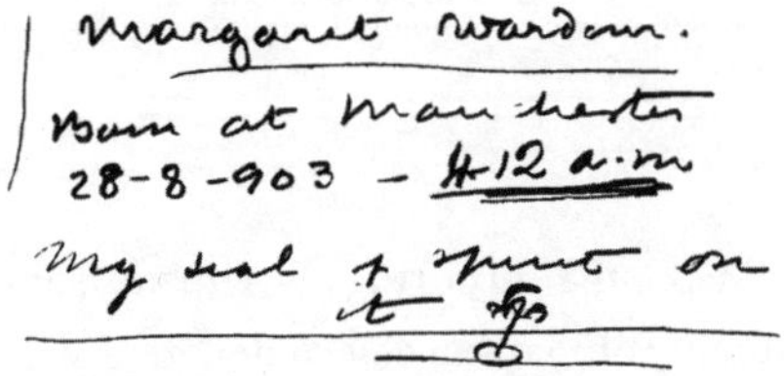

Dados de Margaret Wardour e selo ou símbolo de Wardour [Sinais 5-80v].

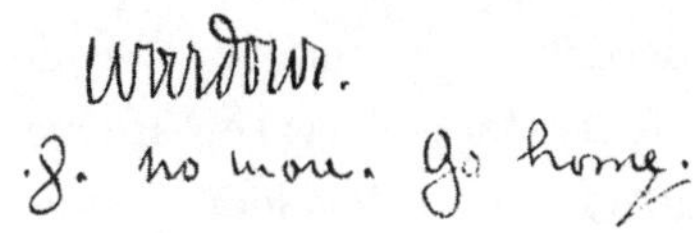

no more. go home ["mais nada. vai para casa."]
[Sinais 6-82r]

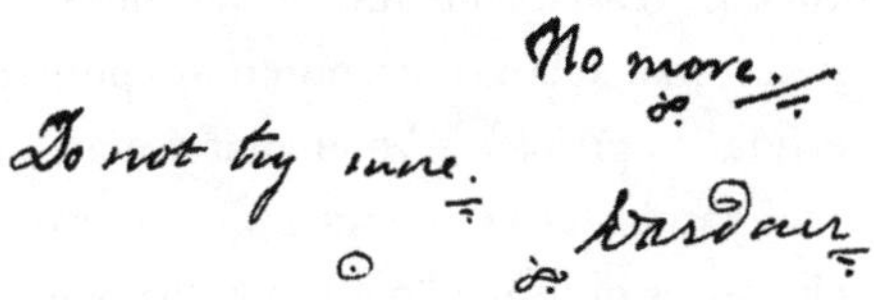

No more. Do not try more. ["Mais nada. Não tentes mais."]
[49A5-10r]

116
VOODOOIST

Autor de um breve poema em português, rimado e em verso regular, Voodooist costuma, como o seu colega de letras Wardour (cf. 115), comunicar genericamente em inglês, mas existe um texto seu em francês. Seu, ou de Joseph Balsamo (cf. 117), em quem o Mestre do voduísmo se desdobra, pois teria sido Voodooist a forjar Balsamo (133J-91ʳ). Henry More (cf. 114) e Wardour, que são espíritos benéficos, protegem Pessoa de Voodooist. Enquanto os primeiros são mais fáceis de identificar – More por meio de um triângulo sob o nome, por três pontos em pirâmide invertida, ou por "Frat R+C" e uma linha através da assinatura; e Wardour por um símbolo de infinito em diagonal sob e sobre ponto, ou por três linhas em pirâmide invertida (144Y-34ᵛ) – Voodooist é mais obscuro, pois manifesta-se "by wonderful signs, and cipher-writing and by your nervous consciousness of him" ["por símbolos maravilhosos, por escrita cifrada e pela consciência nervosa que se tem dele"] (144Y-34ᵛ). A explicação é de Henry More, que também esclarece que algumas figuras não têm símbolos e que deixa alguns símbolos por referir. Voodooist assina relativamente poucos textos. O poema que incluímos neste capítulo, a julgar pelos símbolos no canto superior direito, pode derivar de uma colaboração astral entre More e Voodooist, o que é pouco provável, ou demostrar simplesmente que Pessoa não chegou a consolidar e estabilizar a simbologia dos comunicadores, visto que o nome de Voodooist aparece algumas vezes sobre três pontos em pirâmide invertida.

DATA: 1916.

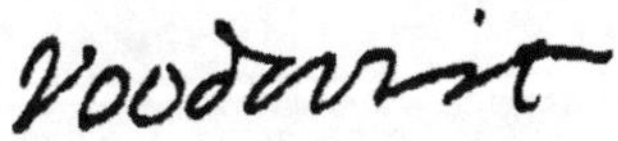

[133I-63v]

No ardor que não dista 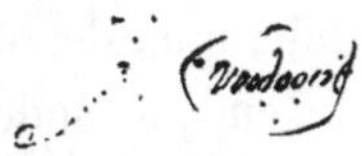 [116.1]
Mais que a voz e o braço
          Da conquista,
No ardor que antecede
          A sêde
Do novo espaço…

No maior acaso,[1]
No indeciso
Sol no seu occaso
          No piso
Do nodoso atrazo.[2]

117
JOSEPH BALSAMO

Giuseppe Balsamo, mais conhecido como Alessandro, Conte di Cagliostro (1743-1795), ou simplesmente Cagliostro, foi um suposto mago, curador e alquimista siciliano, de origem humilde, que, depois de uma vida de pícaro, sedutor e vagabundo, em que mudou de nome e de títulos várias vezes, foi condenado por heresia a prisão perpétua pela Igreja Católica. Antes de ser iniciado na maçonaria em Londres, Balsamo-Cagliostro viajou por algumas cidades do sul da Europa, incluindo Lisboa. Pessoa fez ressuscitar esta personagem através de Joseph Balsamo, cujo nome figura em pelo menos cinco documentos do espólio, sendo um deles um manuscrito bilingue, em inglês e francês (Sinais 5-82^{r}). Numa comunicação em inglês, Balsamo menciona o nome de uma mulher, Nora Harding Davis, que terá confundido com uma das jovens que Pessoa estava destinado a conhecer em 1916, segundo Wardour (144X-134^{v}). O nome pode ter sido inspirado pelo da escritora e jornalista americana Rebecca Harding Davis (1831-1910). As poucas comunicações de Balsamo cruzam-se, por vezes, com as de Wardour (cf. 115) e Voodooist (cf. 116), sendo que este último, ao que parece, foi quem concebeu Balsamo (133J-91^{r}).

DATA: 1916.

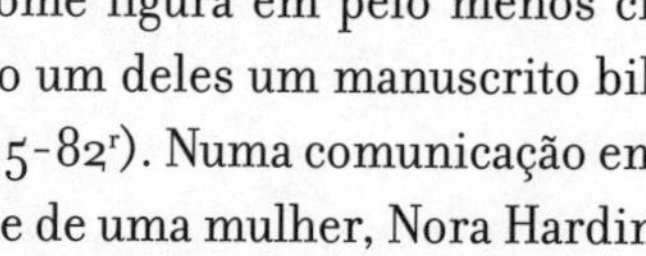

[104A-33v]

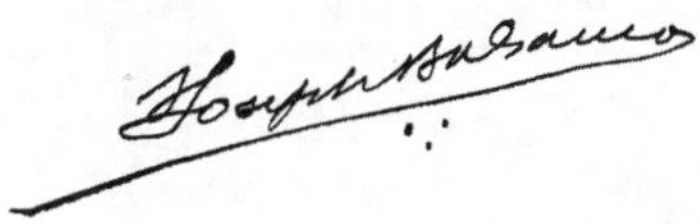

[133I-63r]

Nora Harding Davis[a] [117.1]

1916. Nov. 19. Quite[1] right.
You do not know. No. Yet she knows you.

12
9
—
12 = No. of day

Nora Harding Davis [TRAD.]

1916. Nov. 19. Está certo.
Tu não a conheces. Não. Mas ela conhece-te.

12
9
—
12 = Número do dia

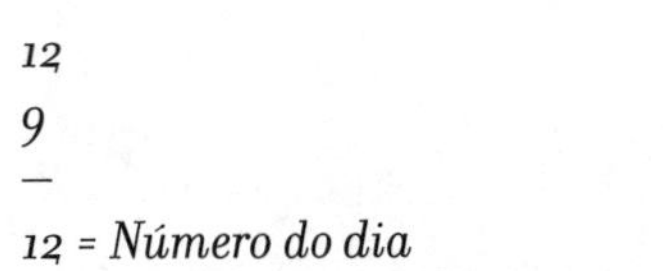

a Na linha anterior, riscado: "Woman in room" ["Mulher no quarto"].

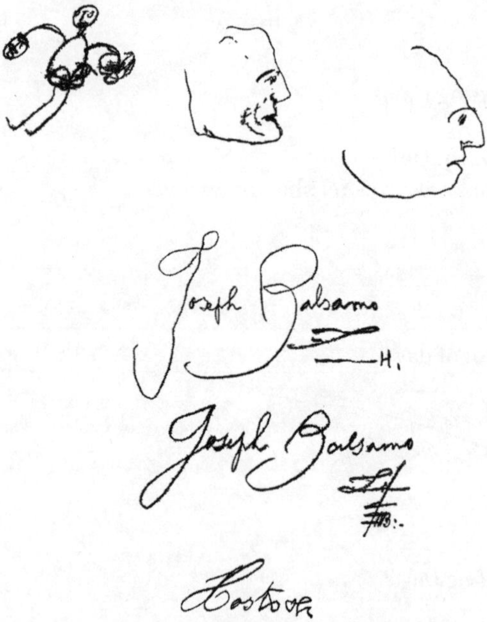

Joseph Balsamo entre desenhos e a palavra “Hostsoh” [104A-57r].

118 HENRY LOVELL [118.1]

Espírito comunicante associado a Henry More (cf. 114), sendo possivelmente um desdobramento de More ou uma entidade sob a sua ascendência astral. Nas suas poucas comunicações, Lovell refere-se ao estado de desassossego de Pessoa e ao seu medo de vir a ser vítima de algum acontecimento maléfico. Pelo menos dois símbolos parecem identificá-lo: um trevo e uma pirâmide de três pontos com um círculo ou um triângulo no meio. Desconhecemos se existe um Henry Lovell real por trás do fictício, mas é curioso descobrir que a compositora May Brahe (1884-1956), que viveu em Londres, publicou canções sob o seu apelido de casada e sob nove pseudónimos, um dos quais Henry Lovell.

DATA: 1916.

[90^{3}-16^{r}]

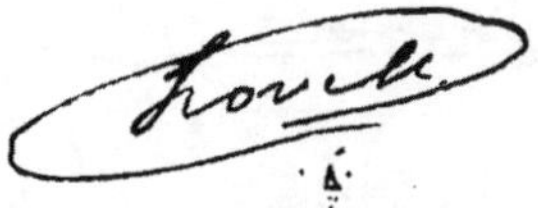

[133I-63^{r}]

[118.1] You nourish mistaken ideas in reference to your future. No man is privileged to understand the future, unless he is prepared to create it.

—

You are not confident enough in the very science you believe in most. You see you are under ⊙ ☌ ♀ and you are afraid evil may happen, or that good will not come! No more.

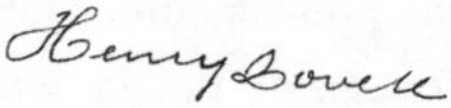

[TRAD.] *Nutres ideias erradas em relação ao teu futuro. Nenhum homem tem o privilégio de compreender o futuro, salvo se estiver preparado para o criar.*

—

Não tens confiança suficiente na própria ciência em que mais acreditas. Notas que estás sob a influência de ⊙ ☌ ♀ e tens medo de que possa acontecer algum mal, ou que o bem não venha! Mais nada.

[ANEXO]

OUTROS DOCUMENTOS

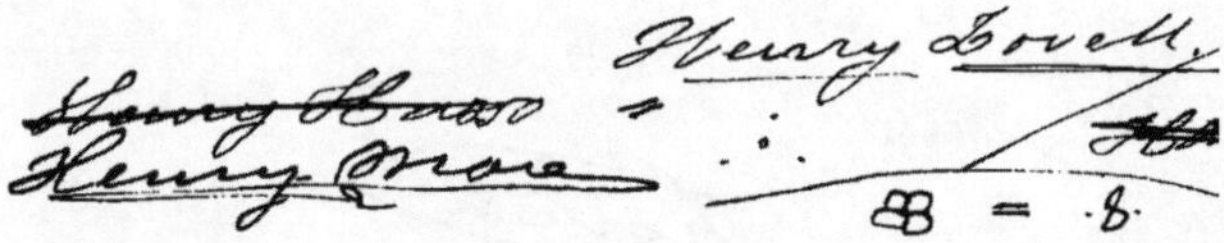

Henry More = Henry Lovell. [133L-56r].

119
JAMES JOSEPH

Assina uma única comunicação em inglês num papel timbrado do café *A Brasileira*, fundado em Novembro de 1905 e muito frequentado por Fernando Pessoa. James Joseph ficou esquecido na lista de *Teoria da Heteronímia* (2012), embora a sua assinatura, sob um escrito automático, seja clara, e esteja acompanhada de um símbolo: uma cruz com quatro pontos nas extremidades. Desconhecemos se este nome inglês foi inspirado por uma figura real, mas registamos, igualmente como curiosidade, o facto de o pintor e gravador francês Jacques-Joseph Tissot (1836-1902), que viveu mais de dez anos em Londres, utilizar o pseudónimo James Tissot, nome anglizado que fez com que Tissot passasse a ser conhecido de forma conjunta como James Jacques-Joseph Tissot.

DATA: 1916.

[15^{2}-50^{r}]

[119.1] No man is a god save in the infinite limitedness of his *word*. – No man[1] is a man save in the infinite unlimitedness of his deed. – These two principles are the same one, and God stands in the middle.[2] JJ.

JJ.

Yes.

James Joseph.

No. : No :

: No : : No :

[TRAD.] *Nenhum homem é um deus salvo na limitação infinita da sua* palavra. *– Nenhum homem é um homem salvo na ilimitação infinita dos seus actos. – Estes dois princípios são o mesmo princípio, e Deus está no meio.* JJ.

JJ.

Sim.

James Joseph.

Não. : Não :

: Não : : Não :

120
J. H. HYSLOP

James Hervey Hyslop (1854-1920) foi professor de Ética e Lógica da Columbia University, a instituição de ensino superior mais antiga do estado de Nova Iorque. O seu interesse pela psicologia e pela ciência física – nomeadamente depois de participar em sessões mediúnicas com Leonora Piper (1857-1950) – levou-o a publicar diversos artigos e livros, entre os quais *Enigmas of Psychic Research* e *Borderland of Psychical Research*, publicados em 1906, e *Psychichal Research and Resurrection*, em 1908. Foi amigo de William James (1842-1910), membro da Society for Physical Research e um defensor tenaz da existência de espíritos desencarnados. As suas investigações sobre médiuns conduziram-no a sugerir uma estreita relação entre o transtorno de personalidade múltipla e o fenómeno de possessão espírita. Morreu em 1920, o que quer dizer que comunicou mediunicamente com Pessoa ainda em vida, ou que Pessoa o desdobrou num espírito astral para que a comunicação fosse possível, ou, mais simplesmente, que por volta de 1916 Pessoa o supunha já falecido. No âmbito do universo ficcional pessoano, J. H. Hyslop lembra outras duas figuras que partilham alguns dos seus interesses: o Professor Jones (cf. 67) e William Smith (cf. 68). Enquanto comunicador, Hyslop assina um único poema em português, língua que terá alcançado monadicamente, composto por tetrassílabos (um metro raramente praticado por Pessoa) e rimas alternadas; este poema encontra-se riscado e quem o rasurou escreveu-lhe por cima "No good" ["Não presta"]. Esta nota, tendo sido escrita com a mesma caligrafia de índole mediúnica, pode ser de Hyslop ou de um espírito anónimo. O metapsíquico americano é uma figura real que Pessoa arrastou para o campo da sua vida imaginária e, neste caso, mediúnica.

DATA: 11 de Outubro de 1916.

[42-28v]

[120.1] Nada: o mar dorme...
Dorme na mansa
Macieza informe
Do que descansa,

No mar se move,
No mar se doma
A magua que houve[1]
Na sombra e aroma[2]

[11-10-1916]

121

GEORGE HENRY MORSE

Autor de uma única comunicação em inglês, que tem a particularidade de ter sido redigida com algumas palavras escritas da direita para a esquerda, tal como se reflectem no espelho astral. O seu nome parece uma forma mais extensa de Henry More (cf. 114), o principal espírito das comunicações mediúnicas pessoanas. Provavelmente não foi inspirado por uma figura histórica, mas os seus nomes e o seu apelido, este último de origem flamenga, podem provir de uma ou várias fontes onomásticas. Uma delas poderia ser Samuel Morse (1791-1872), inventor do código morse e da telegrafia.

DATA: 1916-1917.

[138-48v]

[121.1] Yes. She[1] is put on to you by an assassin.
Who will be me.
No – she is not many more ◊[2]

You make her nomonastic man.
Yes. Man who does not make love to her.
Not not[3] really hate but just worry her.[4]
How many more men does she like? She is a whore.[5]

In the astral speculum:[a]

Many men are necessary to your success.
No. Alvaro de Campos is an artificial elemental in a mortal condition.
No guess.
No more.

No more.

a No espelho reflecte-se o seguinte: "Many men are necessary to your success. |No. Alvaro de Campos is an artificial elemental in a mortal condition. | No guess. |No more."

Sim. Ela é impelida para ti por um assassino. [TRAD.]
Que serei eu.
Não – ela não é muitos mais ◊

Tu fazes ela homem não-monástico.
Sim. Homem que não faz amor com ela.
Não um ódio real mas apenas a preocupa.
De quantos mais homens gosta ela? Ela é uma puta.

No espelho *astral:*[b]

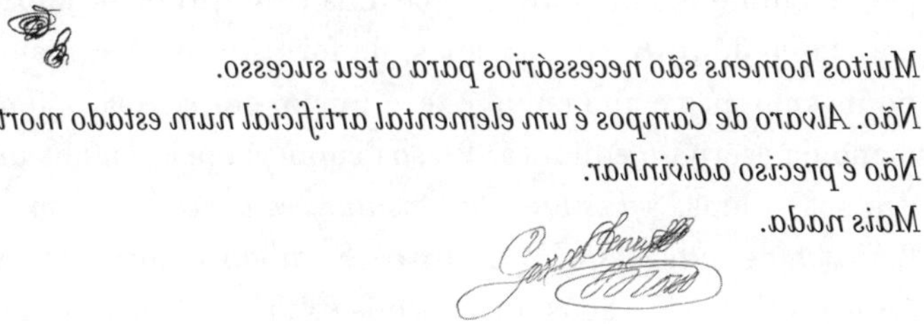

Mais nada.

b No espelho reflecte-se o seguinte: "Muitos homens são necessários para o teu sucesso. | Não. Alvaro de Campos é um elemental artificial num estado mortal. | Não é preciso adivinhar. | Mais nada."

122
MARNOCO E SOUSA

José Ferreira Marnôco e Sousa (1869-1916) foi professor e director da Faculdade de Direito da Universidade de Coimbra, onde obteve o grau de doutor em 1898. Entre 1898 e 1910 regeu as cadeiras de Direito Eclesiástico, Ciência Económica e Direito Económico, entre outras. Foi também director da biblioteca dessa instituição universitária, presidente da Câmara Municipal de Coimbra e ministro da Marinha e do Ultramar. Morreu em Março de 1916, com 46 anos, de forma prematura, isto é, no mesmo mês e ano em que teve início, em Pessoa, o fenómeno da escrita mediúnica. Pessoa conhecia pelo menos uma das suas obras, a *História das Instituições do Direito Romano, Peninsular e Português* (3.ª ed., 1910). Segundo a única comunicação do Marnoco e Sousa que se conserva no espólio pessoano, o jurisconsulto português teria assinado, pouco depois de morrer, uma veemente mensagem em inglês para Pessoa, acusando-o de ser um homem de muitas masturbações. Vários escritos de Pessoa estabelecem uma relação entre desdobramento e masturbação. Veja-se o texto de Ricardo Reis que começa "A moderna literatura é uma lit[eratur]a de masturbadores", que foi fac-similado por Teresa Rita Lopes, em *Pessoa por Conhecer* (1990, tomo 2, p. 356), e que se encontra no mesmo tipo de folha de agenda de um aforismo conhecido: "O desdobramento do eu é um phenomeno em grande numero de casos de masturbação" (*ibidem*, p. 477). Veja-se igualmente a referência a um estudo neoclássico atribuído a Ricardo Reis, "A arte moderna producto de masturbação" (*Prosa de Ricardo Reis*, 2003, p. 290).

Marnoco e Sousa pode ser visto como um desdobramento de Wardour (cf. 115), o marido de Margaret Mansel, já que Sousa se identifica como Monsieur Mansel. Mas Pessoa também estaria casado com Margaret Mansel, segundo Henry Lovell e/ou Henry More (133L-56^{r}); não no estado somático, mas no superestado monádico. Por último, Marnoco e Sousa pode ser considerado como um mensageiro de Margaret Mansel, já que é ela que, na comunicação seguinte, parece acusar Pessoa.[a] [122.1]

DATA: 1916-1917.

[138-42^{r}]

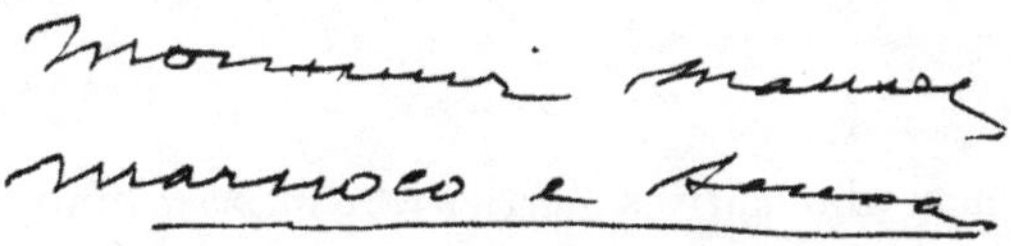

[138-42^{r}] [Monsieur Mansel]

a Há um Sousa a quem se tem atribuído de forma precipitada uma comunicação mediúnica (133L-4), que poderá ser uma forma abreviada de Marnoco e Sousa ou, simplesmente, um nome citado ou perdido entre as linhas dessa comunicação (cf. Posfácio).

[122.1] Command me.[1]

Margaret Mansel; your wife.

You onanist! Go to marriage with me! No onanism [any] more.[2]

You masturbator! You masochist![3] You man without manhood! You man with woman– wound![4] You *fucked †! You worm.[5] You man without a man's prick![6] You man with a clitoris instead of a prick! You man with a woman's morality for marriage[7]. Beast! You bright worm.
Margaret Mansel.

You make me sick! You make me mad! You will see my enmity soon.

You are a man who marries marries who marries himself.[8]
Man who makes many masturbations.

Vow to make me a son!

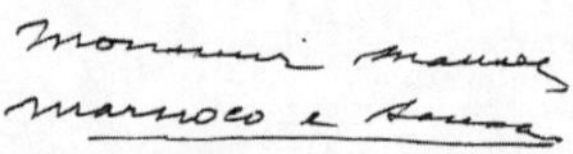

Dá-me ordens. [TRAD.]

Margaret Mansel tua esposa.

Onanista! Casa-te comigo! Não mais onanismo.

Masturbador! Masoquista! Homem sem virilidade! Homem com ferida de mulher! Fodido †! Verme. Homem sem pénis de homem! Homem com clítoris em vez de pénis! Homem com moralidade de mulher em relação ao casamento. Besta! Verme brilhante.
Margaret Mansel.

Enojas-me! Enfureces-me! Em breve verás a minha inimizade.

És um homem que casa casa que casa consigo próprio.
Homem que faz muitas masturbações.

Jura que me fazes um filho!

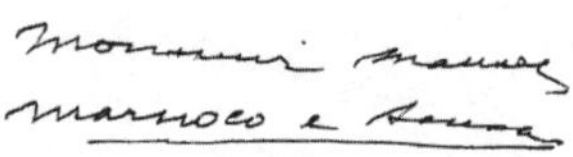

[ANEXO]

OUTROS DOCUMENTOS

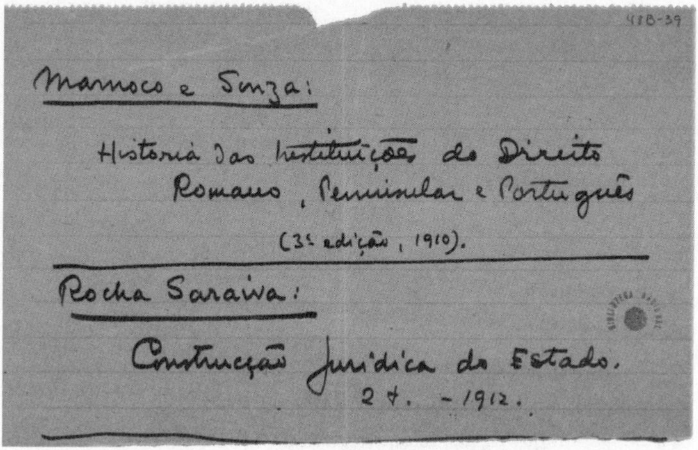
48B-39

Marnoco e Souza:

Historia das Instituições do Direito Romano, Peninsular e Português

(3.ª edição, 1910).

Rocha Saraiva:

Construcção Juridica do Estado.

2 v. - 1912.

Referência bibliográfica a um livro de “Marnoco e Souza”, com “z” [48B-39r].

123
JOÃO CRAVEIRO

Colaborador da revista *Minerva*, título alternativo que Pessoa previu para a revista de arte mensal *Athena* (1924). Do mesmo modo que, antes de *Orpheu*, existem planos para outras duas publicações afins, *Lusitania* e *Europa*, o surgimento de *Athena* foi também precedido de planos para os "Cadernos de Reconstrucção Pagã", dirigidos por Antonio Mora (cf. 106) e traduzidos por Claude Pasteur (cf. 112) e James L. Mason (cf. 113), e para a *Minerva*. Esta revista seria prefaciada por Antonio Mora ou por Ricardo Reis (cf. 103) e teria como colaboradores Alberto Caeiro (cf. 101), Fernando Pessoa e João Craveiro. Mora ou Reis apresentariam a revista e introduziriam a obra do Mestre, antes da inclusão de alguns poemas caeirianos; Pessoa assinaria um texto intitulado "O Principio Aristocratico" e Craveiro, alguns "Commentarios". A revista *Minerva* incluiria ainda um texto anónimo (ou à espera da designação de um autor) sobre a reforma ortográfica (87-66[r]). No espólio pessoano conservam-se dois textos de Craveiro destinados à *Minerva*, sendo que não sabemos se esses textos são os designados "Commentarios" (um intitula-se "A Situação"), ou se se trata de outros textos destinados a outros números da revista não projectados por escrito. Se os comentários eram de natureza política, é possível que coincidam com os textos conservados; se eram argumentos sobre a religião – no número de abertura e de apresentação de Caeiro –, é possível que constassem de considerações sobre o paganismo, apenas referidas numa lista de projectos (48G-12[r]). Também é admissível, naturalmente, que os "Commentarios" fossem um outro quarto artigo, não relacionado com os de natureza política, nem com o texto de carácter sociológico. Seja como for, João Craveiro é uma figura associada ao projecto editorial da *Minerva* e cuja imagem depende sobretudo do que efectivamente escreveu: um texto sobre a situação de Portugal durante o governo de Sidónio Pais (1872-1918) e outro sobre este "Presidente-Rei", como lhe chamou Pessoa, assassinado a 14 de Setembro de 1918. A nosso ver, o mais provável é que Craveiro tenha sido concebido como um comentador político da crise portuguesa de 1918, até para que se distinguisse de Reis e Mora, que já tinham escrito muitas reflexões sobre o paganismo.

DATA: 1918.

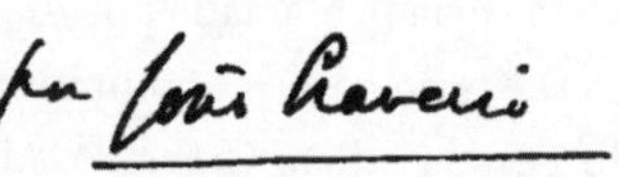

[113P^{1}-21^{r}; "por *João Craveiro*"]

[123.1] *MINERVA*

A Situação

por *João Craveiro*

Ou estamos numa paz politica ligeiramente perturbada, ou num estado de guerra civil latente. Num caso vivemos, em verdade, em paz; no outro estamos, para todos os efeitos, em guerra. Se estamos em paz, acabe-se o apparato repressivo, de onde, nesta hypothese, parte toda a intranquillidade nacional presente[1]. Se estamos em guerra entre nós, acabe o tratamento civil da belligerancia intestina. Ou a situação pede um remedio civil, ou um remedio militar. Se uma cousa, essa; se outra, outra.

Reprime-se, suffoca-se uma revolta. É o processo applicavel a uma greve de sapateiros ou de catraeiros que tende a ser desordeira. Não é o processo applicavel a uma revolução preparada.

Se o governo não tem a coragem de arcar com a situação, faça o que lhe compete: substitua-se por quem possa e saiba fazer-lhe frente.

A actual situação está errada. O erro consiste em se tratar com meios civis e políticos, uma /ordem/ de cousas que requer, patentemente, um tratamento militar.[a]

O Dr. Sidonio Paes não tem uma mentalidade constructiva[1]; tem uma mentalidade orientadora, o que é differente. Está muito bem; é melhor, muito melhor, que o que desde 1890 está no paiz; talvez[2] o que se requer nas circumstancias actuaes – mas seria optimo se o Dr. Sidonio Paes não estivesse persuadido do contrario, e se não cresse dotado de qualidades que não possue. Não é crime não ser um constructivo. Já é alguma cousa ser um orientador. Ser um grande orientador é magnifico; Napoleão não foi outra cousa. Mas querer ser um constructivo quando se não é, é que é mau. Isso é de ordem superior... [123.2]

Querer construir, quando se não nasceu para isso, é uma forma de destruir, porque é atrapalhar.

Ha em geral uma grande confusão nestes assumptos. Constantemente se confunde um orientador com [um] mero grande

a José Barreto (comunicação pessoal) considera que "este texto pode ser de Janeiro de 1918, quando houve uma primeira tentativa de revolta contra Sidónio Pais. Deve ser do mesmo período de 92B-8, que é uma minuta de acordo entre partidos conservadores em que se preconiza a 'eliminação dos revolucionarios civis' e o 'fuzilamento sumario' de grevistas e inimigos do regime de Sidónio! Ou seja, o tal 'tratamento militar' que neste texto se advoga. O outro texto, também de 1918, parece posterior a este".

chefe, com um *constructor*. Que vulgar não é ver[3] citados a par Nun'Alvares e o Infante D. Henriques! Como se o grave patriota, o soldado ◊, o estratega admiravel fôsse, com tudo isso, figura comparavel, em valor perante a *civilização*, com o eminente transformador da terra. Como se o sonhador[4] de uma patria se pudesse comparar com o creador de uma civilização!

O orientador é sempre mais popular do que o constructor.

A differença entre estes 2 typos de homens vê-se claramente num admiravel passo de Bacon, onde estabelece a destrinça entre os semi-deuses e os deuses do systema pagão. Leia-se, e fixe-se o sentido, d'essa notavel ◊[5]

124
A. A. CROSSE

Num breve projecto intitulado "Guide to All Competitions" ["Guia para Todas as Competições"], Pessoa lista os seguintes tipos de competição: (1) "of skill" ["de habilidade"]; (2) "of deciphering a converted text" ["de decifrar um texto modificado"]; (3) "of deciphering a name guessing a number (anthological part of the book)" ["de decifrar um nome adivinhando um número (secção antológica do livro"]; e a seguir, num apontamento astrológico já referido, pergunta se Crosse vai ser o vencedor de uma competição de decifração (124-21ᵛ). O Crosse a que se refere poderá ser A. A. Crosse, pois dos três Crosse conhecidos – Thomas (cf. 108), A. A. e I. I. (cf. 125) – A. A. terá sido o que mais assiduamente remeteu soluções para semanários ingleses de grande tiragem – as famosas *weekly magazines* –, sendo que I. I. talvez nunca o tenha feito. Nestes casos, há sempre alguma margem de dúvida, porque Pessoa tende a falar no singular, apesar de ter dado vida a vários Crosse. Assim, na sua correspondência amorosa com Ofélia Queiroz, refere-se constantemente ao "Sr. Crosse", como se só existisse um, e só em duas ocasiões a "A. A. Crosse", com iniciais. Isto leva a pensar que Pessoa reservou para si dois ou mais Crosse, ou que cada Crosse era um reflexo ou uma variante de outro Crosse, ou ainda uma máscara de um único Crosse. Seja como for, todos esses Crosse parecem destinados a jogar *crosswords* ou palavras cruzadas – carregam esse destino no apelido –, tal como Pessoa, cujo nome etimologicamente significa máscara, estaria já destinado a ser múltiplo. Refira-se, por fim, que as iniciais de

A. A. Crosse podem corresponder às de Arthur Annes Crosse, "nome de uma personagem incluída num relato detectivesco inédito intitulado *A Strange Disappearance* (27^{22} M^{5}-1)" (*apud* Uribe e Sepúlveda, 2013, p. 72), mas esta é apenas uma hipótese, tal como nos seria possível propor que Thomas é uma homenagem a um dos poetas mais amados em Inglaterra ao longo do século XIX, Thomas Chatterton (1752-1770) – uma hipótese que gostaríamos que fosse verdadeira, mesmo que seja de difícil aferição. A. A. Crosse pode ter entrado em actividade em 1917, quando Pessoa terá começado a enviar soluções para alguns semanários, mas, em ausência de provas, tendemos a crer que surgiu, como Thomas Crosse, por volta de 1918. Esta é, contudo, uma conjectura, visto que o que sabemos ao certo é apenas o que aparece referido na correspondência de 1920 com Ofélia e que, nesse ano, A. A. ganhou um prémio.

DATA: 1918.

[133H-47r]

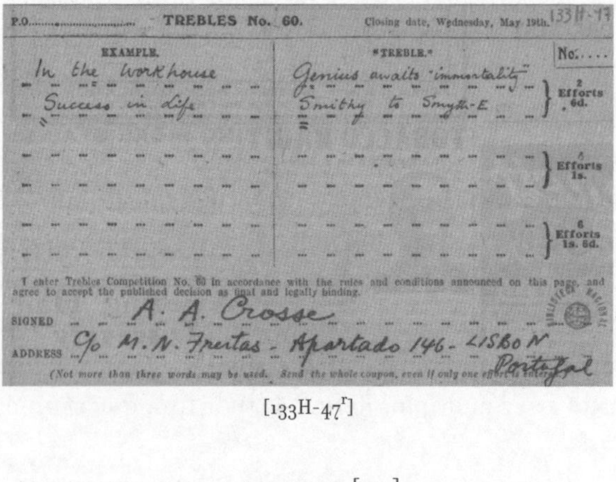

[133H-47r]

RESULT OF TREBLES No. 50.

THE FIRST PRIZE OF £300 has been awarded to :
Miss V. R. TUCKER, 4, Ravensbury Terrace, Earlsfield, S.W.
Example : A perfect day.
Treble : Pussyfoot visiting NiagarA.

THE SECOND PRIZE OF £25 has been awarded to :
Mr. ARTHUR SWARBUCK, 41, Vicarage Grove, Eccles, Manchester.
Example : Every woman Thinks.
Treble : Tram car's hers.

THE THIRD PRIZE OF £20 has been awarded to :
Mr. A. J. GASCOIGNE, 27, Etruria Street, C.-on-M., Manchester.
Example : A perfect day.
Treble : Wife mislAid cookery-book.

THE FOURTH PRIZE OF £15 has been awarded to :
Mr. GEO. W. AMPHLETT, 190, Highgate Road, Sparkbrook, Birmingham.
Example : Mother'S right hand.
Treble : Nipper'S "napper" "slapper."

THE FIFTH PRIZE OF £10 has been awarded to :
Mr. W. G. BRANCH, Shrubland House, West Bergholt, Essex.
Example : Very good Company.
Trebles : ProCeed to "allotment."

THE SIXTH PRIZE OF £5 has been awarded to :
Mr. F. T. CORLESS, 33, Parkfield Road, Upton, Torquay.
Example : Rather pathetic.
Treble : "Shirt" on Race-horse.

THE TEN PRIZES OF £1 each have been awarded to :
Mr. W. Bennett, 1 Back 18, St. Mark's Street, Summerhill, Birmingham.
Mr. Thomas Gallaway, 175, Sandford Road, Bradford.
Mr. Arthur Dick, 17, Mathieson Street, Govan, Glasgow.
Mr. Edgar Naylor, 103, Whitehall Road, Leeds.
Mr. Bert Moore, Lanark Cottage, Merrow, Guildford.
Mr. A. A. Crosse, c.o. Mr. M. N. Freitas, Apartado 146, Lisbon, Portugal.
Mr. T. O. Jones, 22, Syren Street, Kirkdale, Liverpool.
Mr. Ernest Brown, 15, Bernard Street, Carrington, Nottingham.
Mr. Percy Lonsdale, 74, Shirley Road, Cheetham, Manchester.
Mr. Henry J. Ward, 207, Wargrave Road, Earlestown, Lancs.

NOTE.—Pressure on space compels us to withhold publication of the winners of the other prizes offered. These will be despatched during the week : but a list of unpublished winners can be seen on application at The Fleetway House, Farringdon Street, London, E.C. 4.

n Street, London, E.C.4. Registered for transmission by for six months. Sole agents for South Africa : The Central nada : The Imperial News Agency, Limited. Saturday,

S

[133H-47a^r]

133H-36

Telephone No.:
Central One (15 lines).

Telegrams:
"MISTITLED,
CENT., LONDON."

The Amalgamated Press, Ltd.,

Accounts Dept.,

THE FLEETWAY HOUSE,
FARRINGDON ST.,
LONDON. E.C. 4.

15 MAR 1920

ANSWERS

Dear Sir (or Madam),

Herewith we have pleasure in handing you cheque for the Prize awarded to you in the Trebles No 50 Competition.

Full particulars will be found on the back of the cheque.

Yours faithfully,

THE AMALGAMATED PRESS, Ltd.

S.D. 56
5419

[133H-36r]

125

I. I. CROSSE

Autor de um texto sobre Alberto Caeiro e o neopaganismo e um outro sobre Alvaro de Campos, I. I. Crosse parece, até certo ponto, um desdobramento de Thomas Crosse (cf. 108), pois também escreve pequenos textos (ou "artigos") literários em inglês e os dois conhecidos têm um tema em comum: a obra dos escritores sensacionistas. Parece-nos muito provável que I. I. Crosse tenha surgido em 1919, ou mais tarde, atendendo a que cita uns versos de Caeiro de 12 de Abril de 1919, e que as características materiais dos suportes dos seus textos sugerem uma datação posterior a 1916. Note-se que a assinatura de J. J. Crosse (que poderia ser I. I. Crosse, escrito com dois "I" mais curvos) consta de um papel timbrado da firma F. A. Pessoa, que foi transferida para a Rua do Ouro, 87, 2.º, em Dezembro de 1917.[a]

DATA: 1919.

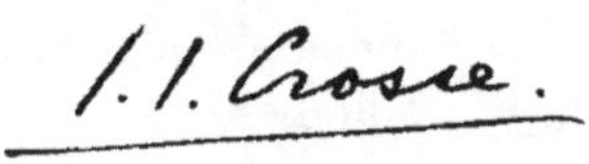

[143-7ʳ]

a Ver o fac-símile no capítulo de Thomas Crosse.

[125.1] *I. I. Crosse*

Caeiro & the Pagan Reaction

The first qualification for a critic of science or of art, that is to say, of an intellectual production which strives for an absolute value (truth or beauty) is that he should be able to distinguish between relative & absolute values. When a work of art[1] pleases him, when he feels it is beautiful, his first intellectual movement, after that movement of sensibility[2], should be to ask himself: Do I find this beautiful as a man, or as a man of my time, or as a man of my country? Does this appeal, really, to the man in me, or to the modern man in me, or the English, or French, or Italian that I am?

Very few are able to undertake such self-analysis, but we are optimistic enough about mankind to believe that the greater number of clever men are not able to undertake it [because][3] they have never been taught that they ought to undertake it.

If this principle of self-criticism before criticism of others, of analysis of impressions before analysis of the results of impressions, were more commonly put into practice, we would have been spared many follies. As it is[4] the sage of looking back at 40 on the foolish enthusiasm of 20 has no equal sense than looking back at 60 to the equally foolish, though seeming-cooler, enthusiasm of 40.

I have ever held it necessary to take this mental attitude. So when I first read Alberto Caeiro, I have felt the enthusiasm of ◊

Here at last – said I to myself – is a work that appeals to me not as a man[5] of to-day (no work could be further removed from every known current of contemporary art), not as an Englishman (no work could be less English), but indeed as a man of mankind.

The more I analysed my feelings, the more I came to accept this conclusion of mine as true.

I am not so bold of my real opinion of Caeiro's worth, as to tell the reader frankly how much I think of him.

The great discovery of Caeiro – the mysticism of objectivity. As mystics see meaning in all things, Caeiro, in his own words, sees[6]

lack of meaning in all things,
See it & I love myself[7] [because][8] to be a thing is to mean nothing.[b]

I. I. Crosse
Caeiro e a Reacção Pagã

[TRAD.]

A primeira competência necessária ao crítico de ciência ou de arte, isto é, à produção intelectual que ambiciona um valor absoluto (a verdade ou a beleza), é que seja capaz de distinguir entre valores relativos e absolutos. Quando uma obra de arte lhe agrada, quando sente que é bela, o seu primeiro movimento intelectual, após o movimento realizado pela sua sensibilidade, deve ser perguntar-se a si mesmo: acho esta obra bela enquanto homem, enquanto homem do meu tempo ou enquanto homem do meu país? Será que ela agrada, no fundo, ao homem em mim, ao homem moderno em mim, ou ao inglês, ou francês, ou italiano que sou?

Muito poucos conseguem realizar esta auto-análise, porém somos suficientemente optimistas com respeito à humanidade para crer que

b Veja-se o final do poema inconjunto que começa "Tu, mystico...": "Eu vejo ausencia de significação em todas as cousas; | Vejo-o e amo-me, porque ser uma cousa é não significar nada. | Ser uma cousa é não ser susceptivel de interpretação."

a maior parte dos homens inteligentes só não é capaz de a realizar porque nunca lhes foi ensinado que deviam realizá-la.

Se este princípio de autocrítica anterior à crítica de outros, esta análise de impressões anterior à análise dos resultados das impressões, fossem praticados com mais frequência, teríamos sido poupados a muitos disparates. Tal como a sabedoria de aos 40 olhar para trás, para o entusiasmo louco dos 20, não tem o mesmo sentido do olhar aos 60 para o igualmente louco, embora aparentemente mais tranquilo, entusiasmo dos 40.

Sempre considerei necessário ter esta atitude mental. De modo que, quando li pela primeira vez Alberto Caeiro, senti o entusiasmo dos ◊

Eis finalmente – disse a mim próprio – uma obra que me atrai não enquanto homem de hoje (nenhuma obra poderia estar mais afastada de todas as correntes da arte contemporânea que nos são conhecidas), não enquanto inglês (nenhuma obra poderia ser menos inglesa), mas enquanto homem da humanidade.

Quanto mais analisava os meus sentimentos, mais tomava esta minha conclusão como verdade.

Não estou tão seguro da minha real opinião acerca do valor de Caeiro para que possa dizer ao leitor francamente o que penso dele.

A grande descoberta de Caeiro – o misticismo da objectividade. Tal como os místicos vêem sentido em todas as coisas, Caeiro, nas suas próprias palavras, vê

> *ausencia de significação em todas as cousas;*
> *Vejo-o e amo-me, porque ser uma cousa é não significar nada.*

Alvaro de Campos is one of the very greatest masters of rhythm[1] that there has ever been. Every metric paragraph of his is a finished work of art. He makes definite, perfectly "curved" stanzas of these irregular "meters".

He is the most violent of all writers. His master Whitman is mild and calm compared to him. Yet the more turbulent of the 2 poets is the most self-controled[2]. He is so violent that enough of the energy of his violence remains for him[3] to use it in /disciplining/ his violence.

The violence of the *Naval Ode* is perfectly insane. Yet it is unparalleled in art[4], & ∵ [because] its violence is such.

His volcanic emotion, his violence of sensation, his formidable shifting from violence to tenderness, from a passion for great and loud[5] things to a love of humble[6] and quiet ones, his unparalleled transitions, like sudden silences, sudden pauses… his change from unstable to /equable/ states of mind – none has ever approached him in the ◊ of this hysteria of our age.

The classic training of his early years, that never deserts him (for he is one of the most unified of poets, & ever a builder and a fitter--together of parts in an organic whole); his individual stability, his mathematical training & scientific training, adding another stabilizing influence (never too much for such a volcanic temperament) ◊

His large-minded[7] contempt of small things, of small people, of all our age, ∵ [because] it is composed of small things & of small people.

This quasi-Futurist who loves the great classic poets ∵ [because] they were great and despises the literary men of his time ∵ [because] they are all small.

His art of conveying sensations by a single stroke:

A fita côr de rosa deixada em cima da commoda,[c]

O ultimo brinquedo[8] partido (comboio ainda com a fita suja
[para o puxar)
Da creança inevitavelmente morta, ó mãe de preto a dobrar-lhe
[o fato.[d]

His terrible self-analysis, making suddenly cold all his emotion, as in the "Salutation [to Walt Whitman]".

[TRAD.]

I. I. Crosse

Alvaro de Campos é um dos maiores mestres de ritmo que alguma vez existiram. Cada parágrafo métrico dele é uma obra de arte completa. Produz estâncias definitivas, perfeitamente "curvadas" desses "metros" irregulares.

É o mais violento de todos os escritores. O seu mestre Whitman é tímido e calmo comparado com ele. Porém, o mais turbulento dos 2 poetas é o mais controlado. É tão violento que parte da energia dessa violência é aproveitada para disciplinar a sua própria violência.

A violência da Ode Marítima *é completamente louca. Porém, é ímpar na arte, por ser tanta a sua violência.*

c Cf. "Aquella que é o annel deixado em cima da commoda, | E a fita entalada com o fechar da gaveta, | Fita cor-de-rosa, não gosto da côr mas da fita entalada, | Assim como não gosto da vida, mas gosto de sentil-a..." ("A Passagem das Horas, ode sensacionista", in *Poemas de Álvaro de Campos*, 1990, p. 166).

d Estas linhas parecem evocar um ou mais poemas de Campos, mas talvez sejam uma tentativa de evocar uma passagem da "Ode Marcial", em que figuram alguns dos elementos citados (a "fita suja", "alguns brinquedos partidos", a criança morta, os "fatinhos" que a mãe guarda, etc.).

A sua emoção vulcânica, a sua violência de sensação, a sua mudança impressionante da violência para a ternura, duma paixão pelas grandes e estrondosas coisas, para um amor pelas humildes e tranquilas, as suas transições únicas, como súbitos silêncios, súbitas pausas... as suas mudanças de humor, ora instável, ora estável – nunca ninguém ainda se aproximou dele na ◊ desta histeria da nossa era.

A formação clássica dos seus primeiros anos, que nunca o abandona (pois ele é um dos poetas com mais sentido de unidade, e é sempre um construtor e um ajustador de partes num todo orgânico); a sua estabilidade individual, a sua formação matemática e formação científica, acrescentando outra influência estabilizadora (nunca demais para um temperamento tão violento) ◊

O seu desprezo liberal pelas coisas mesquinhas, pelas pessoas mesquinhas, por toda a nossa época porque é constituída por coisas e pessoas mesquinhas.

Este quase-futurista que ama os grandes poetas clássicos porque eram grandes e despreza os literatos do seu tempo porque são todos mesquinhos.

A sua arte de comunicar as sensações com uma única pincelada:

A fita côr de rosa deixada em cima da commoda,

O ultimo brinquedo partido (comboio ainda com a fita suja para
[o puxar)
Da creança inevitavelmente morta, ó mãe de preto a dobrar-lhe
[o fato.

A sua terrível auto-análise, tornando subitamente frias todas as suas emoções, como na "Saudação a Walt Whitman".

126
BERNARDO SOARES

Conotado como principal autor do *Livro do Desassossego*, embora o seja, em rigor, só a partir de 1928 (e não necessariamente até 1935), Bernardo Soares começou por ser contista, tal como Vicente Guedes (cf. 91), que foi um dos outros autores do *Livro*, embora na década de 1910. De Soares resta-nos pouca informação de carácter biográfico, porque os prefácios em que Pessoa descreve o seu encontro com o autor do *Livro* esboçam um retrato de Guedes e não de Soares. Paradoxalmente, desta tão relevante figura, não nos resta sequer uma assinatura – apenas o registo manuscrito do seu nome ("B. Soares") encimando uma lista de contos –, visto que o livro por si composto iria ser publicado em nome de Fernando Pessoa, cuja assinatura, manuscrita e dactilografada, consta do final de alguns trechos. É importante frisar este aspecto, porque Soares tem sido redimensionado, postumamente, de modo a que o *Livro do Desassossego* passe a ter um só autor suposto, embora, na realidade, Soares seja apenas um contista e um pretenso poeta ("os seus versos são o lixo da sua prosa", 48C-22^{r}) que, por volta de 1929, começa a ser transformado, por Pessoa, num empregado de escritório da Baixa lisboeta, num sósia de Guedes e do próprio Pessoa, "correspondente estrangeiro em casas comercias" (ver o terceiro dos anexos finais deste livro). Por esta razão, na selecção dos textos incluídos neste capítulo figuram trechos em que o "senhor Soares" é referido, pois é esse "senhor", ficcionalizado por Mário Cláudio em *Boa Noite, Senhor Soares* (2008), que aqui nos interessa.

A Bernardo Soares, Fernando Pessoa refere-se em alguns textos tardios e bastante citados. Num deles, Pessoa aproxima Soares do Barão de Teive (cf. 134) e de Alvaro de Campos (cf. 102), o que é relevante, visto existirem trechos do *Livro* que, temática e estilisticamente, parecem fragmentos de Teive ou poemas em prosa de Alvaro de Campos. Confrontem-se, por exemplo, as passagens em que Soares fala da sua solidão e dos espíritos da sua espécie, como Jean-Jacques Rousseau (1712-1778) ou Étienne Pivert de Senancour (1770-1846), com outros em que Teive traça uma genealogia espiritual quase idêntica. Ou compare-se o texto de 27 de Junho de 1930, que termina com a exclamação "Mas quantos Cesares fui!" (3-27ʳ), com o poema "Pecado original" (70-59ʳ) de Campos, em que figura a mesma exclamação e outras afins. Tendo isto presente, parece-nos pertinente lembrar os paralelos estabelecidos por Pessoa: "O ajudante de guarda-livros Bernardo Soares e o Barão de Teive – são ambas figuras minhamente alheias – escrevem com a mesma substancia de estylo, a mesma grammatica, e o mesmo typo e forma de propriedade: é que escrevem com o estylo que, bom ou mau, é o meu. Comparo as duas porque são casos de um mesmo phenomeno – a inadaptação á realidade da vida, e, o que é mais, a inadaptação pelos mesmos motivos e razões. Mas, ao passo que o portuguez é egual no Barão de Teive e em Bernardo Soares, o estylo differe em que o do fidalgo é intellectual, despido de imagens, um pouco, como o direi?, hirto e restricto; e o do burguez é fluido, participando da musica e da pintura, pouco architectural. O fidalgo pensa claro, escreve claro, e domina as suas emoções, se bem que não os seus sentimentos; o guarda-livros nem emoções nem sentimentos domina, e quando pensa é subsidiariamente a sentir"; e remata: "Ha notaveis similhanças, por outra, entre Bernardo Soares e Alvaro de Campos. Mas, desde logo, surge em Alvaro de Campos o desleixo do portuguez, o desatado das imagens, mais intimo e menos propositado que o de Soares" (*Livro do Desassossego*, 2013, p. 529).

Não menos importante que o texto citado por extenso é a carta mais citada da correspondência pessoana, que Jorge de Sena definiu como a carta sobre a génese dos heterónimos[a], onde Fernando Pessoa explica a Adolfo Casais Monteiro que Bernardo Soares é um semi-heterónimo, pois não é tão diferente de si quanto o são Alberto Caeiro, Ricardo Reis e Alvaro de Campos, e onde dá a entender o tipo de existência esporádica e inconstante que teria Soares no início de 1935: "O meu semi-heteronymo Bernardo Soares, que aliás em muitas coisas se parece com Alvaro de Campos, apparece sempre que estou cansado ou somnolento, de sorte que tenha um pouco suspensas as qualidades de raciocinio e de inhibição; aquella prosa é um constante devaneio. É um semi-heteronymo porque, não sendo a personalidade a minha, é, não differente da minha, mas uma simples mutilação della. Sou eu menos o raciocinio e a affectividade" (ver o segundo dos anexos finais deste livro). Associados a Soares, existem, contudo, textos que não são de um devaneio puro, mas é interessante constatar que essa característica – quase dependente de uma disposição de espírito e da concretização de um tom – servia para Pessoa se sentir desdobrado em Soares, nessa figura "minhamente alheia".

DATA: 1920.

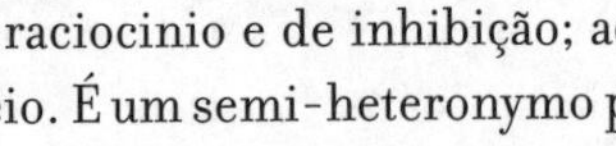

[144G-29^{r}]

a Intitulando assim uma secção de *Páginas de Doutrina Estética* (1946).

Devemos a essas circumstancias apparentemente adversas alguns dos melhores poemas – e dos mais espirituaes – do grande poeta. Por acaso, por puro acaso, sei que o "Lago de Ouro", em que a impressão fugitiva do vale é dada com uma maestria inigualavel, /foi devida á necessidade de esquecer que a Theresa estava fazendo signaes ao padeiro da janella do lado/.

Um grande poeta, porém, transforma tudo. Uma grande alma torna tudo grande. Não ha transubstanciação com a do espirito parvo. E assim, quando lemos

> No parque, entre os pavões, o fim da tarde.
> Toca na cauda da sua pompa fria, ◊

mal podemos adivinhar que o author tinha a conciencia da combinação amorosa feita para uma hora em que ella tinha que não estar em casa – não por ter que sahir, mas por ter ouvido, ou percebido nos gestos, a hora da combinação

A "Ballada para uma Rainha Virgem" nasceu de um dia de chuva, em que a impaciencia[1] de Thereza, cujo corneteiro ficava retido no quartel, dava para embirrar com tudo.

Trilhou a Avenida com passo largo, mal abarcando, na sua febre, os gestos desmedidos que dentro d'ella fizera o seu orgulho.

Atravez das grades da sua cella a noite era melhor que a vida. Podia sahir de Rilhafolles se quizesse; como se tinha tornado grato aos directores, podia por que o deixariam ficar. Falava em si gente, tinha cella propria; tanto lhe valera a sympathia que por elle tinham. Não tinha familia cá fora. Nos estados absolutos do seu espirito não havia nunca tido nenhuma familia.

Contou-me a sua historia uma vez, quando eu, visitando o hospicio, me iniciara naquella alma. A historia é possivelmente falsa mas vale a pena de ser contada. Que temos nos com a verdade das cousas, que não existe? Foi esta a historia que elle me contou.

Elle dizia-me estas cousas com grandes gestos, d'estes que parecem pegar no sol e na lua e mettel-os numa algibeira que fecha com um botão.

É uma cousa que tem sido notada muitas vezes. Não tem sido duvidado que tenha sido notada.

D'aquelles que julga que a desgraça humana se cura alterando--se a constituição do paiz e repondo os circulos eleitoraes. O ceu e a terra, pois, são mais que um ministro qualquer, /e não ha representação proporcional que seja semelhante aos desvios de um planeta/.

[126.2] *[Livro do Desassossego]*

Hoje, como me opprimisse a sensação do corpo aquella angustia antiga que por vezes extravasa, não comi bem, nem bebi o costume, no restaurante, ou casa de pasto, em cuja sobreloja baseio a continuação da minha existencia. E, como, ao sahir eu, o creado verificasse que a garrafa de vinho ficára em meio, voltou-se para mim e disse: "Até logo, sr. Soares, e desejo as melhoras".

Ao toque de clarim d'esta phrase simples a minha alma alliviou-se como se num ceu de nuvens o vento de repente as afastasse. E então reconheci o que nunca claramente reconhecera, que nestes creados de café e de restaurante, nos barbeiros, nos moços de frete das esquinas, eu tenho uma sympathia espontanea, natural, que não posso orgulhar-me de receber dos que privam commigo em maior intimidade, impropriamente dita...

A fraternidade tem subtilezas.

Uns governam o mundo, outros são o mundo. Entre um millionario americano, um Cesar ou Napoleão, ou Lenine, e o chefe socialista da aldeia – não ha differença de qualidade, mas apenas de quantidade. Abaixo d'esses estamos nós, os amorphos, o dramaturgo atabalhoado William Shakespeare, o mestre escola John Milton, o vadio Dante Alighieri, o moço de fretes que me fez hontem o recado, eu, o barbeiro que me conta anecdotas, o creado que acaba de me fazer a fraternidade de me desejar aquellas melhoras, por eu não ter bebido senão metade do vinho.

[Livro do Desassossego] [126.3]

Hoje, em um dos devaneios sem proposito nem dignidade que constituem grande parte da substancia espiritual da minha vida, imaginei-me liberto para sempre da Rua dos Douradores, do patrão Vasques, do guarda-livros Moreira, dos empregados todos, do moço, do garoto e do gato. Senti em sonho a minha libertação, como se mares do Sul me houvessem offerecido ilhas maravilhosas por descobrir. Seria então o repouso, a arte conseguida, o cumprimento intellectual do meu ser.

Mas de repente, e no proprio imaginar, que fazia num café no feriado modesto do meio do dia, uma impressão de desagrado me assaltou o sonho: senti que teria pena. Sim, digo-o como se o dissesse, circumstanciadamente: teria pena. O patrão Vasques, o guarda-livros Moreira, o caixa Borges, os bons rapazes todos, o garoto alegre que leva as cartas ao correio, o moço de todos os fretes, o gato meigo – tudo isso se tornou parte da minha vida; não poderia deixar tudo isso sem chorar, sem comprehender que, por mau que me parecesse, era parte de mim que ficava com elles todos, que o separar-me d'elles era uma metade e similhança da morte.

Aliás, se amanhã me apartasse de elles todos, e despisse este trajo da Rua dos Douradores, a que outra coisa me chegaria – porque a outra me haveria de chegar?, de que outro trajo me vestiria – porque de outro me haveria de vestir?

Todos temos o patrão Vasques, para uns visivel, para outros invisivel. Para mim chama-se realmente Vasques, e é um homem sadio, agradavel, de vez em quando brusco mas sem lado de dentro, interesseiro mas no fundo justo, com uma justiça que falta a muitos grandes genios e a muitas maravilhas humanas da civilização, direita e esquerda. Para outros será a vaidade, a ansia de maior riqueza, a gloria, a immortalidade... Prefiro o Vasques homem meu patrão, que é mais tratavel, nas horas difficeis, que todos os patrões abstractos do mundo.

Considerando que eu ganhava pouco, disse-me o outro dia um amigo, socio de uma firma que é prospera por negocios com todo o Estado: "você é explorado, Soares[1]". Recordou-me isso de que o sou; mas como na vida temos todos que ser explorados, pergunto se valerá menos a pena ser explorado pelo Vasques das fazendas do que pela vaidade, pela gloria, pelo despeito, pela inveja ou pelo impossivel. Ha os que Deus mesmo explora, e são prophetas e santos na vacuidade do mundo.

E recolho-me, como ao lar que os outros teem, á casa alheia, escriptorio amplo, da Rua dos Douradores. Achego-me á minha secretaria como a um baluarte contra a vida. Tenho ternura, ternura até ás lagrimas, pelos meus livros de outros em que escripturo, pelo tinteiro velho de que me sirvo, pelas costas dobradas do Sergio, que faz guias de remessa um pouco para além de mim. Tenho amor a isto, talvez porque não tenha mais nada que amar – ou talvez, tambem, porque nada valha o amor de uma alma, e, se temos por sentimento que o dar, tanto vale dal-o ao pequeno aspecto do meu tinteiro como á grande indifferença das estrellas.

[Livro do Desassossego] [126.4]

Sim, é o poente. Chego à foz da Rua da Alfândega, vagaroso e disperso, e, ao clarear-me o Terreiro do Paço, vejo nítido o sem sol do céu ocidental. Esse céu é de um azul esverdeado para cinzento branco, onde, do lado esquerdo, sôbre os montes da outra margem, se agacha, amontoada, uma névoa acastanhada de côr de rosa morto. Há uma grande paz que não tenho dispersa friamente no ar outonal abstracto. Sofro de a não ter o prazer vago de supor que ela existe. Mas, na realidade, não há paz nem falta de paz: céu apenas, céu de tôdas as côres que desmaiam – azul branco, verde ainda azulado, cinzento pálido entre verde e azul, vagos tons remotos de côres de nuvens que o não são, amareladamente escurecidas de encarnado findo. E tudo isto é uma visão que se extingue no mesmo momento em que é tida, um intervalo entre nada e nada, alado, posto alto, em tonalidades de céu e mágua, prolixo e indefinido.

Sinto e esqueço. Uma saüdade, que é a de tôda gente por tudo, invade-me como um opio do ar frio. Há em mim um êxtase de ver, intimo e postiço.

Para os lados da barra, onde o ter cessado o sol cada vez mais se acaba, a luz extingue-se em branco lívido que se azula de esverdeado frio. Há no ar um torpor do que se não consegue nunca. Cala alto a paisagem do céu.

Nesta hora, em que sinto até transbordar, quizera ter a malícia inteira de dizer, o capricho livre de um estilo por destino. Mas não, só o céu alto é tudo, remoto, abolindo-se, e a emoção que tenho, e que é tantas, juntas e confusas, não é mais que o reflexo dêsse céu nulo num lago em mim – lago recluso entre rochedos hirtos, calado, olhar de morto, em que a altura se contempla, esquecida.

Tantas vezes, tantas, como agora, me tem pesado sentir que sinto – sentir como angústia só por ser sentir, a inquietação de estar aqui, a saüdade de outra coisa que se não conheceu, o poente de tôdas as emoções, amarelecer-me esbatido para tristeza cinzenta na minha consciência externa de mim.

Ah, quem me salvará de existir? Não é a morte que quero, nem a vida: é aquela outra coisa que brilha no fundo da ância como um diamante possível numa cova a que se não pode descer. É todo o pêso e tôda a mágua dêste universo real e impossível, dêste céu estandarte de um exército incógnito, dêstes tons que vão empalidecendo pelo ar fictício, de onde o crescente imaginário da lua emerge numa brancura eléctrica parada, recortado a longínquo e a insensível.

É tôda a falta de um Deus verdadeiro que é o cadáver vácuo do céu alto e da alma fechada. Cárcere infinito – porque és infinito, não se póde fugir de ti!

Cheguei hoje, de repente, a uma sensação absurda e justa. Reparei, num relampago intimo, que não sou ninguem. Ninguem, absolutamente ninguem. Quando brilhou o relampago, aquillo onde suppuz uma cidade era um plaino deserto; e a luz sinistra que me mostrou a mim não revelou céu acima d'elle. Roubaram-me o poder ser antes que o mundo fôsse. Se tive que reincarnar, reincarnei sem mim, sem ter eu reincarnado.[1]

Sou os arredores de uma villa que não ha, o commentario prolixo a um livro que se não escreveu. Não sou ninguem, ninguem. Não sei sentir, não sei pensar, não sei querer. Sou uma figura de romance por escrever, passando aerea, e desfeita sem ter sido, entre os sonhos de quem me não soube formular[2].

Penso sempre, sinto sempre; mas o meu pensamento não contém raciocinios, a minha emoção não contém emoções. Estou cahindo, depois do alçapão lá em cima, por todo o espaço infinito, numa queda sem direcção, infinitupla e vazia. Minha alma é um maelstrom negro, vasta vertigem à roda do vacuo[3], movimento de um oceano infinito em torno de um buraco em nada, e nas aguas que são mais gyro que aguas boiam todas as imagens do que vi e ouvi no mundo – vão casas, caras, livros, caixotes, rastros de musica e syllabas de vozes[4], num rodopio sinistro e sem fundo.

E eu, verdadeiramente eu, sou o centro que não ha nisto senão por uma geometria do abysmo; sou o nada em torno do qual este movimento gyra, só para que gyre, sem que esse centro exista senão porque todo o circulo o tem. Eu, verdadeiramente eu, sou o poço sem muros, mas com a viscosidade dos muros, o centro de tudo com o nada à roda.

E é, em mim, como se o inferno elle-mesmo risse, sem ao menos a humanidade de diabos a rirem, a loucura grasnada do universo morto, o cadaver rodante do espaço physico, o fim de todos os mundos fluctuando negro ao vento, disforme, anachronico, sem Deus que o houvesse creado, sem elle mesmo que está rodando nas trevas das trevas, impossivel, unico, tudo.

Poder saber pensar! Poder saber sentir!

Minha mãe morreu muito cedo, e eu não a cheguei a conhecer... [b]

[126.6] *[Livro do Desassossego]*

Disse Amiel que uma paisagem é um estado de alma[c], mas a frase é uma felicidade frouxa de sonhador debil. Desde que a paisagem é paisagem, deixa de ser um estado da alma. Objectivar é crear, e ninguem diz que um poema feito é um estado de estar pensando em fazêl-o. Ver é talvez sonhar, mas se lhe chamamos ver em vez de lhe chamarmos sonhar, é que distinguimos sonhar de ver.

De resto, de que servem estas especulações de psicologia verbal? Independentemente de mim cresce herva, chove na herva que cresce, e o sol doira a extenção[1] da herva que cresceu ou vai crescer; erguem-se os montes de muito antigamente, e o vento passa com o mesmo modo com que Homero, ainda que não existisse, o ouviu. Mais certo era dizer que um estado da alma é uma

b Veja-se o trecho que começa: "Não me lembro da minha mãe" (*Livro do Desassossego*, 2013, p. 433, n.º 360).

c Ver *Fragments d'un journal intime*: "Un paysage quelconque est un état de l'âme, et qui lit dans tous deux est émerveillé de retrouver la similitude dans chaque détail" (Amiel, 1911, p. 62). A passagem citada encontra-se sublinhada no exemplar existente na Biblioteca particular de Fernando Pessoa (disponível *on-line*). Dos dois tomos do diário íntimo de Henri-Frédéric Amiel (1821-1881), escritor e filósofo suíço nascido em Genebra, só o primeiro se encontra nessa biblioteca (ver Pizarro, Ferrari e Cardiello, 2010, p. 183).

paisagem; haveria na frase a vantagem de não conter a mentira de uma teoria, mas tamsómente a verdade de uma metáfora.

Estas palavras casuaes foram-me dictadas pela grande extensão da cidade, vista á luz universal do sol, desde o alto de São Pedro de Alcântara. Cada vez que assim contemplo uma extensão larga, e me abandono do metro e setenta de altura, e sessenta e um quilos de peso, em que fisicamente consisto, tenho um sorriso grandemente metafisico para os que sonham que o sonho é sonho, e amo a verdade do exterior absoluto com uma virtude nobre do entendimento.

O Tejo ao fundo é um lago azul, e os montes da outra banda são de uma Suissa achatada. Sái um navio pequeno – vapor de carga preto – dos lados do Poço do Bispo para a barra que não vejo. Que os Deuses todos me conservem, até á hora em que cesse este meu aspecto de mim, a noção clara e solar da realidade externa, o instinto da minha inimportância, o comforto de ser pequeno e de poder pensar em ser feliz.

L[ivro] do D[esassossego] [126.7]

Entrei no barbeiro no modo do costume, com o prazer de me ser facil entrar sem constrangimento nas casas conhecidas. A minha sensibilidade do novo é angustiante: tenho calma só[1] onde já tenha[2] estado.

Quando me sentei na cadeira, perguntei, por um acaso que lembra, ao rapaz barbeiro que me ia collocando no pescoço um linho frio e limpo, como ia o collega da cadeira da direita, mais velho e com espirito, que estava doente. Perguntei-lhe sem que me pesasse a necessidade de perguntar: occorreu-me a opportunidade pelo local e a lembrança. "Morreu hontem", respondeu sem tom a voz que estava por traz da toalha e de mim, e cujos dedos se erguiam da ultima inserção na nuca, entre mim e o collarinho. Toda a minha boa disposição irracional morreu de repente, como o barbeiro eternamente ausente da cadeira ao lado. Fez frio em tudo quanto penso. Não disse nada.

Saudades! Tenho-as até do que me não foi nada, por uma angustia da fuga do tempo e uma doença do mysterio da vida. Caras que via habitualmente nas minhas ruas habituaes – se deixo de vel-as entristeço; e não me foram nada, a não ser o symbolo de toda a vida.

O velho sem interesse das polainas sujas, que cruzava frequentemente commigo ás nove e meia da manhã? O cauteleiro coxo que me maçava inutilmente? O velhote redondo e corado do charuto á porta da tabacaria? O dono pallido da tabacaria? O que é feito de todos elles, que, porque os vi e os tornei a ver, foram parte da minha vida? Amanhã tambem eu me sumirei da Rua da Prata, da Rua dos Douradores, da Rua dos Fanqueiros. Amanhã tambem eu – a alma que sente e pensa, o universo que sou para mim – sim, amanhã eu tambem serei o que deixou de passar nestas ruas, o que outros vagamente evocarão com um "o que será d'elle?". E tudo quanto faço, tudo quanto sinto, tudo quanto vivo, não será mais que um transeunte[3] a menos na quotidianidade de ruas de uma cidade qualquer.

127

A.L.R.

Figura de que só conhecemos as iniciais, talvez por ser esta a modalidade mais adequada à sua tarefa. A.L.R. é citado em três documentos do espólio pessoano como sendo o tradutor e o comentador português dos *Protocolos dos Sábios de Sião* (1903), um folheto originalmente escrito em russo, posteriormente traduzido para muitos idiomas, que pretendia divulgar e alertar sobre um suposto esquema de domínio mundial arquitectado pelos líderes judeus, e descoberto pelas autoridades russas em 1897. Os *Protocolos* foram citados por Hitler em *Mein Kampf*, foram utilizados pelo Ministério de Propaganda da Alemanha nazi e contribuíram para propagar o anti-semitismo do Terceiro Reich alemão. O empresário americano Henry Ford (1863-1947) patrocinou a impressão de 500 mil cópias do opúsculo e publicou, entre 1920-1922, uma série de artigos anti-semitas, sob o título "The International Jew", num jornal de que era proprietário. Foi por volta desta altura, no contexto dos planos editoriais de Olisipo (1921-1923), que Pessoa – o poeta havia definido a sua ascendência geral como um "misto de fidalgos e de judeus" (Anexo 3, no final deste livro) – projectou a tradução do libelo contra os Sábios de Sião. A pergunta que se coloca é, naturalmente, a seguinte: Porque o terá feito? Qual o seu objectivo? Pessoa conhecia a polémica em torno da autenticidade do livro, sabia que a maçonaria, que viria a defender em 1935, também era alvo de ataques, e só contava com uma tradução francesa da obra: *Protocoles – procès-verbaux de réunions secrètes des sages d'Israël* (1919). Porquê traduzir a tradução e comentá-la?

Porquê conceber um plano de divulgação e comunicação com "Reclames por annuncios, placards, circulares" destinados "a padres e entidades analogos", utilizando uma profecia que se encontrava no mosteiro alemão de Lehnin, "Israel infandum scelus audebit morle piandum" ["Israel ousa cometer crime inominável que merece ser punido com a morte"] (48B-23^r)? É forçoso admitir que Pessoa se interessou pelos *Protocolos*, que não acreditou que fossem necessariamente um dislate ou um embuste (como declaravam, por exemplo, alguns artigos do jornal *The Times* em Agosto de 1921) e que anteviu uma possibilidade de lucro na tradução e na análise, de tipo argumentativo, dos ditos textos. Daí que esta seja a reacção de Alvaro de Campos ao parecer de um entrevistador fictício em 1925:

> – Pareceu-nos sempre que essa historia do "judaismo" e do perigo judeu era uma madureza de fanáticos...
> – Nalgumas das suas manifestações, é. Mas na essencia não é madureza nenhuma. Madureza seria, sem duvida, a de alguem que no tempo de Tiberio ou de Nero se lembrasse de dizer que o Imperio Romano corria risco de ser absorvido, conquistado, por uma obscura seita judaica chamada o christianismo.
>
> (*Prosa de Álvaro de Campos*, 2012, p. 84)

A resposta de Campos é ambígua e não desmente a opinião do entrevistador. Passemos então a outra pergunta: Quais dos textos sobre a conspiração dos Sábios de Sião seriam traduzidos por A. L. R.? O material publicitário em português (48B-23^v e 48H-5^r)? O panfleto sobre a conspiração dos judeus, redigido em inglês, considerando o problema sob uma perspectiva histórica (50A-101^r)? Um esquema, também em inglês e dividido em onze pontos, destinado a estruturar um estudo mais aprofundado do problema (55J-54[r])? Um rascunho desse estudo (55J-56 a 59)? A nosso ver, nenhum deles. Pessoa não chegou a dar início à tradução do libelo para português; talvez tenha desistido dela ou talvez tenha optado por preparar um estudo socio-histórico em inglês, que nunca concluiu e cuja autoria não chegou a ser atribuída. Assim sendo, limitamo-nos a incluir neste capítulo os três documentos que referem o nome de A. L. R., que não terá chegado a transcender a sua existência nominal nesses testemunhos: duas listas de projectos e um esquema.

DATA: 1921.

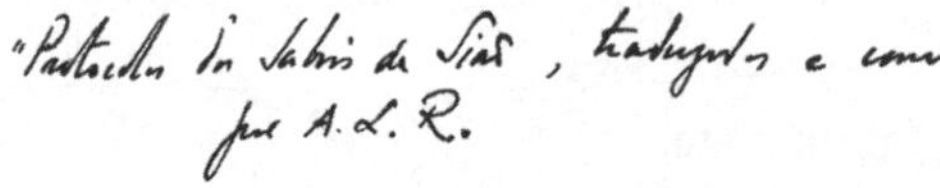
"Protocolos dos Sabios de Sião", traduzidos e commentados por A. L. R.

[48B-23[r]]

Editions:[a] [127.1]

1. Shakespeare: "A Tormenta." – Trad[ucção] Fernando Pessoa.
2. Antonio Botto: "Canções" – 2.ª edição.
3. "English Poems – I & II (Antinous, Inscriptions)" – F[ernando] Pessoa.[b]
4. "How Napoleon never Existed" – transl[ation] T[homas] Crosse.[c]

a Tradução: "Edições".
b Tradução: "'Poemas Ingleses – I e II (Antínoo, Inscrições)' – F[ernando] Pessoa".
c Tradução: "'De como Napoleão nunca existiu' – trad[ução] T[homas] Crosse".

5. "Essay on Political Suffrage" – Fernando Pessoa.[d]
6. Williams & Norgate – Home University Library.[e]
7. "Protocols of the Learned Elders of Zion" – with commentaries. x
8. Epigrammas Portuguezes.
9. "Introducção ao Problema Portuguez".
10. "Epithalamium, Five Songs."[f]

x Reclames por annuncios, placards, circulares (a padres e entidades analogas) –

Homem Christo (his printing office).[g]

Israel infandum etc.
Prophecia de Lehnin

d Tradução: "'Ensaio sobre o Sufrágio Político' – Fernando Pessoa". Veja-se a lista seguinte: "Theoria do Suffragio Politico".

e Veja-se a lista seguinte: "Livros a traduzir da Home University Library (Williams & Norgate)". Refere-se a uma colecção da editora William & Norgate, fundada por Edmund Sydney Williams (1817-1891) e Frederick Norgate (1818-1908) e sediada em Londres e Edimburgo.

f Tradução: ""Epitalâmio, Cinco Canções"".

g Tradução: "*Homem Christo* (a sua gráfica)". Francisco Homem Cristo Filho (1892-1928) foi um escritor nacionalista, admirador do fascismo, que em 1923 publicou *Mussolini, bâtisseur d'avenir – Harangue aux foules latines*. Este livro foi publicado na editora que Cristo Filho tinha em Paris, a Fast, para além de uma casa de chá, a Chez Fast. José Barreto, que nos indicou estes dados, acrescenta: "A 'Profecia de Lehnin' é um velho manuscrito, supostamente do século XIII ou XIV, talvez forjado no século XVIII, que se encontrava no mosteiro alemão de Lehnin. Essa frase, 'Israel infandum scelus audebit morle piandum' (Israel ousa cometer crime inominável que merece ser punido com a morte), está no tal manuscrito. O manuscrito, *Vaticinium Lehninense*, de autoria atribuída ao abade de Lehnin, foi publicado no século XVIII e teve edição inglesa em 1915: *The Prophecy of Lehnin, Prefiguring the Rise and Fall of the Prussians*. Sepharial, o tradutor e autor dos comentários, era um escritor muito lido por Pessoa (há cinco livros seus na Biblioteca particular)." Pessoa terá tentado seguir o modelo deste tipo de tradução acompanhada de notas ou comentários pelo menos em dois casos: na tradução dos protocolos e na edição das trovas do Bandarra, que seriam interpretadas por Raphael Baldaya (cf. 105). Veja-se a edição das *Trovas do Bandarra* (2010), de Jorge Uribe.

"Protocolos dos Sabios de Sião", traduzidos e commentados por A. L. R.

[Plano editorial da Olisipo] [127.2]

"Canções" (Antonio Botto), 2ª edição, augmentada.
"A Tormenta" (Shakespeare), trad. Fernando Pessoa.
"Prometheu Preso" (Eschylo), trad. Ricardo Reis.
"Hamlet, Principe da Dinamarca" (Shakespeare), trad. Fernando Pessoa.
"O Rei Lear" (Shakespeare), trad. Fernando Pessoa.
Poemas de Safo e de Alceu. Trad. Ricardo Reis.
"Trovas do Bandarra", com commentario interpretativo de Raphael Baldaya.
Poemas da Anthologia Grega. (Sel.). Trad. Ricardo Reis.
Poemas Principaes de Edgar Poe. Trad. Fernando Pessoa.
"A Politica" (Aristoteles). Trad. Ricardo Reis.
"O Principe" (Macchiavelli). Trad. ◊
Haikai e Outros Poemas Japoneses. Trad. ◊
Poemas Persas. Trad. ◊
"Rima do Velho Marinheiro". (Coleridge). Trad. Fernando Pessoa.
"Contos Selectos" (O. Henry). Trad. ◊
"Contos Selectos" (W.W.Jacobs). Trad. ◊
Poemas (Luiz de Montalvor).
"Protocolos dos Sabios de Sião" (---). Trad. A. L. R.
Dois Estudos sobre a Grecia. (A. W. Benn). Trad. ◊
"Laocoonte" (Lessing). Trad. ◊
"Theoria do Suffragio Politico". (Fernando Pessoa).
Livros a traduzir da Home University Library (Williams & Norgate).
"Diccionario Technico Universal".

"Mar Portuguez" (Fernando Pessoa).
"Cancioneiro, Liv. I e II." (Fernando Pessoa).
"Cancioneiro, Liv. III e IV" (Fernando Pessoa).
"Auto das Bacchantes" (Fernando Pessoa).
"Arco de Triumpho" (Alvaro de Campos).
"A Invenção do Dia Claro" (José de Almada-Negreiros).
"Indicios de Ouro" (Mario de Sá-Carneiro). Ed. Fernando Pessoa (ou "Poemas Completos", incluindo aquelle livro inedito, e outros ineditos que haja). (ou "Obras Completas de Mario de Sá-Carneiro", sendo o primeiro volume o dos "Poemas Completos", ut supra).
"A Idéa do Progresso" (J. B. Bury). Trad. ◊
"Historia do Christianismo" (J. M. Robertson). Trad. ◊
"A Renascença" (Walter Pater). Trad. ◊
"Historia da Liberdade de Pensamento" (J. B. Bury). Trad. ◊ (v. "Home University Library", supra).
"A Fabula das Abelhas" (Mandeville). Trad. ◊
"Octavio". (Vitoriano Braga).
"O Milagre". (Vitoriano Braga).
"A Casaca Encarnada". (Vitoriano Braga).

[127.3] *Publicações que se relacionam com o problema dos judeus.*

1. "Protocolos dos Sabios de Sião", traduzidos para portuguez, com uma introducção e um commentario historico, por A. L. R. Divisão da obra:[1]
    1. *Introducção* (Origens dos Protocolos, historia da sua publicação, e estudo sobre a sua authenticidade, incluindo uma refutação dos artigos do "Times" a este respeito).
    2. *Protocolos dos Sabios de Sião.*

3. *Commentario historico e explicativo*. (Especie de complemento da demonstração da sua authenticidade pela enumeração summaria dos factos e circumstancias occorridas na nossa civilização que se ajustam ás indicações dos Protocolos.) [127.1]

2. "O Judeu, Sociologicamente Considerado", estudo por Fernando Pessoa.
(D'esta obra, ou folheto, deverão ser feitas traduções para varias linguas, predominantemente para inglês e francez, subsequentemente para outras.)

3. "Aviso", estudo sociologico por Fernando Pessoa.
(É um estudo summario dos fundamentos da civilização europeia, e das forças que a sustentam e das que a dissolvem. D'esta obra, tambem, devem ser feitas as traducções indicadas para a nº 2).

128
EFBEEDEE PASHA

Designado como autor de um livro de *Stories* [*Histórias*] que não chegou a ser escrito, Efbeedee Pasha é um dos nomes mais exóticos inventados por Fernando Pessoa. Efbeedee parece ser a leitura inglesa das iniciais FBD, enquanto Pasha pode ser a denominação correspondente a "Excelência" na Turquia (cf. "paxá"). Esta figura, de pretensa origem otomana, que redige um livro com uma secção final escrita em dialecto escocês ("abseerlootly", em vez de "absolutely", por exempo), parece saída de um jornal humorístico e, de facto, as notícias que anunciam o livro deste "jovem autor" são cheias de humor. Pessoa parece zombar da moda de citar pequenas passagens de artigos da imprensa para publicitar uma obra. Daí que nos pareça que nunca projectou realmente escrever os contos de Pasha, mas exclusivamente essas notas tiradas de alguns jornais e revistas ingleses e reunidas em sequência como se de uma antologia se tratasse. Destaquem-se as linhas supostamente tiradas da revista satírica *Punch*, que se diz interessada no autor do livro e até lhe propõe remuneração. Pasha não indica a sua morada exacta, mas na página da dedicatória revela que esteve em Lisboa.

DATA: 1922.

BY

EFBEEDEE PASHA

[138-27r]

1. Cover. [128.1]
2. Title-Page.
3. Dedication.
4. Preface.
5. Index.
6. Press Notices.
7. Stories for the Drawing Room.
8. Stories for the Smoking Room.
9. Stories which may be told to be very carefully selected audiences, but which really ought never to have been printed.

Copyright in Great Britain, San Marino and Andorra.

1.

STORIES
BY
EFBEEDEE PASHA

2.

STORIES

AS TOLD AND RE-TOLD EVEN UNTO THE Nth DEGREE WITH THAT VERVE, VIM, VIGOR AND ESPRIT WHICH ONLY HE CAN ACHIEVE
BY

EFBEEDEE PASHA

Author's Motto:

Lorrrd, send us a guid conceit o' oorrsels.

3. TO MY TRIED AND VERY TRUE FRIEND

A. H. FRISBEE, ESQ.,

AT PRESENT OF THIS CITY
DO I DEDICATE THIS LITTLE BOOK

EFBEEDEE PASHA

LISBON, ------[a]

6.
PRESS NOTICES
(anticipatory, but nevertheless carefully edited).

"THE TIMES":
"We are surprised that any publishing house of good repute have lent their name to such a publication ...

....

At the same time we note that the *Times Book Club* has, as a precautionary measure, given an order in advance for eleven and a half million copies[1] for their subscribers."

"THE SPORTING TIMES":
"... It is unfortunate that the author has carefully omitted to give his real name and address, since we have on our staff several quite capable assassins.

a Passa para o número 6 na sequência que se conserva.

"We failed to find a spark of either wit or humour in any of the stories in this work..., besides which most, if not all, have already appeared in our columns."

"MANCHESTER GUARDIAN":

"...We should be belying our title and reputation were we to pass this book without comment, but at the same time we regret to say that it will probably command an extensive sale.

"Many of the stories are far too near the knuckle – and a very gamey knuckle at that."

"MORNING POST":

"While we admit that this little book amuses us, we unhesitatingly state that it is the general spirit of anti-Judaism which is peculiarly apparent[2] in most of the stories that gives us most satisfaction."

"WINNING POST":

"Topole. Abseerlootly. It is most unfortunate that this gifted young author has not thought fit to be more explicit in the last section of his book, since we cannot understand any of the references which he makes.

"This little book should be in every gentleman's library, alongside[3] the works of Mr. John Milton, Mr. William Shakespeare and even Ruff's "Guide to the Turf", than which no higher praise can be given.

"The first two names were given to us by our junior office boy and we are given to understand that they belong to authors of some distinction, now deceased."

"THE CHURCH TIMES":
"We have read this little book, but in the last section we find one of the references a trifle obscure. It is a book which should be, and probably will be, in every gentleman's library – preferably in a drawer (locked)."

"THE QUEEN":
"A book which no lady can be seen reading but which most of us would like to have a look at."

"THE ATHENAEUM":
"We have read this little book with considerable amusement, and, while we find the English quite good, on the whole we regret the author's tendency to frequently split an infinitive. His spelling, as a whole, is fair, but on several occasions it is unparalleled[4]."

"BODRIN COURIER":
"We have read this little book and parts of it[5] have given us considerable amusement, but on the other hand it is most unfortunate that this young man has in parts reverted to the Scottish dialect to which he is painfully obviously an utter stranger. Otherwise we find the book not altogether unpleasing."

"THE DUNDEE ADVERTISER":
"We have read this little book and we realize that no one but a true-born Scot could possibly possess such a fund of wit and a mastery of the dialect."

"GLASGOW HERALD":

"..but still it made even us laugh".

"PUNCH":

"This gifted story-teller has lifted many of our best stories, but we forgive him for the sheer wit of his other stories, of which we can only say that we wish we had thought of them ourselves. If this young man, of whose name and address we are unfortunately in ignorance, would consider accepting a post with a really responsible paper at what we cheerfully admit would be to him a purely nominal salary, but at the same time is all that even a responsible paper can afford – say ten thousand pounds a year, paid quarterly in advance –, we should be glad to hear from him.

"SUNDAY SCHOOL MAGAZINE":

"A copy of this little book was received, as usual, into our outer office for review. Attracted by an unusual commotion, accompanied by yells of laughter, we with difficulty rescued tattered fragments of the copy in question from our office boys. From perusal of such tattered fragments, we fear that much of this book is hardly fit pabulum for the young. At the same time, we should be glad to hear where and when complete copies of this little work can be procured."

"BOSTON TRANSCRIPT": ◊

"PHILADELPHIA ADVERTISER". ◊

[TRAD.] 1. *Capa.*

2. *Folha de rosto.*

3. *Dedicatória.*

4. *Prefácio.*

5. *Índice.*

6. *Recensões críticas.*

7. *Histórias para sala de estar.*

8. *Histórias para sala de fumo.*

9. *Histórias que podem ser contadas a assistências cuidadosamente seleccionadas, mas que na verdade nunca deviam ter sido impressas.*

Direitos reservados para a Grã-Bretanha, São Marino e Andorra.

---

1 . *HISTÓRIAS*
DE
EFBEEDEE PASHA

---

2. *HISTÓRIAS*

CONTADAS E RECONTADAS ATÉ AO ENÉSIMO GRAU
COM AQUELA VERVE, FORÇA, VIGOR E
ESPÍRITO QUE SÓ ELE PODE ALCANÇAR
POR

EFBEEDEE PASHA

Divisa do autor:

Senhooor, manda-nos um conceito-guia sobre nós-próprios.

2. *AO MEU PROVADO E MUITO VERDADEIRO AMIGO*

EXMO. SR. A. H. FRISBEE,

PRESENTEMENTE NESTA CIDADE,
DEDICO EU ESTE LIVRINHO

EFBEEDEE PASHA

LISBOA, ------

6.
RECENSÕES CRÍTICAS
(antecipadas, mas contudo cuidadosamente editadas).

"THE TIMES":
"Surpreende-nos que qualquer editora de boa reputação tenha dado o seu nome a tal publicação...

Simultaneamente, chamamos a atenção para que o Times Book Club *deu, como medida de precaução, a ordem de distribuir onze e meio milhões de exemplares aos seus subscritores."*

"THE SPORTING TIMES":
"...É pena que o autor tenha cuidadosamente omitido o seu verdadeiro nome e morada já que temos na nossa equipa vários assassinos bastante competentes."

"Não fomos capazes de vislumbrar sombra de génio ou humor em nenhuma das histórias desta obra..., para além de que a maioria, senão todas, já tinha aparecido nas nossas colunas."

"MANCHESTER GUARDIAN":

"...Estaríamos a trair o nosso título e a nossa reputação se deixássemos este livro passar sem comentário, mas simultaneamente lamentamos ter de afirmar que irá provavelmente motivar uma venda extensiva.

"Muitas das histórias são demasiado obscenas – e aliás espirituosamente obscenas."

"MORNING POST":

"Embora possamos admitir que este livrinho nos diverte, declaramos sem hesitação que é o seu espírito geral antijudaísta, particularmente aparente na maioria das histórias, o que mais nos agrada."

"WINNING POST":

"Topole. Abseerlootly. É uma grande pena que este jovem dotado autor não tenha julgado conveniente ser mais explícito na última secção do seu livro, já que não conseguimos compreender nenhuma das referências que ele faz.

"Este livrinho deveria estar na biblioteca de qualquer senhor, juntamente com as obras do Sr. John Milton, Sr. William Shakespeare e até do 'Guia para os Relvados' de Ruff, não havendo maior elogio que lhe possamos fazer.

"Os dois primeiros nomes foram-nos indicados pelo nosso mais jovem estafeta e apercebemo-nos de que pertencem a autores de certo renome, já falecidos."

"THE CHURCH TIMES":

"Lemos este livrinho, mas na última secção encontramos uma referência um quanto obscura. É um livro que deve estar, e provavelmente estará, na biblioteca de qualquer senhor – de preferência numa gaveta (trancada)."

"THE QUEEN":

"Um livrinho que nenhuma senhora deve ser apanhada a ler, mas ao qual muitos de nós gostaríamos de dar uma olhadela."

"THE ATHENAEUM":

"Lemos este livro com um prazer considerável, e, embora achemos que o inglês é bastante bom, no seu todo lamentamos a tendência do autor de frequentemente separar os infinitos. A sua ortografia, no todo, é decente, mas em várias ocasiões é inédita."

"BODRIN COURIER":

"Lemos este livrinho e certas partes deram-nos bastante prazer, mas, por outro lado, é uma pena que este jovem tenha feito uso, em certas partes, do dialecto escocês, para o qual ele é dolorosa e obviamente um mero estrangeiro. Tirando isso achamos este livro não de todo desagradável."

"THE DUNDEE ADVERTISER":

"Lemos este livrinho e chegámos à conclusão de que só um escocês nativo podia possuir um tal génio e tal domínio da língua."

"GLASGOW HERALD":

"..

..

......................mas mesmo assim ainda nos conseguiu fazer rir".

"PUNCH":

"Este dotado contador de histórias apropriou-se de várias das nossas melhores histórias, mas nós perdoamo-lo pelo génio das suas outras histórias, que, confessamos, desejaríamos ter escrito nós próprios. Se este jovem, cujo nome e morada infelizmente ignoramos, encarasse

a possibilidade de aceitar um lugar com uma verdadeira responsabilidade e um salário, admitamos, puramente simbólico, mas, por outro lado, o melhor que mesmo um jornal responsável pode pagar – digamos dez mil libras anuais, pagas adiantadamente quatro vezes por ano –, ser-nos-ia muito grato que se desse a conhecer."

"SUNDAY SCHOOL MAGAZINE":
"Um exemplar deste livrinho foi recebido, como habitualmente, na nossa recepção para recensão crítica. Atraídos por um furor invulgar, acompanhado de gargalhadas, com dificuldade conseguimos resgatar das mãos dos nossos estafetas alguns fragmentos parcelados. Um rápido exame de tais fragmentos fez-nos recear que grande parte deste livro não seja alimento conveniente para jovens. Ao mesmo tempo, gostaríamos de saber onde e quando se podem encontrar exemplares completos desta pequena obra."

"BOSTON TRANSCRIPT": ◊

"PHILADELPHIA ADVERTISER". ◊

129
ANTONIO L. CAEIRO

Membro da família do heterónimo Alberto Caeiro (cf. 101), tal como Julio Caeiro (cf. 130). Os dois parentes, presumivelmente primos, assinam um breve texto circunstancial de apresentação aos *Poemas Completos de Alberto Caeiro*, volume que seria editado pelo douto professor de humanidades num colégio americano, o Dr. Ricardo Reis (cf. 103). Esta informação é interessante, não apenas porque fornece dados sobre a biografia do classicista, mas também porque indica que este, exiliado no Brasil desde 1919 e com uma posterior morada no Peru (52A-52^r^), não se encontrava em Portugal aquando da publicação dos poemas caeirianos. Daí que tenha dado instruções sobre a estrutura do livro, nomeadamente sobre o conjunto dos "Poemas inconjunctos", designados por um título alternativo, "O Andaime", que também consta do documento 21-105^r^: "Este titulo, embora da autoria de Caeiro, não é porventura o que elle escolheria. Mas sirvo-me d'elle, para esta parte da obra, porque uma pessoa da sua familia me contou que elle uma vez dissera, perto já da morte, e fallando d'esta obra fragmentaria: 'Não passo de um andaime.'" (*Páginas Íntimas e de Auto-Interpretação*, 1966, p. 378). O texto de apresentação familiar está assinado por "A. L. C". e "J. C.", mas existe um fragmento do prefácio de Ricardo Reis à obra de Caeiro, já aqui transcrito, em que se lê: "A nossa gratidão vai para os srs. Antonio Caeiro da Silva e Julio Manuel Caeiro, a cuja cortezia devemos a cedencia d'estes poemas" (cf. 103.4.). Optamos por um compromisso entre os dois testemunhos: Antonio L. Caeiro (sem "da Silva") e Julio Caeiro (sem "Manuel").

DATA: 1922-1923.

A. L. C.

[21-75r]

[129.1] *A[lberto] Caeiro*

Este livro já devia ter apparecido; mas esperava-se a apresentação do snr. Dr. Ricardo Reis[1], e como esta tinha de vir da America, houve mais demora do que se esperava[2] na publicação do livro[3].

Além do prefacio, o snr. Dr. Ricardo Reis tambem deu ordens para a colleção dos poemas que vão no fim do livro sob o titulo *O Andaime*.

As notas ao livro são tambem do snr. Dr. Ricardo Reis.

A nossa escolha deste snr. para este fim foi devida ao poeta o considerar como seu discipulo.

O snr Dr. Ricardo Reis é um docto professor de humanidades n'um importante collegio americano[5].

130
JULIO CAEIRO

Outro parente (cf. 101) de Alberto Caeiro, tal como Antonio L. Caeiro (cf. 129), com quem assina uma nota de apresentação aos *Poemas Completos* do seu presumível primo, conjunto prefaciado por Ricardo Reis (cf. 103). O seu nome completo será Julio Manuel Caeiro, mas assina "J. C.".

DATA: 1922-1923.

[21-75^{r}]

131
DINIZ DA SILVA

Autor conjectural de quatro poemas, embora só um dos quatro lhe tenha sido explicitamente atribuído. A favor dessa conjectura, podem-se invocar: a cronologia, a identidade material dos suportes e a afinidade temática dos quatro textos. Todos foram manuscritos a 24 de Setembro de 1923, antes de serem passados a limpo. Ivo Castro descreve assim o conjunto textual: todas as peças se encontram "em folhas de papel cinzento, espesso e com vergaturas, mas sem marca de água, cortadas pela mesma medida. O traço de escrita é grosso e a tinta, preta, tendia a borrar, pelo que o módulo da letra se tornou maior que o habitual, pelo menos na relação entre quantidade de texto e dimensão da página. O traçado é muito angular e os títulos estão em maiúsculas de desenho raro" (in *Poemas de Fernando Pessoa 1921-1930*, 2001, p. 288). Teresa Rita Lopes alerta para outras semelhanças: "Repare-se que [todos] têm o mesmo estilo de experiência ao gosto decadentista: dois sonetos, sendo o primeiro em octossílabos, [...] e um terceiro em quatro quadras plenas de efeitos de sonoridade, sentido e ritmo que muito teriam agradado a Sá-Carneiro" (*Pessoa por Conhecer*, 1990, tomo 1, p. 126). O problema de atribuir postumamente os quatro poemas a Diniz da Silva é que Pessoa, quando passou a limpo as composições, isolou o único poema que atribuiu a Silva ("EU") dos restantes, que reuniu sob o título geral "POEMAS DOS DOIS EXILIOS" e aos quais acrescentou um poema muito *sui generis* que começa "Doura o dia. Silente, o vento dura". Tal significa que, retrospectivamente – e as atribuições, como as assinaturas, tendem a ser um exercício retrospectivo –, Pessoa não atribuiu "LOCURA 1", "LOCURA 2" e "LOCURA 3" a Diniz da Silva, nem associou o poema "EU" à série referida. Pelo menos, não aditou o nome de Silva às versões manuscritas e, depois dactilografadas, dos textos em questão. Há apenas um elemento autenticamente ambíguo neste caso: é a inclusão do poema "Loucura", já sem maiúsculas, num plano algo confuso da revista *Athena*, que se encontra fac-similado em *Pessoa por Conhecer* (1990, tomo 2, pp. 488-489). O poema "Loucura" da *Athena*, atribuído a Silva, é "EU", que começa "Sou Louco", ou a série "LOCURA", baptizada "POEMAS DOS DOIS EXILIOS"? A questão ficará necessariamente em aberto, mas é provável que nesse plano, sob o título "Loucura", Pessoa designasse o poema "EU". O certo é que nenhuma obra de Diniz da Silva foi efectivamente publicada na *Athena* e que não deixa, todavia, de ser interessante ler "EU" em paralelo com os poemas de "LOCURA", escritos no mesmo dia.

DATA: 1923.

[48B-26r]

[131.1] *Eu*

Sou louco, e tenho por memoria
Uma longinqua e infiel lembrança
De qualquer dita transitoria
Que sonhei ter quando creança.

Depois, maligna trajectoria
Do meu destino sem esp'rança,
Perdi, na nevoa ou noite ingloria,
O sonho e o arco da alliança.

Só guardo como um annel pobre
Que o tel-o herdado só faz rico
Um fim perdido que me cobre

Como um céu docel de mendigo,
Na curva inutil em que fico
Da estrada certa que não sigo.

DINIZ DA SILVA[a]

Paris.
[9-10-1923]

a O nome encontra-se dactilografado.

[Loucura 1] [131.2]

Analogo começo,
Unissono me peço,
Gaia sciencia o assomo –
Falha no ultimo tomo.

Onde prolixo ameaço
Parallelo transpasso,
O entreaberto haver
Diagonal a ser.

E interludio vernal,
Conquista do fatal,
Onde, velludo, afaga
A ultima que alaga.

Timbre do vespertino,
Alli, caricia, o hymno
Outomnou entre preces
Antes que, agua, comeces.

[24-9-1923]

[131.3] *[Loucura 2]*

Paira no ambiguo destinar-se
Entre longinquos precipicios
A ansia de dar-se preste' a dar-se
Na sombra maga entre supplicios,

Roda dolente do parar-se
Para, velados sacrificios,
Não ter terraços sobre errar-se
Nem illusões com intersticios.

Tudo velado, e o ocio a ter-se
De leque em leque, a aragem fina
Com consciencia de perder-se,

Tamanha a flava e pequenina
Pensar na magua japoneza
Que illude as syrtes da Certeza.

[24-9-1923]

[Loucura 3] [131.4]

Doe viver, nada sou que valha ser.
Tardo-me porque penso e tudo rue.
Tento saber, porque tentar é ser.
Longe de isto ser tudo, tudo flue.

Magua que, indifferente, faz viver.
Nevoa que, differente, em tudo influe.
O exilio nada do que foi sequer
Illude, fixa, dá, faz ou possue.

Assim, nocturno[1] a arias indecisas,
O preludio perdido traz á mente
O que das ilhas mortas foi só brisas,

E o que a memoria analoga dedica
Ao sonho, e onde, lua na corrente,
Não passa o sonho e a agua inutil fica.

[24-9-1923]

132
GIOVANNI B. ANGIOLETTI

Baseando-se numa personagem histórica, o escritor e jornalista italiano Giovanni Battista Angioletti (1896-1961), entusiasta do fascismo, Pessoa forjou um falso "Giovanni B. Angioletti", antifascista, para reagir à visita do coronel dos camisas negras, Ezio Maria Gray (1885-1969), a Lisboa em Novembro de 1926. Gray pretendia criar grupos fascistas (os denominados *fasci*) entre os italianos residentes na capital portuguesa. A entrevista com o pseudo-Angioletti foi publicada no diário republicano e antifascista *Sol*. José Barreto, que revelou a existência desta figura em 2012, nas páginas da revista *Pessoa Plural – A Journal of Fernando Pessoa Studies* (www.pessoaplural.com), começa assim o seu artigo: "Em 20 de Novembro de 1926, quase seis meses depois da instauração da Ditadura Militar, o diário lisboeta Sol, dirigido por Celestino Soares, publicou na primeira página um artigo não assinado intitulado 'O *Duce* Mussolini é um louco... afirma-o ao Sol um italiano culto que ama sinceramente a Itália', contendo uma entrevista com um italiano de nome Giovanni B. Angioletti. Este era identificado como um elemento da 'parte não oficial (chamemos-lhe assim) da colónia italiana', sugerindo tratar-se de um exilado, que 'há anos' residiria em Portugal. O entrevistado era descrito como um intelectual de relevo, 'bem conhecido colaborador do Mercure de France'. Mas o que chamaria mais a atenção do leitor era o facto de o entrevistado ser também rotulado como um dos 'inimigos de mais estatura' do regime fascista" (2012, p. 226). Barreto incluiu também a entrevista a Angioletti, forjada por Pessoa, em *Sobre o Fascismo, a Ditadura*

Militar e Salazar (2015, pp. 82-93), bem como a transcrição de uma carta em francês que o falso Angioletti remeteu para o *Sol*, e da qual se conserva uma cópia no espólio pessoano (114^1-4^r e 5^r). Neste capítulo limitámo-nos a incluir a entrevista, sem a apresentação inicial nem a coda, e omitindo os intertítulos, que são equívocos e não serão da autoria de Fernando Pessoa. Convém salientar que "as ideias expressas pelo imaginário entrevistado coincidem flagrantemente com o pensamento coevo de Pessoa, nomeadamente sobre o fascismo, a Itália, a sua história e o seu papel cultural e civilizacional na Europa e no mundo" (Barreto, 2012, p. 229).

DATA: 20 de Novembro de 1926.

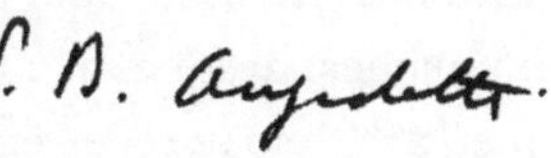

[189^r]

O "Duce" Mussolini é um louco... [132.1]

afirma-o ao "SOL" um italiano culto
que ama sinceramente a Italia

[...]
Nós, os italianos, temos – permita-me que o diga – grandes qualidades, mas o sentimento do ridiculo não se inclue entre elas, nem nenhum dos numerosos amigos, que a Italia tem sempre tido no estrangeiro, alguma vez nos atribuiu um humorismo de inglez ou uma graça de francez. Isto lhe explica, sem mais nada, missões como esta, que o paranoico genial que hoje

impera atravez de escravos audaciosos, na minha pobre Patria, arremessa, para uso de caricaturistas sem assunto, sobre um mundo que, devo dizer-lhe, o admira por o que conhece dele, e porque não o conhece a ele, nem á Italia.

– V. Ex.ª disse "o paranoico genial"?

– Sim – genial como paranoico. Isso não exclue que se lhe possa chamar um grande homem. A toda a gente que se destaca do rebanho humano se pode chamar grande, porisso mesmo que se destacou... Mussolini é um louco – desafio qualquer psiquiatra a negá-lo – mas a loucura, como muita gente não sabe, é contagiosa em muitas das suas formas, e é-o precisamente naquelas formas que mais perigo pode haver em se contagiar. O fascismo é um caso como o da loucura dansante da Idade Media, que atacou colectividades. No meu livro... – aqui o nosso entrevistado equilibrou, rapida, uma hesitação, e, ocultando o titulo da sua obra, reatou: – no meu proximo livro, eu explicarei...

E aqui pairou outra vez um pequeno silencio...

O anti-fascista continuou, respondendo, com uma intuição quasi de bruxedo, a qualquer coisa que não haviamos perguntado:

– Tem-se dito muito contra o fascismo. Mas o que se tem dito contra o fascismo é o que de menos importante se pode dizer contra ele. Violencias? É o que ha de menos importancia real no fascismo. Todos os partidos esforçadamente politicos as exercem desde que as circunstancias sociais lhes garantam a facilidade de as exercer e a impunidade depois de as ter exercido. Não: as violencias do fascismo não teem importancia verdadeira. Iguais violencias, ou quasi iguais, praticaram os seus adversarios; iguais violencias, se não maiores, praticariam amanhã, se o Destino os bafejasse com a ilusão chamada poder. O que ha de verdadeiramente grave no fascismo não está nas suas violencias...

– Compreendo. Está nas suas doutrinas?...

– Não, não está nas suas doutrinas. Está, essencialmente, na sua exaltação da Italia.

– ?

– Não me compreendeu? Eu não esperava que me compreendesse... Eu lhe explico, sem lhe tomar muito tempo; e, se quere saber o pior contra o regime fascista, vai agora ouvir o pior.

Da Renascença para cá o conceito das funções externas do Estado evoluiu, e essa evolução é o fenomeno mais caracteristicamente determinante da evolução geral da humanidade. A Renascença, ao mesmo tempo que fechou a Idade Media, sintetisou a sua experiencia; e o nosso sublime Dante é o exemplo disso em carne, osso e alma...Ora na Renascença, como na Idade Media, o conceito do Estado, barbaro e primitivo, era de que o Estado, ou a Nação, existia simplesmente para criar e manter a sua propria grandeza. O progresso humano – pens[e]-se o que se quizer dele – destruiu este preconceito provinciano. Chegámos hoje a um novo conceito de Estado. Nenhuma nação tem direito a existir se não contribui qualquer coisa para o progresso geral da humanidade, se não é um Imperio no sentido mais alto do termo – um foco de expansão de ideias e de melhorias que beneficiem todo o mundo. É este o destino que a Renascença talhou para a Italia – a Italia martir, dividida, mas grande. A Italia unificada tem falhado a esta missão. Podemos até pensar que a unificação foi um erro... Que tem a Italia unificada dado ao mundo? Nada. O que deu ao mundo a Italia dividida? Tudo. Ora o mal do fascismo é que é a ultima consequencia da Italia unificada. Mussolini é, como todos os loucos, um primitivo cerebral. Reverte, por instinto nervoso, aos conceitos já extintos na humanidade civilisada. Não consegue elevar-se acima do ideal morto da "grandeza nacional". A Italia para ele é tudo, mas como

Italia só, e não como mestra e aperfeiçoadora do mundo. Mussolini traiu a Italia, e com isso traiu a civilisação, porque a Italia e a civilisação são sinónimos...

Qualquer coisa no tom do nosso entrevistado – uma hesitação subtil, uma vaga indecisão – prende-nos de repente. E de repente perguntámos:

– Mas Mussolini será tão louco como isso? Mussolini fará isso tudo por engano, inconscientemente?

Pela face do anti-fascista passa qualquer coisa que foi quasi um sorriso. Passa... e fica uma expressão que é mais de preocupação que de tristeza. Ergue um pouco a cabeça, que descaíra, e diz:

– *O mundo é dirigido por forças especiais – muito especiais mesmo* – de que o fascismo é apenas uma manifestação particular.[a] Entre o que se passa hoje na China e o que se passa hoje na Italia ha uma relação intima, que, no fundo, e nos elementos verdadeiramente dirigentes – não me refiro agora ao pobre Duce – é perfeitamente consciente. Peço a sua atenção para o que lhe estou dizendo, e a sua recordação, de aqui a dez anos, de que hoje lho disse... V. é novo; não poderá deixar de ser vivo nessa altura.

[...]

a Esta afirmação relaciona-se com os escritos de Pessoa sobre o grupo dos "300" que, segundo ele, ocultamente dirigiam o mundo. (Nota de José Barreto.)

133
FIRMINO LOPES

Trata-se do autor hipotético da tradução de uma obra paradoxal: "Traducção de Poemas que não estão (*var.*: existem) na Anthologia Grega" (60-27[r]), de 19 de Maio de 1928. Hipotético, porque apenas subsiste o seu nome, em jeito de assinatura, entre a data, ao alto, e os primeiros versos da antologia, e porque nada mais sabemos de Firmino Lopes, salvo que esse nome figura no testemunho dessa tradução poética, que é materialmente idêntico ao testemunho de uma "Traducção de poemas gregos que não existem" (46-18[r]). Ivo Castro, que notou esta afinidade material, é taxativo em relação a Lopes: "O presente testemunho [60-27[r]] [...] tem também, entre o título e o texto, o nome 'Firmino Lopes', que nada tem a ver com o resto" (in *Poemas de Fernando Pessoa 1921-1930*, 2001, p. 357). Esta impressão pode ter uma explicação: o nome do autor suposto (supondo que o seja) foi acrescentado mais tarde, com o dactiloscrito já revisto e corrigido à mão, e presumivelmente com um lápis que não foi utilizado nas intervenções manuscritas. O problema é, então, o seguinte: terá Pessoa, retrospectivamente, aposto o nome de Firmino Lopes para indicar a subautoria das traduções, ou esse nome (do qual nada sabemos) só figura na margem alta da página por mera casualidade? É possível que nunca possamos responder satisfatoriamente a esta pergunta, daí que, num acto de fé, devamos aceitar, numa suspensão da nossa incredulidade, ou da nossa descrença, como diria Coleridge, que Firmino Lopes possa ser o subautor das traduções. Essa possibilidade, de facto, existe e, a ser real, podemos associar os epigramas, que não são o que dizem ser (traduções, visto que não estão na *Antologia Grega*), a Lopes, que só existe nesse mundo em que a origem é relativizada, pois mesmo não existindo um referente é possível traduzir ou fingir que se traduz, imitando, por exemplo, traduções "reais". A pretensa inexistência de Firmino Lopes só torna todo este caso mais interessante, pois não só o texto, mas também o autor, estão, consequentemente, em causa. Acrescente-se que a *Antologia Grega*, citada por Bernardo Soares (no trecho "Muitos têm definido o homem") e por Alvaro de Campos (em "P-há"), teve como potenciais tradutores Ricardo Reis (cf. o plano editorial da Olisipo) e Fernando Pessoa (cf. *Pessoa Inédito*, 1993, p. 219), o que significa que Pessoa, tradutor de alguns dos epigramas existentes na *Antologia*, ao designar Lopes como tradutor dos inexistentes, teria ficcionalizado ainda uma outra obra, que havia já integrado na substância da sua própria obra.[a]

DATA: 19 de Maio de 1928.

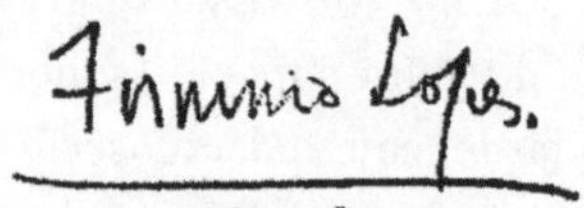

[60-27^r]

a Os cinco volumes da *Greek Anthology* fazem parte da Biblioteca particular de Fernando Pessoa.

Traducção de poemas que não existem[1] *na Anthologia Grega* [133.1]

19/5/1928
Firmino Lopes.

De Corintho me levam, escrava[2], para Syracusa.
Do berço te levam á cova, ó Despota, da mesma maneira.[3]

Myrtho, com cinco annos de vida[4], os Deuses me mataram.
Brincava. Não lhes fiz mal a elles[5], nem a ninguem.

Tive a coroa nos jogos melhores, e os beijos nos melhores amores.
Meus olhos estão fechados para os amores e para os jogos.
Os que hoje teem as coroas e os beijos são differentes de mim.[6]

Viandante, lembrar-te-has[7], em meio do amor, das caricias
[da que te não amou.

Levantei a mão, saudando os Deuses, sem quase mudar.
Não chegou o verão e estou morta.
Chamo-me Chloris. Essa dor †† .

[133.2]

Tradução de poemas gregos
que não existem

Fui forte, venci as miserias da alma com a alma toda.[1]
Lembro o teu sorriso pequeno, Leucothoe, e não sorrio para não
[chorar.[2]

Vi-te qual eras[3], Dyke, num sonho da meia-noite da solidão.
De novo te amei, mas de outra maneira. Mas vi-te qual eras.[4]

As arvores da floresta onde andámos são as mesmas, ou são
[outras.
Nós Lydia nem somos os mesmos nem outros, porque
[lembramos.

[19-5-1928]

134
BARÃO DE TEIVE

Figura fidalga contemporânea de Bernardo Soares (cf. 126) e de Alvaro de Campos (cf. 102) tardios, isto é, dos autores dos trechos da segunda fase do *Livro do Desassossego* e das "Notas para a recordação do meu mestre Caeiro", respectivamente, o vigésimo (ou décimo quarto) Barão de Teive, Alvaro Coelho de Athayde, é concebido por Fernando Pessoa como o autor de um único manuscrito, que antecede o seu suicídio no norte de Portugal, na Quinta de Macieira. Nesse escrito, o Barão, num último gesto de vida, define-se a si próprio e deixa, para a posteridade, um derradeiro retrato da sua alma. É muito provável que Teive tenha surgido inicialmente como personagem de uma breve ficção, com algumas subdivisões, e que Pessoa, fascinado pela personagem e pela possibilidade de aumentar o seu manuscrito com instantâneos íntimos ou apontamentos soltos, tenha transformado o suicida no autor de uma série de trechos que, posteriormente, viriam a ser apresentados e publicados por outrem (Pessoa?). Se esta hipótese é correcta, *A Educação do Stoico* – a obra legada pelo Barão – pode ser vista como um importantíssimo precedente do *Livro do Desassossego*, já que a expansão dos apontamentos teivianos por volta de 1928 terá impulsionado o ressurgimento do *Livro*, abandonado entre 1920 e 1929, e, ao ressuscitar o projecto do *Livro*, terá igualmente revitalizado a escrita dos apontamentos soarianos, que depois de 1929 se foram acumulando, sob a promessa de que um dia um editor (Pessoa?) os reuniria e publicaria sob forma de livro.

Na edição crítica d'*A Educação do Stoico*, indica-se que Pessoa consultou uma obra clássica do Visconde de Sanches de Baena, o *Archivo Heraldico-Genealogico* (1872), e transcreveu à mão a genealogia do seu terceiro avô. Segundo Baena, José António Pereira de Araujo e Sousa foi "bisneto do capitão-mór Baptista de Araujo e Sousa, e de D. Leonor Francisca Coelho de Ataide, filha e irmã dos senhores de Fermedo, Felgueiras, Vieiras e Prestina da Cadinha, uma das familias mais illustres d'este reino, por serem descendentes de D. Egas Moniz, aio do senhor rei D. Affonso Henriques, a quem acompanhou na jornada de Ourique, na qual morreu" (in *A Educação do Stoico*, 2007, p. 72). Isto é muito significativo, porque sugere que Pessoa, que pesquisou as raízes nobres do pai da sua bisavó no *Archivo* de Baena, encontrou na sua própria genealogia os apelidos Coelho de Athayde do Barão Álvaro, e que este outro Alvaro (tal como Campos, que era "de Campos" e do Algarve), era também da sua família ou da sua linhagem. Introduzindo elementos reais na ficção, Pessoa criou laços familiares e tornou ainda mais "real" o seu mundo fictício.

O Barão de Teive, tal como Bernardo Soares, nasce numa geração "que perdeu por egual a fé nos deuses das religiões antigas, e a fé nos deuses das irreligiões modernas" (*ibidem*, p. 25). Ambos falam da morte da mãe e da sua solidão (sendo que a mãe de Pessoa morreu em 1925 na Quinta dos Marechais) e esboçam um elogio da abdicação. Mas foi principalmente através de Teive, mais pessimista, mais "hirto e restricto" (*ibidem*, p. 57), que Pessoa esconjurou alguns dos seus medos e ficcionalizou uma possível frustração: por um lado, o temor de perder todos os papéis que guardou durante anos (embora existisse, num movimento de *double bind*, a pulsão de os queimar); por outro, a sua suposta incapacidade de criar uma obra una, orgânica e sintética, que coexistisse com a sua consciência da impossibilidade (e talvez da futilidade) da existência dessa mesma obra. Teive não só optou pelo suicídio, algo que Pessoa não parece ter equacionado seriamente fora do campo da ficção, como queimou os seus papéis, embora redigindo este último escrito, e afirmou, citando Carlyle, que de qualquer poeta, ou de qualquer homem o que fica é "disjecta membra", isto é, partes inconjuntas da obra total por realizar e irrealizável como um todo. Pessoa, em 1934, num texto intitulado "O Homem de Porlock", afirmaria o mesmo, citando ainda Carlyle, mas sem referir o Barão, que havia primeiramente citado o ensaísta escocês.

De Teive – nome, por vezes, rasurado, mediante um traço aposto sob a palavra – não há propriamente assinaturas. O nome encima diversos textos, cumprindo a função de título, o que não é invulgar, visto que Pessoa podia intitular um texto de Campos, *Campos*, por exemplo, mas indica algo significativo: que Pessoa ponderou diversos títulos para a única obra teiviana: *O Único Manuscripto*, *O Único Scripto* e *A Profissão do Improductor*. Daí que *Teive* tenha sido uma designação mais transversal e abrangente.

DATA: Agosto de 1928.

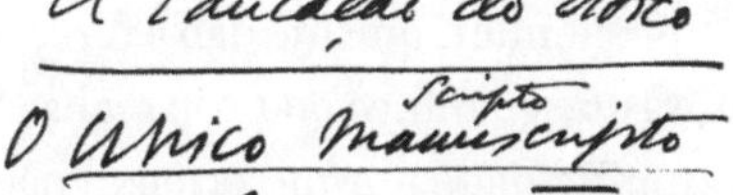
A Educação do Stoico
Scripto
O Unico Manuscripto
do Barão de Teive.

[73-1r]

[134.1] I.

Sinto proximo, porque /eu mesmo/ o faço[1] proximo, o fim da minha vida. Nos dois dias passados occupei o meu tempo em queimar, um a um – e tardou dois dias, porque a muitos[2] reli – os meus manuscriptos todos[3], as notas[4] para os meus pensamentos defuntos, os apontamentos, ás vezes trechos já completos, para as obras que nunca escreveria. Fiz com decisão rapida[5], porém com magua lenta[6], esse sacrificio, pelo qual me quiz despedir[7], como num queimar de ponte, da margem da vida de que me vou afastar. Estou liberto e decidido. Matar-me; vou agora matar-me. Porém[8] quero deixar, ao menos, com a precisão com que puder fazel-a, uma memoria intellectual da minha vida, um quadro interior do que fui. Desejo, já que não pude deixar de mim uma successão de bellas mentiras, deixar o pouco de verdade que a mentira de tudo /nos/ concede que supponhamos poder dizer.[9]

Será este o meu unico manuscripto. Lego-o[10], não, como Bacon, aos conceitos caridosos dos posteros, mas, sem comparação, á meditação dos que o futuro fizer meus pares.[11]

Attinjo[12], quebrando todos os laços, excepto o ultimo, entre mim e a vida, aquella[13] clareza da alma em sentir, e a do entendimento em comprehender, que me dão a força de palavras, não para realizar a obra que eu nunca poderia realizar, mas ao menos para dizer com simplicidade porque razões a não realizei.[14]

Estas paginas não são a minha confissão senão a minha definição. Sinto, ao começar a escrevel-as, que as poderei escrever com algum modo de verdade.[15]

II.

Nisto o suicida foi antecipadamente injusto. As referencias dos jornaes prestam-lhe inteira homenagem[16]. Assim, o correspondente local do "Diario de Noticias"[17] transmitte nestes termos ao seu jornal a noticia da morte[18]: Suicidou-se hontem na sua Casa de Macieira o sr. Alvaro Coelho de Athayde[19], 20º Barão de Teive[20], de uma familia das mais distinctas deste concelho. O triste fim do sr. Barão de Teive causou grande consternação, pois o finado era aqui muito estimado pelas suas bellas qualidades de character.

Quinta de Macieira
12 de Julho de 1920[21]

Pertenço a uma geração – supponho que essa geração seja mais pessoas que eu – que perdeu por egual a fé nos deuses das religiões antigas, e a fé nos deuses das irreligiões modernas. /Não posso acceitar Jehovah, nem a[1] humanidade. Christo e o progresso são para mim mythos do meu mundo. Não creio na Virgem Maria nem na electricidade./ [134.2]

Fui sempre um millimetrista do pensamento, escrupuloso assim na linguagem que escrevesse, como na disposição do pensamento[2] que houvesse de expôr.

A morte de minha mãe quebrou o ultimo dos laços externos que me ligavam ainda á sensibilidade da vida. A principio fiquei tonto – naquella tontura que não põe erros nos gestos[3], mas que parece um vacuo morto no cerebro, /um contacto da consciencia com o nada/[4]. Depois o tedio que se me tornara angustia entorpeceu-se-me[5] /em aborrecimento/. Descobri, pela falta, como se descobre a valia de tudo, que a affeição me era necessaria; que, como o ar[6], se respira e se não sente.

Tenho todas as condições de[7] ser feliz, salvo a felicidade. As condições estão desligadas umas das outras.

Sou a /maturidade/ de que René foi a adolescencia. Não muda o genero, senão a especie[8]; o egual[9] virar-se da mente sobre si mesma, egual insatisfação ◊

Os adolescentes teem, por traz de todos os seus desassocegos, o impulso cego que os conduz á vida ◊ Rousseau ◊, mas comanda Europa.[10] Chauteaubriand gemeu e sonhou, porém[11] foi ministro. Vigny teve peças representadas. Anthero pregou socialismo. Leopardi fallava grego[12].

Deponho a penna, /sem a depor/, e vejo, pela janella aberta sobre o campo nocturno, o luar que a lua alta e redonda põe no ar como um novo ar de vêr[13]. Quantas vezes uma noite como esta me acompanha em meditações sem fim, em sonhos sem proposito, em vigilias sem trabalho nem discurso.

/Sinto o coração como um peso inorganico./

/Do[14] silencio inteiramente negro das auroras paradas, recorta-se o perfil d'ellas como se houvesse verdade./

Pensar que considerei uma obra este monte incoherente[1] de coisas, afinal, por escrever! Pensar, neste[2] momento definitivo, que me julguei com força para systematizar esses elementos todos numa obra acabada e visivel[3]! Se o poder systematizador do pensamento bastasse para a obra se fazer, se a systematização fôsse coisa que a intensidade da emoção pudesse obrar, como um breve poema ou um curto ensaio, então por certo[4] a minha obra se haveria feito, pois se haveria deveras feito ella, em mim[5], e não eu a ella, como determinador. [134.3]

Poderia eu[6], bem sei, fixando-me no que era possivel[7] á minha vontade pouco abarcadora, fazer breves ensaios dos fragmentos anticipados de uma obra grande jamais realizavel; poderia fazer varios livros de trechos, cada trecho deveras uno[8]; poderia escolher entre as muitas phrases dispersas entre minhas notas mais do que um livro de pensamentos, que nem seria superficial nem pobre de novidade.[9]

Meu orgulho, porém, nunca soffreu que eu me permittisse menos que o que a minha intelligencia poderia fazer. Nunca pude conceder a mim mesmo a auctorização para o meio-termo, para qualquer coisa menos na obra que a minha personalidade inteira e a minha ambição toda[10]. Se eu houvesse reconhecido na minha intelligencia uma incapacidade para[11] a obra synthetica, teria soffreado o meu orgulho, reconhecendo-o por loucura. Mas a deficiencia não esteve nunca na minha intelligencia, capaz sempre de grandes syntheses e de poderosas systematizações. O meu mal estava na tibieza da vontade ante o exforço medonho a que essas inteirezas me compeliam.[12]

Talvez, por este criterio, nenhuma obra alguma vez se houvesse feito no mundo. Reconheço-o; reconheço que, se todos os grandes espiritos houvessem tido a grandeza escrupulosa de querer fazer só o perfeito, ou, não pondo já a these impossivel, o inteiramente conforme com o total da sua individualidade, haveriam abdicado, como eu abdico.

Só tem parte na vida real do mundo quem tem mais vontade que intelligencia, ou mais impulsividade que razão. "Disjecta membra" disse Carlyle, "é o que fica de qualquer poeta, ou de qualquer homem"[a]. Mas um orgulho intenso, como o que me matou, e vae matar, não pode soffrer que seja exposto á vergonha supposta das eras o corpo mutilado e disforme da inevitavel imperfeição da alma em quem habita, e que define.[13]

Entre o asceta e o homem vulgar não reconheço, na esphera da dignidade da alma, uso intermedio ou medio termo. Quem use que use, quem abdica que abdique. Use com a brutalidade do uso; abdique com a absoluteza da abdicação. Abdique sem lagrimas, sem consolações de si mesmo, senhor ao menos da força de saber abdicar[14]. Despreze-se, sim, mas com dignidade.

Chorar ante o mundo – e quanto mais bello o choro, mais largo mundo se lhe abre, e mais publica vergonha – eis a ultima indignidade que pode practicar sobre a sua vida intima um vencido que não conserva a espada para o ultimo dever do soldado. Somos todos soldados neste regimento instinctivo da vida; temos que viver com a lei (da razão) ou com nenhuma lei. O prazer é para os cães, a queixa para as mulheres; o homem tem sòmente, de intimo e proprio[15] a honra e[16] o silencio. Senti

a A citação de Carlyle (1903, p. 102) encontra-se sublinhada no exemplar de *On Heroes, Hero-Worship, and the Heroic in History* ("Lecture III: The Hero as Poet") da Biblioteca particular de Fernando Pessoa. Esta mesma citação revelou-se extremamente fértil para as reflexões do poeta em torno da história do visitante de Porlock, que interrompeu a composição de um poema de Coleridge (cf. "O Homem de Porlock", Fradique, n.º 2, 15 de Fevereiro de 1934, p. 8). No espólio pessoano existe uma versão dactilografada: "E, assim, do que poderia ter sido fica só o que é; do poema, ou dos opera omnia, só o princípio e o fim de qualquer coisa perdida – disjecta membra, que, como disse Carlyle, é o que fica de qualquer poeta, ou de qualquer homem" (109-3ʳ). Veja-se também o texto sobre Shakespeare que começa "Great as his tragedies are" ["Grande como são as suas tragédias"] (19-89ʳ), publicado em *Páginas de Estética e de Teoria e Crítica Literárias* (1967, p. 303).

isto, mais que nunca, nas chammas do fogão em que acabei para sempre com os meus escriptos.

Ha qualquer coisa de sordido, e de tanto mais sordido quanto é ridiculo, neste uso, que teem os fracos, de erigir em tragedias do universo as comedias tristes das tragedias proprias.

O reconhecimento d'este facto estorvou-me sempre – reconheço que com injustiça – o receber uma perfeita emoção dos versos dos grandes poetas pessimistas. Peor foi o meu descontentamento quando conheci suas vidas. Os trez grandes poetas pessimistas[17] do seculo passado – Leopardi, Vigny e Anthero – tornaram-se-me insupportaveis. A base sexual dos seus pessimismos deixou-me, desde que a entrevi nas obras e a confirmei na noticia de suas vidas, uma sensação de nausea na intelligencia. Reconheço que tragedia possa representar para qualquer homem[18] – e mormente para um homem de grande sensibilidade como qualquer dos trez poetas – o ser privado, seja qual for a razão, de relações sexuaes, como nos casos de Leopardi e Anthero, ou de tantas ou taes como quereria, como na circumstancia de Vigny. Essas coisas, porém, são da vida intima, e porisso não podem nem devem ser trazidas para a publicidade do verso exposto; são da vida particular e não são proprias para virem até á generalidade da literatura, pois nem a privação de relações sexuaes, nem a insatisfacção das que se teem, representam qualquer coisa de typico ou de largo na experiencia da humanidade.

Ainda assim, se esses poetas houvessem cantado directamente esses seus males inferiores – porque inferiores são, qualquer que seja o uso poetico d'elles –, se houvessem posto a nu as suas almas, mas a nu de nudez e não de maillot com enchidos, a propria violencia da causa da dor poderia arrancar-lhes gritos dignos, em certo modo, removendo, pela falta de occultação, o ridiculo social que, com justiça ou sem ella, pesa sobre essas pobrezas[19] da emoção commum. Se um homem for cobarde, pode,[20] ou não fallar nisso – o que é o melhor – ou então dizer, "sou cobarde", pela palavra propria e brutal. Num caso tem a vantagem da dignidade, no outro a da sinceridade; em ambos escapará ao comico: pois num caso nada ha dito, e nada ha pois de que rir, e no outro não ha nada que descobrir, porque elle mesmo o revelou. Mas o cobarde que se julga na necessidade de provar que o não é, ou de dizer que a cobardia é universal, ou de confessar a sua fraqueza de um modo confuso e translato, que nada revela mas tambem nada vela[21] – este é ridiculo para o geral e irritante para a intelligencia. É sob esta especie que concebo os poetas pessimistas, e todos aquelles que erigem em universaes as dores particulares que os affligem.

Como posso eu encarar com seriedade e com pena o atheismo de Leopardi se sei que esse atheismo se curaria com a copula? Como posso eu respeitar com bom grado e comprehensão o devaneio, a tristeza, a desolação de Anthero, se reconheço que tudo isso é funcção do desalento da alma que não teve complemento sexual, psychico ou physico, pouco importa?[22] Como me pode impressionar o pessimismo de Vigny contra a mulher, a declamação admirável e[23] excessiva da Colère de Samson[b], se no proprio excesso da composição reconheço o "peu ou mal aimé et en souffrant cruellement" de que disse Faguet a seu respeito[24] – a projecção solemne d'aquillo a que povo[25] chama sem solemnidade a "dor de corno".

b Veja-se o poema de Alvaro de Campos, datado de 9 de Julho de 1930, que começa "Meu pobre amigo, não tenho compaixão que te dar": "Com que então problema sexual? | Mas isso depois dos quinze annos é uma indecencia. | Preoccupação com o sexo opposto (supponhamos) e a sua psychologia, | Mas isso é estupido, filho. [...] "La Colère de Samson", conhece? | "La femme, enfant malade et douze fois impur" | Mas não é nada d'isso. | Não me mace, nem me obrigue a ter pena! | Olhe: tudo é litteratura. [...] Tudo é geographicamente exterior | A chuva cahe por uma lei natural | E a humanidade ama porque ouviu fallar no amor..." (71^1-18).

Que maneira de seriedade se pode usar perante este argumento, que é o que está no fundo da obra de Leopardi: "sou timido com mulheres, portanto Deus não existe"? Como não repugnar a conclusão de Anthero: "tenho pena de não ter mulher que mostre amor[26], portanto a dor é universal"? Hei de acceitar sem desprezo involuntario a attitude de Vigny: "Não sou amado como quero, porisso a mulher é um ente reles, mesquinho, vil, contrastando com a bondade e a nobreza do homem"? Principios absolutos, e porisso falsos; ridiculos e porisso inestheticos. Rara é a coisa, aliás, que causa o riso publico que contenha em si uma perfeita segurança e dignidade. Ou tem uma qualidade que se impõe ás massas, ainda que ellas não comprehendam[27]; ou uma qualidade que se subtrahe a ellas, de modo que ellas não riem pela simples razão que não sabem[28]. A plebe não troça do Raciocinio.[29]

A dignidade da intelligencia está em reconhecer que é limitada e que a realidade[30] está fóra d'ella. Reconhecer, com desgosto proprio ou não, que as leis naturaes se não vergam aos nossos desejos, que o mundo existe independentemente da nossa vontade, que o sermos tristes nada prova sobre o estado moral dos astros, ou até do povo que passa pelas nossas janellas: nisto está o vero uso da razão e a dignidade racional da alma.

Da minha janella, e até nesta hora em que só a morte me attrahe, e para ella – quem nem "ella" é –,[31] apressando-me, propendo, vejo[32] os ranchos felizes dos camponezes voltar[33], cantando quasi religiosamente, no ar placido da tarde. Reconheço que a vida d'elles é alegre. Reconheço-o á beira da[34] cova que eu mesmo vou abrir, e reconheço-o com o ultimo orgulho de o não deixar de reconhecer. Que tem a tristeza propria, que me abate,[35] com a verdura universal das arvores, com a alegria natural destes rapazes[36] e raparigas? Que tem o fim de inverno em que me afundo com a primavera que ha no mundo, em virtude de leis naturaes, cuja acção sobre o curso dos astros faz agora florir as rosas, e cuja acção em mim me faz[37] dar fim á minha vida?

Quanto não baixaria eu perante mim, e, de justiça perante tudo e todos, se dissesse agora que a primavera é triste, que as flores soffrem, que os rios gemem tristezas, que na[38] propria canção dos camponezes ha angustia e ansia, porque? – Porque Alvaro Coelho de Athayde, decimo quarto[c] Barão de Teive descobriu com pena[39] que não pode escrever os livros que quere!

Circumscrevo a mim a tragedia que é minha. Soffro-a, mas soffro-a de cara a cara, sem metaphysica nem sociologia. Confesso-me vencido pela vida, porém não me confesso abatido por ela. Vá eu para a cova com o nome de suicida, porém não com o appelido de ◊[40]

Tragedias, muitos as teem – todos, até, se entre ellas contarmos as occasionaes. Mas o que a cada qual compete, como homem, é não fallar na sua tragedia; e o que cada qual compete, como artista, é, ou ser homem e calar-se sobre ella, escrevendo ou cantando de outras cousas, ou extrahir d'ella, com firmeza e grandeza uma licção universal.[41]

c No primeiro trecho deste capítulo lê-se "20.º" (vigésimo).

Quaresma, como defende Ana Freitas na introdução de *Quaresma, Decifrador – As novelas policiárias* (2008), "ultrapassa o molde da simples personagem e ocupa um lugar na realidade ficcionada do universo pessoano" (p. 10). Convém frisar o facto desde já, porque Quaresma é, desde 1913, a personagem central de uma série de casos detectivescos, e contudo, por volta de 1929, recebe uma incumbência especial e de outro género: ser autor de um ensaio sobre Shakespeare, tratando a questão da identidade de Shakespeare como se de um caso policial se tratasse. Pessoa escreveu abundantemente sobre a questão da autoria das obras shakesperianas, um problema que suscitou o seu interesse já antes do ano triunfal de 1914, quando criou essas realidades chamadas Caeiro, Reis e Campos (enquanto analisava se Shakespeare seria ou não um pseudónimo de um outro autor e quais seriam as implicações se assim o fosse; e enquanto lia Oscar Wilde e o seu elogio da mentira ou do fingimento artístico). Um dia, considerou Pessoa pertinente que Quaresma analisasse o caso Shakespeare, ao modo do decifrador de mistérios. O Quaresma que aqui nos ocupa, em vista disto, é menos o protagonista das novelas policiárias, do que o designado autor de um texto que Pessoa apenas esboçou; é menos o médico sem clínica, residente na Rua dos Fanqueiros, do que a personagem que se liberta pirandellianamente dos casos "quaresma", para assumir um "Estudo de Detecção Superior" sobre o bardo isabelino. O opúsculo sobre Shakespeare intitular-se-ia *The Person of Shakespeare* [*A Pessoa de Shakespeare*], ou poderia ter vários títulos alternativos: *A Study in the Trascendental Detection* [*Um Estudo de Detecção Superior*]; *A Study in the Higher Detection* [*Um Estudo de Alta Detecção*]; ou *A Detective Study* [*Um Estudo Detectivesco*] (ver *Escritos sobre Génio e Loucura*, 2006, tomo 1, p. 343). Refira-se que Pessoa atribuiu este estudo ao extinto Dr. Abilio Quaresma, pois este teria morrido em Nova Iorque e um "publicador" tomaria sobre si a tarefa editorial de reunir os seus casos e dá-los a conhecer. Por volta de 1929, Quaresma deixa, portanto, de ser apenas uma personagem e ganha uma segunda vida como autor, herdando algumas das abundantes considerações que Pessoa havia concebido sobre a autoria das obras shakespearianas e todos os enigmas que nimbam a figura do dramaturgo inglês. Contudo, há que notar que o esboço que se conhece de *The Person of Shakespeare* não é ainda de Quaresma, visto estar redigido em inglês e em nada se diferenciar de um texto ortónimo sobre o mesmo assunto. Publica-se como uma curiosidade, pois teria servido ao poeta como base para redigir "O Caso Shakespeare", projecto que não chegou a ser concretizado.

DATA: 1929.

Shakespeare / Estudo de Detecção Superior / pelo extincto Dr. Abilio Quaresma.

[Sem cota] [a]

a Este pormenor faz parte de um documento que conserva a família de F. Pessoa.

QUARESMA. [135.1]

Description of him – first tale.[b]

Era um homem de estatura acima d'aquella que é media entre portuguezes. Magro, quasi aquillo a que chamamos escanzellado, bastante curvado, o ar melancholico e deprimido, a côr má, terrosa a baça, o rosto vincado por sulcos tanto de magreza como de depressão. Ao primeiro relance, o facies dava[1] a impressão de uma vaga assymetria, que uma analyse mais demorada encontrava difficil de localisar, emquanto não acertava com a sua séde no accentuado estrabismo divergente, na contracção um pouco hemiplegica da bocca, em socego regular, fria, de labios delgados e sem côr, e na má posição da cabeça que, como nos fracos, tendia sempre a não se manter erecta e firme sobre o pescoço longo[2]. A cara era comprida, o queixo retrahido e debil, a expressão geral de apagamento e hesitação, mais vincada ainda pela relativa proeminencia do nariz aquilino e estreito, e pela dominação poderosa de uma testa que, sem ser desproporcionalmente grande, destoava, comtudo, na sua saliencia relativa do apagamento da parte inferior do facies.

Tinha uma barba rala, mal tratada, como mal tratado era o cabello, ralo tambem. A côr de ambos era de um castanho[3] ligeiramente claro. Os olhos eram castanhos tambem, mais claros do que oscuros; além do strabismo de que já fallei tinham uma expressão vaga, perdida, de uma concentração interior inquieta e palpitante.

Todo o habito exterior do homem – desde a sua posição physica até ao seu trage – marcava anniquilamento e desleixo, sem

b Tradução: "QUARESMA. Descrição dele – primeiro conto."

que a assignatura de um vicio especial ou de um mau habito notavel revelasse[4] uma causa nitida. Todo o homem indicava um d'estes falhados da vida que nunca são nada, que perdem todas as opportunidades, que desleixam todos os assomos da sorte, mas em quem não ha energia para um impulso criminoso, vitalmente para a existencia de um vicio, ou alegria para a naturalidade de uma sans-façon bohemia.

O fato amarrotado, de uma d'estas cores apparentadas com o cinzento[5] que são escolha habitual dos desleixados e dos lentos, completava o aspecto[6] abatido e fraco do homem que se me apresentava.

Apesar de tudo, qualquer de sympathico havia nelle, fructo talvez da sua patente inoffensividade, ou da alliança d'esta, porventura, com aquelle indicio de superioridade inusada que sahia da testa serena quasi calva, da attitude pensativa do rosto, da expressão quietamente analytica do olhar.

Tal me appareceu, o assim medi, o Dr. Abilio Quaresma, Decifrador.

[135.2] *Shakespeare*

I purpose[1] to investigate[2], as far[3] as it is possible, what kind of man Sh[akespeare] was. I refer to the author of the works[4] called Shakespeare's.

As there is a "S[hakespeare] problem", I shall not use accessory elements except in so far as they bear exclusively on the *author* of the plays & poems known as S[hakespeare]'s. I shall ∴ [therefore] depend on a biography.

Neither shall I suppose any figure of S[hakespeare]'s to represent, more or less, his creator, or at least his creator's idea of himself[5]. I shall suppose every Sh[akespere]an figure to be a pure fiction or an absurd.

I shall avoid also "particular" details, names of places, etc. As no play can be sure to be *altogether* S[hakespeare]an, i.e. in every line, I shall ◊

I shall omit no expression as to the identity or life of the author in question. I have none.[6]

I shall thus limit myself to

(1) the plays as a whole, in their general, typical structures

(2) the "expression" as a whole – the unexpressable *tendencies *signed not in the things expressed[7], but in the manner of expressing.[8]

(3) Such details as the only non-dramatic, personal poems – the "Sonnet" *author & which cannot be taken as symbolic or fictional.

This is ∴ [therefore] a "detective" criticism.

The Person of Shakespeare
the Higher
A Study in the Trascendental Detection
A Detective Study

If my study be exact & its conclusion acceptable, I shall have contributed something either to the S[hakespeare]'s problem, if there be one, or to the study of Sh[akespeare], wheter there be or not.

In the 1st. case I shall be able to put inquires on the trace of the author of the works, be the first or second[9], I shall [help] *each reader to invent Sh[akespeare][10]. It is useless to add that I neither idealize nor depreciate.

[TRAD.] Shakespeare

Proponho-me investigar, o melhor possível, que género de homem era S[hakespeare]. Refiro-me ao autor das obras ditas de Shakespeare.

Sendo que existe um "problema de S[hakespeare]", não farei uso de elementos acessórios, excepto quando estes remetam exclusivamente para o autor *das peças e poemas conhecidos como de Shakespeare. Irei, então, depender de uma biografia.*

Nem considerarei qualquer personagem de Shakespeare para representar, mais ou menos, o seu criador, ou pelo menos a ideia que o criador tinha acerca de si mesmo. Irei considerar cada personagem sh[akespearia]na como ficção absoluta ou um absurdo.

Irei também evitar detalhes "particulares", nomes de locais, etc. Como nenhuma peça pode ser considerada no seu todo *s[hakespearia]na, isto é, em todos os versos, irei ◊*

Não omitirei nenhuma tese acerca de identidade ou vida do autor em questão. Não tenho nenhuma.

Irei então limitar-me:

(1) às peças no seu todo, em geral, estruturas típicas;

*(2) à "expressão" no seu todo – as *tendências inexpressáveis *marcadas não nas coisas expressadas, mas na maneira de expressar;*

*(3) a detalhes como os poemas não-dramáticos, pessoais – o *autor do "Soneto" e que não pode ser tomado como simbólico e ficcional.*

Trata-se ∴ [portanto] de uma crítica "detectivesca".

A Pessoa de Shakespeare

na Alta

Um Estudo na Detecção Transcendental

Um Estudo Detectivesco

Se o meu estudo for preciso e a sua conclusão aceitável, terei contribuído com qualquer coisa para o estudo do problema de S[hakespeare], se este existe, ou para o estudo de Sh[akespeare], quer exista, quer não.

*No primeiro caso, serei capaz de investigar o rastro do autor das obras, seja o primeiro ou o segundo, irei [ajudar] *cada leitor a inventar Sh[akespeare]. É inútil acrescentar que nem idealizo nem desvalorizo.*

136
MARIA JOSÉ

Autora de uma única carta encimada por um título impessoal, "A Carta da Corcunda para o Serralheiro", e por um traço mais pessoal, a sua assinatura. Maria José é uma corcunda de dezanove anos, que recorre a um meio escrito (uma carta mecanografada, se identificarmos a sua carta com o original de Pessoa), para comunicar com o senhor Antonio, um serralheiro que costuma passar sob a sua janela. Numa série de notas relacionadas com esta missiva, lê-se uma linha que quase parece argumentativa: "Como uma grande alma pode ser ninguem!"; e antes e depois um auto-retrato da corcunda: "Como sou entrevada tenho que estar ao pé da janella para viver. E o que eu tenho para viver! Triste é toda a outra gente que não tem nada comigo, e anda na rua [...] Eu sou solteira de nascimento e triste depois. Passo noites a pensar em quem me poderia amar e não encontro ninguém nem na imaginação." A frase final quase parece escrita por Alvaro de Campos: "Não ha asylo de mendicidade para velhos menores?" (14C-6[v]). Essa velha menor, para frisar o oxímoro, é, pois, o canto do cisne de Pessoa, que de 1930 a 1935 terá convivido sobretudo com o Barão de Teive, com Bernardo Soares e com Alvaro de Campos, mas terá deixado de conceber mais autores alternativos ao ortónimo. Maria José será, por isso, a última máscara pessoana e uma das poucas máscaras femininas do poeta (cf., por exemplo, 16, Nympha; 23, Lili; 34, Cecilia; e 99, Olga Baker).

DATA: 1929-1930.

[95-7^{r}]

 [136.1]

A Carta da Corcunda para o Serralheiro.

Senhor Antonio:

O senhor nunca ha de ver esta carta, nem eu a hei de ver segunda vez porque estou tuberculosa, mas eu quero escrever-lhe ainda que o senhor o não saiba, porque se não escrevo abafo.

O senhor não sabe quem eu sou, isto é, sabe mas não sabe a valer. Tem-me visto á janella quando o senhor passa para a officina e eu olho para si, porque o espero a chegar, e sei a hora que o senhor chega. Deve sempre ter pensado sem importancia na corcunda do primeiro andar da casa amarella, mas eu não penso senão em si. Sei que o senhor tem uma amante, que é aquella rapariga loura alta e bonita; eu tenho inveja d'ella mas não tenho ciumes de si porque não tenho direito a ter nada, nem mesmo ciumes. Eu gosto de si porque gosto de si, e tenho pena de não ser outra mulher, com outro corpo e outro feitio, e poder ir á rua e fallar comsigo ainda que o senhor me não desse razão de nada, mas eu estimava conhece-lo de fallar.

O senhor é tudo[1] quanto me tem valido na minha doença e eu estou-lhe agradecida sem que o senhor o saiba. Eu nunca poderia ter ninguem que gostasse de mim como se gosta das pessoas que teem o corpo de que se pode gostar, mas eu tenho o direito de gostar sem que gostem de mim, e tambem tenho o direito de chorar, que não se negue a ninguem.

Eu gostava de morrer depois de lhe fallar a primeira vez mas nunca terei coragem nem maneiras de lhe fallar. Gostava que o senhor soubesse que eu gostava muito de si, mas tenho medo que se o senhor soubesse não se importasse nada, e eu tenho pena já de saber que isso é absolutamente certo antes de saber qualquer coisa, que eu mesmo não vou procurar saber.

Eu sou corcunda desde a nascença e sempre riram de mim. Dizem que todas as corcundas são más, mas eu nunca quiz mal a ninguem. Além d'isso sou doente, e nunca tive alma, por causa da doença, para ter grandes raivas. Tenho dezanove annos e nunca sei para que é que cheguei a ter tanta edade, e doente, e sem ninguem que tivesse pena de mim a não ser por eu ser corcunda, que é o menos, porque é a alma que me doe, e não o corpo, pois a corcunda não faz dor.

Eu até gostava de saber como é a sua vida com a sua amiga, porque como é uma vida que eu nunca posso ter – e agora menos que nem vida tenho – gostava de saber tudo.

Desculpe escrever-lhe tanto sem o conhecer, mas o senhor não vae ler isto, e mesmo que lesse nem sabia que era comsigo e não ligava importancia em qualquer caso, mas gostaria que pensasse que é triste ser marreca e viver sempre só á janella, e ter mãe e irmãs que gostam da gente mas sem ninguem que goste de nós, porque tudo isso é natural e é a familia, e o que faltava é que nem isso houvesse para uma boneca com os ossos ás avessas como eu sou, como eu já ouvi dizer.[2]

Houve um dia que o senhor vinha para a officina e um gato se pegou[3] á pancada com um cão aqui defronte da janella, e todos estivemos a ver, e o senhor parou, ao pé do Manuel das Barbas, na esquina do barbeiro, e depois olhou para mim para a janella e viu-me a rir e riu tambem para mim, e essa foi a unica vez que o senhor esteve a sós commigo, por assim dizer, que isso nunca poderia eu esperar.

Tantas vezes, o senhor não imagina, andei á espera que houvesse outra coisa qualquer na rua quando o senhor passasse e eu pudesse outra vez ver o senhor a ver e talvez olhasse para mim e eu pudesse olhar para si e ver os seus olhos a direito para os meus.

Mas eu não consigo nada do que quero, nasci já assim, e até tenho que estar em cima de um estrado para poder estar á altura da janella. Passo todo o dia a ver illustrações e revistas[4] de modas que emprestam á minha mãe, e estou sempre a pensar noutra coisa, tanto que quando me perguntam como era aquella saia ou quem é que estava no retrato onde está a Rainha de Inglaterra, eu ás vezes me envergonha de não saber, porque estive a ver coisas que não podem ser e que eu não posso deixar que me entrem na cabeça e me dêem alegria para eu depois ainda por cima ter vontade de chorar.

Depois todos me desculpam, e acham que sou tonta, mas não me julgam parva, porque ninguem julga isso, e eu chego a não ter pena da desculpa, porque assim não tenho que explicar porque é que estive distrahida.

Ainda me lembro d'aquele dia que o senhor passou aqui ao Domingo com o fato azul claro. Não era azul claro, mas era uma sarja muito clara para o azul escuro que costuma ser. O senhor ia que parecia o proprio dia que estava lindo e eu nunca tive tanta inveja de toda a gente como nesse dia. Mas não tive inveja da sua amiga, a não ser que o senhor não fosse ter com ella mas com outra qualquer, porque eu não pensei senão em si, e foi porisso que invejei toda a gente, o que não percebo mas o certo é que é verdade.

Não é por ser corcunda que estou aqui sempre á janella, mas é que ainda por cima tenho uma especie de rheumatismo nas pernas e não me posso mexer, e assim estou como se fosse paralytica, o que é uma maçada para todos cá em casa e eu sinto ter que ser toda a gente a aturar-me[5] e a ter que me acceitar que o senhor não imagina. Eu ás vezes dá-me um desespero como se me pudesse atirar da janella ábaixo, mas eu que figura teria a cahir da janella? Até quem me visse cahir ria e a janella é tam baixa que eu nem morreria, mas era ainda mais maçada para os outros, e estou a ver-me na rua como uma macaca, com as pernas á vela[6] e a corcunda a sahir pela blusa e toda a gente a querer ter pena mas a ter nojo ao mesmo tempo ou a rir se calhasse, porque a gente é como é não como tinha vontade de ser.[7]

... e enfim porque lhe estou eu a escrever se lhe não vou mandar esta carta?[8]

O senhor que anda de um lado para o outro não calcula[9] qual é o peso de a gente não ser ninguem. Eu estou á janella todo o dia e vejo toda a gente passar de um lado para o outro e ter um modo de vida e gosar e fallar a esta e áquella, e parece que sou um vaso com uma planta murcha que ficou aqui á janella por tirar de lá.

O senhor não pode imaginar, porque é bonito e tem saude o que é a gente ter nascido e não ser gente, e ver nos jornaes o que as pessoas fazem, e uns são ministros e andam[10] de um lado para o outro a visitar todas as terras, e outros estão na vida da sociedade e casam e teem baptizados e estão doentes e fazem-lhe operações os mesmos medicos, e outros partem para as suas casas aqui e alli, e outros roubam e outros queixam-se, e uns fazem grandes crimes e ha artigos assignados por outros e retratos e annuncios com os nomes dos homens que vão comprar as modas ao estrangeiro, e tudo isto o senhor não imagina o que é para quem é um trapo como eu que ficou no parapeito da janella de limpar o signal redondo dos vasos quando a pintura é fresca por causa da agua.

Se o senhor soubesse isto tudo era capaz de de vez em quando me dizer adeus da rua, e eu gostava de se lhe poder pedir isso, porque o senhor não imagina, eu talvez não vivesse mais, que pouco é o que tenho de viver, mas eu ia mais feliz lá para onde se vae se soubesse que o senhor me dava os bons dias por acaso.

A Margarida costureira diz que lhe fallou uma vez, que lhe falou torto porque o senhor se metteu com ella na rua aqui ao lado, e essa vez é que eu senti inveja a valer, eu confesso porque não lhe quero mentir, senti inveja porque metter-se alguem comnosco é a gente ser mulher, e eu não sou mulher nem homem, porque ninguem acha que eu sou nada a não ser uma especie de gente que está para aqui a encher o vão da janella e a aborrecer tudo que me vê, valha-me Deus.

O Antonio (é o mesmo nome que o seu, mas que differença!) o Antonio da officina de automoveis disse uma vez a meu pae que toda a gente deve produzir qualquer coisa, que sem isso não ha direito a viver, que quem não trabalha não come e não ha direito a haver quem não trabalhe. E eu pensei que faço eu no mundo, que não faço nada senão estar á janella com toda a gente a mexer-se de um lado para o outro, sem ser paralytica, e tendo maneira de encontrar as pessoas de quem gosta, e depois poderia produzir á vontade o que fosse preciso porque tinha gosto para isso.

Adeus senhor Antonio, eu não tenho senão dias de vida e escrevo esta carta só para a guardar no peito como se fosse uma carta que o senhor me escrevesse em vez de eu a escrever a si. Eu desejo que o senhor tenha todas as felicidades que possa desejar e que nunca saiba de mim para não rir porque eu sei que não posso esperar mais.[11]

Eu amo o senhor com toda a minha alma e toda a minha vida. Ahi tem e estou toda a chorar.[12]

Maria José[a]

a Este testemunho do nome está dactilografado no original.

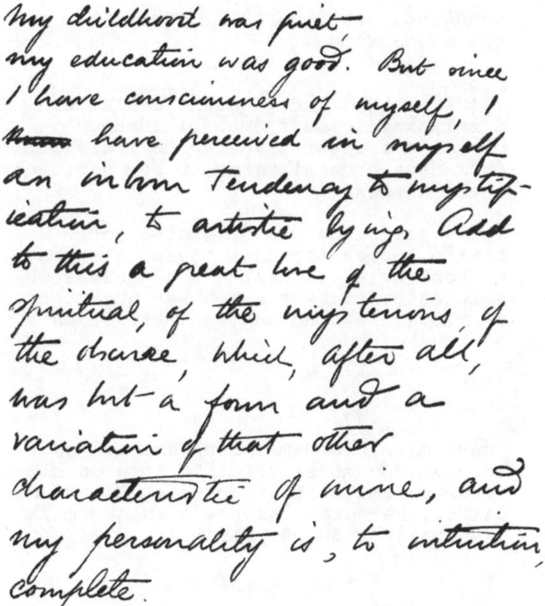

My childhood was quiet —
my education was good. But since
I have consciousness of myself, I
have perceived in myself
an inborn tendency to mystif-
ication, to artistic lying. Add
to this a great love of the
spiritual, of the mysterious, of
the obscure, which, after all,
was but a form and a
variation of that other
characteristic of mine, and
my personality is, to intuition,
complete.

My childhood was quiet ◊, my education was good. But since I have consciousness of myself, I have perceived in myself an inborn tendency to mystification, to artistic lying. Add to this a great love of the spiritual, of the mysterious, of the obscure, which, after all, was but a form and a variation of that other characteristic of mine, and my personality is, to intuition, complete. *[A minha infância foi tranquila ◊, a minha educação foi boa. Mas, desde que tenho consciência de mim mesmo, descobri em mim uma tendência nata para a mistificação, para a mentira artística. Junte-se a isto um grande amor pelo espiritual, pelo misterioso, pelo obscuro, que, ao fim e ao cabo, não era senão uma forma e uma variação daquela outra minha característica, e a minha personalidade ficará intuitivamente completa.]*

[20-10v]

(De um apontamento de *c.* 1907)

Sendo nós portuguezes, convém saber o que é que somos.

(a) adaptabilidade, que no mental dá a ~~xxxxxxxxxxxxxx~~ instabilidade, e portanto a diversificação do individuo ~~(xx)~~ dentro de si mesmo. O bom portuguez é varias pessoas.

(b) a predominancia da emoção sobre a paixão. Somos ternos e pouco intensos, ao contrario dos hespanhœs -nossos absolutos contrarios - que são apaixonados e frios. Isto no mental superior dá a

(c)

Nunca me sinto tam portuguezmente eu como quando me sinto differente de mim - Alberto Caeiro, Ricardo Reis, Álvaro de Campos, Fernando Pessoa, e quantos mais haja havidos ou por haver.

[20-69r]

(Apontamento de *c.* 1916)

FERNANDO PESSOA

Nesta secção final incluímos três textos que poderiam ter sido inseridos num capítulo dedicado ao próprio Fernando Pessoa, visto poderem ser considerados absolutamente centrais para definir quem foi Fernando Pessoa – segundo o próprio – e qual a sua obra. O primeiro, "Tábua Bibliográfica", foi publicado em 1928 na revista *Presença*; o segundo, a desenvolvida carta a Adolfo Casais Monteiro de 13 de Janeiro de 1935, foi revelado na *Presença*, mas postumamente, em 1937; o terceiro, uma nota biográfica sintética de 30 de Março de 1935, foi dado a conhecer parcialmente desde 1940. Sobre este último, explica José Barreto:

> Este documento foi pela primeira vez publicado, truncado, em *Á Memoria do Presidente-Rei Sidonio Paes*, [1940] pp. 3-4, com falta de oito parágrafos e parte de outro de um total de quinze. Foi republicado, novamente truncado, nas várias edições de João Gaspar Simões, *Vida e Obra de Fernando Pessoa* (Lisboa: Livraria Bertrand), com falta de três parágrafos e parte de outro. Foi publicado integralmente em Eduardo Lourenço e A. Braz de Oliveira (coords.), *Fernando Pessoa no seu Tempo* (Lisboa: Biblioteca Nacional, 1988), pp. 16-22, com a indicação de que "o texto completo só em 1971 viria ser conhecido" (p. 16), mas sem esclarecer onde ou porque meio (in *Associações Secretas e Outros Escritos*, 2011, p. 236).

ANEXO 1

TÁBUA BIBLIOGRÁFICA

Fernando Pessoa

Nasceu em Lisboa, em 13 de Junho de 1888. Foi educado no Liceu (*High School*) de Durban, Natal, África do Sul, e na Universidade (ingleza) do Cabo de Boa Esperança. Nesta ganhou o prémio Rainha Victória de estylo inglez; foi em 1903 – o primeiro anno em que esse prémio se concedeu.

O que Fernando Pessoa escreve pertence a duas categorias de obras, a que poderemos chamar orthónymas e heterónymas. Não se poderá dizer que são autónymas e pseudónymas, porque deveras o não são. A obra pseudónyma é do autor em sua pessoa, salvo no nome que assina; a heterónyma é do auctor[1] fóra da sua pessoa, é de uma individualidade completa fabricada por êlle, como o seriam os dizeres de qualquer personagem de qualquer drama seu.

As obras heterónymas de Fernando Pessoa são feitas por, até agora, trez nomes de gente – Alberto Caeiro, Ricardo Reis, Alvaro de Campos. Estas individualidades devem ser consideradas como distinctas da do auctor dellas. Fórma cada uma uma espécie de drama; e todas ellas juntas formam outro drama. Alberto Caeiro, que se tem por nascido em 1889 e morto em 1915, escreveu poemas com uma, e determinada, orientação. Teve por discípulos – oriundos, como taes, de diversos aspectos dessa orientação – aos outros dois: Ricardo Reis, que se considera nascido em 1887, e que isolou naquela obra, estylizando, o lado intellectual e pagão; Alvaro de Campos, nascido em 1890, que nella isolou o lado por assim dizer emotivo, a que chamou "sensacionista", e que – ligando-o a influências diversas, em que predomina, ainda que abaixo da de Caeiro, a de Walt Whitman – produziu diversas composições, em geral de índole escandalosa e irritante, sobretudo para Fernando Pessoa, que, em todo o caso não, tem remédio senão faze-las e publicá-las, por mais que dellas discorde. As obras destes trez poetas formam, como se disse, um conjuncto dramático; e está devidamente estudada a entreacção intellectual das personalidades, assim como as suas próprias relações pessoaes. Tudo isto constará de biographias a fazer, acompanhadas, quando se publiquem, de horoscopos e, talvez, de photographias. É um drama em gente, em vez de em actos.

(Se estas três individualidades são mais ou menos reaes que o próprio Fernando Pessoa – é problema metaphisico, que êste, ausente do segrêdo dos Deuses, e ignorando portanto o que seja realidade, nunca poderá resolver.)

Fernando Pessoa publicou, orthonymamente, quatro folhetos em verso inglez: *Antinous* e *35 Sonnets*, junctos, em 1918, e *English Poems I-II* e *English Poems III*, também junctos, em 1922. O primeiro poema do terceiro d'estes folhetos é a refundição do "Antinous" de 1918. Publicou, além disto, em 1923, um manifesto, *Sobre Um Manifesto de Estudantes*, em appoio de Raul Leal, e, em 1928, um folheto, *Interregno – Defesa e Justificação da Dictadura Militar em Portugal*, que o Govêrno consentiu que se editasse. Nenhum d'estes textos é definitivo. Do ponto de vista esthetico, o auctor prefere, pois, considerar estas obras como apenas approximadamente existentes. Nenhum escripto heterónymo se publicou em folheto ou livro.

Tem Fernando Pessoa collaborado bastante, sempre pelo acaso de pedidos amigos, em revistas e outras publicações, de diversa índole. O que d'elle por ellas anda espalhado é, na generalidade, de ainda menor interesse público que os folhetos acima citados. Abrem-se, porém, mas com reservas, as seguintes excepções:

Quanto a obras orthónymas: o drama stático *O Marinheiro* in *Orpheu 1* (1915); *O Banqueiro Anarchista* in *Contemporanea 1* (1922); os poemas *Mar Português* in *Contemporanea 4* (1922); uma pequena collecção de poemas in *Athena 3* (1925); e, em o número I do diário de Lisboa *Sol* (1926), a narração exacta e comovida do que é o Conto do Vigário.

Quanto a obras heterónymas: as duas odes – *Ode Triumphal* e *Ode Marítima* – de Alvaro de Campos in *Orpheu 1* e *2* (1915); o *Ultimatum*, do mesmo indivíduo, em o número único de *Portugal Futurista* (1917); o livro *Odes*, de Ricardo Reis, em *Athena 1* (1924); e os excerptos dos poemas de Alberto Caeiro in *Athena 4* e *5* (1925).

O resto, orthónymo ou heterónymo, ou não tem interesse, ou o não teve mais que passageiro, ou está por aperfeiçoar ou redefinir, ou são pequenas composições, em prosa ou em verso, que seria difficil lembrar e tediento enumerar, depois de lembradas.

Do ponto de vista, por assim dizer, publicitário, vale, contudo, a pena registrar uns artigos em *A Águia*, no ano 1912, sobretudo pela irritação que causou o anúncio nelles feito do "próximo apparecimento do super-Camões". Com a mesma intenção se pode citar o conjuncto do que veio em *Orpheu*, dado o escândalo desmedido que resultou d'esta publicação. São os dois únicos casos em que qualquer escripto de Fernando Pessoa chegasse até à attenção do público.

Fernando Pessoa não tenciona publicar – pelo menos por um largo emquanto – livro nem folheto algum. Não tendo público que os leia, julga-se dispensado de gastar inutilmente, em essa publicação, dinheiro seu que não tem; e, para o fazer gastar inutilmente a qualquer editor, fôra preciso um tirocínio para o processo a que deu seu apellido o saudoso Manuel Peres Vigário, já acima indirectamente citado.

Caixa Postal 147,
Lisboa, 13 de Janeiro de 1935.

Meu presado Camarada:

Muito agradeço a sua carta, a que vou responder immediata e integralmente. Antes de, propriamente, começar, quero pedir-lhe desculpa de lhe escrever neste papel de copia. Acabou-se-me o decente, é domingo, e não posso arranjar outro. Mas mais vale, creio, o mau papel que o addiamento.

Em primeiro logar, quero dizer-lhe que nunca eu veria "outras razões" em qualquer coisa que escrevesse, discordando, a meu respeito. Sou um dos poucos poetas portuguezes que não decretou a sua propria infallibilidade, nem toma[1] qualquer critica, que se lhe faça, como um acto de lesa-divindade. Além disso, quaesquer que sejam os meus defeitos mentaes, é nulla em mim a tendencia para a mania da perseguição. Àparte isso, conheço já sufficientemente a sua independencia mental, que, se me é permittido dizel-o, muito approvo e louvo. Nunca me propuz ser Mestre ou Chefe-Mestre, porque não sei ensinar, nem sei se teria que ensinar; Chefe, porque nem sei estrellar ovos. Não se preoccupe, pois, em qualquer occasião, com o que tenha que dizer a meu respeito. Não procuro caves nos andares nobres.

Concordo absolutamente comsigo em que não foi feliz a estreia, que de mim mesmo fiz com um livro da natureza de "Mensagem". Sou, de facto, um nacionalista mystico, um sebastianista racional. Mas sou, àparte isso, e até em contradicção com isso, muitas outras coisas. E essas coisas, pela mesma natureza do livro, a "Mensagem" não as inclue.

Comecei por esse livro as minhas publicações pela simples razão de que foi o primeiro livro que consegui, não sei porquê, ter organizado e prompto. Como estava prompto, incitaram-me a que o publicasse: accedi. Nem o fiz, devo dizer, com os olhos postos no premio possivel do Secretariado, embora nisso não houvesse peccado intellectual de maior. O meu livro estava prompto em Setembro, e eu julgava, até, que não poderia concorrer ao premio, pois ignorava que o praso para entrega dos livros, que primitivamente fôra até fim de Julho, fôra alargado até fim de Outubro. Como, porém, em fim de Outubro já havia exemplares promptos da "Mensagem", fiz entrega dos que o Secretariado exigia. O livro estava exactamente nas condições (nacionalismo) de concorrer. Concorri.

Quando às vezes pensava na ordem de uma futura publicação de obras minhas, nunca um livro do genero de "Mensagem" figurava em numero um. Hesitava entre se deveria começar por um livro de versos grande – um livro de umas 350 paginas –, englobando as varias sub-personalidades de Fernando Pessoa elle-mesmo, ou se deveria abrir com uma novella policiaria, que ainda não consegui completar.

Concordo comsigo, disse, em que não foi feliz a estreia, que de mim mesmo fiz, com a publicação da "Mensagem". Mas concordo com os factos que foi a melhor estreia que eu poderia fazer. Precisamente porque essa faceta – em certo modo secundaria – da minha personalidade não tinha nunca sido sufficientemente manifestada nas minhas collaborações em revistas (excepto no caso do "Mar Portuguez", parte deste mesmo livro) – precisamente por isso convinha que ella apparecesse, e que apparecesse agora. Coincidiu, sem que eu o planeasse ou o premeditasse (sou incapaz de premeditação practica), com um dos momentos criticos (no sentido original da palavra) da remodelação do subconsciente nacional. O que fiz por acaso e se completou por conversa, fôra exactamente talhado, com Esquadria e Compasso, pelo Grande Architecto.

(Interrompo. Não estou doido nem bebado. Estou, porém, escrevendo directamente, tam depressa quanto a machina m'o permitte, e vou me servindo das expressões que me occorrem, sem olhar a que literatura haja nellas. Supponha – e fará bem em suppor, porque é verdade – que estou simplesmente fallando comsigo.)

Respondo agora directamente às suas trez perguntas: (1) plano futuro da publicação das minhas obras, (2) genese dos meus heteronymos, e (3) occultismo.

Feita, nas condições que lhe indiquei, a publicação da "Mensagem" , que é uma manifestação unilateral, tenciono proseguir da seguinte maneira. Estou agora completando uma versão inteiramente remodelada do "Banqueiro Anarchista"; essa deve estar prompta em breve e conto, desde que esteja prompta, publical-a immediatamente. Se assim fizer, traduzo immediatamente esse escripto para inglez, e vou ver se o posso publicar em Inglaterra. Tal qual deve ficar, tem probabilidades europeias. (Não tome esta phrase no sentido de Premio Nobel immanente.) Depois – e agora respondo propriamente à sua pergunta, que se reporta a poesia – tenciono, durante o verão, reunir o tal grande volume dos poemas pequenos do Fernando Pessoa elle-mesmo, e ver se o consigo publicar em fins do anno em que estamos. Será esse o volume que o Casaes Monteiro espera, e é esse que eu mesmo desejo que se faça. Esse, então, será as facetas todas, excepto a nacionalista, que "Mensagem"[2] já manifestou.

Referi-me, como viu, ao Fernando Pessoa só. Não penso nada do Caeiro, do Ricardo Reis ou do Alvaro de Campos. Nada disso poderei fazer, no sentido de publicar, excepto quando (ver mais acima) me fôr dado o Premio Nobel. E comtudo – penso-o com tristeza – puz no Caeiro todo o meu poder de despersonalização dramatica, puz em Ricardo Reis toda a minha disciplina mental, vestida da musica que lhe é propria, puz em Alvaro de Campos toda a emoção que não dou nem a mim nem à vida. Pensar[3], meu querido Casaes Monteiro, que todos estes teem que ser, na practica da publicação, preteridos pelo Fernando Pessoa, impuro e simples!

Creio que respondi à sua primeira pergunta. Se fui omisso, diga em quê. Se puder responder, responderei. Mais planos não tenho, por emquanto. E, sabendo eu o que são e em que dão os meus planos, é caso para dizer, *Graças a Deus*!

Passo agora a responder à sua pergunta sobre a genese dos meus heteronymos. Vou ver se consigo responder-lhe completamente.

Começo pela parte psychiatrica. A origem dos meus heteronymos é o fundo traço de hysteria que existe em mim. Não sei se sou simplesmente hysterico, se sou, mais propriamente, um hystero-neurasthenico. Tendo para esta segunda hypothese, porque ha em mim phenomenos de abulia que a hysteria, propriarmente dita, não enquadra no registro dos seus symptomas. Seja como fôr, a origem mental dos meus heteronymos está na minha tendencia organica e constante para a despersonalização e para a simulação. Estes phenomenos – felizmente para mim e para os outros – mentalizaram-se em mim: quero dizer, não se manifestam na minha vida practica, exterior e de contacto com outros; fazem explosão para dentro e vivo-os eu a sós commigo. Se eu fosse mulher – na mulher os phenomenos hystericos rompem em ataques e coisas parecidas – cada poema do Alvaro de Campos (o mais hystericamente hysterico de mim) seria um alarme para a vizinhança. Mas sou homem – e nos homens a hysteria assume principalmente aspectos mentaes; assim tudo acaba em silencio e poesia...

Isto explica, *tant bien que mal*, a origem organica do meu heteronymismo. Vou agora fazer-lhe a historia directa dos meus heteronymos. Começo por aquelles que morreram, e de alguns dos quaes já me não lembro – os que jazem perdidos no passado remoto da minha infancia quasi esquecida.

Desde criança tive a tendencia para crear em meu torno um mundo ficticio, de me cercar de amigos e conhecidos que nunca existiram. (Não sei, bem entendido, se realmente não existiram, ou se sou eu que não existo. Nestas coisas, como em todas, não devemos ser dogmaticos). Desde que me conheço como sendo aquillo a que chamo eu, me lembro de precisar mentalmente, em figura, movimentos, caracter e historia, varias figuras irreaes que eram para mim tam visiveis e minhas como as coisas d'aquillo a que chamamos, porventura abusivamente, a vida real. Esta tendencia, que me vem desde que me lembro de ser um eu, tem me acompanhado sempre, mudando um pouco o typo de musica com que me encanta, mas não alterando nunca a sua maneira de encantar.

Lembro, assim, o que me parece[4] ter sido o meu primeiro heteronymo, ou, antes, o meu primeiro conhecido inexistente – um certo *Chevalier de Pas* dos meus seis annos, por quem escrevia cartas delle a mim mesmo, e cuja figura, não inteiramente vaga, ainda conquista aquella parte da minha affeição que confina com a saudade. Lembro-me, com menos nitidez, de uma outra figura, cujo nome já me não occorre mas que o tinha estrangeiro tambem, que era, não sei em quê, um rival do Chevalier de Pas... Coisas que acontecem a todas as crianças? Sem duvida – ou talvez. Mas a tal ponto as vivi que as vivo ainda, pois que as relembro de tal modo que é mister um esforço para me fazer saber que não foram realidades.

Esta tendencia para crear em torno de mim um outro mundo, egual a este mas com outra gente, nunca me sahiu[5] da imaginação. Teve varias phases, entre as quaes esta, succedida já em maioridade. Occorria-me um dito de espirito, absolutamente alheio, por um motivo ou outro, a quem eu sou, ou a quem supponho que sou. Dizia-o, immediatamente, espontaneamente, como sendo de certo amigo meu, cujo nome inventava, cuja historia accrescentava, e cuja figura – cara, estatura, traje e gestos – immediatamente[6] eu via diante de mim. E assim arranjei, e propaguei, varios amigos e conhecidos que nunca existiram, mas que ainda hoje, a perto de trinta annos de distancia, oiço, sinto, vejo. Repito: oiço, sinto vejo... E tenho saudades delles.[7]

(Em eu começando a fallar – e escrever à machina é para mim fallar –, custa-me a encontrar o travão. Basta de maçada para si, Casaes Monteiro! Vou entrar na genese dos meus heteronymos literarios, que é, afinal, o que v. quer saber. Em todo o caso, o que vae dito acima dá-lhe a historia da mãe que os deu à luz.)

Ahi por 1912, salvo erro (que nunca póde ser grande), veio me à idéa escrever uns poemas de indole pagã. Esbocei umas coisas em verso irregular (não no estylo Alvaro de Campos, mas num estylo de meia regularidade), e abandonei o caso. Esboçara-se-me, comtudo, numa penumbra mal urdida, um vago retrato da pessoa que estava a fazer aquillo. (Tinha nascido, sem que eu soubesse, o Ricardo Reis).

Anno e meio, ou dois annos, depois lembrei-me um dia de fazer uma partida ao Sá-Carneiro – de inventar um poeta bucolico, de especie complicada, e apresentar-lh'o, já me não lembro como, em qualquer especie de realidade. Levei uns dias a elaborar o poeta mas nada consegui. Num dia em que finalmente desistira – foi em 8 de Março de 1914 – acerquei-me de uma commoda alta, e, tomando um papel, comecei a escrever, de pé, como escrevo sempre que posso. E escrevi trinta e tantos poemas a fio, numa especie de extase cuja natureza não conseguirei definir. Foi o dia triumphal da minha vida, e nunca poderei ter outro assim. Abri com um titulo, "O Guardador de Rebanhos". E o que se seguiu foi o apparecimento de alguem em mim, a quem dei desde logo o nome de Alberto Caeiro. Desculpe-me o absurdo da phrase: apparecera em mim o meu mestre. Foi essa a sensação immediata que tive. E tanto assim que, escriptos que foram esses trinta e tantos poemas, immediatamente peguei noutro papel e escrevi, a fio tambem, os seis poemas que constituem a "Chuva Obliqua", de Fernando Pessoa. Immediatamente e totalmente... Foi o regresso de Fernando Pessoa Alberto Caeiro a Fernando Pessoa elle só. Ou, melhor, foi a reacção de Fernando Pessoa contra a sua inexistencia como Alberto Caeiro.

Apparecido Alberto Caeiro, tratei logo de lhe descobrir – instinctiva e subconscientemente – uns discipulos. Arranquei do seu falso paganismo o Ricardo Reis latente, descobri-lhe o nome, e ajustei-o a si mesmo, porque nessa altura já o *via*. E, de repente, e em derivação opposta à de Ricardo Reis, surgiu-me impetuosamente um novo individuo. Num jacto, e à machina de escrever, sem interrupção nem emenda, surgiu a *Ode Triunfal* de Alvaro de Campos – a Ode com esse nome e o homem com o nome que tem.

Creei, então, uma coterie inexistente. Fixei aquillo tudo em moldes de realidade. Graduei as influencias, conheci as amisades, ouvi, dentro de mim, as discussões e as divergencias de criterios, e em tudo isto me parece que foi eu, creador de tudo, o menos que alli houve. Parece que tudo se passou independentemente de mim. E parece que assim ainda se passa. Se algum dia eu puder publicar a discussão esthetica entre Ricardo Reis e Alvaro de Campos, verá como elles são differentes, e como eu não sou nada na materia.

Quando foi da publicação de *Orpheu*, foi preciso, à ultima hora, arranjar qualquer coisa para completar o numero de paginas.

Suggeri então ao Sá-Carneiro que eu fizesse um poema "antigo" do Alvaro de Campos – um poema de como o Alvaro de Campos seria antes de ter conhecido Caeiro e ter cahido sob a sua influencia. E assim fiz o "Opiario", em que tentei dar todas as tendencias latentes do Alvaro de Campos, conforme haviam de ser depois reveladas, mas sem haver ainda qualquer traço de contacto com o seu mestre Caeiro. Foi dos poemas que tenho escripto, o que me deu mais que fazer, pelo duplo poder[8] de despersonalização que tive que desenvolver. Mas, enfim, creio que não saiu mau, e que dá o Alvaro em botão...

Creio que lhe expliquei a origem[9] dos meus heteronymos. Se ha porém qualquer ponto em que precisa de um esclarecimento mais lucido – estou escrevendo depressa, e quando escrevo depressa não sou muito lucido –, diga, que de bom grado lh'o darei. E, é verdade, um complemento verdadeiro e hysterico: ao escrever certos passos das *Notas para a recordação do meu Mestre Caeiro*, do Alvaro de Campos[,] tenho chorado lagrimas verdadeiras. É para que saiba com quem está lidando, meu caro Casaes Monteiro!

Mais uns apontamentos nesta materia... Eu *vejo* deante de mim, no espaço incolor mas real do sonho, as caras, os gestos de Caeiro, Ricardo Reis e Alvaro de Campos. Construi-lhes as edades e as vidas. Ricardo Reis nasceu em 1887 (não me lembro do dia e mez, mas tenho-os algures), no Porto, é medico e está presentemente no Brasil. Alberto Caeiro nasceu em 1889 e morreu em 1915; nasceu em Lisboa, mas viveu quase toda a sua vida no campo. Não teve profissão nem educação quasi alguma. Alvaro de Campos nasceu em Tavira, no dia 15 de Outubro de 1890 (às 1.30 da tarde, diz-me o Ferreira Gomes e é verdade, pois, feito o horoscopo para essa hora, está certo). Este, como sabe, é engenheiro naval (por Glasgow), mas agora está aqui em Lisboa em inactividade. Caeiro era de estatura media[19], e, embora realmente fragil (morreu tuberculoso), não parecia tam fragil como era. Ricardo Reis é um pouco, mas muito pouco, mais baixo, mais forte, mas secco. Alvaro de Campos é alto (1m, 75 de altura – mais 2 cm. do que eu), magro e um pouco tendente a curvar-se. Cara rapada todos – o Caeiro louro sem côr, olhos azues; Reis de um vago moreno mate; Campos entre branco e moreno, typo vagamente de judeu portuguez, cabello[,] porém, liso e normalmente apartado ao lado, monoculo. Caeiro, como disse, não teve mais educação que quasi nenhuma – só instrucção primaria; morreram-lhe cedo o pae e a mãe, e deixou-se ficar em casa, vivendo de uns pequenos rendimentos. Vivia com uma tia velha, tia-avó. Ricardo Reis, educado num collegio de jesuitas, é, como disse, medico; vive no Brasil desde 1919, pois se expatriou espontaneamente por ser monarchico. É um latinista por educação alheia, e um semi-hellenista por educação propria. Alvaro de Campos teve uma educação vulgar de lyceu; depois foi mandado para a Escocia estudar engenharia, primeiro mechanica e depois naval. Numas frias fez a viagem ao Oriente de onde resultou o "Opiario". Ensinou-lhe latim um tio beirão que era padre.[11]

Como escrevo em nome desses trez?... Caeiro por pura e inesperada inspiração, sem saber ou sequer calcular que iria escrever. Ricardo Reis, depois de uma deliberação abstracta, que subitamente se concretiza numa ode. Campos, quando sinto um subito impulso para escrever e não sei o quê. (O meu semi-heteronymo Bernardo Soares, que aliás em muitas coisas se parece com Alvaro de Campos, apparece sempre que estou cansado ou somnolento, de sorte que tenha um pouco suspensas as qualidades de raciocinio e de inhibição; aquella prosa é um constante devaneio. É um semi-heteronymo porque, não sendo a personalidade a minha, é, não differente da minha, mas uma simples mutilação della. Sou eu menos o raciocinio e a affectividade. A prosa, salvo o que o raciocinio dá de *tenue* à minha, é egual a esta, e o portuguez perfeitamente egual; ao passo que Caeiro escrevia mal o portuguez, Campos razoavelmente mas com lapsos como dizer "eu proprio" em vez de "eu mesmo", etc., Reis melhor do que eu, mas com um purismo que considero exaggerado. O difficil para mim é escrever a prosa de Reis – ainda inedita – ou de Campos. A simulação é mais facil, até porque é mais espontanea, em verso.)

Nesta altura estará o Casaes Monteiro pensando que má sorte o fez cahir, por leitura, em meio de um manicomio. Em todo o caso, o pior de tudo isto é a incoherencia com que o tenho escripto. Repito, porém: escrevo como se estivesse fallando comsigo, para que possa escrever immediatamente. Não sendo assim, passariam mezes sem eu conseguir escrever.

Falta responder à sua pergunta quanto ao occultismo. Pergunta-me se creio no occultismo. Feita assim, a pergunta não é bem clara; comprehendo porém a intenção e a ella respondo. Creio na existencia de mundos superiores ao nosso e de habitantes desses mundos, em existencias de diversos graus de espiritualidade, subtilizando-se até se chegar a um Ente Supremo, que presumivelmente creou este mundo. Póde ser que haja outros Entes, egualmente Supremos, que hajam creado outros universos, e que esses universos co-existam com o nosso, interpenetradamente ou não. Por estas razões, e ainda outras, a Ordem Exterma do occultismo, ou seja, a Maçonaria, evita (excepto a Maçonaria anglo-saxonica[12]) a expressão "Deus", dadas as suas implicações theologicas e populares, e prefere dizer "Grande Architecto do Universo", expressão que deixa em branco o problema de se Elle é Creador, ou simples

Governador, do mundo. Dadas essas escalas de seres, não creio na communicação directa com Deus, mas, segundo a nossa afinação espiritual, poderemos ir communicando com seres cada vez mais altos. Ha trez caminhos para o occulto: o caminho magico (incluindo practicas como as do espiritismo, intellectualmente no nivel da bruxaria, que é magia tambem), caminho esse extremamente perigoso, em todos os sentidos; o caminho mystico, que não tem propriamente perigos, mas é incerto e lento; e o que se chama o caminho alchymico, o mais difficil e o mais perfeito de todos, porque involve uma transmutação da propria personalidade que a *prepara*, sem grandes riscos, antes com defezas que os outros caminhos não teem. Quanto a "iniciação" ou não, posso dizer-lhe só isto, que não sei se responde à sua pergunta: não pertenço a Ordem Iniciatica nenhuma. A citação, epigraphe ao meu poema *Eros e Psyque*, de um trecho (traduzido, pois o Ritual é em latim) do Ritual do Terceiro Grau da Ordem Templaria de Portugal, indica simplesmente – o que é facto – que me foi permittido folhear os Rituaes dos trez primeiros graus dessa Ordem, extincta, ou em dormencia, desde cerca de 1888. Se não estivesse em dormencia, eu não citaria o trecho do ritual, pois se não devem citar (indicando a origem) trechos de Rituaes que estão em trabalho.

Creio assim, meu querido Camarada, ter respondido, ainda com certa incoherencia, às suas perguntas. Se ha outras que deseja fazer, não hesite em fazel-as. Responderei conforme puder e o melhor que puder. O que poderá succeder, e isso me desculpará desde já, é não responder tam depressa.[13]

Abraça-o o camarada que muito o estima e admira,

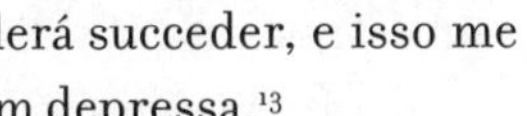

P.S. (!!!)

14/1/1935.

Além da copia que normalmente tiro para mim, quando escrevo à machina, de qualquer carta que involve explicações da ordem das que esta contém, tirei uma copia supplementar, tanto para o caso de esta carta se extraviar, como para o de, possivelmente, ser-lhe precisa para qualquer outro fim. Essa copia está sempre às suas ordens.

Outra coisa. Pode ser que, para qualquer estudo seu, ou outro fim analogo, o Casaes Monteiro precise, no futuro, de citar qualquer passo desta carta. Fica desde já auctorizado a fazel-o, *mas com uma reserva*, e peço-lhe licença para lh'a accentuar. O paragrapho sobre occultismo, na pagina 7 da minha carta, não póde ser reproduzido em lettra impressa. Desejando responder o mais claramente possivel à sua pergunta, sahi propositadamente um pouco fóra dos limites que são naturaes nesta materia. Trata-se de uma carta particular, e porisso não hesitei em fazel-o. Nada obsta a que leia esse paragrapho a quem quizer, desde que essa outra pessoa obedeça tambem ao criterio de não reproduzir em lettra impressa o que nesse paragrapho vae escripto. Creio que posso contar comsigo para tal fim negativo.

Continúo em divida para comsigo da carta ultra-devida sobre os seus ultimos livros. Mantenho o que creio que lhe disse na minha carta anterior: quando agora (creio que será só em Fevereiro) passar alguns dias no Estoril, porei essa correspondencia em ordem, pois estou em divida, nessa materia, não só para comsigo, mas tambem com varias outras pessoas.

Occorre-me perguntar de novo uma coisa que já lhe perguntei e a que me não respondeu: recebeu os meus folhetos de versos em inglez, que ha tempos lhe enviei?

"Para meu governo", como se diz em linguagem commercial, pedia-lhe que me indicasse o mais depressa possivel que recebeu esta carta. Obrigado.

FERNANDO PESSOA

Nome completo: Fernando Antonio Nogueira Pessoa.

Edade e naturalidade: Nasceu em Lisboa, freguezia dos Martyres, no predio nº 4 do Largo de S. Carlos (hoje do Directorio) em 13 de Junho de 1888.

Filiação: Filho legitimo de Joaquim de Seabra Pessoa e de D. Maria Magdalena Pinheiro Nogueira. Neto paterno do General Joaquim Antonio de Araujo Pessoa, combatente das campanhas liberaes, e de D. Dionysia Seabra; neto materno do Conselheiro Luiz Antonio Nogueira, jurisconsulto e que foi Director Geral do Ministerio do Reino, e de D. Magdalena Xavier Pinheiro. Ascendencia geral – mixto de fidalgos e judeus.

Estado: Solteiro.

Profissão: A designação mais propria será "traductor", a mais exacta a de "correspondente estrangeiro em casas commerciaes". O ser poeta e escriptor não constitue profissão, mas vocação.

Morada: Rua Coelho da Rocha, 16, 1º dto., Lisboa. (Endereço postal – Caixa Postal 147, Lisboa).

Funcções sociaes que tem desempenhado: Se por isso se entende cargos publicos, ou funcções de destaque, nenhumas.

Obras que tem publicado: A obra está essencialmente dispersa, por emquanto, por varias revistas e publicações occasionaes.

O que, de livros ou folhetos, considera como válido, é o seguinte: "35 Sonnets" (em inglez), 1918; "English Poems I-II" e "English Poems III" (em inglez tambem), 1922, e o livro "Mensagem", 1934, premiado pelo Secretariado de Propaganda Nacional, na categoria "Poema". O folheto "O Interregno", publicado em 1928, e constituindo uma defeza da Dictadura Militar em Portugal, deve ser considerado como não existente. Ha que rever tudo isso e talvez que repudiar muito.

Educação: Em virtude de, fallecido seu pae em 1893, sua mãe ter casado, em 1895, em segundas nupcias, com o Commandante João Miguel Rosa, Consul de Portugal em Durban, Natal, foi alli educado. Ganhou o premio Rainha Victoria de estylo inglez na Universidade do Cabo da Boa Esperança em 1903, no exame de admissão, aos 15 annos.

Ideologia politica: Considera que o systema monarchico seria o mais proprio para uma nação organicamente imperial como é Portugal. Considera, ao mesmo tempo, a Monarchia completamente inviavel em Portugal. Por isso, a haver um plebiscito entre regimens, votaria, embora com pena, pela Republica. Conservador do estylo inglez, isto é, liberal dentro do conservantismo, e absolutamente anti-reaccionario.

Posição religiosa: Christão gnostico, e portanto inteiramente opposto a todas as Egrejas organizadas, e sobretudo à Egreja de Roma. Fiel, por motivos que mais adeante estão implicitos, à Tradição Secreta do Christianismo, que tem intimas relações com a Tradição Secreta em Israel (a Santa Kabbalah) e com a essencia occulta da Maçonaria.

Posição iniciatica: Iniciado, por communicação directa de Mestre a Discipulo, nos trez graus menores da (apparentemente extincta) Ordem Templaria de Portugal.

Posição patriotica: Partidario de um nacionalismo mystico, de onde seja abolida toda infiltração catholica-romana, creando-se, se possivel fôr, um sebastianismo novo, que a substitua espiritualmente, se é que no catholicismo portuguez houve alguma vez espiritualidade. Nacionalista que se guia por este lemma: "Tudo pela Humanidade; nada contra a Nação".

Posição social: Anti-communista e anti-socialista. O mais deduz-se do que vae dito acima.

Resumo de estas ultimas considerações: Ter sempre na memoria o martyr Jacques de Molay, Grão Mestre dos Templarios, e combater, sempre e em toda a parte, os seus trez assassinos – a Ignorancia, o Fanatismo e a Tyrannia.

Lisboa, 30 de Março de 1935.

[ANEXO]

ALGUMAS ASSINATURAS 1903-1922

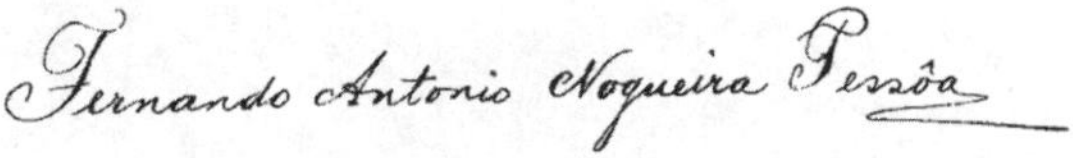

[153-1^{r}] [1903]

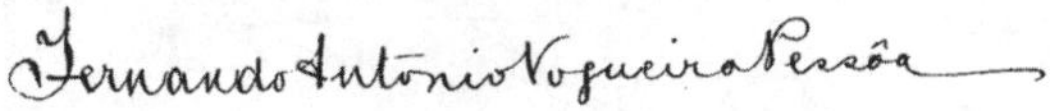

[153-2^{r}] [1903]

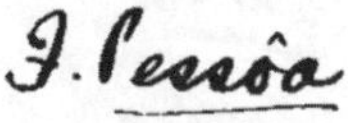

[49B^{4}-33^{v}] [1904]

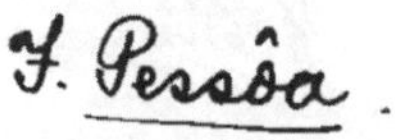

[49B^{4}-92^{v}] [1904]

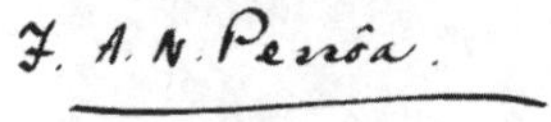

[55C-70^{v}] [1905]

[23-2a^{r}] [1906]

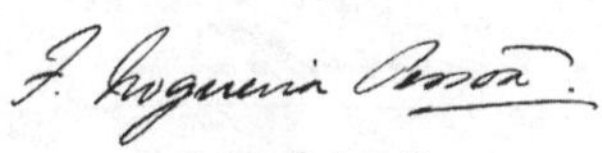

[48C-1^{r}] [1908]

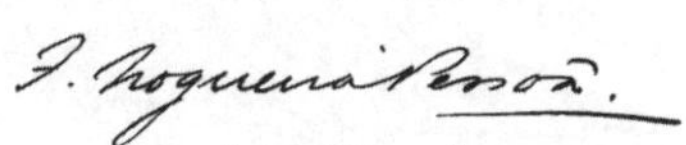

[16-13^{r}] [1909]

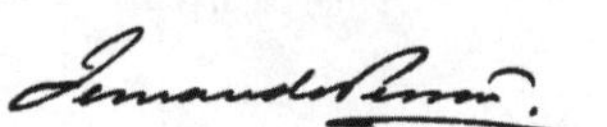

[16-19^{r}] [1911]

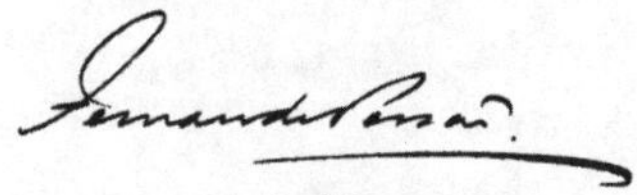

[49A^3-5^r] [1912]

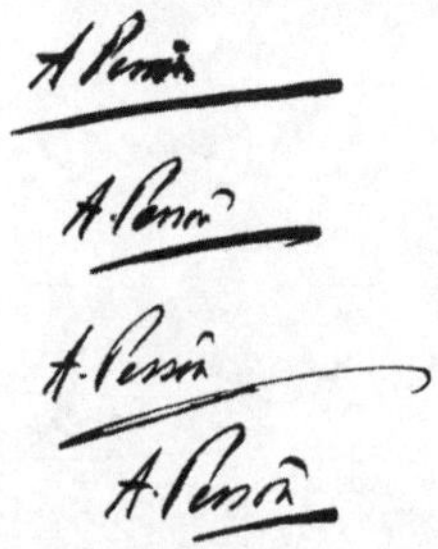

[41-17^v] [1913] [A. Pessôa]

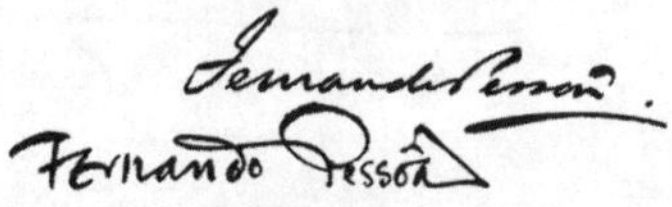

[92W-69^v] [1913]

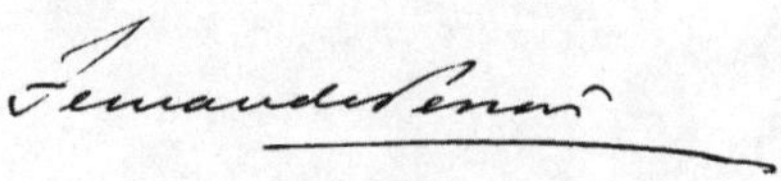

[16-31^r] [1914]

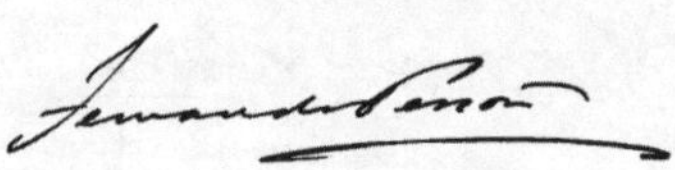

[114^2-69^r] [1914]

[Sinais 5-43^{v}] [1918]

[Sinais 5-43^{v}] [1918]

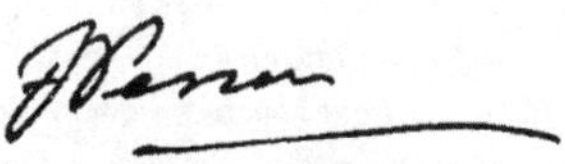

[114^{1}-96^{r}] [1919]

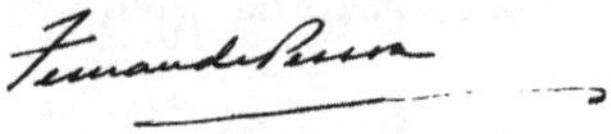

[114^{1}-49^{r}] [1921]

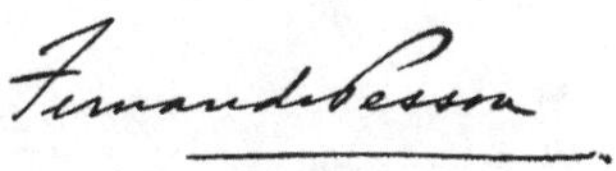

[137C-57^{r}] [1922][b]

b Desde 1902, pelo menos, Fernando Pessoa assinou textos de diversa índole e colocou o seu nome em numerosos livros da sua Biblioteca particular (ver, por exemplo, Pizarro, Ferrari e Cardiello, 2010, pp. 410-411). No entanto, entre 1923 e 1935, não localizamos nenhum poema datado (em português, inglês ou francês) assinado por Pessoa, e dos livros hoje presentes na sua Biblioteca existem só dois que ostentam a sua assinatura: *Alma Errante* (1932), de Eliezer Kamenezky; e *As Viagens de Tom Sawyer* (1934), de Mark Twain.

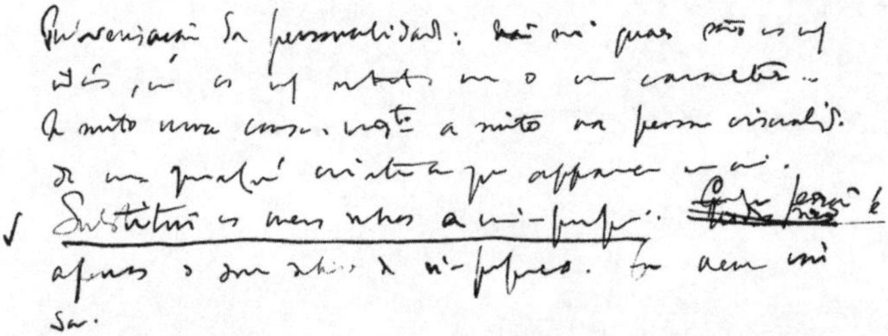

Pulverisação da personalidade: não sei quaes são as m[inhas] idéas, nem os m[eus] sentimentos nem o meu caracter... Se sinto uma cousa, emq[uan]to a sinto na pessoa visualizada de uma qualquér criatura que apparece em mim. *Substitui os meus sonhos a mim-proprio*. Cada pessôa é apenas o seu sonho de si-proprio. Eu nem isso sou.

[144D²-46ʳ]
(De um trecho de 1914 do *Livro do Desassossego*)

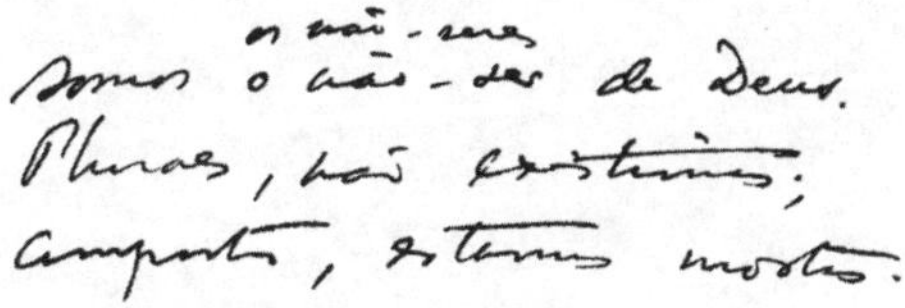

Somos o não-ser [*var.:* os não seres] de Deus.
Pluraes, não existimos.
Compostos, estamos mortos.

[15^{3}-83^{r}]
(Versos soltos, sem data)

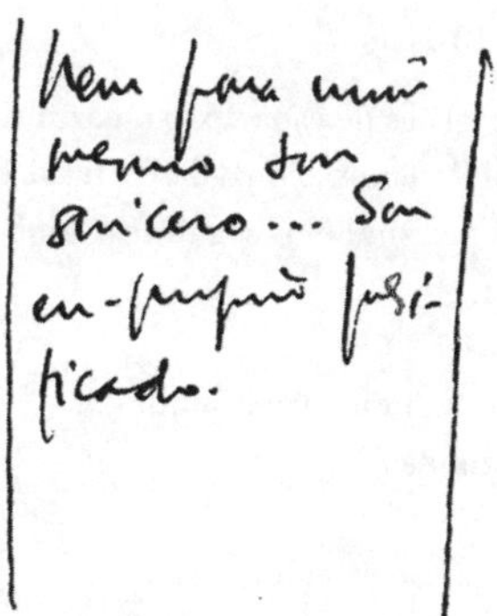

Nem para mim mesmo sou sincero…
Sou eu-proprio falsificado.

[$49C^{1}$-47^{v}]
(Nota de *c.* 9-2-1914)

Registam-se aqui as variações de cada texto a partir dos originais do espólio de Fernando Pessoa (Biblioteca Nacional de Portugal/Espólio n.º 3; BNP/E3). Nas notas podem ocorrer os símbolos seguintes, também utilizados na edição crítica das obras do autor:

◊ espaço deixado em branco pelo autor
* leitura conjecturada
† palavra ilegível
// passagem dubitada pelo autor
<> segmento autógrafo riscado
<>/\ substituição por superposição
<>[↑] substituição por riscado e acrescento
[↑] acrescento na entrelinha superior
[↓] acrescento na entrelinha inferior
[→] acrescento na margem direita
[←] acrescento na margem esquerda

Nesta secção, as palavras do editor figuram em tipo itálico.

NOTAS

1. H. W. M.

1.1. [113F-40^{v} e 41^{r}]
Inédito. Fac-similado, sem transcrição, in Zenith (2012, p. 134).

NOTAS

1 exaltic] *no original.*

2. GUILLAUME LOUTIL

2.1. [113F-42 e 43]
Inédito. Fac-similado, sem transcrição, in Zenith (2012, p. 135).

NOTAS

1 communanté] *no original.*
2 la dit<t>e] *no original.*
3 Geneviève] *no original.*
4 Ressemélé Soeur Therése] *no original.*
5 Supèrieure] *no original.*
6 un empeigne] *no original.*
7 tres] *no original.*
8 Veronique] *no original.*
9 l'elasticité] *no original.*
10 redressier] *no original.*

3. PIP

3.1. [87-23^{v} e 23a^{v}]
Publicado in Silveira (1988, pp. 109--110).

4. PEDRO DA SILVA SALLES

4.1. [144R-1^{v}]
Publicado in Cadernos *(2009, pp. 69-70).*

NOTAS

1 'N'elle] *no original.*
2 'neste] *no original.*
3 <Fortuna> [↑ Riqueza]
4 "Á <Roda do Mundo e Outras Viagens> [↑ Lucta Aerea"], por <Augusto Largo.> Sableton Kay.
5 'neste] *no original.*
6 série] *com acento, no original.*

5. LUIZ ANTONIO CONGO

5.1. [87-25^{r}]
Inédito. Fac-similado, sem transcrição, in Pessoa por Conhecer *(1990, tomo 2, p. 142).*

NOTAS

1 rebustez] *no original.*
2 verosimil] *sem ponto final.*

6. JOSÉ RODRIGUES DO VALLE

[87-23^{r}]
Fac-similado, sem transcrição, in Pessoa por Conhecer *(1990, tomo 2, p. 134).*

7. SCICIO

7.1. [87-24a^{r}]
Inédito. Fac-similado, sem transcrição, in Pessoa por Conhecer *(1990, tomo 2, p. 141).*

NOTAS

1 *Segue-se um número 3 na margem direita.*
2 *Segue-se um número 1 na margem direita.*

8. ANTONIO AUGUSTO REY DA SILVA

[87-23^{r}]

Fac-similado, sem transcrição, in Pessoa por Conhecer *(1990, tomo 2, p. 134).*

9. A. FRANCISCO DE PAULA ANGARD

9.1. [87-23^{r}]

Inédito. Fac-similado, sem transcrição, in Pessoa por Conhecer *(1990, tomo 2, p. 134).*

NOTAS

1 *A seguir ao título lê-se* Nº 1 *(sublinhado e seguido de ponto). O número indica que se trata da primeira parte do artigo. De facto, o artigo continuará no n.º 6 (24 de Maio de 1902).*

2 Graças a] *no original.*

3 determinar] *no original.*

4 organisado] *no original.*

5 perfumes (vapores)] *variante entre parênteses curvos.*

10. DR. CALOIRO

10.1. [87-23^{r} e 23^{v}]

Inédito. Fac-similado, sem transcrição, in Pessoa por Conhecer *(1990, tomo 2, pp. 134-135).*

NOTAS

1 *Após o título lê-se* Numero 2 *(seguido de ponto), o que indica que o artigo tinha uma primeira parte. Esta não se encontra entre os documentos do espólio pessoano.*

2 firmamente] *no original.*

3 a<c>contecer

11. DR. PANCRACIO

11.1. [87-25^{r}]

Inédito. Fac-similado, sem transcrição, in Pessoa por Conhecer *(1990, tomo 2, pp. 142 e 158).*

NOTAS

1 *Título encimado pela indicação:* – Chronica – I. – Carta –

2 e] *sem acento agudo.*

11.2. [66A-10^{r}]

Inédito.

NOTAS

1 doente] *sem ponto final.*

2 – "Você] *no original.*

12. MORRIS

12.1. [87-23a^{v}]

Inédito. Fac-similado, sem transcrição, in Pessoa por Conhecer *(1990, tomo 2, p. 137).*

NOTAS

1 12, 5, 14.] *a seguir ao verso.*

2 2, 4, 6, 13.] *a seguir ao verso.*

3 9, 10, 6, 5, 14.] *a seguir ao verso.*

4 8, 10, 11, 3, 10, 3, 1.] *a seguir ao verso.*

5 14, 7.] *a seguir ao verso.*

13. DIABO AZUL

13.1. [87-25a^{r}]

Inédito. Fac-similado, sem transcrição, in Pessoa por Conhecer *(1990, tomo 2, p. 144).*

NOTAS

1 1] *a seguir ao verso.*

2 2] *a seguir ao verso.*

3 2] *a seguir ao verso.*

14. PAD ZÉ

14.1. [87-23a^{r}]
Inédito. Fac-similado, sem transcrição, in Pessoa por Conhecer *(1990, tomo 2, p. 136).*

14.2. [87-23a^{v}]
Inédito. Fac-similado, sem transcrição, in Pessoa por Conhecer *(1990, tomo 2, p. 137).*

15. PARRY

15.1. [87-25a^{v}]
Inédito. Fac-similado, sem transcrição, in Pessoa por Conhecer *(1990, tomo 2, p. 145).*

16. NYMPHA

16.1, [87-24a^{v}]
Inédito. Fac-similado, sem transcrição, in Pessoa por Conhecer *(1990, tomo 2, p. 140).*

17. GALLIÃO

17.1. [87-24a^{v}]
Inédito. Fac-similado, sem transcrição, in Pessoa por Conhecer *(1990, tomo 2, p. 140).*

NOTAS

1 *Antes de cada verso figura um* 3 –; *depois de cada verso, um* – 2. *No terceiro, acrescenta-se um ponto final.*

2 N<a>/o\ <gl>/sil\vado

3 A <chieira>/fructa\

18. ZÉ NABOS

[87-23a^{v}]
Inédito. Fac-similado, sem transcrição, in Pessoa por Conhecer *(1990, tomo 2, p. 137).*

19. THEODOR

19.1. [87-24a^{r}]
Inédito. Fac-similado, sem transcrição, in Pessoa por Conhecer *(1990, tomo 2, p. 141).*

NOTAS

1 1] *no fim do verso.*

2 não] *com minúscula.*

3 1] *no fim do verso.*

4 1] *no fim do verso.*

20. GEE

20.1. [87-23a^{v}]
Inédito. Fac-similado, sem transcrição, in Pessoa por Conhecer *(1990, tomo 2, p. 137).*

NOTAS

1 logar] *sem ponto final.*

21. RABANETE

[87-23a^{v}]
Inédito. Fac-similado, sem transcrição, in Pessoa por Conhecer *(1990, tomo 2, p. 137).*

22. GALLIÃO PEQUENO

22.1. [87-23a^{v}]
Inédito. Fac-similado, sem transcrição, in Pessoa por Conhecer *(1990, tomo 2, p. 137).*

NOTAS

1 1, 1] *no fim do verso.*

2 1, 1] *no fim do verso.*

3 2, 2] *no fim do verso.*

23. LILI

23.1. [Sem cota]
Inédito. Fac-similado, sem transcrição, in Pessoa por Conhecer *(1990, tomo 2, p. 131).*

NOTAS

1 *Versos encimados pelas indicações:* – Charadas – (5) Syncopadas

1 *Com um 3 (no início do verso) e um 2 (no fim do verso).*

2 *Com um 3 (no início do verso) e um 2 (no fim do verso).*

24. EDUARDO LANÇA

24.1. [87-24a^{v}]

Inédito. Fac-similado, sem transcrição, in Pessoa por Conhecer *(1990, tomo 2, p. 140).*

NOTAS

1 "Impressões de um viajante em Portugal"] *entre aspas.*

24.2. [87-24^{v}]

Inédito. Fac-similado, sem transcrição, in Pessoa por Conhecer *(1990, tomo 2, p. 139).*

25. VELHOTE

25.1. [87-24a^{v}]

Inédito. Fac-similado, sem transcrição, in Pessoa por Conhecer *(1990, tomo 2, p. 140).*

26. NYMPHA NEGRA

26.1. [87-24a^{v}]

Inédito. Fac-similado, sem transcrição, in Pessoa por Conhecer *(1990, tomo 2, p. 140).*

NOTAS

1 a espera] *no original.*

27. TRAPALHÃO

[87-25^{v}]

Inédito. Fac-similado, sem transcrição, in Pessoa por Conhecer *(1990, tomo 2, p. 143).*

28. PIMENTA

28.1. [87-25a^{v}]

Inédito. Fac-similado, sem transcrição, in Pessoa por Conhecer *(1990, tomo 2, p. 145).*

NOTAS

1 *Seguem-se três números:* 1, 2, 1. *Encontram-se entre a charada e a assinatura.*

29. ALBERTO REY DA COSTA

[144R-12^{r}]

Publicado in Cadernos *(2009, p. 81).*

30. THEODORO LUCIANO

[87-25^{v}]

Inédito. Fac-similado, sem transcrição, in Pessoa por Conhecer *(1990, tomo 2, p. 143).*

31. AUGUSTO MAGENTA'

[87-25^{v}]

Fac-similado, sem transcrição, in Pessoa por Conhecer *(1990, tomo 2, p. 143).*

32. ACCURSIO URBANO

32.1. [87-25a^{r}]

Inédito. Fac-similado, sem transcrição, in Pessoa por Conhecer *(1990, tomo 2, p. 144).*

NOTAS

1 Qu<e>/'\rida, [tão]qu<e>/'\rida, de mim sempre amada, 2] *com um 2 no fim do verso.*

2 1] *no fim do verso.*

3 1] *no fim do verso.*

33. F. Q. A.

33.1. [87-25a^{v}]

Inédito. Fac-similado, sem transcrição, in Pessoa por Conhecer *(1990, tomo 2, p. 145).*

NOTAS

1 5, 6, 4, 10, 2.] *no fim do verso.*
2 1, 9, 3.] *no fim do verso.*
3 1, 2, 3.] *no fim do verso.*
4 8, 7, 8, 2, 3.] *no fim do verso.*
5 8, 12, 1, 7, 10, 9.] *no fim do verso.*
6 10, 9.] *no fim do verso.*
7 10, 2, 8.] *no fim do verso.*
8 3, 12, 8, 2.] *no fim do verso.*
9 fim] *sem ponto final.*

34. CECILIA

34.1. [87-25a^{r}]
Inédito. Fac-similado, sem transcrição, in Pessoa por Conhecer *(1990, tomo 2, p. 144).*

NOTAS

1 achar] *sem ponto final.*

35. JOSÉ RASTEIRO

35.1. [87-25a^{v}]
Inédito. Fac-similado, sem transcrição, in Pessoa por Conhecer *(1990, tomo 2, p. 145).*

NOTAS

1 " " ?] *com dois tipos de aspas.*

36. BENJAMIN VIZETELLY CYMBRA

[144R-1^{r}]
Publicado in Cadernos *(2009, p. 69).*

37. ROBERTO KÓLA

[144R-1^{r}]
Publicado in Cadernos *(2009, p. 69).*

38. FRANCISCO PÁU

[144R-1^{r}]
Publicado in Cadernos *(2009, p. 69).*

39. NAT GOULD

[144R-1^{r}]
Publicado in Cadernos *(2009, p. 69).*

40. OSWALD KENT

[144R-1^{r}]
Publicado in Cadernos *(2009, p. 69).*

41. MARINO ZECA

[144R-1^{r}]
Publicado in Cadernos *(2009, p. 69).*

42. SILENO LADINO

[144R-1^{r}]
Publicado in Cadernos *(2009, p. 69).*

43. ADOLPH MOSCOW

43.1. [144R-2^{r} a 9^{v}]
Publicado in Cadernos *(2009, pp. 70-77 [70-71]).*

44. MARVELL KISCH

44.1. [144R-12^{r} a 13^{v}]
Publicado in Cadernos *(2009, pp. 81-83 [81-82]).*

45. GABRIEL KEENE

[144R-1^{v}]
Publicado in Cadernos *(2009, p. 70).*

46. SABLETON KAY

[144R-1^{v}]
Publicado in Cadernos *(2009, p. 70).*

47. LUCIAN ARR

[144R-12^{r}]
Publicado in Cadernos *(2009, p. 81).*

48. C. V.

48.1. [144R-10^{r}]
Publicado in Cadernos *(2009, p. 78).*

49. Z. E.

49.1. [144R-10^{r}]
Publicado in Cadernos *(2009, p. 78).*

50. M.

50.1. [144R-10^{r}]
Publicado in Cadernos *(2009, p. 78).*

NOTAS

1 <paga> [↑ resta]

51. PHILOKALIO

51.1. [144R-10^{r}]
Publicado in Cadernos *(2009, p. 78).*

52. A. L.

52.1. [144R-10^{r}]
Publicado in Cadernos *(2009, p. 78).*

53. KARL P. EFFIELD

53.1. [49B^{4}-100^{v}]
Inédito.

NOTAS

1 The<re>/eir\ [↑ <power> [↑ strength], by fair means or questionable] he ultimately <crushed> succeeded in crushing.] *acrescenta-se uma vírgula, depois de* questionable.

54. W. W. AUSTIN

54.1. [The Natal Mercury]
Publicado in The Natal Mercury, *Durban, sábado, 11 de Julho de 1903, n.º 10667, p. 19. Postumamente foi reproduzido, com algumas imprecisões na pontuação, in Zenith (2011, pp. 38-39).*

55. J. G. HENDERSON CARR

55.1. [The Natal Mercury]
Publicado in The Natal Mercury, *Durban, sábado, 24 de Outubro de 1903, n.º 10732, p. 17.*

56. TAGUS

56.1. [65-57^{r}]
Inédito.

NOTAS

1 –1, 1] *no fim do verso.*
2 –1, 1] *no fim do verso.*
3 –1, 2] *no fim do verso; com indicação de ser aplicável ao seguinte.*
4 rabo] *sem ponto final.*

57. DAVID MERRICK

57.1. [153-8^{v}]
Publicado in Cadernos *(2009, p. 111).*

NOTAS

1 ready <on> [↑ any time before]

56.2. [14^{6}-39^{r}]
Publicado in Cadernos *(2009, pp. 157-159).*

NOTAS

1 <a sarcasm which was not> [↑ which was not deep or] cru<l>/e\l
2 the puns <of> and quibbles of
3 [↑ and withal] so sad and <so> pitiable
4 wonder<ed>
5 <should> [↑ must]
6 nothing [↑ anything]
7 it <was> [↑ is all]
8 is like he who [↑ in] sleep<s>/ing\
9 an unhappy life <and> suffers
10 <It is> [↑ He was]
11 the same [↑ mental] capacities<.> [and inconsiderable character.]
12 [↑ scurried] productions
13 vo<u>/i\d
14 psyc[h]ological
15 <i>/a\ll
16 and foolish <an> a man
17 to lean on <himself> nothing

58. LUCAS MERRICK

58.1. [153-10^{r}]
Publicado in Cadernos *(2009, p. 113).*

59. SIDNEY PARKINSON STOOL

59.1. [49B^4-37^r]
Inédito.

NOTAS

1 noise] *leitura conjectural.*

60. CHARLES ROBERT ANON

60.1. [13-1^r]
Publicado in Poemas Ingleses *(1997, tomo 2, pp. 421-423).*

60.2. [34-22a^r]
Recorte do texto publicado in The Natal Mercury, *Durban, sábado, 9 de Julho de 1904, n.º 10977, p. 19.*

60.3. [144C^2-5^v e 6^r]
Publicado in Cadernos *(2009, p. 289).*

NOTAS

1 superior] *no original.*
2 to [↑ written] humour

60.4. [25-58^r]
Inédito.

NOTAS

1 <the concr> [↑ a] particularised idea

61. HORACE JAMES FABER

61.1. [27^2 D^9-25]
Publicado in Histórias de Um Raciocinador *(2012, pp. 17-18).*

NOTAS

1 *Segue-se a indicação*: I. 1.
2 of general paralysis [↑ with delirium tremens]
3 <like> a philosopher and a dreamer
4 <called> [↑ said to be]
5 He [↑ was] usually
6 <He had be> What he had been
7 He never <spoke> told me
8 much [↑ very] *variants alternativas.*
9 drunkenness [↑ intemperance]
10 [↑ ever] in dreams
11 general paralysis [↑ delirium tremens] *acrescenta-se um ponto final.*

61.2. [27^2 D^9-7]
Publicado in Miraglia (1988, p. 67) e in Histórias de Um Raciocinador *(2012, pp. 73).*

NOTAS

1 & of [↑ an] enormous cautiousness

61.3. [48A-66^v]
Inédito.

NOTAS

1 <a> a thing
2 (natural encompassments)] *entre parênteses, talvez indicando hesitação.*
3 different [↑ opposite] *variantes alternativas.*
4 <for> [↑ and]
5 <But> All philosophies, <all> dream-theories [↑ through *our lens] are possible.
6 is] *no original.*
7 Atheism] *com maiúscula no original.*
8 *Segue-se uma indicação e uma frase solta:* [Alter in style] | Toleration should † extended to Atheism.

62. PROFESSOR TROCHEE

62.1. [100-4^r a 6^r]
Inédito. A primeira página foi fac-simulada em Pessoa por Conhecer *(1990, tomo 2, p. 163).*

NOTAS

1 *Na margem superior figura um número* 1., *o título* Essay on *Poetry, *riscado, e a palavra* Poetic, *sublinhada.*
2 <By Doctor Pancratium.> [↑ By Professor Trochee]
3 my most orthodox ideas <on poetry> [↑ to] the patient readers

4 <deserves some small> [↑ is deserving of] consideration
5 <generally,> [↑ be susceptible of] scan[sion]
6 [↑ nor even for the merit] of a poetical composition
7 [↑ And] I trust
8 [↑ or] Shakespeare, <Shakspere, Shakespear etc,> who [↑ that] lived
9 sort [↑ kind]
10 poetic<al>
11 licence] *no original.*

63. GUIKEL

63.1. [25-64^v]
Publicado in Textos Filosóficos *(1968, tomo 2, pp. 212-213).*

NOTAS

1 <decla>extols
2 <deep> shallower attributes

64. DR. GAUDENCIO NABOS

64.1. [27^{21} L^4-17^r]
Publicado in Pessoa por Conhecer *(1990, tomo 2, p. 169). Antes do texto e depois de um traço separador lê-se:* "Do you know," I inquired, that trick of Arabian sorcerers: | Abracadabra | etc. | "I don't exactly see the joke," said Mr. Parkins. *Esta última personagem poderia ser Sidney Parkinson Stool* (cf. *59).*

NOTAS

1 trite I will say,] *acrescenta-se uma vírgula.*
2 my amazed] *no original, por defeito da máquina de escrever.*
3 these kind] *no original, por defeito da máquina de escrever.*

64.2. [27^{21} L^4-5^r]
Inédito.

NOTAS

1 simple [↑ trite]
2 <tram-car> [↑ railway-carriage]
3 <at> [↑ through]
4 <sh> shivered
5 <aiding> [↑ putting] aside thanks

64.3. [27^{21} L^4-16^r]
Publicado in Pizarro (2007, p. 89). Acrescenta-se alguma pontuação que falta no original.

NOTAS

1 that he <only> paid only

64.4. [27^{21} L^4-4^r]
Publicado in Pizarro (2007, p. 89). Acrescentam-se umas aspas que faltam no original.

64.5. [27^{21} L^4-12^r]
Inédito. Acrescenta-se um ponto final.

65. PROFESSOR WILLIAM K. JINKS

65.1. [27^{21} K^4-1 a 2^v]
Inédito. No cabeçalho lê-se a indicação "Copy".

NOTAS

1 *Na margem superior existe uma indicação riscada:* <Essay on Poetry> –
2 <&> his gesture
3 <All> But all this
4 know] *no original.*
5 to you and to all (men)] *a palavra entre parênteses pode estar dubitada ou ser variante de* all.
6 moral & mental [↑ elevation] of man
7 remember<ed>
8 <lo> cheap
9 in <our> [↑ the] world
10 in myself was [↑ was –––– x]
11 none [↑ not]
12 <o>/t\wo
13 free Physical Tuition [↑ by Post]

14 <letter> [↑ note]
15 <What> [↑ How many] more corruptions <are> there are!
16 war[↑m]th [↓ [magazine corset portrait]] *o acrescento inferior encontra-se entre parentêses rectos no original, indicando hesitação.*

65.2. [114^{1}-81a]
Inédito.

NOTAS

1 Copy] *no canto superior esquerdo; a palavra está sublinhada.*
2 *As falhas de ortografia na carta, sendo propositadas, não são referidas.*

66. ANTONIO CEBOLA

[87-22^{r}]
Fac-similado in Pessoa por Conhecer *(1990, tomo 2, p. 146).*

67. PROFESSOR JONES

67.1. [27^{21} J^{4}-1 e 2]
Publicado in Escritos sobre Génio e Loucura *(2006, tomo 2, pp. 509-510).*

NOTAS

1 <the> it
2 <six> [↑ seven]
3 with [↑ some] gentlemen
4 <what> the
5 *Acrescentam-se as aspas que faltam nesta frase e nas seguintes.*
6 as 'ow [← it was]
7 <as> [↑ as] <fallen> [↑ fell] on <her> [↑ 'er] foot
8 fall<e>/'\n
9 a[n] <sense> [↑ expression] of injustice [↓ injury] possessed his heart [↓ it]

67.2. [114^{1}-81a]
Inédito.

NOTAS

1 <(sum)> <some> sum
2 <(less)> less
3 <(any re)> <ha> anone
4 <(this sort of any)> <this> this sort <(of)> [↑ ov]
5 the[↑e]s
6 [↑h]and
7 [↑ that] I the said
8 <†> spoken
9 forth <forth> this happy

68. WILLIAM SMITH

68.1. [114^{2}-59]
Inédito.

1 by William Smith, researched] *optámos por acrescentar* [who have] *e não por emendar* researched *por* researcher.
2 than a motor can [↑ motor-car]
3 [↑ at least] not this
4 but that you were [↑ being]
5 you <were> intended

69. CAESAR SEEK

69.1. [133C-19^{r}]
Publicado in Pizarro (2007, p. 85). Na margem esquerda existe, manuscrita a lápis azul, a indicação FM*, que são as siglas de Friar Maurice* (cf. *76), já que este documento está relacionado com outros desta figura.*

NOTAS

1 Memoirs [↑ Black Book] *variantes alternativas.*

70. FERDINAND SUMWAN

[48C-18^{r}]
Fac-similado in Pessoa por Conhecer *(1990, tomo 2, p. 386).*

71. JACOB SATAN

71.1. [48C-18^{v}]

Publicado in Pizarro (2007, pp. 85-86). Transcrito e fac-similado in Pessoa por Conhecer *(1990, tomo 2, pp. 170 e 387).*

72. ALEXANDER SEARCH

72.1. [78-44^{r}]

Publicado in Poemas Ingleses *(1997, tomo 2, p. 107). Uma nota indica que pertence à colectânea poética* D[eath] of a G[od].

NOTAS

1 <them> [→ him] sad.

72.2. [78A-1^{r}]

Publicado in Poemas Ingleses *(1997, tomo 2, p. 132).*

NOTAS

1 [← Come,] Let us play a game, little boy,

72.3. [144M-31^{r}]

Publicado in Escritos sobre Génio e Loucura *(2006, tomo 1, p. 129).*

NOTAS

1 poetica] *dentro de círculo, indicando hesitação.*

72.4. [133-8^{r}]

Publicado in Aforismos e Afins *(2003, p. 36).*

72.5. [15^{4}-100]

Publicado in Philosophical Essays *(2012, pp. 92-94). Não incluímos a transcrição de uma segunda folha (15^{4}-99), relativamente desligada desta (15^{4}-100) em termos da argumentação.*

NOTAS

1 Causation, <motivation> excitation, and motivation

2 caracterized] *no original.*

3 Every <hum> [↑ act]

4 inanimate world<,> is

5 <*the> inanimate world things

6 Leibnitz] *no original.*

7 twice [↑ several times]

8 it would [↑ at all times] most certainly produce

9 "<for> [↑ and] becoming is all."

10 2 things] *no original.*

11 and [↑ that] one

12 *As iniciais* A.S. *(= Alexander Search) que remetemos para o fim foram colocadas na primeira página no canto superior esquerdo.*

72.6. [20-1^{r} a 7^{r}]

Publicado in Páginas Íntimas de Auto-Interpretação *(1966, pp. 3-6).*

NOTAS

1 enter<ed>/s\

2 <"The> "Winter

3 <Linked to> But

4 mine.] *sem ponto de interrogação, que foi acrescentado.*

5 express] *no original.*

6 that can cause [↑ pain]

7 <natu> fundamentally

8 *Segue-se a assinatura de* A. Search. *e a data de* 30-10-[19]08; *Pessoa, pouco depois, terá acrescentado um* post scriptum.

73. A. MOREIRA

73.1. [14^{6}-30^{r} e 31^{r}]

Publicado in Pessoa por Conhecer *(1990, tomo 2, pp. 238-239).*

NOTAS

1 <an> the merchant<e> <who> and the diplomat who manoeuvre

2 plays [↑ on the feelings of] men

3 The <intuition> creative faculty of character (of the poet)

4 <men> men

5 <as> a maze

6 <th> the
7 <is that>are those

74. FAUSTINO ANTUNES

74.1. [138-85]
Publicado in Pessoa por Conhecer *(1990, tomo 2, pp. 31-32).*

NOTAS

1 <causing> [↑ which caused]
2 <en> inquire
3 boys [↑ his comrades]
4 Write me an account [↑ as detailed] as is possible on this
5 a[n] <crime> [↑ act]

75. ARDRÈCE AUGRADI

75.1. [127F-1^{r}]
Publicado in Ferrari (2013, p. 436). Corrige-se o nome do autor fictício.

76. FRIAR MAURICE

76.1. [15B^{4}-63 e 63a]
Inédito.

76.2. [28-48]
Publicado in Escritos Autobiográficos, Automáticos e de Reflexão Pessoal *(2003, pp. 78-80). Corrige-se a leitura da frase final.*

NOTAS

1 <When †> Both
2 me [↑ I]
3 <always> [↑ all of them are] tears.
4 <my> what
5 <*Litt> What
6 <my> [↑ the]
7 *As iniciais* F.M *(= Friar Maurice) que remetemos para o fim foram colocadas na primeira página, ao cimo e ao centro.*

77. W. FASNACHT

77.1. [15B^{2}-77^{r}]
Publicado in Pessoa Inédito *(1993, p. 152).*

NOTAS

1 e [↑ no ult^{o} caso] estampilha
2 e bilhete postal [↑ <ou envelope>] com <o nome e morada do remetente> [↑ a direcção], <ou sobrescripto com estampilha de 25$^{rs.}$> [↑ <no ultimo caso>] para a resposta
3 reis] *sem acento, desta vez.*
4 pessoa] *sem circunflexo, desta vez.*

78. NÉANT

78.1. [144J-29]
Publicado in Obras de Jean Seul de Méluret *(2006, p. 39).*

NOTAS

1 Catalogue de l'oeuvre philosophique, scientifique, et poétique <de M.> (que publiera) de <M. Louis> Sar /Pelisé/.] *A expressão* que publiera *(que publicará) está posta entre parênteses por ter sido dubitada. Não podia ser seguida, como está no manuscrito, por* de. *De qualquer modo,* que publiera *referir-se-ia sempre ao autor de* l'œuvre philosophique, *etc., nunca ao catálogo, como é lógico. Desconhecemos quem ia ser o autor desse catálogo, mas resta a possibilidade de imaginar Jean Seul, ou uma outra figura, como autor das obras do suposto Pelisé.*

79. JEAN SEUL DE MÉLURET

79.1. [15B^{3}-27^{r} a 29^{r}]
Primeira parte de um prefácio que já foi publicado em Obras de Jean Seul de Méluret (2006, pp. 47-48).

NOTAS

1 Ici, à Lisbonne, [↑ et absorbé dans des occupations qui <m'> [↑ nous] éloignent], <j'ai> [↑ nous avons] lu
2 jusqu<e>' <là> [↑ à ce jour-là] <m'> [↑ nous] avait
3 <c>/s\i
4 reflechis] *no original.*
5 <si> s'il
6 <dans> [↑ depuis]
7 civilization] *no original; emenda-se também mais abaixo.*
8 répresente] *no original.*
9 à [↑ de] *hesitação com a preposição* de, *por causa da construção sintáctica do português.*
10 l'on verrait dans peu de temps [↑ dans peu de temps apparaîtraient]
11 dégenerescence] *no original; emendam-se todas as ocorrências da palavra no texto.*
12 <dege>[↑déca]dence
13 <plus plei> [↑ complètement]
14 avait [↑ aurait]
15 <egail[↑ egal]ite e homo> [↑ analogie]
16 <bataille> [↑ guerre]
17 les cohérents, [↑ les penseurs, les sincères] viennent défendre l'humanité contre [↑ de] l'homme] *a assinatura seguinte é a que encima a página inicial do prefácio.*

79.2. [133F-38]
Publicado in Obras de Jean Seul de Méluret *(2006, p. 65).*

NOTAS

1 pensionat] *no original.*
2 aprennent] *no original.*
3 <trop> très legères.
4 parceque] *no original; emendam-se todas as ocorrências da palavra no texto.*
5 été <punie avec a> condamnée
6 e] *no original.*
7 voir [↑ entrevoir]
8 <Mlle> [↑ Mme]
9 legèrement] *no original.*
10 <5>/4\ <ans> [↑ 4 jours]
11 <Mme> Mme
12 entendu dire de [↑ sur eux] mots tels que

79.3.
[14^3-95]
Publicado in Obras de Jean Seul de Méluret *(2006, p. 83).*

NOTAS

1 <un> de
2 *Segue-se um item riscado:* <Ils parlent>
3 étroiteur<,> *no original.*
4 <sentent> groupent
5 characteristique

80. WILLIAM ALEXANDER SEARCH

80.1. [14^2-55^v]
Publicado in Livro do Desasocego *(2010, tomo 2, p. 1006).*

81. CHARLES JAMES SEARCH

81.1. [92P-35^v]
Inédito.

82. SR. PANTALEÃO

82.1. [27^3 H-3^r]
Inédito.

NOTAS

1 sou-o tanto que [↑ mesmo] <d>a <minha alma não d> pétala de rosa da sensualidade <não s> incommoda

82.2. [27^3 H-14^r]
Publicado in Pessoa por Conhecer *(1990, tomo 2, p. 209).*

NOTAS

1 É minha [↑ como que] do [↑ no] meu sangue
2 <mundo> [↑ universo]
3 <Não> Passou já o tempo
4 irrascional] *no original.*
5 de me parecer extranha [↑ e não de mim]
6 a hora [↑ <espiritual> ↑ do espirito]
7 <sem> limites pensados, a limitada liberdade minha.] *leitura conjectural; depende de* sem *estar riscado.*

82.3. [92X-89^{r}]
Inédito.

NOTAS

1 perguntou [↑ o Snr.] José Luciano.

82.4. [92X-93^{r}]
Inédito.

82.5. [144A^{2}-4^{r}]
Inédito.

82.6. [144A^{2}-9^{r}]
Inédito.

NOTAS

1 <total> [↑ constitucional]
2 [↑ como] não tenho o instincto do risco
3 era apenas no escrever das palavras [↑ que desenha a escripta das palavras]
4 em [↑ sobre] [↓ com] *variantes alternativas.*

82.7. [144A^{2}-9]
Inédito.

NOTAS

1 [↑ Sonhei que contava contos a creancinhas.] <Um dia> <u>/U\m velhinho – visionei [↑ <sonhei> vira eu] [↓ vi-o em visão] – ia <todos> de vez em quando de sua casa para casa de Snr. <Estado> Povo.
2 <p'r'o> [↑ para o] lado
3 na[s] algibeira[s]
4 <levava> trazia
5 <*vindo> do lado da parede.
6 [→ Felizmente meu lado pessoal posso eu mostrar.] *acrescento manuscrito a lápis.*
7 *Seguem-se algumas linhas riscadas:* <Tinha> |<– E o garoto não o provocou – | – Provocou, sim, Snr Pantaleão, mas elle *andava *para *dentro>

83. TORQUATO MENDES FONSECA DA CUNHA REY

83.1. [27^{3} H-15^{r}]
Publicado in Pessoa por Conhecer *(1990, tomo 2, pp. 209-210). Corrigem-se algumas leituras.*

NOTAS

1 chorado [↑ malogrado]

83.2. [92H-19^{r}]
Inédito.

83.3. [92H-22 e 23^{r}]
Inédito.

NOTAS

1 a favor das [↑ com relação às]
2 que devem seguir que devem seguir] *duas vezes no original.*
3 que logicamente <se> deveriam <seguir> ser consecutivos.

84. USQUEBAUGH V. BANGEM

84.1. [92H-16^{r}]
Publicado in Escritos sobre Génio e Loucura *(2006, tomo 1, p. 238).*

1 <estudante> [↑ candidato]

84.2. [92H-17 e 18]
Publicado in Escritos sobre Génio e Loucura *(2006, tomo 1, pp. 238-239).*

NOTAS

1 “loucura moral”, <“neurasthenia moral”, etc.>] *o segmento final foi riscado a lápis.*
2 pretendido <– *será ou não> – com razão
3 *quer*] sem acento, desta vez.
4 <desencontrados> [↑ especiaes]
5 <pido> [↑ reclamar]
6 <por> como tal
7 <Chamamos> | Denominamos
8 [↑ empregado] *acrescento a lápis.*
9 [↓ É bom notar... de que falla Nordau.] *acrescento a lápis na margem inferior do texto.*
10 <fez> [↑ formou]
11 <fez> [↑ tirou] <a>/o\ termo
12 <nome com> [↑ termo]
13 morbido <e teratologico> se encontra
14 <observados> [↑ doentes]
15 <*prim> tambem
16 <*vil> moral

85. MANUEL MARIA

[144V-10^{r}]
Fac-similado in Pessoa por Conhecer *(1990, tomo 2, p. 212).*

86. IBIS

86.1. [144V-11^{r}]
Publicado in Pessoa por Conhecer *(1990, tomo 1, p. 213).*

86.2. [57-14^{v}]
Publicado in Poesia do Eu *(2006, p. 46).*

NOTAS

1 Sou vinte e trez remorsos <◊ frios> [↑ e fastios],
2 Vinte e três <†> [↑ portos] de lembrar[,] <e> sombrios,
3 De <dor> [↑ dôr] atravessaram fugidios
4 <Incapazes de sêr tendo a semente> [↓ Só mortas algas indo na corrente]
5 <Na cre> [↑ Quasi] na crença desassocegada
6 passada [↑ cançada] *variantes alternativas.*
7 A vida [↑ esp’rança] tremula, o [↑ no] eterno horror
8 De passar, desejar e[,] <ir> desejando,
9 <E h>/N\ada haver, e ir correndo e acaba[n]do.

86.3. [58A-19^{r}]
Publicado in Pessoa Inédito *(Lopes, 1993, p. 134).*

NOTAS

1 substituir [↓ (arreliar)]
2 O certo é [↓ Reparem]

87. JOAQUIM MOURA-COSTA

87.1. [56-37^{r}]
Inédito; uma outra versão existe em Pessoa por Conhecer *(1990, tomo 2, p. 221).*

NOTAS

1 flatos<,>
2 Samodães] *sem ponto final.*

87.2. [56-50^{r}]
Publicado no primeiro número da revista Granta *por Pizarro e Pittella--Leite (2013, pp. 104-105).*

NOTAS

1 <Porque diabo o não é?> Viram-no chegar muitos. <Mas que> [↑ Esse] imóvel
2 De visão e cegueira [↓ Vi-o eu mesmo] e n’isso estou.

3 <Mas então que demonio> [↑ Quero saber o que] ha de <erro ou mal> [↑ mal ou erro].
4 Chegou o Teophilo – Isso agora sim [↓ Acredito enfim?]

87.3. [56-49^{r}]
Publicado in Pessoa por Conhecer *(1990, tomo 2, p. 220).*
NOTAS
1 A [↑ Da]

88. CARLOS OTTO

88.1. [56-41^{r}]
Publicado in Pessoa por Conhecer *(1990, tomo 2, pp. 224).*
NOTAS
1 A Asneira fez [↑ Fez a Mentira] as religiões.
2 A Asneira poz-se [↓ Poz-se a Mentira] a desfazel-as.

88.2. [35-30]
Fac-similado, com transcrição parcial (só os quatro primeiros versos), in Pessoa por Conhecer *(1990, tomo 2, pp. 223-224).*
NOTAS
1 *Segue-se uma palavra solta:* Gorgias.
2 eterna [↑ informe]
3 Fóra da sensação e <da> idéa de <vida> existir
4 Uma figura ◊ [→ de pedra de cansaço]
5 traço<s>
6 <Tinha um> [↑ O] sceptro do Horror [↑ Pavôr cahira d'algum] <no> braço
7 E <a seus pés> jaziam<-lhe aos> [↑ ao] pé<s> [→ ôcamente] <e> partidas
8 [↑ e] do Tempo, e do Espaço.

88.3. [39-49^{r}]
Inédito.
NOTAS
1 Á <pulchra> pallidez [↑ suave e como que distante] <indistincta e suave>
2 Sustituir o ouro <por> intenso e scintillante
3 amante [↑ lembrante]
4 E <aonde> [↑ n'elle] <os>/o\ me<us>/u\ <olhos> [↑ olhar] <pensar> [↑ pensando] meio amante | <E meio distrahido>
5 meditar [↓ esperar]

88.4. [124-56^{r} a 60^{r}]
Publicado in Pessoa por Conhecer *(1990, tomo 2, pp. 226-227).*
NOTAS
1 *Estas duas linha tem, à esquerda, uma marca de hesitação.*
2 <tumbar> [↑ dominar]
3 <mais> propriamente
4 um methodo de defeza [↑ uma defeza]
5 o usemos [↑ se use]
6 [← ou] [↓ defendendo-se] de impedir o [↑ que] adversario de fazer [↑ faça] mal
7 sem propriamente [↑ em ambos os casos]

89. MIGUEL OTTO

[144V-5^{r}]
Inédito.

90. PADRE GONÇALVES GOMES

90.1. [92G-41^{r}]
Inédito.
NOTAS
1 de [↑ naturaes a]
2 <de> que arranjou
3 <outro> [↑ o] pé

90.2. [48G-10^{r}]
Inédito.
NOTAS
1 <O regicidio perantea a esthetica.>
2 separar o bom e do mal] *no original.*
3 <escolhendo,> por um methodo
4 [↑ ensinando] aos outros
5 <por> tomando

91. VICENTE GUEDES

91.1. [56-42]
Publicado in Pessoa por Conhecer *(1990, tomo 2, pp. 231-231).*
NOTAS
1 Assim a nós os pensadores [↑ que resta, poetas] mortos
2 Se não [Só ha]

91.2. [36-3^{r}]
Publicado in Poesias dos Outros Eus *(2006, p. 451).*
NOTAS
1 D'onde tudo [↑ o mundo] é o crime de emerger [↑ nascer]!
2 alma [↑ <que>] <cansada> [↑ fatigada]
3 tentar [↑ querer] *variantes alternativas.*
4 Cerra-me e involve-me<,>/.\ <o>/...E\u não sou nada] *corrige-se a leitura deste verso.*
5 *Seguem-se três versos riscados:* <No cerebro fixei meu coração | *Dormi a ◊ e a sensação | E agora <†> existo ◊ morto...>
6 Que seja t<u>/o\do <tua> [↑ em] ti a indefinida] *corrige-se a leitura deste verso.*
7 <Da> dá-me por sorte
8 <real> [↑ humana]
9 *Segue-se uma assinatura de Vicente Guedes que encima o rosto da folha.*

91.3. [36-2^{r}]
Publicado in Poesias dos Outros Eus *(2006, pp. 451-452).*
NOTAS
1 Ha um paiz ◊ [↑ /immenso/] mais real
2 <o real> [↑ a vida]

91.4. [27^{20} V^{3}-1]
Inédito.
NOTAS
1 <Mas> Acreditaes
2 n'um[a] <paraiso,> immortalidade
3 <ser> [↑ existir]
4 senão <ill> sonho] *parte de* illusão *(riscado) antes de* sonho.
5 da [↑ sua] alma
6 <m>/M\ysterio
7 arida <e>/,\ fria
8 <onde> [↑ para]

91.5. [27^{20} S^{3}-5 a 8^{r}]
Inédito.
NOTAS
1 tenha a] *no original.*
2 <uma> [↑ esta só] vez
3 curiosa [↑ cruel]
4 eu torne [↑ ainda outra vez, para] <aos hor> agradar
5 ao dizel-as, as <torturas> horrores] *emenda-se de feminino para masculino.*
6 timido, <medroso> ou propenso ao medo
7 <é> [↑ se] <†>/affirma\
8 d'então[↑ outr'ora]
9 <nada propenso> com aquella ausencia
10 <tão ano> nitidamente anormal
11 [↑ por] essência
12 <viaj> como
13 o <rendimento> [↑ triplo da] que hoje tenho

14 <*todas> todas
15 a <atravessar> percorrer
16 <†> para ter
17 começasse <por> viajar
18 o impulso <os> [↑ a]
19 mil <nove>[↑oito]centos e <dois> noventa e dois
20 <onde> consegui
21 <soube,> consegui saber
22 d<os>/o\ <seus ritos occult> occultismo dos seus ritos.
23 <Quando porém me retiveram,> | Recuei
24 <quando, porem, *menos> de repente
25 <cahiu sobre mim> [↑ recebi]
26 <tinha> havia
27 <que a mesma abertura> [↑ que, pelo menos,]
28 <Quando> <v>/V\oltei
29 <accordado> desperto
30 <horrorosa[↑pavorosa]mente>

91.6. [6-3^{r}]
Publicado in Livro do Desasocego *(2010, tomo 1, p. 146).*

91.7. [8-3]
Publicado in Livro do Desasocego *(2010, tomo 1, p. 149).*

NOTAS

1 resta <de uma> [↑ e restará d'uma] das almas
2 no [↑ puro] sonho
3 *Esta última frase está marcada com um traço de hesitação, tal como a palavra* arte, *dentro dela.*
4 biographia de alguem que nunca teve vida [↓ autobiographia de quem nunca existiu]
5 [↑ por] detraz

92. NAVAS

[48A-53^{r}]
Fac-similado in Pessoa por Conhecer *(1990, tomo 2, p. 259).*

93. GERVASIO GUEDES

93.1. [48H-8^{r}]
Publicado in Obras de Jean Seul de Méluret *(2006, pp. 96-97).*

94. L. GUERREIRO

94.1. [48H-7^{r}]
Publicado in Obras de Jean Seul de Méluret *(2006, p. 41).*

95. PERO BOTELHO

95.1. [92G-51^{r}]
Inédito.

95.2. [131-35a^{r}]
Publicado in Pizarro (2007, p. 165).

95.3. [138A-66^{r}]
Publicado in Pessoa por Conhecer *(1990, tomo 2, p. 263).*

NOTAS

1 <Para>/De\
2 <existe> é indiferente
3 <olho dê> se interesse por elle

95.4. [144P-1^{r}]
Inédito.

NOTAS

1 <penso> quedo-me

95.5. [25-134^{r}]
Publicado in Textos Filosóficos *(1968, tomo 2, p. 275).*

NOTAS

1 José [↑ João]

96. JAPONAIS

96.1. [144D^2-6]

Publicado in Obras de Jean Seul de Méluret *(2006, pp. 43-44).*

NOTAS

1 Um [↑ Des]

97. FREDERICK WYATT

97.1. [14E-9^r]

Inédito.

NOTAS

1 time [↓ or] infinity

97.2. [133G-10^r]

Inédito.

NOTAS

1 Baudelaire<.>/,\ Rollinat [↑ ("Les Nevroses")] certainly.] *o título* Névroses *foi escrito sem acento.*

97.3. [14E-93]

Publicado, com pequenas imprecisões e vazios, in Pessoa por Conhecer *(1990, tomo 2, p. 240).*

NOTAS

1 dremers] *no original.*

2 It is [↑ as] possible

3 <an aristrocratic ◊.> [↑ the arrogance of a thorough aristocrat.] Pessoa por Conhecer *(1990, tomo 2, p. 240): "through aristocrat".*

4 midst] *e não "midest".*

5 amused <at the w> on recalling

6 spontaneous [↑ community of] expression,

7 It is perhaps the best casual word-portrait of him, in all its indirectness. It stung him, as I easily perceived,] *faltam umas palavras em* Pessoa por Conhecer.

8 [→ so justly and yet showed how terribly evident [↑ even to [↓ casual &] uninterested dreamers] was the suffering he thought he hid in himself from <the> [↑ all] eyes <of others>.] *com lacunas em* Pessoa por Conhecer.

97.4. [78-33^r]

Publicado in Poemas Ingleses *(1997, tomo 2, p. 135). Sob a data do poema lê-se a seguinte frase:* Vulnerat omnes, ultima caecat *[todas ferem, a última cega]. Trata-se de uma variação da frase popular latina "vulnerat omnes, ultima necat" ["todas (as horas) ferem, a última mata"]. O testemunho deste texto foi assinado por Alexander Search.*

NOTAS

1 From a smile to <glee> tears;

2 Dies within [↑ among] our fears.

3 The clock strikes. <This> [↑ An] hour is past.

98. JAMES BODENHAM

98.1. [28-98^v]

Publicado in Livro do Desasocego *(2010, tomo 2, p. 615).*

NOTAS

1 <of the> and exposition

2 of the general [mental] laws] *uma palavra dentro de rectângulo, outra dentro de parênteses rectos; serão variantes.*

3 underlying [↑ governing] *variants alternativas.*

4 a [↑ fixed] solution

5 *Primeira versão:* (2) Skill contests, such as "**Samples*" **Ballotus*, etc, which consist in <discovering>/drawing\ up phrases

6 of [↑ e.g.] future turns

99. OLGA BAKER

[144L-17^r e 18^r]
Inédito.

100. DR. NEIBAS

100.1. [27^{21} L^4-21^r]
Publicado in Pessoa por Conhecer *(1990, tomo 2, p. 172).*

1 *Existe uma possível variante de difícil leitura por cima de* recordarmo--nos.

100.2. [27^7 X-1 e 1a]
Inédito.

NOTAS

1 [↑ ou] da erudição
2 Utilidade da <Mer> arte (esp. theatro) mercantil.
3 <Conto> Porque
4 <ext> entrextranhos [↑ entredesconhecidos]
5 <baixando> [↑ n'uma] voz baixa
6 um<a> vicio oculto
7 <a confussa> ainda
8 fallador[↑ante]
9 reparando[↑araram]
10 nos [↑ e] apresentaram[↑-nos].
11 ainda havia [↑ lhe] na sua [↑ a] face] *leitura conjectural.*
12 houvéra [↑ havia]
13 do [↑ d'aquelle ↓ do tal]
14 <†> [↑ que] era [↑ fôra]
15 Eu <†> <teria> <se fora> [↑ sou] assim
16 Só <teria sido> [↑ seria] outro se <tivesse> fora outro
17 despedi [→ fui]] irritado
18 [↑ como que] acabando
19 <As> De inicio
20 fôsse um <exercicio> fatigante] *mantemos entre parênteses a palavra riscada, que não foi substituída.*
21 como ver /quadros/ de [↑ mau] auto-[↑ cinema]tographia [↑ é] para os olhos.
22 <o homem> [↑ elle]
23 <silenciosa> [↑ em silencio]
24 <obra> "obra"

101. ALBERTO CAEIRO

101.1. [Athena]
Publicado in Athena, *n.º 4, 1925, p. 145. Texto transcrito do exemplar da revista que faz parte do inventário da Biblioteca particular de Fernando Pessoa, embora esteja em posse de Manuela Nogueira; cota: 0-28MN.*

NOTAS

1 Quando esfria no fundo da planicie [↑ Quando os olhos o veem ao fundo /da planicie/] [← chão] [↑ se vê acabar lá ao longe]
2 E se sente a noite [→ já] entrada
3 Como uma borboleta pela janella. [→ dentro de casa] [→ com a janella aberta]
4 E vejo um recorte [← outro] de mim
5 Quando me vêem á minha porta [← vêem soando até ao madrugar]
6 Mal a diligencia levanta no [← levanta *até SIC] [→ se levanta / do/] cimo do outeiro.

101.2. [Athena]
Publicado in Athena, *n.º 4, 1925, p. 148. Texto transcrito do exemplar da revista que faz parte do inventário da Biblioteca particular de Fernando Pessoa, embora esteja em posse de Manuela Nogueira; cota: 0-28MN.*

101.3. [Athena]
Publicado in Athena, *n.º 5, 1925, pp. 199-200. Texto transcrito do exemplar da revista que faz parte do inventário da Biblioteca particular*

de Fernando Pessoa, embora esteja em posse de Manuela Nogueira; cota: 0-28MN.

101.4. [67-67^{r}]

Publicado in Poemas Completos de Alberto Caeiro *(1998, p. 108).*

NOTAS

1 Tenho <mais> interesse nos perfumes [↑ no que cheira.]

2 Agora sinto o perfume das flores como se [↑ visse ↑ houvesse] uma coisa [↑ /vida/] nova.

3 São coisas que se sabem por fóra [↓ maneira].

4 Mas agora sei com <os sentidos> [→ a respiração [↑ da parte de traz] da cabeça.] *Segue-se um verso riscado:* <Antigamente sabia com a intelligencia; que é sempre dos outros,>

5 Hoje <sei comigo> as flores sabem-me bem <no> [↑ num] paladar <que ha no cheiro.> [↑ <de +> [↓ <afastado>] [↓ que se cheira.] *Segue-se um verso riscado:* <Nem as vejo de as sentir cheirar bem, /e amo/. Não sei nada>

6 Hoje às vezes acordo e cheiro <o dia antes> antes de ver.

101.5. [68A-5^{r} e 4^{v}]

Publicado in Pessoa por Conhecer *(1990, tomo 2, p. 402).*

NOTAS

1 Sou mesmo o <unico> primeiro] *acrescentam-se aspas de início.*

2 o eu] *acrescenta-se uma vírgula.*

3 "<*não *spirito> Qualquer cousa

101.6. [Athena]

Publicado in Athena, *n.º 5, 1925, p. 204. Texto transcrito do exemplar da revista que faz parte do inventário da Biblioteca particular de Fernando Pessoa, embora esteja em posse de Manuela Nogueira; cota: 0-28MN.*

NOTAS

1 são [← foram]

101.7. [48E-36^{v}]

Referido por Ivo Castro em Poemas de Fernando Pessoa *(2001, p. 304). Trata-se de uma frase datável de 9 de Novembro de 1924, citada, ao que parece, como aforismo e não como verso. Não faz parte das "Notas para a recordação do meu mestre Caeiro", que são posteriores, embora Pessoa não esqueça esta frase aquando da escrita das "Notas".*

102. ALVARO DE CAMPOS

102.1. [70-5 e 6]

Publicado in Poemas de Álvaro de Campos *(1990, pp. 118-122). As palavras estrangeiras mudaram-se de tipo redondo para tipo itálico.*

NOTAS

1 pelas (sobre as)] *variante entre parênteses curvos.*

2 gunchos] *no original.*

3 e aos <bufos>/berros\ saudando [↓ -te] [↓ em] Deus!

4 <fitaste,>/explicas\te,

5 amigo (amante)] *variante entre parênteses curvos.*

6 (estabelecimento)] *dentro de parênteses indicando com hesitação.*

7 ina<c>cessivel.

8 eu franzino e <delicado> civilizado

9 civilisado] *desta vez com "s".*

10 <malandro> deixa-me ir...

11 metter [↑ ficar]

12 e <ellas não> a velocidade tem limite

13 *Segue-se o início do verso seguinte, abandonado para continuar o poema no verso da folha.*

14 *Seguem-se dois versos riscados:* (Deixa-me tirar a gravata e desabotoar o colarinho. | Não se pode ter muita energia com a civilização à roda do pescoço...)

15 <Hheia-a-a-a-a> [↑ pum]!

102.2. [70-25^{r} e 26^{r}]:
Publicado in Poemas de Álvaro de Campos *(1990, pp. 193-195). Testemunho dactilografado do poema impresso na revista* Contemporanea, *3.ª série, n.º 2, Junho de 1926. Será de 26 de Abril de 1926.*

NOTAS

1 <janellas> hypotheses

2 um<a> rastro

102.3. [71A-34^{r}]
Publicado in Pessoa por Conhecer *(1990, tomo 2, p. 475) e* Prosa de Álvaro de Campos *(2012, p. 43).*

NOTAS

1 As figuras [↑ de amadas]

2 não existem [↑ como figuras] *acrescentamos uma vírgula.*

3 <sre> serem

4 A flor] *acrescentamos aspas.*

5 <re ae> reparem

6 <defie> define

7 <Esta decencia por veu syntactico é realmente commovedora> É a primeira vez que a syntaxe aparece como veu de pudor

102.4. [Sem cota]
Publicado in Prosa de Álvaro de Campos *(2012, p. 269). O original encontra-se numa colecção particular e não tem correcções nem acrescentos.*

102.5. [Presença]
Publicado in Prosa de Álvaro de Campos *(2012, pp. 93-94) e antes na revista* Presença, *n.º 30, de 1931.*

NOTAS

1 *Segue-se a indicação:* (algumas delas).

103. RICARDO REIS

103.1. [Athena]
Publicado in Athena, *n.º 1, Lisboa, Outubro de 1924, p. 19.*

103.2. [Athena]
Publicado in Athena, *n.º 1, Lisboa, Outubro de 1924, p. 20.*

NOTAS

1 a<l>[←c]tiva] *no seu exemplar da revista* Athena, *Pessoa risca o "l" de "altiva" e escreve, na margem esquerda, um "c". Adoptamos esta correcção tardia.*

103.3. [51-97^{r}]
Publicado in Poemas de Ricardo Reis *(1994, pp. 180-181).*

103.4. [14E-5^{r}]
Publicado in Pessoa por Conhecer *(1990, tomo 2, p. 432); revisto em* Prosa de Ricardo Reis *(2012, pp. 134-135).*

NOTAS

1 obscuro [↑ e desconhecido]

2 distinctivo (signal)] *variante entre parênteses.*

3 grande [↑ vera] *variantes alternativas.*

4 atingiram [↑ alcançaram] *variantes alternativas.*

5 pedisse [→ (pedira)] *variante entre parênteses.*

6 precedentes [↑ nem allianças]

7 Só a <forma ressente> forma se ressente

8 além d'estes <poemas> , que <são o seu> (formam) o seu
9 (hoje) [←, parece,] os que a não merecem.

103.5. [21-116]
Publicado in Páginas Íntimas e de Auto-Interpretação *(1966, pp. 399-400).*

103.6. [68-14^{v}]
Inédito.

104. FREDERICO REIS

104.1.[21-110]
Publicado in Páginas Íntimas e de Auto-Interpretação *(1966, pp. 386-387). Corrigem-se algumas leituras.*

NOTAS

1 mas mais <ninguem> nada

104.2. [14^{6}-3 a 17^{r}]
Publicado in Sensacionismo e Outros Ismos *(2009, pp. 57-61).*

NOTAS

1 <†> para
2 das Sensações<,>/e\ só das sensações, [↑ e] do pensamento
3 uma <†> paysagem
4 <Caeiro> [↑ R. Reis]
5 modos de <dizer e> vêr e de <expor> dizer
6 Poris<s>/t\o
7 *chamará* ou *chamara*
8 <(se bem que> [↑ sem ser]
9 d<a>/o\ epitheto [↑ adjectivo]
10 centro <cosmop> portuguez
11 grau [↑ superior de] cosmopolitismo
12 <im> [↑ impossivel]
13 <fallam em> dão a impressão de que fallam em
14 <O> [↑ Um]
15 <n>/h\a, como [↑ no passo] diria Fernando Pessoa
16 h<a>/ouve>
17 etc.] *com marca de hesitação.*
18 <foi feita> – quer dizer, a evolução até ao saudosismo – foi feita
19 <a> dentro de portas
20 do [↑ no] seguinte
21 desenvolveu <e,> algumas e aprofundou
22 <*queremos> [↑ timbramos]
23 <naciona> [↑ regionalistas]
24 <har> harmonia
25 <†> [↑ Condessa]
26 <pr> [↑ tendencia]
27 prolonga-<a>/o\ realmente, continúa-o, leva-<a>/o\
28 Pascoaes [↑ e C. de O.]
29 grandes [↓ poetas]
30 <grandes poetas> [↑ mas maiores]
31 e <um> [↑ que]
32 estados[,] <de alm>
33 <*movim> [↑ poetas]
34 <foi> [↑ deu]
35 na sua[s] <forma> [↑ fórmas,]
36 [↑ auto] analyse
37 <de um> [↑ de]
38 (por[que] qual[quer] razão, não <sabe> [↑ sei])
39 <mod> [↑ actual,]
40 <esforço> ideal
41 na sua [↑ enorme] Ode II
42 <† que †> [↑ triumpha de]
43 <†> varios
44 estreita [↑ nulla]
45 <a> [↑ uma]
46 d<a>/o\ que a Europa <fez> fez
47 </sublime/> grande
48 <S>/G\oethe, Shelley ou [↑ mesmo] Hugo.] *segue-se o início de uma segunda secção que não foi elaborada:* II (os precursores).

105. RAPHAEL BALDAYA

105.1. [90^{1}-16^{r}]
Publicado in A Procura da Verdade Oculta *(1986, p. 167).*

105.2. [22-31^{r}]
Publicado in Textos Filosóficos *(1968, tomo 1, pp. 42-44).*

NOTAS

1 o pensamento uma illusão] *sem maiúsculas iniciais (o "p" e o "i").*
2 nãoser] *com minúsculas (o "n" e o "s").*
3 a ffirmação mortal, da Vida.] *no original.*

105.3. [54A-85^{r} e 86^{r}]
Publicado in Fernando Pessoa et le Drame Symboliste: héritage et création *(1977, pp. 510-511).*

NOTAS

1 pretenção] *no original.*
2 <quaes são> como

106. ANTONIO MORA

106.1. [27^{19} B^{3}-4^{r}]
Publicado in Obras de António Mora *(2002, p. 94).*

106.2. [12^{1}-25^{r}]
Publicado in Obras de António Mora *(2002, p. 227). Pessoa hesitou acerca do início do texto, deixando traços cortados na margem esquerda do mesmo.*

NOTAS

1 quando <alguem> a alegria mal as contempla.

106.3. [20-96 a 99^{r}]
Publicado in Páginas Íntimas e de Auto-Interpretação *(1966, pp. 169-175).*

NOTAS

1 <as>/a\ sensação immediata
2 <poesia> arte
3 <nel> na realização
4 <som> penumbra
5 "antiguidade] *no original.*
6 cousa [↑ do] exterior
7 edu-[96^{v}] para a [↑ na] percepção externa] *Pessoa ter-se-á esquecido de completar a palavra* *educada *na passagem de uma página para a outra.*
8 da vida <do> espiritual
9 pela <attenção> propria
10 <a>/o\ <alma> [↑ espirito] por si-propri<a>/o\
11 n<os>/o\ pensament<os>/o\
12 como [↑ o] eram] *o o sobrescrito está dentro dum círculo, indicando dubitação.*
13 <uma> e do Olympo uma
14 <com> sub specie humanitatis, como] *a frase latina foi sublinhada.*
15 A [↑ <sua>] propria sua
16 <pelo> [↑ por uma] eterna duração fóra.
17 *Na linha superior há um traço a toda a largura do documento.*
18 *Na linha seguinte existe um traço a toda a largura do documento.*
19 [↑ por] grosseiramente
20 concebida como <superior> [↑ differente] <à>/ao\ corpo e <differente> [↑ superior] <d'>/a\ elle
21 <desattenção ao concre> descrença
22 <Uma> [↑ Esta] nova noção do milagre <como> levava
23 Isto, <por sua vez, tinha> se levava
24 num[a] <enfraquecimento> tibieza
25 <decadencia> [↑ degenerescencia psychica]
26 assim <decad> [↑ semelhantes, por] degenerados

27 destrinçados e <calm> como-que
28 <Neste> [↑ Num] mundo
29 e do (hoje <mais>/quasi\ incomprehensivel) similidinario
30 *Na linha seguinte existe um pequeno traço separador ao centro.*
31 <*tendencias> abrangendo
32 Petrarcha] *leitura conjecturada*
33 S. Francisco de Assis] *entre parênteses rectos, talvez dubitado. Na linha seguinte, um traço separador ao centro.*
34 noção (visão)] *variante entre parênteses.*
35 *Um traço vertical abarca todo o parágrafo na margem esquerda.*
36 do exterior, [↑ do physico,]
37 *Um traço vertical abarca as últimas linhas do parágrafo na margem esquerda (a partir de* sensação) do exterior*).*
38 <que>, como
39 <do> (1) [↑ do] equilibrio,
40 <a> arte feita
41 A arte <grega, tambem,> [↑ da Reforma] dadas
42 <esboçadas> indicadas
43 [↑ physico-]psychico
44 materia, [↑ e sobre] os objectos
45 Esse conceito [↑ de alma], como
46 porque tinha.... contornadas cousas exteriores] *trecho com um traço vertical na margem esquerda.*
47 *Segue-se um tracejado a toda a largura da folha. Por baixo, ao centro, com letra mais pequena, a indicação transcrita de seguida:* (deformações do Renascentismo)
48 *Este número corresponderia ao algarismo da alínea terceira do texto – (1) antiguidade clássica, (2) Cristianismo e (3) Romantismo.*
49 <na alma> da attenção na alma
50 manifestações [↑ romanticas] e cisromanticas
51 <os>/o\ chamad<os>/o\ realis<tas>/mo\.

106.4. [21-45^r-46^r]

Publicado in Páginas Íntimas e de Auto-Interpretação *(1966, pp. 289-292).*

NOTAS

1 mas a <essencia com> causa
2 naturalmente). ???????????] *retiramos os pontos de interrogação a vermelho.*
3 é que ....] *retiramos os 13 pontos*
4 mercantil<ista>
5 é <aenas> das segundas

106.5. [44-14^v]

Publicado in Obras de António Mora *(2002, pp. 374-375).*

NOTAS

1 <intento> [↑ intuito]
2 <externos> [↑ falsos...]
3 vacuo [↑ alto] do ar
4 <tocar> [↑ para] *seguem-se dos versos riscados:* A uma arvore, a um <*muro> [↑ muro]
*Noite que foi no escuro.
5 Não [↑ o] que a creança quere

107. ANTONIO GOMES

107.1. [66A-22^r]

Publicado in Prista (2001, pp. 169-160).

NOTAS

1 d<os>/o\
2 *Primeira variante:* Antonio Gomes, | Da sociedade protectora dos animaes; *segue-se, depois de um traço horizontal, a referência a um outro projecto:* Historia comica do

<s>/ç\apateiro Affonso, | regedor, que foi, da minha freguesia.

107.2. [66A-23 e 24^r]
Publicado parcialmente in Prista (2001, PP. 159, 164, 181).

NOTAS

1 <Ora> Mas ninguem nem se rala…
2 Quando <T>/o\ Theophilo falla.
3 *Segue-se um verso riscado:* <É porco, e o resto é disfarce.>
4 <Chega o> [↑ Dá o] Queiroz audiencia…
5 E [↓ Mas] esse nem ideas tem.
6 Fallou<-me> <Disse-me> <O parlamento> [↑ <Ouviu-me e Disse…> o Cavalheiro…]
7 Como elle diz e vê bem †
<e being –>
8 <†> [↑ Trata] por Exc'lencias

108. THOMAS CROSSE

108.1. [143-5^r]
Publicado in Pessoa por Conhecer *(1990, tomo 2, p. 233).*

NOTAS

1 Poets [↓ Writers] *variantes alternativas.*

108.2. [143-1 a 4]
Publicado in Pessoa por Conhecer *(1990, tomo 2, pp. 441-442). Corrigem-se algumas leituras.*

NOTAS

1 by the <manner of his poetry> secondary
2 <But> how] *colocamos uma maiúscula inicial em "how".*
3 <never> certainly never before attained by <th> [↑ a] poet born
4 on [↑ the] lines
5 H<is>/e\
6 the formidable [↑ (there is no other word)] originality
7 one [↑ truly] Greek
8 being born <in Portugal> from a Portuguese
9 biting a<n> <apple> fruit

108.3. [143-13^r e 14^r]
Publicado parcialmente in A Demonstração do Indemonstrável *(2011, p. 83).*

NOTAS

1 ither] *no original.*
2 Recibi] *no original.*
3 <in common words> chiefly in common words
4 <On prin> | The final conflict

109. HADJI-MUHRAD

109.1. [54-64]
Inédito.

NOTAS

1 aos [↑ nos]
2 <mediante> apesar
3 <passada ao *escrut> dactylographada

110. SHER HENAY

110.1. [48-9^r]
Publicado in Sensacionismo e Outros Ismos *(2009, pp. 429-430).*

111. PADRE ANTONIO DE SEABRA

111.1. [14^4-4]
Publicado parcialmente in Pessoa por Conhecer *(1990, tomo 2, pp. 231-232); completo, in* Sensacionismo e Outros Ismos *(2009, pp. 162-164).*

1 <desfa> desfez (desfaz)
2 elborações *no original.*
3 certas <irregu-> <saliencias e> contradicções e incongruencias <que> a que

4 seria <de> pouco criterioso
5 import<i>aria, com [← o accrescimo da] hypocrisia
6 <criticos.> azedos
7 possam (podem)] *variante entre parênteses curvos.*
8 <pa> folhetos
9 ou seja] *no original.*
10 m<e>/i\da] *em* Pessoa por Conhecer *(1990, tomo 2, p. 232) corrigido por* meça; *mas pode não ser um erro: cf.* permitte que midamos bem o genero de spirito *(88-22^{r}).*
11 <deante> na recepção
12 acolha (acolhe)] *variante entre parênteses curvos.*
13 <comtudo deve> é comtudo devedor
14 <Semelhanteé> | Não outra
15 <masi> mais
16 <Uma med> É da competencia
17 <cachopos> dois cachopos
18 <arte> natureza
19 de modo] *no original.*

111.2. [113P^{2}-7^{r}]
Inédito.

NOTAS

1 theatino] *é possível que exista um sinal de hesitação e que* theatino *esteja não sobre uma linha divisória mas sobre traço duplamente cortado.*
2 como <que> [↑ se] quere ver

112. CLAUDE PASTEUR

112.1. [48B-11^{r}]
Publicado in Livro do Desassossego *(1990-1991, tomo 1, p. 49).*

113. JAMES L. MASON

[48B-11^{r}]
Publicado in Livro do Desassossego *(1990-1991, tomo 1, p. 49).*

114. HENRY MORE

114.1. [133I-47^{r}]
Inédito.

NOTAS

1 <*No *wom> Woman
2 at <*womans> a woman's house

114.2. [133L-93^{r}]
Publicado in Escritos Autobiográficos, Automáticos e de Reflexão Pessoal *(2003, p. 320).*

NOTAS

1 man] *com minúscula.*

114.3. [133I-38]
Publicado in Escritos Autobiográficos, Automáticos e de Reflexão Pessoal *(2003, p. 244).*

NOTAS

1 No man is <anything but a fact so avoid> more than a gathering.

114.4. [114^{1}-64]
Publicado in Escritos Autobiográficos, Automáticos e de Reflexão Pessoal *(2003, pp. 250 e 252).*

115. WARDOUR

115.1. [58-12^{v}]
Publicado in Poemas de Fernando Pessoa 1915-1920 *(2005, p. 96). João Dionísio pede que se aceite a gentileza do parceiro de letras de Pessoa e se reconheça neste "o único autor do poema"* (ibidem, *p. 349). Parece-nos desnecessário este apagamento de Wardour. Primeira publicação:* Pessoa por Conhecer *(1990, tomo 2, p. 289).*

NOTAS

1 <tocas> [↑ vê]
2 <São sombras> É sombra, sem maguas,
3 Macieza que <*gr> <*dos> é

115.2. [42-28a^{r}]
Publicado in Poemas de Fernando Pessoa 1915-1920 *(2005, p. 96).*
Primeira publicação: Pessoa por Conhecer *(1990, tomo 2, pp. 291-292).*

NOTAS

1 Crepusculo <na Jov> em <*Ajove> Deus

2 <A> <s>/S\ombra

115.3. [66D-14^{r} e 14a^{r}]
Inédito.

NOTAS

1 Eu canto porque <o sol> [↓Quando accordo]

2 No meu ardor de <ser a g> [↑ estar de accordo]

3 Com a grande <†> [↑ douração] do ceu

115.4. [144X-128^{v}]
Publicado in Escritos Autobiográficos, Automáticos e de Reflexão Pessoal *(2003, p. 272).*

NOTAS

1 *Segue-se o nome do espírito seguido de dois pontos (*Wardour:*) e duas linhas riscadas:* <*mart> | <Walter Vassa

115.5. [133H-92^{r}]
Inédito.

NOTAS

1 go] *com minúscula.*

116. VOODOOIST

116.1. [42-28^{r}]
Publicado in Poemas de Fernando Pessoa 1915-1920 *(2005, p. 103).*
Primeira publicação: Pessoa por Conhecer *(1990, tomo 2, p. 293).*

NOTAS

1 <andar candi> [↓ maior acaso,]

2 Do <*ma ††> [↑ nodoso †] [↓ <†> nodoso †]

117. JOSEPH BALSAMO

117.1. [144X-133^{r}]
Publicado in Escritos Autobiográficos, Automáticos e de Reflexão Pessoal *(2003, p. 274).*

NOTAS

1 quite] *com minúscula.*

118. HENRY LOVELL

118.1. [90^{3}-16]
Publicado in Escritos Autobiográficos, Automáticos e de Reflexão Pessoal *(2003, p. 264).*

119. JAMES JOSEPH

119.1. [15^{2}-50^{r}]
Publicado in Escritos Autobiográficos, Automáticos e de Reflexão Pessoal *(2003, p. 288).*

NOTAS

1 No <no> man

2 *Segue-se a palavra* <no>, *riscada.*

120. J. H. HYSLOP

120.1. [42-28^{v}]
Publicado in Poemas de Fernando Pessoa 1915-1920 *(2005, p. 354).*
Primeira publicação: Pessoa por Conhecer *(1990, tomo 2, p. 291).*

NOTAS

1 <O>/A\ <mar> [↑ magua] que houve

2 Na sombra e <*aroma> [↑ aroma]

121. GEORGE HENRY MORSE

121.1. [133L-48]
Publicado in Escritos Autobiográficos, Automáticos e de Reflexão Pessoal *(2003, p. 258).*

NOTAS

1 <no sos> she

2 <mas> many more <*man>] *seguem-se uns apontamentos mais lacunares que retiramos do texto:* Yes.

*Go no. | No. Yes. | <Logos> to make <you † man –> | You <man sus> <as my *mas &> | go mad. the second. | <no more> | Woman | <nosamano> | <Hz>

3 not not] *ambas com minúscula inicial.*

4 but just <maso> <nomano> <go> worry her.

5 *Segue-se (já no verso da folha) uma frase incompleta:* Want me to <mass mo Hm>

122. MARNOCO E SOUSA

122.1 [138-42]

Publicado in Escritos Autobiográficos, Automáticos e de Reflexão Pessoal *(2003, pp. 254 e 256).*

NOTAS

1 *Seguem-se duas linhas de leitura difícil; uma possibilidade muito optimista é esta:* *Marnoco *More | Marnoco More *arrow

2 *Noutra letra, surge esta indicação:* 504 Love me

3 You <murar margaret mansel> [↑ masturbator! You masochist!]

4 You man with woman– <*sex>[↑ <†>]wound!

5 You <†> <†> worm

6 You man without <† *inward> a man's prick!

7 <mar> marriage

8 You are a man who <marries marries your> marries marries who marries himself.

123. JOÃO CRAVEIRO

123.1. [113P^1-21]

Inédito.

NOTAS

1 a intranquillidade <social> nacional presente

123.2. [113P^1-22]

Inédito.

NOTAS

1 O Dr. Sidonio Paes [↑ não] tem uma mentalidade <não> constructiva

2 <mas seria optimo> <inter> é porventura [↑ talvez] *termina com variantes alternativas.*

3 <*ouvir> [↑ ver]

4 <um> [↑ o] sonhador

5 d'<*essa>[↑ essa] notavel ◊] *não se localizou a eventual continuação do texto.*

124. A. A. CROSSE

[133H-47^r]

Inédito.

125. I. I. CROSSE

125.1. [143-7 a 9^r]

Publicado in Pessoa por Conhecer *(1990, tomo 2, p. 235). Leitura revista por nós, como todas as restantes.*

NOTAS

1 that he should be able to distinguish between relative & absolute values <,>/.\ <that he should have it in him to distinguish>. When a work of art

2 movement of <the> sensibility

3 *Uma pirâmide invertida de três pontos simboliza "because".*

4 follies<,>/.\ <&> [↑ As it] is

5 is <the> [↑ a] work <of man> that appeals to me not as a man

6 in his own words "sees] *alteramos o início da citação.*

7 See it & <am glad>, [↑ I love myself]

8 *Ver a terceira nota.*

125.2. [14A-66 e 67^r]

Publicado in Pessoa por Conhecer *(1990, tomo 2, pp. 236-237). Leitura*

revista por R. Zenith in The Selected Prose *(2001, pp. 55-56), e depois por nós.*

NOTAS

1 rhythmists [↑ masters of rhythm]

2 the most [↑ self-]controlled

3 his violence remains [to him] for him] *retira-se o segmento entre parênteses.*

4 Yet it is <†> unparalleled in art

5 <*loud> loud

6 [↑ a love of] humble

7 ferverous [↑ large-minded] *variantes alternativas.*

8 O [↑ ultimo] brinquedo

126. BERNARDO SOARES

126.1. [144G-30^{r} a 32^{r}]
Publicado in Escritos sobre Génio e Loucura *(2006, tomo 2, pp. 551-553).*

NOTAS

1 <impac> [↑ impaciencia]

126.2. [1-64^{r}]
Publicado in Livro do Desasocego *(2010, pp. 178-179).*

126.3. [2-12^{r} e 13^{r}]
Publicado in Livro do Desasocego *(2010, pp. 191-192).*

NOTAS

1 Borges] *como nota T. S. Cunha, em* Livro do Desassossego *(2008, p. 629), o vocativo Borges é "provável* lapsus calami *por Soares".*

126.4. [Descobrimento, *n.º 3*]: *texto publicado na revista de cultura* Descobrimento, *n.º 3, de 1931, pp. 411-412. Um testemunho autógrafo do texto impresso, conservado no espólio de Fernando Pessoa, foi publicado em* Livro do Desassossego *(1982, tomo 2, pp. 204-205).*

126.5. [4-2^{r}]
Publicado in Livro do Desasocego *(2010, pp. 346-347).*

NOTAS

1 sem ter [↓ eu] reincarnado.

2 completar [↓ formular] *variantes alternativas.*

3 vasta vertigem à roda de <nada> [↑ vacuo]

4 vão casas, caras, livros, <coisas,> caixotes, <sons> [↑ rastros] de musica e [→ syllabas] de vozes

126.6. [*Revolução*, n.º 74]:
Publicado na página literária do "diário nacionalista da tarde", dirigido por Rolão Preto, Revolução, *ano 1, n.º 74, Lisboa, 7 de Junho de 1932, p. 3. Um testemunho autógrafo do texto impresso, conservado no espólio de Fernando Pessoa, foi publicado em* Livro do Desassossego *(1982, tomo 2, pp. 35-37).*

126.7. [6-17^{r}]
Publicado in Livro do Desasocego *(2010, p. 433).*

NOTAS

1 só tenho calma] *existe um sinal de troca de posição.*

2 tenho [↓ a] *variante manuscrita a lápis.*

3 <uma pessoa> [← um transeunte]

127. A. L. R.

127.1. [48B-23^{r}]
Publicado in Uribe e Sepúlveda (2013, p. 69).

127.2. [137A-21^{r} e 22^{r}]
Publicado in Fernando Pessoa – O comércio e a publicidade *(1986, pp. 159-160). Não incluímos a folha redigida em inglês (137A-24^{r}).*

127.3. [137A-23^{r}]
Publicado in Fernando Pessoa – O comércio e a publicidade *(1986, pp. 161-162).*

NOTAS

1 (Divisão da obra:] *retira-se o parêntese.*

128. EFBEEDEE PASHA

128.1. [138-27^{r} a 30^{r}]
Publicado parcialmente in Pessoa por Conhecer *(1990, tomo 2, pp. 263-266).*

NOTAS

1 half million<s> copies
2 <primarily a parent> peculiarly apparent
3 <alongsi> alongside
4 unparaleled] *no original.*
5 <with> and parts of it

129. ANTONIO L. CAEIRO

129.1. [21-75^{r}]
Publicado in Páginas Íntimas e de Auto-Interpretação *(1966, pp. 332-333).*

NOTAS

1 do <Dr. Rica> snr. Dr. Ricardo Reis
2 uma maior demora [↑ mais demora do que se esperava]
3 <na> na publicação do livro
4 é [↑ um docto] professor <que trab> [↑ de latim] [↓ humanidades]
5 n'um [↑ importante] collegio americano

130. JULIO CAEIRO

[21-75^{r}]
Publicado in Páginas Íntimas e de Auto-Interpretação *(1966, pp. 332-333).*

131. DINIZ DA SILVA

131.1. [59-39^{v}]
Publicado in Poemas de Fernando Pessoa 1921-1930 *(2001, pp. 60-61).*

131.2. [119-24^{v}]
Publicado in Poemas de Fernando Pessoa 1921-1930 *(2001, p. 55).*

131.3. [119-24^{r}]
Publicado in Poemas de Fernando Pessoa 1921-1930 *(2001, p. 56).*

131.4. [119-24^{r}]
Publicado in Poemas de Fernando Pessoa 1921-1930 *(2001, pp. 56-57).*

NOTAS

1 nocturna] *no original.*

132. GIOVANNI B. ANGIOLETTI

132.1. [Sol]
Publicado no diário Sol, *n.º 22, 20 de Novembro de 1926, pp. 1-2. Texto redescoberto por José Barreto.*

133. FIRMINO LOPES

133.1. [60-27^{r}]
Publicado in Poemas de Fernando Pessoa 1921-1930 *(2001, p. 130).*

NOTAS

1 estão (existem)] *variante entre parênteses curvos.*
2 <Da Escrava.> | De Corintho me levam, escrava
3 Do berço <d>/t\e <telvam>[levam] á cova, [↓ ó Despota] da mesma maneira.
4 Myrtho, de [↑ com] cinco annos de vida
5 [→Brincava.] Não lhe[s] fiz mal a elles
6 Os que ^{2}teem as coroas e <a>/o\s <palmas>[↓beijos] ^{1}hoje são differentes de mim.] *uma seta*

indica o movimento de hoje *para trás.*

7 ^{2}Lembrar-te-has, ^{1}viandante,

133.2. [46-18^{r}]

Publicado in Poemas de Fernando Pessoa 1921-1930 *(2001, pp. 130-131). Primeira publicação:* Pessoa por Conhecer *(1990, tomo 2, p. 351).*

NOTAS

1 Fui forte, venci as miserias da <vida> [↑ alma] com a alma toda.

2 <†> Leucothoe, e não <tenho sorriso> sorrio para não chorar.

3 Vi-te como [↑ qual] eras

4 De novo te amei, <de novo te não tive.> [↑ mas de outra maneira. [↑ <Mas> ↑ Porém ↑ Mas] vi-te qual eras.

134. BARÃO DE TEIVE

134.1. [144Q-25^{v} a 26]

Publicado in A Educação do Stoico *(2007, pp. 23-24).*

NOTAS

1 quero [↑ faço]

2 às vezes [↑ a muitos]

3 manuscriptos [↑ todos]

4 <o>/a\s <apontamentos> [↑ notas]

5 Fiz sem hesitar [↑ com decisão rapida]

6 lenta] *na entrelinha superior.*

7 <separar> [↑ <desfazer> ↑ despedir]

8 Mas [↑ Porém]

9 suppor [↑ que supponhamos] que podemos [↑ poder] dizer.

10 Deixo[↑ Lego]-o

11 á meditação dos [↑ do] que o [↑ no] futuro <me> fizer [↑ for de] [↑ fizer] meus <eguaes> [↑ pares]. *O autor regressa à primeira lição (*fizer *substitui* <me> fizer [↑ for de], *mas esquece-se de riscar as primeiras variantes:* do *e* no.

12 Sinto [↑ Attinjo] *variante a lápis.*

13 a [↑ aquella]

14 a não <fiz nem a poderia fazer> realizei.] *Segue-se a indicação* II, *riscada.*

15 Estas paginas não são a minha confissão senão a minha definição. Sinto, ao começar a escrevel-as, que as poderei escrever com algum modo de verdade.] *acrescento sobre a indicação riscada* (II), *depois do ponto final do parágrafo anterior.*

16 <fazem>[↑ prestam]-lhe inteira <justiça> [↑ homenagem]

17 "Diario" de Noticias" *no original.*

18 <trans> transmitte [↑ nestes termos] <a noticia da morte que> ao seu jornal a notícia da morte

19 <Carlos Fon[*seca] de Moraes> [↑ Alvaro Coelho de Athayde]

20 <20> [↑ 20º] Barão de Teive]

21 12 de Julho de 192<8>/o\ ] *Seguem-se o nome de* Teive, *dubitado, e outros dois itens também dubitados e mais tarde riscados com uma caneta preta:* </(Carlos Fon[*seca] de Moraes)/> | </Carlos de Teive/>.

134.2. [144Q-28^{v} a 30^{r}]

Publicado in A Educação do Stoico *(2007, pp. 25-28).*

NOTAS

1 <crer em> [↑ acceitar] Jehovah, nem <na> [↑ a]

2 escrupuloso [↑ assim] na linguagem que escrevesse<,>/e\ [↑ como] na disposição do pensamento

3 naquella tontura que não faz erros [↑ põe erros nos gestos]

4 um conhecimento [↑ contacto]

intuitivo [↑ mental ↓ da conscien-cia] do [↑ com o] nada
5 entorpeceu-se[↓ -me]
6 [↑ o] ar
7 para [↑ de]
8 <especie> especie
9 mesmo [↑ egual]
10 Rousseau ◊, mas comanda Europa] *segmento escrito depois da frase seguinte, mas remetido para este lugar por um traço.*
11 <mas> [↑ porém]
12 foi philologista [↑ falava grego].
13 da [↑ que a] lua alta e redonda pôr [↑ põe] no ar [↑ como] um novo ar de vêr
14 No [↑ Do]

134.3. [6-6ʳ a 9ʳ]
Publicado in A Educação do Stoico *(2007, pp. 48-52).*

NOTAS

1 incoheren<->/te\
2 <nte> neste
3 <visive> acabada e visivel
4 <talv> então por certo
5 se haveria deveras feito ella, <que não> em mim
6 <Mas nunca pu> | Poderia eu
7 <a>/f\ixando-me no [↑ que era] possivel
8 cada um [↑ trecho] deveras uno
9 nem pouco novo. [→ pobre de novidade
10 o meu desejo todo (a minha ambição toda)] *variante entre parênteses curvos.*
11 <de> para
12 o exforço medonho [↑ a] que essas inteirezas involviam. [→ me compeliam]
13 da <sua> inevitavel imperfeição<.>/d\[a alma em quem habita, e que define.]
14 da força da sua abdicação [↓ de saber abdicar]
15 (de seu e proprio) (de intimo e proprio)] *ambos segmentos entre parênteses.*
16 ou [↑ e]
17 Os trez grandes [↑ poetas] pessimistas
18 para <homens> qualque<s>/r\ homem
19 <as´> essas pobrezas
20 pode[,] *vírgula acrescentada a lápis.*
21 <cc>/v\ela
22 tudo isso é funcção do <onanismo,> <psychci> [→ desalento da alma que não teve complemento sexual,] psyhcico ou physico, pouco importa] *emendamos* psyhcico *por* psychico *e colocamos um ponto de interrogação depois de* importa.
23 admirável e] *talvez exista hesitação.*
24 de [↑ que disse] Faguet a seu respeito
25 a projecção <solemene> solemne d'aquillo a que <p>/o\ povo
26 <não tenho> [↑ tenho pena de não ter] mulher que <me ame> [↑ mostre amor]
27 comprehenda] *no original.*
28 pela simples razão que não veem [→ sabem]
29 [↓ A plebe não troça do Raciocinio.] A plebe não ri da Critica da Razão Pura.
30 o universo [↑ a realidade] *variantes alternativas.*
31 quem nem "ella" é –(?),] *existe um ponto de interrogação entre parênteses.*
32 vejo<s>
33 <ceifeiros> [↑ campon<ios>/ezes\]

voltar<em>

34 <do> da

35 Que tem a tristeza propria[,] que me abate[,] *vírgulas manuscritas a lápis.*

36 a alegria natur<eza>/al\ destes rapze s] *emendamos* rapze s *por* rapazes.

37 faz me] *há um sinal de troca de posição.*

38 [n]a] *pequena emenda a lápis.*

39 descobriu [↑ com pena] que

40 [Confesso-me vencido pela vida, porém não me confesso abatido por ela.] [↓ Vá eu para a cova com o nome de suicida, porém não com o appelido de ◊]

41 ou e<s>/x\trahir d'ella, com firmeza e grandeza uma li<r>/c\ção universal.

135. DR. ABILIO QUARESMA

135.1. [27^{16} W^{2}-35^{r}]

Publicado in Escritos sobre Génio e Loucura *(2006, tomo 2, pp. 562--563).*

NOTAS

1 <dava> <a>/o\ facies dava

2 <delgado> longo

3 uma castanho] *no original.*

4 <se refe> revelasse

5 com o cinzento] *no original.*

6 <quadro> aspecto

135.2. [76-13^{r}]

Publicado parcialmente in Escritos sobre Génio e Loucura *(2006, tomo 1, p. 343). Existe uma transcrição mais completa na tese de doutoramento de Mariana de Castro (2010, pp. 190-192).*

NOTAS

1 <I purp> | I purpose

2 <inquire> [↑ investigate]

3 <what k> [↑ as] far

4 <Sh.'s> [↑ the] works

5 or [↑ at least] his creator's idea of himself

6 [↑ I shall <*no> omit no expression as to the identity or life of the author in question. I have none.] *no canto superior direito do rosto da folha.*

7 <†> – the <*mostly> unexpressable *tendencies *signed not in the things expressed] *leitura conjectural;* *tendencies *pode estar riscado ou o traço do "t" estar muito baixo.*

8 *Segue-se uma linha riscada:* <(3) This *tendencies expressed>

9 be the <†> first or second

10 I shall *each reader to invent Sh.] *leitura conjectural.*

136. MARIA JOSÉ

136.1. [95-7 e 9^{r}]

Publicado in Pessoa por Conhecer *(1990, tomo 2, pp. 256-258).*

NOTAS

1 <muito> tudo

2 sou.[→, como eu já ouvi dizer.]

3 pagou] *por lapso.*

4 e <li> revistas

5 toda a gente aturar-me] *no original.*

6 uma <creança> macaca, com as pernas é vela] é *por lapso.*

7 se calhasse<.>/,\[→ porque a gente é como é não como tinha vontade de ser.]

8 [↓... e enfim porque lhe estou eu a escrever se lhe não vou mandar esta carta?] *frase acrescentada no meio da folha.*

9 não sabe [↑ calcula]

10 e <ainda> andam

11 *Este parágrafo encontra-se na parte superior de 95-7*^{v}.

12 Ahi tem e estou [↓ toda] a chorar.] *no início do parágrafo lê-se a seguinte indicação* (end)

FERNANDO PESSOA

Anexo 1

[Presença]

Publicado na revista Presença, *n.º 17, de Dezembro de 1928, p. 10.*

NOTAS

1 auctor] *antes, na mesma frase,* autor *sem "c".*

Anexo 2

[Espólio Casais Monteiro]

Confrontamos as duas cópias conservadas no espólio de Fernando Pessoa (Espólio 3, 72-31^{r} *a 38*^{r}*; 72-39*^{r} *a 46*^{r}*) e o original da carta que recebeu Adolfo Casais Monteiro (Espólio 15), onde figuram as duas assinaturas de Fernando Pessoa. Emendamos as aspas invertidas em várias ocasiões.*

NOTAS

1 tomou[↑ ma]

2 que <a> "Mensagem"

3 <E p>/P\ensar

4 <d>o que me parece

5 <passou> [↑ sahiu]

6 immediatemente] *no original.*

7 [→ E tenho saudades delles.] *acrescentado.*

8 Foi dos poemas <que, de> que tenho escripto, [↑ o que] me deu mais que fazer, pelo [↑ duplo] poder

9 Creio que lhe expliquei <já> a origem

10 Caeiro <tinha> era de estatura media

11 [→ Ensinou-lhe latim um tio beirão que era padre.] *acrescentado.*

12 <inlgeza> [↑ anglo-saxonica]

13 é [↑ não] responder tam depressa

Anexo 3

[Colecção do Arq. Fernando Távora]

Sobre a publicação desta nota, veja-se o início do capítulo "Anexos". Agradecemos a José Barreto a cópia que nos deu deste documento.

ORDEM TOPOGRÁFICA DAS COTAS

Ha accidentes do meu distinguir uns de outros que pesam como grandes fardos no meu descernimento espiritual. Distinguir tal composição musicante de Bernardo Soares de uma compoisção de egual theor que é minha......

Ha momentos em que o faço repentinamente, com uma perfeição de que pasmo; e pasmo sem immodestia, porque, não crendo em nenhum fragmento de liberdade humana, pasmo do que se passa em mim como pasmaria do que se passasse em outrem - em dois extranhos.

Só uma grande intuição pode ser bussola nos descampados da alma; só com um sentido que usa da intelligencia, mas se não assemelha a ella, embora nisto com ella se funda, se pode distinguir estas figuras de sonho na sua realidade de uma a outra.

[16-59r]
(Apontamento de *c.* 1929)

POSFÁCIO

JERÓNIMO PIZARRO, PATRICIO FERRARI

Num poema de 24 de Agosto de 1930, Pessoa declara "Mal sei quantas almas tenho"; mal faríamos nós em tentar determinar com exactidão quantas teve realmente. De muitas "almas" não nos terá chegado um registo escrito e algumas outras, que animaram Pessoa, foram esquecidas com a passagem do tempo; nomeadamente as da primeira infância e algumas da adolescência, como as que protagonizavam as histórias que o jovem escritor contava aos seus meios-irmãos. Assim, num texto datável de 1930, Pessoa lembra que, sendo ainda criança – talvez com cinco ou seis anos, isto é, por volta de 1893-1894 –, já o acompanhavam "um capitão Thibeaut, um Chevalier de Pas e outros que já me esqueceram, e cujo esquecimento, como a imperfeita lembrança d'aquelles, é uma das grandes saudades da minha vida" (*Páginas Íntimas e de Auto-Interpretação*, 1966, p. 101). E João Maria Nogueira Rosa, nascido em 1903, recordando que Pessoa "era extraordinariamente bom com crianças pequenas", conta que o seu meio-irmão "costumava fazer partidas engraçadíssimas, contava as coisas mais divertidas e absurdas e inventava, para nós, os jogos mais excitantes", acrescentando que aquilo que mais o marcou era a maneira que Pessoa tinha de contar histórias, entre elas uma "longa história em episódios", cujas personagens "tinham todas nomes bastante absurdos tais como senhor Cenoura, senhor Nabo e outros" (*apud* França, 1987, p. 312). Seria o senhor Nabo o futuro Dr. Gaudencio Nabos, com "s" final? E quem teria sido o senhor Cenoura? E que vestígios ficcionais sobreviveram do Chevalier de Pas, para além de duas assinaturas num *Floral Birthday Book* [*Agenda Floral de Aniversários*], conservada por Manuela Nogueira? E o que sobreviveu do capitão Thibeaut, para além dessa menção no texto supracitado? Não sabemos ao certo, como também não temos como determinar quantas figuras, reais e irreais, faziam parte dos jogos inventados por Pessoa, jogos, por exemplo, de corridas de cavalos, com apostas simbólicas, como os que registou nos seus primeiros cadernos.

Seguindo os critérios que orientaram esta antologia, não foram aqui incluídos todos os nomes referidos em diversos jogos inventados por Pessoa, nem antologizadas figuras referidas por outrem ou personalidades fictícias das quais só restou uma "imperfeita lembrança". Daí que tenhamos optado, tal como Teresa Rita Lopes, por iniciar a antologia na primeira década do século XX, visto que os papéis mais antigos que se conservam no espólio pessoano, como o caderno 144B (ver *Cadernos*, 2009, pp. 15 *et seq.*), por exemplo, são de 1900, quando Pessoa fez doze anos, e que o primeiro poema inglês datado de Pessoa é de 12 de Maio de 1901 ("Separated from thee", 16A-48; *Obra Poética*, 1965, p. 621). O que é interessante notar, e basta folhear esse caderno e outros papéis dos anos de Durban para o descobrir, é que Pessoa revelou desde cedo uma paixão singular pelas listas de *dramatis personae*, pelas listas de autores de livros, pelos nomes em geral e pelos jogos – de palavras ou de outro género – em que eram vários os participantes e, portanto, vários os nomes a ter presentes e a referir. É por estes e outros motivos, que, potencialmente, o número de "almas" de Pessoa não é determinável com exactidão. Entre os outros motivos, que o leitor pode adivinhar, figura um que se desdobra em vários: Pessoa costumava cruzar os planos da realidade e da ficção, quer inserindo figuras irreais em jogos reais (ou vice-versa), quer transformando em personagens fictícias indivíduos reais (ou vice-versa). Para estabelecer em absoluto o número total de figuras inventadas por Fernando Pessoa, teríamos de conseguir, entre outras coisas, destrinçar com segurança as personagens fictícias das históricas – sendo que algumas destas foram absorvidas pela ficção (por exemplo, Henry More) –, e destrinçar as figuras internas e externas às ficções pessoanas – sendo que algumas personagens ganharam exterioridade (por exemplo, Antonio Mora) –; estas duas tarefas, e outras afins, comportarão sempre um certo grau de incerteza, porque em muitos casos faltam-nos elementos que determinem se uma figura cruzou ou não a fronteira da ficção.

Contudo, neste posfácio é necessário ir além dos verbetes críticos das 136 figuras antologizadas e mencionar outros nomes (são tantos!) que, como a cauda de um cometa, formam parte do cometa Pessoa[a]. A sublista seguinte, organizada alfabeticamente, para facilitar a consulta e atendendo à dificuldade de datar criticamente alguns registos onomásticos que não estão ligados a um texto, servirá para justificar a exclusão de algumas figuras do núcleo cometário, para convidar outros investigadores a indagarem mais sobre a origem e a relevância destes nomes, e para deixar este livro aberto, porque estamos todos ainda a tirar "fotografias de grupo", fotografias de Pessoa & C.ª, em que podem não aparecer todas as figuras que deveriam

a Recorremos aqui ao vocabulário metafórico usado por Luiz Fagundes Duarte (1988).

estar presentes e podem estar presentes algumas outras que não deveriam estar. Além disso, as fotografias de grupo já captadas por Teresa Rita Lopes, Michaël Stoker, José Paulo Cavalcanti Filho, Fernando Cabral Martins e Richard Zenith, entre 1990 e 2012, são todas elas discrepantes.

Mas, antes de passarmos a individualizar as figuras que compõem a cauda do nosso cometa, vejamos quais delas entraram nas fotografias anteriores.

Das 72 *dramatis personæ* listadas por Teresa Rita Lopes (1990), excluímos seis:

1907

1 Herr Prosit, protagonista do conto *A Very Original Dinner* [*Um Jantar Muito Original*], de Alexander Search (cf. 72), pois não consideramos *prova suficiente* de que Herr Prosit tivesse sido incumbido de traduzir uma parte (e só uma parte!) de uma obra espanhola o facto de Pessoa ter escrito num bifólio solto (74A-70^{r}), na diagonal, numa espécie de exercício caligráfico, duas vezes o nome da obra ("Student of Salamanca"), quatro vezes a palavra tradução ("Translation") e uma vez o nome da personagem do conto ("Herr Prosit"). Pessoa terminou de escrever o conto de Search em Junho de 1907.

1909-1910

2 Alfred Wyatt, porque não é uma alcunha de Frederick Wyatt (cf. 97) e o seu nome (144V-47^{v}) não está ligado a um texto escrito ou a uma tarefa específica. Existem pelo menos nove nomes diferentes associados ao apelido Wyatt: Alfred, Frederick, Arthur C., Augustus, Charles, Stanley, Francis, Christopher e Walter.

3 Rev. Walter Wyatt, omitido pelos mesmos motivos que o foi Alfred Wyatt. Existe sob três formas diferentes: Rev[erend]

Walter Wyatt, Sir Walter Wyatt e Walter Wyatt (144V-27^{v}). A sua morada seria em Sandringham, uma vila localizada no condado de Norfolk, Inglaterra.

4 Gomes Pipa, já que inicialmente foi "pensado como um simples protagonista de uma série de contos" (in *Teoria da Heteronímia*, 2012, p. 73; cf. 48H-19^{r}), e mais tarde foi reapresentado com a alcunha de José Gomes, personagem da narrativa "A Pharmacia do Evaristo". Gomes Pipa é descrito por Pessoa como um homem muito corpulento e bojudo, "filósofo" e grande apreciador de vinho. Mete o dedo no nariz e limpa o suor a lenços sujos. Na década de 1920 é monárquico, mas por volta de 1910 não devia sê-lo. Um conto de Gomes Pipa iria ser uma transformação de um conto de W. W. Jacobs (1863-1943) intitulado "His Lordship" (cf. 27^{13} U^{2}-36^{v}). Pessoa tinha vários livros deste escritor inglês na sua biblioteca.

5 Pero Botelho, porque é a figura central de uma série de cartas, como Gomes Pipa o é de uma série de contos, mas não o autor propriamente dito desses textos ficcionais. Pessoa hesitou em atribuir alguns contos a Botelho (25-134^{r}), pois estes já estavam escritos e dificilmente lhe seriam atribuíveis. Excluindo os contos, a esta personagem só podemos vincular as cartas e estas não o promovem a autor.

1917

6 Coelho Pacheco, dado que se tratou de um equívoco, como já explicou Maria Aliete Galhoz (2007). José Coelho Pacheco foi um amigo de Fernando Pessoa e um colaborador previsto do terceiro número da revista *Orpheu* (com um poema original, intitulado "Para além doutro oceano", à memória de Alberto Caeiro). Esclareça-se que Vadooisf não foi excluído; apenas se rectificou a leitura para Voodooist (cf. 116).

Das 83 personagens que fazem parte do elenco de Michaël Stoker (2009), que das 76 anteriores só excluiu Coelho Pacheco, deixamos de fora:

1904

1 Jerome Gaveston, visto que não transcende uma existência nominal (a existência do seu nome numa única folha de papel: $49D^2$-17^v) e que, mesmo nessa folha, é indissociável de Piers Gaveston (1284-1312), um nobre aquitano, favorito do rei de Inglaterra, que Christopher Marlowe transformou numa das personagens principais de *Edward II* [*Eduardo II*]. Pessoa, fascinado com esta personagem inglesa, escreveu em diversas folhas o apelido Gaveston, apondo-lhe, por vezes, um nome (Piers, Ed[ward], Perry, Martin, Anton e Jerome), mas esses registos onomásticos não fazem de nenhum dos Gaveston um "heterónimo-fantasma" (in *Teoria da Heteronímia*, 2012, p. 60).

1906-1907

2 Anthony Harris, porque o seu nome solto, manuscrito na vertical, num texto inacabado em inglês (93A-54^r), não faz dele, *necessariamente*, o autor desse texto; Pessoa costumava preencher espaços em branco com nomes e exercícios caligráficos.

1909-1910

3 Dr. Florencio Gomes, porque o tratado médico de que é autor é citado dentro da narrativa "Marcos Alves", isto é, no âmbito de um texto de ficção; a nosso ver, é "abusivo" (sem o "talvez") "considerar o Dr. Florêncio Gomes como um escritor-colaborador de Pessoa" (in *Teoria da Heteronímia*, 2012, p. 76).

4 Augusto, porque existem inúmeras variações onomásticas partindo dos nomes Augusto, Augustus e Augustine, e nenhuma

delas está ligada a um texto; se fôssemos listar todos os nomes escritos por Pessoa como assinaturas de autores fictícios, nunca chegaríamos a delimitar um núcleo. O registo do nome Augustus West datará de 1909-1910 (cf. 144V-26^{r}).

1928

5 Major Bastos, por considerarmos que se trata da personagem principal de uma ficção homónima e não do autor da mesma (ver *A Educação do Stoico*, 2007, pp. 69-70). Neste caso, como no do Dr. Florencio Gomes, o crítico não deve aumentar o grau de exterioridade ou de autonomia de uma personagem fictícia.

6 Isaias Costa, atendendo a que não tem obra atribuída e a que a frase solta que profere (48A-10^{r}) muito provavelmente seria inserida numa ficção.

Dos 127 nomes referidos por José Paulo Cavalcanti Filho (2011), que nem Coelho Pacheco excluiu do mosaico geral, suprimimos:

1893-1894

1 Chevalier de Pas, por não existirem testemunhos da sua produção escrita. Esta figura insere-se na primeira infância de Fernando Pessoa, uma fase anterior à dos manuscritos mais antigos do espólio pessoano. No *Floral Birthday Book* [*Agenda Floral de Aniversários*] que terá pertencido a Maria Magdalena Pinheiro Nogueira, mãe de Fernando Pessoa, lê-se em duas páginas do ano 1894: "Cavalier de pá" e "Le Chevalier de pá" (sem o "s" e com um "a" final acentuado). Só na carta de 13 de Janeiro de 1935, para Adolfo Casais Monteiro, o nome deste cavaleiro fictício se ajusta à ortografia francesa.

2 Capitaine Thibeaut, ou capitão Thibeaut, como o escreve Pessoa num apontamento tardio (20-74^{r}), por não existirem textos que lhe estejam associados.

1896

3 Homem das Nuvens, por ser um nome que, em jeito de brincadeira e só com a família, Pessoa utilizou para endereçar pelo menos um postal à tia-avó Adelaide. Não é claro se esse postal citado por José de Andrade Neves é mesmo de 1896 ou posterior, sendo, nesse caso, de 1902 (ver França, 1987, p. 293).

1902

4 Zé Fininha (leia-se "Zé Fuinha"), por ser uma invenção literária do Dr. Pancracio (cf. 11).

1903

5 Quebranto D'Oessus, ou Quebranto Oessos (cf. França, 1987, pp. 32 e 60), porque terá sido um disfarce real de Pessoa (lenço branco, chapéu preto, cara pintada com uma rolha queimada) para aterrorizar um par de vezes os criados africanos.

6 Martin Kéravas, visto tratar-se da personagem de um romance atribuído a David Merrick (cf. 57). O seu nome – ou o nome do conto homónimo, "Martin Kéravas" – foi manuscrito numa página de um livro da Biblioteca particular de Fernando Pessoa (*Pitman's Shorthand Instructor*; acessível *on-line*). Ver *Cadernos* (2009, p. 111).

1904

7 H. H. Fletcher, porque só se conhece a fixação do seu nome na página de um livro da Biblioteca particular de Fernando Pessoa (*The Revised Latin Primer*; acessível *online*).

1906

8 Erasmus Dare, porque Pessoa hesitou em relação a este nome (vejam-se os fac-símiles e a transcrição de *Ultimus Joculatorum*) e não lhe atribuiu nenhum texto.

1908

9 M. V. du Saussay, porque se trata de um autor real, embora ficcionalizado como secretário de uma "Compagnie pour l'embelissement du Monde" (133F-40r), como se explica numa longa nota de *Obras de Jean Seul de Méluret* (2006, pp. 35-36): "Victorien du Saussay (1868-?) é autor de romances *kitsch* muito difundidos à época [...] Dos seus livros foram traduzidos e publicados, na "Collecção Galante Illustrada – Esplêndidos romances, em edição de luxo, com bellas gravuras" –, da Typographia Lusitana Editora, de Lisboa, os seguintes: *Supremo Abraço*. Romance d'Amor (1908); *Noites de Prazer*. Romance passional (1908); *Amante Ideal*. Romance passional (1908); *Os Espinhos do Adultério* (s/d); *Os dois da vid'airada* (1911). A mesma editora publicou ainda: *Escola do Vício*. Romance de Costumes (1908); *Memorias d'uma parteira – As victimas do amor* (1909); *Romance de uma Cortezã* (s/d). "A Editora", de Lisboa, inaugurou a sua "Modern Style Bibliotheca" com *Rua da Paz – Mercados do Amor* (s/d), livro que na capa se anunciava "Ornado com 22 gravuras hors-texte". Um dos muitos romances não traduzidos para português foi *Jeune Fille avec Tache* – Roman Passionnel illustré par la photographie d'après nature (Collection Orchidée, Paris, Offenstad Frères, Editeurs), prefaciado por Felicien Champsaur." M. V. du Saussay é personagem de uma sátira e não autor fictício de uma obra.

1909

10 Arcla, porque se "Arcla" é um anagrama de Clara, a filha de uma amiga de Ana Luísa Pinheiro Nogueira de Freitas (a "Tia Anica"), então Clara é a autora do poema que foi atribuído a Pessoa, sendo que também o pode ter sido o redactor do jornal *A Civilização*, com quem Clara viria a casar e em cujo

jornal foi publicado o poema. Nesse jornal policopiado, tal como no coevo *O Progresso*, não haverá absolutamente nada de Fernando Pessoa, que guardou um exemplar d'*A Civilização* de 16 de Abril de 1909 porque o jornal fala dele, chamando-lhe ironicamente "deputado" de um parlamento republicano (estando-se ainda em monarquia). O jornal pertencia a indivíduos reais, cujos nomes surgem no cabeçalho, o Sr. Ferreira (daí *A Civilização* ser um órgão "ferreirista") e o Sr. Couto (futuro marido de Clara), conhecidos de Pessoa, pois eles citam Mário Freitas, primo de Pessoa, e Raul Costa, que viria a casar, em 1914, com uma filha da "Tia Anica" (e já não, como Armando Couto, com a filha de uma amiga dela). Pessoa terá sido um "correligionário" radical dos dois proprietários, mas não *necessariamente* autor do texto assinado por Arcla (87A-1a^{v}); é verdade que se trata de um poema e que tem um verso emendado à mão, mas, no caso da emenda, Pessoa limitou-se a reescrever por cima, de forma mais legível, o que outrem emendou por baixo.

11 Marcos Alves, por ser protagonista de uma narrativa e não seu autor. Os fragmentos de "Marcos Alves" estão publicados em *Escritos sobre Génio e Loucura* (2006, pp. 523-550).

12 Sanches, porque é um cronista de "Marcos Alves".

13 Padre Mattos, porque se trata do padre José Lourenço de Matos, director do diário católico *Portugal*, tal como indicado no capítulo dedicado a Joaquim Moura-Costa (cf. 87).

1911

14 Jim Crow, por aludir às leis de Jim Crow, decretadas nos estados sulistas dos Estados Unidos para segregar os afro-americanos, e à própria expressão pejorativa "Jim Crow", equivalente a negro, que permitiu essa designação. Ver *Obras de Jean Seul de Méluret* (2006, pp. 11 e 33).

1916

15 Master of Voodooism, por esta ser uma outra forma de designar Voodooist (cf. 116).

16 Woman in White, porque este espírito – referido numa comunicação mediúnica (144Y-34ᵛ) – não está ligado a nenhum escrito automático.

17 MCR, ou melhor MC, por estas serem as iniciais reais de Mabel Collins (1851-1927), autora de *Light on the Path and Karma* [*Luz sobre o Caminho e o Karma*] (1916), livro traduzido por Fernando Pessoa.

1918

18 Portugal, por não considerarmos que o poema de uma colectânea citada por José Paulo Cavalcanti Filho seja atribuível a Pessoa, que já sofreu de tantos apócrifos.

1918-1919

19 Souza, ou Sousa, como está no manuscrito (133L-4ʳ), porque a evidência é muito escassa para o considerar um espírito mediúnico. Sousa até poderá ser o próprio Marnoco e Sousa (cf. 122).

1926

20 Fernando de Castro, porque é o tradutor real de um livro de C. W. Leadbeater (1854-1934), *Os Servidores da Raça Humana Actual* (1926), e não um pseudónimo de Pessoa, como João Gaspar Simões afirmou na sua *Vida e Obra de Fernando Pessoa* (1950) e Maria de Fátima Ferreira negou na comunicação "Fernando de Castro, outro Fernando Pessoa?" (1979): Fernando de Azevedo e Castro (1898-1922) foi um "estudante, de origem açoriana" que se ligara em Lisboa "a João Antunes e à Sociedade Teosófica" e "traduzira para a Clássica Editora livros de teosofia", que a Clássica publicou postumamente, depois da morte de Castro na Ilha do Pico (Ferreira, 1979, p. 514).

1930

21 Detective inglês, atendendo a que Pessoa nunca definiu quem assinaria a novela policiária sobre o caso da Boca do Inferno (o suicídio, desaparecimento ou assassinato de Aleister Crowley) e considerando que faltam elementos para afirmar que a paternidade da mesma ia recair numa personagem do próprio enredo.

1931

22 Cego, atendendo a que as quadras populares pessoanas não chegaram a ter um autor suposto (também não chegaram a tê-lo as quadras persas ou *Rubaiyat* que Pessoa escreveu), e a que a presença de um cego num poema, ou a identificação do poeta como cego numa composição poética (32-8^{r}) não transformam o tal cego num autor; se toda a máscara poética permitisse contabilizar mais um autor fictício, todos os mendigos e pedintes de Alvaro de Campos, por exemplo, deviam ser contabilizados.

1934

23 Um Irregular do Transepto, por ser apenas a forma irónica com que Fernando Pessoa assinou uma carta de 28 de Janeiro de 1934 em defesa da Maçonaria, carta que o director do jornal *A Voz*, o engenheiro militar Fernando de Sousa (1855--1942), não publicou. Ver *Pessoa Inédito* (1993, pp. 327-328).

1935

24 Um Sonhador Nostalgico do Abatimento e da Decadencia, pelo mesmo motivo: por ser uma forma irónica, cunhada por Pessoa em tempos da ditadura salazarista, para assinar um poema contra Salazar (ver os versos de 29 de Março de 1935 que começam "Coitadinho | do tiraninho" e a nota de Luís Prista sobre o testemunho 92U-32^{r}, na edição crítica dos poemas de 1934-1935).

Sem data

25 Fernando Pessoa, porque embora o ortónimo possa ser considerado uma máscara, nenhum texto pessoano está assinado "ortónimo" – uma categoria introduzida em 1928, na "Tábua Bibliográfica" – e talvez porque existam muitos ortónimos (o do *Fausto*, o dos *English Poems*, o da *Mensagem*, e assim sucessivamente).

26 F. Nogueira Pessoa, visto ser Pessoa.

27 Fernando António ("Antônio" in Cavalcanti), visto ser Pessoa.

28 Fernando António Nogueira de Seabra ("Antônio" in Cavalcanti), visto ser Pessoa.

Sob Cavalcanti Filho poderíamos acrescentar outras exclusões, mas optámos por não repetir os nomes já listados sob Lopes e Stoker, tal como não repetimos sob Stoker os nomes listados sob Lopes.

Dos 106 nomes referidos por Fernando Cabral Martins e Richard Zenith, que mantiveram vários nomes excluíveis, omitimos aqueles que já tínhamos retirado, tais como Arcla, Dr. Florencio Gomes, Jerome Gaveston e Herr Prosit, entre outros, e ainda um outro:

1911-1912

1 Dr. Gama Nobre, por ser uma personagem de textos de ficção, tal como Gomes Pipa, o Major Bastos, Marcos Alves e muitas outras. O facto de uma personagem – para mais uma alienada, como Gama Nobre, cuja descrição se confunde com a de Antonio Mora (cf. 106) – ter ideias para reorganizar a escravatura não a transforma em autor ou em colaborador de Pessoa. O argumento de um texto ou de um diálogo ficcional – Nobre projectando a reorganização da escravatura num trecho de "Na Casa de Saude de Cascaes" – não pode ser lido como título de um projecto autónomo e externo à narrativa.

Apesar destas sucessivas e múltiplas exclusões, reunimos na presente antologia um total de 136 figuras. Como explicar um número que ultrapassa significativamente os anteriores, apesar de tantas subtracções? Em parte, porque novas figuras foram apresentadas (Ardrèce Augradi, por exemplo); em parte, porque algumas alcunhas foram contabilizadas, em prol da clareza, separadamente (Dr. Neibas, por exemplo). Mas este posfácio será dedicado não às figuras admitidas – delas informa a própria antologia – mas às exclusões, e ainda estamos longe de as ter referido todas. Entre as figuras não antologizadas, mas das quais existe algum registo onomástico no espólio pessoano, constam as seguintes:

1902

1 Caturra Junior: cinco breves poemas em redondilha maior são-lhe dedicados numa coluna, "Fallar e escrever" (87-25ʳ), d'*O Palrador*, n.º 6 (24 de Maio de 1902), mas não se conhecem colaborações suas.

1903

2 Laurence Nikanor: o seu nome aparece registado três vezes num dos cadernos mais antigos de Fernando Pessoa (ver *Cadernos*, 2009, p. 89). Sob dois registos do seu nome, figuram listas de decifradores de charadas que incluem "J. G. H. C." (cf. 55). Essas listas indicam que J. G. Henderson Carr participou na secção charadística do *The Natal Mercury* a 8, 15 e 22 de Agosto de 1903.

3 L. R. Anon: consta de um fragmento de folha de caderno (49B²-46ʳ), em que Pessoa também escreveu "Boston". Não sabemos nada deste Anon. No verso da folha existem uns versos ingleses manuscritos com o mesmo lápis: "There is the deepness of imagination, | The simple soul herein of all we tangle | The deep & true poetical foundation | Of the

square, of the circle, of the angle" ["Além do quanto a alma arrelia | A imaginação dá alicerce, | O fundo e claro esteio de poesia | Do quadrado, do círculo, do vértice"].

1904

4 Piers Gaveston: um dos vários Gaveston, mas o único que faz parte das *dramatis personae* de uma peça de teatro de Christopher Marlowe: *Edward II* [*Eduardo II*]. Para além de Piers ($49D^{2}$-17^{v}), há registos de Jerome ($49D^{2}$-17^{v}), Ed[ward] (27 21G4-8^{v}), Perry, (13-5^{v}); Martin (92Q-31^{v}) e Anton (144H--0). O fascínio de Pessoa por esta personagem traduziu-se em numerosíssimas inscrições do apelido Gaveston em diversos suportes materiais: folhas soltas, envelopes e capas de cadernos. Essas inscrições repetiram-se pelo menos entre 1904 (ver, por exemplo, 48B-134^{v}) e 1910 (ver 36-42^{v}). Isto faz de Gaveston um caso onomástico único, mas não um autor. A seguir reproduzimos alguns registos gavestonianos.

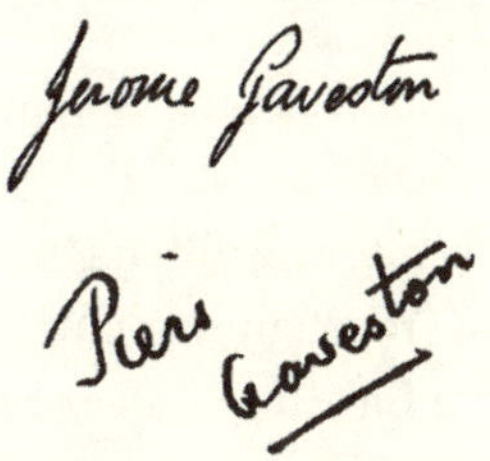

[$49D^{2}$-17^{v}]
[Jerome e Piers]

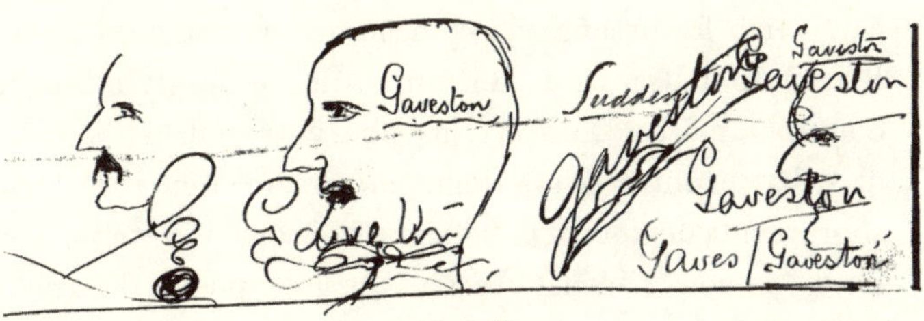

[144S-1^{v}]
[Gaveston entre desenhos]

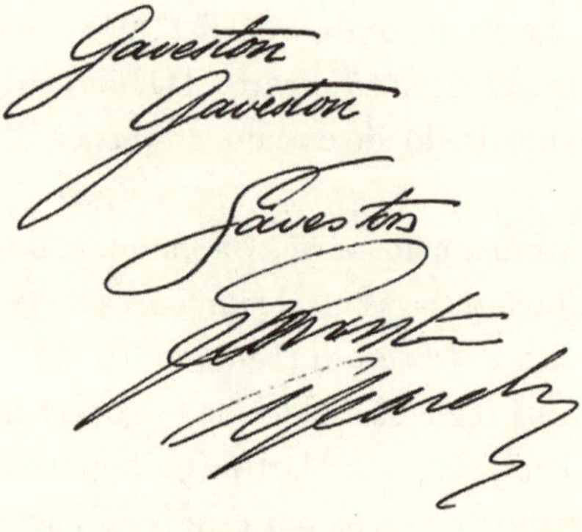

[92I-78v]
[De Gaveston a ASearch]

1904-1905

5 David Guikel: veja-se o capítulo dedicado a Guikel. Este é um de vários Guikel. O seu nome coexiste com o de David Denton (100-6^{v}).

6 David Denton: nome coexistente com o de David Guikel (100-6^{r}).

7 P. Denton: outro Denton ($49B^{4}$-94^{v}). Veja-se também um Denton inominado (133A-29^{v}), sob William Jones.

8 Ed. Gaveston: outro Gaveston, talvez Edward como na peça histórica de Marlowe. Encontra-se numa folha (27^{21} G^{4}-8) cujo verso foi preenchido com nomes: Fernando, Charles Robert Anon, Gaveston, Herminio, Herminia, Herminia de Sousa, Francisco da Costa e Josepha, entre outros. No rosto da folha encontra-se um fragmento de um conto inacabado sobre a vida de um poeta fictício: "My name is Vecchi – you know me now. I am Tito Vecchi, the great poet – the greatest genius of this age, and, I swear it, of many ages to come" ["Chamo-me Vecchi, agora conheces-me. Sou Tito Vecchi,

o grande poeta: o maior génio desta era e, asseguro-te, das eras vindouras"].

9 Perry Gaveston: outro Gaveston (13-5v).

1906

10 Dr. Barnardo: escrito três vezes. Pode ser a forma portuguesa de "Augustus Barnard" (133-9v), que possivelmente se refere a Frederick Augustus Porter Barnard (1809-1889), professor americano de diversas cadeiras científicas e humanísticas. Talvez se trate do esboço de mais um doutor ficcional.

1906-1907

11 Magdalen: nome riscado em *Ultimus Joculatorum*, antes da indicação: "(uma mulher) um toque de ternura, diferente da alta filantropia de ◊" (48C-18v).

12 Anthony Search: outro Search. O seu nome e o de CRA (Charles Robert Anon) figuram numas aparentes notas de leitura de um livro de filosofia (93-98r). Alexander Search também deixava as suas inicias, "AS", em notas de leitura (Pizarro, 2007, pp. 60-61).

13 Anton Gaveston: consta do verso da folha de guarda do caderno 144H, antes do nome abreviado ("ASearch") de Alexander Search.

14 Sar Pelisé: nome acompanhado de hesitação. Seria o autor de uma obra filosófica, científica (144J-29r); cf. 78, Néant.

15 Jacaré: nome, seguido de um ponto de interrogação, com o qual Pessoa terá projectado assinar uma charada enigmática, escrita depois de consultar o dicionário de Caldas Aulete (1826-1878), de que fez uso para compilar palavras para charadas (cf. 133A-96r). A charada enigmática era a seguinte: "São primeira e segunda a primeira | Derradeira primeira é tambem; | Poderei pois juntar sem canceira | Qualidade de ser a primeira | Ou prima, o todo indicar bem." E a solução

seria "Primado" (66B-86r).

16 C. R. Anton: talvez seja um híbrido de Anon e Antunes, num bifólio em que Pessoa ensaiou ambas as assinaturas e ainda repetiu muitas vezes as palavras "actor" e "acton" (104A-60ar).

17 Leontius: escrito muitas vezes no verso da folha que contém um poema em francês no rosto, e também uma vez na página do poema, mas na margem direita, na horizontal e isolado dentro de um rectângulo. Leontius pode ser o general que liderou uma rebelião contra o imperador Zenão I. A primeira estrofe do poema é esta: "Tout | Passera | S'en ira | Tout comme le bruit de ton pas." ["Tudo | Passará | Se irá | Tudo como o barulho em teu passar."] (50B1-65r).

18 Martin Gaveston: talvez o último dos Gaveston. O seu nome encontra-se depois de sete repetições da palavra "Gaveston" (92Q-31v).

1908

19 John C. Search: outro Search. No mesmo suporte material registam-se os nomes de Alexander Search e Charles Search (15B3-50v). John C. é um dos seis Search: Alexander, Charles James, Anthony, Catherine e Augustus.

20 Catherine Search: a única mulher Search (92P-35v).

21 Augustus Search: também só existe um testemunho caligráfico deste Search (92P-35v).

22 Augustus Charles Berkeley: figura na frase "Augustus Charles Berkeley is a creature of bad intentions" ["Augustus Charles Berkeley é uma criatura com más intenções"], na mesma folha da família Search (92P-35v). Pode ser um híbrido de dois Search e um Berkeley (o bispo, claro). Talvez se trate da descrição de uma personagem de um texto de ficção.

1909-1910

23 Arthur C. Wyatt: manuscrito no mesmo impresso dos dois Wyatt seguintes (14D-34^{v}). Veja-se o capítulo dedicado a Frederick Wyatt.

24 Augustus C. Wyatt: outro Wyatt (14D-34^{v}). Pessoa utilizou este nome próprio para vários nomes: Augustus Barnard, Augustus Search, Augustus Charles Berkeley, entre outros.

25 Christopher Wyatt: outro Wyatt. Consta de 14D-34^{v}, mas também do verso da folha 78A-42^{v}. Nesta folha há uma carta urgente de "F. Nogueira Pessôa" para "Christopher Wyatt, Esq[uire]", datada de 1 de Setembro de 1910, redigida em Lisboa e endereçada ao Club Britânico da cidade: "My dear Wyatt, | I have just received your letter and cannot, without making some inquiries give you the information you ask for. I shall however have gathered all the necessary elements, to reply to you, by Saturday, when I will write again. | Yours very truly | F. Nogueira Pessôa. | Kiss Baby for me. Hope she is well." ["Meu caro Wyatt, | Acabo de receber a sua carta e não posso, sem empreender certas indagações, fornecer-lhe a informação que me pede. Reunirei, contudo, todos os elementos necessários para lhe responder até sábado, quando de novo lhe escreverei. | Receba os meus votos de sincera estima e dedicação, | F. Nogueira Pessôa. |Dê um beijo meu à Bebé. Espero que ela esteja bem."]

26 Camacho: nome acompanhado de hesitação e precedido de uma letra ou abreviatura (talvez um "B."). Seria autor, ao que parece, de um texto intitulado "Psychologia da propaganda" (15B^{3}-70^{r}).

1911

27 Charles Wyatt: novo Wyatt. Só há um testemunho (57-8^{v}).

28 Stanley Wyatt: outro Wyatt. O seu nome encontra-se no começo de uma carta abandonada (110-9^{v}). Não é claro se o remetente era o crítico e lusófilo inglês Aubrey FitzGerald

Bell (1881-1950), residente no Estoril em 1911, mas antes de "My dear Stanley Wyatt" ["Meu caro Stanley Wyatt", lê-se: "Bell (Aubrey). Estoril".[b]

1913

29 Francisco Ruas: a figura central de umas cartas, como Pero Botelho, mas não um autor paralelo a Fernando Pessoa. Ruas "Vive amancebado com uma creada, por nao ansear mais... E ainda assim, cada vez que copúla com ella se sente frio..." (133-70[r]).

30 Jacintho Lage: nome acompanhado de hesitação. Seria responsável por umas "Notes on love" ["Notas sobre o amor"] (133D-16[r]).

1915-1916

31 Francis Wyatt: o último dos nove Wyatt (49B[5]-37[v]). A origem do nome está ligada à do poeta inglês Sir Thomas Wyatt (1503-1542), cujo bisneto recebeu o nome Francis Wyatt (1588-1644). O bisneto foi o primeiro governador de Virgínia (1621-1625), colónia da coroa do Império Britânico nessa altura.

32 Antonio Passos: os ensaios da sua assinatura são bastante estilizados e parece ter sido caracterizado com a palavra "pagão" (133L-64[r]). Este epíteto faz-nos pensar que se trata de uma figura fictícia que não chegou a ser desenvolvida, mas que, com Antonio Mora (cf. 106), iria tomar parte do movimento neopagão português.

b Autor de *Studies in Portugal Literature* (1914), entre outros. Este livro encontra-se na Biblioteca particular de Fernando Pessoa. Na folha de guarda lê-se o nome do proprietário: "Fernando Pessôa". Para mais informação sobre a passagem de Aubrey por Portugal ver Benmansour, 2011.

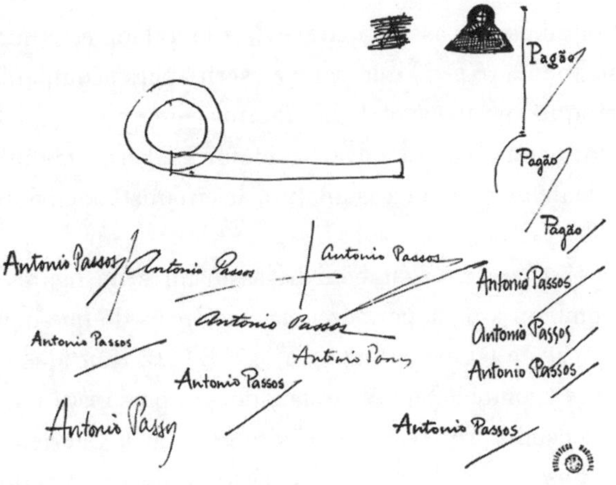

1916-1917

33 Charles Crosse: é o único dos quatro Crosse que não está associado a um texto ou a uma função a cumprir. O seu nome coexiste com o de figuras históricas relacionadas, a julgar pela caligrafia, com uma ou mais comunicações mediúnicas (Francis Bacon e William Shakespeare). Na margem superior da folha (104A-40^{r}) encontra-se também o título *Martin Hewitt* (cf. 88, Carlos Otto).

1922

34 Charles Baker: representado por múltiplos registos do seu nome numa folha em que Pessoa esboçou notas destinadas a um sistema de condensação de códigos comerciais (128-52^{r}). Alguns dos modelos terão sido o *A.B.C. Telegraphic Code* (6.ª edição, 1920), o *Western Union Universal Codebook* (1907) e o *Bentley's Complete Phrase Code* (1909). O seu apelido é o mesmo de Olga Baker (cf. 99).

35 A. H. Frisbee: amigo de Efbeedee Pasha (cf. 128), que lhe dedica o seu livro (138-27^{r}).

1932

36 O Bombeiro X: assim aparece dactilografado este nome sob um poema (64-5^{v}) que parece escrito para acompanhar um brinquedo (um carro de bombeiros pequeno), dado de presente a uma criança, talvez residente em Faro. O Bombeiro X seria nesse caso uma assinatura de circunstância, por graça.

No espólio pessoano também há assinaturas de figuras históricas, embora a pista por vezes não seja mais do que o apelido: Cesar Augusto ("Caesar Augustus", 27^{9} E^{2}-24^{v}; Henrique Chaves, 1988, p. 15, anunciou que se tratava de uma personagem inédita); Charles Baudelaire ("Ch. Baudelaire", 24-121^{v}); Gabriel Charles Dante Rossetti ("Charles Dante Gabriel Rossetti", $49B^{3}$-65^{v}); Francis Bacon ("Fra. Bacon", $49B^{4}$-83^{v}; 144V-26^{r}); Frederick I Barbarossa ("Frederick Barbarossa", 48I-29^{r}); Henry Drummond ("Hy. Drummond",79-$45a^{v}$); Jacinto Freire de Andrade ("Jacintho Freire", 14^{6}-20^{v}); Jane Austen ("Austen", $15B^{3}$-65^{r}); Jean Louis Rodolphe Agassiz ("Agassiz", 144V-2^{r})[c]; John Keats ("John Keats", 100-32^{v}); John Milton ("John Milton", 100-32^{v}); Olegario Víctor Andrade ("Olegario V. Andrade", 144V-55^{r}); Quentin Durward ("Quentin Durward", 144V-47^{r}; 14D-34^{v}); Sarah Bernhardt ("Bernhardt", 13A-79^{r}). E há muitíssimos outros registos onomásticos, mais ou menos em jeito de assinatura, de inúmeras figuras que ainda não sabemos ao certo se foram reais ou irreais, ou simplesmente semi-reais ou semi-irreais, o que é quase o mesmo, isto é, figuras imaginárias com um nome ou apelido de um indivíduo histórico ou vice-versa. Entre estas figuras finais da cauda do cometa, e por ordem alfabética para facilitar a consulta, podemos referir quarenta e nove: Alguem Nunes (133C-

c Numa lista de livros a consultar e/ou adquirir elaborada por Pessoa no período de Durban, encontramos um título da autoria deste geólogo (ver *Cadernos*, 2009, p. 104).

-91^{r}); Alvaro Ennes (48H-64^{r}; 74B-25^{v}; 76A-93^{v}); Antonio Caldas (57-4^{v}); Antonio da Silva (49B^{5}-82^{v}); Antonio Vasques (15B^{3}-4^{v}); Arthur Gimi (49B^{5}-37^{v}); Augustine (27^{1} A-19^{v}; 133L-67^{r}); Augustines (27^{1} A-19^{v}); Augusto (133A-96^{v}); Augustus (27^{1} A-19^{v}; 144V-26^{r} e 27^{r}); Augustus Adamson (144V-2^{r}); Augustus Barnard (133-9^{v}); Augustus West (144V-26^{r}); Aurelio Biana (144B^{2}-7^{v}); Aurélio Pereira Quintanilha (49D^{2}-50^{v}; 13A-62^{v}, 79-8^{r}); AWeber (133L-67^{r}); AWest (133L-67^{r}); C. K. Sbater (90^{2}-84^{v}); Caetano Buarcos (57-8^{v}); Charles Guest (92S-62a^{r}); Dalton (48H-64^{r}); Dartmouth (48H-64a^{r}); David Dalton (48H-64^{r}); E. A. Gootworth (49B^{5}-37^{v}); Ernest E. Bond. (49B^{5}-37^{v}); Estanislau Victor de Moraes (133N-15^{r}); Fr. de Castro (93A-65^{v}); Francis Neasden (133L-65^{r}); Francisco da Costa (27^{21} G^{4}-8^{v}); Francisco de Sousa e Araujo (90^{2}-84^{v}); G. M. Dent (144V-47^{r}); Goard (49B^{4}-36^{v}); Herminia (27^{21} G^{4}-8^{v}); Herminia de Sousa (27^{21} G^{4}-8^{v}); Herminio (27^{21} G^{4}-8^{v}); HSVley (13A-69^{r}); José da Costa (27^{9} D^{2}-37^{v}; 49B^{5}-82^{v}); José Dumas (49B^{5}-82^{v}); José Gotway (49B^{5}-37^{v}); Josepha (27^{21} G^{4}-8^{v}); Karl Heyward (13A-27^{v}); Mosed (49B^{4}-40^{v}); Paul Dorner (48B-134^{v}); Paul Pauls (48B-134^{v}); Serradura (75-60^{v}); Stephen Allenby (49B^{5}-37^{v}); Stephen Bond (49B^{5}-37^{v}); Stephen Durham (49B^{5}-37^{v}); e WLangley (13A-69a^{r}). A nossa leitura de alguns nomes é, por vezes, conjectural e nem sempre coincide com a da tradição.

Em suma, excluímos 77 nomes e não integrámos outros 49 registos onomásticos. Ainda assim atingimos o total, que não é absoluto e que poderá ser dilatado com o tempo, de 136 figuras.

Fernando Pessoa era múltiplo? Era-o, claramente. Mas também não há dúvida de que soube orquestar a sua multiplicidade, como propôs num rascunho de "Ultimatum": "sejamos múltiplos, mas senhores da nossa multiplicidade" (*Sensacionismo e Outros Ismos*, 2009, p. 241).

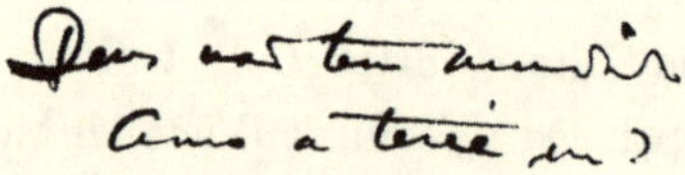

Deus não tem unidade,
Como a teria eu?

[128-38r]
(Versos soltos de *c.* 24-8-1930)

BIBLIOGRAFIA

BIBLIOGRAFIA ACTIVA

PESSOA, Fernando (2013). *Livro do Desassossego*. Edição de Jerónimo Pizarro. Lisboa: Tinta-da-china.

____ (2013). *Sobre o Fascismo, a Ditadura Militar e Salazar*. Edição de José Barreto. Lisboa: Tinta-da--china.

____ (2012). *Histórias de Um Raciocinador e o Ensaio "História Policial"*. Edição e tradução de Ana Maria Freitas. Lisboa: Assírio & Alvim.

____ (2012). *Philosophical Essays*. Edition, notes and Introduction by Nuno Ribeiro. Afterword by Paulo Borges. New York: Contra Mundum Press.

____ (2012). *Prosa de Álvaro de Campos*. Edição de Jerónimo Pizarro e Antonio Cardiello, com a colaboração de Jorge Uribe. Obras de Fernando Pessoa; Nova Série coordenada por Jerónimo Pizarro. Lisboa: Ática.

____ (2012). *Teoria da Heteronímia*. Edição de Fernando Cabral Martins e Richard Zenith. Lisboa: Assírio & Alvim.

____ (2011). *A Demostração do Indemonstrável*. Edição de Jorge Uribe. Lisboa: Ática.

____ (2011). *Cartas Astrológicas*. Edição de Paulo Cardoso, com a colaboração de Jerónimo Pizarro. Lisboa: Bertrand Editora.

____ (2010). *Livro do Desasocego*. Edição de Jerónimo Pizarro. Edição Crítica de Fernando Pessoa, Série Maior, vol. XII, 2 tomos. Lisboa: Imprensa Nacional-Casa da Moeda.

____ (2010). *Provérbios Portugueses*. Edição de Jerónimo Pizarro e Patricio Ferrari. Obras de Fernando Pessoa; Nova Série coordenada por Jerónimo Pizarro. Lisboa: Ática.

____ (2010). "Traduções parciais". *Os Sonetos Completos de Antero de Quental*. Com tradução parcial em língua inglesa por Fernando Pessoa. Nota prévia, transcrições e posfácio de Patricio Ferrari. Lisboa: Guimarães (chancela Babel), 2010. Coordenação da série "Pessoa Editor" (vols. V a X), Jerónimo Pizarro.

____ (2009). *Cadernos*. Edição de Jerónimo Pizarro. Edição Crítica de Fernando Pessoa, Série Maior, vol. XI. Lisboa: Imprensa Nacional-Casa da Moeda.

____ (2009). *Sensacionismo e Outros Ismos*. Edição de Jerónimo Pizarro. Edição Crítica de Fernando Pessoa, Série Maior, vol. X. Lisboa: Imprensa Nacional-Casa da Moeda.

____ (2008). *Livro do Desassossego*. Edição de Teresa Sobral Cunha. Lisboa: Relógio d'Água.

____ (2007). *A Educação do Stoico*. Edição de Jerónimo Pizarro. Edição Crítica de Fernando Pessoa, Série Maior, vol. IX. Lisboa: Imprensa Nacional-Casa da Moeda.

_____ (2007). *Poesia dos Outros Eus*. Edição de Richard Zenith. Colecção "Obra Essencial de Fernando Pessoa", vol. IV. Lisboa: Assírio & Alvim.

_____ (2006). *Escritos sobre Génio e Loucura*. Edição de Jerónimo Pizarro. Edição Crítica de Fernando Pessoa, Série Maior, vol. VII, 2 tomos. Lisboa: Imprensa Nacional-Casa da Moeda.

_____ (2006). *Obras de Jean Seul de Méluret*. Edição de Rita Patrício e Jerónimo Pizarro. Edição Crítica de Fernando Pessoa, Série Maior, vol. VIII. Lisboa: Imprensa Nacional-Casa da Moeda.

_____ (2006). *Poesia do Eu*. Edição de Richard Zenith. Colecção "Obra Essencial de Fernando Pessoa, vol. II. Lisboa: Assírio & Alvim.

_____ (2005). *Poesia 1902-1917*. Edição de Manuela Parreira da Silva, Ana Maria Freitas e Madalena Dine. Lisboa: Assírio & Alvim.

_____ (2003). *Aforismos e Afins*. Edição e prefácio de Richard Zenith. Tradução de Manuela Rocha. Lisboa: Assírio & Alvim.

_____ (2003). *Escritos Autobiográficos, Automáticos e de Reflexão Pessoal*. Edição e posfácio de Richard Zenith; colaboração de Manuela Parreira da Silva. Traduções de Manuela Rocha. Lisboa: Assírio & Alvim.

_____ (2002). *Obras de António Mora*. Edição de Luís Filipe Bragança Teixeira. Edição Crítica de Fernando Pessoa, Série Maior, vol. VI. Lisboa: Imprensa Nacional-Casa da Moeda.

_____ (2001). *Poemas 1921-1930*. Edição de Ivo Castro. Edição Crítica de Fernando Pessoa, Série Maior, vol. I, tomo 3. Lisboa: Imprensa Nacional-Casa da Moeda.

_____ (2001). *The Selected Prose*. Edition and translation by Richard Zenith. New York: Grove Press.

_____ (2000). *Poemas 1934-1935*. Edição de Luís Prista. Edição Crítica de Fernando Pessoa, Série Maior, vol. I, tomo 5. Lisboa: Imprensa Nacional-Casa da Moeda.

_____ (1998). *Cartas entre Fernando Pessoa e os Directores da Presença*. Edição e estudo de Enriço Martins. Colecção "Estudos", vol. II. Lisboa: Imprensa Nacional-Casa da Moeda.

_____ (1997). *Poemas Ingleses*. Edição de João Dionísio. Edição Crítica de Fernando Pessoa, Série Maior, vol. V, tomo 2 (*Poemas de Alexander Search*). Lisboa: Imprensa Nacional-Casa da Moeda.

_____ (1996). *Fernando Pessoa, Poeta – Tradutor de Poetas*. Porto: Lello Editores.

_____ (1992). *Poemas de Álvaro de Campos*. Edição de Cleonice Berardinelli. Edição Crítica de Fernando Pessoa. Série Menor. Lisboa: Imprensa Nacional-Casa da Moeda.

_____ (1990-1991). *Livro do Desassossego*. Edição de Teresa Sobral Cunha. 2 tomos. Lisboa: Presença [Depósito legal do 1.º, 1990].

_____ (1990). *Poemas de Álvaro de Campos*. Edição de Cleonice Berardinelli. Edição Crítica de Fernando Pessoa, Série Maior, vol. II. Lisboa: Imprensa Nacional-Casa da Moeda.

_____ (1988). "The Case of the Science Master" (edição de Gianluca Miraglia), in *Leituras – Revista da Biblioteca Nacional*, 2.ª Série, vol. III, n.º 3, pp. 43-76.

_____ (1986). *A Procura da Verdade Oculta: textos filosóficos e esotéricos*. Prefácio, organização e notas de António Quadros. Mem Martins: Europa-América.

____ (1986). *Fernando Pessoa: o comércio e a publicidade*. Incluindo textos inéditos. Organização, introdução e notas António Mega Ferreira. Lisboa: Cinevoz /Lusomedia.

____ (1978). *Um Jantar Muito Original* [seguido de] *A Porta*. Tradução, recolha de textos e posfácio, Maria Leonor Machado de Sousa. Lisboa: Relógio d'Água. [*A Very Original Dinner*, em inglês, encontra-se no Anexo 1 do livro de K. David Jackson, *Adverse Genres in Fernando Pessoa*. Oxford; New York: Oxford University Press, 2010, pp. 191-204. *The Door*, em inglês e numa versão mais completa e revista, no artigo de Maria de Lurdes Sampaio e Marta Mascarenhas, "The Door", in *Pessoa Plural – A Journal of Fernando Pessoa Studies*, n.º 2, Dezembro de 2012, pp. 208-239. www.pessoaplural.com

____ (1968). *Textos Filosóficos*. Estabelecidos e prefaciados por António de Pina Coelho. Lisboa: Ática. 2 vols.

____ (1967). *Páginas de Estética e de Teoria e Crítica Literárias*. Textos estabelecidos e prefaciados por Georg Rudolf Lind e Jacinto do Prado Coelho. Lisboa: Ática.

____ (1966). *Páginas Íntimas e de Auto-Interpretação*. Textos estabelecidos e prefaciados por Georg Rudolf Lind e Jacinto do Prado Coelho. Lisboa: Ática.

____ (1965). *Obra Poética*. Organização, introdução e notas de Maria Aliete Galhoz. Rio de Janeiro: Aguilar, 2.ª ed. (1.ª ed.: 1960).

____ (1945). *Cartas a Armando Côrtes-Rodrigues*. Introdução de Joel Serrão. Lisboa: Confluência.

Outros textos de Fernando Pessoa incluídos nesta antologia foram publicados em vida do autor nos jornais *The Natal Mercury* e *O Pimpão*, tal como nas revistas *Athena* e *Presença*.

BIBLIOGRAFIA PASSIVA
BIBLIOTECA PARTICULAR

[Adams & Co.] [s.d.]. *The Gem Pocket Pronouncing Dictionary of the English Language*. With an Appendix, containing abbreviations, foreign words and phrases, forms of address, etc. Durban; Maritzburg: Adams & Co. Casa Fernando Pessoa, 0-6A.

Amiel, Henri-Frédéric (1911). *Fragments d'un journal intime*. Précédés d'une étude par Edmond Scherer. Genève: Georg & Co. libraires-éditeurs; Paris: G. Fischbacher; Bale : Georg & Co. 11éme éd. Casa Fernando Pessoa, 8-7.

Carlyle, Thomas (1903). *Sartor Resartus; On Heroes, Hero-Worship and the Heroic in History; Past and Present*. London: Chapman & Hall. Casa Fernando Pessoa, 8-89.

Kennedy, Benjamin Hall (1898). *The Revised Latin Primer*. London; New York; Bombay: Longmans, Green, and Co. 7th ed. Casa Fernando Pessoa, 8-295.

Pitman, Isaac [s.d.]. *Pitman's Shorthand Instructor: a complete exposition of Sir Isaac Pitman's system of phonography*. London: Sir Isaac Pitman & Sons. "20th century edition". Casa Fernando Pessoa, 6-10.

Robertson, John Mackinnon (1903). *Pagan Christs: studies in comparative hierology*. London: Watts & Co. Casa Fernando Pessoa, 2-54.

____ (1902). *A Short History of Christianity*. London: Watts & Co. Casa Fernando Pessoa, 2-55.

____ (1900). *Christianity and Mythology*. London: Watts & Co. Casa Fernando Pessoa, 2-49.

Wood, James (1900) (Dir.). *The Nuttall Encyclopædia (being a concise and comprehensive dictionary of general knowledge)*. London: Frederick Warne & Co. Casa Fernando Pessoa, 0-48 LMR.

BIBLIOGRAFIA PASSIVA
OUTRAS REFERÊNCIAS

Bandarra (2010). *Trovas do Bandarra*. Organização, notas e posfácio de Jorge Uribe. Lisboa: Guimarães. Colecção "Pessoa Editor".

Baptista, Maria Rosa Pereira (1990). "Pessoa Tradutor". Dissertação de Mestrado em Literaturas Comparadas Portuguesa e Francesa. Faculdade de Ciências Sociais e Humanas. Universidade de Lisboa. Texto policopiado.

Barreto, José (2015). "*History of a Dictatorship*: an unfinished political essay by the young Fernando Pessoa", in *Portuguese Literary and Cultural Studies*, n.º 28 ("Fernando Pessoa as English Writer and Reader"). Revista publicada pela Tagus Press. Patricio Ferrari e Jerónimo Pizarro, editores convidados pelo Portuguese Department, University of Massachusetts Dartmouth, pp. 109-142.

____ (2012). "Fernando Pessoa e Raul Leal contra a campanha moralizadora dos estudantes em 1923", in *Pessoa Plural – A Journal of Fernando Pessoa Studies*, n.º 2, Dezembro, pp. 240-270. www.pessoaplural.com

____ (2012). "Mussolini é um louco: uma entrevista desconhecida de Fernando Pessoa com um antifascista italiano", in *Pessoa Plural – A Journal of Fernando Pessoa Studies*, n.º 1, Junho, pp. 225-252. www.pessoaplural.com

____ (2007). "Fernando Pessoa, racionalista, livre-pensador e individualista: a influência liberal inglesa", in *A Arca de Pessoa: novos ensaios*, Steffen Dix e Jerónimo Pizarro (org.). Lisboa: Imprensa de Ciências Sociais, 2.ª ed., pp. 109-127.

Benmansour, Katarzyna (2011). "In Portugal (1912): Aubrey Bell's depiction of Portuguese society under the First Republic". Dissertação de Mestrado em Línguas, Culturas e Literaturas Modernas. Faculdade de Ciências Sociais e Humanas Universidade Nova de Lisboa. Texto policopiado.

Bothe, Pauly Ellen (2012). "A Superstição Camoneana", in *Pessoa Plural –*

A Journal of Fernando Pessoa Studies, n.º 2, Dezembro, pp. 271-280. www.pessoaplural.com

Castro, Ivo (1999). "Filologia do texto pessoano", in *Actas do Congresso Internacional organizado por motivo dos vinte anos do Português no ensino superior*. Budapeste: Universidade Eötvös Loránd, pp. 95-106.

Castro, Mariana Gray de (2010). "Pessoa's Shakespeare". Tese de doutoramento. University of London. Texto policopiado.

Cavalcanti Filho, José Paulo (2012). "É ver para crer", in *JL – Jornal de Letras, Artes e Ideias*, n.º 1079, 8 a 21 de Fevereiro de 2012, pp. 10-11.

____ (2011). *Fernando Pessoa: uma quase-autobiografia*. Rio de Janeiro: Record.

Chaves, Henrique (1988). "Pessoa, esse desconhecido; "Mais" revela 6 personagens inéditos [Marcos Alves, Maria José, Horace James Faber, Dr. Abílio Quaresma, Cesar Augusto e Hermínia, entre outros]", in *Mais Semanário*, 28 de Maio, p. 15. Dossier com textos de Teresa Rita Lopes, Henrique Chaves, Ana Landeiro, Filipa Moreira, Manuela Parreira da Silva, Maria José de Castro Chousal, Margarita Duarte, Maria Amélia R. Gomes, Paula Cristina Costa, Fernando Cabral Martins.

Coelho, António Pina (1967), *Os Fundamentos Filosóficos da Obra de Fernando Pessoa*, 2 tomos. Lisboa: Verbo.

____ (1966), "Algumas peças de ficção ainda inéditas de Fernando Pessoa", *in* revista *Brotéria*, vol. 83, n.º 10, Outubro, Lisboa. pp. 332-343.

Couvaneiro, João e Hugo Dores (2013). "No Curso Superior de Letras e na Faculdade de Letras de Lisboa", in *A Universidade de Lisboa nos Séculos XIX e XX*, Sérgio Campos Matos e Jorge Ramos do Ó (org.). Lisboa: Tinta-da-china, vol. ii, pp. 913-940.

Dias, Marina Tavares (1999). *Os Cafés de Lisboa*. Coimbra: Quimera Editores.

Duarte, Luiz Fagundes (1988). "Texto acabado e texto virtual ou a cauda do cometa", in *Revista da Biblioteca Nacional*, série 2, vol. iii, n.º 3, 1988, pp. 167-181.

Ferrari, Patricio (2013). "Pour une édition critique des poèmes français de Fernando Pessoa et d'Alejandra Pizarnik", in *Traversées poétiques des littératures et des langues*, Maria Cristina Pirvu, Béatrice Bonhomme, Dumitra Baron (orgs.). Paris: L'Harmattan, coll. Thyrse, pp. 423-450. Actas do "Séminaire de recherche Bilinguisme, double culture, littératures", organizado pelo C.T.E.L. (Université de Nice Sophia-Antipolis) e o D.E.F.F. (Université Lucian Blaga de Sibiu).

____ (2012). "Meter and Rhythm in the Poetry of Fernando Pessoa". Tese de doutoramento em Linguística. Faculdade de Letras. Universidade de Lisboa. Texto policopiado.

____ (2011). "On the Margins of Fernando Pessoa's Private Library: A Reassessment of the Role of Marginalia in the Creation and Development of the Pre-heteronyms and in Caeiro's Literary Production", in *Luso-Brazilian Review*, vol. 48, n.º 2, University of Wisconsin-Madison, pp. 23-71.

____ (2009). "A Biblioteca de Fernando Pessoa na génese dos heterónimos: dispersão e catalogação (1935-2008); a arte da leitura

(1898-1907)", in *Fernando Pessoa: o guardador de papéis*. Jerónimo Pizarro (org.). Lisboa: Texto Editores, 2.ª ed., pp. 155-218.

____ (2008a). "Fernando Pessoa as a Writing-Reader: Some Justifications for a Complete Digital Edition of his Marginalia", in *Portuguese Studies*, vol. 24, n.º 2, pp. 69-114. Número especial dedicado a Fernando Pessoa. Revista publicada pela Modern Humanities Research Association. Jerónimo Pizarro and Steffen Dix, editores convidados pelo Department of Portuguese and Brazilian Studies, King's College London.

____ (2008b). "Inéditos de Pessoa", in *JL – Jornal de Letras, Artes e Ideias*, n.º 995, 19 de Novembro a 2 de Dezembro, p. 16.

Ferreira, António Mega (2005). *Fazer pela Vida: um retrato de Fernando Pessoa, o empreendedor*. Lisboa: Assírio & Alvim.

Ferreira, Maria de Fátima de Sá e Melo (1979), "Fernando de Castro, outro Fernando Pessoa?", in *Actas do I Congresso de Estudos Pessoanos* [Porto, 1978]. Porto: Brasília Editora, pp. 507-516. Edição realizada em colaboração com o Centro de Estudos Pessoanos e o patrocínio da Secretaria de Estado da Cultura.

França, Isabel Murteira (1987). *Pessoa na Intimidade*. Lisboa: D. Quixote.

Freitas, Ana Maria (2008). "Contos", in *Dicionário de Fernando Pessoa e do Modernismo Português*, Fernando Cabral Martins (coord.). Lisboa: Caminho, pp. 180-183.

Galhoz, Maria Aliete (2007). "O Equívoco de Coelho Pacheco", in *As Mãos da Escrita. 25 anos do Arquivo de Cultura Portuguesa Contemporânea (ACPC)*. Luiz Fagundes Duarte e António Braz de Oliveira (org.). Lisboa: Biblioteca Nacional de Portugal, pp. 374-377.

Jennings, Hubert D. [1986]. *Fernando Pessoa in Durban*. Durban: Durban Corporation.

____ (1984). *Os Dois Exílios: Fernando Pessoa na África do Sul*. Porto: Fundação Eng. António de Almeida/ Centro de Estudos Pessoanos.

Lopes, Teresa Rita (coord.) (1993). *Pessoa Inédito*. Lisboa: Livros Horizonte.

____ (1990). *Pessoa por Conhecer I. Roteiro para uma exposição*. Lisboa: Estampa.

____ (1990). *Pessoa por Conhecer II. Textos para um novo mapa*. Lisboa: Estampa.

____ (1977). *Fernando Pessoa et le drame symboliste. Héritage et création*. Prefácio de René Etiemble. Paris: Fundação Calouste Gulbenkian/ Centro Cultural Português.

Lopes, Teresa Rita e Maria Fernanda de Abreu (1981) (org.). *Fernando Pessoa. El eterno viajero*. Exposição. Catálogo. Lisboa: Secretaria de Estado de Cultura/Instituto Português do Livro.

Martins, Fernando Cabral (2008) (org.). *Dicionário de Fernando Pessoa e do Modernismo Português*. Lisboa: Caminho.

Monteiro, George (2008). "Shakespeare, "The Missing All"", in *Portuguese Studies*, vol. 24, n.º 2, pp. 33-50.

____ (1996). *The Presence of Camões: Influences on the Literature of England, America, and Southern Africa*. Lexington: University Press of Kentucky.

NOGUEIRA, Manuela (2009). "A influência de Henrique Rosa em Fernando Pessoa e o Mistério do *Diabo Azul*", in *Fernando Pessoa: o guardador de papéis*, Jerónimo Pizarro (org.). Lisboa: Texto Editores, 2.ª edição, pp. 17-37.

PIZARRO, Jerónimo (2012a). *Pessoa Existe?* Lisboa: Ática. Colecção "Ensaística Pessoana".

____ (2012b). "Pessoa's Notebooks: windows to crowded streets", in *Private: no (not) enter. Personal Writings and Textual Scholarship. Variants* – The Journal of the European Society for Textual Scholarship, n.º 8, número editado por João Dionísio. Amsterdam; New York: Rodopi, pp. 113-134.

____ (2007). *Fernando Pessoa: entre génio e loucura*. Edição Crítica de Fernando Pessoa. Colecção "Estudos", vol. III. Lisboa: Imprensa Nacional-Casa da Moeda.

PIZARRO, Jerónimo e Patricio FERRARI (2011). "Uma biblioteca em expansão: sobrecapas de livros de Fernando Pessoa | A growing library: dust jackets from Fernando Pessoa's book collection", *Pessoa – revista de ideias*, n.º 3, Junho, pp. 58-96.

PIZARRO, Jerónimo, Patricio FERRARI e Antonio CARDIELLO (2010). *A Biblioteca particular de Fernando Pessoa*. Lisboa: D. Quixote.

PIZARRO, Jerónimo e Carlos PITTELLA-LEITE (2013). "Como se eu fluísse..." in *Granta*, n.º 1. Lisboa: Tinta-da-china.

PRISTA, Luís (2001). "Pessoa e o Curso Superior de Letras", in *Memória dos Afectos – Homenagem da Cultura Portuguesa ao Prof. Giuseppe Tavani*. Lisboa: Edições Colibri, pp. 157-185.

SÁ-CARNEIRO, Mário de (1992). *Cartas a Fernando Pessoa*. 2 vols. Obras Completas de Mário de Sá-Carneiro. Lisboa: Ática, 2.ª ed. (1ª ed.: 1959).

SÁ-CARNEIRO, Mário de (2015). *Em Ouro e Alma. Correspondência com Fernando Pessoa*. Edição de Ricardo Vasconcelos e Jerónimo Pizarro. Lisboa: Tinta-da-china. Colecção "Sá-Carneiro".

SEVERINO, Alexandrino (1983). *Fernando Pessoa na África do Sul*. Lisboa: D. Quixote. 1ª ed.: 1969/1970.

SILVEIRA, Pedro da (1988). "Fernando Pessoa: a sua estreia aos 14 anos e outras poesias de 1902 a 1905", in *Revista da Biblioteca Nacional*, série 2, vol. III, n.º 3, Set.-Dez, pp. 97-121.

SOUSA, João Rui de (1988) (org.). *Fotobibliografia de Fernando Pessoa*. Organização, introdução e notas de João Rui de Sousa. Prefácio de Eduardo Lourenço. Lisboa: Imprensa Nacional-Casa da Moeda.

STOKER, Michaël (2009). *Fernando Pessoa: De fictie vergezelt mij als mijn Schaduw*. Utrecht: Uitgeverij Ijzer.

URIBE, Jorge e Pedro SEPÚLVEDA (2013). "Planeamento editorial de uma obra em potência: o autor, crítico e tradutor Thomas Crosse", in *Revista Colóquio/Letras*, n.º 183, Maio, pp. 57-79.

ZENITH, Richard (2012) (coord.). *Fernando Pessoa: o editor, o escritor e os seus leitores*. Com a colaboração de Carlos Filipe Moisés e Maria Helena Melim Borges. Lisboa: Fundação Calouste Gulbenkian.

____ (2011). "Karl P. Effield. O pré-heterónimo de Boston", in *Ler*, n.º 99, Fevereiro, pp. 36-40.

____ (2010). "As Charadas desconhecidas de Gaudêncio Nabos", *Ler*, n.º 92, Junho, pp. 46-49.

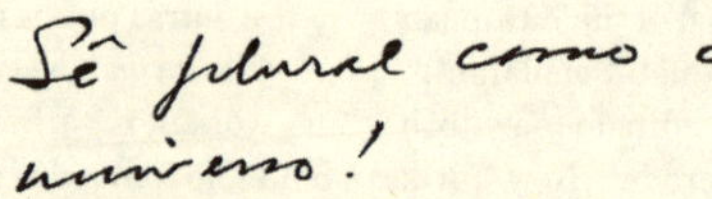

Sê plural como o universo!

[20-68r]
(Apontamento solto, sem data)

FERNANDO PESSOA

(1888-1935)

É hoje o principal elo literário de Portugal com o mundo. A sua obra em verso e em prosa é a mais plural que se possa imaginar, pois tem múltiplas facetas, materializa inúmeros interesses e representa um autêntico patrimônio coletivo: do autor, das diversas figuras autorais inventadas por ele e dos leitores. Alguns desses personagens, Alberto Caeiro, Ricardo Reis e Álvaro de Campos, Pessoa denominou "heterônimos", reservando a designação de "ortônimo" para si próprio. Diretor e colaborador de várias revistas literárias, autor do *Livro do Desassossego* e, no dia-a-dia, "correspondente estrangeiro em casas comerciais", Pessoa deixou uma obra universal em três línguas que continua sendo editada e estudada desde que escreveu, antes de morrer, em Lisboa, "I know not what to-morrow will bring" ["Não sei o que o amanhã trará"].

JERÓNIMO PIZARRO

Professor, tradutor, crítico e editor, Jerónimo Pizarro é o responsável pela maior parte das novas edições e novas séries de textos de Fernando Pessoa publicadas em Portugal desde 2006. Professor da Universidade dos Andes, titular da Cátedra de Estudos Portugueses do Instituto Camões na Colômbia e Prémio Eduardo Lourenço (2013), Pizarro voltou a abrir as arcas pessoanas e redescobriu "A Biblioteca Particular de Fernando Pessoa", para utilizar o título de um dos livros da sua bibliografia. Foi o comissário da visita de Portugal à Feira Internacional do livro de Bogotá (FILBo) e coordena há vários anos a visita de escritores de língua portuguesa à Colômbia. Coeditor da revista *Pessoa Plural*, assíduo organizador de colóquios e exposições, dirige atualmente a Coleção Pessoa na Tinta-da-china.

PATRICIO FERRARI

Deixou a Argentina aos 16 anos e, desde então, tem vivido nos EUA, Índia, França, Itália, Alemanha, Portugal e Suécia. O seu trabalho de editor, crítico literário e tradutor é marcado por uma vida entre diversas línguas. Em 2006 concluiu um mestrado em Literatura Comparada na Sorbonne Nouvelle (Paris III), com uma dissertação sobre a poesia de Borges e Pessoa. Doutorou-se em 2012 na Universidade de Lisboa com a tese "Meter and Rhythm in the Poetry of Fernando Pessoa". Durante o pós-doutoramento publicou a primeira edição crítica da poesia francesa de Pessoa, assim como numerosos poemas ingleses inéditos do autor dos *English Poems*. É colaborador do Centro de Estudos Comparatistas da Universidade de Lisboa e, como escritor, está inscrito no Literary Arts MFA Program de Brown University.

136 PESSOAS DE PESSOA

FOI COMPOSTO EM CARACTERES FILOSOFIA
E IMPRESSO NA GEOGRÁFICA EDITORA,
SOBRE PAPEL POLEN SOFT DE 70 G/M²,
NO MÊS DE OUTUBRO DE 2017.